中国近代通史

(修订版)

中国社会科学院
近代史研究所 —— 编

张海鹏 主编

[第一卷]

近代中国
历史进程概说

张海鹏 著

江苏人民出版社

图书在版编目(CIP)数据

中国近代通史. 第一卷, 近代中国历史进程概说 / 张海鹏主编; 张海鹏著; 中国社会科学院近代史研究所编. — 修订版. — 南京: 江苏人民出版社, 2024.1(2025.4重印)
ISBN 978-7-214-28301-6

Ⅰ.①中… Ⅱ.①张…②中… Ⅲ.①中国历史-近代史 Ⅳ.①K25

中国国家版本馆 CIP 数据核字(2023)第 166700 号

书　　名	中国近代通史·第一卷　近代中国历史进程概说
主　　编	张海鹏
著　　者	张海鹏
责任编辑	张　凉
装帧设计	刘葶葶
责任监制	王　娟
出版发行	江苏人民出版社
地　　址	南京市湖南路 1 号 A 楼,邮编:210009
照　　排	江苏凤凰制版有限公司
印　　刷	苏州市越洋印刷有限公司
开　　本	718 毫米×1000 毫米　1/16
印　　张	33.5　插页 5
字　　数	482 千字
版　　次	2024 年 1 月第 1 版
印　　次	2025 年 4 月第 3 次印刷
标准书号	ISBN 978-7-214-28301-6
定　　价	168.00 元(精装)

(江苏人民出版社图书凡印装错误可向承印厂调换)

再版前言

《中国近代通史》修订再版,我们感到欣喜,也感到惶恐。一部十卷本的通史性著作,出版十年之后还有再版的机会,说明学术界与社会上是需要的。据从各方面获得的消息,学习中国近代史的学生中,本科生、硕士生,尤其是博士生,读这个十卷本的人是不少的。许多教授都把这部书指定为学生们的必读书。对于作者而言,这无疑是令人欣喜的。但是,一部多卷本的集体著作,每卷的主持人都是大忙人,能否如期完成修订,能否使修订更好地满足读者的需要,这又是令我们惶恐的。

2006—2007年,十卷本《中国近代通史》初版由江苏人民出版社推出,2009年,凤凰出版传媒集团、江苏人民出版社又推出凤凰文库版。中国社会科学院为此书出版举办科研成果发布会和学术座谈会,在学术界与社会上引起广泛关注,不仅有多家媒体报道出版信息,而且还有不少学者在《人民日报》、《求是》杂志、《近代史研究》等报刊发表评介文章,这是始料不及的。应该说,《中国近代通史》初版的面世,在学术界产生了良好的社会反响,同时也赢得了多项荣誉(如入选首届"三个一百"原创图书出版工程、中华优秀出版物图书奖、第二届中国出版政府奖、中国社会科学院优秀科研成果二等奖等)。总体上讲,学术界和社会上的评价是正面的、肯定的,也有建设性的学术批评。所有这些,都是对我们的鼓励,都是对中国近代史学科建设的深入探讨,对推动中国近代史的学术研究是有益的。《中国近代通史》的撰写和出版,圆了近代史研究所几代人的梦想,至今也是中国近代史学界唯一一部十卷本的大型通史。出版近十年来，学术研究有了较大发展，相关的档案文献也有持续公布和新的发现，如清史编纂工程大量刊布清史档案文献史料，美国胡佛研究所公布了蒋介石的日记手稿，以及中外档案馆新发现和公布的史料等等，都为中国近代史的进一步深入研究提供了史料基础和学术路向。因此，《中国近代通史》初版在经过十年发行后，根据新材料、吸收新成果再予修订，是很有必要的。

2016年8月27日，应江苏人民出版社的邀请，《中国近代通史》课题组多位作者到南京凤凰集团，与江苏人民出版社签订出版续约，正式启动修订再版工作。南京之行，大体确定了修订的三项原则：(1)基本风格、基本观点、基本结构不变；(2)字数篇幅总体不突破原版，但各卷也可以有些弹性，允许有的卷补充内容可适当突破；(3)修订时应该注意吸收学术界有代表性的观点，不要求逐一呼应，有的可以在注释中体现。总之，考虑到各卷作者本身任务很重，大修、中修并不现实，这次修订，总体上是小修，但是允许局部大修。

自南京续约以后，各卷作者在繁忙的教学和研究工作之余，对原稿做了认真修订，在通读、通校全文后，各卷都做了不少必要的文字处理，使表述更加准确、平实，并纠正了一些明显的史实错讹，补充了部分注释的文献出处。第六、七、八、十卷还增加了第三级小标题，以与全书体例统一。除此之外，各卷还进行了若干重要修改：

第一卷调整了章节结构，把原第二章调整为第五章，原三、四、五章改为二、三、四章。也有些文字修改。

第二卷对于引用较多的李秀成的亲书供词的版本做了认真考订，对中华书局影印本《忠王李秀成自述》原有错页进行重新整理校订，改题为《李秀成亲书供词》。

第三卷深化了湘淮系洋务派关系以及张之洞从清流派向洋务派转变的分析，改写了增设洋务局的内容，补充了关于郑观应、汤寿潜、邵作舟等早期维新派思想的论述。

第四卷在第八章补写了第五节"庚子中国国会与自立军事件"。

第五卷利用新出版的《袁世凯全集》，厘清了袁世凯修改《清帝逊位诏书》的史实。

第六卷在第一章、第四章、第七章都有重要补充和修订。

第七卷在第十章增加了第三节"工农运动的中介群体"。

第八卷在第二章、第四章、第五章、第十章都有重要补充和修订。

第九卷特别说明了从1937年7月开始的全面抗战与从1931年9月开始的局部抗战，既有相当的延续性，又有极大的不同；并利用新公布的《蒋介石日记》，补充了关于中国争取苏联出兵参战、陶德曼调停、九国公约会议、"桐工作"与中日秘密接触等方面史实的论述；还在第十一章第二节增加了"收复失土与琉球问题的提出"的内容。

第十卷在第一章、第三章、第七章做了重要补充和修订。

本次修订，是在习近平新时代中国特色社会主义思想指导下进行的。原书某些带有含糊不清的、不尽准确的提法，都已经修订了。就全书而言，虽然修改幅度不是太大，尤其在补充新材料方面做得不够，但与初版相比，这个修订版还是有了一些新的面貌，为读者提供了一个更加可信的读本。

我作为《中国近代通史》全书的主编，认为有必要在序卷中阐明全书的基本的编撰原则、对中国近代史的基本观点、基本的写作体例和方法，作为各卷的原则要求。但是，在各卷写作中，不必重复这些原则和要求。这些基本的原则和要求，在课题组组成时，已提交各卷主编讨论和研究。各卷主编大体上赞成这些原则和要求。当然，这些原则主要是由本书主编提出的，体现了一种学术观点。是否妥当，还需要听取学术界批评。读者如有意见，可以提出商榷，开展正常的学术争鸣。任何学术争鸣，都是作者所欢迎的。

我们在《中国近代通史》完稿之时，就想到大概十年左右能够修订一次。这次修订，算是不忘初衷。当然，我们希望以后还有机会不断修订完善。值此修订版面世之际，我们期待能够得到学术界与社会各界人士的批评指教。

当初承担撰写任务的主要学者都是中国社会科学院近代史研究所的研究人员。现在还是这些人在参加修订，但情况已经有了很大变化。王建朗早已是近代史研究所所长，汪朝光担任了中国社会科学院世界历史研究所所长（以上两位所长新近也已退出领导岗位），杨奎松在华东师范大学担任教授,王奇生在北京大学历史系担任教授兼历史系主任,我和虞和平、姜涛、马勇、曾景忠都从近代史研究所退休了。原在华南师范大学历史文化学院担任教授的谢放也已退休。原来是副研究员的李细珠、卞修跃,如今是近代史研究所独当一面的研究员了。当初各位愉快地接受撰写任务,今天各位又愉快地接受修订任务,这是令人感动的。回顾十余年来的合作,深感这是一次很融洽的学术合作。这种合作,在一个人的学术生涯中是不可多得的。

这种合作不仅体现在本书的撰写者方面,也体现在撰写者与出版者的合作方面。当初,江苏人民出版社获悉我们正在筹划《中国近代通史》撰写的消息,立即找上门来,主动要求承担出版任务。从此,我们一拍即合。在出版《中国近代通史》的过程中,我们与江苏人民出版社的合作是非常愉快的。江苏人民出版社吴源社长和金长发主任给我们很好的支持与配合。当《中国近代通史》初版合同即将到期之时,就有几家别的出版社来联系再版事宜,我们也曾有过犹豫,但江苏人民出版社没有轻易放弃,而是努力再续前缘。徐海总经理与府建明总编辑特意到近代史研究所洽谈此事,促使我们下定了继续合作的决心。

在《中国近代通史》再版之际,我作为主持者,谨向各位合作者表示感谢！向有关单位的审读专家表示感谢！本书修订版吸收了他们提出的不少修订意见和建议。向江苏人民出版社王保顶社长、谢山青总编辑表示感谢！向阅读初版和修订版的所有读者表示感谢！

张海鹏
2018 年 2 月 21 日
2023 年 9 月 7 日修订

目　录

第一章　中国近代史史书编纂的回顾 /001
　　第一节　20世纪上半叶中国近代史史书的编纂 /003
　　第二节　20世纪下半叶中国近代史史书的编纂 /024
　　第三节　20世纪中国近代史学科体系问题的探索 /032

第二章　近代中国历史进程的若干特点 /053
　　第一节　沉沦与上升：近代中国的U字形历史进程 /055
　　第二节　近代中国历史进程中的若干转折 /059
　　第三节　近代中国资本主义发展的趋向与社会主义的前途 /067

第三章　把握中国近代史进程的几个关键问题 /083
　　第一节　半殖民地半封建社会理论与近代中国社会性质 /085
　　第二节　社会基本矛盾与各阶级在近代中国的历史地位和作用 /097
　　第三节　改良与革命在近代中国的历史命运 /110

第四章　现代化的研究视角与近代中国现代化的历史进程 /123

第五章　编纂《中国近代通史》的基本思路 /137
　　第一节　编纂《中国近代通史》的必要性与可能性 /139
　　第二节　编纂《中国近代通史》的基本思路 /143
　　第三节　《中国近代通史》的分卷 /154

附录　近代中国史事记略 /158

主要参考文献 /513

人名索引 /525

后记 /529

第一章
中国近代史史书编纂的回顾

第一节　20世纪上半叶中国近代史史书的编纂

20世纪对于中国近代史研究来说,是开端的世纪,是转型的世纪,是创新的世纪,也是收获的世纪。

中国近代史研究是20世纪中国历史学的一个重要分支。20世纪中国历史从半殖民地半封建社会转变到社会主义社会,发生了翻天覆地的变化。20世纪中国近代史研究也发生了翻天覆地的变化,它从传统中国历史学中分离出来,在30—40年代为半殖民地半封建社会服务的、代表统治阶级利益的资产阶级倾向的中国近代史研究占统治地位,以马克思主义为指导的中国近代史研究在新民主主义革命中产生,中华人民共和国建立以后,马克思主义的中国近代史研究逐渐占了主导地位。

最近半个世纪以来,中国近代史研究取得了很大成绩,首先是学术地位发生了根本变化。半个世纪以前,中国近代史研究在中国历史研究中是不被看重的,中华人民共和国成立后,中国近代史研究成为显学,不仅对中国历史学的发展做出了贡献,而且在对广大人民群众的爱国主义教育中发挥了重要作用。半个世纪以来,在中国近代史研究的各个分支学科,譬如,近代政治史、近代经济史、近代军事史、近代外交史、近代思想史、近代文化史、近代社会史、近代报刊史,以及现代化进程等各方面,都做了广泛且深入地研究和讨论,取得了丰硕的成绩。仅就最近20年来的研究看,据粗略估计,平均每年都有千篇以上论文发表、约百种专著问世。[1]

---

[1] 中国社会科学院近代史研究所图书馆编辑了《中国近代史论著目录》(张海鹏主编,上海人民出版社,2005年6月版),收录了1979—2000年间发表和出版的论著大约5万种,限于篇幅,目录删除了原拟收录的论著1万种。

这些浩繁的研究成果，反映了中国近代史学科繁荣昌盛的情形。从宏观研究来说，中国近代史的分期、中国近代史的基本线索、中国近代史的革命高潮、中国近代史的学科对象、中国近代史的指导思想等各方面，都有许多讨论和研究进展。总结20世纪中国近代史研究的发展趋势，研究中国近代政治转型对中国近代史学科发展的意义，阐述在中国近代史研究的总体把握中运用马克思主义、唯物史观理论指导的成败得失和分歧，对于整合和提升中国近代史研究的学术水平，对于指导新世纪的中国近代史研究会有积极意义。中国近代史是一门与现实政治、社会关系密切的学科，对中国近代史抱有何种看法，会影响到对中国社会未来发展的看法。全面回顾总结20世纪中国近代史研究，对于发挥中国近代史对中国社会主义建设的理论指导和历史借鉴作用有着重要的意义。

中国近代史研究作为20世纪中国历史学的一个重要分支出现，是中国近代社会转型的产物，也是中国近代学术转型的产物，受到国外史学包括马克思主义唯物史观、其他种种资产阶级史学观的重大影响。20世纪中国近代史研究经历了萌生（20世纪初至30年代）、兴起（20世纪30年代至中华人民共和国成立）、发展（中华人民共和国成立至"文化大革命"）、停滞（"文化大革命"期间）、繁荣（改革开放以来）几个阶段。在兴起时期，中国近代史研究中的马克思主义学派开始出现并挑战那时占主导地位的传统近代史研究。在发展时期，国家建立涉及近代史研究的专门机构，各大学历史系设置近现代史教研室，近代史学界结合研究中国近代史学习唯物史观，马克思主义指导中国近代史研究成为主流，中国近代史学科成为学术研究中的显学。在繁荣阶段，近代史研究中拨乱反正，纠正了学习马克思主义过程中的教条主义、形式主义倾向；同时又出现了淡化意识形态、轻视唯物史观、轻视阶级分析方法的倾向，出现了用现代化的方法研究中国近代史的主张和研究实践，研究领域大大拓宽，研究专题大大加深。所有这些，都需要认真加以总结。

带有通史性质的中国近代史书的编纂，早在20世纪初就开始进行

了。初步搜集到的1949年以前出版的中国近代史的各种早期版本,大致如下:

1. 陈光宪:《中国近世史》,北京,汉英图书馆,1909年印本;
2. 刘彦:《中国近时外交史》①,上海,华昌印刷局,1914年再版;
3. 李泰棻:《中国最近世史讲义》②,北京,国立北京师范大学校印本,不全,出版年代不详;
4. 李泰棻:《中国最近世史》,全二册,台北,文海出版社1990年影印版,原版不明;
5. 李泰棻:《中国近百年史》,全三册,上海,商务印书馆,1924年;
6. 孟世杰:《中国最近世史》,全四册,天津,天成印字馆印制,1926年;
7. 颜昌峣:《中国最近百年史》,上海,太平洋书店,1929年;
8. 王蘧棠:《中国近百年史问题研究》,北平,华美印刷公司,1929年;
9. 高博彦:《中国近百年史纲要》,两册,北平,文化学社,1930年;
10. 魏野畴③:《中国近世史》,上海,开明书店,1930年;
11. 陈怀:《中国近百年史要》,上海,中华书局,1930年;
12. 邢鹏举:《中国近百年史》,上海,世界书局,1932年;
13. 孟世杰:《中国近世史纲·分析表解》,北平,百城书局,1932年;
14. 李鼎声④:《中国近代史》,上海,光明书局,1933年;
15. 朱其华:《中国近代社会史解剖》,上海,新新出版社,1933年;

---

① 本书完成于宣统三年六月,虽名"外交史",却是看到著者的最早且较为完整的一本中国近代史,或者帝国主义侵华史,故列在此。我看到的是1914年2月再版本,初版应在此前。
② 这似乎是最早的一本中国近代史大学讲义,本书实叙述至20世纪20年代初,作为讲义在校内印刷当在此时。可见我国大学在20世纪20年代已经有中国近代史课程的设置。
③ 据新华社2005年3月12日电:魏野畴,1898年生,陕西兴平人,1921年编写了《中国近世史》(1930年出版),1923年初经李大钊介绍加入中国共产党。他是中国共产党早期的优秀党员和宣传活动家。据查,王子修为魏野畴《中国近世史》所作的序言说:"魏君野畴,不但是一位治史学的专家,而且是一位革命的理论家和革命的实行者。他在思想上和行动上曾领导着一般革命的青年,走向革命的大道,现在他已经为革命而牺牲了性命。"现在看来,魏野畴是第一位撰写中国近代史的中共党员。
④ 李鼎声,原名李平心,1927年2月加入中国共产党,是一位接受马克思主义的社会科学家和历史学家。他编著的《中国近代史》,曾被解放区翻印作为八路军、新四军的历史教材。见桂遵义、周朝民《平心传略》,载罗竹风主编《平心文集》第1卷,10页,上海,华东师范大学出版社,1985。

16. 罗元鲲:《中国近百年史》,两册,上海,商务印书馆,1933年;

17. 杜冰波:《中国最近八十年来的革命与外交》,两册,上海,神州国光社,1933年;

18. 陈恭禄:《中国近代史》,两卷,大学丛书,上海,商务印书馆,1935年;

19. 陈恭禄:《中国近百年史》,上海,商务印书馆,1936年;

20. 何干之:《近代中国启蒙运动史》,上海,生活书店,1937年;

21. 韩启农:《中国近代史讲话》,上海,新知书店,1937年;新华书店,1942年;

22. 蒋廷黻:《中国近代史》,长沙,艺文研究会,1938年;

23. 现代历史社:《中国近百年史》,1939年;

24. 曹伯韩:《中国现代史常识》,桂林,石火出版社,1939年;

25. 中国现代史研究会:《中国现代革命运动史》(上),大众日报社翻印,1940年;华北新华书店,1947年;

26. 张健甫:《中国近百年史教程》,桂林,文化供应社,1940年;

27. 平心:《中国现代史初编》,香港,国泰出版公司,1940年;

28. 华岗:《中国民族解放运动史》,全二卷,鸡鸣书店,1940年;第一卷增订本,三联书店,1951年。其第一卷删除《自序》《第一章绪论》后半部分及《第七章五四运动》,编为《中国近代史》上册,于1949年由新华书店出版;

29. 郭廷以:《中国近代史》,重庆,1941年;

30. 卢豫冬:《中国近代政治发展史》,一般书店,1941年;

31. 李剑农:《中国近百年政治史》,蓝天启明书局,1942年;商务印书馆,1947年;

32. 陈安仁:《中国近代民族复兴史》,重庆,青年出版社,1943年;

33. 郑鹤声:《中国近世史》的前编第一分册及第二分册,重庆,南方印书馆,1944—1945年;又《中国近世史》,上下册,重庆,中央政治学校印本,1944年;上海书店翻印民国丛书第四编,75—76辑;

34. 曹伯韩:《中国近百年史十讲》,实验书店,1946年;

35. 陶官云:《中国近百年史话》,渤海新华书店,1946年;大连大

众书店,1948年;

36. 刘熊祥:《现代中国建设史》,重庆,史学书局,1946年;

37. 金兆梓编著:《近世中国史》,上海,中华书局,1947年;

38. 范文澜:《中国近代史》,上编第一分册,华北新华书店,1947年;三联书店,1949年。1947年,作者曾化名武波在重庆读书出版社出版《中国近代史》;

39. 曹伯韩:《中国现代史读本》,香港,文化供应社,1947年;

40. 胡绳:《帝国主义与中国政治》,香港,生活出版社,1948年;

41. 宋云彬:《中国近百年史》,上海,新知书店,1948年;

42. 中国历史研究会:《中国近代史研究纲要》,光华书店出版,哈尔滨再版,1948年;

43. 李絜非:《中国近世史》,大学丛书,贵阳,文通书局,1948年;

44. 华北大学历史研究室编:《中国近代史》上编《鸦片战争至五四运动》,初中二年级历史暂用课本①,新华书店版,1949年;

45. 吕思勉:《吕著中国近代史》,上海,华东师范大学出版社,1997年;②

1949年以前编纂出版的中国近代史的各种版本,在中国社会科学院近代史研究所图书馆、北京师范大学图书馆、北京大学图书馆、清华大学图书馆共找到约79种,虽尽可能搜集,但难免遗漏;此处列出较具代表性的45种(包括1997年出版的《吕著中国近代史》)。

考察这45种中国近代史书,我们可以看到其编纂有如下情形:

第一,这些公开出版的中国近代史读物,大多是学校教材,部分是针对不同读者对象的通俗读物。不管是大中学校教材,还是针对不同层次读者的通俗读物,作者都有对读者进行中国近代史教育的明显的目的性,都指出了帝国主义列强侵略中国的由来及其过程,希望读者了

---

① 这本1949年3月出版的初中二年级历史暂用课本,是应新中国中学历史教学急需编写的,是自20世纪初以来各种中国近代史版本中第一次标举"鸦片战争至五四运动"的中国近代史教材,预示了此后中国近代史读物编写的基本方向。这本中学课本,是中共中央宣传部下达的任务,华北大学历史研究室组织编写的。华北大学历史研究室当时在河北省正定城内,它是中国社会科学院近代史研究所的前身。

②《吕著中国近代史》,包括《中国近代史讲义》《中国近世史前编》《中国近百年史概说》《中国近世文化史补编》《日俄战争》5种,都是1949年在上海等各大学的近代史讲义。除《日俄战争》于1928年由商务印书馆出版外,其余均未出版。

解近代中国历史发展的去向,希望对读者进行爱国主义教育。孟世杰在1926年出版的《中国最近世史》"绪论"中,首先指出研究中国近代史的必要性:"人民之于国,犹子弟之于家。子弟不知其家,不能保家!人民不知其国,不能报国!东西洋各邦,莫不以国史教民,即所以使知其国。然,远史事远代湮,不如近史关系深切,故最近史尤为各国所重。吾国民不欲知其国积弱颓败之根源,与夫振衰起废之术则已,如欲知之,不可不研究中国最近世史。"①沈昧之在《近百年本国史》开卷引言中指出:"最近的一百年中,各国的势力,渐渐侵入,无法抵御,竟至受尽了外人的欺侮,这是很可痛的!依此说来,不是中国的生死关头吗?我们既生在这中国生死存亡的紧要时代,怎么可以不去注意那国中的大事呢?"②颜昌峣在1929年出版的《中国最近百年史》"自叙"中开宗明义地说:"我国近百年来,外受帝国主义之压迫,内蒙清室官僚民国军阀之抑制,国权丧尽,利源外握,使吾四万万民族生机沦于将烬,吾五千年光荣之历史,暗淡无色。幸近民族自决风起云涌,我国民运应时而兴,两三年间,打倒帝国主义、取消不平等条约之标帜,风靡全国。"③这个序言,说明了本书写作的时代背景,提示了读者阅读本书的宗旨。罗家伦给郭廷以的《近代中国史》作的"引论"说:"要知人类或民族过去的来历和演进,现在的地位和环境,以及他将来的生存和发展,都非研究它近代的历史不可。这不是说远的古的不要研究,或是研究了也不重要,乃是说近的切的更当研究,尤为重要。所以做近代的人,必须研究近代史;做中国近代的人,必须研究中国近代史。"④李絜非说:"吾人欲明了已往的事迹,现时所处的地位,和今后建设的途径,非有信实的历史叙述近世政治、外交、社会、经济嬗变之经过,则几于不可或能。"⑤魏野畴说明他做中国近世史的目的:"为解释过去,明白现在,指挥将来,不是死记过去的。"⑥

---

① 孟世杰:《中国最近世史》,第1册,绪论,天津,天成印字馆,1926。
② 沈昧之:《近百年本国史》,1页,上海,世界书局,1929。
③ 颜昌峣:《中国最近百年史》,自叙,上海,太平洋书店,1929。
④ 郭廷以:《近代中国史》,引论,重庆,1941年初版;台北,商务印书馆,1963。
⑤ 李絜非:《中国近世史》,2页,贵阳,文通书局,1948。
⑥ 魏野畴:《中国近世史》,11页,上海,开明书局,1930。

由于中国近代史读物的强烈的现实性,站在不同阶级立场、代表不同党派、运用不同史观的著作,对一些史实的记述和评价,可能有截然不同的做法和观点。例如,代表国民党主流意识形态,蒋廷黻在他的《中国近代史》一书中,贯穿了蔑视民意、民心的基本倾向,对于林则徐在广东禁烟中贯彻"民心可用"给予了严厉的批判,对奕䜣、文祥、曾国藩、李鸿章的洋务主张给予了高度颂扬,对于九一八事变后国人和政党（蒋廷黻称为"反动分子"）要求抗日的呼声给予了抨击。① 与此相反,持唯物主义历史观或者进步历史观的作者,则相当重视人民群众特别是底层群众的历史作用,正面肯定太平天国、义和团等群众运动的历史进步作用,肯定林则徐的"民心可用"。平心在所著《中国现代史初编》"自序"中明确标举:"中国现代史应当以争求进步的人民大众为主角,这是不可争辩的真理。"②陈安仁指出:"往古的历史,每载帝王的起居,一家一姓的谱系,而于人民参与社会和政治的行动,则忽略而不详。这样的政治史,是不具生命的,是没有生动的。"③针对当时主流意识形态对曾国藩等人的高度颂扬,有些作者则对曾国藩展开了无情的批判。最早指出曾国藩是屠夫、国贼的,是《中国近代社会史解剖》一书的作者朱其华。这位作者评价曾国藩说,他是"圣贤道统的继承人,宗法社会的拥护者,屠杀民众的刽子手,对外妥协的卖国贼",说李鸿章"是封建统治的重臣,是帝国主义暴力屈服下的顺奴"。④ 范文澜在1944年发表了论文《汉奸刽子手曾国藩的一生》,对曾国藩以组织湘军镇压太平天国起义的一生政治活动,展开了无情的批判,并且作为附录刊载于他的《中国近代史》,对1949年以后的中国近代史研究有着重大影响。

李鼎声在《中国近代史》"序论"中,公开声明他遵循的是一种新的历史观。他认为历史学不再单纯的是一种记载的科学,"它不仅要记述人类在与自然斗争及创造自己的历史过程中的种种活动,而且要说明此活动历史的条件与原因,解释历史上各种重大事变的因果关系以及指出在何种情况之下一种旧的社会为新的社会所代替";历史学任务的

---

① 蒋廷黻:《中国近代史》,29、33、35—36、69、103、107—108、127页,长沙,艺文研究会出版,1938。
② 平心:《中国现代史初编》,自序,香港,国泰出版公司,1940。
③ 陈安仁:《中国近代政治史》,8页,上海,商务印书馆,1934。
④ 朱其华:《中国近代社会史解剖》,110、147页,上海,新新出版社,1933。

改变,决定了传统的"那种以帝王、圣贤、英雄为中心,专门记载朝代兴亡治乱的历史体系和那种偏重于人类文化生活的记载,而不能说明文化兴衰递嬗的全过程的历史编制,不能合理的存在了";"中国历史是全人类历史的一部分",研究中国历史的主要任务,"乃是要考察中国社会在全人类历史之一般的进程中,特有的发展路线,同时要解释中国历史上许多重大事变——如民族的分合斗争、社会形态的转变、交替,各阶级的分化战斗,各种文化制度与意识形态的递嬗变化等等——发生的原因与其成果,说明中国文化与世界文化的交汇影响。只有这样,中国史才能成为人类一般历史的一个支流,才能帮助我们了解中国民族的内在变化与外在关系,而变成我们一种有用的智识工具。"[1]

第二,关于中国近代史的开端,绝大多数作者都主张以鸦片战争为起点,这是考虑到鸦片战争以后的中国社会发生了重大转变,理由是很充足的。李鼎声认为中国近代史指的是"自鸦片战争直到今日的中国历史",明末清初不是中国近代史的开端,鸦片战争才是中国近代史的发端。因为明末清初不过是两个朝代的交替期,不能代表一个重大的历史转折时期;鸦片战争是中国开始为国际资本主义的浪涛所袭击,引起社会内部变化的一个重大关键。鸦片战争后,中国日益走上殖民地化的途程,在国民经济上,阶级阵容上以及思想文化上都表现出巨大的历史转变[2]。华岗更详细说明了以鸦片战争作为中国近代史开端的理由:

> 本书从鸦片战争开始,因为鸦片战争为中国近代史的起点,此后中国民族与中国社会所发生的一切动乱和变迁,都以鸦片战争为出发点。鸦片战争不仅是中国开始被国际资本主义的浪涛所冲击,而且从此引起了中国民族内部的重大变化。鸦片战争不仅开始改变了中国社会的性质,即由闭关的封建国家,开始向半封建社会推移,由独立国开始向半殖民地国家推移;这样,就使中国在国际关系上、在国民经济上、阶级阵容上,以至文化思想上,都变现了空前巨大的变化。从此,中国民族

---

[1] 李鼎声:《中国近代史》,1—2页,上海,光明书局,1933。
[2] 李鼎声:《中国近代史》,4页。

与中国人民就陷入被帝国主义列强侵略与任意奴役的悲惨命运,但也因此促进了中国民族与中国人民的觉醒,唤起了前仆后继不屈不挠的解放斗争。①

范文澜、宋云彬所著的中国近代史,也都是以鸦片战争为起点的。以上,李鼎声、华岗、范文澜等人都是共产党人,也许人们会误会,以为以鸦片战争为中国近代史的起点,是共产党人的看法。其实不然。许多不是共产党人的作者,对这个问题也具有相同的意见。如1926年出版的孟世杰著《中国最近世史》,也是以鸦片战争作为起点的,他在叙论里说:"鸦片一役,开对外战争之端,创门户开放之局,藩篱尽撤,外力交侵,实为近百年忧患之种原。故论中国最近世史,要起于鸦片战争。"②又如1935年陈恭禄著《中国近代史》、1938年蒋廷黻著《中国近代史》、1940年张健甫著《中国近百年史教程》、1947年金兆梓编著《近世中国史》、1948年李絜非著《中国近世史》,都是这样的主张。

张健甫把鸦片战争作为中国近代史起点讲得很充分,他的理由与华岗的理由相得益彰。张健甫在《中国近百年史教程》第一讲第一节鸦片战争的历史意义中指出:"1840年(清道光二十年)的中英鸦片战争,是国际资本主义第一次敲破中国门户的战争,是中国历史上划时期的战争。由于这次战争,一方面丧失了中国独立自主的尊严,门户开放,领土破碎,主权割裂,招致近百年来帝国主义列强的政治侵略,经济侵略,武力侵略,由通商关埠到瓜分共管,终而酿成今日日本帝国主义鲸吞独占的局面;一方面使中国社会发生空前急剧的变化,由纯封建的农业社会,降而为半殖民地半封建的社会,使中国无论在经济上、政治上、文化上,乃至一切社会形态上,都截然划分出古代中国与近代中国的界限来。把中国从闭关自守的锁国政策之下,搬上现代的国际舞台,并且成为国际舞台的主角之一。谁也不能否认这是从鸦片战争开其端绪的。因此,鸦片战争,不但暴露中国封建社会的弱点,不但暴露清廷昏

---

① 华岗:《中国民族解放运动史》第1卷增订本,自序,6—7页,北京,生活·读书·新知三联书店,1951。本书是在1940年鸡鸣书店版本上修订的,序言写于1950年1月,关于近代史开端的端点,反映了作者1940年的认识。

② 孟世杰:《中国最近世史》,第1册,叙论,2页,天津,天成印字馆,1926。

聩腐败的弱点,而且也替后日帝国主义侵略中国做了开路先锋,不但撕破了古装中国的龙袍补衮,红缨大帽,同时也替中国披上新式的外衣。从这以后,中国因为在国际资本帝国主义侵略之下,社会经济,日益走上殖民地化的过程,农村破产,农民失业,这是中国历史上空前的一大变局,这是近百年中国历史的开端。"①

也有部分作者把中国近代史的开端放在明末,认为新航线的开辟是欧洲近代史的开端,也是中国近代史的开端,如郑鹤声认为:"自新航路发现以来,世界交通,为之大变,人类生活与国际关系,较之中古时代,显有不同之处,是即中古史与近世史之所由分界也。近世史之演变,有'经往开来'之趋势,其一切表现,皆在根据往古事迹而发扬光大之。且推陈出新,由此而孕育未来之局势。每一民族思想为其演变之原动力。故近世史之范畴,实包括近三四百年之历史,无论中西,大都皆然。"②郭廷以也把近代中国历史的开端放在16世纪初的葡人东来。③ 这种把中国近代史开端比肩欧洲近代史的想法,是希望借此说明中国近代种种巨大变化的由来,自有其著述的理由。但是,欧洲资本主义发生、发展的历史,及其影响到中国,其间经历了极其复杂的历史过程,就中国历史来说,从明末到鸦片战争前夕,有着300年之久的历史过程,在这个过程中,固然不能说欧洲的近代历史对中国毫无影响,但是要指出,这种影响对于中国自身的历史发展是不起决定作用的。康雍乾三代,号称"盛世",欧洲学者研究,这个时期中国的总产值还是居于世界前列的。欧洲的资本主义生产方式对中国没有什么影响。一部中国近代史,把明末到有清一代的历史全要讲到,我们还是不能进入近代中国历史的主题。这从著作的技术性要求来说,也是不无困难的。郭廷以的《近代中国史》长编两卷只写到了鸦片战争前夕;郑鹤声的《中国近世史》是中央政治学校的讲义,其南方印书馆的版本从明末写到清

---

① 张健甫:《中国近百年史教程》,1—2页,桂林,文化供应社,1940。
② 郑鹤声:《中国近世史》,编纂凡例,重庆,南方印书馆,1944。
③ 郭廷以:《近代中国史》,例言,重庆,1941。按郭著《近代中国史》,据著者例言说明,该书"仿长编体,又可称之为史料选录或类辑,绝不以历史著作自承"。这里仅取其近代史开端的主张为例。有趣的是,替郭廷以做了长篇引论的罗家伦,似乎还是主张鸦片战争是中国近代史的开端,他在"引论"中说:"如果史学家从'鸦片战争'开始讲中国近代史,也不过是为研究便利,和认定这件事对于中西短兵相接后,所发生的各种影响的重要性起见,把它当作一个重要时期的开始而已。"

朝康雍乾年间;中央政治学校的印本,上册与南方印书馆版本基本相同,下册从鸦片战争讲到辛亥革命。本来要叙述中国近代史,但大部分篇幅用在叙述鸦片战争以前的历史,鸦片战争以后的历史却叙述简略。这些作者在抗战期间从事撰述,劳碌奔波,困苦莫名,难竟全功,是可惜的;但这与中国近代史的起点定得不合适,不无关系。

第三,关于中国近代史的下限。考察1949年以前出版的带有通史性质的中国近代史著作,不管其书名叫作《中国近代史》,或者《中国近世史》《中国最近世史》,或者《中国近百年史》《中国现代史》,绝大多数都没有明确"中国近代史"这个概念的定义,没有明确中国近代史的下限,绝大多数都是从鸦片战争讲起,终止于该书出版前。如果就此下定义,可以说中国近代史,是自鸦片战争以来的中国历史。所以相当多数的中国近代史书,都名为"中国近百年史"。稍晚出版的,如金兆梓编著的《近世中国史》,叙述到抗日战争的爆发;[1]宋云彬著的《中国近百年史》,叙述到1946年政治协商会议决议的破裂。[2] 也有个别作者撰述中国近代史,从"满清"入关写起,终止于民国建立,主张"自民国成立后,则属于现代的范围"[3]。那时候撰写中国近代史的作者们,对于中国近代史,或者中国现代史,并没有明确的概念区分。典型的例子是李鼎声的书,1933年出版的名为《中国近代史》,1940年出版的名为《中国现代史初编》;曹伯韩的书,1939年出版时名为《中国现代史常识》,1946年出版时名为《中国近代史十讲》,1947年出版时名为《中国现代史读本》,以上这几本书的开端,都从鸦片战争写起。可见,他们并不认为中国近代史、中国现代史,有什么本质的差别。

1947年华北新华书店出版的范文澜著《中国近代史》上编第一分册,出现了关于中国近代史时限的完整定义,表现了一个马克思主义的历史学家对中国近代史学科的创造性贡献,是中国近代史学科开始趋向成熟的一个标志。范文澜把1840年以后的中国社会定义为半殖民地半封建社会,把1840—1919年的中国历史划为中国近代史的旧民主

---

[1] 金兆梓编著:《近世中国史》,上海,中华书局,1948。
[2] 宋云彬:《中国近百年史》,上海,新知书店,1948。
[3] 陈安仁:《中国近代政治史》,148—149页,上海,商务印书馆,1934。

主义革命时期，把1919年五四运动以后的历史称为中国近代史的新民主主义革命时期，这虽然是从革命史的角度定义中国近代史，却对于整个中国近代史的时限给出了科学的、符合学术规范的规定。范文澜的书是1945年完成写作，1947年出版的，那时他还不可能预计新民主主义革命到1949年获得最后胜利。但是他在该书的"说明"中劈头就说："《中国近代史》分上下两编，上编叙述旧民主主义革命时代，下编叙述新民主主义革命时代。上编又分两个分册，1840年至1905年为第一分册，1905年至1919年为第二分册。本书是上编的第一分册。"该书目录明确标明"上编　旧民主主义革命时代——鸦片战争至五四运动"。① 他的志愿未遂，上编第一册只写到1901年《辛丑条约》的签订，以后便没有可能再写下去。半部中国近代史，虽然留下了遗憾，但是中国近代史学科的大框架，却基本上奠定下来了。

根据范文澜的设计，华北大学历史研究室（中国社会科学院近代史研究所的前身）荣孟源、刘桂五等学者在1948年编写了初中历史课本《中国近代史》上编，明确标举"鸦片战争至五四运动"。这本课本的编辑说明指出："本书为初级中学中国近代史课本。全书分二编：上编叙述旧民主主义革命时代（1840—1919）；下编叙述新民主主义革命时代（1919—1945）。"②这本课本是一个完整的《中国近代史》上编，它不仅为中华人民共和国建立之初迫切需要的初中历史教材解了燃眉之急，而且是对1949年以前中国近代史书编纂体系的一个良好的总结，也为中华人民共和国建立以后的中国近代史研究指出了基本的方向。

第四，这些中国近代史读物一开始就表现出创新史学的趋势，努力摆脱或者基本上摆脱了中国正统史学（纪传体）的旧有格局，普遍采用了自西方传入的章节体，当然也有一些还留下了纪事本末体的痕迹；20世纪20年代起的出版物，均放弃了文言，采用了语体文来进行表达。但是这些著述体裁各异，体例不同，观点分歧，引文、注释均缺乏学术规范，很少或者基本不能引用档案史料，说明中国近代史史书编纂还处在

---

① 范文澜：《中国近代史》（上编第一分册），华北新华书店，1947。有趣的是，该书说明宣布第一分册截至1905年，实际上写到1901年，从1947年以及此后的各种版本都是如此。可见第一分册也不是完整的本子。

② 华北大学历史研究室编：《中国近代史》上编，编辑说明，新华书店，1949。

起步阶段、创始时期。也有个别作者，无论史观或者体裁，仍是传统的，是以歌颂"当今"为主的正统史学。所谓"当今"，即当今皇帝。如宣统元年十二月北京汉英图书馆出版的陈光宪著《中国近世史》，就是这样一本书。全书不过 31 页，作者完全站在清朝统治者立场上看待中国的近世史。作者在简短的绪言中明确表明了这一点："我朝建国逾三百年，内政殷繁，不可枚举，而武功者，立国之基础；文学者，保国之元气；百务咸理，有大政以为之纲维；各国通商，有外交以为之联络。兹编所载，曰武功，曰文学，曰大政，曰外交。文辞之繁简，不必从同；大事之源流，但期尽举；其余典章制度，概不暇及云。"本书篇目，共列出武功一到五、文学一、大政一、外交一到四。这是我看到的第一本标明《中国近世史》的历史书，写作在清朝统治即将结束的前夜，它是新史学开始之前旧史学的尾声。

由于中国近代史这个历史时期尚在发展过程之中，著述中国近代史的作者们，包括一些接受马克思主义的作者们，看不到这段历史的完整过程，难以把握近代中国历史发展的规律，使得他们在史实的选取上，在历史过程的分期上，在历史前进方向的判断上，在研究方法上，在今天看来，都有许多幼稚之处。

在史实的选取方面，最大的问题是大多数作者对于中国共产党的历史、对于国共关系的历史，采取了公然漠视的态度。30 年代出版的中国近代史著作，除了李鼎声的《中国近代史》和现代历史社编印的书简略地提到共产党的活动外，其他的书或者稍有涉及，或者完全回避。其中现代历史社编印、未署作者的《中国近百年史》，表达了中国共产党人对中国近百年史的看法，第一次提到了中国共产党的成立经过和工人运动的发展，提到国共合作和大革命，以及南昌起义和广州起义，在叙述武汉时期的中国共产党时，大量引用了共产国际的文件。1940 年出版的张健甫的《中国近百年史教程》，基本观点是不错的，对近百年中国社会的认识表现了作者的进步倾向，但是作者也完全没有提到共产党的活动。该书第八讲"中国国民党的改组与北伐"、第九讲"从九一八事变到七七全面抗战"，应该有共产党出现的地方，均无一字涉及；只在第十讲"一百年中国历史的回顾与前瞻"中，提到九一八事变后，"因为中国内部统一团结尚未完成,所以初期的中日交涉,中国隐忍退让,迫至日本进逼不已,中国内部的统一团结完成了,才有七七全面地争取民族独立生存的神圣的抗战,中国全面抗战的胜利,无疑的要结束近代一百年的耻辱,另写历史的新页。"这里所谓"中国内部的统一团结完成了",显然是指国共合作的形成,抗日民族统一战线的建立,但是作者回避了。① 40年代末出版的金兆梓的书,主要叙述近代中国的政治、外交史,也辟出篇幅叙述文化艺术、社会经济和教育。安排较全,叙事较平稳。但是,有关中国共产党的历史基本不涉及,或者尽力回避。个别地方不得已偶一提及,也采取了不客观、不公正的态度。检读起来,该书只有下面四处提道:(1) 在叙述中国国民党第一次全国代表大会时,提到1922年苏联代表越飞派人来沪接洽,谓中国革命,需要三民主义,当时中国共产党员以个人资格加入中国国民党,参加革命工作;(2) 在叙述1926年春准备北伐时,提到是时党内共产派与非共产派忽发生裂痕,旋由蒋中正先生本着两不偏袒的态度,以非常迅速的手段解决了,总算没有阻碍北伐的大计;(3) 叙述1927年3月南京事件时,根据当时的歪曲报道,提到有共产党人煽动少数军队,对于在南京英、美、日等国领馆,及英、美、日、法、意等国侨民,加以侵害;(4) 叙述中苏关系时,提到1927年12月广州事变发生,实由于广州的苏联领事馆及其国营商业机关指挥中国共产党人在广州暴动。② 此外有关中共历史和国共关系,完全回避。书中设对日抗战一章,且有"中国之团结"一目,居然完全不提共产党,不提国共合作导致了"中国之团结"。本书发行于1947年10月,这时候,国民党政府发动的全面内战已经一年,反映在出版物上,中国共产党的历史以及国共关系,当然是十分敏感的话题。作者对中国共产党历史的处理,是那个时代反共思潮在中国近代史书编纂中的反映。李絜非的《中国近世史》出版于1948年,无一字涉及中共历史。遗漏重大历史事实,不能反映历史的真实面貌,是这类中国近代史书的重大缺陷。宋云彬在《中国近百年史》"序"中说:"现在坊间出版的中国近代史,大都是抗战前编写的,没有把轰轰烈烈的抗战史写进

---

① 张健甫:《中国近百年史教程》,342页,桂林,文化供应社,1940。
② 金兆梓编著:《近世中国史》,212、218、233、243页,上海,中华书局,1947。

去;并且为了避免触犯当道,对于大革命前后的史实的叙述,往往转弯抹角,很少能秉笔直书。"①这的确是事实,虽然这个批评是很隐讳的。李絜非试图解释这一点,他在论述中国近世史研读的重要性及其限制时说道:"研读者身在所研读的对象之中,既不易识庐山真面目,更非比对于古史上然。人云遥则恩怨悉捐,世统远则是非易定。反之,身丁其世者,落笔则有所忌讳,传述亦不免偏私,使躬亲其役者,眩惑而无主,古人所谓'恩怨尽时方论定',即是说,近世史的写读,以史迹关切自身,自不免近视而有所体认不清,更以联系而兴起感情于其中,自不免有爱憎好恶之私,乃不能得史实之真相,做公平真确之论述。"②平心在《中国现代史初编》"自序"中也表示了这种无奈:"我自己认为最不痛快的,就是在写作时,因为顾虑环境,许多意思不能不用转弯抹角的方法来表达,许多通用术语也不能不用别的同义术语来代替。同时承发行者的好意,删去了一些较为触目的字句。这些都是在目前出版环境中不得已采取的变通办法。"③很明显,政治因素、书报检查,是作者必须面对的难题。只有共产党人如华岗、宋云彬等的著作,才涉及中共的历史。他们的书在当时出版,未必不是冒风险的事。至于以现代历史社和中国现代史研究会名义编印的《中国近百年史》《中国现代革命运动史》等著作,是阐明中国共产党人对中国近代史看法的书,书上既未标明出版社,也未标明出版地和作者,在当时显然是非法出版物。这几本书有关中国共产党和中国工人运动历史的叙述,有关国共合作推进大革命,有关大革命失败的经验教训的分析,有关南昌起义、广州起义的介绍,都是其他一般近代史著作所回避的。这说明,由于时代、阶级、政治立场的不同,1949年前的中国近代史著作,其内容之差异是非常大的。

在历史过程的分期方面,胡绳在1954年曾对早期的中国近代史著作给予了详尽的批评。我们现在翻阅1949年前的中国近代史书,发现胡绳的批评是实事求是的,是中肯的。李泰棻的近代史,不论是大学讲

---

① 宋云彬:《中国近百年史》,序,上海,新知书店,1948。
② 李絜非:《中国近世史》,4页,贵阳,文通书局,1948。
③ 平心:《中国现代史初编》,自序,3页,香港,国泰出版公司,1940。

义,还是正式出版物,在晚清是按皇朝来分期,在民国,是按不同的统治者分期,在这方面,大抵固守着纪传体史书中"本纪"的做法。孟世杰的《中国最近世史》,按照"积弱时期""变政时期""共和时期"来分期,表面上摆脱了"本纪"的形式,实际上是按最高统治者来划分时期的,仍然没有摆脱"本纪"的作史思路。其他的中国近代史史书,大多选择若干重大历史事件逐一叙述,或合并叙述,鲜有变化。胡绳批评这种体例大致类似于"纪事本末体",并且认为这种叙述方法"往往会错乱了各个历史事件的先后次序,拆散了许多本来是互相关联的历史现象,并使历史发展中的基本线索模糊不清"。① 这样的批评是客观的。

在研究方法上,有些作者表现了相当的开明和前瞻。譬如,主张用唯物史观指导中国近代史写作的魏野畴,他在《中国近世史》导言中指出,生成新历史——理想中的历史,需要采取科学的原理、材料和方法,要与19世纪以来发展起来的生物学、人类学、心理学、社会学、政治经济学、比较宗教学、考古学等姊妹科学连接起来,应用到人类活动的事实上,写出新历史。他说:"古人把历史看做记载过去事实的账簿本,好像历史是为古人做的,使古人'青史留名''传诸不朽'就算了。我们才知道历史并不是要记载过去的事实怎么样,是要记载过去的事实怎么样到现在,过去已经过去了,我们做历史,并不是为古人留名声,传不朽,是要把人类过去的阴影投到现在,要人类知道他们的现在是怎么样来的。既知道现在是怎么样来的,便可预料将来了。简单说,你不是记载过去的账簿,是要正确记载过去,并解释过去的科学。"②

在近代中国历史前进方向的判断上,1949年以前的中国近代史著作,一般存在着比较朦胧的去向。颜昌峣在《中国最近百年史》"自叙"中谴责五口通商以后,强邻势力愈逼而愈亟,政府冥顽怯懦,婉转服从,苟偷权位,不惜举土地、人民、政事之三宝,敝屣弃捐,财尽能索,乃复大举外债,专事内争以后,慨叹"吾数千年酋长世袭专制之国家,人民自视若马牛犬豕禽兽然。……以如是之民,欲与世界平等自由博爱之民族,

---

① 《历史研究》编辑部编:《中国近代史分期问题讨论集》,2页,北京,三联书店,1957。
② 魏野畴:《中国近世史》,9页,上海,开明书局,1930。

相偶相角,以共立于天演竞存之宇宙,不其难哉?"①显然,作者在讲述中国近百年史时,对历史发展的前景甚为无奈。陈安仁在《中国近代政治史》"自序"中说:"中国近代史,是暗澹晦暝之时期,有如欧洲黑暗时代然;惟欧洲经黑暗时代,能促进十五六世纪文艺复兴,又由十五六世纪文艺复兴,蔚为现代全盛时期。中国能否由近代暗澹晦暝之时期,促进于二十世纪光明之域,是在中国民族复兴运动成功与否以为断也。"②作者在该书结论中又说:入民国以来,由于清朝政治上的余毒未能扫清,由于帝国主义势力的支配未能摆脱,"遂使政治现象未有清宁的一日,而今危亡之祸,迫在目前,中国的政权,能否始终为中华民族所统有,使偌大的国家,不成为历史上的废墟,除却在政治上努力于新建设以抗拒帝国主义的支配势力外,尚有何途。"③虽然作者正确地指出了中国民族复兴运动成功与否对于促进20世纪中国进于光明之域的重要性,但是对于中国历史的这种前景,在当时的时代背景下,作者并不是很乐观的。

代表自由主义知识分子的陈恭禄,作为一名教会大学的教授,受西方影响很大。他的政治理想以欧美发达国家的政治为楷模。他的《中国近代史》以进化史观为指导,以英雄人物为核心,这种学术方法使他对中国近代史的总体评价和对具体的历史事件、人物的评价与当时中国社会主流知识分子观点非常接近。在涉及现实时,他在某些问题上认同国民党政权,但在内心,对中国社会的出路,既不寄希望于国民党,也不将理想寄托于共产党,他希望走一种两党之外的道路。作为一个无党无派的学院派知识分子,他从自己的学术立场得出了中国社会走向的结论,表征着中国社会中间势力的代表——自由派知识分子共同的政治取向,这是时代在他著作中投射的结果。

有两种书的作者对近代历史的前景表现了明确的意见。代表国民党主流意识形态的书,如蒋廷黻的《中国近代史》,在这方面提出了明确的主张。他在总论中指出:"近百年的中华民族根本只有一个问题,那

---

① 颜昌峣:《中国最近百年史》,自叙,上海,太平洋书店,1929。
② 陈安仁:《中国近代政治史》,自序,上海,商务印书馆,1934。
③ 陈安仁:《中国近代政治史》,149页。

就是：中国人能近代化吗？能赶上西洋人吗？能利用科学和机械吗？能废除我们家族和家乡观念而组织一个近代的民族国家吗？能的话，我们民族的前途是光明的；不能的话，我们这个民族是没有前途的。"①笼统来说，这个主张是说出了近代中国出路的关键所在的，但是在抗日战争的高潮中，不倾心组织全民族的抗战，口头空谈中国的近代化，是另外一种唱高调的表现。况且，他著书的结论，是号召读者追随蒋介石，谨守所谓中山遗教，就能找到光明的出路。② 显然他的结论是服从于主张片面抗战的国民党政府当局的基本观念的。

与此相反，那些对于中华民族前途抱有明确希望的作者，那些相信人民力量的作者，在撰写中国近代史书时，总是以积极前进的乐观姿态评价历史发展的前景。魏野畴在他的书的结论中说："在西方掀来的杀声之中也夹带着不少的自由的音调。东方文化腐败了的弦子已经崩坏了。近几年来文字上的改革给我们一种很便利的工具，科学方法又是一种降妖伏魔的法宝。战前的准备已经竣毕了，造时势的大将军把大家都送上思想革命的战场。枪声作了，炮弹炸了，前线上打倒了不少的死尸。思想革命的伟业必要在我们的手中完成的！"③李鼎声表明他撰写《中国近代史》的目的："暴露国际资本的群魔怎样从中国吸吮着膏血来膨胀它们自身，怎样驱使他们的鹰犬来榨取中国广大的勤劳人口以及中国的被压榨的奴隶大众，怎样用自己的战斗力量反抗此种残酷的吸血与绞榨。"④从对中国近代社会性质判断出发，他认为中国近代史是一部帝国主义侵华史，中国近代史的主题就是中国人民的反帝斗争。帝国主义的入侵，"使得整个的国民经济屈服于国际资本的铁蹄之下，而且益加深其殖民地化的创痕，结果是国内的社会阶级因此起了分化，受着帝国主义驱策并维护旧的生产关系的阶级，站在一条战线上，反对帝国主义与封建剥削制度的阶级，站在另一条战线上，这样就激起了巨大的社会斗争，由对立发展所引起的突变——革命结局是要否定帝国

---

① 蒋廷黻：《中国近代史》，3页，长沙，艺文研究会，1938。
② 蒋廷黻：《中国近代史》，128页。
③ 魏野畴：《中国近世史》，295页，上海，开明书店，1930。
④ 李鼎声：《中国近代史》，5页。

主义与国内的旧生产关系，这便是历史发展过程的必然变化"①。

　　李鼎声(平心)在另一本书里说："中国近一世纪的历史，是人民进步势力和内外奴役制度决斗的历史。百年来的苦难把中国人民逐渐锻炼成为世界最富于奋斗精神的民族，他们忍受着辛酸创痛，沐浴于腥风血雨，为的是要把老大的衰朽的中国改造成为少壮的进步的中国。任凭那些顽固的人种偏见者对中国不肯收敛轻蔑的眼光，但是，善于创造和勇于变革的中国人民，凭着光明的自信与挺进的魄力，冲向人类历史的最前线，不是任何力量所能阻拦的。历史将为奋勇前进的中华民族作证!"②我们今天读到这样充满自信的话，仍然感受到在抗日战争的艰苦岁月里，为了追求中华民族的历史进步而撰写中国近代历史著作的力量。

　　有的作者，在政治倾向上可能是国民党左派，对近代中国的未来发展也表现了积极前进的姿态。张健甫在展望中国的未来时指出："根据中国社会经济的性质，——半殖民地半封建经济的性质——无疑的，我们革命的性质，是国民革命。因此摆在我们面前的任务，也就是完成国民革命及建设自由平等的三民主义的新中国的任务。国民革命的目标，对外是打倒帝国主义的侵略，特别日本帝国主义所加于我们的侵略，对内要肃清残余的封建势力，特别汉奸卖国的阴谋，换句话说，就是我们要使中国脱离半殖民地半封建社会的天罗地网，建设领土主权绝对完整的独立共和国。"③对于近代中国前途的这种预测，大体上是符合历史发展方向的。

　　时代的发展特点，赋予作者写作的影响是明显的。譬如，撰写于大革命时期(国民革命时期)的著作，明显地带有那个时期的时代特点。沈昧之在全书最后一节"进行废约的努力"中写道：

　　反帝国主义的民族革命运动，处处受帝国主义者武力的压迫，惨酷的屠杀，国民却仍再接再厉，抱了大无畏精神，继续革命，深知帝国主义

---

① 李鼎声：《中国近代史》，10页。
② 平心：《中国现代史初编》，自序，1页，香港，国泰出版公司，1940。
③ 张健甫：《中国近百年史教程》，345—346页，桂林，文化供应社出版，1940。

的唯一工具,是在不平等条约。……所以举国群众,知道废除不平等条约,是民族革命运动的根本要着,因此近年以来,政府和民众,一致努力一切不平等条约的废除。民族革命,继续不已,帝国主义,总有打倒之一日,那么在将来的中华民族史上,一定可以增加无尚光荣呢!①

这位作者在其行文之间,充满了大革命时期反对帝国主义的豪情壮志,相信中华民族一定可以战胜帝国主义。另一位国民党人,自称是"国民革命队伍里的一员健将"的印维廉,在其所著书的例言中,明确举出其编书的三个要点:

第一,要使全国国民,明白认识中国国民革命,已有七十八年的光荣革命史。

第二,要使全国国民,明白认识中国国民革命的对方,就是国际帝国主义,和种种不平等条约。目的在不打倒国际帝国主义,废除不平等条约,以求达到我民族自由解放不止。

第三,要使全国国民,明白认识中国国民革命,要打倒国际帝国主义,和废除不平等条约,不可不先打倒国内国际帝国主义的工具,如专制君主、封建军阀,以及贪官污吏、洋奴买办、土豪劣绅等为虎作伥的反革命派。②

这位作者的话,至今仍使我们感受到激情和鼓舞!

前文所列 44 本书的作者,现在可以明确判明其政治身份为中共党员的有 11 人,占全部作者的 1/4。他们是李鼎声、魏野畴、朱其华、何干之、平心、华岗、曹伯韩、范文澜、胡绳、宋云彬;署名现代历史社编的《中国近百年史》和中国现代史研究委员会编的《中国现代革命运动史》,作者实际上是张闻天;署名华北大学历史研究室编的《中国近代史》,作者主要是荣孟源。其中,李鼎声和平心是同一人。朱其华、曹伯韩、宋云彬后来脱离共产党。还有几位,如韩启农、陶官云,从他们的著作的政治倾向来看,似乎倾向于当时共产党人的立场,但是现在还没有材料证明他们也是共产党人。这些共产党人撰写的《中国近代史》,大

---

① 沈味之:《近百年本国史》,172—173 页。
② 印维廉:《中国革命史》,2—3 页,上海,世界书局,1929。

体上本着新的历史观即唯物史观为指导,比较全面地观察近代中国的历史,对中国近代社会的性质(半殖民地半封建社会)和革命性质(旧民主主义革命和新民主主义革命),有着大体相似的看法;往往能够从社会经济发展的角度,观察社会政治和思想文化的发展;能够从阶级分析的方法,看待近代中国社会的政治斗争;能够从社会基层民众的角度,分析劳苦大众在历史发展中的作用;对近代中国的历史前景抱有强烈的期望,虽然很粗糙,但大体上形成了中国近代史研究的学术框架。他们在写作中富于激情,富于论战性、批判性和针对性,往往使对于社会现象不满的青年读者受到很大的启发。当然,在这些作者写作的当时,不可能考虑到如何建立中国近代史研究的科学的学科体系问题,这些问题只有留待后来的研究者去完成。但是,这些作者研究、观察中国近代史的基本方法和角度,曾经长期影响了1949年以后中国大陆的中国近代史研究者,则是毋庸讳言的。

第二节　20世纪下半叶中国近代史史书的编纂

1949年以后,由于中华人民共和国的建立,为中国的独立和解放奋斗了近30年的中国共产党成了执政党,马克思主义的意识形态成为国家的主流意识形态。在中华人民共和国的历史学研究中,中国近代史研究分外受到重视,国家级的专门研究中国近代史的机构最早建立,大学历史系里普遍设立中国近代史教研室,中国近代史的教学和中国近代史知识的普及成为对人民进行爱国主义教育的重要手段。

20世纪50年代以后出版的中国近代史书甚多,不下百多种。我们列出具有代表性的著作如下:

1. 范文澜:《中国近代史》,上册,人民出版社,1955年修订版;
2. 胡绳:《中国近代史提纲》,中央党校1955年印本,1960年修订印本;
3. 戴逸:《中国近代史稿》,第一册,人民出版社,1958年;
4. 林增平:《中国近代史》,两册,湖南人民出版社,1958年;
5. 郭沫若主编:《中国史稿》,第四册,人民出版社,1962年初版,1964年再版;
6. 李侃、李时岳、李德征、杨策、龚书铎:《中国近代史》,中华书局,1977年第1版,1994年第4版;
7. 刘大年主编:《中国近代史稿》,全三册,人民出版社,1978—1984年;
8. 胡绳:《从鸦片战争到五四运动》,上下册,人民出版社,1981年;

9. 苑书义等:《中国近代史新编》,全三册,人民出版社,1981—1988年;

10. 张海鹏主编:《中国近代史(1840—1949)》,群众出版社,1999年;

11. 董守义等编著:《中国近代史教程》,上下册,中国社会科学出版社,2000年。

中华人民共和国建立半个世纪以来,中国近代史书的编纂,较之1949年以前有了很大的进步,概括起来有如下特点:

第一,新编的中国近代史,大多明确标举以马克思列宁主义、毛泽东思想作为编书的指导思想,以阶级分析方法作为观察近代中国历史进程、历史事件和历史人物的基本方法,在历史事实的叙述过程中,体现了以毛泽东为代表的中国共产党人在领导中国新民主主义革命曲折奋斗的过程中,对近代中国社会性质的分析与论定,确定中国革命的性质、中国革命的对象、中国革命的动力、中国革命的前途等,从而进行一系列论述。半殖民地半封建社会,是近代中国社会的基本性质。对中国近代史的描述,是建立在对近代中国社会性质的这种分析基础上的。这样的分析和叙述,对于读者了解近代中国社会的本质特点、了解近代中国社会的阶级关系、了解近代中国社会的发展方向,是有莫大好处的。这个进步是1949年前大多数中国近代史书难以比拟的。

第二,关于中国近代史的时限。中国近代史开端于鸦片战争,这个问题在1949年以前编纂的中国近代史书中已经基本解决。中国近代史的下限何在,1949年前编纂的史书中并无定论,大体上终止于史书停笔前,也有的书明确终止于辛亥革命和清王朝的覆亡。范文澜1947年出版的《中国近代史》上编第一分册,以及由华北大学历史研究室据此编写的初中历史课本《中国近代史》,基本上明确了中国近代史的时限为:1840—1919年是中国近代史的旧民主主义革命时期,1919年以后是中国近代史的新民主主义革命时期。如果考虑到1949年中华人民共和国的建立标志新民主主义革命完成,则中国近代史的完整时限应为1840—1949年。这就是说,中国近代史是半殖民地半封建社会时期的中国历史。这本来是有关中国近代史的一个科学的定义,但是在

20世纪50年代的学术讨论中，似乎形成了一个没有正式结论的共同认识：中国近代史的下限划在1919年，1919年以后至1949年称为中国现代史。在这样的认识下，范文澜在1955年《中国近代史》的"九版说明"中特别指出："《中国近代史》上册，是1945年我在延安时写的，当时原想把旧民主主义革命时代和新民主主义革命时代的历史一气写下来，将旧民主主义革命时代划归上编，新民主主义革命时代划归下编，本书则是上编的第一分册。现在因为近代史与现代史已有明确的分期，故将此书改称为《中国近代史》上册。"①这一改动，对以后中国近代史书的编纂影响甚大，中国近代史的时限概念几乎就定在1840—1919年。尽管这个概念在学科建设上是不准确的，从今天的认识来看，可以说是对1947年范著《中国近代史》关于中国近代史时限概念的一次倒退。尽管中国近代史学界的主流认识如此，但实际上许多研究者并不赞成。

举几个例子。中国人民大学教员林敦奎1956年6月4日在中国人民大学第六次科学讨论会上提出：中国近代史的下限应延长至1949年中华人民共和国成立以前。② 接着，荣孟源在1956年第8期《科学通报》发表《关于中国近代史分期问题的讨论》文章，开宗明义说："有人说，中国近代史的断限应从1840年起，到1949年9月止。我赞成这个意见。"他分析道："从鸦片战争起，到中华人民共和国成立以前，中国社会性质是一个半殖民地半封建社会，中国革命性质是民主主义革命，这一百一十年的历史应该作为一个历史时期，叫做中国近代史。假如从新民主主义革命起到目前止作为现代史，那么所谓近代史只是半殖民地半封建社会历史的一半，而现代史却包括着中华人民共和国成立前后两个不同性质社会的历史。这样就其科学性来说是不妥当的。……1949年以前，我们把新民主主义革命时期作为现代史，把旧民主主义革命时期作为近代史，那时中国社会性质没有改变，按两段民主主义革命的不同来区分历史是应该的。但在今天中国人民民主革命胜利之

---

① 范文澜：《中国近代史》上册，"九版说明"，北京，人民出版社，1955。
② 杨遵道：《中国人民大学第六次科学讨论会上关于"中国近代历史分期问题"的讨论》，见《历史研究》编辑部编《中国近代史分期问题讨论集》，228页，北京，生活·读书·新知三联书店，1957。

后,中国社会性质已经改变,中国革命性质已经改变了,再保守着旧日的样子划分历史阶段就不妥当了。"①再接着,李新在为《中国通史半殖民地半封建社会时代(下)教学大纲》(初稿)所写的前言中说:"从1840年的鸦片战争起直到1949年中华人民共和国成立以前止,这个社会的性质是基本上没有改变的。因此没有理由把它划分为近代史(1840—1919)和现代史(1919—1949),而应该把它写成一部完整的包括整个半殖民地半封建社会时代的通史。……为了方便起见,把它称为近代史也是可以的。"②显然,李新也是同意中国近代史实际应该包括1840—1949年的历史的。此后,在《历史研究》编辑部组织的讨论中,李荣华、赵德馨也同意上述主张。刘大年1959年在《中国近代史研究中的几个问题》③一文中以及1964年在向外国历史学者介绍新中国的历史科学时,也持这种观点。刘大年指出:"中华人民共和国成立以后,历史前进到了一个崭新的时代。十几年前的'现代',已经很快为今天的'现代'所代替。时至今日,我们再用'近代'去概括鸦片战争至五四运动的历史,用'现代'概括五四直至中华人民共和国以后的历史,显然是非常不合理了。"④范文澜在1956年7月为政协全国委员会中国近代史讲座所作的报告,在讨论中国近代史的分期问题时说:"中国近代史是半殖民地半封建国家里帝国主义勾结中国封建势力进行侵略和压迫、国内各阶级在不同的时间上和不同的程度上进行反帝反封建的历史,也就是说,是半殖民地半封建社会的历史。"他这里用的年限是1840—1949年。⑤

第三,关于中国近代史的分期。旧中国的中国近代史著作没有进行分期。胡绳有感于此,于1954年在《历史研究》创刊号上发表了《中

---

① 荣孟源:《对于近代史分期的意见》,见《历史研究》编辑部编《中国近代史分期问题讨论集》,146页。
② 李新:《关于近代史分期的建议》,原载《教学与研究》,1956年第8、9合期,转引自《中国近代史分期问题讨论集》,153页。
③ 原载《历史研究》,1959年第10期,转引自《刘大年史学论文选集》,247页,北京,人民出版社,1987。
④ 刘大年:《回答日本历史学者的问题》,见《刘大年史学论文选集》,494—495页。作者在此文中还就分期问题做了长篇讨论,此处不赘引。这里顺便指出,中国社会科学院近代史研究所自1977年恢复研究工作起,即明确1840—1949年间的中国近代史都是它的研究对象,该所的出版物和主办的刊物都以此为准。
⑤ 范文澜:《中国近代史的分期问题》,原载1956年10月25日《光明日报》,见《范文澜集》,139页,北京,中国社会科学出版社,2001。

国近代历史的分期问题》一文,引起了近代史学者的强烈关注和热烈讨论。1957年,《历史研究》编辑部汇集了3年来学者讨论的文章予以出版。这是中国近代史学界学习唯物史观、寻求在中国近代史研究领域建立马克思主义史学体系的宝贵记录。中国近代史如何划分时期,看起来是编写近代史教科书的一个具体问题,但是依据什么标准分期,却涉及历史观问题,涉及研究中国近代史的理论与方法问题,涉及对叙述和研究中国近代史的主要任务的认识,以及用什么来做中国近代史的基本线索问题。用马克思主义的观点,对历史发展过程进行正确的分期,对读者认识中国近代史的发展规律、进行历史主义的教育是有很大意义的。胡绳批评了那种拿帝国主义侵略形态作划分时期标准的看法,认为"只看到侵略的那一面,而看不到或不重视对侵略的反应这一面,正是历来资产阶级观点的近代史著作中的主要缺点之一";①同时也批评了单纯用社会经济生活的变化来做划分时期标准的做法,认为那样会走到经济唯物论的立场上去,对中国近代史分期,必须全面考察当时社会的经济基础和上层建筑,而上层建筑的变化并不是亦步亦趋地随着基础变化的。胡绳依据马克思主义唯物史观,依据毛泽东有关中国近代史的说明,提出了"基本上用阶级斗争的表现来做划分时期的标准"的重要意见,并且把中国近代史划分为七个时期。② 范文澜根据近代中国只有一种主要的矛盾起着领导的、决定的作用以及两个主要矛盾相互转换的矛盾论原理,把中国近代史划分为四个大的阶段,他同时认为,"中国资本主义的发生和发展,在中国近代史上当然有头等重要的进步意义,必须予以详尽的叙述,不过,中国资本主义到底是弱小的,中国资产阶级对历史上的贡献到底是有限的,它和中国封建主义作斗争,始终没有力量从矛盾的次要方面转化到主要的一面,更不用说对帝国主义有什么大的斗争了。中国半殖民地半封建社会不曾因为有了中国资本主义而变成为资本主义社会,所以,中国近代史只能是半殖民地半封建社会的历史……决不能像西方资本主义国家那样把近代史等

---

① 胡绳:《中国近代历史的分期问题》,见《历史研究》编辑部编《中国近代史分期问题讨论集》,2页,北京,生活·读书·新知三联书店,1957;又见《胡绳全集》第2卷第2辑(1954—1956),北京,人民出版社,1998。
② 参见张海鹏《五十年来中国近代史研究的理论与方法评析》,载《近代史研究》1999年第5期,收入曾业英主编《五十年来的中国近代史研究》,1—18页,上海书店,2000。

同于资本主义社会的历史……仅仅用中国资本主义的发生和发展来划分中国近代史的阶段是不全面的,是不符合历史事实的。"①当然,其他学者还提出了其他的分期法。

经过20世纪50年代关于中国近代史分期问题的讨论,近代史学界关于中国近代史研究的科学性和革命性问题、关于中国近代史研究的指导思想问题、关于中国近代史的基本线索问题,大体取得了共识。从60年代到80年代出版的几种中国近代史读本,体现了这次讨论的结果。其中两本是1962年出版的:一本是郭沫若主编、刘大年组织中国科学院近代研究所的研究人员编写的《中国史稿》第四册,一本是翦伯赞主编、邵循正和陈庆华编写的《中国史纲要》第四册。以后陆续有李侃等著的《中国近代史》、刘大年主编的《中国近代史稿》、胡绳编著的《从鸦片战争到五四运动》以及苑书义等著的《中国近代史新编》。这几本书虽然出版较晚,反映的仍是那次讨论的结果。

第四,关于政治史或革命史体例问题。中国近代史书的撰写,即使在1949年以前,不管是持有何种史观的作者,都具有时代的紧迫感和使命感。除了个别例外,中国近代史往往写成近代政治史。1949年以后,新民主主义革命胜利的冲动一直在继续,反映在中国近代史领域,不管是写旧民主主义革命史,还是写新民主主义革命史,往往强调了政治史或者革命史的那一面。后来有学者批评这是"革命史观"。这种批评不一定准确,但是一部近代史写成了政治史或者革命史,这是大家都有感受的。

包括拥有众多读者的范文澜著《中国近代史》,内容也是偏重于政治史。这在中国新民主主义革命的最重要时期,在决定中国前途和命运的关键时期,在需要用中国近代史的知识体系为中国的革命和前途呼喊的时期,显然是有道理的,反映了时代的需要。但是,在那场革命胜利以后,在讲究科学体系的时候,从中国近代史的学科建设看,这却是需要改进的。长期保守那种状况,学术界不会满意,读者不会满意。20世纪60年代初,参加撰写《中国史稿》第四册的作者们,看到了这一

---

① 范文澜:《中国近代史的分期问题》,见《范文澜集》,139页,北京,中国社会科学出版社,2001。

点,努力做出改变。依照《中国史稿》第四册主持人刘大年的看法,1840年至1919年近代中国80年的历史,明显地表现为鸦片战争至太平天国失败、1864年至戊戌变法与义和团运动失败,以及1901年至五四运动爆发的三个不同时期。在那几个时期里,帝国主义、中国社会各阶级的相互关系、其矛盾斗争各有特点。其中社会经济状况、阶级斗争、意识形态是结合在一起的,统一的。因此,新的著作要求根据历史演变的时间顺序讲述事件;不只讲政治事件,也要讲经济基础、意识形态,不只讲汉族地区的历史,也要讲出国内各民族在斗争中与全国的联系和相互关系。《中国史稿》第四册这种写法,就是总结了中华人民共和国成立以来中国近代史学科的理论建树和研究成果,加以概括和升华,给中国近代史搭起了一个新的架子,有些地方做出了可喜的概括。该书是作为干部读物撰写的,出版后成为指定的高等学校教材,印数很多。1982年全国近代史专家在承德举行学术讨论会,会上有的研究者评论说:60年代最有影响的近代史著作是郭沫若主编、实际上是刘大年写的《中国史稿》第四册。这个评论指出了那本书在一段时间里流行的情形。可惜这本书不到18万字,虽然有一个较好的框架,但正如评论家所说是"有骨头无肉",不能算是一部丰满的近代史书。"文化大革命"结束后,刘大年主持编写《中国近代史稿》,就是用这本书作为提纲。它的缺点是没有从110年的全程来看待中国近代史,没有照顾到中国近代史领域迄今为止的新发展。20世纪80年代以后,中国近代史的专题研究有了很大进展,对中国近代史的体系又有了新的认识和思考。这部计划写成五册的书最后没有完成,成为近代史研究所的又一部半本《中国近代史》。胡绳的著作,规模较大,条分缕析,议论恢宏,在一定程度上体现了作者刻意追求的马克思主义的思想力量,对教学和研究工作以及对广大群众的爱国主义教育产生了深远影响。

以上几本书,尽管在某些具体问题的论述上学者们可能有不同意见,但是基本上确定了中国近代史教科书的编写体例和框架,确认了用阶级分析的方法考察中国近代史的历史进程,确认了近代中国社会是半殖民地半封建社会,确认了近代中国的基本任务是进行反帝反封建的斗争,在具体编写上大体接受了三个革命高潮的概念。但是,"文化大革命"中江青反革命集团横行,他们鼓吹"儒法斗争继续到现在,影响到将来"的奇谈谬论,要"大批资产阶级",滥用、歪曲阶级斗争理论。"四人帮"的"儒法斗争"是他们从事篡党夺权的政治手段,由于打着学术的旗号,使中国的学术文化事业,包括中国近代史研究,遭到空前破坏。20世纪70年代末,刘大年曾经指出:"新近出版的近代史读物,重复劳动多,新增加的东西少,说来说去,总是一个简单公式:'两个过程,三个高潮,八大事件',陈陈相因,了无新制,缺少专题研究的艰苦功夫。"①这个批评,对于往后重复产生的中国近代史书,无疑也是当头棒喝。

---

① 刘大年:《范文澜与历史研究工作》,见《范文澜历史论文选集》,序言,引自《刘大年集》,267—268页,北京,中国社会科学出版社,2000。

第三节 20世纪中国近代史学科体系问题的探索

这里讨论的不是各个历史时期有关中国近代史研究具体问题的进展——这种进展是非常巨大的,正是这种进展推动了我们对中国近代历史认识的深化,推动了我们对近代中国国情全面深入的了解,推动了中国近代史学科的巨大进步——这里讨论的是建设中国近代史学科体系方面的演化和趋势。一门学问的学科体系是什么面貌,关系到我们对这门学科基本面貌、总体面貌的认识,关系到这门学科的学术性、科学性问题。通过这种研究与讨论,我们可以看到不同历史时期、不同政治倾向的学者是如何建设中国近代史的学科体系的,看到中国近代史的学科体系的演化,以及它如何发展到今天这个样子,今后还可能发展到哪里去。

中国近代史研究的学科体系包括哪些内容呢?我想主要是指中国近代史研究的对象、研究对象所涵括的时间范围、怎样看待中国近代史的基本线索、建立这样的学科体系所必须使用的基本研究方法,以及研究工作中所秉持的基本的指导思想,等等。

第一,关于中国近代史的学科对象。

历史学中近代的概念,大致上来自欧洲的史家。在欧洲史家看来,modern times 大致是指从公元 1500 年左右以后一直到现今的历史时期,就是文艺复兴以来的历史,也就是资本主义在欧洲发生和发展的历史。清末民初翻译西方著作时,人们把 modern times 译为"近世"。在 20 世纪上半叶,不少学者用"近代史"这个概念时,往往指的是离他们不远,仍在发展中的历史。如梁启超将"乾隆末年至今"称为"近世史"。① 20世纪初,李泰棻在所著《中国最近世史》中将"近世史"的开端定为从道光时开始。

事实上,绝大多数作者都主张以鸦片战争作为中国近代史的起点,也有部分作者把中国近代史的开端放在明末,认为新航线的开辟是欧洲近代史的开端,也是中国近代史的开端,如郑鹤声、郭廷以。吕思勉的《中国近代史讲义》也认为中国近世史始于明代中叶、欧人东来。②

20世纪30—40年代,由于民族救亡、反思百年国耻的需要,越来越多的学者倾向于以鸦片战争作为中国近代史的开端,因为这场战争是资本-帝国主义侵略中国的开始,也是近代中国民族危亡的开端。自1933年李鼎声出版《中国近代史》以后,陆续有陈恭禄、蒋廷黻、范文澜的著作用了"中国近代史"作为书名。可见,20世纪30年代起,"中国近代史"这一概念已经普遍地为人们所接受。以"中国近代史"作为教材或专著的中国近代史类著作多达数十种。

马克思主义史学传入中国以后,马克思主义史学家开始接受苏联史学的分期法,把十月革命作为一个划时代的历史标志。十月革命以前的时期称为"近代",从世界范围来说,那是资本主义形成、发展的时代,是资本主义战胜封建主义和前封建主义的时代,一部世界近代史,就是世界资本主义形成和发展的历史;十月革命以后的时期,称为"现代",指的是世界无产阶级革命和社会主义时代。因此"近代"与"现代"就成为具有不同含义的两个时间尺度,被赋予了不同的社会属性,成为两个前后相接的历史时期。其中"近代"作为一个概念,指的是已经结束了的历史时期;"现代"指的是最近的,现今仍在发展中的一个历史阶段。以此观点观照中国历史,认为中国没有独立的资本主义发展史,但是1840年鸦片战争后,中国有一个属于资本主义体系的半殖民地半封建时代。"我们通常所说的中国近代史,就是指中国半殖民地半封建的历史。因此,历来应用马克思主义观点研究中国历史的人都主张1840年中英鸦片战争是中国近代历史的起点,因为中国半殖民地半封建社

---

① 梁启超:《中国史叙述》,《饮冰室合集·文集》之六,10页,上海,中华书局,1936。
② 吕思勉:《中国近代史讲义》,见《吕著中国近代史》,4页,上海,华东师范大学出版社,1997。

会是从此开端的。"①

对于这部分学者来说,中国近代史的上限起于1840年。这也是大多数史家的共识。当然也有个别史家有不同主张。侯外庐将中国近代史看作是中国资本主义萌芽和具有近代人文主义性质的启蒙思潮发生和发展的历史,他主张将明清之际作为中国近代史的开端。② 尚钺在20世纪50年代讨论明清社会经济形态时提出以明朝中叶作为中国近代史的开端。③ 在持马克思主义观点的学者中,有这样的看法的人是极个别的。

关于中国近代史的下限。1949年以前的著作,绝大部分作者都将中国近代史的下限与学者生活的当前时代联系起来。1947年华北新华书店出版的范文澜著《中国近代史》上编第一分册,出现了关于中国近代史时限的完整定义。范文澜把1840年以后的中国社会定义为半殖民地半封建社会,把1840—1919年的中国历史划分为中国近代史的旧民主主义革命时期,把1919年五四运动以后的历史,称为中国近代史的新民主主义革命时期。这虽然是从革命史的角度定义中国近代史,却对于整个中国近代史的时限给出了科学的、符合学术规范的规定。一般说来,划分历史时期,是以重大政治事件为标志,也即是从政治史或者革命史的角度来定义历史时期。这样说,并不否认其他学科,如经济史、思想史等可以有自己学科特点的划分时期的方法。

但是,在20世纪50年代,由于历史和现实的原因,多数学者主张以1919年五四运动为下限,并且以1840—1919年作为中国近代史学科的研究对象和时间范围,而把五四运动作为中国现代史的起点。在40年代及其以前,中国近代史与中国现代史本来没有明确的界限。如李鼎声著《中国近代史》和《中国现代史初编》(后者署名"平心")所处理的内容和时间范围基本相同。50年代起,中国近代史和中国现代史的分期明确了。王廷科论证了中国近代史和中国现代史的划分,他根据列宁关于区分不同时代的基本特征,认为哪一个阶级是时代的中心,决

---

① 刘大年:《中国近代史研究中的几个问题》,载《历史研究》1959年第10期。
② 侯外庐:《侯外庐自传》,见《中国现代社会科学家传略》第2辑,273页,太原,山西人民出版社,1982。
③ 尚钺:《明清社会经济形态的研究》,序言,上海人民出版社,1957。

定着时代的主要内容、时代发展的主要方向的判断,提出"所谓'近代史',就是指以资产阶级为中心的时代的历史;所谓'现代史'就是指以无产阶级为中心的时代的历史"。他认为应以1919年为中国近代史的下限,为此提出5个理由:

1. 从社会形态而论,"五四运动以后,尽管中国社会仍然是半殖民地半封建社会,但已经不是一个纯粹的封建社会了","这时的中国,出现了两种政治、两种经济和两种文化的长期并存。这种局面,是五四以前所不曾有过,也是世界历史所仅见的。这种复杂的特殊的情况与五四运动以前的情况,显然是不同的。"

2. 从时代中心的变化看,"自1919年五四运动到1949年新中国成立,中国社会的'基本特征',不是别的,正是中国无产阶级及其先锋队中国共产党站在时代的中心,决定着时代的主要内容、时代的主要方向;不是别的,正是中国共产党的革命战争成为推动社会进步的主要动力。这时,以无产阶级为中心的时代已经代替了以资产阶级为中心的时代。因此,中国历史就由'近代'进入到了'现代'。"

3. 从革命的观点看,"我国新民主主义革命与我国旧民主主义革命有相同点,也有不同点","而不同点是更为重要的。特别是由于领导权的转移,由于革命所属的阵线不同,决定了我国的新民主主义革命与我国的旧民主主义革命不是属于同一的历史范畴,而是属于不同的历史范畴。因此,不能将我国新民主主义革命时期的历史与我国旧民主主义革命时期的历史不加区别地一并划入中国现代史范围。"

4. 从新民主主义革命与社会主义革命的关系看,"都是中国共产党领导下的中国革命的一部分,都是为整个'共产主义思想体系所指导'的。这两大革命同属于世界无产阶级革命的历史范畴,在中国现代当然属于中国现代史历史的范畴。因此,应当如实地把我国新民主主义革命时期的历史与我国社会主义革命时期的历史联系起来,写成一部完整的中国现代史。"

5. 从新民主主义革命的历史地位看,如果将其与旧民主主义革命时期的历史并列起来,一起划入中国近代史范畴,"那么在客观上就贬低了我国新民主主义革命的地位";如果割断新民主主义革命时期的历史与社会主义革命时期的历史,分别划入不同的时代——近代和现代,"也就不能完整地准确地反映中国进入了世界无产阶级社会主义革命时代的全部历史"。①

在20世纪50—60年代,以马克思主义为指导的中国近代史学科体系刚刚建立,学者们的兴趣和研究方向还在晚清时期;1919年以后的历史,主要是中共党史研究和我国新民主主义革命史研究,对学术界具有支配作用;就是晚清政府的历史,也只能作为革命史的陪衬,而且1919年前的中国近代史也是以革命史为中心的。事实上,国外的中国近代史研究,也在追寻中华人民共和国成立的由来,他们的研究视线,也仍旧停留在晚清时期的社会历史变化上。包括美国、日本在内,那里的中国近代史研究,也是以革命史为中心的。

再者,中华人民共和国刚成立,革命时期的热情还在继续,人们迫切希望知道新民主主义革命之由来,新民主主义革命的历史进程,旧民主主义革命如何向新民主主义革命发展、转变,以及帝国主义侵略中国的历史,所以对五四运动以前的近代革命史给予高度重视。从政治上说,1949年以前的历史过去未久,许多历史当事人还在,加之海峡两岸还处于敌对状态,因此对1919年后的历史做自由的学术研究,在当时的政治环境下有碍难之处。

事实上,早在20世纪50年代讨论中国近代史分期问题时,就有学者主张以1949年中华人民共和国成立为中国近代史的下限。"因为1840—1949年,中国社会性质仍然是半殖民地半封建社会,革命性质也还是反帝反封建(以后加上反官僚资本主义)的资产阶级民主革命。"②

同时,"近代史和现代史的划分,不应该是一个社会内部的分期,而应是标识这一种革命到另一种革命的交替,这一社会形态到另一个社会形态的转变。""近代中国是一个半殖民地半封建社会,1840年的鸦片战争是半殖民地半封建社会的开端,1949年中国共产党领导中国人民革命在全国范围内取得的胜利是半殖民地半封建社会的结束。"这个

---

① 见王廷科《正确估价我国新民主主义革命的历史地位》,载《四川大学学报》1981年第1期。
② 杨遵道:《中国人民大学第六次科学讨论会上关于"中国近代历史分期问题"的讨论》,载《历史研究》1956年第7期。

社会,"不是有完整意义的资本主义社会,而是在外国资本主义侵略下的变态社会","因此,以近代史概括充当资本主义社会形态的半殖民地半封建社会的历史,而不因五四运动把一个社会形态分割为两截的近代、现代史,是更为科学的,也更能完整地反映鸦片战争以来中国社会变化、发展的规律。"①当时,李新、刘大年、荣孟源都持这种看法。

随着时间的推移,人们对近代中国的认识不断加深,越来越多的学者认为,以1919年作为中国近代史的下限,对历史认识和学科建设都没有好处,主张将1840—1949年的历史打通来研究。胡绳早在1981年所著《从鸦片战争到五四运动》"序言"中就说道:"在中华人民共和国成立已经超过30周年的时候,按社会性质来划分中国近代史和中国现代史,看来是更加适当的。"②

《从鸦片战争到五四运动》出版后,中国近代史学界再次关注中国近代史的下限问题,列举出不以1949年为中国近代史的下限的种种弊端,主要是不利于了解和把握中国历史发展的全过程,不利于揭示和认识中国近代历史发展规律;③主张把近代中国110年作为一个完整的历史时期。"所谓完整的历史时期,就是说这个110年不同于秦汉以来任何一个历史时期,而是一个特殊的历史社会形态,即封建社会崩溃中被卷入资本主义世界的半殖民地半封建社会。"④

1997年胡绳在祝贺《近代史研究》创刊100期时,重提"把1919年以前的八十年和这以后的三十年,视为一个整体,总称之为'中国近代史'是比较合适的。这样,中国近代史就成为一部完整的半殖民地半封建中国的历史,有头有尾。1949年中华人民共和国成立以后的历史可称之为'中国现代史',不需要再说到1840—1949年的历史称之为'中国近现代史'。"著者随后在《光明日报》和《近代史研究》发表文章,继续阐释胡绳有关中国近代史分期的意见,并且讨论与中国近代史分期有

---

① 陈旭麓:《关于中国近代史的年限问题》,载《学术月刊》1959年第11期。
② 胡绳:《从鸦片战争到五四运动》,1页,北京,人民出版社,1981。
③ 李侃:《中国近代"终"于何时》,见1982年11月17日《光明日报》。
④ 陈旭麓:《关于中国近代史线索的思考》,载《历史研究》1988年第3期。

关的问题。① 经过这一次讨论,大体上统一了中国近代史学界的认识。

这样,经过近一个世纪的发展,中国近代史的学科对象终于得以确立:以半殖民地半封建社会的中国历史作为研究对象。这个研究对象的时间范围是从 1840 年鸦片战争到中华人民共和国成立,大约 110 年的历史。这种认识,是在马克思主义基本原理指导下得出的,是以对近代中国的社会经济形态即近代中国的社会性质的考察为出发点的。应该说,这个认识是符合近代中国真实的历史进程的,也就是说,中国近代史学科对象的确立,是在几代学者长期探索、争鸣的基础上形成的,是科学的学科体系。

在做出这种结论性认识的时候,有两个问题需要提出讨论。

一是苏联的历史分期主张。苏联把十月革命以前的历史看作是资本主义发生发展的历史,是世界的近代史;把十月革命以后的历史,看做无产阶级革命和社会主义的时代,是世界的现代史。这种观点打破了西方学者所固守的西欧中心论的传统观点,体现了历史观的进步,但是不能简单地拿来套在中国历史的分期上,正像我们不能简单地拿欧洲的历史分期法套在中国历史上一样。中国的历史发展有自己的特点,中国有自己的国情。中国近代历史所经历的半殖民地半封建社会,是欧洲和苏联都未曾经历过的。结合中国五千年的历史发展,主要考察近代以来发生的历史巨变,把 1840 年至 1949 年所经历的半殖民地半封建社会作为中国的近代史,是符合中国历史自身的规律和特点的。1949 年 10 月中华人民共和国的成立,标志着中国结束了半殖民地半封建社会的历史,中国开始了独立地开展社会主义现代化建设的历程,中国历史越出了自己的近代,进入了自己的现代时期。

另一个问题是新民主主义革命和旧民主主义革命的关系问题。新民主主义革命和旧民主主义革命问题的提出,是中国共产党人的主张。新民主主义革命的理论是中国共产党人在处理自己面临的革命任务的时候所确立的基本理论纲领,也是自己的革命实践纲领。提出这个革命理论的基本事实根据是,中国的革命是在半殖民地半封建社会的国

---

① 参见张海鹏《中国近代史的分期问题》,见 1998 年 2 月 3 日《光明日报》;《关于中国近代史的分期及其"沉沦"与"上升"诸问题》,载《近代史研究》1998 年第 2 期。

度里进行的。这个革命的任务,对外是争取民族独立,对内是推翻封建统治,也就是通常所说的反帝反封建的民族民主革命。这个革命任务是贯穿于整个半殖民地半封建的历史时期的,在1921年中国共产党成立以后及其以前,这个任务没有变化。区别在于革命的具体对象随着时代的变化而变化,革命的领导力量因有无产阶级登上历史舞台和代表无产阶级的政党中国共产党的产生而出现变化。反帝反封建的民族民主革命是资产阶级性质的民主革命,而不是无产阶级性质的社会主义革命。这种资产阶级性质的民主主义革命,因为领导力量的不同而出现新民主主义革命和旧民主主义革命的区别。毛泽东在《中国革命和中国共产党》和《新民主主义论》等著作中,对近代中国的新民主主义革命和旧民主主义革命有系统论述。毛泽东在1935年说:"中国革命的现时阶段依然是资产阶级民主主义性质的革命,不是无产阶级社会主义性质的革命,这是十分明显的。只有反革命的托洛茨基分子,才瞎说中国已经完成了资产阶级民主革命,再要革命就只是社会主义的革命了。1924年至1927年的革命是资产阶级民主主义性质的革命,这次革命没有完成,而是失败了。1927年至现在,我们领导的土地革命,也是资产阶级民主主义性质的革命,因为革命的任务是反帝反封建,并不是反资本主义。今后一个相当长时期中的革命还是如此。"①毛泽东在1939年说:"我们现在干的是什么革命呢?我们现在干的是资产阶级性的民主主义的革命,我们所做的一切,不超过资产阶级民主革命的范围。现在还不应该破坏一般资产阶级的私有财产制,要破坏的是帝国主义和封建主义,这就叫作资产阶级性的民主主义的革命。但是这个革命,资产阶级已经无力完成,必须靠无产阶级和广大人民的努力才能完成。这个革命要达到的目的是什么呢?目的就是打倒帝国主义和封建主义,建立一个人民民主的共和国。这种人民民主主义的共和国,就是革命的三民主义的共和国。它比起现在这种半殖民地半封建的状态来是不相同的,它跟将来的社会主义制度也不相同。"②这两段话,已经把新民主主义革命理论的基本问题讲清楚了。概括起来说,反对封

---

① 毛泽东:《论反对日本帝国主义的策略》,见《毛泽东选集》第1卷,160页,北京,人民出版社,1991。
② 毛泽东:《青年运动的方向》,见《毛泽东选集》第2卷,562—563页,1991。

建制度的革命，是资产阶级革命。这个革命理应由资产阶级来领导。但是在半殖民地半封建的中国，资产阶级的力量幼弱，无力完成领导这个革命走向胜利的任务，不能不由无产阶级通过它的政党中国共产党来承担这个领导任务，所以称之为资产阶级性质的民主主义革命，也就是新民主主义革命。因此，无论从近代中国的社会性质说，还是从近代中国的革命性质说，在中国近代史的学科体系内，把旧民主主义革命时期和新民主主义革命时期的历史完全纳入近代中国的历史，是符合历史实际的，也是符合历史科学的要求的。这样的划分，不存在贬低或轻视新民主主义革命的历史地位和作用的问题。历史进程像一条大河，曲曲折折，奔流不息，永不停止。人们为了认识大河，把它分为发源处、上游、中游、下游。认识历史分期，也是同样的道理。历史分期，是人们观察和研究历史过程时寻找的一种方法，一个大致反映不同发展阶段的标志，一个关键时期的节点，同时又不可以看得太绝对。这就是说，从近代中国的社会经济形态出发，把近代中国社会定性为半殖民地半封建社会，并且以半殖民地半封建社会时期的中国作为中国近代史的时限范围，从认识论来说，是符合历史唯物主义的。

近代中国历史是中国历史上极其重要的一段时期。它是自1840年起逐渐走向半殖民地半封建社会的历史，也是中国人民从旧民主主义革命走向新民主主义革命，并最终赢得民族解放的历史。从另一个意义上说，是世界走向中国、中国被迫走向世界的历史，也是中国艰难地走向现代化的历史。近代中国历史，是中国社会发生大变动的历史，无论从经济基础到上层建筑、从国内生活到国外关系，变化的广度和深度，都是过去所有王朝无法比拟的。这段历史在中国历史长河中虽然短暂，却是中国从传统农业社会走向现代社会的转型时期，是与以往历史大大不同的时期，具有自身的独特性。以这段历史为对象的学科，是一个自成体系的学科。因此，虽然"近代"的内涵会随着时间的推移而有所变动，半殖民地半封建社会的历史仍然可以作为相对独立的学科对象进行研究，这是其他断代史无法取代的。因此，中国近代史学科不会因时间的改变而丧失其独立的学科地位。经过了几代人，将来的人们根据时间和条件的转变，根据时代发展的需要，重新加以概括，那将是那个时代历史研究的任务。

第二,"革命史范式"或者"现代化范式"问题。

所谓"范式",按照美国学者库恩(Thomas Kuhn)的说法,一些科学史著作所以能够决定和影响科学的发展,是因为它们具有两个基本的特征:一是它的成就足以凝聚一批坚定的同行,二是其成就又给科学工作者留下了各种有待解决的问题。具有这两个特征的科学著作就可以称之为"范式"。① 近些年,美国的学者们在反省他们的中国近代史研究时提出了中国近代史研究中的"范式"问题。在一定意义上,这里所谓"范式"与本文所说的学科体系在某种意义上有相近似的地方。

中国近代史研究作为研究1840年至1949年的中国历史的历史学科,从20世纪初一开始就是为了满足当时中国的救亡需要而出现的,是作为当时经世致用思潮的重要一部分而存在的。在20世纪上半叶,对中国近代史的认识与当时中国各种政治派别的政治主张有极大的关系。中国近代史研究是直接为了回答"中国向何处去"这一近代中国历史变迁的主题而产生的。

对"中国向何处去"这一百年中国主题的回答,是现代化,还是革命,还是保持传统政治的情况下进行社会改良,不仅决定于近代中国的客观历史进程,也与对近代中国的客观进程的历史思考相关。因此,对近代中国历史的考察,不仅是认识历史进程的过程,也是现实的社会改造实践的过程。

政治发展的状况在20世纪中国长期占支配地位,成为中国社会的主题。20世纪下半叶,直到20世纪80年代,经济才取代政治而成为中国社会的主题。可以说,政治在20世纪始终是史家首先关注的话题,对20世纪中国近代史研究走向的影响,最大的是政治作为和政治方向。政治形势的发展为中国近代史研究提出命题,也决定着中国近代史研究所需要的外部环境。不同时期的中国近代史研究,折射出那一时期社会的政治主题,并且满足于那一时期社会的政治需要。在20世纪中国近代史研究的发展史上,相当长一段时间内,中国近代史研究

---

① [美]托马斯·库恩:《科学革命的结构》,金吾伦、胡新和译,9页,北京大学出版社,2003。

不是作为纯学术而存在的,主要是为现实服务的,或者更具体地说,是为人们所从事的政治运动寻找历史的依据。中国近代史研究者们往往把理解昨天的社会和掌握今天的社会作为中国近代史研究的出发点。具有不同世界观的作者,为了服务眼前需要所写出来的历史,在叙述和解释历史事实的时候,免不了要联系甚或影射社会现实。总之,20世纪中国政治的演变,极大地影响了20世纪中国近代史研究的学术方向和学科体系的构建。

19世纪末起,列强对中国的侵略日盛一日,封建统治者故步自封,不求进取,人民群众的不满日渐加剧,以救亡图存为手段,革命逐渐成为中国社会发展的主题。无论是在辛亥革命期间,还是国共合作时期开展的国民革命期间,还是中共领导的新民主主义革命期间,不同时期的革命党人为了鼓吹革命,以历史为借鉴论证革命的必要性。因此,近代中国革命史的研究不仅在中国近代史研究萌生时成为热点,在20世纪中国近代史研究发展中,革命史研究或以革命史为主要切入点的中国近代史研究长期占主导地位。这是我们今天做学术史回顾时能够理解的自然过程。

通史著作常常是史学领域总体水平最典型、最充分的反映,也是史学体系建立的标志。20世纪30—40年代出版的中国近代通史代表著作有李鼎声的《中国近代史》、陈恭禄的《中国近代史》、蒋廷黻的《中国近代史》、范文澜的《中国近代史》上编第一分册、胡绳的《帝国主义与中国政治》,等等。这些近代通史著作大体可归结为两种中国近代史体系:一种是将中国近代史视为在西方冲击下走向近代化的历史,可称之为"近代化(现代化)体系",或者"现代化范式",以蒋廷黻的《中国近代史》为代表;一种是把中国近代史视为帝国主义入侵及中国变为半殖民地半封建社会的过程和中国人民反抗外来侵略的过程,可称之为"革命史体系",或"革命史范式",以范文澜的《中国近代史》上编第一分册为代表。"革命史范式"是近些年来在学术界颇为弥漫的一种说法,提出者的本意含有否定这种学术体系的意味。对中国近代史研究中学术范式的转换问题,学术界存在着不同的意见。考虑到"革命史范式"这个提法虽然不是很准确,但是它反映了中国近代史学科体系的核心内容,且为许多学者所采用,因此在找到更为准确的提法以前,也不妨采用这个提法,当然不包含否定或轻视的意味。

蒋廷黻认为,20世纪30年代中国的首要问题就是现代化,抗战建国的关键也取决于现代化,"为了加强中国反抗日本侵略的力量而实行现代化,这是蒋廷黻及其他人士支持南京国民党政府所献身的事业"。① 在蒋廷黻看来,中国现代化的进程不是20世纪30年代才开始的,而是从鸦片战争西方开始侵略中国之后就提出的问题,是由外侮所激发的救国之道。近代化是近代中国的历史主题,中国近代化就是在与外部世界交往中学习西方,摆脱中古的落后状态,全面地走上政治、经济、文化、外交等变革之路,完成民族复兴的使命。从这一观点出发,他以中西关系为中心,以近代化为主线,建构了他的中国近代史分析框架,构成这一分析框架的关键词是"中古""近代化""民族惰性"。

蒋廷黻认为,近代中国的悲剧,肇因于嘉庆、道光年间的中国还处于中古世界:一是科学不如人,当时西方的科学基础已经打好,而我们的祖先还在那里做八股文,讲阴阳五行;二是西方已经开始使用机器,中国的工农业还维持着中古时期模样;三是西方民族观念已发达,中国仍死守着家族和家乡观念。② 所以近代中国的根本问题就是走出中古,走向近代化。走向近代化,是贯穿全书的主线,也是他评价近代中国一切人和事的标准。

蒋廷黻在1938年出版的《中国近代史》一书中,实际上提出了中国近代史研究中现代化范式问题。在中国近代史研究中提出现代化问题,不是没有一点新意,但是,在日寇深入国土,全国人民处在悲壮的抗战热潮中,中国近代史研究中的现代化范式问题的提出,几乎得不到什么喝彩。③ 另一方面,蒋著在保卫大武汉的时候所提出的其他一些观

---

① 《费正清对华回忆录》,102页,上海,知识出版社,1991。应该指出,蒋廷黻在他的《中国近代史》一书中使用的词是"近代化",而不是"现代化"。
② 蒋廷黻:《中国近代史》,总论,2页。
③ 有学者对"近代化"的提法提出了不同见解。刘熊祥指出:"研究中国近代史的人,认为中国近百年历史的趋向用'近代化'三个字可以说明,好像中国文化和西洋文化同属一源,所不同的只是时代的先后而已。这种看法虽然是想把东西方文化和欧美文化融成一体,但无疑地汩没了自己的个性。'近代化'三个字只能说明中国近百年历史的形态,而不能说明他的内在意义;更不能说明中国近百年历史演进的动力。"见刘熊祥《现代中国建设史》,6页,重庆,史学书局,1946。

点,比如对林则徐的"民心可用"的强烈批判、对抗战低调的提倡等,无异于对抗战热潮泼冷水,引起一些爱国主义者的批判。延安的中国共产党人曾专门著述《中国现代革命运动史》给予批驳。范文澜的《中国近代史》上编第一分册,实际上也是针对蒋廷黻在《中国近代史》中的观点而撰述的。范著把 1840 年以后的近代中国历史作为半殖民地半封建社会的历史,把 1840—1919 年的历史作为旧民主主义革命时期的历史,把 1919 年以后的历史作为新民主主义革命时期的历史。范著《中国近代史》是完整地开辟"革命史范式"的典型著作。

从整体上来说,20 世纪中国政治的演变对中国近代史研究的演进影响最大。20 世纪中国近代史研究取向的变化,折射着 20 世纪中国社会历史本身的变迁,尤其是折射着 100 年来中国社会政治思潮的起伏涨落。综观 20 世纪中国近代史研究,每一时期占支配地位的对中国近代史的总体判断,主要不是来自学术本身,而是来源于对当时中国现状与未来走向的判断。每一时期的社会政治思潮、政治意识形态和普遍的社会政治心理,往往构成这一时期中国近代史研究的学术话语和基本概念。这种学术话语所形成的学术氛围,规定和控制着中国近代史研究的方向,左右着中国近代史研究"范式"的命运。

范著所开创的"革命史范式",在 50 年代以后得到规范和发展,成为很长时间里中国近代史学者所遵循的基本学术范式。当然,范著的缺点也为此后的学者所注意。如范著基本是一部政治史,或者说是一部革命史,依据主要历史事件做了纪事本末式的叙述,有的地方史料根据不足,由于服务现实斗争存在着简单地影射现实的现象,科学性不足。刘大年在主持郭沫若主编《中国史稿》第四册时,根据历史演变的时间顺序讲述事件,不只讲政治事件,也讲经济基础、意识形态;不只讲汉族地区的历史,也讲国内各民族在斗争中与全国的联系和相互关系。《中国史稿》第四册注意到了政治状况、经济发展、思想文化、阶级斗争,以及汉族地区和边疆少数民族地区,就是总结了中华人民共和国成立以来中国近代史学科的理论建树和研究成果,加以概括和升华,给中国近代史的学科体系,或者说对革命史的学术范式做了新的概括和完善,进一步强调了近代史研究著作的科学性,强调了经济史研究对于突破近代史研究局限性的必要性。

蒋廷黻在1938年提出现代化范式以后,经过了半个世纪,没有得到响应。20世纪50—80年代出版的通史一类的著作,大体上还是按照"革命史范式"来写的。70年代末起,由于国家确立一个中心、两个基本点的路线和方针,现代化事业成为国家和人民共同关注和进行的主要事业,这很自然影响到中国近代史研究者的视线,中国近代史研究中以现代化为主题的主张被再次提了出来。1998年出版的《重新认识百年中国——近代史热点问题研究与争鸣》是一本用新范式为指导撰写的近代史著作。在这部著作的总序中,作者写道:"这种新'范式'与旧'范式'的最大不同,就在于它更主要是从'现代化'的角度来看待、分析中国近代史,而不把中国近代史视为仅仅是一场'革命史'";"'以农民起义'为主线的'旧范式',是以'革命''夺权''反抗''斗争'为'时代精神'的那一社会阶段的必然且合理的产物","此时的'时代精神'已由激烈的'革命''斗争'转向现代化追求,尽管为时嫌晚,这就为从'现代化'的角度来重新认识百年中国的'新范式'的出现和影响的不断扩大提供了先决条件"。① 这里的概括,主要是对所谓旧范式的概括,是很不准确的,但是他所说的社会的转型、时代的变换是学术范式转型的先决条件大体上是对的。这方面,下面还要分析。

以现代化为主题研究中国近代史,引起了广泛的关注。这个话题很快进入了中国近代史前辈研究者的笔下。1990年9月,中国社会科学院近代史研究所为纪念建所40周年,举办了以"近代中国与世界"为题的国际学术讨论会。名誉所长刘大年在开幕式上讲话。他说,近代世界的基本特点不是别的,就是工业化,也就是通常所说的近代化。适应世界潮流,走向近代化,是中国社会发展的必然趋势。"如何来自立于世界民族之林,其核心,就是中国社会能否走向近代化。""近代中国没有实现西方那样的近代化,但它凭自己的力量打开了走进近代化世界的大门。"②中国社会科学院院长、著名的中国近代史研究学者胡绳

---

① 见冯林主编《重新认识百年中国——近代史热点问题研究与争鸣》上册,2页,北京,改革出版社,1998。
②《中国近代化的道路与世界的关系》,见《刘大年集》,34、43页,北京,中国社会科学出版社,2000。

也应邀在这次会议上做了演讲。关于近代中国的近代化问题,他说了下面一段话:

> 近代中国并不是近代化的中国,不是一个商品经济发达,教育发达,工业化、民主化的国家。在近代中国面前摆着两个问题:即一、如何摆脱帝国主义的统治和压迫,成为一个独立的国家;二、如何使中国近代化。这两个问题显然是密切相关的。因为落后,所以挨打;因为不断地挨打,所以更落后。这是一个恶性的循环。
>
> 以首先解决近代化问题为突破口,来解除这种恶性循环,行不行呢?在半殖民地半封建的中国,一切工业救国、教育救国,以合法的途径实现民主化、近代化的主张都不能成功。致力于振兴工业、振兴教育的好心人虽然取得了一些成就,但并不能达到中国近代化的目的,不能使中国独立富强。不动摇原有的政治和社会秩序而谋求实现民主化的努力更是毫无作用。这些善良的愿望之所以不能实现,就是因为有帝国主义及其在中国的代理人的严重的阻力。
>
> 首先解决民族独立的问题,是很艰难的。要在十分落后的社会基础上,战胜已经在中国居于统治地位的帝国主义势力,当然不是一件轻而易举的事情。但历史经验证明,只有这样做,才能改变中国所面临的恶性循环的命运。就是说,只有先争取民族的解放和国家的独立,才能谈得到近代化的政治、经济、文化的建设。①

刘大年、胡绳是力主用马克思主义理论指导中国近代史研究的著名学者。这时候,他们都在思考近代中国的民族独立与近代化的关系问题,他们有关近代中国的近代化问题的看法是大致相近的。

1995年12月,胡绳为《从鸦片战争到五四运动》写了再版序言。再版序言特别提出三个问题:一个是阶级和阶级斗争问题,其次是对外开放问题,第三是可否以现代化问题为主题来叙述和说明中国近代的历史。对于第三个问题,胡绳的答复是:"这种意见是可行的。"胡绳认

---

① 胡绳:《关于近代中国与世界的几个问题》,见《胡绳全书》第3卷(上),77页,北京,人民出版社,1998。

为:"从1840年鸦片战争以后,几代中国人为实现现代化作过些什么努力,经历过怎样的过程,遇到过什么艰难,有过什么分歧、什么争论,这些是中国近代史的重要题目。以此为主题来叙述中国近代历史显然是很有意义的。"①1996、1997年,刘大年再次提起近代化话题。他说:"中国近代110年的历史,基本问题是两个:一是民族不独立,要求在外国侵略压迫下解放出来;二是社会生产落后,要求工业化、近代化。两个问题内容不一样,不能互相替代,但又息息相关,不能分离。"②"中国人民百折不回追求民族独立,最终目的仍在追求国家的近代化。1949年,毛泽东说:'夺取全国胜利,这只是万里长征走完了第一步。'第二步、第三步是什么,那就是解决近代化问题了。"他还说,民族独立与近代化毕竟是两个不同的问题,它们各有各的特定内容。"民族独立是要改变国家民族被压迫的地位,推倒半殖民地半封建统治秩序。从根本上说是要解决生产关系的问题。近代化则是要改变中国经济、文化落后的地位,要发展以近代工业生产力为主干的社会生产力。从根本上说是要解决生产力的问题。两个问题的内容不同,解决的方法也就不一样。人们无法来实现两个任务同时并举,或者毕其功于一役。"③结论是只有先走革命的路,取得民族独立,打开走向近代化的道路。两位前辈学者的思考,大体是相近的。刘大年坚持了自己一贯的意见;胡绳则提出了以现代化为主题,叙述中国近代历史的问题。

有的学者明确提出现代化是中国近现代历史发展的主题。④ 有的学者认为用现代化史观考察鸦片战争以来的历史进程,不仅包纳了百年的反帝反封建的革命斗争,而且涵盖了像戊戌变法这样的改革运动和其他众多的社会变迁,这就比革命史观广泛得多,也较接近历史的真实。⑤ 显然,这位作者是希望在考察近代中国历史时,用现代化史观取代革命史观。

观察用现代化范式编著的若干著作,对于现代化范式,大概有这么

---

① 胡绳:《〈从鸦片战争到五四运动〉再版序言》,见《胡绳全书》第6卷(上),8页。
② 《中国近代史的两条线》,见《刘大年集》,30页。
③ 《当前近代史研究中的几个理论问题》,见《刘大年集》,7—8页。
④ 陈勤、李刚、齐佩芳:《中国现代化史纲》上册,6页,南宁,广西人民出版社,1998。
⑤ 李喜所:《戊戌变法百年再审视》,载《历史教学》1998年第7期。

几种见解：

一是主张用现代化范式取代革命史范式。前述《重新认识百年中国》体现了这种趋势。该书主张"一百年来的中国近代史其实是一场现代化史"，试图用这种观点重新解释近代中国的历史进程。在这种范式下，洋务运动变成为"近代中国的第一次现代化运动"，戊戌维新运动是变法派人士政治激进主义的产物，义和团运动"貌似爱国，实属误国、祸国"，辛亥革命的前提条件不足以成立，"完全是近代中国特殊历史条件下革命志士鼓吹、争取的结果"，①等等。这些用现代化范式重新审视过的观点是否符合历史的真实，已经有学者提出了讨论。② 这里要指出：用现代化范式替代革命史范式，其结果，对近代中国历史进程的基本面貌的解释，与人们通常熟知的中国近代史知识完全相反，不能认为是正确的替代。一个主张研究中国近代的现代化进程的美国著名资产阶级学者费正清在他的《观察中国》一书中指出："帝国主义的侵略使中国人民蒙受了耻辱，正是这种耻辱唤起了中国的民族主义并激发了二十世纪的中国革命。""革命是近代中国的基调，美国人要想了解这一点，必须首先要懂得中国的历史。"③这是一个符合基本历史事实的观察，因而是一个正确的观察。费正清是一个生活在最先提出现代化理论的国家的学者，而且并不反对采用现代化的研究方法研究中国近代史，他的结论何以与我们主张现代化范式的学者相差如此之远？是现代化范式出了问题，还是我们主张此一范式的学者在运用中过于标新立异、不求甚解？

提出替代主张的学者，对革命史范式的否定并不符合事实。说"旧范式"把中国近代史仅仅看作是一场革命史、"以农民战争为主线"，显然是一种严重的歪曲。用"革命史范式"写的中国近代史书，在一定的时代背景下，主要写了革命史、政治史，但是绝不仅仅是革命史，更不是"以农民战争为主线"。哪一本中国近代史书不写戊戌维新的历史呢？哪一本中国近代史书不写辛亥革命的历史呢？哪一本中国近代史书不

---

① 冯林：《重新认识百年中国——近代史热点问题研究与争鸣》上册，3、53、81、171页。
② 参见吴剑杰《关于近代史研究"新范式"的若干思考》，载《近代史研究》2001年第2期。
③ 费正清：《观察中国》，13、96页，成都，四川人民出版社，1992。

写新文化运动和五四运动的历史呢？难道这些都是"以农民战争为主线"吗？哪一本中国近代史书不写洋务运动开始的近代机器工业的发展，不写近代资本主义经济的发展，不写清末统治阶级的内部状况，不写北洋军阀的历史，不写近代改良主义思想的发展，不写西方资产阶级思想在中国的传播？难道仅仅写了一场革命史吗？

二是以现代化为主题研究中国近代史，或者说研究近代中国的现代化史。这种研究主题，与"一百年来的中国近代史其实是一场现代化史"不尽相同，它并不追求以现代化范式替代革命史范式。它与胡绳所期望的似乎比较切近。这类著作我们已经看到了几种，诸如《比较中的审视：中国早期现代化研究》（章开沅、罗福惠主编，浙江人民出版社，1993）、《中国现代化史》第一卷（许纪霖、陈达凯主编，上海三联书店，1995）、《中国现代化史纲》上下卷（陈勤、李刚、齐佩芳著，广西人民出版社，1998）、《中国现代化历程》三卷（虞和平主编，江苏人民出版社，2001）等等。这些著作，大体上是用经过中国学者改造过的现代化研究理论和方法，观察近代中国的历史，分析现代化事业在中国的迟滞、发展和曲折。这样的观察是有意义的，它使读者通过另一个视角看到了近代中国的历史。但是这样的观察和研究，也终究不能把一部完整的中国近代史呈现在读者的面前。

在这种范式下，出现了一种包含论。它不是用现代化范式替代革命史范式，而是认为现代化范式可以包含革命史范式。包含论认为："如果就完整意义上的现代化而言，反帝反封建的改革和革命应该包含在现代化进程之中。这是因为，反帝是为了争取国家独立、建立平等互利的国际关系，以便合理地利用国外资源；反封建是为了争取民主、建立政府与社会的良性互动关系，更好地进行现代化的社会动员。所以反帝反封建的改革和革命既是现代化的一个组成部分和一种重要动力，也为现代化建设解决制度、道路问题，并扫除障碍。问题的关键是如何分析改革和革命的现代化意义。"[①]如果可以把这种意见理解为包含论的话，那么可以说，这种意见反映了中国学者对现代化理论的改

---

① 虞和平：《中国现代化历程》第1卷，22页，南京，江苏人民出版社，2001。

造，反映了他们试图用现代化理论调和革命化理论的努力。因为发源自美国的原初现代化理论是绝对没有这样的含义的。现代化理论的最初提出者把自己的著作命名为"非共产党宣言"，明显是挑战马克思主义的阶级斗争学说的，不可能把革命包含在现代化进程之中。20世纪末的中国学者对西来的现代化理论加以改造，使之适应于近代中国的发展情况，做出这样的努力是值得赞许的。这也许是现代化理论的中国化吧。但是，这种用现代化理论来解释近代中国的反帝反封建、解释近代中国的改良与革命的现代化范式，是否能够代替革命史范式来撰写中国近代史呢？胡绳曾经说过，至今尚未有以现代化为主题写出来的中国近代史。看过了上述列出的几部有关中国现代化史的著作后，我不能不说，胡绳的这句话至今仍未过时。这几部书，在解释近代中国的现代化进程方面是做了有益的工作的，但是还不足以揭示整个中国近代史的全部历程。因为近代中国历史的全部内容，不是现代化的进程所能够包容的。

现在是否可以说，关于现代化范式，大体上可以有两种理解：一种是从现代化的视角重新解释中国近代史；另一种是研究近代中国的现代化进程。研究近代中国的现代化进程也可以从政治现代化的角度说明近代中国的改良与革命，但很难从历史进程的方向叙述完整的近代中国的历史。可以认为，撰写近代中国的现代化进程和撰写中国近代的历史，是并行不悖的两种写作模式，其间并不存在相互替代的问题。

从现代化的视角重新解释中国近代史，也不失为一个新的思路。但是现代化的视角如果不与革命史的视角相结合，仅仅用现代化理论揭示近代历史，也难以科学地复原历史的真实面目。胡绳在说到这个问题的时候特别提及："以现代化为中国近代史的主题并不妨碍使用阶级分析的观点和方法。相反的，如果不用阶级分析的观点和方法，在中国近代史中有关现代化的许多复杂的问题恐怕是很难以解释和解决的。"[1]从马克思主义的观点来看，这是至理名言。因为，要分析近代中国的现代化问题，就要分析"从1840年鸦片战争以后，几代中国人为实

---

[1]《胡绳全书》第6卷（上），8—9页。

现现代化作过些什么努力,经历过怎样的过程,遇到过什么艰难,有过什么分歧、什么争论",这些都是中国近代史中的重要题目。① 在近代中国这样的阶级社会中,现代化的进程也是十分复杂的,并不是一个单线的发展。在中国,有资本帝国主义的现代化,有封建地主阶级的现代化,有民族资产阶级的现代化,有无产阶级追求的现代化,我们如果放弃了阶级分析的方法,如何去分析这样复杂的社会现象呢?

在讨论"现代化范式"和"革命史范式"的时候,有一个问题还要提出来,这就是"革命史范式"是否就过时了呢?我认为没有过时。如果拿"革命史范式"来套五千年的中华历史,或者套整个世界史,或可说有削足适履之嫌;如果拿来作为近代中国历史的学术范式,正好足履相适,所用甚当。这是由近代中国半殖民地半封建社会的特殊历史国情决定的,是由近代中国的历史实际进程所表现的,是由那时复杂的阶级斗争形式所规定的。批评者说:"旧范式",是以"'革命''夺权''反抗''斗争'为'时代精神'的那一社会阶段的必然且合理的产物。"从一定的意义说,这个批评是对那个时代的"时代精神"的正确的肯定。从鸦片战争到中华人民共和国成立的那110年历史,确是充满了革命、夺权、反抗、斗争,这是它的基调。经济的发展状况、文化思想领域的方方面面,中国和世界关系的处理,都受制于这个基调;用现代化理论的话语来说,那个时代中国现代化的进程、传统与现代性的冲突、现代化的酝酿和启动、现代化道路的选择、现代化的社会动员等,无不受制于革命、改良、夺权、反抗与斗争的基调。是革命、改良、夺权、反抗与斗争的基调,制约了现代化的进程,而不是现代化的进程带动了革命的进程。胡绳说:"只有先争取民族的解放和国家的独立,才能谈得到近代化的政治、经济、文化的建设";②刘大年说:只有先走革命的路,取得民族独立,才能打开走向近代化的道路,说的就是这个意思。这也就是说,用革命的视角观察那个时代,用"革命史范式"撰写近代中国的历史,比较符合近代中国的时代特征。所有这一切,并不因为今天社会的发展主题是社会经济而变化。时代变化了,今天社会发展的主要任务变化了,

---

① 《胡绳全书》第6卷(上),8页。
② 《胡绳全书》第3卷(上),77页。

如果以今天变化了的社会发展的眼光观察昨天的中国,以为昨天的中国也完全适应于现代化的研究方法,则是一种误会。

近代中国的时代基调是革命,从革命的视角审视,中国近代史上的政治、经济、军事、文化思想、社会变迁,以及中外关系的处理、区域发展、少数民族问题、阶级斗争的状况,无不或多或少与革命的进程、革命事业的成败相联系。一部中国近代史,如果抓住了这个基本线索,就能够顺藤摸瓜,理清近代中国社会历史的各个方面。当然用"革命史范式"撰写中国近代史,局限于革命史的视角,可能对社会经济的发展、社会的变迁注意不够。如果在"革命史范式"主导下,兼采"现代化范式"的视角,注意从现代化理论的角度,更多关注社会经济的发展、更多关注社会变迁及其对于革命进程的反作用,就可以完善"革命史范式"的某些不足。反过来,如果不注意"革命史范式"的主导,纯粹从"现代化范式"的视角观察中国近代史,很可能改铸、改写中国近代史,而使得中国近代史的基本面貌变得面目全非,令人不可捉摸了。这样的研究,新意是有的,但是脱离了历史真实的新意,将为智者所不取。

当然,如前所述,如果这种"现代化范式"只是运用现代化理论研究中国的现代化进程,而不求全面反映整个近代中国历史,则是另一种情况。因为现代化进程只是全部中国近代史的一个侧面、一个重要部分,把这个侧面、这个重要部分弄清楚,对于全面认识中国近代史是有积极意义的,这样的研究模式也值得支持。

第二章
近代中国历史进程的若干特点

第一节　沉沦与上升：近代中国的 U 字形历史进程

通过对中国近代史的研究和观察,中国近代史的发展轨迹明显地出现了"沉沦"和"上升"的发展阶段,所谓"沉沦"和"上升",有它自己的运行规律。

长期以来,研究近代中国历史的学者对中国近代史的总的概括:近代中国的历史是屈辱的历史。从鸦片战争中清政府失败时候起,中国社会便逐渐陷入了半殖民地半封建社会的"深渊"。近代中国由封建社会向半殖民地半封建社会的转变,这便是近代中国历史的"沉沦",不是时代的进步。半殖民地和半封建是一个统一的历史过程,是不可分割的。半封建是在半殖民地前提下的半封建,半殖民地是晚清封建社会腐朽落后丧失部分独立主权而形成的,这种半封建不等于半资本主义。近代中国的苦难,是一个完整的过程。在这个过程里,"沉沦"是基本的特征。这是历史学家对中国近代史的一种总的解说。

20 世纪 80 年代初,有学者发表论文,提出近代中国不仅有"沉沦",还有"上升",认为近代中国社会"从发展趋势看,存在着两个互相矛盾而又互相连接、互相制约的过程,一个是从独立国变为半殖民地(半独立)并向殖民地演化的过程,一个是从封建社会变为半封建(半资本主义)并向资本主义演化的过程。这两个过程存在着某种关联,但本质上不是互相结合,而是互相排斥。前者是个向下沉沦的过程,后者则是个向上发展的过程。"[①] 所谓半殖民地半封建社会,半殖民地是对独

[①] 李时岳:《近代史新论》,21 页,汕头大学出版社,1993。

立国家而言的,半封建是对半资本主义而言的。半殖民地地位的确立并不等于半封建社会的形成,二者并非同一取向,半殖民地半封建并非不能分割。向半殖民地的沉沦主要由于帝国主义的侵略,而向半封建的发展主要由于中国资本主义的发生和发展。中国由封建社会变为半封建社会是社会的进步,而不是"历史的沉沦"。[①] 半资本主义的存在,就是"上升"。所以,半殖民地半封建社会不仅有"沉沦",而且有"上升"。这种"沉沦"和"上升"是同时并存的。这是历史学家对近代中国历史的又一种解说。

说近代中国"沉沦",是有道理的,因为他们看到了帝国主义侵略、中国社会发展的落后和政府的腐败给中国社会带来的严重后果,中国社会不能正常发展,沦为半殖民地半封建社会,主权沦丧,战争频仍,人民受苦,这还不是"沉沦"吗?但是,仅止于此,却不能很好地解释为什么近代中国以后有积极的、向上的发展。说近代中国的"沉沦"中有"上升",也有它合理的地方,因为他们看到了"沉沦"、屈辱的中国仍然存在着上升的因素。但说在"沉沦"的过程中始终"包含着向上的因素","沉沦"与"上升"同时并存,尚缺乏理论支持,也不能解释整个中国近代史。

怎样解释才符合历史发展的真实呢?

帝国主义侵略确实使中国社会发生"沉沦",使独立的中国社会变为半殖民地,独立主权、领土完整受到严重损伤。但是,由于中国人民在"沉沦"和屈辱中不断反省和觉悟,反抗力度逐渐加大;也由于在资本-帝国主义侵略的刺激下逐渐生长了资本主义,特别是民族资本主义因素,在新的时代条件下产生了新的阶级力量,因此在中国社会的发展中增加了"上升"的成分,"沉沦"不是中国社会的唯一标志,换句话说,近代中国社会也不是永远沉沦下去。"沉沦"是历史发展的代价,却也蕴含着发展的某种机遇。即使是"陷入半殖民地半封建社会的深渊",这个"深渊"不是无限的,也应该有一个底。这个底就是"沉沦"和"上升"的转折点。

这个深渊的"底"在哪里?底就在 20 世纪的头 20 年,就在《辛丑条

---

① 参见李时岳《关于"半殖民地半封建"的几点思考》,载《历史研究》1988 年第 1 期。

约》签订以后至北洋军阀统治时期。因为是"谷底",所以是中国社会最困难的时候:《辛丑条约》给中国带来了最大的打击,帝国主义侵略中国更加重了,西有英国对西藏的大规模武装侵略,东有日俄在东北为瓜分中国势力范围进行的武装厮杀,北有俄国支持下外蒙古的独立运动,南有日本、英国、法国在台湾、九龙租借地和广州湾租借地的统治;到1915年以后,又有日本强行向中国提出的企图灭亡中国的"二十一条",辛亥革命以后又有袁世凯称帝、张勋复辟、日本出兵青岛和山东,以及军阀混战,民不聊生至于极点。看起来中国社会变得极为黑暗、极为混乱,毫无秩序,毫无前途。这正是"沉沦"到"谷底"的一些表征。

正像黑暗过了是光明一样,中国历史发展到"谷底"时期出现了向上的转机。19世纪60—70年代从西方引进的资本主义生产方式,慢慢在中国社会落地生根,在19世纪末到20世纪初开始有了较大生长,中国的民族资产阶级在封建主义和帝国主义双重压迫下成长起来,并逐渐发出经济和政治的呼声。与此同时,中国无产阶级的力量也开始成长和集结。中国社会内部成长着的资产阶级改革派开始组织起来,向清政府要求政治权利,发动了一系列对内对外的政治、经济诉求。与此同时,资产阶级革命派的力量壮大起来,并导演了辛亥革命推翻清朝封建专制的伟大历史事件。这个革命的结果,资产阶级革命派未能掌握国家政权,社会政治、经济未能按照革命派的设计沿着资产阶级共和国的方向发展,甚至因军阀混战变得更加黑暗。中国人便要重新考虑出路。于是,新文化运动发生了,五四爱国运动发生了,马克思主义大规模传入并被人们接受也在这时候发生了。孙中山领导的中国国民党从这时改弦更张,重新奋斗。中国共产党在这时候成立,并提出反帝反封建的明确主张。我们可以看出,从这时候起,中国社会内部发展明显呈现上升趋势,中国人民民族觉醒和阶级觉醒的步伐明显加快了。在这以前,中国社会也有不自觉的反帝反封建斗争,也有改革派的主张和呐喊,但相对于社会的主要发展趋势而言,不占优势;在这以后,帝国主义的侵略还有加重的趋势(如日本侵华),但人民的觉醒、革命力量的奋斗,已经可以扭转"沉沦",中国社会的积极向上一面已经成为社会发展的主要趋势了。

近代中国社会的发展轨迹像一个元宝形,开始是下降,降到"谷底",然后上升,升出一片光明。这就是说,鸦片战争以后,中国陷入半殖民地半封建社会深渊,直到20世纪初期,包括《辛丑条约》签订以后到北洋军阀统治的大部分时期,中国社会的"沉沦"到了"谷底"。在"谷底"及其以前的时期,对于中国社会的发展来说,面临的主要是"沉沦",虽然中国在经济、政治、思想、文化诸方面,实际上存在着积极的、向上的因素,但这种因素的发展是渐进的、缓慢的,相对于社会"沉沦"主流来说,它是弱小的。中国共产党成立,是开天辟地的大事变,标志着半殖民地半封建的中国开始走出"谷底"。随着新的经济因素不断成长、壮大,随着新的社会阶级的出现,随着人民群众、社会精英民族意识和阶级意识的日渐觉醒,社会向上的、积极的因素逐渐发展成为社会的主流因素,影响着社会向好的方面发展。虽然消极的、"沉沦"的因素仍然严重地存在,对中国社会的压迫,甚至不比北洋军阀时期以前弱,但是由于有新的阶级、新的政党、新的经济力量、人民群众的普遍觉醒这样的上升因素在起作用,终于制止了帝国主义使中国滑向殖民地的企图。从另一个角度来说,中国近代史不仅是屈辱的历史,也是中国人民为了民族独立、国家富强而不屈不挠奋斗的历史。屈辱主要体现在历史的"沉沦"时期,奋斗主要体现在历史的"上升"时期。这不是说历史的"沉沦"时期没有奋斗,那个时期中国人民有过不少次的奋斗,但是,由于觉醒程度不够、物质力量不够、斗争经验不够,那时候中国人民的奋斗还不足以制止中国社会的"沉沦";在历史的上升时期,不是没有屈辱,日本帝国主义对中国的侵略,甚至比以往历次帝国主义侵略给中国造成的损害还要严重,但由于中国人民空前的民族觉醒和空前的艰苦奋斗,中国社会不仅避免了继续"沉沦",而且赢来了反侵略战争的彻底胜利,从而避免了给中国社会带来新的屈辱,实现了国家的独立和主权完整,为中国的现代化造就了基础条件。

"沉沦"和"上升",中国社会走出了一条U字形路线,经过了110年的艰苦奋斗,终于凤凰涅槃,浴火重生,结束了半殖民地半封建的中国,诞生了人民的新中国。

第二节　近代中国历史进程中的若干转折

近代中国历史发展的路径或者方向不是一成不变的。在一定历史条件下，历史可能循着某种路径发展，历史条件改变了，发展的路径也可能改变，这就是历史发展的转折。近代中国历史在多数情况下是暴风骤雨式的，是急剧变化着的，我们可以从中观察到多次历史转折。研究近代中国历史发展的转折，对于我们认识中国近代历史发展的曲折性、艰巨性、历史发展道路的可选择性以及历史发展的规律性，是有帮助的。观察中国近代史，应该注意这种转折，应该研究这种转折。

我们已经研究了近代中国历史发展的 U 字形进程，发现在近代中国历史的前期，其基本特征是"沉沦"，近代中国历史的后期，其基本特征是"上升"，在"沉沦"和"上升"中间有一个过渡期，就是"沉沦"的谷底时期，也就是"上升"的起始时期。这是近代中国历史发展的大转折。我们可以运用这种理论，来观察近代中国历史，还可以发现各个不同的历史转折。正是这些不同的历史发展转折，构成了中国近代历史从"沉沦"到"上升"的基本过程和特点。

从鸦片战争开始的晚清时期，基本上是近代中国的"沉沦"期。众所周知，1840 年抵抗英国侵略中国的鸦片战争，揭开了中国近代史的序幕。鸦片战争的结果，外国资本主义列强用鸦片和炮舰迫使中国接受了东方世界并不熟悉的西方殖民主义的条约体系。清王朝时期的中国，开始从独立发展的封建的中国，逐渐演变为半殖民地半封建的中国。从此以后，清王朝在对外战争中，在对待强大的资本主义入侵者的过程中，捉襟见肘，步步退让，逐步加深了半殖民地半封建社会的印记。

由不平等条约为基础所构成的条约体系,是中国历史从来所未见的。鸦片战争形成了中国近代史的开端,形成了晚清中国历史的重大转折,严重影响了此后中国近代史的发展方向。这一点,不是马克思主义者的发明,20世纪初以来大多数中国近代史书的作者都注意到了,已经是多数学者观察中国近代史的共识。

对鸦片战争以后的中国社会发起挑战的,是1851年爆发的太平天国农民起义。客观上说,太平天国农民起义是对鸦片战争以后中国社会发展方向的一次严重挑战。太平天国农民起义是中国农民起义历史上的大事,是近代中国历史发展进程中的大事。从历史时代的特点来观察,它发生在中国因为鸦片战争后形成的不平等条约体系初步建立、中国开始进入半殖民地半封建社会的时候,它的矛头所向,虽然主要是从清朝皇帝到各级地主官僚在内的"阎罗妖",同时它不可避免地要面对因为第二次鸦片战争发生而深入内地的西方殖民主义侵略者。从这个意义上来说,它不完全是像陈胜、吴广以来的那样单纯的农民战争,当然它也不同于1927年以后中国共产党领导的农民战争。① 以太平天国为旗帜的这场农民战争迫使外国侵略者重新认识中国,认识中国的统治者和农民之间的关系,调整对华政策,明确了支持清朝统治者的政策方向;这场战争又迫使清朝统治者认识到农民造反是"心腹之患",外国侵略是"肢体之患",从而调整了对待农民起义和外国侵略之间的政策,因为这种大政策的调整,就影响到国内政治结构的转变,中央权力下移,汉人督抚当权,经制之兵无能而湘、淮军兴起。这些转变不仅直接影响了此后政局的发展,影响了中外关系发展的格局,也影响了此后国内经济发展的形势。太平天国农民起义形成鸦片战争以后近代中国历史发展的第二个转折。

洋务新政的兴起客观上标志着近代中国历史发展的第三次转折。由于洋务新政的复杂性和自洋务新政发生以来评论家和历史研究者对洋务新政认识的极大分歧,对这个转折要多做些分析。洋务新政是第二次鸦片战争结束后,地主阶级当权派切实体验到西方列强坚船利炮

---

① 毛泽东在1939年10月发表的《〈共产党人〉发刊词》中指出:"中国共产党的武装斗争,就是在无产阶级领导之下的农民战争。"这里是借用这句话来说明太平天国农民战争的性质。

的威胁力,面对太平天国、捻军等农民起义的汹涌潮流而发起的,号称"自强新政",实质上是地主阶级当权派的自救运动。洋务新政首先抓军用工业,造枪造炮,主要是为了镇压农民起义,保证政权稳定,随着农民起义的逐渐平复,当然也有保卫国防、对付外国侵略(所谓"勤远略")的动机。甲午战争败于日本,原先设计的所谓"自强"、所谓"勤远略"均化为泡影。评论家所谓洋务运动破产,主要是就这一点说的。有研究者指出,洋务运动虽然是从清政府办军用工业开始的,但办军用工业还不能说是追求现代化,只有在19世纪70年代开始创办"求富"性质的民用工业后,才意味着清政府开始追求发展生产力,追求现代化。① 官督商办的民用工业发展起来,西方资本主义的生产方式被引进中国,中国出现了工人阶级,也逐渐成长起来资产阶级(这里主要指民族资产阶级),这是中国原有的封建社会不曾有过的新的社会阶级;与此相适应,一批西方社会科学书籍被翻译过来,一批洋务人才被培养出来。评论家或者认为这是中国工业化的开始,或者认为这是中国早期现代化的起点。资本主义的意识形态、资本主义的生产方式,虽然并未成为中国社会的主流,却是中国社会的新生事物,是推动此后改良派、革命派成长的物质基础和思想基础。这个物质基础和思想基础,是推动中国社会转型的动力。戊戌维新运动就是在这个基础上发动起来的。说洋务活动的兴起客观上标志着近代中国历史发展的第三次转折,主要指此而言。

但是,洋务新政也有它的局限性。如果把洋务新政的开展与稍晚些时候日本进行的明治维新相比较,这种局限性就更明显了。这种局限性主要表现在它不是由朝廷统一部署的在全国推行的运动,而是由部分中央的和地方的大臣经朝廷同意而推动的运动,守旧的、保守的、反对的势力很大,很普遍,难以取得明治维新那样的效果;官办或者官督商办的办企业模式,在推动中国早期现代化方面也起过一定作用,但对民间企业家的发展却起到了很大的约束作用,与日本明治政府主动提倡、推动民间企业的发展大不相同,因此成效差异很大;由地方督抚

---

① 参见严立贤《从洋务运动的官商矛盾看中国近代早期两种现代化模式的滥觞》,载《中国社会科学院近代史研究所青年学术论坛·2000年卷》,112页,社会科学文献出版社,2001。

大员推动的官办或者官督商办企业,形成了相关地方权力的物质基础,这种基础与军事权力相结合,为此后地方割据势力的形成埋下了伏笔。由于以上的原因,这场运动反而在一定程度上延缓了中国近代工业的发展速度,延缓了中国早期现代化的进程,丧失了许多发展的机会。甲午战败表明,中国由地方官员推动的洋务新政大大落后于日本明治政府推动的改革、维新运动。据我的研究,中国洋务新政实际上不能与日本明治时期的资本主义改革相比,因为它们处在不同的发展阶段。如果加以比较,只可以与明治以前的幕府时期的改革相比,其力度尚不如幕府时期。① 而且洋务新政所涉及的"御外侮"的目标完全未能达到。从这个角度说,甲午战争的结果标志着洋务新政的失败,是有道理的。中央政府不能主动转变观念和提出措施,是甲午战争前后30年间丧失许多发展机会的基本原因,也是洋务新政与明治维新效果大相差异的基本原因,当然也是中国早期现代化迟滞的基本原因。

  洋务活动的局限性还表现在:发动洋务活动的奕䜣、曾国藩、李鸿章等洋务派都是清政府的廷臣疆吏,是统治阶级的一个政治派别,他们同统治阶级中的另一翼顽固派一起,共同决定、执行着清政府对内镇压、对外投降的基本国策。位居政权顶端,实行折中控制的是掌握皇权的慈禧太后。引进西方资本主义的生产技术是必要的,这种引进在客观上引起了中国社会内部结构和思想意识形态的缓慢演变,对于动摇封建专制统治的基础是有进步意义的,但引进的直接目的是为了镇压国内人民的反抗,维护摇摇欲坠的封建统治。这个目的,顽固派是可以接受的。洋务派在办洋务企业时虽也有"御外侮""收利权"等对外的动机和表态,但那不是根本的目的,而且难免有掩饰之嫌。洋务派不可能发动全民族的力量来对付帝国主义侵略者。李鸿章只准自己办洋务,却限制民族资本主义的发展。对外国的侵略,他们并不想真正抵抗,掌握在他们手中的近代先进武器,形成不了保卫祖国的干城。北洋舰队在当时不是武器装备落后,至少与日本海军相比,在某些方面还是先进的,但是为了"避战保船",匍匐港内,造成被动挨打的局面,成了日本的

---

① 参见《19世纪中日两国早期现代化比较研究》,张海鹏:《中国近代史基本问题研究》,350—355页,中国社会科学出版社,2013年1月。

战利品。不是武器不如人，而是精神状态不如人。随着帝国主义侵略步步加深，掌握国家权力的洋务派官僚们总是一次比一次更严重地把民族、国家的利益出卖给外国侵略者。所谓"御外侮"云云，就越来越失去其应有的积极意义。中外关系并不如他们所期望的那样"相安无事"，中国正急速地面临殖民地化的深渊。那种把洋务派的经济活动和政治、外交活动分开来评价的意见是说不通的，事实上是分不开的。说洋务活动是近代中国历史发展的第三次转折，是指其客观效果而言。洋务活动发展的结果，在客观上起到了促进中国资本主义发生的作用，有一定的进步意义。从思想倾向来说，洋务派比较务实，比较能够接受西方先进的东西，在这一点上显然比顽固派要开明，更能够应对时局的发展。如果完全按照顽固派的那一套搞，中国社会还将继续停滞下去。以往有的研究者把洋务活动的负面作用说得绝对了，也不能很好地理解历史进程。

　　义和团运动和八国联军侵略中国，是晚清历史发展的第四次转折。甲午战争以后，列强纷纷在中国抢占港口，瓜分势力范围，打算把这个"躺在死亡之榻"上的清帝国彻底瓜分。义和团的强烈反抗使帝国主义者看到了中国昂扬的民气，不得不改变"瓜分"政策，实行"保全"清帝国的政策，同时也要求清帝国实行若干改革。1901年的新政于是发生。新政名义上放松了对政治、经济和思想的控制，但社会上的阶级矛盾一个也没有减少。经济政策的放松，鼓励了民族资本主义的发展，这就加强了代表资产阶级的立宪派和革命派向清朝统治阶级要求政治权力的物质基础，造成了革命派和立宪派活动的空间；废除科举，鼓励海外留学，造就了大批接受西方社会、政治思想的新型知识分子，从中形成了一批封建专制主义和皇权统治的掘墓者；新政举措需要大量的资金，加上《辛丑条约》规定的巨额赔款，大大加重了人民群众的负担，加剧了本来就很紧张的统治者与被统治者之间的矛盾，民众反抗此起彼伏；由于社会上产生了新型阶级力量，从经济上、政治上反抗帝国主义列强侵略和收回利权的斗争逐年高涨；新式军队的编练和皇族内阁的组成，加剧了上层统治阶级内部满汉之间和利益集团之间的冲突。辛亥革命就在这些矛盾的基础上发生了。

把"沉沦"和"上升"的观点运用到民国历史时期,我们可以看到,民国历史时期基本上是近代中国的上升期。1901年到1920年,是近代中国"沉沦"到"谷底"的时期。这个"谷底"时期,是黑暗到黎明的转折期,是"沉沦"到"上升"的转折期,表明"沉沦"的阶级力量还很顽强,"上升"的阶级力量又不够强大。这种顽强和不够强大,体现为"沉沦"与"上升"的交替表演。其中,1911年武昌起义胜利导致1912年中华民国的建立,标志着近代中国上升期的起点,它又是民国历史的起点。它是"谷底"时期"沉沦"与"上升"交替表演的第一个回合。接着,袁世凯掌握北京政权,孙中山、黄兴等革命派失去政权,形成交替表演的又一个回合。1913年宋教仁被刺,孙中山、黄兴发起"二次革命",袁世凯镇压"二次革命",宣布就任民国正式大总统,是这时期交替表演的第三个回合。1915年底袁世凯称帝,蔡锷等在云南发动"护国战争",袁世凯从称帝到气急而亡不过5个月,这是交替表演的第四个回合。黎元洪任大总统后,发生张勋复辟和段祺瑞"再造共和"那样的政治局面,这实际是专制与共和斗争的一个表现形式;接着孙中山在广州组织护法军政府,号召维护《临时约法》;接着发生北京学生的五四运动和上海工人的六三运动,掀起了前所未见的反帝反封建斗争。这是"谷底"时期交替表演的第五个回合。我们看到从辛亥革命表现出来的民国历史的起点,也就是中国近代史"上升"时期的起点,到五四运动表现为新民主主义革命的起点,"上升"时期的阶级力量在明显地成长、壮大中,"沉沦"的阶级力量在逐渐消退。在辛亥革命所造成的那样大的革命声势下,革命派为什么不能执掌国家政权?我们现在可以回答,辛亥革命所处的那个时期,正是近代中国历史发展"沉沦"到"谷底"的时期,是"沉沦"到"上升"的转折期,也是专制向共和的转折期。因为资产阶级的经济力量、物质基础还不够强大,资产阶级的政治力量也就相对软弱。这是"谷底"时期的表现。总之,这个时期出现了民国历史的第一个转折。这个转折值得认真研究。应该说,这个转折,对近代中国历史发展进程的意义,至今的研究都还很不够。

1921年中国共产党成立,1924年中国国民党召开第一次全国代表大会,形成了第一次国共合作,这个合作导致了工农运动的高涨,导致了人民群众民主意识的高涨,最终导致了北洋军阀的垮台。这是民国历史的第二个转折。对于这个转折,当时的人们没有看得很清楚。对于中国共产党的成立,对于中国国民党在1924年发动的重大的改革,对于国共合作反对北洋军阀的政治动向,在最初并没有引起北方军阀的注意和重视,也没有引起当时北方社会舆论的深切关注,甚至也没有引起列强的严重注意。换句话说,当时北方各军阀并没有把南方改组后的国民党和新成立的国民政府放在眼里。北京、天津、上海等大城市的新闻媒体和社会舆论关注的重心,仍是北方政局的发展变化。对南方国民党的革新,对国共合作,认为它不过是跟着苏联"赤化"而已。甚至到南方国民革命军誓师北伐,北方各军阀仍未把北伐军当成对自己的一个重大威胁,或者认为蒋介石也会像过去孙中山的几次北伐一样,不过虚张声势而已。盘踞北京政府的张作霖,以及号称拥有七八省的人力物力的吴佩孚,与北伐军在湖南战场交锋,虽然遭遇不利,但他仍然充满自信,自以为扼守湖北咸宁汀泗桥这一天险,北伐军无可奈何。未料吴佩孚的部队在数日之间,一败于汀泗桥,再败于贺胜桥,不仅出乎吴佩孚意外,社会舆论也一度大哗。汀泗桥、贺胜桥一战,使睥睨一世的吴佩孚威名扫地。从此以后,北伐军的声威震动全国。南方的革命军和革命政府也从此成为全国舆论关注的焦点。这个转折标志着近代中国"上升"时期的政治力量的形成。

1927年国共合作破裂是国民党背叛国民革命造成的结果,是民国历史的第三个转折。这个转折埋下了国共两党长期不和、长期斗争的根苗,影响了国家的发展,影响了整个社会、文化、思想发展的走向,影响了社会制度选择的方向。北洋军阀的垮台,南京国民政府的建立,标志着社会发展的"上升";而代表"上升"时期的政治力量的分裂,尤其是国共合作的破裂,又严重阻碍了社会"上升"的力度。

1936年12月西安事变,1937年卢沟桥事变,形成了民国历史的第四次转折。中国共产党及其武装力量,经过十年内战的损失和挫折,已经变得很弱小了。在日本军国主义侵华步伐加快的形势下,中华民族与日本军国主义侵略者之间的民族矛盾急剧增长,爆发了张学良、杨虎城发动的西安事变。共产党看到了西安事变并非张、杨的个人行为,看到了1931年以来的民族救亡的民众运动在反蒋的政治力量中的反映，看到了日本侵华导致了中国与日本帝国主义之间民族矛盾的骤然上升，于是紧紧抓住了抗日的旗帜，代表了中国大多数人的民族心理和要求，以此为据，促成了国共的再次合作。这次合作，不仅最终取得了抗日战争的胜利，而且初步改变了中国在国际社会的形象，废除了列强在华治外法权以及由于签订1901年条约列强强加在中国身上的沉重负担。在国共合作进行抗日战争的过程中，国共之间有许多矛盾和摩擦，特别是皖南事变使这种矛盾和摩擦达到了高潮，都是因为民族矛盾超过了阶级矛盾而化解了，没有造成国共合作的再次破裂。由于国共合作共同抗日，空前调动了全民族的救亡意识、民主意识，正是这种意识，标志着近代中国"上升"趋势的形成。从这时候起，"沉沦"那样一种社会发展趋势，就退居次要地位而不复严重影响中国的历史进程了。

抗战胜利后国共重庆和谈签订的协议和政协会议的决议不能履行，1946年6月内战开始，是民国历史的第五次转折。这次转折所用的时间不长，但完成了近代中国历史发展的选择模式，完成了自辛亥革命开始以来的"上升"趋势，完成了从旧中国到新中国的转变。从这时候起，"沉沦"趋势就不复见于中国历史。这个转折，不仅完成了"沉沦"到"上升"的历史性转变，完成了旧中国到新中国的历史转变，完成了半殖民地半封建中国到社会主义中国的历史转变，也原则上完成了从革命的中国到建设的中国的转变，完成了以争取独立、民主为主要任务到以建设现代化的中国为主要任务的历史性转变。

民国历史经历了38年，是近代中国历史发展值得重视、需要认真研究的一个历史阶段。

历史现象复杂纷纭，错综曲折，起伏跌宕，如果研究者陷入具体琐碎的考证，缺乏宏观的把握，就难以取得重大的研究成果。抓住了上述五个转折点，深入研究和思考，就等于抓住了这段历史的基本线索，就可以顺藤摸瓜，将复杂纷纭的历史现象梳理得清清楚楚了。

第三节　近代中国资本主义发展的趋向与社会主义的前途

从社会发展的历史进程来看,由于西方资本-帝国主义列强的侵略,中国历史到了近代的时候,没有顺理成章地从封建社会迈入资本主义社会,而是发生了严重变形,拐进了变态的半殖民地半封建社会。当然,这并不是说中国历史上就没有资本主义;恰恰相反,近代中国资本主义的产生与发展,资产阶级与无产阶级的形成及其阶级力量的壮大,为反帝反封建的新、旧民主主义革命准备了充分的物质条件和阶级基础,也因此而充分地预示其光明的社会主义前途到来的历史必然性。

学术界已有的研究成果充分证明,早在明代中后期,苏州、杭州等江南地区的手工业经济领域,已经出现资本主义生产关系的萌芽。这种萌芽一经在封建社会的母体里形成,便有逐渐滋生蔓延之势,如果没有外力的摧折,便会随着中国社会经济的发展的特点引导中国社会进入具有中国特色的资本主义社会。正如毛泽东所说:"中国封建社会内的商品经济的发展,已经孕育着资本主义的萌芽,如果没有外国资本主义的影响,中国也将缓慢地发展到资本主义社会。"①这种观点高度概括了20世纪30—40年代以后密切观察近代中国社会发展历程的人们,尤其是用唯物史观观察近代中国历史的人们的看法。由于鸦片战争打断了中国社会经济发展的正常秩序,使近代中国历史偏离了本应向资本主义社会发展的轨道,而逐渐沦入半殖民地半封建社会的异途。外国资本主义的入侵,在摧残中国社会内部原有的资本主义萌芽的同

---

① 毛泽东:《中国革命和中国共产党》,见《毛泽东选集》第2卷,626页,北京,人民出版社,1991。

时,又加速了封建社会经济结构的分解。"一方面,破坏了中国自给自足的自然经济的基础,破坏了城市的手工业和农民的家庭手工业;又一方面,则促进了中国城乡商品经济的发展。这些情形,不仅对中国封建经济的基础起了解体的作用,同时又给中国资本主义生产的发展造成了某些客观的条件和可能。因为自然经济的破坏,给资本主义造成了商品的市场,而大量农民和手工业者的破产,又给资本主义造成了劳动力的市场。"①正是在中国封建社会自然经济解体的基础上,在帝国主义与封建主义的夹缝中,产生了近代中国资本主义。

近代中国资本主义的发展历程大致可以分为四个阶段。

第一阶段:1840—1894年,从鸦片战争到甲午战争,主要是洋务运动时期,为近代中国资本主义的兴起阶段。1840年是近代史学界基本上公认的中国近代史的开端,但并不是近代中国资本主义产生的确切年代。在近代中国半殖民地半封建社会这样特殊的历史条件下,最早在中国建立近代资本主义企业的并不是中国自己的民族资本,而是外国资本,如英国人1843年在香港创办的墨海书馆和1845年在广州建立的柯拜船坞,是最早在中国建立的近代印刷机构和近代船舶修造工厂。中国民族资本主义的产生则与洋务活动密不可分。19世纪60年代,清政府内部一批洋务派官僚如奕䜣、文祥、曾国藩、李鸿章等人,在"求强""求富"的口号下,开始了洋务活动。他们先后创办了一批近代军事工业和民用工业企业。这些企业虽然在资金来源、产品销售以及经营管理等方面都还难免有浓厚的封建性,但由于采用了现代机器及与之相联系的产业工人进行生产,因此在一定程度上采用了资本主义的生产方式,带有一定的资本主义性质,从其与国家政权的关系方面来看,可谓国家官僚资本主义的初始形态。随着一批与外国资本主义有关系且积聚了一定资本的买办的出现,以及一些官僚、地主、商人投资近代企业的出现,产生了近代中国的民族资本主义工业。近代中国民族资本主义自产生之日起,就受到外国资本主义和本国封建主义、官僚资本主义的压制和排挤,因而发展极其艰难、缓慢,力量相当弱小。据

---

① 毛泽东:《中国革命和中国共产党》,见《毛泽东选集》第2卷,626—627页。

统计,到1894年,中国产业资本的总额约8 952.6万元,其中外国资本5 433.5万元,占60.7%,本国官僚资本2 796.6万元,占31.2%,民族资本722.5万元,占8.1%。①

第二阶段:1895—1911年,从甲午战争到辛亥革命,尤其是清末新政时期,为近代中国资本主义的初步发展阶段。甲午战争的失败,标志着清政府以"自强"为目标的洋务活动的破产,但是这并不是说所有洋务企业一夜之间都销声匿迹了,事实上也并没有阻止中国民族资本主义的发展。相反,由于外国资本取得在内地投资办厂的条约特权对民族工业的刺激,更由于清政府实业政策的调整,尤其是清末新政时期政府对发展民族工商业实行鼓励政策,因而掀起了一个民族资本投资持续发展的高潮。据统计,1858—1911年,中国产业资本共设立创办资本额在1万元以上的工矿企业953家,创办资本总额20 380.5万元,其中1895—1911年有804家,占总数的84.4%,创办资本额16 757.1万元,占总数的82.2%,分别是1858—1894年的5.4倍和4.6倍。② 这一时期民族资本主义的初步发展,为民族资产阶级的维新变法运动和民主革命运动提供了物资条件和阶级基础。

第三阶段:1912—1927年,北洋政府时期,是近代中国资本主义进一步发展的阶段。其中,第一次世界大战前后为其"黄金时代"。辛亥革命推翻了清王朝的封建专制统治,建立了中国历史上第一个资产阶级民主共和国——中华民国,以孙中山为首的南京临时政府颁布了一系列振兴民族工商业的政策法令,燃起了民族资本家振兴实业的热情,为民族资本主义的进一步发展提供了历史契机。虽然从政治上来说,刚刚诞生的革命政权很快落入以袁世凯为首的北洋军阀手中,连年军阀混战,兵连祸结,政治黑暗腐朽,近代中国历史沉沦到半殖民地半封建社会的"谷底",但是,中国民族资本主义经济却出现了一个"经济奇迹"。究其原因,一方面,由于第一次世界大战的爆发,暂时缓解了西方列强侵略的压力,进口贸易大为衰落,出口贸易急剧增长,为中国民族

---

① 参见吴承明《中国资本主义的发展述略》,见《中国资本主义与国内市场》,114页,北京,中国社会科学出版社,1985。

② 参见杜恂诚《民族资本主义与旧中国政府(1840—1937)》,29—31页,上海,社会科学院出版社,1991。

资本主义的发展提供了一个千载难逢的机会；另一方面，中国民族资本投资潜力与国内市场的扩大，以及生产技术、设备与经营管理方式的改进，加上民族资本家在反对军阀内战和抵制外货运动中激发的民族热情高涨等因素，这些都有利于促进中国民族资本主义的进一步发展。① 据统计，在1912—1927年的16年中，中国历年所设创办资本额在1万元以上的工矿企业共有1984家，创办资本总额约45 895.5万元，无论创办企业家数还是创办资本总额，均为从1858—1911年这53年的1倍以上。② 这一时期，近代中国民族资本主义的发展进入了它的"黄金时代"。因此，尽管军阀政治混乱不堪，却发生了五四爱国民主运动，产生了中国共产党，从而使近代中国历史开始从黑暗的"谷底"上升，并渐渐透露出一缕光明。

第四阶段：1927—1949年，国民党政府时期，近代中国资本主义发展成为国家垄断资本主义，特别是抗日战争及战后达到最高峰。北伐战争以后，国民党政府实现了政治上的基本统一，便开始对全国经济进行控制。以蒋介石为首的国民党政权实行国家垄断资本主义政策，其垄断势力从金融业开始，逐渐渗透到重工业、轻工业各产业部门。抗日战争时期，蒋、宋、孔、陈四大家族利用战争的机会，牢牢控制了全国的金融、交通、能源、制造、矿冶及其他产业部门等经济命脉。据统计，在全国近代产业资本（包括近代工业和交通运输业资本，含外资）结构中，官僚资本所占的比重，1894年为39.14%，1911年为26.76%，1920年为25.96%，1936年为35.87%，1947—1948年为64.13%；在全国金融业资本（含外资）结构中，官僚资本所占的比重，1894年为0，1911年为6.32%，1920年为16.04%，1936年为58.89%，1947—1948年为88.85%。③ 显然，抗战以后，国民党政权对全国经济命脉的垄断达到登峰造极的地步。国家垄断资本主义的形成，桎梏了自由资本主义的正常发展，改变了近代中国资本主义发展的道路，以至于中国社会再也

---

① 详细分析参见［法］白吉尔《中国资产阶级的黄金时代（1911—1937）》，张富强、许世芬译，78—84页，上海人民出版社，1994；杜恂诚《民族资本主义与旧中国政府（1840—1937）》，137—159页。
② 参见杜恂诚《民族资本主义与旧中国政府（1840—1937）》，106—107页。
③ 参见许涤新、吴承明主编《中国资本主义发展史》第3卷《新民主主义时期的中国资本主义》，726、736页，北京，人民出版社，1993。

不能继续沿着资本主义方向前进,因而转向社会主义道路便成为历史的必然趋势。毛泽东在1947年分析当前的形势时认为:"蒋宋孔陈四大家族,在他们当权的二十年中,已经集中了价值达一百万万至二百万万美元的巨大财产,垄断了全国的经济命脉。这个垄断资本,和国家政权结合在一起,成为国家垄断资本主义。这个垄断资本主义,同外国帝国主义、本国地主阶级和旧式富农密切地结合着,成为买办的封建的国家垄断资本主义。这就是蒋介石反动政权的经济基础。这个国家垄断资本主义,不但压迫工人农民,而且压迫城市小资产阶级,损害中等资产阶级。这个国家垄断资本主义,在抗日战争期间和日本投降以后,达到了最高峰,它替新民主主义革命准备了充分的物质条件。"①以蒋介石为首的国民党政权的国家垄断资本主义即官僚资本主义,与帝国主义、封建主义一样,是中国共产党领导的新民主主义革命的对象。中国的社会主义现代化建设事业,正是在新民主主义革命胜利以后,在没收官僚资本的基础上起步的。正如列宁所说:"国家垄断资本主义是社会主义的最完备的物资准备,是社会主义的入口,是历史阶梯上的一级,从这一级就上升到叫做社会主义的那一级,没有任何中间级。"②历史充分证明了列宁的这个论断。

社会主义是近代中国几代仁人志士孜孜追求的政治理想。如果说洪秀全领导的太平天国农民运动颁布的《天朝田亩制度》所构建的"天国"世界秩序尚只是具有浓厚的乌托邦色彩的农业社会主义理想蓝图而已,那么,孙中山的民生主义则是当时形形色色社会主义流派中最接近科学社会主义的一种空想社会主义政治理想。

1903年,孙中山在致友人书中提出了"民生主义"思想,他是用"社会主义"③一词来表述"民生主义"思想的。这是自1894年兴中会成立以来,孙中山第一次提出有关中国社会未来发展的框架设计。此后20多年中,孙中山反复说明并完善他的民生主义思想。学者们认为,民生主义一直到1924年孙中山正式公开讲演三民主义时才定型。在许多

---

① 《目前形势和我们的任务》,见《毛泽东选集》第4卷,1253—1254页,北京,人民出版社,1991。
② 列宁:《大难临头,出路何在?》,见《列宁全集》第25卷,349页,北京,人民出版社,1958。
③ 孙中山:《复某友人函》,见中国社会科学院近代史研究所中华民国史研究室等编《孙中山全集》第1卷,228页,北京,中华书局,1981。

场合里,他都用"社会主义"的概念来表述他的民生主义。但是,正式的表述,或者说,孙中山乐于使用的词汇还是"民生主义"。民生主义是孙中山三民主义的归宿,是三民主义思想中最具特色的部分。在孙中山看来,民生主义就是社会主义。他经过反复斟酌,认为还是把由日本传来的西方词汇 socialism 译为"民生主义"更为允当。孙中山钟情于民生主义,并为在中国实现民生主义而奋斗终生。

关于民生主义-社会主义思想的来源,虽然孙中山经常强调它源于中国古代乃至近代的思想资料,但实际上是受19世纪末以来西方自由资本主义发展为帝国主义以后,欧美各国广泛掀起的社会主义运动的影响。孙中山在阐发民生主义-社会主义思想的时候,经常回顾西方国家资本主义发展的历史,引用并分析西方社会主义思想流派的著作。

民生主义-社会主义思想的形成与发展,几乎贯穿了孙中山革命活动的全过程。孙中山是在19世纪末期开始观察并研究欧美资本主义社会模式的。这时的欧美社会正处在通常所说自由资本主义发展到垄断资本主义的时期。工业革命以后,实业的迅速发展所带来的社会流弊日甚一日。由此引起劳资关系紧张,工人罢工频仍,社会革命其将不远。面对欧美社会现实,孙中山不能不对中国如何实施资本主义的发展战略做出认真的思索。孙中山认识到,在那时的时代潮流之下,中国不可避免地要走上资本主义道路。"近世资本主义之天然演进,对于劳动者常与以不平之待遇",这是欧美社会已经发生的事实。如果不加控制,任其发展,中国在10年以后,必致有十万人以上之资本家,那时中国必然重蹈欧美社会的老路。中国又要发展资本主义,又要避免资本家垄断社会财富、压制人民群众,办法在哪里?鉴于中国实业发展未久,大资本家还未出现,也还没有资本家垄断社会经济的现象,这就为孙中山设计中国式的资本主义发展战略提供了合适的客观环境。孙中山认为,只要实行以土地国有和节制资本为主要内容的一系列民生主义政策,就能避免出现大资本家,就能防止社会财富集中于少数人手中,就能防止资本家专制。可见,民生主义的出发点,是防止垄断性的大资本家出现,反对大资本家垄断社会财富。当然,没有资本家的社会不是资本主义社会。反对大资本家不是不要资本家。孙中山所要建立的,不是没有资本家的社会,而是不要大资本家、不要垄断资本家的资本主义社会。

在孙中山看来,实行土地国有、节制资本、发展国家资本的民生主义政策,就能防止大资本家为祸社会,也能刺激中等资本家——中产阶级的活力。于是,他呼吁、企盼中国社会产生中产阶级,认为这是实施民生主义、避免社会弊病的阶级基础。可以说,民生主义所要代表的是正在发展中的、受到严重压抑的、政治经济势力都很软弱的、渴望同官僚垄断势力和外国资产阶级争取平等地位的中国民族资产阶级的利益。民生主义的归结点,是社会和平、协调发展,永远消弭劳资间的阶级斗争,永远防止无产阶级为向资产阶级争取政治、经济平等权益而发动的"社会革命",或曰"第二次革命"。在他看来,做到"举政治革命、社会革命毕其功于一役",甚至使民族、民权、民生革命一次完成,一劳永逸,就可保证中国社会永臻大同之域。

孙中山认为,只要实行民生主义,经济生活上人人平等,共同富裕,就能保证中国永远不再革命。从早年到晚年,孙中山都十分关心工人、农民的生活。因此,他赞成"得社会主义真髓"的亨氏土地公有、麦氏资本公有办法,就是希望造成"所得的利益归人民大家所有",又"和资本家不相冲突"①那样的社会局面。这就是他理想中的民生主义-社会主义社会模式。意义高尚,理想圣洁,但几近空想。当然,孙中山追求的社会主义,是他常加称赞的德国俾斯麦的国家社会主义,是"不能够马上推翻"②资本制度的社会主义,是劳资和平、协调发展而不致引起社会主义革命的社会主义。有学者认为,这种社会主义不是马克思主义学说中经过社会主义革命的社会主义;结合孙中山的学说精神,可以姑且称之为"民生社会主义"。③

这种民生社会主义,实际上是孙中山设计的一种有中国特色的资

---

① 孙中山:《民生主义第二讲》,见《孙中山全集》第9卷,393页。
② 孙中山:《民生主义第三讲》,见《孙中山全集》第9卷,410页。
③ 张海鹏:《试论孙中山民生主义的真谛》,载《中国社会科学院研究生院学报》1996年第5期;又见《孫中山〈民生主義〉の真義についての試論》,载《孙文研究》,神户,21期,1997。此文在说明孙中山的民生主义-社会主义思想时,首先使用了"民生社会主义"这一概念。吴雁南等主编《中国近代社会思潮》(长沙,湖南教育出版社,1998)第二卷第六编第一章,论述了民生社会主义的发展,也使用了这样的提法,但未专门对此做出定义。

本主义发展模式。这种模式的特点，一是以国家资本为社会的主要经济构成，不允许大资本垄断社会经济现象的存在；二是以中产阶级为社会发展的阶级基础，社会发展目标由代表中产阶级的阶级利益的政治代表所掌握；三是融入了社会主义的分配办法，力求全社会和平、协调发展，使全民富裕，防患社会革命于未然；四是在政治方向和社会发展目标上，公开声称与马克思主义的社会主义、共产主义理想不相冲突，而且是好朋友。

民生社会主义的上述特点，反映了孙中山的个人特色，有较浓厚的空想成分，其主要方面，已为《中国国民党第一次全国代表大会宣言》所接受。可惜，孙中山生前国家不统一，政局不稳，孙中山得不到实践自己理想的机会。

必须指出，孙中山在确立自己的社会理想时，对国情的估计尚有若干不足。

其一，自鸦片战争以来，外国资本主义-帝国主义的政治、经济甚至军事势力控制了中国，中国几乎"国将不国"，它们不能容许孙中山在这块土地上试验自己的理想。这方面，自1912年初南京临时政府成立以后，孙中山已经有了许多切身体会，并且已经认识到："我们要解决民生问题，如果专从经济范围来着手，一定是解决不通的。要民生问题能够解决得通，便要先从政治上来着手，打破一切不平等的条约，收回外人管理的海关，我们才可以自由加税，实行保护政策。"①国家、民族不能独立，一切仁人志士要想实践自己的理想都是不会成功的。要建国必须先救国。只有驱逐帝国主义出中国，建国的目标才有可能实现。在帝国主义和封建军阀统治中国的局面不改变的情况下，建国蓝图越具体，就越具有空想性。1924年9月18日，孙中山代表中国国民党发表北伐宣言，明确指出：辛亥革命以后之国内战祸，"直接受自军阀，间接受自帝国主义"；宣布"此战之目的不仅在推倒军阀，尤在推倒军阀所赖以生存之帝国主义。"②只有如此，中国才能脱离次殖民地之地位，以造成自由独立之国家，才具有实现三民主义的条件。到这时，孙中山的认

---

① 孙中山：《民生主义第四讲》，见《孙中山全集》第9卷，424页。
② 孙中山：《中国国民党北伐宣言》，见《孙中山全集》第11卷，76页。

识才得到了校正。

其二,孙中山强调中国只有大贫和小贫,意在模糊中国社会的阶级差异。他没有深刻认识中国农民对土地的渴望,没有体察到农民和地主阶级之间阶级斗争的存在。他虽以"洪秀全第二"自居,却没有认识到太平天国起义正是19世纪50年代农民和地主阶级斗争激化的表现。尤其是19世纪70年代以来,中国社会里资本主义生产关系正在成长,民族资产阶级(孙中山所企望的中产阶级)的经济势力到19世纪末、20世纪初,已经在中国社会的经济、政治生活中有相当影响,官办企业也有了可观的发展,外国资本主义的独资企业已经控制了中国经济的走向。这些资本主义的生产、金融、交通企业对中国传统社会的冲击力是很大的。现代工业企业中的劳资关系已经存在。对这些估计不足而设计民生社会主义的美丽图景,颇有些单向度思考的意味。试想,在中国的现实情况下,土地公有、资本公有能否实现?实现以后能否防止垄断性的大资本家产生?如何保证社会全体成员公平分配、人人幸福?是否能避免劳资间阶级斗争的产生?怎么能做到工人和资本家不发生冲突、农民得益而地主又不受损失?这些都是未可肯定答复的问题。孙中山以为阶级斗争是社会发展的病态,是可以人为地加以医治的。殊不知阶级斗争是社会经济发展过程中,由于阶级利益差异之驱使必然产生的客观存在,人们不可凭主观想象去消灭它。阶级斗争有时激化,有时缓和,在根本的阶级利益差异消失前是不可消灭的。有远见的政治家、政党可以引导社会阶级斗争的发展方向,却不可能像外科医生一样,把阶级斗争这个"毒瘤"从社会病体上割去。按照马克思主义的观点,在资本主义发展到一定阶段时,社会主义革命的到来不可避免。设想避免阶级斗争,避免社会革命,要举政治革命与社会革命毕其功于一役,作一劳永逸之计,是主观的、空想的、幼稚的。虽然,对于孙中山的毕生奋斗来说,这是一种很崇高的理想;但是,作为观察孙中山提出民生主义以来中国社会发展的历史研究者来说,对孙中山设计民生主义蓝图的不足之处,不能不指出来。

孙中山去世后,对如何理解、执行他的三民主义学说,尤其是他的民生主义-社会主义思想,几乎成为全部中国政治生活的重要议题。国民党内胡汉民、戴季陶、周佛海、蒋中正等人,都撰写过论述三民主义的著作,反映了国民党内各派系的观点,就民生主义-社会主义思想而言,其要义不外尽量阐发孙中山思想中符合资产阶级需要的方面,阐发不利于中国革命事业发展的消极、保守方面,说什么"共产主义不符合中国国情","民生主义包含共产主义","只要一个主义(三民主义)一个党(国民党)就行了","马克思主义是民生主义的仇敌",等等。共产党与此不同。毛泽东在1940年发表《新民主主义论》,高度评价了孙中山革命三民主义的积极意义,精辟地解说了新三民主义与共产主义的联系和区别。毛泽东指出:"中国的经济,一定要走'节制资本'和'平均地权'的路,决不能是'少数人所得而私',决不能让少数资本家少数地主'操纵国民生计',决不能建立欧美式的资本主义社会,也决不能还是旧的半封建社会。"①很明显,在这里毛泽东极其准确地概括了孙中山在民生主义演说中的基本思想。说到共产主义与民生主义的联系,那是极其明显的。中国的共产主义者并不是要用阶级斗争的手段在中国硬造一个社会主义革命,不是一开始就要在中国实施社会主义革命。毛泽东说:中国革命必须分两步走,第一步是要变半殖民地半封建的社会形态为民主主义的社会。走这一步,共产主义者的纲领和政策与孙中山的民生主义-社会主义理想是基本一致的,所以孙中山一再强调,民生主义就是社会主义,就是共产主义,共产主义是民生主义的好朋友。区别在于,中国革命还必须走第二步,即完成社会主义革命,建立社会主义社会。孙中山以为他的民生主义就是一个最美好的社会,不需要再进行社会主义革命。中国社会最终要进入共产主义,在这一点上,孙中山又是与共产主义者相同的。

在中国人民选择社会主义道路的历史过程中,孙中山是先知先觉者。他高倡社会主义,早在中国共产党成立之前。在这个问题上,他是共产党人的先生。共产党人把孙中山称作"革命的先行者",是有充足理由的。孙中山虽然不是马克思主义者,不是科学社会主义论者,但他是一位真心实意要在中国推行社会主义的理想家、革命家,他的思想为

---

① 《新民主主义论》,见《毛泽东选集》第2卷,678—679页,北京,人民出版社,1991。

中国人开启了一条既要发展大工业实现国家工业化，又要避免西方资本主义的新的思维方式，预示着马克思主义的科学社会主义必将在中国代之而起，必将在中国主观的、空想的社会主义破产的基础上开辟胜利的道路。

近代中国人寻求马克思主义的科学社会主义，经历了一个相当长的艰难的探索历程。早在清末民初，马克思主义学说已被零星地译介进来。这是近代中国历史背景下西学东渐的产物。无论是外国传教士，还是资产阶级维新-改良派、革命派，以及一般留日学生，甚至一批无政府主义者，他们在译介近代西方社会、政治思想学说的行文著述中提到马克思、恩格斯的名字，介绍马克思主义学说的某些观点，[①]一般都是就近代西方各种社会主义思想流派混杂而言，明显地缺乏理性与科学的认知。当然，这是由当时中国的社会历史条件所决定的，任何人的思想认识水平都不可能超越其所处的时代。

五四运动前后，马克思主义在与各种非马克思主义的论战中脱颖而出。1917年俄国十月革命胜利，建立了世界上第一个社会主义国家，也给邻近的中国送来了马克思主义。在新文化运动中，一些激进的革命民主主义者如李大钊、陈独秀、毛泽东、周恩来、恽代英等人，开始转变为共产主义者，成为宣传马克思主义和科学社会主义的领袖人物。这些早期马克思主义者，在与实用主义者胡适的"问题与主义"之争，与研究系梁启超、张东荪关于社会主义的论战，以及反对无政府主义者的斗争过程中，进一步明确了要不要社会主义，要不要马克思主义，中国应走资本主义道路还是社会主义道路，是要基尔特社会主义还是科学

---

① 传教士的出版机关广学会1898年出版《泰西民法志》（李提摩太委托胡贻谷译，柯卡普原著，题名《社会主义史》，1892年版），是最早介绍马克思、恩格斯及其学说的一部译著。1899年2月至5月，《万国公报》第121—124册连载李提摩太节言、蔡尔康撰文的《大同学》，在中文刊物上较早提到马克思、恩格斯。1902年10月，维新-改良派旗手梁启超在《新民丛报》第18号上发表《进化论革命者颉德之学说》，介绍"社会主义之泰斗"麦喀士（马克思）。革命派领袖孙中山1896、1897年伦敦被难时期可能接触过马克思学说，1905年他又亲自访问了第二国际。同盟会的机关报《民报》是宣传社会主义的重要阵地，朱执信于1906年初在《民报》第2、3号上发表《德意志社会革命家小传》，介绍了马克思、恩格斯、拉萨尔、倍倍尔等人的生平及其学说，尤其是概述了马克思主义的经典著作《共产党宣言》《资本论》和《资本史》（《剩余价值学说史》）的基本思想。1903年，留日学生翻译了《近世社会主义》（福井准造著，赵必振译）和《社会主义神髓》（幸德秋水著，中国达记译社译）等日本社会主义者的重要著作。1907—1910年，中国无政府主义者的机关报刊东京《天义报》和巴黎《新世纪》在宣传无政府主义的同时，也较多地涉及了马克思主义与其他社会主义思想。关于清末民初马克思主义学说在中国传播的详细论述，参见皮明庥《近代中国社会主义思潮见踪》，1—145页，长春，吉林文史出版社，1991。

社会主义的是非,划清了马克思主义与无政府主义的界限,①更加坚定了马克思主义的信仰,进一步宣传了科学社会主义,为中国共产党的建立奠定了科学的思想理论基础,进而在社会上、思想界和青年知识分子中,产生了广泛的影响。

1921年,中共一大明确地提出了要走俄国式的苏维埃革命道路,要通过阶级斗争的方式,用无产阶级革命军队推翻资产阶级,实行无产阶级专政。1922年,中共二大进一步提出了中国革命的最高纲领和最低纲领。最高纲领是党的最终奋斗目标,就是要通过无产阶级专政实现共产主义;最低纲领是党的近期奋斗目标,就是要进行反帝反封建的民主革命,建立完全独立、统一的真正民主的共和国。其实,这是要将中国革命分两步走:第一步是要"援助民主主义革命运动",第二步是要"实行'与贫苦农民联合的无产阶级专政'"。正如中共二大宣言所称:"民主主义革命成功了,无产阶级不过得着一些自由与权利,还是不能完全解放。而且民主主义成功,幼稚的资产阶级便会迅速发展,与无产阶级处于对抗地位。因此无产阶级便须对付资产阶级,实行'与贫苦农民联合的无产阶级专政'的第二步奋斗。如果无产阶级的组织力和战斗力强固,这第二步奋斗是能够跟着民主主义革命胜利以后即刻成功的。"②这个中国革命分两步走的思想,是马克思主义的普遍真理与中国革命具体实践相结合的产物,表明中国共产党人已经初步认识到中国革命需要经历民主主义革命和社会主义革命两个阶段这样重要的理论问题。

中共二大以后,尤其是1927年"大革命"失败以后,通过与国民党反动派的艰苦斗争,以及党内多次路线斗争,中国共产党在困境与挫折中逐渐走向成熟,超脱了共产国际的"城市中心起义"的历史经验,摸索出了农村包围城市、武装夺取全国政权的革命经验,新民主主义革命理论体系也进一步完善和系统化。毛泽东致力于马克思主义中国化,促成了新民主主义革命理论的形成和发展。1939年底至1940年初,毛泽东先后写出了《〈共产党人〉发刊词》《中国革命和中国共产党》《新民

---

① 参见陈旭麓主编《五四以来政派及其思想》,100—169页,上海人民出版社,1987。
② 《中国共产党第二次全国大会宣言》,见《"二大"和"三大":中国共产党第二、第三次代表大会资料选编》,104、105页,北京,中国社会科学出版社,1985。

主主义论》等光辉篇章,对新民主主义理论进行了全面系统的阐述。

毛泽东充分论证了近代中国半殖民地半封建社会的性质,在此基础上,他具体阐述了中国革命的对象、任务和动力,继而详细分析了中国革命的性质及其基本规律。毛泽东明确地指出,中国革命包括资产阶级民主主义革命和无产阶级社会主义革命这样两个不同性质的革命阶段,中国革命必须分为两个步骤。他说:"中国现时社会的性质,既然是殖民地、半殖民地、半封建的性质,它就决定了中国革命必须分为两个步骤。第一步,改变这个殖民地、半殖民地、半封建的社会形态,使之变成一个独立的民主主义的社会。第二步,使革命向前发展,建立一个社会主义的社会。"①第一阶段只能是资产阶级民主主义革命,即新民主主义革命。"既然中国社会还是一个殖民地、半殖民地、半封建的社会,既然中国革命的敌人主要的还是帝国主义和封建势力,既然中国革命的任务是为了推翻这两个主要敌人的民族革命和民主革命,而推翻这两个敌人的革命,有时还有资产阶级参加,即使大资产阶级背叛革命而成了革命的敌人,革命的锋芒也不是向着一般的资本主义和资本主义的私有财产,而是向着帝国主义和封建主义,既然如此,所以,现阶段中国革命的性质,不是无产阶级社会主义的,而是资产阶级民主主义的。但是,现时中国的资产阶级民主主义的革命,已不是旧式的一般的资产阶级民主主义的革命,这种革命已经过时了,而是新式的特殊的资产阶级民主主义的革命。这种革命正在中国和一切殖民地半殖民地国家发展起来,我们称这种革命为新民主主义的革命。"所谓新民主主义革命,是无产阶级领导之下的人民大众的反帝反封建的革命。这个革命,既是走向社会主义社会的过渡阶段,也是走向社会主义社会的必经阶段。"中国现时的革命阶段,是为了终结殖民地、半殖民地、半封建社会和建立社会主义社会之间的一个过渡的阶段,是一个新民主主义的革命过程。""中国的社会必须经过这个革命,才能进一步发展到社会主义的社会去,否则是不可能的。"②也就是说,第一阶段的新民主主义革命必然导致第二阶段的社会主义革命。"这个革命的第一步、第一阶

---

① 毛泽东:《新民主主义论》,见《毛泽东选集》第 2 卷,666 页,北京,人民出版社,1991。
② 毛泽东:《中国革命和中国共产党》,见《毛泽东选集》第 2 卷,646—647 页。

段,决不是也不能建立中国资产阶级专政的资本主义的社会,而是要建立以中国无产阶级为首领的中国各个革命阶级联合专政的新民主主义的社会,以完结其第一阶段。然后,再使之发展到第二阶段,以建立中国社会主义的社会。"①他认为,中国革命的最终前途绝不是资本主义,而是社会主义和共产主义。"中国共产党领导的整个中国革命运动,是包括民主主义革命和社会主义革命两个阶段在内的全部革命运动;这是两个性质不同的革命过程,只有完成了前一个革命过程才有可能去完成后一个革命过程。民主主义革命是社会主义革命的必要准备,社会主义革命是民主主义革命的必然趋势。而一切共产主义者的最后目的,则是在于力争社会主义社会和共产主义社会的最后的完成。只有认清民主主义革命和社会主义革命的区别,同时又认清二者的联系,才能正确地领导中国革命。"②这既是中国共产党的光荣的历史使命,又是近代中国历史发展的必然趋势。

　　近代中国社会必将发展到社会主义社会,而不是资本主义社会,这是中国共产党人的理想和奋斗目标。这个社会发展方向,中国共产党的领导者们是清楚的。但是,长期以来,中国国民党反对这样的主张,虽然中国国民党的创始者孙中山提出过非资本主义发展方向的主张,但是实际上,孙中山所希望建立的是不要大资本家的资本主义社会。他的后继者却背离三民主义的真义,虽然也打出"节制资本"的口号,但始终强调反对共产主义,强调"资本国家化",③实际上是在中国发展国家官僚垄断资本主义。一些中间派的知识分子,或者主张在经济上实行社会主义,或者在政治上采用美国的民主政治。究竟中国社会的航船驶向哪里,许多人是不清楚的。在社会实践中,决定性的东西还是这种社会和政治主张背后的物质力量。

　　这种物质力量正在共产党人和人民的革命奋斗中被创造出来。在国际反法西斯战线已经取得根本性的胜利,中国抗战局面虽然还很严峻,但抗日战争的最后胜利已经可以预期的时候,中国共产党领导的武

---

① 毛泽东:《新民主主义论》,见《毛泽东选集》第2卷,672页。
② 毛泽东:《中国革命和中国共产党》,见《毛泽东选集》第2卷,651—652页。
③ 蒋介石:《中国之命运》,142页,重庆,正中书局,1943。

装力量在对日寇作战中空前地成长壮大起来。1945年春,全国已经有18个解放区,总面积已达95万平方公里,人口9550余万,八路军、新四军及其他人民军队发展到91万人,民兵220万人。① 正是在这样的物质基础上,1944年9月,在重庆召开的第三届第三次国民参政会上,林伯渠代表中国共产党正式提出了结束国民党一党统治、召开国是会议、组织各抗日党派联合政府的建议。1945年4月,抗战胜利在即,毛泽东在中共第七次全国代表大会上做了《论联合政府》的政治报告,明确地提出了要废除国民党一党专政、建立民主的联合政府的政治主张。他说:"为着彻底消灭日本侵略者,必须在全国范围内实行民主改革。而要这样做,不废止国民党的一党专政,建立民主的联合政府,是不可能的。""我们主张在彻底地打败日本侵略者之后,建立一个以全国绝大多数人民为基础而在工人阶级领导之下的统一战线的民主联盟的国家制度,我们把这样的国家制度称之为新民主主义的国家制度。"②建立联合政府口号的提出,标志着中共开始将争取怎样一个抗战结果的问题提上议程,"是中共在经历了十余年的武装割据之后,第一次向国民党提出中央政府权力再分配的政治要求"。③ 但是,抗战胜利后,国民党不愿意放弃一党专政,不愿意与各种民主势力建立联合政府,并悍然撕毁双十协定、政协决议和停战协定,发动反共内战,企图消灭中国共产党及其武装力量。三年内战的结果,国民党反共反人民的独裁势力在中国大陆被消灭,加快了将新民主主义革命推向社会主义革命的历史进程。1949年10月建立的中华人民共和国政府,是一个排除了国民党,而以中国共产党为核心、各民主党派参加的联合政府。排除了国民党,就是排除了在中国发展官僚资本主义的政治势力,中国由新民主主义进入社会主义的发展阶段就变成确定无疑的社会现实了。

---

① 引自中共中央党史研究室《1921—1949 中国共产党历史》第 1 卷下册,802 页,北京,中共党史出版社,2002。2011 年修订版,此处数字做了如下修改:党员发展到 120 多万;人民军队发展到 120 余万,民兵发展到 260 万;抗日民主根据地面积达到近 100 万平方公里,人口近 1 亿。
② 毛泽东:《论联合政府》,见《毛泽东选集》第 3 卷,1066、1056 页。
③ 邓野:《联合政府与一党训政:1944—1946 年间的国共政争》,29 页,社会科学文献出版社,2003。该书从近代中国政治发展规律的角度探讨 1944—1946 年间的中国政治,透过国、共和第三方面的政争,透过苏联和美国势力的介入,研究联合政府主张的提出,议论横生,多有独到见解,是不可多得的民国史佳作。缺点是纯粹讨论政治,没有指出国共两党不同的政治主张表示不同的中国发展方向的巨大差别。

第三章
把握中国近代史进程的
几个关键问题

第一节　半殖民地半封建社会理论与近代中国社会性质

近代中国社会是半殖民地半封建社会,这是以马克思主义为指导研究中国近代史的根本观点;或者说,正确认识近代中国社会的性质是研究中国近代史的出发点。中国的旧民主主义革命不能取得成功,不能正确认识中国社会性质是原因之一。中国新民主主义革命战略任务的提出和实现,就是建立在对近代中国社会性质的基本分析之上的。

关于"半殖民地半封建社会"概念的提出与理论的形成过程,近年来有人做了较为深入的探讨。① 这些研究表明,"半封建"概念,在经典作家马克思、恩格斯的著作中已经开始使用,而"半殖民地"概念则是列宁在阐述民族殖民地问题时的用语,且最早用"半殖民地"或者"半封建"概念指称中国的也是列宁。早在1912年和1915年,列宁曾在《中国的民主主义和民粹主义》与《社会主义与战争》等文章中,分别提到中国是半封建国家和半殖民地国家,他是从过渡阶段的社会这样的角度分别提到这两个"半"的,但尚未进一步做详细论证,也没有把这两"半"概念联结起来作为一个整体概念来说明近代中国的社会性质。随后,共产国际便以列宁的观点分析中国的社会性质,以为指导中国革命实践的基本理论。这期间,斯大林派与托洛茨基派发生了激烈的思想交锋。他们虽然都认可中国为"半殖民地",但对于其"半封建"性则争议颇大:托洛茨基认为中国已经进入资本主义社会,是资本主义压倒一切,封

---

① 参见陈金龙《"半殖民地半封建"概念形成过程考析》,载《近代史研究》1996年第4期;陶季邑《关于"半殖民地半封建"概念的首次使用问题》,载《近代史研究》1998年第6期;李洪岩《半殖民地半封建理论的来龙去脉》,见《中国社会科学院近代史研究所青年学术论坛·2003年卷》,1—24页,北京,社会科学文献出版社,2005。本节以下相关论述主要参考这几篇论文。

建只是残余;斯大林则强调中国社会的封建性,认为是封建关系占优势。共产国际的这些争论,不但涉及重大理论问题,而且首先涉及现实政治问题。它直接影响了中国的革命实践,而且直接影响了中国思想界关于中国社会性质问题的理论探索。可以说,20世纪20—30年代关于中国社会性质的大论战就直接导源于此。

斯大林与托洛茨基在莫斯科的思想交锋,一定程度上深化了列宁有关民族和殖民地问题的观点,深化了对于中国国情的认识,大致划定了半殖民地半封建社会理论的基本轮廓,但并没有最终完成关于近代中国社会半殖民地半封建性质的科学理论建构。完成这样的理论建构,有待于中国人自己的理论探索。中国人接受马克思列宁主义关于民族、殖民地问题的观点,是在中国共产党成立之后。1922年7月,在中共二大通过的《关于"国际帝国主义与中国和中国共产党"的决议案》和《关于议会行动的决议案》中,已经开始出现"半殖民地"概念。同年9月,蔡和森在《统一、借债与国民党》和《武力统一与联省自治——军阀专政与军阀割据》等文章中,明确地用"半殖民地""半封建"概念来说明中国社会的性质。在此前后,陈独秀、蔡和森、邓中夏、萧楚女、李大钊、罗亦农等人均明确认识到中国是半殖民地。1926年,蔡和森在《中国共产党史的发展(提纲)》中提到"半殖民地和半封建的中国""半封建半殖民地的国家",是目前所能查考到的最早将两"半"概念联结起来的完整表述。中共中央在自己的文件中正式提出完整的"半殖民地半封建"概念,是在1929年2月的《中央通告第二十八号——农民运动的策略》中,那是在中共六大以后。与此同时,中国的思想理论界爆发了一场关于中国社会性质问题的大论战。中国共产党的理论工作者在马克思列宁主义指导下,对中国社会性质和革命性质问题进行了严肃思考和理论创造。1936年,何干之明确提出,中国是"半殖民地半封建社会",中国现阶段革命是"过渡到社会主义的新的民主革命"。在此基础上,由毛泽东总其成,最后完成了半殖民地半封建社会理论体系的建构。

早在1926年3月,毛泽东在《中国社会各阶级的分析》一文中,已经使用了"半殖民地"概念,称中国是"经济落后的半殖民地的中国"。

随后,他又在《中国的红色政权为什么能够存在?》(1928年10月)、《星星之火,可以燎原》(1930年1月)和《论反对日本帝国主义的策略》(1935年12月)等文章中,多次使用"半殖民地"概念,称中国是"经济落后的半殖民地的中国""是在帝国主义间接统治的经济落后的半殖民地的中国""中国是一个许多帝国主义国家互相争夺的半殖民地""中国是好几个帝国主义国家共同支配的半殖民地的国家"。① 但这期间,毛泽东还没有使用"半封建"概念。② 1936年12月,毛泽东在《中国革命战争的战略问题》中,开始将两"半"概念联结使用,认为:"我们的革命战争是在中国这个半殖民地的半封建的国度里进行的。"1938年3月,毛泽东在延安抗日军政大学一次演讲中,从半殖民地半封建社会理论的角度,对于中国社会性质和中国革命的性质与任务等问题进行了初步系统的阐述。他说:"我们研究中国的结果,是一个半殖民地半封建的社会,这是一条规律,是一个总的最本质的规律,所以我们要用这个规律去观察一切事物。""知道中国社会性质是半封建性的,但是不要忘了半殖民地的性质,这是最本质的东西。……我们认识了中国是半封建性的社会,那么,革命的任务就是反封建,改造封建,以封建的对头——民主来对抗。有些人说:'中国是封建的社会',这是不对的,照他们的结论,目前革命任务只反封建,这种错误,显然用不着证明。托洛茨基分子说中国是资本主义的社会,这种说法的结论就是:'我们推翻资产阶级,实行社会主义革命,实行无产阶级专政。'他们不懂得中国是半殖民地性半封建性的社会,于是乎就忽略了反帝反封建的革命性质和任务。……我们懂得了中国社会还有半殖民地的性质,那么就要反帝。"③1939年底和1940年初,毛泽东又连续发表《中国革命和中国共产党》《新民主主义论》等指导性论著,系统地、科学地、正确地解决了中国社会性质问题。他说:"自从一八四〇年的鸦片战争以后,中国一步一步地变成了一个半殖民地半封建的社会。""帝国主义列强侵略中

---

① 《毛泽东选集》第1卷,3、49、98、142页,北京,人民出版社,1991。
② 1926年9月,毛泽东发表《国民革命与农民运动》,在确认中国是半殖民地的同时,认为革命的最大对象是"乡村宗法封建阶级(地主阶级)"。
③ 毛泽东:《认识中国社会性质是重要的中心的一点》,见《毛泽东延安时期文稿两篇》,载《党的文献》2002年第3期。

国,在一方面促使中国封建社会解体,促使中国发生了资本主义因素,把一个封建社会变成了一个半封建的社会;但是在另一方面,它们又残酷地统治了中国,把一个独立的中国变成了一个半殖民地和殖民地的中国。"①这是对近代中国社会性质最经典的表述。基于这样的认识,毛泽东还不止一次地强调指出:只有认清中国社会的性质,才能认清中国革命的对象、中国革命的任务、中国革命的动力、中国革命的性质、中国革命的前途和转变。总之,认清中国社会性质问题,才能解决近代中国历史发展的基本规律问题。从此以后,中国共产党的理论工作者,以及在中国革命成功地推动下愿意接受马克思主义指导的史学工作者,在中国社会性质问题上,都认同了近代中国是半殖民地半封建社会的观点。

对这个关涉近代中国社会性质的认识,20 世纪 80 年代以来便有人提出质疑和挑战。有的文章认为,帝国主义"破坏了中国的国家主权和领土完整,但没有也不可能改变中国的社会性质",因而辛亥革命之前的中国仍是封建社会,辛亥革命以后的中国是半封建或半资本主义社会(也有文章认为是资本主义社会),辛亥革命之前和之后,都不是半殖民地半封建社会,因此提出:半殖民地半封建社会"这个说法究竟是否恰当,似有必要重新加以研究"。广州《学术研究》1988 年第 6 期开辟"中国近代社会性质讨论"专栏,发表该刊记者关于《中国近代社会性质的再认识》的报道,用的第一个标题就是"毛泽东'两半'论的权威面临挑战"。报道指出,某研究员对"两半论"提出了直接的质疑和驳难,认为"'两半论'把中国近代社会的半殖民地过程与半封建过程视为不可分割的统一整体是不当的",是"失误","延误了我们反封建历史任务的完成"。同期还发表该刊另一记者写的《关于近代中国社会性质问题答记者问》。其中有一段对话。记者问:"您的意思是不是说,应该否定'半殖民地半封建'这一理论概括,提出新的概括,以突破现存的近代史的框架,探索新的架构呢?"某答:"显然有这样的意图,确切地说,重新检讨'半殖民地半封建'这一提法,是要为设计新的近代史构架寻找理

---

① 《毛泽东选集》第 2 卷,626、630 页,北京,人民出版社,1991。

论基点。"这里已经把问题提到相当尖锐的程度了。

质疑者说"要为设计新的近代史构架寻找理论基点",我们不知道他要设计的新的近代史构架是什么,支持这一构架的理论基点找到了没有。但是,我们对论者所谓"半殖民地半封建"理论"延误了""反封建历史任务的完成",却难以理解。前已指出在中国新民主主义革命中,认清了中国社会的性质,就认清了中国革命的性质、中国革命的任务和革命的对象。中国革命的任务就是反帝反封建,其性质是属于资产阶级民主主义革命,这是由半殖民地半封建社会性质本身所规定了的。所谓"推翻三座大山"云云,就是指完成了反帝反封建的民主革命任务。如果否定"半殖民地半封建"这一理论概括,就等于否定了反帝反封建的民主主义革命,如果这样走下去,历史研究怎样客观地反映近代中国的历史实际呢?

以上质疑,在研究者中不是没有影响的。一篇题为《中国近代史需要理论的突破》的文章认为:"以新民主主义的理论原原本本地指导通史性的近代史研究……值得推敲";推敲之后,作者提出"半殖民地半封建的道路从本质上说是一条中国式的,或大体适合中国国情的资本主义道路"。① 作者在这里把半殖民地半封建社会性质,改成为半殖民地半封建道路,把一种社会性质的事实认定,改成为"中国式的、大体适合中国国情的资本主义道路"这样一种带有感情色彩的价值推定。这样一来,这种所谓"半殖民地半封建道路",又是中国式的,又是适合中国国情的,又是符合发展资本主义要求的,这不是很好吗? 这里还能够引出反帝反封建的革命任务吗?

事实上,我们不能否认,半殖民地半封建社会理论的提出,不仅为认清近代中国的社会性质和解决近代中国的革命问题提供了基本的理论依据,而且对认识近代中国历史发展的基本规律和指导中国近代史研究具有重要的理论意义。毛泽东正是在认识到近代中国半殖民地半封建社会性质的基础上对近代中国历史发展的基本规律做出了"两个过程"论的科学论断。他在1939年12月概括到那时为止的近代中国

---

① 文见《史学理论研究》1993年第1期。

历史发展的客观内容时指出："帝国主义和中国封建主义相结合,把中国变为半殖民地和殖民地的过程,也就是中国人民反抗帝国主义及其走狗的过程。"①毛泽东还说,从鸦片战争、太平天国运动、中法战争、中日战争、戊戌维新、义和团运动、辛亥革命、五四运动、五卅运动、北伐战争、土地革命战争,直到抗日战争,都表现了中国人民不甘屈服于帝国主义及其走狗的顽强的反抗精神。毛泽东对中国近代史的"两个过程"的这种概括,不仅总结了历史,而且指导了此后的革命斗争,是运用马列主义理论总结中国历史规律的范例。

  一部中国近代史,就是一部半殖民地半封建中国的历史。从1840年的鸦片战争开始,中经1919年的五四运动,到1949年中华人民共和国成立即新民主主义革命的完成,都包括在这段历史过程之内。这110年是中国历史上最重要的转变时期之一,也是距离我们今天的时代最近的历史时期。较之我国悠长久远的历史发展来说,这110年是短暂的,却包容了比此前的历史丰富得多、复杂得多、重要得多的内容。

  鸦片战争以前,中国是一个独立的封建专制国家。自明末以来出现的资本主义萌芽,由于封建社会末期腐朽王朝的统治,没有得到发展,没有在中国的封建社会里孕育出资本主义的生产方式。帝国主义的侵略改变了这种状况。鸦片战争以后,资本-帝国主义从四面八方向中国紧逼过来,用政治、经济、军事、文化各种手段侵略中国,迫使中国社会自给自足的封建经济逐步解体,促使中国发生了资本主义因素,把一个封建社会变成了一个半封建社会;同时,帝国主义又残酷地统治了中国,它从不平等的《南京条约》起,越来越严重地从中国攫夺大量权益,清政府的独立主权逐步丧失,中国变成了一个半殖民地的国家。在中国沦为半殖民地半封建社会的过程中,中国人民不甘心于国家民族的危亡,从未停止过对国内封建统治和国外侵略势力的反抗,掀起了一次比一次高涨的人民革命浪潮,终于完成了资产阶级民主革命的任务,推倒了封建统治阶级,把帝国主义侵略势力赶出了中国。

  这就是中国近代史的基本发展过程,这就是中国近代史最主要的

---

① 毛泽东:《中国革命和中国共产党》,见《毛泽东选集》第2卷,632页。

内容。客观历史事实证明,毛泽东的这个"两个过程"论,是符合近代中国历史发展规律的,是科学的理论概括。

基于这个基本的历史史实,我们可以说,毛泽东的"两个过程"论是对中国近代历史发展的规律性的认识。

有的近代史研究者认为"两个过程"论没有概括中国近代史的全部内容,片面地理解了中国近代史上的阶级斗争,只有"摆脱"它的"束缚",才能开创近代史研究的新局面。这种意见是值得商榷的。

首先,"两个过程"论是近代中国历史过程的理论概括。做出这种理论概括,当然首先要考察近代中国历史发展的各个方面、各种层次、可能影响历史发展的各主要事件,考察时代条件、国内外形势、社会性质、阶级力量配备、经济发展状况、文化思想的作用等问题;不考察这些方面而做出理论概括,就可能做出不周密、不完备,因而也就是不科学的结论,必然带有主观随意性。既经考察之后,在马克思主义指导下进行科学抽象,所得出的理论性的认识,只能反映历史过程的本质的、基本的特点,不可能、也没有必要把大量历史现象包举无遗。中国近代历史发展的内容是十分丰富的,在对大量历史现象经过科学的综合抽象之后得出的"两个过程"的认识,只是指出了中国近代社会两个最基本的过程:第一,中国近代是一个半殖民地半封建社会,它不是完全的封建社会,也不是完全的殖民地社会,它是帝国主义和中国封建统治者从矛盾、斗争到逐步结合的过程中形成的;第二,在这个过程中,中国人民为了反对帝国主义和封建主义,展开了不屈不挠的斗争。这就是中国近代历史发展的主要内容。说它是两个过程,只是为了理论概括的方便,实际上是同一历史发展过程的两个主要的方面。"两个过程"是对近代历史过程的本质的正确抽象,它既能反映近代史的本质和主流,又能将各种历史现象包容在它所规定的历史范围之内。

其次,"两个过程"论反映了近代历史发展的基本规律。人类社会按照生产方式的演进,从低级向高级阶段发展,大体上经历了原始社会、奴隶社会、封建社会、资本主义社会,最终发展为共产主义社会。这是马克思主义所发现的人类历史发展的基本规律。大体上说,当然是指并不是所有国家和地区都要按照这种次序由低到高依次递进,它是指人类社会发展的总的趋势。中国马克思主义的历史学家已经证明，中国历史发展也大体遵循了这一历史规律。但到封建社会末期，中国历史并未自然地进入资本主义社会。在半殖民地的中国，社会上的资本主义因素是侵略中国的资本主义列强带进来的。怎样认识中国的社会性质？直到20世纪初期，直到马克思主义在中国大规模传播以前，中国人都没有正确的认识。中国共产党成立以后，正确认识中国社会性质的问题开始提上日程，但未得到圆满解决。轰轰烈烈的大革命（国民革命）运动的失败，促使革命者思考：中国革命的性质是什么？为了正确了解中国革命的性质，就需要正确认识中国社会的性质。到20世纪20—30年代，终于发生了一场关于中国社会性质的大论战。经过激烈的争辩，各种政治流派的理论家都曾提出自己对中国社会性质的看法和改造中国的方案。毛泽东对中国社会的性质问题进行了深入的考察和缜密的研究，总结并收了中国马克思主义理论家们的研究成果，到1939年底至1940年初发表《中国革命和中国共产党》和《新民主主义论》，系统地、科学地论证了中国社会的性质问题，明确指出自1840年鸦片战争以来的近代中国社会是一个半殖民地半封建社会。这个结论极其重要，它是中国共产党认清中国国情和制定中国革命的总战略、总策略的基本依据。

所谓历史规律，是重复出现的历史现象的本质的反映。"两个过程"所体现的近代历史发展的规律就是近代中国诸多历史现象的本质的反映，在整个近代史时期始终起着决定性的作用。中国的民主革命以1919年五四运动为转折点，以前为旧民主主义革命时期，以后为新民主主义革命时期。两个时期的区别仅在于革命的领导力量和革命的前途不同。其社会性质是一样的，由此决定的革命对象、革命动力都是相同的。在近代史研究中，掌握了"两个过程"论就等于掌握了打开中国近代史宝库的入门钥匙。循此继进，登堂入室，人们就更能看清近代中国丰富多彩的历史容貌。显然，把"两个过程"论当作一种"束缚"是不妥的，是一种浅薄之见。如果真要"摆脱"它，近代史研究就可能误入歧途。

必须肯定，毛泽东的"两个过程"论对中国近代史研究具有重要的指导意义。

"两个过程"的理论是毛泽东在新民主主义革命时期提出来的。它对中国共产党领导的民主革命具有重要的指导意义，这已为全部革命历史所证实，似乎没有人提出疑义。但它对中国近代史的前期，即旧民主主义革命时期有何指导意义呢？对于这一点，近代史研究者的认识是不尽一致的。根据"两个过程"论的规定，近代中国既然是半殖民地半封建社会，中国人民的基本任务就是进行反帝反封建的民主革命。新民主主义革命时期是这样，旧民主主义革命时期也是这样。有的论者提出了另外的解释，认为在中国近代史前期，向西方学习，发展资本主义，是近代中国争取独立和谋求进步的根本道路。由于提出这种解释的学者在说明近代中国的根本道路时回避了反帝反封建的提法，使人误以为中国可以不经过反帝反封建的斗争，只需向西方学习、发展资本主义，就能实现民族独立和社会进步。这就涉及毛泽东提出的"两个过程"论对前期中国近代史的研究是否具有指导意义的问题了。很清楚，毛泽东提出的"两个过程"论对中国近代史的前期的研究同样也具有指导意义。这是因为，毛泽东的理论是从中国近代史的实际发展过程中概括出来的。中国近代历史的客观过程：19世纪中叶以后，中国经历了从一个独立的封建社会逐步变成为半殖民地半封建社会的过程，到19世纪末完成了这个演变；而自从外国资本主义侵略中国、中国开始走上半殖民地半封建社会起，中国人民就展开了不屈不挠的反帝反封建的斗争，太平天国、戊戌变法、义和团、辛亥革命是几个主要的标志。这就是说，"两个过程"作为近代中国的历史规律，是在19世纪内形成的，不是在后来出现的，虽然认识到这一规律是后来的事情。其中有两个基本问题需加以说明：

第一，关于根本道路。争取民族独立和人民的民主解放，是近代中国人民的根本任务。怎样来实现这一任务呢？一百多年来中国人民为了找到救国救民的正确道路，进行了艰苦卓绝的摸索和奋斗，付出了几代人的努力，几经失败和痛苦，终于在中国共产党的领导下获得了成功。历史学家不应该主观主义地为说明历史而说明历史，应当客观地、实事求是地去总结历史经验。事实是，只有驱逐了帝国主义势力，中国才能争取到民族独立;只有推翻了封建地主阶级的统治,中国人民才能取得民主解放,从而才能达到真正的社会进步。因此,只有反帝反封建的民主革命,才是中国争取民族独立和谋求人民解放的正确道路,这是由近代中国半殖民地半封建社会性质决定的。以向西方学习、发展资本主义作为近代中国争取独立和谋求进步的根本道路,是有意无意抹杀或模糊了中国人民面临反帝反封建斗争的严重任务。历史已经证明它不是一条正确的道路。近代史上许多志士仁人提倡学习西方、发展资本主义的努力,呼吁教育救国、实业救国,他们的努力对中国近代历史的发展是很有意义的,但把它提升到历史发展的根本道路的高度来认识,则显然有违历史事实。

第二,关于发展资本主义。按照人类社会演进规律,中国应该进入资本主义,中国社会缺少的正是资本主义,近代中国的确需要发展资本主义。问题是如何才能发展资本主义。近代中国是一个半殖民地半封建社会,在中国发展资本主义,不仅遇到了封建势力的压制,而且首先遇到了帝国主义势力的反对。如前所述,帝国主义虽然促进了中国资本主义的发展,这是为帝国主义的利益需要服务的,不是从中国人民发展社会生产力的需要出发的;更重要的是帝国主义为了他们垄断的需要、利润最大化的需要,压制了中国民族资本主义的发展。帝国主义侵略中国,是要把中国变成它的殖民地半殖民地,是要把中国变成它的商品输出市场,不是要把中国变成它的商品竞争对手。为了达到这个目的,帝国主义也要在中国开设工厂,利用中国的廉价劳动力和市场,在中国榨取超额利润。在近代中国首先发展起来并占据统治地位的是外国的资本主义。接着是封建统治者的官办和官督商办企业。在这种情况下,不驱逐帝国主义势力,不推翻封建主义统治,资本主义要成为中国人民的生产力是不可能的,要大规模地发展资本主义也是不可能的。如果没有帝国主义侵略这个大前提,资本主义生产方式在中国的土壤里发育成长,进而彻底推翻封建制度,建立资产阶级国家,从历史发展的正常规律来说,这当然是最理想的。但是,研究历史不能凭空想象和推测。

还要指出:毛泽东关于中国近代史的科学论断是马列主义与中国

实际相结合的产物之一。

中国共产党登上中国革命的历史舞台,是在旧的资产阶级民主革命遭到失败之后。以毛泽东为代表的中国共产党人,在马克思列宁主义的一般原理指导下,反复研究、探索中国的历史实际和革命实际,在20世纪30年代总结出了引导中国革命走向胜利之路的基本理论——新民主主义革命的理论。马克思主义的经典作家们指出了无产阶级进行革命的一般原理,没有为中国无产阶级如何进行革命指出具体途径。把马克思主义的一般原理同半殖民地半封建中国的具体实际结合起来,产生了在广土众民而又饱受帝国主义和封建主义压迫的东方大国进行革命并取得胜利的理论,无疑是对马克思列宁主义理论宝库的重要贡献。

毛泽东的历史知识非常渊博。他在考虑中国革命实际问题的时候,非常注意中国的历史特点。从孔夫子到孙中山,都在他的历史视野之内。他把研究理论、研究现状、研究历史放到重要的地位。从毛泽东思想形成的过程来看,毛泽东运用马克思主义原理结合中国历史实际时,主要是结合了鸦片战争以来的中国近代历史的实际。可以认为,毛泽东对中国近代社会性质的分析,对近代民主革命经验的总结,以及由此而得出的他对中国近代史的一系列基本结论,是组成毛泽东思想的内容之一。他在探讨中国近代史的基本规律时,不是坐在书斋里做学问。而首先是且主要是为了阐释中国革命的基本问题,指导现时的革命斗争。因此,他把对中国近代史的研究,同对马克思主义理论和革命现实问题的研究,紧密结合在一起。我们只能从这个大背景下来研究毛泽东提出的中国近代史理论。鉴于此,我们不能教条化地理解毛泽东关于中国近代史的每一个具体论点,但是,对毛泽东关于中国近代史的规律性认识,是不能轻率否定的。

有的学者认为,"我们的历史认识基本上是解放前后在党的民主革命理论指引下取得的","民主革命时期对历史的某些未必正确的理解长期凝固不变,成为'框框',障碍着人们的视线"。问题的实质不在于我们的历史认识是在民主革命时期取得的,还是在社会主义建设时期取得的,实质在于这个理论是否正确,是否符合马克思主义。中国共产党的民主革命理论虽然是在中华人民共和国成立前创立的,但它不同于资产阶级的民主革命理论,它是在马克思列宁主义指导下取得的,中国共产党的民主革命理论是中国化的马克思主义理论的组成部分之一。毛泽东在《新民主主义论》中指出:"中国的民主革命,没有共产主义去指导是决不能成功的。"①他在《论联合政府》一文中谈到党的最低纲领和最高纲领时还说:"只有经过民主主义,才能到达社会主义,这是马克思主义的天经地义。"②可见,中国共产党的民主革命纲领虽然是党的最低纲领,但这个民主革命理论却是马克思主义的。中华人民共和国成立以后,历史工作者在马克思主义基本原理指导下,学习和运用毛泽东关于中国近代史的一系列基本结论,在近代史研究领域取得了若干重要的理解。把这些理解当作对人们的"障碍",要求突破它,这种对近代史研究领域基本成绩的评价,恐怕是有欠公允的。

有的学者不满于现有的中国近代史的研究框架,要求重写近代史。这种议论如果是针对以往的研究著作显得肤浅、片面而发,则不失为一种好想法;如果是针对以往研究中贯穿的反帝反封建的基本思路立言,把它作为一种框框要求突破,恐怕不是一种有利于学术发展的见解。我们只有通过近代史的研究,努力论证近代中国半殖民地半封建社会的性质,全面总结民主革命时期反帝反封建的历史经验,深入研究近代中国社会的诸多内容,我们对中国近代史的认识才是深刻的,我们的工作对今天的社会主义现代化事业才会有借鉴意义。重写近代史,如果是要突破这些基本思路,恐怕不能不回到旧中国资产阶级的、地主阶级的史学著作的老路上去。那样做,不是创新,而是复旧。这是显而易见的。

---

① 《毛泽东选集》第2卷,686页,北京,人民出版社,1991。
② 《毛泽东选集》第3卷,1060页。

第二节　社会基本矛盾与各阶级在近代中国的历史地位和作用

近代中国社会的基本矛盾是帝国主义和中华民族的矛盾、封建主义和人民大众的矛盾。这些社会基本矛盾是为半殖民地半封建社会性质所规定的。资本-帝国主义的侵略，迫使中国接受不平等条约的"条约体系"，中国主权与独立遭受极大损害，所以帝国主义与中华民族的矛盾又是近代中国社会最主要的矛盾。对此，毛泽东有一段经典的论述，他说："帝国主义和中华民族的矛盾，封建主义和人民大众的矛盾，这些就是近代中国社会的主要的矛盾。当然还有别的矛盾，例如资产阶级和无产阶级的矛盾，反动统治阶级内部的矛盾。而帝国主义和中华民族的矛盾，乃是各种矛盾中的最主要的矛盾。这些矛盾的斗争及其尖锐化，就不能不造成日益发展的革命运动。伟大的近代和现代的中国革命，是在这些基本矛盾的基础之上发生和发展起来的。"[①]社会基本矛盾决定了近代中国历史的根本任务和基本走向。

近代中国历史是中国历史上极其重要的一段时期。它是自1840年起逐渐走向半殖民地半封建社会的历史，也是中国人民从旧民主主义革命走向新民主主义革命，并最终赢得民族独立的历史。从另一个意义上说，是世界走向中国、中国被迫走向世界的历史，也是中国艰难地走向现代化的历史。民族独立与现代化，是近代中国的两大历史任务。实现民族独立以推动现代化进程，是近代中国历史的基本走向。这是由近代中国的社会基本矛盾决定的。

---

① 毛泽东：《中国革命和中国共产党》，见《毛泽东选集》第2卷，631页，北京，人民出版社，1991。

在半殖民地半封建的近代中国,民族独立与现代化的关系,既互相联系又互相区别。一方面,两者在逻辑上互相关联。争取民族独立可以为实现现代化创造前提条件;实现现代化可以巩固民族独立的成果,保证真正的民族独立。另一方面,两者在事实上又无法同时并举,而有轻重缓急之分、先后主次之别。近代中国面临的最大的难题就是帝国主义侵略使中国丧失了民族的独立,同时帝国主义又与封建主义相勾结,使中国沦为半殖民地半封建社会,民族失去独立地位,社会缺乏民主保障,人民不能自由发展,国家难以富强。因此,首先必须解决民族独立的问题。只有取得民族独立,才能实现民主自由,才能走上现代化发展的道路。近代中国历史就是沿着从民族独立走向现代化的道路走过来的,而不是相反。历史证明,这是近代中国历史发展的唯一正确的道路。

近代中国社会的基本矛盾决定近代中国历史的主题,就是通过反帝反封建的民族民主革命,推翻帝国主义与封建主义的反动统治,打破半殖民地半封建统治秩序,争取民族独立,为实现现代化开辟道路。这是近代中国人的神圣历史使命。是否有利于这一历史使命的完成,即是促进、推动还是阻碍、延误民族独立与现代化问题的解决,是我们认识近代中国历史的基点,也是评判社会各阶级在近代中国的历史地位和作用的根本标准。

封建地主阶级,往后还有带买办性的大资产阶级,是晚清政府,尤其是北洋军阀和以蒋介石为首的国民党政权统治的阶级基础。封建地主阶级及其政治代理人,以封建主义的土地制度为经济支柱,与带买办性质的大资产阶级相勾结,以帝国主义为政治靠山,对内无力从根本上完成制度变革,对外不能坚决抵抗侵略以化解民族危机,因而便无法主导近代中国走上独立富强的现代化发展道路;相反,还处处逆进步潮流而动,对内镇压改革与革命,对外妥协投降,业已成为历史前进的障碍。历史昭示我们,在半殖民地半封建的近代中国,要想使多灾多难的国家走出困境,实现民族独立与复兴,首先就要解除资本-帝国主义的压迫,推翻封建地主阶级的统治。这就是要进行反对帝国主义、反对封建主义的民主主义革命。按照马克思主义的观点,这种革命是为资本主义发展开辟道路的,因而是资产阶级性质的民主革命。近代中国的农民阶级、资产阶级(主要是民族资产阶级)、无产阶级都曾经在不同时期、不同程度上充当过历史前进的动力,都曾经为这个革命奋斗过。资产阶级、无产阶级曾经先后领导过这个革命,农民阶级则始终是民主主义革命的主力军。

农民问题是中国近代史上最重要的问题之一。毛泽东在创立新民主主义革命理论的过程中,给了农民问题以极大的关注。在《新民主主义论》一文中,毛泽东指出:"中国的革命实质上是农民革命……因此农民问题,就成了中国革命的基本问题,农民的力量,是中国革命的主要力量。"①在《论联合政府》一文中,毛泽东还指出:"除了无产阶级是最彻底的革命民主派之外,农民是最大的革命民主派。"②因为中国是一个农业大国,农民占人口的绝大部分,推翻封建地主阶级,使农民从封建的土地关系中获得解放,从而造成将农业国转变为工业国的可能条件,这是民主革命的基本任务。

实事求是地研究近代中国的历史,要充分评价农民在民主革命中的历史作用。遵循"两个过程"这一基本线索,农民是中国革命的主力军的作用就能得到合理的说明。前一时期,一些学者对中国近代史的基本线索提出新见解,即以洋务运动—戊戌变法—辛亥革命为主线。这虽然重视了资产阶级在近代史上的作用,却不能体现农民的历史作用。以往的研究工作中,存在"拔高"农民的作用、贬低资产阶级的倾向,是不妥的。本着实事求是的原则纠正这种倾向,是理所应当的。同样,实事求是地重视资产阶级在近代历史上的作用,是历史主义的态度,但不应出现"拔高"资产阶级(如说"公车上书"与五四运动类似③)而贬低农民(如以"时代中心"为由,从中国近代史前 80 年中把农民的地位几乎排挤掉了④)的倾向。

从戊戌维新运动开始,特别是在 20 世纪初以后,中国成长中的民族资产阶级的确代表了中国社会新的生产力,代表了时代前进的方向,

---

① 《毛泽东选集》第 2 卷,692 页,北京,人民出版社,1991。
② 《毛泽东选集》第 3 卷,1075 页。
③ 参见李时岳《从洋务、维新到资产阶级革命》,载《历史研究》1980 年第 1 期。
④ 参见杨立强、沈渭滨《"近代中国资产阶级研究"讨论会综述》,载《历史研究》1983 年第 6 期。

取得了领导反帝反封建的民主革命的资格,但是他们却没有成功地把这个革命领导到胜利。戊戌维新运动多么轰轰烈烈,但很快被最高封建统治者镇压下去。立宪运动也曾经轰轰烈烈,但他们始终不能摆脱皇帝的神圣光环。辛亥革命更是彪炳史册,不仅推翻了皇帝的专制统治,还建立了以民主共和为标志的中华民国,但是革命的共和国建立不久,统治权就从资产阶级革命派手中失去。"无量头颅无量血,可怜购得假共和。"为什么?这与资产阶级的政治领导人缺乏强大的资产者的阶级支持有关,也与他们不懂得、不重视去领导或者发动农民的革命力量有关。维新运动的发动者仇恨,或者说恐惧农民革命的力量;辛亥革命的领导者虽然注重从下层群众中去寻找支持力量,但不懂得把农民作为阶级的力量发动起来。他们领导的改良的和革命的运动虽然起到了推动历史前进的作用,却始终未能完成应当由他们承担的民主革命的任务。这从反面证明了农民的革命主力军的作用是不容忽视的。从正面来说,太平天国和义和团是中国近代史上单纯由农民发动的运动。在太平天国时期,洪秀全等人发动了数以千万计的农民群众在全国范围内同封建地主阶级进行了长达至少14年如火如荼的斗争。在《北京条约》签订、第二次鸦片战争结束、外国侵略者积极谋求支持清政府镇压农民革命的时候,太平天国又勇敢地走上了反抗资本主义列强侵略的战场。戊戌维新运动失败之后,又是农民以义和团的形式沉重打击了帝国主义瓜分中国的迷梦,阻止了帝国主义迅速使中国殖民地化的企图。是的,农民不是新生产力的代表,他们提不出在中国发展资本主义的明确主张,这是他们的阶级局限所在。但是他们打击帝国主义及其走狗——封建统治势力,正是资产阶级民主革命的要求。这本来是要由资产阶级做的,它没有做,农民替它做了。总之,从太平天国到义和团所表现出来的农民的革命主力军作用,是历史的客观存在,轻视或贬低都是没有理由的。因此,应当切实估价民主主义革命时期(包括旧民主主义、新民主主义两个时期)农民阶级和资产阶级推动历史前进的作用,不能把它们对立起来。农民始终是近代史上革命的主力军,但是只有在先进阶级领导下,才能充分发挥革命主力军的作用,资产阶级民主革命中的领导权问题,基本上是领导农民的问题。资产阶级放弃了对农民的领导,辛亥革命没有给农村带来一个大的变动,这个革命要失败是必然的。新民主主义革命时期,无产阶级通过共产党的领导和发动,帮助农民实现对土地的要求,激发了农民作为阶级的革命能动性,中国社会才从底层发起了巨大的社会变革,新民主主义革命的目标才能顺利实现。

不能因为农民不是新生产力的代表,就轻视或无视农民,特别是近代中国农民的历史作用。近代无产阶级只占人口中的少数,资产阶级的数量相对来说更少一些。在无产阶级登上近代政治舞台以前,站在反对封建统治的战斗行列中的首先是农民,然后才是民族资产阶级。在太平军中浴血奋战的自然主要是农民。就是在辛亥革命过程中,同盟会等革命党人在新军中做了有成效的工作,那些参加革命党的新军士兵主要还是农民。会党曾经是以孙中山为首的革命党人一个时期里依靠的反清力量,那也主要是由农民或从农民中游离出来的分子组成的。在无产阶级登上政治舞台以后,中国共产党依据马列主义的指导,分析了中国的国情,认清了中国革命的对象和革命的动力:无产阶级是革命的领导力量,农民是革命的主力军,民族资产阶级是革命的动力之一。可以说,农民的鲜血一直洒在近代反封建斗争的战场上。

就反对帝国主义来说,近代中国人民经历了感性认识和理性认识两个发展阶段,走过曲折的道路。太平天国、戊戌维新、义和团、辛亥革命以及五四运动,是这两个发展阶段的主要标志。太平天国时期的农民和义和团时期的农民对资本-帝国主义的认识虽然是很初步的,但面对外国侵略者,他们都敢于以血肉之躯去同洋枪洋炮拼搏,以保卫国家的独立和主权,这是令一切侵略者瞠目的。义和团失败后,资产阶级批判了义和团的"野蛮排外",主张"文明排外"。提出"文明排外",带有对义和团排外活动中野蛮落后一面的否定,是有积极意义的,反映了中国人民的反帝斗争觉悟水平的某种提高。但在资产阶级的宣传和实际活动中,他们往往把义和团的反帝斗争精神也给否定了。其实,所谓"文明排外",实际上是吸纳了义和团"排外"的精神,只不过把"排外"手段由"野蛮"转变为"文明"罢了。这里所谓"排外",用后来准确的语言说,是指反对外国帝国主义的侵略。虽然,资产阶级的宣传家对推翻封建王朝与反对帝国主义的关系并不是没有认识。他们认为推翻"洋人的朝廷"就可以避免瓜分、挽救危亡,这是看出了反清革命和反帝斗争的一致性。但在资产阶级革命政党的纲领上却看不到明确的反帝主张,没有正面提出反对帝国主义的口号。相反,同盟会提出的基本对外政策却承认清政府与帝国主义订立的一切不平等条约,承认外国侵略者在中国享有的特权。资产阶级革命派企图通过不与帝国主义发生正面冲突来实现民族独立,完成反清革命。这在一定的意义上可以说,是资产阶级震慑于八国联军侵略以及因义和团失败的教训而表现出来的反帝幼稚病。从这里表现出来的资产阶级的反帝积极性,较之太平天国和义和团来说,是后退了。

五四运动时期青年学生的反帝积极性得到发扬,特别是中国共产党成立以后,在马克思列宁主义的指导下,中国人民认识到了帝国主义的本质,认识到了帝国主义之间以及帝国主义与中国封建统治者之间的关系,认识到了帝国主义不仅是中国人民的敌人,而且也是帝国主义国家人民的敌人,因而响亮地喊出了打倒帝国主义的口号,完成了对帝国主义认识上从感性阶段到理性阶段的飞跃。农民只有"灭洋"一类的笼统说法,没有阶级内容,"打倒帝国主义"则明确了它的阶级性,两者不同。但提出打倒帝国主义的口号,无疑是太平天国、义和团农民群众的反帝精神和斗争传统的继承,是前者事业的继续。周恩来指出义和团的英勇斗争是50年后中国人民伟大胜利的奠基石之一,当是指此而言。农民是被压迫者,处在社会底层,文化程度低下,不免背有不少愚昧落后的历史包袱。维新运动和辛亥革命时期的资产阶级知识分子都具有较高的文化素养,比较了解国内外大势,又从西方学到了进化论、天赋人权论等资产阶级思想,他们组织了政党,提出了推翻封建专制、建立资产阶级共和国的方案,因而反封建斗争的水平比农民阶级前进了一大步。但由于他们所代表的那个阶级在经济上同帝国主义存在着又矛盾又依赖的情况,他们在反帝斗争中存在软弱性。在这方面,近代农民的反帝积极性和坚定性是不容低估的。

近代中国半殖民地半封建社会的资产阶级分为官僚买办资产阶级和民族资产阶级两个部分,这种划分是毛泽东对马克思列宁主义的贡献之一。官僚买办资产阶级同帝国主义、封建主义一起,是中国人民的敌人。民族资产阶级则要复杂一些。它在一定时期中、一定程度上有参加民主革命的可能性,因而是民主革命的动力之一。由于它对帝国主义和封建主义存在着又依赖又矛盾的情况,就规定了这个阶级在民主革命中的软弱性和不彻底性。

中国官僚买办资产阶级何时形成,学术界没有统一的认识。但至少在洋务新政时期已出现其雏形,而在北洋军阀时期发展起来,到四大家族产生,才形成了后来典型的官僚资产阶级。以李鸿章为首的洋务派、以袁世凯为首的北洋军阀和以蒋介石为首的四大家族是一脉相承的。其共同点,都是通过国家政治权力集聚起雄厚资本。有人说洋务派和北洋军阀控制的企业是国家资本主义,其实改变说法并没有改变事情的本质。洋务派所代表的国家和北洋军阀所代表的国家是什么国家呢?不是人民大众的国家,而是地主阶级或大地主大资产阶级的国家。这样的国家资本主义,依然是国家官僚资本主义。这样的国家官僚资本主义,当它凌驾于人民之上时,它是人民的对立物,是压榨人民的物质力量;当它为人民所有时(人民取得国家政权对它进行剥夺时),它就转变成为人民的生产力,成为新中国社会主义的物质基础。

说这种国家官僚资本主义是民族资本主义,这只具有人种学上的含义,不具有阶级社会的特点。而分析任何国家资本主义,只有找出它的阶级特点,才是抓住了国家本质的东西。李鸿章等洋务派是地主阶级的一个政治派别。洋务新政只能是19世纪60年代后帝国主义侵略中国步步深入的产物。李鸿章所谓"外须和戎,内须变法"的"变法",不仅只是肢体之变,而且从根本上要受制于帝国主义。要"和戎",就是承认帝国主义强加给中国的一系列不平等条约,维护殖民地半殖民地秩序。掌握政权的洋务派通过国家政治权力发动的洋务活动能够发展到什么程度,从根本上要依帝国主义容许到什么程度而定。帝国主义并不希望它在中国的代理人永远停留在前资本主义时代,自然乐于给它披上一层资本主义的色彩;但帝国主义也不容许洋务派包打天下,为所欲为。它在侵略中国时取得的一系列特权,包括通商、通航、税收等特殊权益,不仅阻抑了民族资本主义的成长,也不利于官僚资本主义的发展。在洋务新政之前,外国资本主义为了侵略的需要,已经在中国开办了一些资本主义企业,在洋务新政期间开办得更多,而在《马关条约》后形成高潮。帝国主义在中国搞的这些资本主义活动,或者更确切些说是殖民主义活动,是要在中国榨取高额利润,从经济上控制中国。这与它在政治上控制中国的活动,大体上是一致的。与此同时,还有一个可以称之为中国民族资产阶级的资本主义运动在发动中。民族资本主义是在帝国主义和封建主义的夹缝中艰难地生长起来的。民族资本主义的个别企业在洋务运动之前就出现了。在洋务运动中,一部分地主、官僚、买办商人又投资于近代企业而转化为民族资本家。民族资本主义一定要冲破封建势力的压制而产生出来,它之所以与洋务派的资本主义企业大体同时产生,是半殖民地的时代条件造成的。因为帝国主义侵略,破坏了中国自给自足的自然经济,客观上给中国资本主义的产生造成了条件和可能。太平天国给地主阶级的沉重打击,促进了中国资本主义的出现。中国资本主义已经站在时代的大门口,呼之欲出了。

  这样看来,近代中国存在着几种不同性质的资本主义运动。只有民族资本主义才是对中国历史的发展和中国人民的解放有利的,才是进步的。官僚资本主义和殖民主义,则是造成中国贫穷落后的根本因素,是反动的。中国不是多了民族资本主义,而是多了封建主义、官僚资本主义和帝国主义。比较起官僚资本主义和帝国主义在华开办的企业,民族资本主义企业是十分微弱的。因此,不加分析地以资本主义运动作为主要线索来考察中国近代历史发展的进程,笼统地说洋务运动反映了近代中国人民政治觉悟的迅速发展,代表了时代前进的方向,这是与历史实际不相符合的。

  关于民族资产阶级在近代中国的历史地位和作用问题,20世纪80年代就有关于"时代中心"问题的讨论。有的意见认为"民族资产阶级是近代中国的'时代中心'"。为了说明近代中国前80年(1840—1919)只有民族资产阶级是"时代中心",还特别强调指出:"从严格意义上说,农民阶级无法完成反侵略反压迫、发展资本主义的历史使命,不可能真正担起时代中心的角色。"按照这种意见,农民阶级虽是"反侵略反压迫斗争的主力军","演出过悲壮的场面",也不过是"一度充当了不自觉的历史工具"。① 农民在中国近代史上的作用就这样被不恰当地贬低了。

列宁在1915年写的一篇有战斗性的论文《打着别人的旗帜》中,提出了"时代中心"问题。所谓"时代",列宁指的是资本主义世界范围的大时代,而不是指某一国历史发展中的具体时代,这里是指当时马克思主义文献里经常引用的欧洲资产阶级历史发展的几个不同阶段。② 列宁在这篇文章里还告诫说:"马克思的方法首先是考虑具体时间、具体环境里的历史过程的客观内容,以便首先了解,在这个具体环境里,哪一个阶级的运动是可能推动社会进步的主要动力。"③列宁这段话,应当成为我们分析近代中国历史过程的理论依据。

运用列宁所指明的方法来分析近代中国的历史进程,我们不能简单地把民族资产阶级当作近代中国的"时代中心"。

中国民族资产阶级何时形成?学术界已经做出了许多研究。中国近代民族工业在19世纪60—70年代开始萌生,数量极微;甲午战后稍有发展,力量也不大。帝国主义的瓜分危机和戊戌维新、义和团运动的失败,实际上(而不是形式上)促进了中国人民的觉醒,激起了各阶层人士的民族自尊心,激发了少数先进分子的革命热情。从那时起,中国近代民族工业有了长足的发展,民族资产阶级的政治代表开始组织起来、行动起来,以崭新的面貌叱咤云天,提出了推倒封建统治、建立资产阶级共和国的革命方案。资产阶级革命派的出现及其政治上的趋向成熟,反映了民族资本主义的长成,可以说,民族资产阶级从这时起正式形成了。因此,从20世纪初到五四运动这样一个历史阶段里,说民族资产阶级是时代的中心,说这个阶级的运动是推动社会进步的主要动力,应当是符合这个时期历史过程的客观内容的。但是由于中国民族资产阶级太软弱(包括政治和经济两方面),缺乏反帝反封建斗争的坚定性和彻底性,虽然结束了几千年的封建帝制,却并未触动封建统治的根基——地主阶级土地所有制,没有解决资产阶级民主革命的基本问

---

① 杨立强、沈渭滨:《"近代中国资产阶级研究"讨论会综述》,载《历史研究》1983年第6期。
② 这几个阶段:(1) 1789—1871年,从法国大革命到普法战争,是资产阶级上升的时代,是资产阶级民主运动的时代;(2) 1871—1914年,是资产阶级绝对统治和衰落的时代,是从进步的资产阶级变成反动的财政资本的时代;(3) 1914年以后是帝国主义时代。列宁统称为三个时代或三个时期。
③ 列宁:《打着别人的旗帜》,见《列宁全集》第21卷,121页,北京,人民出版社,1986。

题,没有结束半殖民地半封建社会。当1919年五四运动爆发之后,民族资产阶级就不能左右中国的时局,不得不从中国近代史的时代中心位置上悄然隐去,失去了继续领导中国民主革命运动的资格。

在民族资产阶级形成以前的60年里,近代中国的时代中心又是由哪个阶级来担当的呢?如果像有的研究者"从严格意义上"说的那样,农民阶级"不可能真正担起时代中心的角色"。按照这样的逻辑,从同样严格的意义上来说,民族资产阶级也无法完成反侵略反压迫、发展资本主义的历史使命,不是连民族资产阶级也不能真正担起时代中心的角色吗!按照列宁的说法,所谓"时代中心",是指决定时代的主要内容、时代发展的主要方向的阶级,是指可能推动社会进步的主要动力。依此而论,在近代中国,情况又是如何呢?

中国近代民族工业虽早已在社会机体上个别地产生出来,但直到19世纪80—90年代才有民族资产阶级的少量生长。面对封建统治的层层压力和帝国主义的瓜分危机,民族资产阶级的政治代表不得不在软弱的阶级基础上和浅薄的理论准备后回答时代提出的问题,论证自己初步的政治主张:要求变法,要求民族资本主义工业的生存权利。这虽然是民族资产阶级在19世纪末迈出的重要的一步,却又是很脆弱的一步。"百日维新"好像历史长剧中一幕短暂的过场戏,一反掌间就被封建顽固派打到幕后去了。争取民族资本主义工业的生存权利虽然符合时代发展的方向,他们却把希望寄托在一个好皇帝甚至帝国主义的身上。这些提出初步政治主张的人们不认识,正是封建专制制度和帝国主义势力不给予民族资产阶级以生存的权利。从这个意义上可以说,民族资产阶级还没有意识到自己的历史使命,他们还没有形成为决定时代主要内容的阶级。所以,紧跟着维新运动的失败,就有义和团反帝爱国运动的猛烈爆发。这说明,直到19世纪末,直到民族资产阶级正式形成以前的这个历史阶段里,农民阶级仍然是活跃在时代舞台上的强大力量,依然是推动社会进步的主要动力。

半殖民地半封建社会里的农民不是纯粹封建社会里的农民。他们发动的以反对封建统治和资本-帝国主义势力为目标的农民战争和民族战争,不单纯是中世纪农民反抗地主阶级的阶级战争,而是那个时代里（世界范围内）资产阶级民主运动和民族解放运动的一部分。《天朝田亩制度》主张平均分配土地，不仅在否定地主阶级土地所有制上具有进步意义，如果真正实行起来（实际上由于战争等种种原因并未真正实行），在那个时代条件下，在外国资本主义已在中国植根，而中国民族的资本主义即将萌生的情况下，必定为中国资本主义的发展开拓道路。①《资政新篇》的提出，不能把它看作是毫无根据的偶然现象。它得到洪秀全的基本同意，表明了太平天国领导人在新的时代条件下对农民起义前途的新探索。据太平天国的朋友吟唎及其他西方旅行者的记录，太平天国的不少骨干人物都有寻求反映西方资本主义的知识的愿望。义和团反帝爱国运动，据一些学者说只能算是民族战争，但它是发生在19世纪末20世纪初的中国的民族战争，属于资产阶级民族解放运动的范畴。它的"扶清灭洋"的排外主义口号，虽然不可避免地具有盲目排外的消极意义，但它要求驱逐外国侵略者、要求废除帝国主义在中国的一切特权（"最恨和约，误国殃民，上行下效，民冤不伸"），却是这一次反帝爱国运动的主流，符合近代中国反帝反封建的历史要求。列宁在1908年评价俄国农民运动的时候说："没有农民群众这种革命精神，没有他们顽强无情的斗争，那没收地主土地也好，建立共和国也好，实行普遍、直接、平等和无记名的选举权也好，都是没有希望实现的'空想'。"②在近代中国，没有农民群众的这种革命精神，没有他们顽强无情的斗争，反帝反封建的革命斗争能够向前推进吗？没有他们的斗争，中国在殖民地化的道路上不是陷得更深吗？这样说并不排除其他种种因素的作用，只是说，在19世纪内，只有农民的斗争是推动中国社会进步的主要动力。我们也可以说，维新运动和义和团一起出现并各具弱点表明，在19世纪末和20世纪初，农民阶级和民族资产阶级正处在交接"时代中心"接力棒的重要关口。进入20世纪后，民族资产阶级就在历史的新起跑点上前进了。

---

① 早在1905年，列宁在论述俄国民主革命中的策略时就阐述过这种思想，他说："即使农民起义完全成功，即使为着农民的利益和按照农民的愿望重新分配了全部土地（'平分土地'或其他类似办法），也丝毫不会消灭资本主义，反而会促进资本主义发展，加速农民本身的阶级分化。"见《社会民主党在民主革命中的两种策略》，《列宁选集》第1卷，539页，北京，人民出版社，1960。

② 列宁：《社会民主党在俄国革命中的土地纲领》，见《列宁全集》第15卷，153页。

主张民族资产阶级始终是近代中国时代中心的学者认为,从19世纪70年代以后,中国就存在民族资产阶级了。其实,从70年代到90年代初期,中国只有洋务派创办的军用工业和民用工业有合法存在的权利,那显然都是早期官僚资本主义企业的雏形。少量的民族资本企业只能非法存在,处境艰难。民族资产阶级尚未形成。因此,这些学者是把执行洋务新政政策的地主阶级当权派之一的洋务派当作民族资产阶级来看待了。有的文章还论证了洋务企业就是民族资本主义企业。这样,"时代中心"的桂冠就从民族资产阶级的头上移到了洋务派的身上。说民族资产阶级是"时代中心",那是振振有词的。说洋务派也是"时代中心",反映了时代前进的方向,是推动时代前进的主要动力,就未免相差太远,风马牛不相及了。如果说这个时期多少还有一些近代工业的话,那么在40—60年代,资本主义工业尚未出现,谁是"时代中心"呢?有人认为,在鸦片战争以后一段时间里,可以说有一个"潜在"的资产阶级在起"时代中心"的作用。这就太令人费解了。资产阶级的存在是一种客观事实。没有资产阶级,何来一个"潜在"的"时代中心"?用砍掉农民阶级的办法,来构筑没有资产阶级的资产阶级"时代中心"体系,这是历史研究中一种削足适履现象。这样的体系,是很难经受得住客观历史事实的检验的。

提出"时代中心"来说明近代中国社会前进的主要动力,是有意义的,但是如果简单地以民族资产阶级为近代中国的"时代中心",来轻视农民在近代史上的作用,则是不符合历史事实的,也是有悖列宁的原意的。重要的是要以马克思主义做指导,实事求是地评价农民阶级、资产阶级在中国近代史上的地位和作用,而不是其他。

顺着"时代中心"论的思路,我们可以说,五四运动以后,当民族资产阶级从近代中国时代中心的位置上悄然隐退,不能继续担当中国民主主义革命的领导者的时候,无产阶级开始作为一个觉悟的独立的阶级力量登上政治舞台,在中国共产党的领导下,自觉地承担了中国民主主义革命的领导责任,从而成为推动历史前进的新的时代中心力量。

中国无产阶级其实是早于资产阶级产生的。早在19世纪40—50年代,随着西方列强殖民势力的入侵,在外国资本家来华创办的船坞、工厂里,产生了近代中国第一批产业工人,近代中国早期无产阶级的新生命屈辱而尴尬地降生了。长时期内,由于中国无产阶级人数极少,力量微弱,只能处于自在的状态,而不能变成自为的阶级力量。五四运动以前,中国资产阶级民主革命的领导者是民族资产阶级,无产阶级还没有作为一个觉悟的独立的阶级力量登上政治舞台,只是作为民族资产阶级的追随者参加了革命。例如辛亥革命时期的无产阶级,就是这样的阶级。五四运动以后,中国无产阶级由于自己的成长和俄国十月革命的影响,已经迅速地变成了一支觉悟了的独立的政治力量。这时,虽然民族资产阶级继续参加了革命,但是中国资产阶级民主革命的领导权,已经不是属于民族资产阶级,而是属于无产阶级了。毛泽东在分析其阶级特性与地位时说:"工业无产阶级人数虽不多,却是中国新的生产力的代表者,是近代中国最进步的阶级,做了革命运动的领导力量。"①历史事实表明,正是无产阶级及其先锋队中国共产党,适时地担当起反帝反封建民主革命的领导责任,提出了打倒帝国主义的口号,制定了彻底的中国资产阶级民主革命的纲领,实行了土地革命,并领导抗日战争和解放战争,推翻了帝国主义、封建主义和官僚资本主义在旧中国的统治,建立了人民当家做主的新中国。

总之,在风雨如磐的旧中国,在帝国主义和封建主义的双重压榨下,正是由于中国人民在内外敌人面前不断抗争,由于农民阶级发动的太平天国和义和团运动,由于民族资产阶级改良派和革命派领导的戊戌维新和辛亥革命运动,更由于无产阶级及其先锋队中国共产党领导的新民主主义革命的艰苦卓绝的奋斗,中华民族没有倒下去,近代中国终于从半殖民地半封建社会的谷底走了出来,走进了一个崭新的光明的历史时代。

---

① 毛泽东:《中国社会各阶级的分析》,见《毛泽东选集》第1卷,8页,北京,人民出版社,1991。

第三节　改良与革命在近代中国的历史命运

在近代中国历史上,资产阶级改良运动与革命运动都是资本-帝国主义侵略所造成的民族危机的产物,又随着这种民族危机的加深而发展、成长。甲午战争的失败,激发了中国人民普遍的民族主义情绪和救亡热情。一部分人开始组织维新救亡运动,另一部分人开始考虑革命救亡。康有为和孙中山分别成为他们的领导人。

康有为领导的戊戌维新运动是中国近代史上起过进步作用、最具典型意义的改良运动。资产阶级改良派发动维新运动有两个目的:一是挽救民族危亡,再是发展资本主义。但这两个目的都没有达到。这与时代条件有关,也与他们自身的认识有关。他们没有把挽救民族危亡与反对帝国主义联系起来,以为自强了就可以抵御帝国主义侵略,这是幼稚的幻想。不反帝,一个半殖民地半封建国家怎么能够自强起来？他们希望用维新运动、发布新政谕令发展资本主义,不能认识封建制度是发展资本主义的最大桎梏,以为靠一个皇帝自上而下地发布命令就可以实现资本主义改革,这也是一个幻想；又没有认识到发动广大人民起来推翻封建制度的必要性,害怕革命。康有为一再警告清朝统治者,如果不及时改革,则"金田之役,将复起矣","天下皆知朝廷之不可恃,人无固志,奸宄生心,陈涉辍耕于陇上,石勒倚啸于东门,所在而有,近边尤众。"①后来,当德国强占胶州湾的消息传出（1897 年 11 月）,康有为立刻感到亡国瓜分如在眼前。他第五次上书光绪皇帝,冒死陈辞：如

---

① 康有为：《上清帝第一书》《上清帝第五书》,见中国史学会编《戊戌变法》第 2 册,125、192 页,上海,神州国光社,1953。

果不变法,"恐自尔后,皇上与诸臣虽欲苟安旦夕,歌舞湖山而不可得矣!且恐皇上与诸臣求为长安布衣而不可得矣!"①康有为这次上书,皇帝虽然没有看到,但抄件却在北京一些官员中间传开,报纸也发表了。一是担心金田之役再起,二是担心列强侵略加剧。用什么办法预防?就是把皇帝捧出来,希望皇帝变法,以为这样就可以使皇帝以及整个封建统治阶级继续歌舞湖山。这样,维新派就把自己的维新事业与人民群众的革命斗争完全对立起来。在这样的思想认识下,维新派找不到根本的支持力量,其事业走向失败,是肯定的。但是他担心金田之役和列强侵略,却朦胧地意识到了近代中国反帝反封建的两项历史任务,这是其聪明之处。他的阶级局限性和历史局限性在于,把预防的办法寄托于皇帝,完全把方向搞错了。

戊戌维新运动失败之后,便是革命运动的蓬勃兴起。中国近代史上的革命运动,矛头都是针对帝国主义和封建主义的,都带有资产阶级民主主义革命的性质。其中,由于领导力量不同、革命前途不同而分为旧民主主义革命和新民主主义革命。旧民主主义革命时期,太平天国农民起义,历时14年,旨在反对清朝统治,但是从理论上和实践上看,单靠农民不可能建立一个区别于封建王朝的新政权,因此太平天国虽然是中国历史上一次最大规模的农民起义,毕竟还是一次单纯的农民起义。太平天国为此后的民主革命的开展准备了条件。辛亥革命是资产阶级领导的以反对封建帝制、建立资产阶级共和国为目的的革命,是典型的资产阶级民主革命。新民主主义革命时期,国共合作反对北洋军阀的国民革命(即大革命),中国共产党领导的反对国民党统治的革命,都是典型的革命。

孙中山领导的辛亥革命,提出了民族主义、民权主义、民生主义(简称"三民主义")三大主义作为反清革命的指导思想,较为全面、系统地阐释了中国资产阶级革命派关于中国革命的目标、纲领和斗争方式。这种鲜明的政治立场,在国内外引起了强烈的反响,同时也激起以康有为、梁启超为首的政治上的保皇派的激烈反对,一场关于革命与改良的

---

① 康有为:《上清帝第五书》,见《戊戌变法》第2册,190页。

理论上的争辩势不可免。为了反击康有为、梁启超等改良派、保皇派，革命派主要是以同盟会机关报《民报》为基地，与以梁启超的《新民丛报》为基地的改良派、保皇派进行了思想大论战。思想论战围绕是否要用革命手段推翻清王朝、是否要建立民主共和国、是否要实行平均地权的社会革命等方面进行。革命派、改良派的论战，是近代新闻媒体有关革命与改良关系宣传上的突出表现，使读者明白了清政府的专制、腐败。革命派并不一定认为他们的理论多么完美无缺；梁启超们在对西方资产阶级思想理论的认识和理解上，可能显得比他们更高明一些。问题的关键在于，革命派是在为一种新生的力量、一种历史的趋势作辩护，而梁启超等改良派是在为一种没落的势力、一种行将被推翻的旧的社会制度喝彩。谁正确地适应了历史的潮流，历史潮流就会选择谁。

在革命派与改良派进行思想理论论争的同时，革命运动与改良运动也在实践中互争雄长。革命派发动了连续不断的反清武装起义，坚决地以革命的手段对付业已成为"洋人的朝廷"的清朝统治势力，掀起了反清革命的浪潮，给予清政府以沉重的打击。以立宪派面目出现的改良派则试图以和平的方式促动清政府进行宪政改革，在清廷预备立宪的形势下，立宪运动一时高涨起来。然而，清政府预备立宪的进展缓慢，立宪派很快陷于失望之中。在立宪派看来，清廷的宪政改革方案实际上是欺骗人民的缓兵之计，它的目的不是实行宪政体制，而是以空头支票的方式给人民以虚幻的希望。立宪派对清廷的"仿行立宪"明显地表示失望，于是他们一次又一次地举行立宪请愿活动，企图以此向清廷施加压力，促使清廷在政治改革的道路上大步前进。但清政府却是一面敷衍应对，一面加紧中央集权，结果甚至弄出一个更为集权的满洲皇族亲贵的"皇族内阁"，举国舆论哗然。立宪派在失望中终于弃清廷而去，在武昌起义后转而投入革命的洪流之中。历史终究选择了革命。以孙中山为首的资产阶级革命派领导的辛亥革命，推翻了清王朝，结束了中国两千多年的封建君主专制制度，建立了第一个资产阶级民主共和国。但是由于中国民族资产阶级的软弱性，不但不能彻底完成反封建的任务，而且缺乏坚决的反帝精神，无论是同盟会还是南京临时政府，都不能明确地提出反帝的主张，甚至其对外政策都公然宣称要承认清政府与帝国主义各国签订的一切不平等条约。辛亥革命未能完成反帝反封建的历史任务,其胜利果实最终被帝国主义支持的封建势力的代表袁世凯攫取了,终不免失败的命运。

辛亥革命是中国旧民主主义革命的顶峰,也为中国旧民主主义革命唱了挽歌。袁世凯攫取了辛亥革命的胜利果实后,逐渐把辛亥革命的成果抛到脑后,形成了北洋军阀统治中国的局面。军阀混战,政治失序,内忧外患,民不聊生,中国近代历史自鸦片战争以来向下"沉沦"的局面,这时候到了"谷底"。直到五四运动发生,中国近代历史的发展才出现向上发展的转机。五四运动的基本诉求是"外争国权,内惩国贼",这就模糊地提出了近代中国的主题:反帝反封建问题。可以说,五四运动真正拉开了中国近代史上新民主主义革命的序幕。

由于十月革命和五四运动爆发,马克思主义迅速传入中国。1921年7月,中国共产党成立。在中共二大会议上,第一次明确地提出了反帝反封建的民主革命纲领,正面提出了反对帝国主义和封建势力的主张。从此,"打倒列强,除军阀"便逐渐成为广大人民群众的共同呼声。稍后,孙中山接受共产国际和中国共产党帮助改组国民党,并对他的三民主义重新做出解释:民族主义强调了反对帝国主义的内容,民权主义则突出了民主权利应为"一般平民所共有",民生主义则突出了"节制资本"的原则。孙中山在国民党改组大会讲话中特别指出:"现在是拿出鲜明反帝国主义的革命纲领,来唤起民众为中国的自由独立而奋斗的时代了!"①孙中山还提出了后来被概括为"联俄、联共、扶助农工"的三大政策,促成了近代中国历史上第一次国共合作,以推进反对北洋军阀的革命运动。国共合作动员了广大工农群众,掀起了轰轰烈烈的国民革命高潮,取得了北伐战争的决定性胜利。可以说,从国共合作反对北洋军阀开始,近代中国的新民主主义革命就开始了。遗憾的是,在孙中山逝世后,国民党右派势力抬头。随着蒋介石的反共和汪精卫的分共,第一次国共合作破裂,大革命失败了。

国民党在南京建立政权后,中国进入十年内战时期。以蒋介石为

---

① 见黄季陆《划时代的民国十三年》,转引自胡绳主编《中国共产党的七十年》,43页,北京,中共党史出版社,1991。

首的国民党通过战争，消灭了异己力量，形式上统一了中国，巩固了代表大地主大资产阶级的国民党中央政权。在日本侵略日渐加深的情势下，蒋介石本着"攘外必先安内"的政策，把反对共产党作为国内最大的政治，实行法西斯式的独裁统治。中国共产党为了反击国民党背叛第一次国共合作、背叛大革命，领导了反对国民党独裁统治的革命运动。

  抗日战争时期，中国共产党坚持了全面的全民族的抗战路线，坚持了抗日民族统一战线，坚持了持久战的战略指导方针，坚持在敌后战场与敌伪长期作战，与国民党的消极、片面抗战路线进行了斗争，促使国民党不敢放下抗战旗帜。十四年抗战中，中国共产党和她的领袖毛泽东把马列主义与中国实际结合起来，创造了毛泽东思想，提出了新民主主义革命的一整套完整的思想，提出新民主主义革命的前途是社会主义，必须先有新民主主义，然后才有社会主义。1940年，毛泽东发表《新民主主义论》，对中国如何建国、建设一个什么样的国家，做了详尽的阐述。毛泽东说，我们要建立一个新民主主义的新中国。新民主主义的政治，应当是无产阶级领导的各革命阶级联合专政，而以各级人民代表大会和民主集中制的政府作为国家政权的构成形式。新民主主义的经济，应当把操纵国计民生的大银行、大工业、大商业收归国有，使之成为社会主义性质的国营经济；没收地主的土地，分配给无地或少地的农民，发展具有社会主义因素的合作经济；允许不操纵国计民生的资本主义经济发展。新民主主义的文化，应当是无产阶级领导的人民大众的反帝反封建的文化，即以共产主义思想为指导的、民族的、科学的、大众的文化。在新民主主义革命路线的指导下，中国共产党始终坚持了抗日民族统一战线，始终高举抗战的旗帜，赢得了民心，壮大了党，壮大了人民的军队和武装，最终取得了抗战的胜利。

  抗战胜利后，通过重庆谈判和政治协商会议，中国共产党希望以和平的方式联合各党派建立一个统一、自由、民主的新中国。但是国民党不愿意放弃一党专政，不愿意与各政党联合建国，不久便悍然撕毁了重庆谈判的纪要和政协协议，发动了内战，企图迅速把共产党和全国的民主力量打入血泊之中。与国民党的主观愿望相反，人民大众支持了共产党，第三势力转向了共产党。在国民党政府发动全面内战后不过三年,人民解放战争便取得了决定性胜利,蒋介石、国民党不得不失去了在中国的统治地位,率领国民党军队的残余势力退到台湾,窃据台湾。

1949年10月1日,中华人民共和国宣告成立,标志着近代中国新民主主义革命的基本胜利,标志着自鸦片战争以来中国历史发展的根本转折,也标志着经过长期的革命斗争,中国人民争取到了国家的独立,中国现代化建设的新的历史时期到来了。

回顾历史,我们看到,改良与革命只是近代中国人改造中国的不同道路的选择,尽管它在近代中国的历史命运不尽相同,但它对于推动近代中国历史进程的进步作用都是不容抹杀的。

当然,这样说并不意味着改良与革命可以等量齐观。有一种见解说革命与改良是推动近代中国历史前进的双轮。这个观点需要加以讨论。何谓双轮?好比一辆车子,两个车轮同时向前滚动,才能带动车厢向前运动。革命与改良,是否是这样的两个轮子,同时推动着近代中国历史的前进呢?这还需要根据事实和理论做出具体的分析。

革命与改良的关系到底如何?对于社会历史的前进运动来说,革命和改良都是推动历史前进的动力。改良是常态,革命是非常态。每一个国家,每一个时代,总是经常处在改良的状态中,否则,那个社会就停滞了,不前进了。所以改良是经常存在的。而革命则不然,社会革命不能经常存在,一个社会不能经常处在革命的状态中。如果是那样,这个社会就会是病态的。

诚然,革命并不是社会历史前进的唯一推动力。社会历史前进的根本动力是生产力的发展。当生产力发展停滞,不适应生产关系时,就会发生革命,以推动生产力的发展。革命的发生是有条件的,不是任意可以制造出来的。社会发展的经常形式是社会改良。当阶级矛盾不到激化的程度,解决社会阶级利益的冲突,往往要靠阶级妥协与调和;解决社会政治利益的冲突,往往要靠社会改良的种种办法。阶级调和的办法、社会改良的办法,也能促进社会的发展,但它只能在同一个社会制度内运行。如果要推翻旧制度、建立新制度,阶级调和、社会改良,是无能为力的,它只能让位于革命手段。革命发生,才能使社会发展产生质的变化。因此,革命虽不是社会发展的唯一推动力,却是社会历史发展的直接动力。否定这一点，无原则地歌颂社会改良，显然是一种反历史主义的态度。

正因为革命是社会发展的直接动力，它能推动历史发展产生质的变化，而改良则不以推翻一个社会的制度为目的，改良是在社会制度允许的范围内，也就是在体制内进行。因此，一个真正的革命家并不拒绝改良，而一个改良主义者则往往拒绝革命。情况往往是这样的：一个社会的改良进行不下去的时候，或者那个社会不允许改良的时候，往往就可能爆发革命。从这个角度说，改良为革命准备着条件，改良为革命积聚着能量。在这种情况下，实行改良的人和实行革命的人，往往不是同一批人。

拿戊戌维新时期来说，康梁等维新派人士是这个时期推动历史前进的主要力量。孙中山为首的革命派虽然已经出现，并且在海外成立了兴中会这样的革命小团体，但是在国内不能立足，在国内外的影响都还不大。如果拿车轮打比方，这时候只有维新派一只车轮子。尽管维新派极力推动这只车轮前进，但是，维新派的努力却是在体制内进行的，是依靠光绪皇帝"乾纲独断"，并不想推翻清朝廷的统治。而且，维新派的努力，在相当程度上是在防范革命派、防范"乱党"的成功。尽管如此，我们还是应当说，这个时期推动历史前进的，是维新派的努力。同时也应该说，这个时期推动历史前进的，不是双轮，而是单轮。

如果我们把眼光往后移，看看辛亥革命时期的情况，就更明白了。辛亥革命时期，革命派和立宪派的力量都很强大。有些研究人员说，辛亥革命的成功，是革命派和立宪派共同努力的结果。这里似乎可以用得上双轮的观点了。其实也不然。辛亥革命的成功，固然与立宪派的努力有关，但主要是革命派武装斗争或者说暴力革命的结果。无论是康梁在海外的保皇，还是立宪派在国内发动的国会请愿运动，都限制在体制内。如果体制内运作成功，无非是君主立宪，还能够把封建专制制度推翻吗？况且，在辛亥革命时期，革命派和立宪派是水火不相容的。革命派正是通过大辩论，克服了立宪派、保皇派不能革命、不敢革命、不许革命的思想，才坚持了暴力革命的道路。因此，在革命的条件成熟的时候，在没有革命就不能推动历史前进的时候，在不批判改良派、立宪派就不能推动革命的时候,难道能够迁就改良派而放弃革命的努力吗?可以说,在辛亥革命时期,起着推动历史前进作用的,主要是革命派这只轮子。显然,推动近代中国历史前进的双轮说,在这个时期也是不存在的。

从以上论证可以看出,改良和革命这两种形式,是在历史发展的不同时期分别起作用的。渐进的改良在既定的体制内运行,对推进社会进步会起到积极作用,当这个体制不允许它进行改良的时候,改良就要让位于革命。如果改良不愿意让位于革命,还要保存旧的体制,还要继续在旧体制内活动,从而反对推翻旧体制的革命,那么,这时候的改良,就是反动的了。从另一个角度说,一次大的革命基本完成,就应该通过调整、改良(调整也是改良)的形式巩固革命成果,用渐进的改良方式促进生产力的发展。可以用革命的精神发展生产力,但不可以用革命手段,不可以无休无止地继续革命。大革命胜利后还要继续革命,是对社会发展规律的误解。一般来说,当政者只欢迎改良,不欢迎革命。如果当政者自己发动革命,只会把自己的阵脚搞乱,把社会发展结构搞乱,达不到发动革命的初衷。可以说,这就是革命和改良之间的关系。

有人认为,改良比革命好,所以不应当推崇革命。对于革命和改良,不能脱离具体的历史条件而做抽象的价值评判。对于社会进步来说,革命和改良的手段在历史的不同时期起过积极作用,在一般情况下并不冲突。但是在革命高潮到来时,革命派和改良派,或者说革命者和改良主义者是要发生冲突的。前面举过辛亥革命的例子。在欧洲,19世纪中叶以后,国际工人运动和社会主义运动高涨,19世纪末20世纪初,无产阶级革命形势到来时,那时的资产阶级主张用社会改良来对付无产阶级社会革命,改良主义成为资产阶级反对社会主义运动和无产阶级革命的手段。列宁说过:"历史的真正动力是阶级之间的革命斗争;改良是这种斗争的副产品。"①这就是说,当时的无产阶级革命家只是反对攻击无产阶级革命的改良主义者,并不反对在革命成功以前的

---

① 列宁:《再论杜马内阁》,见《列宁全集》第11卷,57页,北京,人民出版社,1959。

社会改良，当然，更不会反对革命成功以后的社会改良措施。讨论革命与改良的关系，也要明白这一点。

近些年来，还有一种"告别革命"的所谓理论在海内外宣扬。这种"理论"宣布要告别一切革命，不仅要告别法国大革命、俄国十月革命，也要告别辛亥革命，以及辛亥革命以后的一切革命，包括1949年的革命。

按照"告别革命"论者的说法，社会历史发展过程中爆发的革命，似乎是可有可无的，如果改良搞得好，革命是可以避免的。显然，这是历史唯心主义者观察历史运动的看法，它完全无视历史发展是有规律可循的客观历史运动。

事实上，革命作为历史发展过程中一种客观的历史运动，不是随心所欲可以制造出来的，也不是随心所欲可以制止的，更不是由什么人可以任意宣布否定就否定得了的。历史上发生过多次革命，尤其是17世纪以来，在欧洲、美洲、亚洲先后发生过的多次革命，都是社会矛盾不可调和的产物。统治者不能照旧统治下去，被统治者不能照旧生活下去，于是革命爆发了。旧的制度瓦解了，新的制度建立了，旧的统治秩序被打碎了，新的统治秩序形成了，旧的社会桎梏解除了，社会生产发展了，社会前进了。社会革命往往采用暴力的形式，不通过暴力革命，旧的统治者不能退出历史舞台。不通过暴力革命，反抗新社会的旧势力不能压制下去。"暴力是每一个孕育着新社会的旧社会的助产婆。"马克思这句名言，形象地反映出了历史的真实。革命起来，如暴风骤雨，有人讨厌它，却不可以制止住它。社会生活在承平时期，社会阶级矛盾没有激化，如果有人登高一呼，召唤革命，有谁去响应呢？革命，是社会运动的一种形式，是社会进步的一种必要形式。不能说想革命就革命，也不能说不想革命便不革命。革命的发生，是有规律可循的。

我们是历史唯物主义者。唯物史观告诉我们：对革命和改良的历史作用，要做出合乎事实的客观分析。如对康梁领导的戊戌维新运动，一般总是给予高度评价的。1956年11月12日，在孙中山90周年诞辰的纪念大会上，林伯渠代表中共中央讲话说：资产阶级改良派的维新运动,"对中国人民的觉醒和进步,起了显著的作用"。① 著名的老革命家和历史学家吴玉章也说过:"1898年戊戌变法以前,许多爱国的维新志士希望学习俄国彼得大帝的改革和日本明治天皇的维新,要求自上而下的实行变法。这在当时是一种进步的思潮。"著名历史学家范文澜在1958年纪念戊戌变法60周年学术讨论会上发言,高度评价戊戌变法的历史意义。他说:"旧民主主义革命时期,中国资产阶级在政治上做了两件大事,一件是1898年的戊戌变法运动,即改良主义运动。更大的一件是1911年的辛亥革命运动。"他还指出:戊戌"变法运动代表着中国社会发展的趋势,赋有进步的意义","戊戌变法运动是思想的第一次解放"。② 著名的历史学家胡绳在他的《从鸦片战争到五四运动》一书中说:"维新运动是在中华民族和帝国主义的矛盾成为主要矛盾的条件下中国人民大众试图解决这个矛盾的斗争的反映。这次运动以中国民族资产阶级初次走上政治舞台为特征而成为中国资产阶级领导的民主革命的前奏。"著名历史学家刘大年在他主持的《中国近代史稿》第3册(1984年版)里称赞戊戌变法掀起了"近代中国第一个思想解放的潮流",指出,改良派发动维新运动,要求挽救民族危亡,明显地具有爱国主义性质。又说,资产阶级改良派要求在中国发展资本主义,使一个贫穷落后的中国变为富强先进的中国,这在当时的情况下,是顺应历史发展潮流的。这些,能说我们不是肯定改良吗?但是,当中国出现革命形势的时候,当中国革命派正在掀起革命运动的时候,改良派出来加以反对,坚持保皇立场,坚持认为只有改良是唯一正确的方法,就是错误的了,就是不能肯定的了。对历史过程的不同阶段采取不同的评价,这种分析的态度,是历史主义的态度;以社会发展规律为准绳,按照一定的时间、地点和条件,来观察、分析事件和人物的表现,是历史唯物主义的方法。对改良和革命,离开了具体的时间、地点和条件,妄作评议,正如范文澜所说,这是爱而欲其扬,恶而欲其抑,都不免徒劳而无益。

论者还说,"赞成英国式的改良,不赞成法国式的、暴风骤雨式的大

---

① 林伯渠:《在孙中山诞辰90周年纪念大会上的讲话》,见1956年11月12日《人民日报》。
② 范文澜:《戊戌变法的历史意义》,见《范文澜历史论文选集》,190、193页,北京,中国社会科学出版社,1979。

革命"①,还说什么"虚君共和"就是英国式的,用暴力打倒皇帝就是法国式;把英国式改良与法国式革命相比较,说法国式革命如何残酷、英国式改良如何文明。稍微知道一点世界近代史的人都会看出,这是一种错误的历史比较。法国革命是革命,英国也同样搞了革命,而且是欧洲近代史上第一场最重要的资产阶级革命。法国革命打倒皇帝,让路易十六上了绞刑架,英国革命开始也打倒了皇帝,割掉了查理一世国王的头。英国革命处死国王后,克伦威尔宣布英国是共和政治。只是此后斯图亚特王朝复辟,在共和国垮台后30年间形成了"虚君共和"的局面。此后英国政治是在改良的道路上行进,但那已经是在资产阶级占统治地位的"君主立宪"体制内的改良。英国革命与法国革命是在不同的时代背景、不同的国情里发生的不同形式的革命。英国革命发生在17世纪40年代,延续到80年代;法国革命爆发在18世纪80年代,而延续到19世纪初。当英国在"君主立宪"的体制内进行社会改良的时候,法国革命还没有发生。因此,把所谓英国改良和法国革命相提并论,是不恰当的历史比附,是历史的错位,是对读者的误导,是把自己的立论建立在沙滩上。

"告别革命"论者经常强调辛亥革命搞糟了的观点,说什么"20世纪中国的第一场暴力革命,是孙中山领导的辛亥革命。当时中国可以有两种选择,一是康梁所主张的'君主立宪'之路;一是孙中山主张的暴力革命的道路。现在看来,中国当时如果选择康梁的改良主义道路会好得多,这就是说,辛亥革命是不必要的。这样,我就否定了孙中山最重要的革命业绩。"②这种论点在这里显出了思维逻辑的极度混乱。20世纪初的中国存在着两种选择,这是不错的。但是历史抛弃了康梁主张的"君主立宪"之路,选择了孙中山的暴力革命道路。20世纪初的中国历史就是这样发展过来的。怎么可以得出"如果选择康梁的改良主义道路会好得多,这就是说,辛亥革命是不必要的"这样的结论呢?这句话中,前一个结论是带"如果"的虚拟语气,后一个结论是不带"如果"的肯定语气。用一个虚拟的前提,来证明"辛亥革命"这个肯定的事实之不必要,显然是不正确的,在历史发展的辩证逻辑上是说不通的。在

---

① 李泽厚、刘再复:《告别革命》,66页,香港,天地图书出版有限公司,1995。
② 李泽厚、刘再复:《告别革命》,129页。

爱康梁、爱改良者看来,如果那个"如果"实现,果然是好得多,但那个"如果"却无情地被历史发展抛弃了,那个"好得多",也只存在于虚无缥缈的乌有之乡,只是证明它是不必要的;反过来,历史对辛亥革命的选择却是必要的,而不是不必要的。

说者又谓:清朝的确是已经腐朽的王朝,但是这个形式存在有很大意义,宁可慢慢来,通过当日立宪派所主张的改良来逼着它迈上现代化的"救亡"道路,而一下子把它搞掉,反而糟了,必然军阀混战。又说:袁世凯称帝等现象乃是革命的后遗症,是暴力革命这种方式本身带来的问题。这都是些说不通的歪理。明知清朝已经腐朽,还要保留这个形式,还要逼它走上现代化,这无异于缘木求鱼。说到形式,英国的"虚君"是个形式,但那是资产阶级革命后的形式,那个"虚君"至今差不多300年,没有人不说英国是老牌资本主义国家。清朝的皇帝,哪怕是由摄政王控制着的宣统小皇帝,也不是"虚君",而是实实在在的封建君主专制。在这个专制下,即使是慈禧太后派出的出洋考察政治大臣提出改革政治的建议,却因涉及军机处的存在,立即被慈禧所否定。袁世凯贵为军机大臣、外务部尚书,因其掌握北洋新军,为摄政王所疑忌,一声令下,也只得到洹上去养"足疾"。直到1911年5月,军机处才被撤销,成立所谓责任内阁,阁员13人中满族9人,其中皇族7人,是谓"皇族内阁"。换汤不换药,朝廷面貌依旧。预备立宪,朝野沸腾,立宪派掀起三次全国性请愿,甚至宫门喋血,也只不过换来个到宣统五年(1913年)实行立宪。如此预备,连立宪派也对朝廷失望了。以至于武昌起义爆发,立宪派大多不站到清廷颁布的《宪法重大信条十九条》一边,而纷纷站到革命派一边了。腐朽的清王朝这个形式怎么能保留下去?保留它,还能够逼它走上现代化吗?这样说,也太违背历史的真实情况了吧?

"告别革命"论者说:"影响20世纪中国命运和决定其整体面貌的最重要的事件就是革命。我们所说的革命,是指以群众暴力等急剧方式推翻现有制度和现有权威的激烈行动(不包括反对侵略的所谓'民族革命')。"[①]这里似乎把"反对侵略的所谓民族革命"排除在外。难怪作

---

① 李泽厚、刘再复:《告别革命》,刘再复序,4页。

者在否定法国革命、否定十月革命的时候,对美国的独立战争不置一词。独立战争恰恰是反对英国殖民侵略的民族革命。但是这样一来,作者自然又制造出一个悖论,制造了一个他们无法辩解的矛盾:怎样把民族革命从他们所要反对的革命中分离出来呢？20世纪的中国,从旧民主主义革命到新民主主义革命,哪一场革命是脱离了反对帝国主义侵略的民族革命的性质的？整个中国近代史,用简明扼要的话说,都是反帝反封建的历史。

按照这种定义,辛亥革命当然是推翻现有制度和现有权威的激烈行动。辛亥革命为什么要推翻清王朝？如前所述,朝廷已经腐朽了。腐朽的重要内容之一,就是它是"洋人的朝廷"。"量中华之国力,结与国之欢心","宁赠友邦,勿与家奴",是这个朝廷对外屈辱的写照。革命派正是愤慨于这个"洋人的朝廷",所以要发动民族革命;愤慨于这个朝廷的对内专制,所以要发动民权革命(民主革命)。辛亥革命是一身而二任的,它既是民族的,又是民主的,也就是我们后来所说的反帝反封建的。试问,可以从这个革命中把民族革命的内容分离出来吗？正是因为辛亥革命是反帝反封建的民族民主革命,孙中山为临时大总统的中华民国临时政府就得不到帝国主义列强的承认,尽管孙中山是真诚学习西方资产阶级民主制度的。帝国主义不支持孙中山,却要支持袁世凯,所以后来又有"二次革命""护国""护法",乃至"大革命"。到国共合作的大革命,就明确喊出了"反帝反封建"的口号。直到1949年,新民主主义革命取得胜利,其性质也是反帝反封建的。支持国民党反动政府在中国打内战的,正是美帝国主义。国民党政权垮台了,就是对其后台老板美帝国主义在华利益的根本打击。谈中国近代史,谈近代中国的革命或改良,而不谈帝国主义列强在中国的作用,如果不是出于对历史真相的不了解,不是隔靴搔痒,就是有意隐瞒事实真相。"告别革命"论者谈了近代中国的政治、经济,革命、改良,历史、现实,理论与实践,哲学与文学,应有尽有,就是不谈帝国主义对中国的侵略,不谈中国社会各阶级对列强侵略的态度和行动,其理论之错误,明眼人是不难看出的。

第四章
现代化的研究视角与近代中国现代化的历史进程

"现代化"①，一般是指欧洲工业革命以来世界经济急剧变革、工业化程度不断提升的过程，也指经济落后国家以发达国家现代化生产力为发展目标，努力追赶的过程。对这个历史过程的学术研究早就开始了。"欧风美雨""西学东渐"，指的就是中国的现代化过程。"现代化"（或者"近代化"）这个词，20世纪20年代就出现在汉语里了。30年代，中国思想界还就"中国现代化"问题为题展开过讨论，那时已经较为全面地论及中国现代化的内外部条件、中国现代化应该走什么道路、现代化与政治统一的关系、现代化的资金与人才问题、现代化中的"工化"与"农化"的关系、现代化中的文化建设等等。②但是在学术上建立"现代化"的研究框架，从现代化的研究视角来研究现代化过程，则是20世纪60年代才起步的。

我国研究世界现代化进程的学者、北京大学教授罗荣渠对现代化理论的形成过程做过认真研究。他指出，从社会思潮的角度看，现代化理论是在第二次世界大战后的全球性工业化高潮阶段形成的关于社会变迁的新理论架构。战后西方出现的这一社会思潮，从本质上说，是一种美国社会思潮。第二次世界大战后，欧洲衰败了，18—19世纪形成的殖民体系土崩瓦解。只有美国充分享受了战争的胜利果实，社会经济迅速发展，达到了资本主义世界经济和政治发展的

---

① 20世纪80年代初以来，随着国家以经济建设为中心方针的确立，中国近代史学界开始关注近代中国历史上的现代化问题，尽管在西方学术界讨论现代化问题的热潮已经过去了。在讨论中，多数学者使用了"近代化"这个词，少数人坚持使用"现代化"这个词，始终未能取得统一。应该说，"近代化"这个词汇，来自日本。英文的 Modernization，日本人用日文汉字译出就是"近代化"。英文的 Modernization 和日文的"近代化"，用汉语表达就是"现代化"。因此"近代化"是一个日文词汇，译成中文应为"现代化"。许多学者在讨论近代中国的现代化问题时直接借用了日文的"近代化"一词。他们的基本理由是，由传统社会向现代社会变迁的过程就是现代化的过程，1840年的鸦片战争便开始了中国人对现代化的探索，因此中国近代史上发生的现代化过程便可以称之为近代化过程，用"近代化"这个词汇比较妥帖和符合实际。这里所说的中国近代史，指的是 1840—1919 年间的历史，这是一种旧的分期法。今天学术界多数已经接受了 1840—1949 年间的历史是中国近代史。无论是按照旧的分期法，还是按照新的分期法，用"近代化"这个词来说明近代中国的现代化过程，都是不太妥当的。因为，英文的 Modernization 和日文的"近代化"，所表达的是一直延续至今的时间概念，兼有中文的近代和现代之意。今天已经有越来越多的学者同意直接采用"现代化"来说明近代中国的现代化过程，这个过程到今天还在继续之中。如果中国学者把"近代化"新创为一个概念，那么，在汉语里，"近代化"与"现代化"如何区分，将是一个很困难的问题。因此，把"近代化"和"现代化"这两个术语统一起来，恢复英文 Modernization 和日文"近代化"的本义，称为"现代化"，用来说明中国的现代化历程，作为学术概念，应该是更科学、更准确，也更方便的。

② 参见章开沅、罗福惠主编《比较中的审视：中国早期现代化研究》，78—79页，杭州，浙江人民出版社，1993。

顶峰。美国学者纷纷著述,大吹20世纪是"美国的世纪",现代世界体系是以美国为首的西方社会体系。现代化不仅是"西方化",首先是"美国化"。这些观点反映了美国在战后已处于世界的中心地位,带有强烈的帝国主义意识形态色彩。在这种氛围下形成的现代化理论思潮,是乐观的社会进化论思潮的产物,是西方资产阶级社会思潮的产物,是战后"美国第一"的自大狂思潮的产物。美国学者认为:"现代化概念主要是一个美国式的概念。"[1]这是现代化理论产生的基本的社会背景。

现代化理论产生的另一个国际背景是,战后东西方尖锐对峙,社会主义世界体系和资本主义世界体系之间形成了长期"冷战"的局面。亚洲、非洲和拉丁美洲广大地区民族解放运动蓬勃兴起。这些国家朝什么方向发展,是走向社会主义还是走向资本主义,成为一个世界性的问题。战后整个世界在重建,各个地区、各个国家的经济发展道路,是带有强烈反共意识形态的西方社会科学界最为关注的问题。美国学术界投入了大量研究力量,美国政府从"全球战略"的需要出发,积极推动"发展"和"现代化"这样的课题研究,推动研究发展中国家和地区的发展战略和策略。在这样的历史背景下,20世纪60年代,中国学术界对现代化理论采取了批判和拒绝的态度。

美国经济学家首先从发展经济学的角度进行研究。这源于美国为了争取第三世界一些国家,提出对落后国家进行经济援助的计划。为了把这些国家纳入以美国为首的世界体系,自然必须加强对接受美援国家发展道路和模式的研究。有关现代化的研究正是从这里起步的。可见现代化问题的研究是直接为美国的全球战略服务的。曾任肯尼迪政府国家安全事务副特别助理的麻省理工学院经济史教授罗斯托(W. W. Rostow)在1960年出版了《经济成长的阶段》一书,声称其经济成长理论"这个思想体系要作为一种观察近代史的方法,要向马克思主义挑战而且要代替马克思主义"。他在书中否定马克思主义关于历史发

---

[1] 亨廷顿:《社会变迁理论的演变:现代化、发展与政治》,收入布莱克编《比较现代化论文集》(*A Comparative Modernization*),转引自罗荣渠著《现代化新论》,29—30页,北京大学出版社,1993。

展规律的学说,按照社会发展的经济规模,把所有社会分为五个阶段:"传统社会""为发动(起飞)创造前提条件""发动(起飞)""向成熟推进""高额大众消费",用以代替马克思主义关于封建主义、资本主义、社会主义和共产主义的历史序列。他把牛顿以前的整个世界都称为"传统社会",这个传统社会包括中国的各个朝代、中东和地中海的文明,以及中古欧洲世界。① 他以美国作为现代化的国际样板,认为一国经济"起飞"以后,就会进入经济持续增长阶段,美国将会"在世界许多地区帮助维护现代化进程中的国家主权完整和独立自主"。② 可见,这些研究结论是伴随着"冷战"思维的。这样,以经济增长理论为核心的"发展经济学"这门新的学科逐渐形成。与此相应,政治学家、社会学家、历史学家从各个不同的学科领域对现代化过程展开研究。美国政治学者注意对第三世界国家政治发展展开研究。1960 年美国麻省理工学院国际研究中心收集了亚洲、中东、非洲、拉美地区大约 60 个国家的现代化统计指数,对这些国家的政治民主程度进行排队,作为测量这些国家政治现代化的一种方法。美国普林斯顿大学历史教授布莱克出版《现代化的动力》一书,以西方早期工业化国家作为现代化模式,把现代化进程分为几个阶段:现代性的挑战、现代化领导阶层权力的巩固、经济与社会的转变、社会的整合。这派学者研究现代化,是以社会结构和政治现代化为重点,而不是以经济发展为重点。

对发展中国家的现代化模式和发展道路的研究,20 世纪 60 年代主要集中在日本、土耳其、印度等少数国家。在美国和日本都掀起过"日本现代化"讨论热。这种讨论热也有它的政治倾向。应该说,讨论日本现代化问题,有它的历史原因和理由,同时也是美国对亚洲政策的需要,它是需要以日本作为现代化模式,影响新兴的独立国家向非社会主义的方向发展。

由于国际、国内形势的变化,美国左翼激进主义思潮抬头,抗议美

---

① [美]罗斯托:《经济成长的阶段——非共产党宣言》,国际关系研究所编译室译,122、10—11 页,北京,商务印书馆,1962。
② [美]罗斯托:《从第七层楼上展望世界》,国际关系学院"五七"翻译组译,84 页,北京,商务印书馆,1973。

帝国主义的对外政策和社会政策的群众行动激烈起来，60年代在美国兴起的现代化思潮受到挑战和批判。各国的马克思主义者和进步学者指摘美国兴起的现代化理论是美帝国主义的意识形态，是为美国对外扩张政策服务的舆论工具。从学术上说，"传统和现代性"这对对立的概念是含糊不清的。拉丁美洲国家的学者在批判现代化理论时流行一种"依附论"。他们认为，第三世界国家的经济落后与低度开发并不是由于它们的前资本主义结构，而是由于它们在资本主义经济体系中处于依附地位，是受殖民主义和帝国主义剥削的。由于现代化理论建立在经济增长的无限发展的乐观估计上，也受到西方学者的批判，认为经济增长伴随着许多新的问题，其增长也不是无限的，而且为人类的发展增加了新的困境。

　　经过70年代的批判后，现代化理论在80年代有了一些变化。首先是反共意识形态得到批判。其次，批判者认识到不仅要批判，而且需要对现代化理论本身进行学术探讨。在西方，涉及现代化的学术流派还在发展。从社会学衍生出来的现代化理论，认为要以"现代化"概念来研究近期社会变迁的过程。按照这种观点，第三世界国家的发展被认为是从传统农业社会向现代工业社会演进的过程，或者是西方工业文明向非西方世界的传播过程。这个研究领域被称为"发展社会学"。它着重研究现代社会的结构分化、都市化、工业化、世俗化。从经济学衍生出来各种经济发展理论，从政治学衍生出各政治学理论。依附性理论是作为现代化理论的对立面出现的，这时又发展出"依附性发展""边缘资本主义"等理论。在第三世界国家，发展和现代化问题越来越受到重视。各国学者研究本国的具体历史情况，探讨世界不同国家走向现代化的模式，这对于以欧美发达国家作为唯一标准的研究框架是一种突破。

　　20世纪80年代以来，中国的经济学界、政治学界、社会学界、历史学界广泛采用了"现代化"概念，进行了各种相关学科的讨论，看法不尽一致。关于现代化的含义，我们大致可以做如下概括：

　　现代化是指一个国家或地区从传统的农业社会向现代工业社会转变的历史过程；延伸开来，也可以说是从传统工业社会向高科技、电子化、数字化工业社会转变的过程。这个转变的核心,是生产力(包括生产工具和掌握生产工具的人)在高新科技能力指导下的不断提升。从这个角度看,现代化在现代社会也是一个不断发展的过程。

从这个角度说,现代化的主要问题是工业化,是经济落后国家实现工业化以及不断提升工业化水平的过程。中国的社会主义现代化,核心是在社会主义制度下实现工业现代化和科技现代化。第二次世界大战后独立的新兴民族国家也以现代化作为动力,致力于工业化目标,把它作为改变国家面貌和提高国际地位的战略措施。学术界广泛接受这种观点:用"工业化"来概指现代社会改变国家面貌的动力、特征和进程。工业化社会虽有各种模式,但有大致相同的特点:城市化、机械化、自动化与专业化、电子化、数字化与网络化、智能化、非生物能源的广泛应用、经济持续增长、职业和阶层分化复杂等。

也有另一种见解,把现代化作为自科学革命以来人类急剧变动的过程的总称,它不仅包括经济领域,也包括人类在政治发展、社会动员、心理适应和知识增长方面的急剧变化,它更重视社会制度与经济发展的关系。这派理论还特别提出"现代性"(modernity)和"传统"(tradition)两个概念,来对现代化过程进行对比分析。传统代表前工业社会的特征,现代性代表现代社会的特征。现代社会的特征包括如下方面:(1) 民主化;(2) 法制化;(3) 工业化;(4) 都市化;(5) 均富化;(6) 福利化;(7) 社会阶层流动化;(8) 宗教世俗化;(9) 教育普及化;(10) 知识科学化;(11) 信息传播化;(12) 人口控制化;等等。①

广义地说,现代化指人类社会从工业革命以来所经历的急剧变革,导致传统的农业社会向现代工业社会的转变,这种转变是一个世界历史过程。狭义地说,现代化不是一个自然的历史演变过程,它是落后国家通过有意识地学习西方发达国家,采用先进的经济技术手段,迅速赶上先进工业国的发展过程。②

---

① 杨国枢:《现代化的心理适应》,24 页,台北,巨流图书公司,1978。
② 本节叙述参考了罗荣渠《现代化新论——世界与中国的现代化进程》第二章,25—45 页,北京大学出版社,1993。

还要指出,我们今天说的现代化,实际上分为资本主义现代化和社会主义现代化。关于这个问题,国内外研究现代化的学者还缺少专门、深入的学术研究与阐述。但是必须指出,这两种不同性质和追求的现代化是存在的。资本主义现代化,虽然有种种不同的发展模式,但它是在既存的资本主义生产关系或资本主义体系及其影响下,不同类型的国家(包括发达国家和后发达国家)追求现代化发展的最大目标,并且认为资本主义是社会发展的终极,现代化最大目标的实现,就可以避免社会主义革命的到来。社会主义现代化,是通过革命,取得国家独立,建立社会主义制度,形成代表人民大众利益的强有力的领导集团,在社会主义生产关系所允许的范围内,大量吸收、借鉴资本主义在人类历史上发展起来的较为先进的生产力、科技能力和管理经验,高速度地发展生产力,最大限度地满足人民大众日益增长的物质和文化需要,在生产力发展水平上赶上或超过资本主义的现代化。一般来说,由于社会主义制度的较多的优越性,在社会主义国家发展工业化、赢得现代化的时间,比资本主义制度下要快得多。鉴于此,我们今天不能简单地拒绝源自西方的现代化理论,而要借鉴这种理论,结合中国近代史的历史实际,结合我们自己进行社会主义现代化建设的客观实际,研究我们自己在实现现代化过程中的成功与挫折、动力和阻力、经验与教训,在马克思主义、毛泽东思想、邓小平理论和习近平新时代中国特色社会主义思想指导下总结出我们自己的现代化理论。

如何从现代化的研究视角来考察近代中国的历史进程,系统研究还刚刚开始,很不深入,很不全面,看法也不尽一致。有人认为,中国的现代化过程从19世纪60年代的洋务运动开始;有人认为,鸦片战争起,中国就开始了现代化的起步。说中国的现代化从鸦片战争起就开始了,这还是值得进一步探讨的。鸦片战争是中国近代史的起点或者开端,这同中国现代化的开始完全是两码事,不能等同。《南京条约》签订以后,打了几年仗的道光皇帝还不知道英国是什么国家、位于何方,照样歌舞升平。林则徐、魏源他们虽然增加了对英国和西方国家的一些了解,编著了介绍西方国家地理政情的著作《海国图志》,提出了"师夷长技以制夷"的对策,但一来这样的人实在太少,二来他们的著作和对策长期无人问津,不为社会所重视。《海国图志》传到日本,日本士人大为欢迎,反复翻印,比在中国的命运好多了。说中国的现代化从洋务运动开始,虽勉强可以成说,但不是很准确。

  有些人认为,近代中国的现代化(近代化)就是资本主义化。其实这是一种简单化的看法。1919年以前中国存在资本主义现代化的趋向,1919年后这种趋向不是在强化,而是在弱化。不同的观点认为,资本主义化的主角是资产阶级,近代中国前80年现代化(近代化)的主角是民族资产阶级,内涵是资本主义化;后30年,无产阶级居于主角,现代化(近代化)的内涵也随之而变成为社会主义开辟道路的新民主主义化。① 这个说法较之上说有了分析。如说准确,也不尽然。拿前80年来说,19世纪60年代兴起的"自强运动"(20世纪60年代的研究者把这个时期兴起的自强运动称为"洋务运动"),虽然从西方引进了一些军用和民用工业技术,发展了中国近代早期的机器工业,还引进了西方的一些自然科学和社会科学知识,但那是统治阶级代表人物发起的自救运动,主角是地主阶级的代表人物(在中央的有咸丰皇帝的弟弟奕䜣,在地方的有督抚大臣曾国藩、李鸿章等),不是资产阶级,也不是为了发展中国的资本主义,而是为了维持行将崩溃的清王朝。拿后30年来说,无产阶级通过共产党领导的人民革命运动,主要是反帝反封建斗争,是争取国家独立、民族解放的政治斗争,在没有取得执政地位的情况下,当然没有条件实施工业化计划,因此从现代化角度,还不好说无产阶级是主角。虽然可以说斗争的目标是为社会主义开辟道路的新民主主义,但斗争手段主要是武装斗争,是革命战争。这种斗争是为现代化创造条件,它本身还不是现代化。那个时期的当权者国民党政府有可能成为现代化的主角,在发展国民经济方面做过一些工作,这无须否认,但他们的努力主要不在这方面,他们为了巩固地主资产阶级的统

---

① 参见苑书义《中国近代化的历程述略》,载《近代史研究》1990年第3期。

治,实行封建法西斯式的专政,把主要精力用在消灭异己上;而且自1931年9月18日起,日本占领了东北,继续进犯华北,自1937年七七卢沟桥事变起,日本帝国主义发动了全面侵华战争,中国人民的抗日战争坚持了八年之久,国民党政府没有也不可能实行真正的工业化计划,因而也谈不上是现代化的主角。

  关于中国近代史上的现代化,有几种意见值得重视。一种意见认为,中国近代史上的现代化,是一种半殖民地半封建状况下的畸形的、屡遭挫折的,甚至可以说是失败的现代化。它局限在资本主义的外围、边缘,形象地说就是"乡村"的现代化。为了区别中华人民共和国建立前后不同的现代化,把前者叫作早期现代化,把后者称为现代化。① 把1949年前近代中国的失败的现代化与1949年后中华人民共和国的现代化加以区别,是有眼光的,是符合历史事实的,是必要的;不做这种区别,一概用现代化的框架加以研究,正是忽视了发展中的事物的本质区别。当然,"早期现代化"这个概念是否准确反映了历史的本来面貌,也还需要斟酌。至少它可使人与西欧的早期现代化产生联想,而这两者在现代化的起因、推动力和发展道路方面是完全不同的。可以说,近代中国的现代化是后发的、被动的、时断时续的,是缺乏推动力的、不成功的现代化。

  另一种意见认为,近代中国的现代化是被延误了的现代化。② 中国现代化之所以被延误,是由近代中国的特殊国情所决定的。论者认为,近代中国的变革至少贯穿了四条线索。这四条线索:(1) 王朝自身衰败的过程;(2) 半边缘化③及半殖民地化过程;(3) 革命化过程;(4) 现代化过程。所以,对近代中国大变革发生作用的过程,不是按简单的"挑战(冲击)—回应"模式或"传统—现代"模式运动,而是一个主客体相互作用、复杂的网络运动。中国走向现代化的过程是与中国走向衰败、沦为半殖民地,以及各种革命运动连绵不断的过程重叠在一起的。

---

  ① 参见章开沅、罗福惠主编《比较中的审视:中国早期现代化研究》,29页。
  ② 罗荣渠:《现代化新论》,235页。
  ③ 半边缘化,是依附论者所使用的语汇,这里是借用。按照依附论者的见解,在资本主义体系里,其核心是宗主国,半殖民地附属国是半边缘,殖民地是边缘。在这里,"半边缘化"与"半殖民地化"是同义语。

中国的现代化进程不同于欧洲内源性现代化，中国通过革命化走向现代化的独特道路对中国现代化的形式和道路具有特殊影响。中国的半殖民地化(半边缘化)与革命化，实质上都是中国现代化进程中旧体制向新体制转变的特殊形式。就中国现代化的特定形式而言，在19世纪后半叶，它只是中国社会大变动中的一个流向；20世纪初辛亥革命后，中国现代化才艰难地逐步上升为诸流向中一个带有主导性的趋势；20世纪50年代后，现代化才上升为大变革的主流，成为占支配地位的大趋势。①

以上两种观点，对我们理解近代中国现代化的历史进程是有帮助的。

以下简单分析中国现代化的历史进程。

学术界一般认为，19世纪60年代的洋务运动是中国现代化的起点。从现代化理论看，中国是半边缘化或半殖民地国家，现代化是后发晚生型。后发晚生型现代化必定是政府主导，这样的政府是代表资产阶级利益的政府，或者将逐步演变为资产阶级的政府。在"自强新政"兴起时，正值咸丰时期，中经同治、光绪两朝(19世纪60—90年代)。这个王朝是半殖民地状态下的封建王朝，丝毫没有资产阶级的气息，而且中央政府未曾提倡、主导"自强新政"，提倡新政的是几个大臣。最高当局(慈禧太后)驾驭在洋务派和反对洋务派的顽固派之间，掌握官场动向。企业都掌握在官僚手里，对民间办企业不是像日本明治政府那样全力支持和倡导，而是加以限制、阻挠。那时采取的"官督商办"的企业形式，是有别于东西各国的形式，充分体现了"官"在企业中的辖制作用。民间企业在官僚和帝国主义压制下的成长，是极其艰难的。

中国民族资本家要求发展资本主义的呼声，在1898年的戊戌维新中微弱地反映出来。康有为、梁启超等维新派发展资本主义的主张，通过光绪皇帝的变法诏旨得到表现。形式上，政府的这个最高当政者意在变法，可惜好景不长，只有103天，就被实际掌权者慈禧太后打了下去，连皇帝也被幽禁起来。政治上帝党太软弱，反映了经济上民族资产阶级的力量太软弱这个历史事实。

---

① 参见罗荣渠《现代化新论》，235—243页。

现代化进程第一次正式被政府所主导,是在1901年开启的"新政"中。这次距离戊戌维新不过两年,但这两年却令人有隔世之感。经过八国联军的沉重打击,在帝国主义列强的联合干预下,慈禧太后一伙虽勉强保住了政权,但深刻地感受到了变法的压力,财政窘迫也使政府有切肤之痛,于是宣布实行新政。慈禧太后批判康有为说:我不是不想实行变法,是不能让"康逆"一党实行变法。这样,戊戌维新时期的变法法令大部分得到恢复,而且有了发展。1903年在政府内设置商部(此后改为农工商部),总管农、工、路、矿诸政,随后公布一系列提倡、奖励工商实业的条例、法令,诸如《商律》《公司律》《破产律》《公司注册试办章程》《商标注册试办章程》《大清矿务章程》《奖励华商公司章程》《著作权律》等,推动了工商实业等现代化事业的发展。这个时期,军事、教育方面的新政步伐也很大,政治改革虽很艰难,也在启动。这个时期的清政府颇有一番推动现代化的样子。清政府推动现代化的这种主动精神如果提前到19世纪60年代,中国现代化的进程有可能与日本明治维新媲美;这种主动精神如果提前到1898年的戊戌维新,清政府的被动局面也可能稍有改善。由于中国近代通过革命化走向现代化的独特道路的影响,革命派对于这个接受《辛丑条约》的苛刻条件、变成"洋人的朝廷"的清政府已经不能等待了。辛亥革命的爆发,结束了由清政府主导的难产的、失败的现代化。

辛亥革命后成立的以孙中山为大总统的中华民国南京临时政府,是第一个代表中国资产阶级利益、准备有计划地推动中国现代化事业的政府。南京临时政府虽只存在了3个月,但它发布了一系列发展工商实业的政策法令。带有宪法性质的《临时约法》规定国民有结社、言论、出版自由,有保有财产及营业之自由,为工商实业的发展提供了根本的法律保障,一些工商实业界的代表性人物还担任了政府部长之类职务。孙中山说过:"以前为清政府所制,欲开发则不能,今共和告成,措施自由,产业勃兴,盖可预卜。"[①]1912年,在上海组成的中华民国工业建设会上,他很兴奋地提出:"建设我新社会,以竞胜争存,而所谓产

---

① 《在南京同盟会会员饯别会上的演说》,见中国社会科学院近代史研究所中华民国史研究室等编《孙中山全集》第2卷,322页,中华书局,1982。

业革命者,今也其时矣。"①中华民国的成立,给工业化的发展带来了机遇,中国工业化获得了较为迅速的发展。一直到袁世凯上台以后,工商企业的发展还呈上升趋势。1915年为抗议日本灭亡中国的"二十一条",国内抵制日货;第一次世界大战期间,列强减少对华资本和商品输出,大大改善了中国资本主义发展的客观环境,促进了中国民族资本主义工商业的发展。

但是好景不长。随后北洋军阀统治,军阀争战不仅破坏了经济发展的客观环境,而且战争需要筹措、消耗军费,使发展经济的资金来源受阻。军阀之间无休止的混战,极大地破坏了社会生产力的进步,大大延缓了中国现代化的进程。国民党政权巩固以后,在30年代曾经着手发展国民经济。据统计,1936年,中国工矿业固定资产为13.76亿元,其中民营资产11.7亿元,国有资产仅为2亿元。直到1937年,南京政府还没有一个由国家投资来完成的、对国计民生有重大作用的大型建设项目。② 相比之下,中国微弱的经济却由外国资本控制着。1936年,在整个产业资本总量中,华资资本只占21.6%,外国资本却占78.4%。③ 这是半殖民地半封建状况下中国现代化的可悲写照。随着日本帝国主义的入侵,全国很快转入战时体制,东南沿海一带企业纷纷内迁西南各地,要想保住原有的经济基础也不可能了。

我们看到,从1840年到1949年,中国的现代化是屡遭挫折的、扭曲的、失败的,屡次失去发展机遇的。现代工业只是星星点点地分布在若干城市,工业产值只占国民经济总产值的百分之几,中国仍然是一个传统的农业大国。近代中国的现代化之所以屡遭挫折,难以获得发展机遇,是因为中国近代是一个半殖民地半封建社会,在那时的国际背景和时代背景下,中国面临的首要任务不是如何实现现代化,而是如何避免或减轻外国帝国主义的侵略或者反抗外敌入侵,是改革国家政治,使国家民主化,走上人民当家做主的时代。当反帝反封建革命热火朝天的时候,所谓工业救国、教育救国等主张只能退让

---

① 《1912年工业建设发起趣旨》,原载1912年2月28日《民声日报》,转引自汪敬虞主编《中国近代工业史资料》第2辑下册,862页,北京,科学出版社,1957。
② 参见章开沅、罗福惠主编《比较中的审视:中国早期现代化研究》,770页。
③ 吴承明:《中国资本主义与国内市场》,138页,北京,中国社会科学出版社,1985。

到次要地位。

中国真正走上现代化的发展道路，并且改变中国传统农业大国的地位，是在1949年中华人民共和国成立之后。新中国成立后一个时期，中国是在苏联式社会主义经验影响下探索中国社会主义现代化的道路的。中国真正提出中国特色的社会主义现代化建设道路是在20世纪80年代。历史已经证明了，中国现代化的历史进程，其实是在1949年以后开启的。1949年前的100多年，在外国侵略频繁、起义和革命不断、侵略战争和反侵略战争绵延不绝的大环境下，现代化事业只是在其间歇期间有些微的发展。按照现代化理论，那不过是为1949年以后的现代化的起步准备前提条件而已。

中国特色社会主义现代化，本质上是中国共产党领导的中国式现代化，是动员全体人民又使全体人民共享实惠的现代化，是努力赶超欧美发达资本主义的现代化，又为人类社会贡献中国经验和中国智慧的现代化，是引导人类走向命运共同体的现代化。

第五章
编纂《中国近代通史》的基本思路

第一节　编纂《中国近代通史》的必要性与可能性

中华人民共和国建立以来,在马克思主义的指导下,中国近代史研究的面貌与中华人民共和国建立以前根本不同。20世纪70年代末起,和整个国家一样,中国近代史研究也进入了新的历史时期。总体来说,新时期的中国近代史研究不仅开阔了思路,拓宽了领域,而且引用了新的研究方法,在中国近代史认识的深度上和客观性上都有了很大的进步。在学术争鸣中,由于正确区分了政治活动与学术研究的关系,减少了现实政治对学术活动的压力,学术观点异彩纷呈。通过学术争鸣,推进了人们对中国近代史的思考。总起来说,新时期在中国近代政治史、中外关系史、经济史、文化思想史、社会史、边疆史的研究中,都取得了许多令人瞩目的成果。尤其是中华民国史研究的开展、近代社会史研究的开拓、中国共产党历史和中国国民党历史的研究,有了很大的进步,这些大大充实了人们对中国近代历史进程实际情况的了解,加深了人们对近代中国历史的认识。

党的十一届三中全会以后,中国近代史研究的成果与此前20多年比较,有了很大的前进。从发表的著作和论文来看,质量胜于以往,数量大大超过以往20多年的总和。中华人民共和国成立以后至1976年,出版的各种近代史著作不过200多种、论文约5 000篇。1978—1988年的10年间,根据我所做的粗略统计,出版的各种近代史著作超过1 000种,平均每年超过百种;发表论文约1.2万篇,平均每年超过千篇。1989年以后的10年,无论论文、著作,还是各种资料书,其出版数量都比前一个10年多。这些论文和著作,固然有低水平重复研究的情况,但是也应该说,确有大量高质量的研究论文和著作。

对于中国近代史这样一个年轻的学科来说,在马克思主义理论的指导下,培养造就新的研究人才,加强研究者的使命感和社会责任感;在研究工作中提倡扎实功夫和创新精神,认真开展百家争鸣;在完善中国近代史的科学体系、提高近代史研究水平的时候,开拓新的研究领域,写出更多更好的近代史学著作,为社会主义精神文明建设、为中国优秀传统文化的传承发展作出贡献,还有许多工作要做。撰写一部反映新的时代精神,反映新的研究成果,提出中国近代史的新架构的通史著作,就是我们面临的工作任务之一。

我们今天的出版界还没有一部综合反映如此全面内容的中国近代史的读物。现在是提出这一任务的时候了。近代史研究所从创立伊始,就立志要写出一部比较权威的中国近代通史。但是,范文澜只有一部《中国近代史》上册,只写到义和团,而且只有政治史;刘大年主持编写《中国近代史稿》,出了三册,也只写到义和团,虽然力图加入经济、文化思想、边疆与少数民族方面的内容,但毕竟比较单薄,而且社会史方面的内容没有注意到。80年代以来,国内出版过的通俗近代史读物有几百种,大多陈陈相因,缺少新意。而且几乎所有这些读物,对中国近代史的分期,都是按照1840—1919年的模式来处理的,远远落后于学术界已经取得的认识。

近年来,一些大学教师编写了近代史教材,有几本已经公开出版。有的虽然打破了中国近代史的旧的分期,但也只写到20世纪20年代,所确立的分期标准难以成立。1997年出版了戴逸主编的《中国近代史通鉴(1840—1949)》10卷,每卷平均1200页,卷帙浩繁,按照专题分类,大量编入原始资料,实际上是一部资料书。1997年还出版了秦德占主编的《近代中国历程(1840—1949)》4卷,每卷平均1200页,按照词条分类编辑,词条下附录原始资料,也是一部资料书。2000年1月中国社会科学出版社出版了辽宁大学董守义等编著的《中国近代史教程(1840—1949)》上下册,70万字,作为大学教材公开出版。该书突破了以往的分期法,把中国近代史下限定在1949年,是一个进步,但按照专题分章,在体现新时期中国近代史研究成果上显得不够。在此书以前，1999年群众出版社出版了张海鹏主编的《中国近代史（1840—1949）》，35万字。这是应公安部要求，为全国公安干警编写的干部读物。此书第一次按照新的分期法，按照中国近代历史发展的逻辑安排章节。有学者评论，认为该书提出了对中国近代史新的理论构架，是对中国近代史撰写上的一次突破。但因篇幅小，只能涉及政治史，在内容上很不完善。撰写此书，是为撰写《中国近代通史》做的一次实验。

考虑到以下原因，我们决定承担起编写《中国近代通史》的重任：第一，中国近代史的学术研究在整体上已经取得了重要成就，在各个专门领域取得了许多进展。第二，近代史研究所在范文澜所长领导下就确立了写一部《中国近代通史》的任务，并且几次组织力量，布置任务，几上几下，终究由于时代的原因等因素，未能毕其功；刘大年所长也曾努力并主持编写了《中国近代史稿》三册，但也只写到《辛丑条约》的签订，留下了半部《中国近代史》未完成的遗憾。经过改革开放20余年，中国近代史领域的研究蓬勃发展，尤其是最近10年，近代史研究所中青年一代的研究力量已经成长起来，年龄在35—50岁的研究者约有60人，其中大多数都是研究员、副研究员，他们已成为近代史研究所研究力量的主体，在各自的研究领域都有一定的成就，可以分工承担撰写任务。第三，此前出版的《中国近代史》，对中国近代史的认识基本上停留在1840—1919年的模式上，现在的看法已经发生了根本的变化，目前缺少一部按照1840—1949年分期，全面反映这一历史时期内容的中国近代史。第四，中国社会科学院院长李铁映在1999年中国社会科学院工作会议上提出了撰写《中国近代通史》的任务，工作会议精神在所内传达以后，所内不少研究人员向所里提出应贯彻院工作会议精神，开展《中国近代通史》的写作，反映了所里部分研究者要求参加这一工作的热情。因此，在现在的条件下，撰写一部《中国近代通史》是有必要的，也是有可能的，这样的时机已经成熟了。也许有人认为，现在还需要加深专史研究，写通史的条件还不够。这样的认识不是没有道理。专史研究当然是需要加深的，这样的研究永远没有止境。我们要等到哪一天才可以说专史研究不需要加深呢？同时，通史的写作也不可能一步到位，需要大体上每过十年修订一次。一般来说，通史性的著作，要求综合反映学术界已有研究成果,是对已有学术成果的一次积淀、一次集成,而专史研究则要求推进某个问题研究的深入。要求通史著作全面推进研究的深入是不太现实的。如果要求等专史研究做充分了再来写通史,如果要求通史著作全面推动研究的深入,那等于取消了通史类著作的撰写。

按照这种理解,一部通史著作,只要在宏观思路上、在总的架构上有了前进,在具体问题的论述上基本上吸收了学术界已有的成果,这部著作大体上就是成功的。

第二节　编纂《中国近代通史》的基本思路

据前所述,编写《中国近代通史》,在宏观思路和总的架构上需要有新的面貌,在具体论述上需要尽可能吸收学术界已有的积极成果。在著作性质上,首先它不是专史,不是仅仅面对中国近代史的研究者;其次,它不是一般的通俗著作,不能仅仅满足一般读者的需要。它是由具有较高水平的专业研究者写作的通史类著作,它能够在体系上以及具体论述上满足专业研究者的一般需要,它能够满足县处级以上干部对中国近代史读物的基本需要,它能够满足大学生、研究生对寻获一本中国近代史基本参考书的需要。目前,这样的基本参考书,还是难以寻觅的。郭沫若、范文澜、胡绳、刘大年等前辈学者,他们当年编写中国近代史的初衷都是如此,可惜未能实现;即使当年实现了,也还需要在新的时代条件下加以修订。

撰写这样一本《中国近代通史》,在基本思路上应该注意如下各点:

1. 明确中国近代史的分期。中国近代史研究,从20世纪50年代起,分为中国近代史(1840—1919)和中国现代史(1919—1949)两个时期,直到现在,一些大学里还是这样分别设置教研室,分别讲授课程的(已经有一些大学,如武汉大学、华东师范大学的历史系基本上取消了这样的研究室设置,还有的大学历史系正酝酿取消)。实际上,这样的分法,对历史认识和学科建设,都没有好处。中华人民共和国建立已经过了半个世纪,我们已经进入21世纪。对于1949年上溯至1840年那一段中国历史,我们现在看得更清楚了,我们应该有更好的认识和解说。总起来说,应该将1840—1949年的中国历史打通来研究,这不论对中国近代史还是1949年以后的中国现代史,不论对中国革命史还是中共党史的研究,都会有好处。在大学课堂里也应该打通来讲授。不要再人为地以1919年作为中国近现代史的分界。《中国近代通史》要打破以1919年为分界的老框框,要写出1840—1949年完整的中国近代史来。

中国近代史学科,作为一门独立的中国历史分支学科,要回答下列问题:中国如何在外国资本主义、帝国主义侵略下走上半殖民地半封建社会的,半殖民地半封建的中国较之封建中国有什么不同,外国侵略给中国社会怎样的打击,又给中国社会什么新的东西;近代中国社会怎样形成了区别于封建中国的社会阶级力量,这些新的社会阶级力量又如何决定中国社会的发展方向,影响这个社会的经济文化思想演变,推动这个社会逐步向新的发展阶段转型;在社会的深刻转型过程中,在新的社会物质力量主导下,改良尤其是革命如何成为社会深刻转型的动力,以及这些新的社会阶级力量是怎样同帝国主义、封建主义做斗争,去争取中国的民族解放,去准备中国现代化的起步条件的,等等。从半殖民地半封建中国110年历史来考察,近代中国历史到了20世纪初(大约在1901—1920年),可以说是半殖民地半封建社会"沉沦"到"谷底"的时期。从此以后,中国社会内部的发展开始呈现"上升"趋势。此后,资产阶级及其政治代表的力量、无产阶级及其政治代表的力量迅速成长,并终于先后取代旧势力,成为主导社会发展的力量。在这样的社会背景下,中国的政治、经济、军事、对外关系、思想文化、民族关系、边疆状况以及社会问题都有了自己独特的面貌。中国近代史不停止在1919年,而是打通来看,1840—1949年的历史发展,自成一个历史段落,既区别于1840年以前的封建社会,又区别于1949年以后的社会主义社会,就更加清晰可见了。

2. 准确把握中国近代史的基本线索。近代中国历史,是自1840年起逐渐走向半殖民地半封建社会的历史,也是中国人民从旧民主主义革命走向新民主主义革命并最终赢得民族解放的历史;从另一个意义上说,是世界主动走向中国、中国被迫走向世界的历史,或者说,中国是在这个过程中,痛苦地、艰难地走向现代化的历史。这110年历史变化的深度、广度、剧烈程度及其给中国未来发展所带来的推动力,恐怕为中国五千年历史变化所仅见。研究这种变化的历史,研究这种历史变化过程中形成的多种矛盾和斗争、曲折和反复,研究中国和世界主要国家间的关系,研究中国和周边国家间的关系,不仅对于学科和学术建设有好处,而且对于我们正确认识国情、认识中国历史发展规律有好处,对于我们处理当代复杂的现实关系有参考、借鉴意义。当然这也是《中国近代通史》所要处理的主要内容。

关于中国近代史的基本线索,20世纪50年代有过讨论,最近20年又有热烈讨论。新的一轮讨论中,基本上有三种观点。一种意见大体上坚持50年代讨论的积极成果,认为中国近代史的发展线索应制约于中国半殖民地半封建社会的性质,中国人民的中心任务是摆脱帝国主义和封建主义的统治,其中也包括建立自己的民族工业,在中国发展资本主义,这个过程就构成了近代中国历史发展的主要线索。另一种意见认为,应该重视资本主义经济在中国历史上发生发展的意义,他们以资本主义运动(包括经济和政治两方面)作为主要线索来考察中国近代历史发展的进程,认为洋务运动、维新运动、辛亥革命反映了近代中国人民政治觉悟的迅速发展,标志着近代中国历史前进的基本脉络。他们认为,在当时的社会历史条件下,要争取民族独立和谋求社会进步,就必须向先进的西方资本主义国家学习,改变中国贫穷落后的状况,实现中国的近代化。第三种意见试图从民族运动的角度来阐明中国近代史的基本线索,认为1840—1919年间经历的民族运动的三次高涨,是近代中国历史客观存在的发展态势,体现了中国近代史的基本线索和发展规律;同时也认为,毛泽东说的"两个过程"可以作为我们据以探究近代中国历史基本线索的基点。说近代中国历史发展过程是一种民族运动,并不意味着以另一套线索取代"两个过程"而作为基本线索。"两个过程"是客观存在的历史实际,是中国近代史全过程的主干,因而也就理所当然地被人们理解为贯穿始终的基本线索。由此看来,这第三种意见从近代民族运动的角度出发,虽然对前两种意见都有所批评,其主张的实质与第一种意见是较为接近的。

近些年来,有学者指出,中国近代史为自己提出了两大任务:一是争取国家的独立,二是争取国家的富强。换言之,用反帝反封建争取国家的独立,用现代化争取国家的富强。近20年来,关于中国近代史的宏观审视,大体上沿着这样两种方向进行。但是,这两种方式在近代中国历史进程中各居于什么地位,其相互关系如何,讨论得很不够。有一种倾向,试图完全从现代化的角度,来观察和揭示近代中国历史的发展。

争取国家的独立与富强(现代化)是历史向近代中国提出的两大任务。所谓独立与富强(现代化),是针对半殖民地半封建社会而言的。由于资本-帝国主义的侵略,造成中国半独立的地位;由于封建统治的腐朽,造成了中国的落后。有人批评从前我们只讲反帝反封建,显得有些片面。如果我们不讲反帝反封建,则更片面。事实上,近代中国要完成上述两大任务,不是平行进行的。这正像我们说近代中国的"沉沦"和"上升"不是平行进行的一样。简单地用近代化或现代化的思路来概括近代中国的历史,虽然从历史认识或者历史叙述的过程来说可能有新意,但不一定能全面、准确地反映近代中国的历史事实。在近代中国,主题还是谋求中国的独立和平等。正是这一主题,制约着近代中国历史的发展,制约着中国现代化的发展方向。中国人谋求近代化或现代化的努力,是在独立主题之下进行的。如果脱离这样的主题来描述近代中国历史,就可能轻视近代中国历史上发生过的,为争取国家独立、民族解放而进行的改革、革命和解放战争,这就与基本的历史事实不符合,就可能脱离中国近代史的本来面貌,这是我们需要加以注意的。在这样的主题定位下,在叙述近代中国谋求独立的历史任务时,我们当然应当充分关注资本主义经济在中国发生、发展的历程,关注在资本-帝国主义和封建统治压迫下谋求发展资本主义生产的种种努力,或者说从现代化的角度来说明、分析这种努力。两大历史任务是相辅相成的,不是替代关系。当然,中华人民共和国成立以后,谋求现代化的努力应该成为阐述中国现代史的主要线索,而阶级斗争和革命则应该是次要线索。50年代面临巩固政权所采取的行动是必要的,但后来的阶级斗争扩大化则是违背主要线索的。

有的学者提出现代化是中国近现代历史发展的主题。有的学者在考察近代中国历史时，主张用现代化史观取代革命史观。所谓中国近代史主题，与我们在前面论述过的中国近代史基本线索，大体是同一个意思。我们在前面已经说到中国近代史，是以反帝反封建为基本线索的，是以追求国家独立、人民解放为基本任务的。现在我们结合现代化理论，进一步讨论这个问题。

　　用马克思主义的观点，究竟怎样看待中国近代史的主题呢？

　　胡绳说过："近代中国并不是近代化的中国，不是一个商品经济发达，教育发达，工业化、民主化的国家。在近代中国面前摆着两个问题：即一、如何摆脱帝国主义的统治和压迫，成为一个独立的国家；二、如何使中国近代化。这两个问题显然是密切相关的。因为落后，所以挨打；因为不断地挨打，所以更落后。这是一个恶性的循环。""以首先解决近代化问题为突破口，来解除这种恶性循环，行不行呢？在半殖民地半封建的中国，一切工业救国、教育救国，以合法的途径实现民主化、近代化的主张都不能成功。致力于振兴工业、振兴教育的好心人虽然取得了一些成就，但并不能达到中国近代化的目的，不能使中国独立富强。不动摇原有的政治和社会秩序而谋求实现民主化的努力更是毫无作用。这些善良的愿望之所以不能实现，就是因为有帝国主义及其在中国的代理人的严重的阻力。"①胡绳晚年也在考虑近代中国的现代化问题，甚至在考虑写以现代化贯穿的近代史到底怎么写法。他认为还是要有阶级斗争的。他说现代化必须和民族独立的问题连在一起。"要真正现代化，顺利发展，首先必须解决民族独立问题，作为一个独立国家去发展现代化。"②

　　刘大年说过："中国近代110年的历史基本问题是两个：一是民族不独立，要求在外国侵略压迫下解放出来；二是社会生产落后，要求工业化、近代化。两个问题内容不一样，不能互相替代，但又息息相关，不能分离。"③"民族独立与近代化，是两件事，不能互相代替。民族独立

---

　　① 胡绳：《关于近代中国与世界的几个问题》，见《胡绳全书》第3卷（上），77页，北京，人民出版社，1998。
　　② 胡绳关于撰写《从五四运动到人民共和国的成立》一书的谈话，参见《胡绳论"从五四运动到人民共和国的成立"》，40—43页，北京，社会科学文献出版社，2001。
　　③ 刘大年：《当前近代史研究中的几个理论问题》，见《刘大年集》，5页，北京，社会科学文献出版社，2000。

不能代替近代化，近代化也不能代替民族独立。它们紧密地连接在一起，不是各自孤立的。没有民族独立，不能实现近代化；没有近代化，政治、经济、文化永远落后，不能实现真正的民族独立。中国人民百折不回追求民族独立，最终目的仍在追求国家的近代化。"①

以上这两位中国近代史学界的著名学者关于民族独立和现代化关系的话，已经把中国近代史的主题概括得很精到，很确切了。同时表明，中国近代史学界的这两位权威学者不仅坚持了中国近代史学界以往讨论取得的积极成果，而且敏锐地吸取了关于现代化讨论中取得的积极成果。这也是用马克思主义、唯物史观做指导考察中国近代史所取得的最新成果。

考察整个中国近代史，首先要看到争取民族独立的时代急迫性，同时也要注意到现代化过程在近代中国历史进程中的作用；在考察视角上，既不能只注意到民族独立这一面，忽视现代化过程，也不能只看到现代化过程而忽视民族独立这一面。这两者在历史实际发展过程中不能相互取代，在研究过程中也不能相互取代。胡绳还指出："在中国近代史上讲对外开放，就要区别在殖民地半殖民地身份上的对外开放和独立自主的对外开放。同样，讲现代化，也不能不区别帝国主义所允许范围内的现代化和独立自主的现代化。要说清楚这两种倾向的区别和其他种种有关现代化问题，在我看来都不可能离开马克思主义的阶级观点和阶级分析。"②只有首先取得了民族独立，才为现代化的展开和实现奠定基础、提供前提。这就是我们对中国近代史发展主题的准确把握。

有的学者主张，按照现代化理论的完整意义，反帝反封建的改革和革命应该包含在现代化进程之中。这是对现代化的一种理解。本书不认为这种理解能够贯穿到近代中国的全部历史中。从欧洲首先实现现代化的国家看，现代化的核心是工业化，工业化的逐步实现会导致社会、经济、政治结构以及社会心理一系列变化。我们怎么可以把1640年开始的英国资产阶级革命、1775年开始的北美独立战争、1789年开

---

① 《刘大年集》，7页。
② 胡绳：《〈从鸦片战争到五四运动〉再版序言》，见《胡绳全书》第6卷(上)，10页。

始的法国资产阶级革命看作是欧美现代化的开始呢？还是应该看到：是欧美的资产阶级革命和独立战争为此后的工业革命开辟了道路，也就是为现代化开辟了道路。同样的道理，中国近代的民族独立问题、反帝反封建问题，都是为中国的现代化开辟道路的。在半殖民地半封建社会条件下，近代中国要实现作为独立国家的真正现代化，而不是作为殖民地半殖民地下的现代化，争取民族独立的改革和革命，是最现实的需要。

3. 把握科学性，关照现实性。中国近代史与中国现代的政治、社会生活紧密相连，对于今天来说，它是我们的昨天。因此，中国近代史的研究，首先要注意科学性，同时也要考虑现实性一面。要处理好科学性与现实性的结合。如果不注意这种结合，孤立地看待某一历史事件，就可能得出错误的结论。帝国主义侵略中国，是近代中国特有的现象，如果只看到外国资本主义国家给中国带来的多少个"第一"，就可能夸张资本主义列强给中国带来的进步作用，进一步就可能赞美帝国主义对中国的侵略。如果只从表面上看晚清政府或国民党政府在社会、政治生活中做的某些事情，也可能得出那是一个"很好的政府"的结论。如果只看到近代中国历史上发生的若干次革命所留下的消极影响，就可能大声疾呼"告别革命"。如果收集中共历史上犯"左"倾错误时所产生的某些阴暗面，也可能把中共形容得一无是处。假设以上几个方面的看法都能成立，那中国近代史就完全不是人们所知道的那个样子了。在这些方面，如果我们头脑不清醒，我们的研究工作就可能远离历史真实，不仅对于学科建设毫无建树，而且可能在政治上留下不好的影响。当然，注意现实性，不是要处处迎合现实需要，不是为迎合现实去编写历史。我们在《中国近代通史》的写作中要注意这两种倾向，总之要全面地看待历史过程，减少片面性。

这样说不是要否定百家争鸣。事实证明，百家争鸣是发展学术研究行之有效的好办法，也是中华人民共和国建立以来发展和繁荣历史科学行之有效的方针。以上各种学术问题，都可以通过争鸣，用事实和道理阐述各家的看法。以前有一种说法，说百家争鸣实质上是两家，即无产阶级一家、资产阶级一家。这样说容易犯简单化的毛病，不利于学术的发展。但是,《中国近代通史》作为一部书,应当有自己统一的设计和体系,在宏观上,应当有前后一致的观点。参加本书撰写的各位作者,或许对本书的体系和基本看法会有不同意见,尽可以在各种学术刊物上提出争鸣,在这本书里,总的学术倾向应该是基本一致的。当然,具体历史问题的表述,除了吸收学术界的积极成果外,个人的研究心得应该写进去;如果可能,要努力推进某些问题的研究。

4. 拓宽研究领域。50年来,中国近代史研究领域随着时间的推移,不断有所扩大,这是研究工作本身的规律所决定的。现在如果再用三个高潮、八大事件,就很难概括中国近代史研究的范围了。近些年,学者们的研究兴趣大多已向1919年以后的历史转移。但是,涉及1919年前的政治史、经济史、中外关系史等传统学科的研究仍需要加强。一个社会是由诸多政治、经济、文化等现象组成的。经济发展程度是社会前进的尺度,政治表现在社会前进中起着指标的作用。文化的发展既受制于同一个社会的政治与经济条件,也要反作用于一个社会的政治与经济。一个社会在一定的政治、经济、文化背景下会产生某些特有的社会现象,这种社会现象又是一定社会的政治、经济、文化发展程度的制约因素。现在有些青年研究者对思想文化史、社会史研究有兴趣,对政治史的研究缺少热情。加强与加深思想文化史、社会史研究是与中国近代史学科发展紧密联系的,因而是非常有意义的,但是忽视政治史研究却没有必要的理由。政治史研究的深度和广度如何,对其他的研究领域起着制约的作用。经济史研究的深度和广度如何,对解释社会的发展方向有着深刻的含义。文化思想史、社会史的研究同样重要,不可偏废。红花需要绿叶扶持,才显出自然的美;没有血肉的躯干只是骨架,而不是一个活生生的人。全面反映近代中国历史内容,需要政治、经济、文化教育、社会生活(包括人口状况)、民族关系、边疆政情和社情等各方面研究的配合,缺一不可。尤其在建设中国特色社会主义的过程中,我们需要对近代中国的基本国情有全面、深入、丰富的了解,单线条的认识是不能反映复杂多变的社会的。中国近代历史内容丰富多彩,革命是那个时期的时代主调,本书的写作,实际上贯穿着政治史的基本线索,限于篇幅,对经济史、思想文化史、社会史等领域,虽有涉及,仍然不能满足读者的需要。

5. 关于"革命高潮"问题的处理。1954年胡绳提出"三次革命运动的高涨"的概念,为近代史学界大多数学者所接受,但是习惯上,大家多习称为"三次革命运动高潮"。20世纪80年代以来,不少学者提出了反对的意见。现在的情况是,反对者有之,赞成者有之。

1984年章开沅在《历史研究》第3期发表文章,主张放弃"三次革命高潮"的概念。他认为,1919年以前存在三次民族运动高涨,实际上他所列出的三次民族运动高涨的标志与胡绳所说三次革命运动的高涨的标志是完全相同的。戚其章在1985年第6期《历史研究》发表文章,反对"两个过程"的提法,认为"只有推动社会变革的国内阶级斗争才能体现中国近代史的基本线索"。他提出:在中国近代史上,只有太平天国、维新运动和辛亥革命才能体现基本线索,洋务运动和义和团运动不能列入基本线索的标志之内。他虽然回避了"革命高潮"的概念,但实际上并无反对之意。李时岳是一派意见的主要代表人,1980年、1984年他在《历史研究》相继发表文章,表示赞成基本上用阶级斗争的表现作为基本线索的标志,认为要重视近代史上资本主义经济发生发展的意义,给予资产阶级政治运动以应有的政治地位,提出了农民战争、洋务运动、维新运动、资产阶级革命四个阶梯的论点。他在中国近代史的宏观思路上提出了不少有价值的参考意见,对胡绳的观点有不少商榷,但在实质上并没有反对"三次革命高潮"的概念,只是要求把"洋务运动"列入,称为"四个阶梯",或称为"中国近代史的进步潮流"而已。1988年陈旭麓著文(发表在《历史研究》第3期),明确主张支持"三次革命高潮",但认为应从革命的本来意义来定义革命高潮,应把110年作为中国近代史的整体来观察革命高潮。这三次高潮是,1911年的辛亥革命,推翻了清朝政府;1927年的大革命,打倒了北洋军阀政府;1949年中国共产党领导的解放战争,推翻了国民党的统治,夺取全国胜利。他强调,中国近代史上只有这三次革命高潮,没有这三次高潮,就赶不走帝国主义,也打不垮封建势力。1989年夏东元在《历史研究》第4期上发表文章,也认为应把110年作为中国近代史的全体,主张"'一条主线'(即资本主义酝酿、发生和发展为线索)'两个过程'(即'帝国主义和中国封建主义相结合,把中国变为半殖民地和殖民地的过程,也就是中国人民反抗帝国主义及其走狗的过程')相结合,阐明中国近代110年的历史规律;既不同意'三次革命高潮'说,也不认为'四个阶梯'说是妥当的。"张海鹏在1984年发表《中国近代史的"两个过程"及有关问题》(载《历史研究》第4期),没有对"三次革命高潮"正面表示意见;但在1998年发表的文章《关于中国近代史的分期及其"沉沦"与"上升"诸问题》(载《近代史研究》第2期)中认为,胡绳提出的"三次革命高潮"的概念是中国近代史中很重要的概念。从政治史或者革命史的角度来观察,这个概念的提出,是反映历史实际的。固然,从经济史、思想史、文化史或者从近代化史的角度观察中国近代史,可以从各相关专业的需要出发提出不同的、反映各相关专业历史实际的某些概念。但是,从中国近代史的全局衡量,恐怕都要考虑"三次革命高潮"概念的统率、制衡作用,把"三次革命高潮"概念完全撇开不用,恐怕是难以反映历史真实的。但是,胡绳当初提出这个概念的时候,所处理的对象是中国近代史的前半期,即1840—1919年期间。把中国近代史的下限放在1949年9月,则胡绳所提中国近代史的"三次革命高潮"的概念之不符合实际,是很明显的。从这个角度对"三次革命高潮"论所做的批评,是完全有道理的。因此,从中国近代史的全局考虑,有必要重新考虑中国近代史上的革命高潮问题。著者在文章里曾提出七次革命高潮的看法。

考虑到以上原因,在《中国近代通史》的分卷原则里,实际上参考了七次革命高潮的看法,但是在分卷分章的标题里不准备出现"革命高潮"的字样。在有关卷、章里,应该对那七次革命高潮做有重点的论述,但不出现"革命高潮"字样,这样处理,意在避免无谓的概念之争。

近百年的中国近代史是我国历史上一段极为重要的时期,屈辱与苦难,奋斗与牺牲,构成了丰富与斑斓的历史画面。中国近代史研究的任务,是要厘清近代中国历史发展的基本事实,探索其发展规律,在此基础上重现近代中国丰富与斑斓的历史画面。这样的研究与重现并不断加深认识的过程,就能够为我国人民探索新时代中国特色社会主义道路提供有说服力的历史根据,为提高我国人民的文化素质及其爱国主义教育的水准,加强其对国家、民族、社会主义道路的信仰力和凝聚力,发挥积极的作用。

根据以上论述,《中国近代通史》应该向下述方向做出努力:

第一,科学性。本书作者要站在历史和时代相结合的高度,依据今天所能够掌握的历史资料,有根据地、严肃地描述、论证历史过程,使之符合历史学的科学原则。

第二,系统性。本书不是片面地、零碎地讲述历史,而是根据近代中国的历史发展过程的演变顺序,全面地、系统地讲述历史,尽可能做到形神兼具、骨肉兼具、点面兼具。

第三,综合性。新的时代和新的条件,必然会带来对过去历史的更深入、更全面的新看法。改革开放所推动的思想解放,以及国内外档案资料的大量披露和开放,都不断地在提出各种需要解答的重要历史问题,因而不可避免地会促进我们对近代历史做出更加科学和全面的考察,得出较过去更加清晰和符合历史真相的看法。本书要在上述指导思想下,对50年来,特别是最近20年来中国近代史研究领域取得的进展,做出综合性的概括。

第四,准确性。中国社会科学院近代史研究所作为国家所设立的专业研究部门,必须考虑到国家、社会的现实需要,针对来自国内外各方面对中国近代史提出的各种新问题和新挑战,运用集体的研究力量,在总结已有的研究成果的基础上,做出能够代表国家水平的比较科学和系统的正面回应。近代史研究所集中了大量的专业研究人员,具有在中国近代史研究方面的综合优势、整体优势。作为中国近代史研究方面的"国家队",我们应该担负这样的责任。

这是我们的目标。能否达到这样的目标,要看我们的努力程度,要看学术界和广大读者的评论。对目标的设定,任何自我吹嘘,都是要不得的。

第三节 《中国近代通史》的分卷

大书需要分卷，这是由书的分量决定的。如何分卷，依据什么原则分卷？一般来说，要依据书的内容的逻辑结构来确定。但是，一部大部头的历史书的分卷，则需注意两点：一是历史本身的逻辑要求，二是编撰著作本身的逻辑要求。《中国近代通史》的分卷原则就要考虑上述两点。我在《关于中国近代史的分期及其"沉沦"与"上升"诸问题》一文中提出了对中国近代史分期原则的一些看法。《中国近代通史》的分卷参考了这些看法，并做了适当调整。以下是对分卷的主张：

第一卷，题为近代中国历史进程概说，扼要探讨近代中国的历史进程，以及与此相关的若干理论问题。本卷还编入近代中国史事记略，作为附录，试图在内容的多样性上弥补全书的不足。编写原则为，正文重点叙述的部分从简；正文不大涉及或涉及甚少的部分，则较为详细。

第二卷，近代中国的开端（1840—1864）。这是中国初步沦为半殖民地半封建社会的时期，也是中国社会的积极力量对中国社会面临的急遽变化做出初步反应的时期。反映前一方面的重大事件有两次鸦片战争及其间签订的《南京条约》《望厦条约》《黄埔条约》《天津条约》《瑷珲条约》《北京条约》；反映后一方面的，包括林则徐的销烟、魏源的《海国图志》著作和太平天国起义。与此相适应，社会、经济、文化方面发生了变化。自鸦片战争到1864年太平天国失败，历史发展自成一个段落，这是学术界公认的。本书采用这种看法。当然，在开篇还应该专列一章，讨论近代中国的历史背景，如中国传统社会在明清之际所出现的那些"积极因素"，正如毛泽东曾说过的，因为有了这些因素，即便没有外国资本主义的入侵,中国社会也将缓慢地步入近代。此外还应该讨论中国与世界的关系。

第三卷,早期现代化的尝试(1865—1895)。这是中国半殖民地半封建社会的初步成型期,也是中国朝野酝酿变法和改良的时期。反映前一方面的主要史实是中国边疆危机和中法越南战争、中日甲午战争和《马关条约》的签订;反映后一方面的主要史实是洋务新政和中国资本主义工业的产生、教案频发、改良主义思想主张的提出和革命活动的开始。在这个时期,中国的社会生活,特别是沿海沿江某些城市的社会生活发生了一些向着西方资本主义社会生活转变的现象。这个时期大约30年,除了1894—1895年的甲午战争外,大体上是相对平静的时期。清政府高层腐朽,观念落后,失去了一次改革政治和发展经济的机遇。

第四卷,从戊戌维新到义和团(1895—1900)。这是中国半殖民地半封建社会的确立期,也是中国社会中的积极力量对所处环境做出强烈反应的时期,说明了社会各阶级对国家命运的回答的深度和强度。反映前一方面的主要史实是帝国主义抢占租借地和瓜分势力范围及有关条约的签订、八国联军侵华及《辛丑条约》的签订;反映后一方面的主要史实有知识分子上层的戊戌维新运动和农民等下层社会的义和团反帝运动。由于戊戌维新运动通过新闻媒体和政治运动造成的广泛社会动员,形成了近代中国历史上第一次有声有色的思想解放运动。以上的分期法,大体上是学术界所肯定的。

第五卷,新政、立宪与辛亥革命(1901—1912)。中国半殖民地半封建社会向下"沉沦"到"谷底"的时期。在这个时期,帝国主义放弃了瓜分中国的政策,清政府企图自救而失败,民族资产阶级的经济实力在成长,它的政治代表人物发动辛亥革命推翻清朝统治,但谋求中国的新出路失败了,袁世凯取得政权,并在体制上部分回到清朝统治的局面。在这个时期,中国青年大规模地赴日本留学,东京形成了中国新型知识分子的群体,西方社会科学知识通过留日学生大量介绍到中国,引起了中国思想界空前的思想活跃。

第六卷,民国的初建(1912—1923)。包括南京临时政府时期、北洋军阀统治和军阀割据战争的大部分时期,是中国社会"沉沦"到"谷底"并转趋上升的时期。1915年袁世凯接受日本灭亡中国的"二十一条"并称帝,陈独秀创办《新青年》也在这一年。护国运动发生,袁世凯死亡。由于此前清政府新政的鼓励,由于辛亥革命后南京临时政府对国内发展资本主义生产的提倡,更由于第一次世界大战造成的西方势力在中国的暂时后退,中国民族资本主义赢得了空前的发展。中国民族资本主义经济势力继续增长(由于西方经济势力重返中国,这种增长在1923年受到挫折),资产阶级及其政治代表的力量、无产阶级及其政治代表的力量迅速成长,并终于取代旧势力开始成为主导社会发展的力量。这是中国社会内部发展开始呈现上升趋势的基本标志。在这个时期,新文化运动以及五四运动发生、中国共产党成立和工人运动的开展,都极大地影响了此后中国历史的发展。有帝国主义背景的军阀混战,则是中国社会"沉沦"到"谷底"的基本标志。

第七卷,国共合作与国民革命(1924—1927),从国民党第一次全国代表大会召开到国民党"分共"、大革命失败。国共合作发动国民大革命,轰轰烈烈的工人运动和农民运动,国民革命的高潮和北伐战争的胜利进展,北洋各派系的争权夺利以及旧军阀政府的垮台,明显地标志着中国社会的上升趋势。引导辛亥革命成功的孙中山的三民主义转变为"联俄、联共、扶助农工"的新三民主义,是这一时期思想理论界的重大变化。国共两党合作推动了中国社会的前进,国共合作的破裂导致内战,引起社会分化,延缓了中国社会的进步。

第八卷,内战与危机(1927—1937)。国民党南京政府的建立和中共苏维埃政权的出现,是中国再次呈现两个政权对立的标志。这个时期,完成了北伐,发生了张学良易帜,国民党政府谋求全国的统一和建设;大革命失败造成了对中国共产党的重大打击,由南昌起义、秋收起义的结果形成了苏维埃政权,开始了中国共产党人对中国革命道路的新探索,出现了中共早期斗争的曲折局面。在上个时期由旧的阶级矛盾掩盖着的新的阶级矛盾,在这个时期突出地展现出来。日本实施大陆政策,施展局部侵略中国的政策,打破了中国实施现代化进程的努力,也改变了"兄弟阋于墙"的局面,十年内战时期的政治斗争结构发生了重大变化。中共为了推动抗日民族统一战线的建立，提出"停止内战，一致抗日"的主张，得到了社会各阶层的响应。张学良、杨虎城接受了中共主张，西安事变成为时局转变的关键因素。

第九卷，抗日战争（1937—1945）。日本全面侵华，妄图独霸中国，使中国全部殖民地化，想做西方列强在 19 世纪内想做而未做到的事。在广大沦陷区，先后出现过三个代表日本侵华利益的伪政权：伪满、华北伪政权和汪伪政权。但时代变化了，日本的侵略引起中华民族的新觉醒，国共两党面对日寇侵略，共御外侮，经过十四年抗战，赢得了对日作战的最后胜利。这是近代中国历史上反击外敌入侵取得的第一次胜利。它是标志中国社会向上发展趋势的典型事例。这一次民族革命的伟大胜利，对中国近代史的转折具有根本意义。要把握住近代中国社会的转折特征以及为 20 世纪下半叶政治格局的形成所做的准备。十四年抗战，1931 年九一八事变后开始中国人民的局部抗战，1937 年卢沟桥事变后开始全国抗战。1941 年 1 月的皖南事变是抗战期间国共摩擦发展到高潮、险些导致破裂的事件，1941 年 12 月的太平洋战争，改变了中国抗战孤军奋战的局面。皖南事变以后，中国政局中的第三种势力开始发展起来。抗战政治、抗战经济、抗战军事、抗战文化、抗战中的社会变迁、抗战期间的思想斗争、抗战中的少数民族与边疆问题，都围绕着抗战这个主题生动活泼地呈现出来，并且准备着下一个历史时期的转变。

第十卷，中国命运的决战（1945—1949）。这是中国两大政治势力为决定中国发展方向而决战的时期。中华人民共和国的成立标志着近代以来中国人受侵略、受欺侮的时代一去不复返了。中国人民争取到了民族的独立、国家的尊严，因此为中国的现代化争取到了起步条件。中国人把国家、民族的繁荣富强放在首要地位来考虑的时机到来了。

附录　近代中国史事记略

一　在中国近代的"大门口"

1793 年（清乾隆五十八年）

英使马戛尔尼到北京要求通商,得到乾隆帝的接见。因礼仪与通商条件分歧,不欢而散,马戛尔尼无功而返。

1796 年（清嘉庆元年）

清政府禁止鸦片入口,停征鸦片税。早在 1729 年（清雍正七年）清政府首次颁布禁止吸食鸦片令。此前,英国东印度公司在广州设立商馆,组织对华鸦片贸易。1780 年英东印度公司独占对华鸦片贸易,鸦片进口数量大增。

1798 年（清嘉庆三年）

美国设领事于广州。

1802 年（清嘉庆七年）

英兵船到伶仃洋,准备侵占澳门,未果而去。

1805 年（清嘉庆十年）

美国开始从土耳其输入鸦片来华。

俄船到粤互市,被清政府禁止。

清政府禁止西洋教士刻书传教,并改订管理西洋堂事务章程。

1807 年（清嘉庆十二年）

英国新教传教士马礼逊到广州,基督教传入中国。

1808 年（清嘉庆十三年）

英舰借口反对法国,第二次企图占领澳门。

1809 年(清嘉庆十四年)

清政府制定《民夷交易章程》,规定洋商入口须行商具结。

1810 年(清嘉庆十五年)

清政府严禁吸食与贩卖鸦片。

1814 年(清嘉庆十九年)

清政府再次禁止偷运纹银出洋;规定严查鸦片偷漏,夷人违禁,依例治罪。

1815 年(清嘉庆二十年)

清政府颁布《查禁鸦片烟条规》。

1816 年(清嘉庆二十一年)

英使何美士德到北京,要求通商特权,使臣常驻北京,为清政府所拒。

1822 年(清道光二年)

鸦片趸船自澳门、黄埔改泊伶仃洋。

1823 年(清道光三年)

清政府颁行失察鸦片条例,责令地方官和巡查人员认真查拿鸦片,并严禁民间种植。

1826 年(清道光六年)

清政府设广东水师巡船,稽查鸦片。

1829 年(清道光九年)

2月28日(正月二十五日) 御史章沅奏银出烟入问题,建议嗣后通市,只准易货,不准易钱,违禁货物,不准私入。

8月6日(七月七日) 粤督李鸿宾拟订《遵议严禁官银出洋及私货入口章程》,经道光批准施行。

10月6日(九月九日) 因广州洋行拖欠钱款,英大班部楼东向粤督要求废除保商买办,自己租房贮货。

1830 年(清道光十年)

8月5日(六月十七日) 两广总督李鸿宾等奏上《会议查禁纹银出洋及鸦片分销各弊章程》。这是上年《查禁官银出洋及私货(鸦片)入口章程》的修订本。

8月12日(六月二十四日) 清政府命各省督抚妥议严禁种卖鸦片章程。

12月8日(十月二十四日) 清廷命粤省督抚晓谕夷商,遵守旧章,不准番妇来省、夷商坐轿及携带枪炮进馆。

是年,洪秀全在广东花县官禄埗村任塾师。

1831 年(清道光十一年)

3月28日(二月十五日) 申令严禁各省私种鸦片及夹带偷漏。

5月12日(四月一日)　李鸿宾等重申《防范来粤夷商旧章》8条。

6月9日(四月二十九日)　教士郭士立自广东北航天津,沿途传教。12月返回澳门。

9月12日(八月七日)　清廷以山西银价昂贵,暂停宝晋局鼓铸铜钱。

12月2日(十月二十九日)　惩处吸食鸦片的太监及回子贝勒克克邑布库。

是年,东印度公司实行白皮土贸易开放和大量生产鸦片政策。

1832年(清道光十二年)

2月27日(正月二十六日)　英船"阿美士德"号由胡夏米率领自广东北驶,侦察中国沿海。传教士郭士立同行。

3月6日(二月五日)　清廷命李鸿宾等晓谕来粤夷商,不准夹带烟土,否则立即逐回;严禁洋面私售、快艇走私。

12月16日(十月二十五日)　以英船北驶,命沿海各督抚立即驱逐,不许停泊登岸交易,并命粤省督抚饬该国大班严行管束,不准私赴各省。

1833年(清道光十三年)

3月11日(正月二十日)　两广总督卢坤等奏筹防堵夷船违禁北驶章程。

5月24日(四月六日)　江苏巡抚林则徐与陶澍合奏,主张严禁鸦片、自铸银币。

9月5日(七月二十二日)　议御史黄爵滋奏,纹银、洋银应并禁出洋,违者严科以罪,以绝仿铸之弊。道光帝谕令刑部再行妥议具奏。

1834年(清道光十四年)

5月10日(四月二日)　谕令各省兴复书院,查保甲,修水利,筹积贮,严禁扣饷派兵积弊,查究偷漏洋税,禁纹银出洋与私铸洋银。

6月28日(五月二十二日)　命粤督卢坤等驱逐伶仃洋及大屿山停泊的英国鸦片趸船,并查拿走私快艇。

8月14日(七月十日)　新任英国驻华商务监督律劳卑致书英外相,主张以实力对华。

8月16日(七月十二日)　广州行商停止对英贸易。

8月20日(七月十六日)　梁发等在广州向乡试生员散发《劝世良言》等书。

9月2日(七月二十九日)　卢坤布告停止对英人贸易,撤退买办、通事、工役。

9月7日(八月五日)　英兵船2艘闯进广州省河,击毁炮台。

9月21日(八月十九日)　律劳卑及英兵船离开广州,26日到达澳门。

9月29日(八月二十七日)　广州中英贸易恢复。

9月30日(八月二十八日)　广州封仓消息到京,诏命卢坤开导防范,勿启边衅。

10月11日（九月九日）　律劳卑病死于澳门，德庇时继任商务监督。

12月9日（十一月九日）　英国在广州的49名鸦片商上书英王，请求对华使用武力。

是月，广州英教士组织益智会从事编印切合中国情况的传教书籍。

1835年（清道光十五年）

1月19日（十二月二十一日）　罗宾生接替德庇时任英国驻华商务监督。

2月24日（正月二十七日）　广州英、美教士组织马礼逊教育会，创设马公书院。

2月25日（正月二十八日）　道光批准《酌增防夷新规八条》。同日，英国新内阁组成，巴麦尊被任命为外交大臣。

4月3日（三月六日）　道光批示："天朝体制，断不可失；外夷衅端，断不可启。"

6月22日（五月二十七日）　以英船闯入闽洋，命驱逐防范，并令密查严办代刊夷书的铺户。

7月24日（六月二十九日）　胡夏米向巴麦尊提出军事侵华方案。

8月26日（七月三日）　英船自广东经福建、上海、山东北驶，传教士麦都思随行。

10月15日（八月二十四日）　道光帝命广东巡抚祁𡎴晓谕英国弁目，永遵约束，不可驶入各省，否则即行驱逐出口，不准通商。同日又任命邓廷桢为两广总督。

11月4日（九月十四日）　美国传教士伯驾在广州设博济医院。

1836年（清道光十六年）

1月1日（十一月十三日）　英船"查顿"号自伶仃洋驶往广州，在穿鼻洋被阻。

1月25日（十二月八日）　英商务副监督义律报告英政府，广州英商不满监督的沉默和平政策。

3月13日（正月二十六日）　命粤督邓廷桢等严禁港脚烟船进广州省城传递书信。

5月11日（三月二十六日）　御史王玥奏请弛鸦片烟禁。

6月10日（四月二十七日）　议太常寺少卿许乃济奏请弛禁鸦片，允许鸦片照药材纳税，鸦片进口只准"以货易货"，同时提倡内地种植鸦片。

7月1日（五月十八日）　命两广总督邓廷桢等酌定章程，不准银两出洋。

9月19日（八月九日）　内阁学士朱嶟、兵科给事中许球先后奏请严禁鸦片，驳弛禁之议。

10月12日(九月三日) 两广总督邓廷桢、广东巡抚祁𡎚、粤海关监督文祥赞同弛禁鸦片,并拟禁纹银出洋章程9条。

11月12日(十月四日) 御史袁玉麟奏,鸦片不可弛禁。

12月14日(十一月七日) 义律继任英国驻华商务监督。

是年,洪秀全第二次赴广州应试不中,得到梁启超所编《劝世良言》一书。

1837年(清道光十七年)

3月22日(二月十六日) 命邓廷桢等严禁夷商偷带夷钱来粤,饬洋商对进口夷船详细验明,否则不准开舱。

4月21日(三月十七日) 广州英商要求清偿行商欠款(约300万元)。

4月22日(三月十八日) 义律要求粤督不经行商将谕令直接交他本人,受到驳斥。

6月12日(五月十日) 英外相巴麦尊训示义律,与粤督公文直接往来,并不准用"禀"字。

6月22日(五月二十日) 裁撤私运鸦片的广东巡船。

7月6日(六月四日) 清廷谕令沿海督抚查禁纹银出口,严禁兵丁吸食鸦片。

7月9日(六月七日) 订立团练章程,查拿"会匪"。

8月4日(七月四日) 邓廷桢等遵照清廷7月14日令,饬义律立即将停泊伶仃、急水门、金星门等处趸船遣去。

8月15日(七月十五日) 清廷谕令对烟犯"实力截拿,有犯即惩,毋稍疏纵"。

11月17日(十月二十日) 义律复邓廷桢,谓无权过问从事非正规贸易的英国商船。

11月19日(十月二十二日) 义律致书英外相,请派遣专使,率同兵船来华,直接与北京政府交涉鸦片问题。

11月20日(十月二十三日) 邓廷桢等再限义律于一月内将鸦片趸船遣走,否则即行封舱。

11月21日(十月二十四日) 义律接到巴麦尊6月12日训令,终止与粤督往来。

12月18日(十一月二十一日) 行商通告广州英国商人公所,如有再夹带鸦片者,即收回夷馆,不再租与。

1838年(清道光十八年)

3月12日(二月十七日) 盛京将军宝兴奏请定官吏失察鸦片治罪办法。

3月21日(二月二十六日) 在华英商要求两广总督及英外相催促清理行商

欠款。

6月2日(闰四月十日)　鸿胪寺卿黄爵滋上奏《请严塞漏卮以培国本疏》,提议对吸食鸦片者以一年为期,逾限论死。道光帝谕令各省督抚各抒己见。

6月28日(五月七日)　湖广总督林则徐复奏,支持重治吸食者,并陈禁烟六策,兴贩、开馆者同时加重处罚。

7月13日(五月二十二日)　英国东印度公司舰队总司令马他伦率军舰来华,以保护英商贸易。

7月28日(六月八日)　虎门炮台迫使英船停驶,并搜查马他伦及船上兵士和妇女。

8月27日(七月八日)　林则徐在湖广督署外公开焚毁所缴烟枪1 264杆及其他烟具。

10月25日(九月八日)　清廷命令各地对贩运、开馆罪犯从重治罪;官员、军民等吸食鸦片者,一体查拿;并令大学士等议定禁烟章程。同日,庄亲王和辅国公因吸食鸦片被分别革职。

10月28日(九月十一日)　许乃济以奏请弛禁鸦片故,令降六品顶戴,即行休致。

11月8日(九月二十二日)　大沽金广兴洋船上拿获烟土82袋,计重131 500余两,并缴获烟具、军械等。

12月12日(十月二十六日)　英美商人干涉广州当局在外国商馆前处绞烟犯,广州民众万余人愤起围攻商馆。

12月20日(十一月四日)　清廷严禁云南种植罂粟。

12月27日(十一月十一日)　伯爵贵明、男爵特克慎等因吸食鸦片,分别被治罪。

12月31日(十一月十五日)　道光帝在连续召见林则徐8次后,任命林则徐为钦差大臣,前往广东查办海口事件,并得节制广东水师。

是年,输入中国的鸦片增至40 200箱。

1839年(清道光十九年)

1月8日(十一月二十三日)　林则徐离京赴广州,行前表示不计个人得失,力禁鸦片。

1月26日(十二月十二日)　英国大鸦片贩子查顿闻中国禁烟消息,逃离广州。

2月1日(十二月十八日)　道光帝命邓廷桢与林则徐合力同心,消除国家大患之源。

2月26日(正月十三日)　鸦片烟犯何老近在广州商馆前绞决,各国降旗。

3月18日(二月四日)　钦差大臣林则徐在广州谕传行商,限令外商缴烟,并出具永不夹带鸦片甘结。

3月21日(二月七日)　林则徐下令撤退商馆买办工人,包围商馆。

3月22日(二月八日)　林则徐下令拘捕抗拒缴烟的英国鸦片贩子颠地。同日,义律致函巴麦尊,要求以坚决的态度,挫败中国的禁烟。

3月24日(二月十日)　义律到广州,召集英商会议,阻止缴烟具结。

3月25日(二月十一日)　林则徐按照成例下令封舱。

3月27日(二月十三日)　义律禀告林则徐,愿缴鸦片,并通令英人遵照。

3月28日(二月十四日)　义律禀告林则徐等,答应呈缴鸦片20 283箱。林则徐赏给英人牛羊食物,并令美、荷、法领事依照英例呈缴鸦片。

3月30日(二月十六日)　美、荷领事复林则徐,声明并无鸦片。

4月2日(二月十九日)　林则徐规定鸦片缴至四分之一,即给予买办工人;缴至一半,许三板请牌查验往来;缴至四分之三,即准开舱贸易;全数缴清,则诸事照常,并奏准奖励。

4月3日(二月二十日)　林则徐制定《收缴趸船烟箱章程》7条,并命增设绅士公局,收缴鸦片。

义律致函巴麦尊"对华应该出之以迅速而沉重的打击",建议立刻用武力占领舟山岛,封锁广州、宁波两港以及扬子江面。

4月5日(二月二十二日)　林则徐通过广州府通知义律,转令英商出具永不夹带鸦片甘结。

4月8日(二月二十五日)　广州夷商公所宣告解散。义律禀告林则徐,取结一事不能转令遵行,遭林则徐当即驳回。

4月9日(二月二十六日)　林则徐遣委员赴洋馆,谕令英商出具不带鸦片切结。

4月16日(三月三日)　义律要求英印总督派遣尽可能多的军舰来华示威。

5月2日(三月十九日)　林则徐因鸦片已缴过半,命令撤去广州夷馆之包围,并允开舱贸易。

5月7日(三月二十四日)　清廷同意所缴鸦片每箱赏茶叶5斤。

5月11日(三月二十八日)　林则徐赴虎门海口一带,察看铁链木排及新建靖远炮台等海防设施。

5月18日(四月六日)　林则徐将应缴烟土全部收清,共计19 187箱又2 119袋。

5月23日（四月十一日） 英16名鸦片贩子具结永不再来广州。同时英商又上书巴麦尊，请求偿付烟价，保护英人利益。

6月3日（四月二十二日） 林则徐在虎门公开销毁所缴鸦片，到25日全部毁完。

6月14日（五月四日） 王大臣等提出查禁鸦片烟章程39条，于15日以《钦定严禁鸦片烟条例》颁发各省。

6月23日（五月十三日） 定《夷人携带鸦片入口售卖专条》，粤海关监督布告《商船进埔新则》。

7月7日（五月二十七日） 英国水手在九龙尖沙咀殴打村民林维喜致死。

7月12日（六月二日） 林则徐派员查办林维喜案，并为此邀请伯驾和袁德辉等人选译《各国律例》，以供参考。

7月25日（六月十五日） 林则徐在广州各书院举行"观风试"，了解鸦片走私情形。

8月7日（六月二十八日） 伦敦与鸦片有关的下院议员、银行家、商人、鸦片走私船的退休船长们集会，鼓动发动侵华战争。

8月16日（七月八日） 林则徐与邓廷桢到达香山，视察炮台。由于义律拒不交出林维喜案凶手，林则徐下令停止供应澳门英人柴米食物，撤退买办、工人。

8月31日（七月二十三日） 林则徐发出告知："如见夷人上岸滋事，一切民人皆准许开枪阻止。"

9月3日（七月二十六日） 林则徐、邓廷桢抵澳门视察，收缴鸦片，驱逐鸦片贩子。澳门葡萄牙总督是日宣布中立。

9月4日（七月二十七日） 英舰"窝拉疑"号下午2时半向中国水师船开火，酿成九龙之战。

9月19日（八月十二日） 伦敦成立9人委员会，24日又成立由查顿等组成的核心小组，专门负责策动对华战争。

10月1日（八月二十四日） 英国内阁会议正式做出向中国出兵的决定。

10月11日（九月五日） 道光谕令，如英船仍形桀骜，即再示兵威。林则徐、邓廷桢到沙角检阅水师操练。

10月14日（九月八日） 英船"担麻士葛"号遵式具结，次日到黄埔贸易。

10月26日（九月二十日） 林则徐严索林维喜案正凶，并令英船3日内具结进口或回国，不得停泊伶仃洋面。

10月29日（九二十三日） 英兵船"海阿新"号到粤。"当啷"号正式具结。

11月2日（九月二十七日） 伦敦东印度与中国协会上书巴麦尊，提出侵华全面方案。

11月3日(九月二十八日) 义律令"窝拉疑"号和"海阿新"号武力阻止具结。商船"当嘟"号报关进口,并向中国水师船开火,遭到中国水师官兵奋勇反击,穿鼻洋海战由此爆发。至13日,中英双方在官涌(九龙尖沙咀北)一带连续6次接仗,英方均遭败绩。

11月4日(九月二十九日) 巴麦尊致函义律,指示他进行战争的步骤:第一步,封锁珠江;第二步,占领舟山群岛;最后,海军出现在北直隶湾的白河河口。

12月6日(十一月一日) 林则徐遵道光帝11月27日谕,停止对英国贸易,各国与英国遵式具结商船,仍准通商。

12月13日(十一月八日) 穿鼻洋海战报告到京,道光帝再次谕令林则徐永远停止英国贸易,驱逐其所有船只。

英兵船侵入广东海港,林则徐督军击退。

12月29日(十一月二十四日) 英船"皇家萨克逊"号(即"当嘟"号)因已具结,入口贸易。

二 近代中国的开端

1840年(清道光二十年)

1月5日(十二月一日) 两广总督林则徐据道光帝旨意,宣布正式封港,永远断绝与英国贸易。

1月8日(十二月四日) 英国"窝拉疑"号舰长宣布,自1月15日起,封锁广州口岸与珠江口。

1月14日(十二月十日) 顺天府尹曾望颜奏请封关禁海,断绝对外贸易,募善泅水者火攻英船。

1月16日(十二月十二日) 英维多利亚女王发表侵华演说,声称中国禁烟事件不仅使英商利益遭受损失,而且影响了英王的"尊严"。

2月1日(十二月二十八日) 林则徐从美国罗素洋行购买英船"吉赛皮克"号,载重1 600吨,将其改为装有34门炮的兵船。

2月20日(正月十八日) 英政府任命懿律和义律为侵华正副全权公使,懿律为侵华英军总司令;并发布秘密训令和对华条约草案。

3月7日(二月四日) 林则徐提出"以守为战,以逸待劳"作战方针,主张雇募渔民为水勇,火攻英船。

3月25日(二月二十二日) 英军"都鲁壹"号军舰自新威尔斯开到广东海面。

3月29日(二月二十六日) 林则徐得悉英兵船来粤后,命令水陆兵弁加紧操练,加意严防。

4月7日至9日(三月六日至八日)　英国议会就对华战争问题展开辩论,最后以271票对262票的微弱多数,通过了侵华提案。

4月21日(三月二十日)　林则徐在尖沙咀山添设炮台,增置大炮。

4月27日(三月二十六日)　林则徐上奏,反对曾望颜所提封关禁海奏议。

5月16日(四月十五日)　林则徐检阅包括"甘米力治"号、两条25吨的纵帆船及明轮推动的小船和许多沙船在内的新水师。

5月22日(四月二十一日)　福建水师在穿山洋面与英舰"希腊"号激战,英舰长与25名船员受伤。

6月8日(五月九日)　林则徐、关天培指挥水师火攻位于磨刀洋面的英船,烧毁英国三板2只、舢艇11只、近岸篷寮9座。

6月21日(五月二十二日)　英国舰队由海军司令伯麦率领到达澳门外海。次日宣布28日封锁广州江面与海口。

6月28日(五月二十九日)　懿律自南非到达广州。英舰封锁珠江海口,鸦片战争正式爆发。

6月30日(六月二日)　懿律率英军主力北犯闽浙沿海,英舰船5艘继续封锁珠江口。

7月2日(六月四日)　懿律派"布朗底"号船长进入厦门港口,递交巴麦尊致中国钦差大臣书,被退回。

7月3日(六月五日)　英舰"布朗底"号炮轰厦门,守军还击。英舰离开厦门北驶。

7月5日(六月七日)　英军进攻定海,第二天清晨攻陷定海城。

7月12日(六月十四日)　英军派船至宁波、镇海,再次试投巴麦尊书信,仍被拒。

7月20日(六月二十二日)　清廷得悉定海失陷,命福建提督余步云驰往浙江剿办。

7月24日(六月二十六日)　浙江巡抚乌尔恭额、提督祝廷彪被革职留任,清廷令邓廷桢选派大员带领舟师,赴浙会剿。

7月28日(六月三十日)　英舰封锁宁波及长江,北赴天津。

是月,英军曾进攻澳门,被中国军队击退,此后林则徐增派兵员屯住澳门。

8月6日(七月九日)　清廷任伊里布为钦差大臣,赴浙江、宁波相机剿办。

8月9日(七月十二日)　道光帝谕令琦善,如英船驶至天津海口,不必遽行开枪开炮,倘投禀,即进呈。

8月11日(七月十四日)　英方致书琦善,要求派人至船上接受英国照会,琦善见英军装备,此后一意主和。

8月17日(七月二十日)　林则徐亲赴狮子洋面校阅水师。

8月19日(七月二十二日)　英留粤船舰攻打澳门关闸,双方均有伤亡。

8月20日(七月二十三日)　道光帝批答英国书,令琦善转告英人,允许通商和惩办林则徐,以此求得同侵略者妥协。

8月21日(七月二十四日)　清廷接到林则徐奏折,道光斥责林"不但终无实济,反生出无数波澜"。

8月22日(七月二十五日)　谕令琦善:"随机应变,上不可失国体,下不可开边衅。"

8月25日(七月二十八日)　英军在崇明岛登陆,被当地人民奋勇击退。

8月29日(八月三日)　琦善派人给英船送去牛、羊、鸡、鸭等。

8月30日(八月四日)　琦善照会懿律,劝英军退回广州等候谈判,并答应重治林则徐,"代伸冤抑"。

9月4日(八月九日)　琦善奏陈会晤义律情形,力主抚议。

9月15日(八月二十日)　英军离白河南下。英运输船"风筝"号闯入浙江慈溪、余姚,被乡勇围击沉没。

9月17日(八月二十二日)　清廷谕令沿海督抚对南返英军兵船不得开枪放炮。以琦善为钦差大臣,前往广州办理对英事宜。

9月18日(八月二十三日)　清廷令山东巡抚托浑布酌撤营伍,以节靡费。托浑布遣人馈送英军牛、羊、蔬菜。

9月24日(八月二十九日)　林则徐密陈禁烟不能中止,请求"制炮造船",以资防备。

9月25日(八月三十日)　清廷将林则徐、邓廷桢交部严加议处,以琦善署理两广总督。

10月3日(九月八日)　林则徐、邓廷桢被革职,林留粤以备查问差委。

10月7日(九月十二日)　乌尔恭额因前拒绝接受英国文书,解京治罪,后被定绞监候。

10月23日(九月二十八日)　福建减撤水勇,以节省军费。

10月27日(十月三日)　江苏撤退防兵。

是月,英军中疫病流行,400多人死亡,1 500人染病。

11月6日(十月十三日)　懿律在浙发布通告,宣布钦差大臣伊里布已与他订立浙江休战协定。

11月21日(十月二十八日) 懿律率英国舰队抵广东,泊铜鼓湾,派人赴沙角送信遭炮击。

11月29日(十一月六日) 懿律因病返英,陆海军指挥权由伯麦接替,外交事务由义律管理。

12月4日(十一月十一日) 琦善接任两广总督,撤除海防工事,解散壮勇。

12月14日(十一月二十一日) 英舰增加,陆续驶近虎门,图占香港。

12月15日(十一月二十二日) 琦善照复义律,答应赔偿烟价600万元,广州之外,再给一处码头。

12月29日(十二月六日) 义律照会琦善,要求给予海岛一所。

12月30日(十二月七日) 清廷谕琦善,一面多方羁绊,一面妥为预备。令四川派兵2 000名,湖南、贵州各派兵1 000名,备调遣。

1841年(清道光二十一年)

1月2日(十二月十日) 琦善照复义律,不能赴澳门谈判,并驳斥其求地要求。清廷令伊里布、裕谦等预筹备战。

1月6日(十二月十四日) 清廷令琦善、伊里布停止交涉,相机剿办。

1月7日(十二月十五日) 英军攻陷大角、沙角炮台,副将陈连升战死。

1月10日(十二月十八日) 义律照复琦善,重申8日所提戢兵条件,再以武力威胁。

1月20日(十二月二十八日) 琦善奏请给英以香港泊舟寄居。

1月21日(十二月二十九日) 义律发布公告,诡称已和琦善签订了初步协定:割香港给英王;赔偿烟价600万元;公文平等往来;广州新年过后开放。同日,英军退出大角、沙角。

1月25日(正月三日) 清廷谕令琦善一力剿英。命伊里布克复定海。

1月26日(正月四日) 英军占领香港。

1月27日(正月五日) 琦善和义律会于狮子洋莲花山,密商"善定事宜"条款。同日,清廷以大角、沙角失守,将琦善交部议处,并革关天培顶戴,戴罪立功。

2月2日(正月十一日) 清廷令吉林、黑龙江、河南、陕西、甘肃5省各派兵1 000名,备调遣。

2月10日(正月十九日) 清廷命裕谦为钦差大臣赴浙代替伊里布专办攻剿事宜。

2月11日(正月二十日) 琦善与义律在穿鼻洋蛇头湾继续密谈"善定事宜"。怡良奏报《英人强占香港并出伪示折》。

2月13日(正月二十二日) 义律照会琦善,送阅新草拟善定事宜7条汉英文本,建议定日会晤,当面盖印。

2月15日(正月二十四日)　琦善派人求见义律,声明暂不能盖付关防。

2月23日(二月三日)　英军开始向虎门进攻,中英冲突又起。

2月25日(二月五日)　英军交还定海。广东英军在南横档岛登陆。

2月26日(二月六日)　英军攻陷虎门炮台,提督关天培战死。

2月27日(二月七日)　英军攻陷乌涌炮台,总兵祥福战死。

3月1日(二月九日)　林则徐自筹经费,陆续募练壮勇达560人。英新任陆军总司令郭富(卧乌古)率军到黄埔,扩大侵略。

3月2日(二月十日)　英军攻陷猎德炮台。

3月5日(二月十三日)　参赞大臣杨芳到达广州,主持军事。清廷革去伊里布协办大学士,拔去双眼花翎。

3月6日(二月十四日)　二沙尾炮台失陷。

3月10日(二月十八日)　义律封锁广州。

3月13日(二月二十一日)　英军攻陷大黄滘炮台、湖州炮台、沙涌炮台。

3月15日(二月二十三日)　凤凰冈守军击退英舰。清廷令齐慎为参赞大臣,带川兵数百名驰粤会剿。

3月16日(二月二十四日)　美广州领事多利那请恢复通商。

3月17日(二月二十五日)　凤凰冈炮台失守。

3月18日(二月二十六日)　义律托行商伍绍荣调停通商。杨芳准照常贸易。

3月20日(二月二十八日)　杨芳和义律达成休战贸易协定。

3月21日(二月二十九日)　到粤各地官兵已有1.6万余名。

3月31日(三月九日)　伯麦回印度,向印度总督报告广东军事,并请求增派援兵。

4月10日(三月十九日)　英外交大臣上书女王,不同意"善定事宜",其后英政府又否决了义律的有关报告。

4月18日(三月二十七日)　清廷以杨芳、怡良不及时进剿,并允许英人通商,命交部严加议处。3日后革职留任。

4月30日(闰三月十日)　英国政府以义律索益太少,改派璞鼎查为全权大臣兼贸易监督,扩大侵华战争。

5月3日(闰三月十三日)　以裕谦为两江总督。林则徐以四品卿衔离粤赴浙,行前为靖逆将军奕山筹御夷六策。

5月21日(四月一日)　奕山分三路夜袭英军失败。

5月22日(四月二日)　英军大举反扑,进逼广州。清败军劫掠商馆。

5月23日(四月三日)　义律通告,限奕山于12小时内将军队撤出广州城。

5月24日(四月四日)　英军占领坭城、四方炮台。

新安民众以火船毁虎门外英船一只。

5月26日(四月六日)　英军进攻广州城。

5月27日(四月七日)　奕山派余保纯乞降,与义律签订《广州停战协定》,答允退出广州,并赔款600万元。

5月29日(四月九日)　英军侵扰广州北郊三元里、萧冈,三元里民众奋起反抗,打死英军多人。

5月30日(四月十日)　三元里周围103乡人民诱英军于牛栏冈,痛击之,打死英军少校毕霞。英军逃窜回四方炮台,被义勇包围。

5月31日(四月十一日)　三元里人民包围英军于四方炮台,在义律的威胁下广州知府余保纯前往解围。

英外相巴麦尊训令璞鼎查,再占舟山,要求赔款,增开口岸。

6月1日(四月十二日)　英军退出四方炮台,5日退出坭城。

6月6日(四月十七日)　奕山、隆文退屯金山。

6月7日(四月十八日)　英国宣布香港为自由港。

粤民贴出告示,痛斥英国侵略者。

6月8日(四月十九日)　英军退出虎门。广东当局奖赏抗英有功绅民何玉成等。

6月18日(四月二十九日)　清廷从奕山之请,允英人通商。

6月21日(五月三日)　清廷令裕谦赴浙江筹防,又谕江苏及沿海各省防备英船。

6月28日(五月十日)　清廷革去林则徐四品卿衔,与邓廷桢一道发往伊犁效力赎罪。

是月,广州北郊13社80余乡联合抗英义勇成立升平社学。

7月25日(六月八日)　清廷将伊里布革职,发往军台效力赎罪。

7月28日(六月十一日)　清廷以中英冲突结束,下令沿海各省酌量裁撤调防官兵。

8月12日(六月二十六日)　璞鼎查照会广州当局,要求接受去年所提各项条件,否则带兵北上。

8月25日(七月九日)　璞鼎查率海陆军北犯闽浙。英兵闯进厦门,遭守军反击。

清廷谕令裕谦、刘韵珂除于镇海、定海酌留弁兵外,余俱酌量裁撤。

8月26日(七月十日) 英军攻陷厦门,总兵江继芸、副将凌志战死,闽督颜伯焘退守同安。

是月,林则徐途经京口(今镇江),把在广州时搜集、翻译的外国资料和《四洲志》手稿交给好友魏源,嘱托进一步收集研究外国情况。后魏源在此基础上编纂成《海国图志》。

9月5日(七月二十日) 英国舰队驶向舟山。

9月16日(八月二日) 广东学署开考文童试,知府余保纯被文童赶出考场。

9月17日(八月三日) 英兵船占领浙江石浦岛,俘清水师船3艘。

9月18日(八月四日) 清廷命奕山、祁𡎴等,设法收复香港。

9月30日(八月十六日) 英舰"纳尔布达"号在台湾基隆触礁,台湾军民俘获英军百余名。

10月1日(八月十七日) 英军自26日起连续进攻定海,经6昼夜血战,葛云飞、王锡朋、郑国鸿三总兵相继战死,定海再陷。

10月9日(八月二十五日) 英军分犯镇海金鸡山、招宝山,提督余步云弃炮台逃走。

10月10日(八月二十六日) 英军攻占镇海,裕谦殉难。

10月13日(八月二十九日) 宁波失陷。

10月27日(九月十三日) 台湾军民击退再犯基隆之英船。

11月4日(九月二十一日) 英外相阿柏亭训令璞鼎查,中国未完全接受条件时,不停止军事行动;索赔兵费酌量决定;增开四五个口岸,不拟要求土地。

11月20日(十月八日) 派御前大臣僧格林沁等查阅天津海防。

12月31日(十一月十九日) 英军焚掠慈溪城。

1842年(清道光二十二年)

1月10日(十一月二十九)英军焚掠奉化;继而入侵余姚。

1月22日(十二月十二日) 湖北崇阳钟人杰率众起义,月余失败。

2月25日(正月十六日) 英军从定海撤军。

办理浙江军务的扬威将军奕经自杭州进驻绍兴。

2月27日(正月十八日) 英殖民政府自澳门移驻香港。

3月10日(正月二十九日) 奕经令清军分三路进攻宁波、镇海,三路皆败。

3月11日(正月三十日) 台湾民众引诱英船"阿纳"号于大安港北搁浅,乘机歼灭。

3月15日(二月四日) 英军进攻慈溪,文蔚不发援兵,副将朱贵父子与士兵数百人战死。

3月16日(二月五日)　文蔚闻大宝山战败,弃长溪岭,连夜退抵曹江。

3月18日(二月七日)　奕经、文蔚弃绍兴,渡江回杭州。

军机大臣王鼎在林则徐襄助下终于使黄河祥符决口合笼,道光皇帝下令林则徐仍发往伊犁充军。

4月5日(二月二十五日)　镇海民众用火船焚烧英船。

4月8日(二月二十八日)　清廷宣布"攘外必先安内"上谕,决心向英投降。

4月14日(三月四日)　郑鼎臣率壮勇火攻定海英船,焚小船数10只。

4月16日(三月六日)　清廷令各军,不得冒昧轻进,不准杀害英俘。

5月14日(四月五日)　清廷赏在台湾抗英有功之臣达洪阿太子太保衔、姚莹二品顶戴。

5月16日(四月七日)　英船到乍浦洋面。

5月17日(四月八日)　壮勇头目王建功等在定海县向英军出击,夺回船只7条。

5月18日(四月九日)　英军攻陷乍浦,佐领隆福阵亡。

6月16日(五月八日)　英军进攻吴淞口。嘉兴县丞龚振麟率5艘自造新式车轮战船参加战斗。年近七旬的江南提督陈化成血战牺牲。两江总督牛鉴逃窜。宝山失陷。

6月17日(五月九日)　英援军自印度到吴淞。

6月19日(五月十一日)　英军侵占上海县城,大肆劫掠。

6月20日(五月十二日)　伊里布照会英军,乞求议和。

6月22日(五月十四日)　璞鼎查率舰到上海,与侵占上海的英军会合。次日英军从上海撤走。

6月26日(五月十八日)　法国巡洋舰一艘驶到吴淞口。

6月27日(五月十九日)　清廷命赛尚阿为钦差大臣,驰赴天津,会同讷尔经额办理防务。

7月16日(六月九日)　道光密令署杭州将军耆英向英军求和。

7月18日(六月十一日)　英舰队封锁镇江附近运河入口,在仪征炮击盐民,制造老河影惨案。

7月20日(六月十三日)　江阴乡民击毙侵犯英军数10人。

7月21日(六月十四日)　英军攻占镇江,副都统海龄殉难。

7月22日(六月十五日)　耆英、伊里布再请议和。

7月26日(六月十九日)　道光帝密谕耆英"慎持国体,俯顺夷情"(允平行行文、给地、开口岸)。

7月29日(六月二十二日)　两江总督牛鉴致书英军求和。璞鼎查复书,请派全权大臣前来酌商。

8月4日(六月二十八日)　英舰队抵达南京江面。

8月8日(七月三日)　议和全权大臣伊里布抵南京,令家人张喜赴英舰询问议和条件。

8月9日(七月四日)　英军齐集南京江面,开始登陆。

8月10日(七月五日)　道光帝谕议和全权大臣耆英、伊里布完成和局,勿顾虑。

8月11日(七月六日)　林则徐从西安出发西行,开始写《荷戈纪程》。

8月16日(七月十一日)　耆英承认英方要求,定于20日两国全权代表会见。

8月20日(七月十五日)　耆英、伊里布与璞鼎查在英舰"康华丽"号上会见。

8月24日(七月十九日)　清、英代表于南京静海寺再次会谈。

8月29日(七月二十四日)　耆英、伊里布与璞鼎查签订中英《南京条约》(史书又称《江宁条约》《白门条约》)。

9月5日(八月一日)　璞鼎查照复耆英、伊里布、牛鉴善后事宜12款。

9月6日(八月二日)　道光帝批准《南京条约》。

9月30日(八月二十六日)　英军劫走南京大磁塔上的装饰品。

10月2日(八月二十八日)　英舰从南京启碇开行。10月6日全数驶出长江。

是月,魏源编著《海国图志》50卷出版(一作1843年1月)。此书是清末系统介绍世界各国历史和地理的名著。作者首次提出"师夷长技以制夷"主张。

11月1日(九月二十九日)　澳门的马礼逊学堂搬到香港继续开办。

11月3日(十月一日)　英船到台湾索俘。

11月25日(十月二十三日)　钱江等于广州以明伦堂名义张贴反英告白。

11月27日(十月二十五日)　美船到宁波请市被拒。

是月,广州遍贴反对英国侵略者入城告示,发布《全粤义士义民公檄》。

12月2日(十一月一日)　璞鼎查到达广州。

12月7日(十一月六日)　广州人民焚烧洋馆。

12月20日(十一月十九日)　英军大部离港西返。

1843年(清道光二十三年)

1月20日(十二月二十日)　钦差大臣、广州将军伊里布与璞鼎查会于黄埔海面,商议纳税章程及台湾杀俘事件。

1月25日(十二月二十五日)　伊里布告示广州绅士,勿再启边衅,滋扰洋人。

4月5日(三月六日)　英女王颁布香港皇家殖民地宪章,以璞鼎查为首任总督。

5月8日(四月九日)　美国国务卿韦伯斯特训令新来华公使顾盛坚持最惠国待遇原则。

6月23日(五月二十六日)　钦差大臣耆英、广东按察使黄恩彤从广州乘火轮赴香港,与璞鼎查议订通商章程和税则。

是月,洪秀全最后一次去广州应试不中,在花县创立拜上帝会。

7月22日(六月二十五日)　中英《五口通商章程》正式公布。

7月27日(七月一日)　广州依《南京条约》开市。

9月21日(闰七月二十八日)　耆英进呈洋枪。

9月23日(闰七月三十日)　命耆英与美国议通商章程。

10月8日(八月十五日)　耆英、璞鼎查在虎门签订中英《虎门条约》,即《五口通商附粘善后条款》。

11月1日(九月十日)　英驻厦门领事记里布到厦门,厦门开埠。

11月9日(九月十八)法国外交部训令来华公使拉萼尼依照中英《南京条约》与中国订约。

11月17日(九月二十六日)　英驻沪领事巴富尔到上海,上海开埠。

是年,广州城东北郊六社义勇建立抗英组织东平社学;英国传教士在上海创办墨海书馆。

1844年(清道光二十四年)

1月1日(十一月十二日)　宁波开埠。

2月27日(正月十日)　美使顾盛致书署理两广总督广东巡抚程矞采,要求进京订约被拒。

4月9日(二月二十二日)　清廷命程矞采谕知美使在粤静候,并命耆英到粤后开导控驭,毋使另生枝节。

4月24日(三月七日)　顾盛威胁程矞采,谓中国所持态度,将使中美两国失和。

5月23日(四月七日)　因英人企图在广州河南地区强行租地,当地民众到洋馆抗议示威,迫其暂时放弃租地要求。

5月25日(四月九日)　清政府允许民间开采云南、四川、贵州、广西银矿。

7月3日(五月十八日)　耆英与顾盛签订《中美望厦条约》。福州开埠。

7月20日(六月六日)　湖南耒阳阳大鹏率众抗粮。

9月29日(八月十八日)　耆英到澳门会见法使拉萼尼。

10月17日(九月六日)　拉萼尼照会耆英,要求弛禁天主教。

10月24日(九月十三日)　耆英与拉萼尼在广州黄埔法国兵舰上签订《中法黄埔条约》。

11月11日(十月二日)　清廷批准天主教弛禁。

是月,伊犁将军布彦泰奏明林则徐开垦阿齐乌苏荒地的劳绩,请求"弃瑕录用"。

是年,清政府设五口通商大臣,由两江总督兼任。

台湾嘉义洪协领导农民起义。

美国基督教传教士罗孝全到广州传教。

英国东方女子教育会派遣阿尔赛德女士在宁波开设女子学塾。

洪秀全、冯云山自花县出游广东、广西,宣传拜上帝教,吸收会员。年底洪秀全回广东在花县开馆授徒;冯云山仍留广西,在紫荆山地区活动。

1845年(清道光二十五年)

2月25日(正月十九日)　林则徐在吐鲁番推广坎儿井,又教民制纺车织布。

3月18日(二月十一日)　3英人在广州城上被殴(进城冲突的开始)。

3月22日(二月十五日)　英军退出福建鼓浪屿。

5月18日(四月十三日)　清廷命直隶、山东、河南各省督抚饬拿"教匪、盗匪"。

6月27日(五月二十三日)　英公使兼香港总督德庇时致书英外相,主张在广州进城问题未决前,不收最后一批赔款,暂不退出舟山。

7月18日(六月十四日)　清廷批准与比利时通商。

8月1日(六月二十八日)　清政府命耆英严拿广州三合会、卧龙会等会众。

8月14日(七月十二日)　允丹麦在粤设立领事,一体贸易。

8月20日(七月十八日)　葡萄牙女王宣布澳门为自由港,派亚马勒为澳门总督。

10月2日(九月二日)　云南永昌回民反清起义,大败清军。

11月21日(十月二十二日)　耆英与德庇时会面于香港,商议舟山交还及广州进城问题。

11月29日(十一月一日)　英驻沪领事巴富尔与上海道宫慕久签订《上海租地章程》23条,首开租地恶例。

12月21日(十一月二十三日)　谕耆英等不允英人进广州府城。

是年,姚莹撰《康輶纪行》,记述西藏地理、历史、政治、宗教、风俗习惯,揭露英、俄的侵略野心。

英商在广州黄埔开设柯拜船坞。

是年及下年,洪秀全写成《原道救世歌》《原道醒世训》《原道觉世训》《百正歌》等。

1846 年(清道光二十六年)

1月15日(十二月十八日)　广州人民坚拒英人入城,捣毁知府衙门,知府刘浔逃走。

1月16日(十二月十九日)　耆英迫于群众激愤,拒绝英人进城要求。

3月28日(三月二日)　英人击伤乡民林森森,福州人民捣毁洋馆。

4月4日(三月九日)　耆英、德庇时签订归还舟山条约5款。

5月18日(四月二十三日)　英使德庇时布告,广州进城缓期实行。

7月8日(闰五月十五日)　广州人民抗议英人无理殴打中国商人,包围英国商馆。

9月24日(八月五日)　上海英租界西界扩展至河南路。

10月28日(九月九日)　江苏昭文县金德顺发动起义。

11月6日(九月十八日)　湖南东安王宗献起义。

是年,美商上海旗昌洋行成立,以贩运鸦片为主,与英商的怡和、宝顺,号称三大"鸦片大王"。

1847 年(清道光二十七年)

2月11日(十二月二十六日)　驻藏大臣琦善奏,英人谋通商西藏。

3月7日(正月二十一日)　外国轮船初从厦门载华工出洋。

3月20日(二月四日)　清廷与瑞典、挪威订立《五口通商章程》。

4月3日(二月十八日)　德庇时借口佛山英人被殴事件,率军舰突入广东省河,坚求入城。社学义勇严加戒备。

4月6日(二月二十一日)　耆英、德庇时商定两年后入城,英军退出省河。

4月12日(二月二十七日)　容闳、黄宽、黄胜跟随美国教师布朗夫妇前往美国留学,到达纽约。

5月15日至17日(四月二日至四日)　德庇时派人在广州河南洲头嘴丈量土地,插旗志界。

5月17日(四月四日)　广州绅民数千人在双州书院集会,抗议英人暴行。

5月20日(四月七日)　广州河南48乡群众3 000余人,于英商馆前示威。广州壮勇10余万人齐集以为声援,迫使英人暂停在广州建立租界。

7月20日(六月九日)　天主教耶稣会欲以上海徐家汇为在华活动总部,强占大片土地,兴建教堂,遭到上海人民反抗。在法国驻上海领事要挟下,上海县令将这次斗争压制下去。这是中国近代史上第一个教案——"徐家汇教案"。

7月22日(六月十一日)　理藩院拒绝俄国增添塔尔巴哈台、伊犁、喀什噶尔三处为通商口岸要求。

8月12日(七月二日)　云南回民丁灿庭、木文科在京控告香匪万重、刘书等串谋灭杀无辜回民1万余人。

8月28日(七月十八日)　云南回民杜文秀、刘义在京控告匪棍刘书等扰害无辜。

是月,洪秀全离广州去广西,至紫荆山中与冯云山会合。冯云山已在山民中发展拜上帝会员2 000余名,杨秀清、萧朝贵等人先后入会。

10月18日(九月十日)　雷再浩、李辉等在湖南、广西交界处发动起义。

10月26日(九月十八日)　洪秀全、冯云山率拜上帝会捣毁象州甘王庙,声威大震。

11月24日(十月十六日)　云贵总督林则徐查办丁灿庭、杜文秀京控案。刘书等29人正法。

12月5日(十月二十八日)　广州黄竹岐地方群众殴毙入村骚扰的英人6名。

12月28日(十一月二十一日)　冯云山被广西桂平地主团练武装逮捕,为拜上帝会卢六等集众抢回。

是年,英国丽如银行在上海设立分行。

1848年(清道光二十八年)

1月2日(十一月二十六日)　英香港总督德庇时为黄竹歧事件率兵船来广州示威。清廷命耆英严拿正凶。

1月17日(十二月十二日)　冯云山和卢六被江口巡检司差传到案,解县羁押。4个月后获释。

3月8日(二月四日)　英传教士麦都思等在江苏青浦遭漕船水手殴伤。英驻上海领事阿礼国命英舰封锁吴淞口。

3月31日(二月二十七日)　两江总督李星沅接见上海英副领事,允将苏松太道咸龄撤任,另派藩司查办青浦事件。

4月6日(三月三日)　杨秀清假托"天父"下凡,号令拜上帝会众。

6月20日(五月二十日)　徐广缙接文翰照会,询广州进城事。徐广缙仍以百姓不准复拒。

7月30日(七月一日)　俄国商船到达上海,要求贸易未果。

9月,徐继畬著《瀛寰志略》成书(一作1849年)。

10月5日(九月九日)　萧朝贵初托"天兄"下凡传言,以号令拜上帝会众。

是月,冯云山出狱,赴广东花县。

11月16日（十月二十一日）　初试海运漕粮（自上海至天津）。

11月27日（十一月二日）　英驻沪领事与上海道议定扩大上海英租界。

12月3日（十一月八日）　台湾彰化、嘉义及鹿港厅地震，城垣、房屋倒坏伤毙人口。

是年，广西天地会陈亚贵发动起义。张钊领导艇军在梧州起义。

1849年（清道光二十九年）

2月8日（正月十六日）　桂林大火，烧毁7000多家。

2月15日（正月二十三日）　两广总督徐广缙到达虎门会见英香港总督文翰，拒绝英人入城要求。

3月5日（二月十一日）　澳门葡萄牙人总督亚马勒宣布澳门为自由港，限粤海关监督行台及税馆于8日内停止征税。

3月11日（二月十七日）　亚马勒封闭澳门关闸，毁香山县县丞衙门，侵占拉塔石炮台。

4月6日（三月十四日）　广州社学群众10万人守卫珠江两岸，取得反入城斗争第三次胜利。

文翰慑于广州人民反侵略情绪高涨，布告洋商罢广州进城议。

上海法国领事敏体尼与上海道划定法租界。

4月25日（四月三日）　澳门总督亚马勒驱逐澳门同知、拒交地租，强占澳门。

6月24日（五月五日）　美国兵船到台湾基隆勘察煤矿。

是月，沙俄海军大尉涅维尔斯科伊乘"贝加尔"号炮舰由海上侵入中国黑龙江口，查明黑龙江口可行海船，库页岛是个岛屿。

洪秀全、冯云山复返广西桂平紫荆山。

湖北三十县遭水灾。

8月22日（七月五日）　澳门总督亚马勒被志士沈志亮刺杀身亡。

11月27日（十月十三日）　湖南新宁县李沅发起义，大败清军。

是年，江苏松江府人民爆发反抗勒限完粮的斗争。

云南腾越厅彝族人民起义；贵州黄平苗族人民起义。

陈正成在厦门成立小刀会。

1850年（清道光三十年）

2月25日（正月十四日）　道光帝旻宁死。立皇四子奕詝为皇太子。

2月28日（正月十七日）　封奕訢为恭亲王。

是月，上海与伦敦之间轮船通航。

3月9日（正月二十六日）　奕詝即位，改明年为咸丰元年。

4月3日(二月二十一日) 洪秀全于广西平在山秘密穿起黄袍,正式就任太平天王,建号太平天国。

5月2日(三月二十一日) 伊犁将军萨迎阿奏,伊犁、塔尔巴哈台可准俄人通商,惟须先议章程;喀什噶尔室碍较多,难准所请。

5月7日(三月二十六日) 英船到台湾基隆,要求购买煤炭,被拒。

6月8日(四月二十八日) 清河道陈之骥等接见麦华陀,拒收投文,劝令回上海。

6月14日(五月五日) 因英人叵测,清廷命直隶、江南闽浙各省预为筹防;并命徐广缙、叶名琛设法制之于先。

是月,林则徐在福州"率绅士倡议"驱英,反对英国侵略者入神光寺居住。

洪秀全发布"团营"令,命各地拜上帝会员向金田集中。

秋,广西李文彩领导永淳农民起义。

7月2日(五月二十三日) 清廷命夷务均由徐广缙办理,其他沿海督抚不得干预。

7月27日(六月十九日) 清政府诏命分路缉拿两广起义。

是月,广东信宜拜上帝会凌十八、凌二十八等与清军发生冲突。

8月3日(六月二十六日) 英人奚安门在上海创办英文周报《北华捷报》。

8月13日(七月六日) 沙俄强占中国黑龙江的庙街,建立哨所。

8月15日(七月八日) 广西天地会(即三合会)占太平府。

8月16日(七月九日) 广西天地会占宁明州。

8月20日(七月十三日) 石达开召集广西贵县拜上帝会众千余人,开炉铸炮,月余后开赴桂平紫荆山。

8月29日(七月二十二日) 俄船再到上海请市,复被拒。

9月1日(七月二十五日) 咸丰帝谕刘韵珂、徐继畬,不准英人在福州城内居住,及采购台湾基隆煤矿。

9月12日(八月七日) 四川西昌地震,死伤20 600多人。

10月1日(八月二十六日) 广西天地会占永康州。

10月12日(九月八日) 清政府调湖南、云南、贵州军队赴广西并劝谕绅民举办团练。

10月17日(九月十三日) 拜上帝会在广西平南花洲团营。

11月4日(十月初一日) ,金田、花洲、陆川、博白、白沙等处的拜上帝会众同时举旗,宣布起义。

11月17日(十月十四日) 以粤东防英团练章程简易可行,已著成效,命广西、广东参酌施行。

12月4日（十一月一日）　洪秀全败平南知县倪涛于花洲。

12月15日（十一月十二日）　命前任两江总督李星沅为钦差大臣，驰赴广西办理军务。

12月25日（十一月二十二日）　杨秀清、萧朝贵、韦昌辉等自桂平金田进攻平南思旺墟，为洪秀全解围。

12月27日（十一月二十四日）　杨秀清等袭破浔州副将李殿元、平南知县倪涛于思旺墟，击毙巡检张镛。

12月28日（十一月二十五日）　杨秀清等迎洪秀全出思旺墟，回军金田。

是月，广西平南大黄江天地会党张钊（大头洋）、罗大纲（罗亚旺）等投入拜上帝会。

是年，天主教耶稣会在上海创办徐汇公学，后改称圣依纳爵公学，为天主教在中国开办最早的洋学堂之一。

1851年（清道光三十年）

1月1日（十一月二十九日）　拜上帝会众与清军在金田附近的蔡村江展开战斗，大败清军，毙副将伊克坦布。

1月9日（十二月八日）　因逗留琉球英人伯德仍未撤回，咸丰帝再命粤督徐广缙向英公使文翰交涉。

1月11日（十二月十日）　太平军在广西桂平县金田村祝贺洪秀全38岁生日。

1月13日（十二月十二日）　命伊犁将军奕山筹议俄国伊犁等处通商事宜。

太平军进击叛变的天地会张钊（大头洋）、田芳（大鲤鱼）等，占大湟江口石头城（江口墟）。

1月21日（十二月二十日）　福州英人迁至道山观，将神光寺房屋交还。

1851年（清咸丰元年）

2月9日（正月九日）　厦门英领事照会兴泉永道，凡生长在英国属地的中国人，应受英人管治。

2月18日（正月十八日）　太平军在大湟江牛排岭与向荣率领的清军激战。

3月15日（二月十三日）　太平军进军武宣县，至19日击败广西巡抚周天爵、提督向荣部清军。

3月23日（二月二十一日）　天王洪秀全在武宣东乡封五军主将，以杨秀清为中军主将，萧朝贵为前军主将，冯云山为后军主将，石达开为左军主将，韦昌辉为右军主将。

4月3日(三月二日)　太平军在三里圩大败周天爵、向荣部清军。

4月9日(三月八日)　清政府派大学士赛尚阿为钦差大臣,赴湖南防堵太平军。

4月22日(三月二十一日)　美署公使伯驾致书国务院,论对华政策,主张与英、俄、法、西班牙共同行动。

5月2日(四月二日)　谕伊犁将军奕山,拒俄人喀什噶尔通商之请。伊犁、塔城两处妥议章程。

5月16日(四月十六日)　太平军由武宣东乡入象州。

6月9日(五月十日)　太平军在象州梁山村、独鳌岭、马鞍山击败乌兰泰军。

7月6日(六月八日)　上海法领事敏体尼要求苏松太道麟桂给还松江天主堂。

8月6日(七月十日)　中俄签订《伊犁塔尔巴哈台通商章程》。

8月15日(七月十九日)　洪秀全在茶地下诏,以杨秀清领导军事。太平军自桂平紫荆山分三路出征。

8月22日(七月二十六日)　闽粤海盗布兴有及弟布良大破山东登州水师于荣城石岛洋面,掳战船9只。

9月15日(八月二十日)　河南北厅三堡黄河漫溢,口门塌宽185丈。太平军后军主将冯云山、中军主将杨秀清大破向荣于平南官村,前军主将萧朝贵等进至藤县大黎。

9月24日(八月二十九日)　上海《北华捷报》登载英、美、法三国领事联名发表的通告,宣布上海道台任命美国人贝莱士为上海港务长,并公布《上海港口章程》,攫取了中国港口管理权。

9月25日(闰八月一日)　太平军克永安州。

9月26日(闰八月二日)　两江总督陆建瀛奏请禁天主教。

10月1日(闰八月七日)　洪秀全至永安,令众兵将把缴物尽交归天朝圣库。

11月11日(九月十九日)　御史王茂荫奏,英夷包藏祸心,宜早求才之方,改科举三场策问为五门发题。礼部议不行。

12月17日(十月二十五日)　太平天国在永安封王建制。洪秀全下诏分封五王:杨秀清为东王、九千岁;萧朝贵为西王、八千岁;冯云山为南王、七千岁;韦昌辉为北王、六千岁;石达开为翼王、五千岁。以上所封各王俱受东王节制。

12月21日(十月二十九日)　杨秀清假借天父下凡,在太平军中展开对叛徒周锡能的斗争。

张乐行、龚得树等聚捻众抗击河南永城地主武装老牛会,次年初攻占永城。

1852年(清咸丰二年)

1月6日(十一月十六日) 科尔沁蒙古王旗佃民聚众抗租,抗拒官兵。

2月3日(十二月十四日) 太平天国正式颁行冯云山创制的《太平天历》。

2月7日(十二月十八日) 礼部侍郎曾国藩奏,目前急务有三:银价太昂,钱粮难纳;盗贼太众,良民难安;冤狱太多,民气难伸。

3月18日(正月二十八日) 钦差大臣赛尚阿督军炮轰永安城。

3月21日(二月一日) 英船私运华工475人自厦门赴旧金山。英国驻广州全权代办密尔切在报告中写道:"一想到和三万万或四万万人开放贸易,大家好像全都发了疯似的。"

4月4日(二月十五日) 伊犁、塔尔巴哈台开埠。

4月5日(二月十六日) 太平军永安突围,北上围桂林。

4月8日(二月十九日) 运往美国的华工发生暴动,在琉球八重山岛上岸。

4月19日(三月一日) 英驻华公使包令上书英外相,谓广州进城问题若能解决,其他问题亦可解决。

是月,洪仁玕第一次到香港,在瑞典传教士韩山文处学道,他口述了太平天国发动起义的经过,并提供文件多种,韩山文据此用英文写成《太平天国起义记》一书,于1854年在香港出版。

5月4日(三月十六日) 英船到琉球八重山岛捕拿华工23人,死6人。

5月19日(四月一日) 太平军攻桂林不克,撤围北上。

5月22日(四月四日) 太平军攻克兴安县。24日,进抵全州,冯云山中炮负伤。

5月25日(四月七日) 上海英租界工部局开始议事。

6月3日(四月十六日) 太平军攻克全州。

6月10日(四月二十三日) 蓑衣渡之战。冯云山伤重牺牲。

6月12日(四月二十五日) 太平军攻克湖南道州,湖南群众大批参加太平军。

是月,太平天国以东王杨秀清、西王萧朝贵名义发布《奉天计胡檄布四方谕》《奉天诛妖救世安民谕》《救一切天生天养中国人民谕》等檄文。

7月14日(五月二十七日) 法公使布尔布隆晤苏松太道吴健彰,谓如有照会,粤省大吏迟至两三月不复,请为转知两江总督。

8月10日(六月二十五日) 太平军自湖南道州东进。

8月12日(六月二十七日) 太平军占湖南嘉禾,焚烧学宫寺观。

8月17日(七月三日) 太平军占湖南郴州。

8月26日(七月十二日)　太平军西王萧朝贵率李开芳、林凤祥自郴州北破永兴,进军长沙。

9月12日(七月二十九日)　萧朝贵在进攻长沙时中炮牺牲。

是月,广西天地会朱洪英、胡有禄在南宁起义。

10月13日(九月一日)　洪秀全、杨秀清率军围攻长沙。

11月24日(十月十三日)　英海军在厦门登岸,枪杀华人4人,伤5人。

是月,福建厦门人民反对英国侵略者掠卖华工,集众1500人示威,被英国海军枪杀8人,伤16人。

12月3日(十月二十二日)　太平军占益阳,江河船户纷纷加入太平军。

12月13日(十一月三日)　太平军占岳州,获大批船只,成立水营。

12月23日(十一月十三日)　太平军克湖北汉阳,围攻水营。

12月29日(十一月十九日)　太平军占汉口。

12月,《中国丛报》(Chinese Repository)停办,共刊行20卷。

是年,壮族黄鼎凤在广西贵县发动起义。

吴凌云在广西新宁发动起义,1861年建立延陵国,1868年失败。

1853年(清咸丰三年)

1月8日(十一月二十九日)　清廷命在湖南湘乡原籍的礼部侍郎曾国藩,帮办本省团练事务,曾国藩在此基础上扩编为湘军。

1月12日(十二月四日)　太平军攻克武昌,队伍猛增至50多万人。

2月18日(正月十一日)　太平军攻克江西九江。

2月24日(正月十七日)　太平军攻克安徽安庆。

2月26日(正月十九日)　太平军攻克池州(今贵池)。

2月28日(正月二十一日)　太平军攻克铜陵。

3月4日(正月二十五日)　太平军攻克芜湖。

3月7日(正月二十八日)　太平军攻克太平府(今当涂)及和州。

3月8日(正月二十九日)　太平军兵临南京城下。

3月10日(二月一日)　英公使文翰上书英外相,主张抵抗太平天国进攻,保卫上海,并援助清廷,取得商务利益。

3月15日(二月六日)　苏松太道吴健彰致书英法领事,乞求派兵船保护南京。

3月19日(二月十日)　太平军攻破南京。次日,破南京内城,斩江宁将军祥厚。

3月29日(二月二十日)　太平天国定都南京,改名天京。

3月31日（二月二十二日） 罗大纲等率太平军克镇江。

清钦差大臣向荣在天京附近孝陵卫建立江南大营。

4月1日（二月二十三日） 林凤祥、李开芳等率太平军攻克扬州。

4月7日（二月二十九日） 英使文翰复上海道吴健彰，谓除保护英人生命财产安全外，不能以兵相助。

4月8日（三月一日） 上海英、美领事议定成立"上海义勇队"，会同海军，保卫租界。

4月12日（三月五日） 上海英、美、法人布置租界防务。

4月16日（三月九日） 清钦差大臣琦善和胜保等屯军扬州城外，建江北大营。

4月23日（三月十六日） 沙皇尼古拉一世下令侵占中国库页岛。

4月27日（三月二十日） 英香港总督兼驻华公使文翰访问天京，回上海后命英国传教士麦都思翻译太平军文书。

5月1日（三月二十四日） 太平军允许英国在太平天国境内经商。

5月8日（四月一日） 太平军派李开芳、林凤祥、吉文元从扬州出师北伐。

5月17日（四月十日） 福建小刀会首领黄威、黄德在海澄起义，攻占漳州、同安、厦门，11月10日失败，余部撤出厦门，转移海上，继续斗争。

5月19日（四月十二日） 太平天国春官正丞相胡以晃、夏官副丞相赖汉英、检点曾天养率战船千余艘，攻克安徽和州，太平军西征自此开始。

5月28日（四月二十一日） 李开芳、林凤祥等破安徽凤阳。

是月，林俊领导红钱会在福建永春起义，占领德化、大田、龙溪等城。

上海道吴健彰雇西洋船只助攻镇江失利。

6月上旬，涅维尔斯科伊派兵侵占哈吉湾，并擅自命名为尼古拉一世皇帝港口（现称苏维埃港）。

6月5日（四月二十九日） 美教士戴作士自上海至镇江晤太平天国检点罗大纲。

东王杨秀清、西王萧朝贵诰谕四民，敬拜上帝，毁除邪神，士农工商，各安其业。

6月6日（四月三十日） 李开芳、林凤祥等攻克安徽怀远。

6月7日（五月一日） 美国务卿训令马沙利对中国内战采取不干涉政策。

6月10日（五月四日） 胡以晃、赖汉英率西征军占领安庆。

6月13日（五月七日） 太平军北伐攻占河南归德。

6月14日（五月八日） 马克思论太平天国的著名论文《中国革命和欧洲革

命》在纽约《每日论坛报》发表。

6月16日（五月十日） 俄国致书理藩院,请划东北疆界。

6月21日（五月十五日） 美公使马沙利致书美国务院,主张列强共同干涉中国内战,乘机扩大条约权利。

6月24日（五月十八日） 赖汉英等率太平军攻南昌,三月不下,于9月24日撤围。

6月27日（五月二十一日） 太平天国北伐军到河南汜水,开始渡河。

7月3日（五月二十七日） 清政府始铸当十大钱。

7月4日（五月二十八日） 黄河在河南丰北厅工西坝决口,宽30余丈。

7月23日（六月十八日） 俄国要求允其大臣普提雅廷进上海口歇息并准俄国商人进口贸易。理藩院复拒。

曾国藩遣知州朱孙诒、编修郭嵩焘、训导罗泽南等率湘勇援南昌。

是月,太平天国北伐军进围河南怀庆;清江北大营帮办军务大臣雷以諴在扬州仙女庙创行厘金。

8月1日（六月二十七日） 《遐迩贯珍》月刊在香港出版。

8月11日（七月七日） 湖广总督张亮基等筹办水师船只,顺流东下,与向荣夹攻天京。

8月24日（七月二十日） 沙俄入侵者强占黑龙江阔吞屯。

9月7日（八月五日） 小刀会首领刘丽川起义,占领上海,响应太平天国。

9月8日（八月六日） 上海江海关被焚劫。首先抢劫者为英人。

9月9日（八月七日） 上海英、美领事颁布《船舶结关临时规则》。

9月17日（八月十五日） 上海英、美领事开始代江海关向英、美商人征收关税。

9月21日（八月十九日） 美公使马沙利致书美国务卿,主张维持清廷统治。

9月29日（八月二十七日） 太平天国西征军再攻九江。北伐军攻占直隶临铭关。

9月30日（八月二十八日） 清廷铸当五十大钱。

10月2日（八月三十日） 沙俄涅维尔斯科伊侵入库页岛南端优良港湾——阿尼瓦港,在该湾建立哨所。

10月10日（九月八日） 上海英领事阿礼国照会上海道兼江海关监督吴健彰,清军未收复上海前,无权征收关税。

10月11日（九月九日） 因北伐军逼近,京师戒严。

10月27日（九月二十五日） 北伐军占沧州。

10月28日(九月二十六日)　上海江海关暂设于黄浦江巡船上,外人不予承认。

10月29日(九月二十七日)　北伐军攻占静海、独流,逼近天津。

是月,北伐军进占直隶深州,迫近北京;西征军攻下汉阳、汉口,不久退守安徽黄州。

11月6日(十月六日)　太平军退出汉阳、汉口,屯驻湖北黄州待援。

11月9日(十月九日)　美国务卿训令新任驻华美公使麦莲与中国订立新约,并支持英国之修约要求,必要时可予太平天国以事实承认,如中国分裂,亦可分别与之建立外交关系。

11月14日(十月十四日)　琉球将遇难华工100余人送至福州。

太平军攻克桐城。

11月19日(十月十九日)　太平军攻克舒城,进军庐州。

12月6日(十一月六日)　法国驻华公使布尔布隆访问天京。10日秦日纲会见布尔布隆,14日布尔布隆离开天京。

12月11日(十一月十一日)　美公使马沙利照会叶名琛请予接见,被拒。

俄国东西伯利亚总督穆拉维约夫向沙皇政府提出开辟黑龙江航线控制中国东北的秘密报告。

是年,太平天国颁布《天朝田亩制度》。在天京成立删书衙,删改四书、五经。

1854年(咸丰四年)

1月14日(十二月十六日)　太平天国庆祝天王生日,在天京开科取士,选拔人才,准许妇女应试。

1月20日(十二月二十二日)　上海美领事向美商宣布上海为自由港。

1月23日(十二月二十五日)　沙皇尼古拉一世批准东西伯利亚总督提出的"武装航行黑龙江"计划。

2月4日(正月七日)　太平天国北伐援军在曾立昌、陈仕保等率领下,自安庆出发。

2月5日(正月八日)　太平天国北伐军自静海、独流南退。

2月6日(正月九日)　上海江海关移设苏州河北。

2月12日(正月十五日)　西征军在黄州大败清军,湖广总督吴文镕投水死。

2月13日(正月十六日)　英外相以《南京条约》签订满12年,指示英公使包令向中国提出修约要求:中国全境开放,外国公使驻京,长江通商,鸦片贸易合法化。

2月16日(正月十九日)　西征军三占汉口、汉阳。

2月25日(正月二十八日)　曾国藩练成湘军(水、陆军)17 000余人,发布《讨粤匪檄》,号召士人同太平天国作斗争。湘军自衡州出犯太平军。

3月6日(二月八日)　上海美船入口,艇内私载军火,中国水师巡船逐其水手。

3月9日(二月十一日)　太平天国北伐军南撤至直隶阜城。

3月11日(二月十三日)　太平天国西征军攻克宁乡,长沙大震。

3月23日(二月二十五日)　清政府开始铸当百、当五百、当千大钱。

4月6日(三月九日)　两广总督叶名琛拒绝会见美公使麦莲。

4月12日(三月十五日)　太平天国北伐援军攻占山东临清,旋因部众不愿北上,全军南下。

4月15日(三月十八日)　英国新任驻华公使兼香港总督包令会晤美公使麦莲,建议共同行动。

4月28日(四月二日)　西征军大败湘军水师于长沙北之靖港,曾国藩愤而投水,获救。

太平天国北伐援军曾立昌等自山东冠县南走,沿途遭清军截击,全军覆没。

5月1日(四月五日)　上海英领事阿礼国提出施行海关税务司制。

湘军水陆攻陷湘潭,太平军突围。

5月2日(四月六日)　太平军曾天养部攻克湖北荆门。

5月3日(四月七日)　美公使麦莲会晤江苏布政使吉尔杭阿、苏松太道吴健彰,声明无助"贼"之心,并要求两江总督接晤,否则派人前往天津投文。

5月7日(四月十一日)　叶名琛预定在广州洋行接见英公使包令,包令拒绝,坚持在城内官署会晤。

5月8日(四月十二日)　美国务院训令麦莲,支持英国修约要求。

5月9日(四月十三日)　英、法、美抗议中国在上海附近设立内地海关。

5月12日(四月十六日)　美公使麦莲照会两江总督怡良,要求会晤,并投递国书。

5月27日(五月一日)　美驻华公使麦莲乘坐军舰,带领传教士裨治文等访天京。

5月30日(五月四日)　穆拉维约夫率舰船75艘,运载哥萨克兵千名,闯入黑龙江。

北伐军李开芳率军占领山东高唐州。

6月8日(五月十三日)　英公使包令自香港到上海,进行修约交涉。

6月15日(五月二十日)　美、英、法三国领事会议,协商代清军收复被小刀会占领的上海。

6月20日（五月二十五日）　英新任公使包令派翻译麦华陀等访问天京。

6月21日（五月二十六日）　美公使麦莲在昆山会晤两江总督怡良，要求长江通商，修改条约。

6月26日（六月二日）　太平天国西征军再克武昌。

6月28日（六月四日）　东王答英人三十一条并质问英人五十条诰谕称："天国圣宝即将颁行，妖号之钱定将绝禁。"年底，太平天国发行钱币——太平圣宝。

6月29日（六月五日）　苏松太道兼江海关监督吴健彰与英、美、法领事商定上海江海关章程。

美水师提督柏理自日本派舰赴台湾基隆调查煤矿。

7月3日（六月九日）　英公使包令于上海会晤江苏巡抚许乃钊，要求苏州通商、广州进城、修改条约。

7月5日（六月十一日）　英、法、美三国驻上海领事公布《上海英法美租地章程》，规定在租界内设巡捕、征税。

广西天地会陈开起义，占佛山。

7月7日（六月十三日）　以吉尔杭阿代许乃钊为江苏巡抚。

7月9日（六月十五日）　俄船抵黑龙江口庙街。

7月11日（六月十七日）　上海租界成立工部局。

7月12日（六月十八日）　上海新海关正式建立，由美、英、法三国人士担任海关管理委员会委员，中国海关由此落入外国人手中。

7月15日（六月二十一日）　英公使包令为广州入城及修约事，照会两江总督怡良，要求面商，遭拒。

7月20日（六月二十六日）　广东天地会起义军10万余人围攻广州。

7月25日（七月一日）　湘军攻陷岳州。

8月9日（七月十六日）　西征军败湘军于岳州，阵斩湘军将领褚汝航。

9月25日（八月四日）　湘军提督塔齐布、知府罗泽南攻陷湖北崇阳。

因久攻高唐太平北伐军不下，胜保革职留任。

10月9日（八月十八日）　广西天地会胡有禄、朱洪英攻克广西灌阳，建号"升平天国"。胡有禄称定南王，朱洪英称镇南王。

10月14日（八月二十三日）　湘军及湖北清军反攻武汉，武昌、汉阳相继失守。

10月15日（八月二十四日）　英、法、美三国代表到达白河，要求到天津修约，被拒。

11月2日(九月十二日)　清朝政府赏曾国藩兵部侍郎衔,办理军务。

11月3日(九月十三日)　包令、麦莲于大沽会晤崇纶,提交修约说帖。

11月10日(九月二十日)　英、美公使修约不成南返。

上海租界召开纳税外国人大会。

11月19日(九月二十九日)　美公使麦莲上书国务院,建议美国总统致书中国皇帝要求修约,并派海军前来,必要时与英法军舰封锁白河、长江、闽江、黄浦江。

11月24日(十月五日)　秦日纲等在湖北田家镇半壁山为湘军所败,国宗石镇仑、韦以德牺牲。

12月2日(十月十三日)　湘军水师断太平军半壁山拦江铁锁,太平军4 000余号船只被焚。

12月5日(十月十六日)　法公使布尔布隆离上海回广州。

12月7日(十月十八日)　叶名琛请求英国海军助剿太平军,为香港总督包令所拒。

是年,英国在上海设立麦加利银行、有利银行。

杨秀清、韦昌辉、石达开上奏洪秀全,在安徽、江西实施"照旧交粮纳税"政策。

1855年(清咸丰五年)

1月29日(十二月十二日)　石达开计诱湘军水师入鄱阳湖,筑垒断其后路。湘军水师陷入内湖。

2月11日(十二月二十五日)　九江之战,石达开、罗大纲、林启容夜袭湘军水营,焚船百余,获曾国藩座船,大败曾国藩湘军水师。

2月17日(正月一日)　上海小刀会起义失败,刘丽川死难。

2月24日(正月八日)　上海道与英、法、美领事议定华人在租界内租占地皮及房舍居住章程。

3月7日(正月十九日)　清军攻陷东光连镇,太平天国北伐主将林凤祥被俘,槛送北京。15日林凤祥在北京就义。

3月17日(正月二十九日)　北伐军李开芳率军自高唐突围至茌平冯官屯。

是月,太平天国在天京解散女馆,废除男女隔离制度,准许男女婚配,设男女媒官各一人司其事。

4月3日(二月十七日)　西征军三克武昌。

4月5日(二月十九日)　廓尔喀军侵占西藏的潜咙聂拉木。

4月27日(三月十二日)　太平天国北伐援军在山东冠县溃散。

5月中旬沙俄第二次武装航行黑龙江,并迁来大批"移民",在黑龙江左岸强行建立俄国居民点。

5月31日（四月十六日）　清军僧格林沁引运河水攻破冯官屯，太平天国北伐失败。李开芳等9人被槛送北京，6月11日被杀害。

6月27日（五月十四日）　台湾道与美舰长乔治·帕特达成协议，允美商来台互市。

李泰国代替威妥玛为江海关司税官。

8月2日（六月二十日）　黄河自河南下北厅兰阳泛等处决口，河水经山东，由大清河入渤海。黄河自此改道。

8月26日（七月十四日）　塔尔巴哈台矿工徐天尧、安玉贤领导各族人民反抗沙俄血腥屠杀雅尔噶图金矿矿工，火烧俄贸易圈。

是月，各路捻军首领齐集亳州，举行雉河集会议，决定建立大汉国，公推张乐行为盟主，建黄、白、蓝、黑、红五旗军制。

9月香港总督包令准中国商船在香港注册，悬挂英旗，受英国保护。

9月7日（七月二十六日）　杜文秀攻占云南大理府。

9月18日（八月八日）　太平军西征军在武昌击败湖北巡抚胡林翼军。

9月23日（八月十三日）　俄国东西伯利亚总督穆拉维约夫与黑龙江勘界委员富尼扬阿会于阔吞屯，声言黑龙江、松花江左岸均属俄国。

9月27日（八月十七日）　美国务卿训令新任驻华公使伯驾与英法一致要求中国修约。

广东天地会陈开起义军攻占广西浔州府（今桂平），建立大成国。

是月，太平天国西征军在汉口、汉阳大败清军。

10月，张秀眉在贵州台拱领导苗族农民起义。

石达开率军自安庆西上，进援武昌。

11月10日（十月一日）　清江南大营提督和春攻陷庐州。

11月24日（十月十五日）　石达开率军自湖北攻入江西，连克新昌（宜丰）、瑞州（高安）、临江（清江）、吉安等城。

12月8日（十月二十九日）　英外相训令包令，与法、美一致行动。

12月9日（十一月一日）　石达开在江西接受广东天地会参加的队伍。

12月10日（十一月二日）　包令致书英外部，力主将英国势力推到北京，防制俄国。

英、美、法三国领事联名公布《上海港引水章程》，把从不平等条约中攫取的引水权具体化。

12月18日（十一月十日）　太平天国西征军占江西瑞州。

是年,贵州白莲教支派号军起义,以服饰和旗帜颜色分为红号、黄号、白号三支队伍。1868年失败。

1856年(清咸丰六年)

2月1日(十二月二十五日)　太平天国燕王秦日纲等率军东援镇江。

2月29日(正月二十四日)　法国神甫马赖潜入广西西林县非法传教,被西林知县张鸣凤处死。

3月1日(正月二十五日)　太平天国西征军攻占吉安。

3月24日(二月十八日)　由于英美使臣欲至上海更改条约,清廷命叶名琛妥为驾驭,绝其北驶之念,但勿拒不见。

3月28日(二月二十二日)　太平天国西征军攻占抚州。

4月2日(二月二十七日)　秦日纲等与镇江守军吴如孝大败江苏巡抚吉尔抗阿,渡江过瓜洲。

4月3日(二月二十八日)　秦日纲、陈玉成、李秀成、吴如孝大破钦差大臣托明阿于扬州之南,第一次大破江北大营。

4月5日(三月一日)　太平军再克扬州。

4月6日(三月二日)　湘军悍将罗泽南在武昌被太平军击伤,12日因伤在武昌毙命,李续宾代领其军。

4月8日(三月四日)　石达开军自江西入皖南,占祁门,东援天京,留卫天侯黄玉昆主江西军务。

4月16日(三月十二日)　太平军攻克浦口。

4月26日(三月二十二日)　石达开占皖南太平。

5月2日(三月二十八日)　石达开占皖南宁国府,东援天京。

美国公使伯驾照会叶名琛,提出修约要求。

5月15日(四月十二日)　美公使伯驾照会英、法公使,一致行动,要求中国修约。英公使表示支持,法使则答以未接训令。

是月,沙俄侵略军1 600余人第三次武装航行黑龙江,并设立军人"村屯"。

6月1日(四月二十九日)　秦日纲、陈玉成、李秀成等率太平军大败江苏巡抚吉尔杭阿所部于镇江高资,吉尔杭阿自杀。

6月5日(五月三日)　石达开屯兵江宁大胜关,支援天京。

6月14日(五月十二日)　秦日纲等自镇江撤兵西返天京,屯营燕子矶、观音门。

6月19日(五月十七日)　石达开、秦日纲等进攻天京城东仙鹤门。

6月20日(五月十八日)　石达开、曾锦谦、张遂谋会同秦日纲、陈玉成、李秀成及捻军李兆受(昭寿)攻破江南大营,钦差大臣向荣、总兵张国梁败走淳化镇,天京初次大解围。

6月21日(五月十九日)　向荣、张国梁逃至丹阳,太平军大破清江南大营。

7月14日(六月十三日)　石达开自天京抵湖口附近,再援武汉。

7月15日(六月十四日)　伯驾会晤闽浙总督王懿德,投交国书,并请求中美互派使臣,驻扎京师。

7月23日(六月二十二日)　两广总督叶名琛奏英、美、法各国公使以定约12年为由,请赴京修约。诏命酌允变通,阻止来京。

7月25日(六月二十四日)　法国署使顾思向叶名琛抗议,就马神甫被杀事要求赔偿、惩凶。

8月9日(七月九日)　清专办军务钦差大臣向荣在太平军的追击下,于江苏丹阳自缢而死。

8月22日(七月二十二日)　,杨秀清在天京逼天王洪秀全封其为"万岁"。

9月1日(八月三日)　北王韦昌辉自江西回抵天京。

9月2日(八月四日)　天京内讧,北王韦昌辉、燕王秦日纲、佐天侯陈承瑢等奉洪秀全密诏杀东王杨秀清。

9月4日(八月六日)　韦昌辉诱骗杨秀清部属,解除武装,再次进行大屠杀。

9月5日(八月七日)　石达开自武昌鲁家港撤兵东去。

9月16日(八月十八日)　云南杜文秀在蒙化起义,攻克大理。17日成立大元帅府,称总统兵马大元帅。

9月中旬,石达开、张遂谋自武昌星夜赶回天京,谴责韦昌辉滥杀无辜,韦昌辉又欲谋害石达开,石达开缒城逃走。韦将石全家杀害,并派秦日纲率军追击。

9月27日(八月二十九日)　法国为西林教案准备派兵东来,并望英、美一致行动。

10月8日(九月十日)　广东水师千总梁国定搜查私运鸦片的中国船"亚罗"号划艇(在香港注册期满),拘捕水手李明太等12人。英领事巴夏礼提出抗议。

10月10日(九月十二日)　两广总督叶名琛允释"亚罗"号水手9人,巴夏礼拒绝接受。

10月12日(九月十四日)　巴夏礼再向叶名琛抗议,要求释放水手、交还划艇、对英道歉,保证不再发生此类事件,限两日答复。

10月22日(九月二十四日)　叶名琛释12名水手,不允道歉,巴夏礼拒绝接受。

10月23日(九月二十五日)　英国海军上将西马縻各里率军舰3艘、划艇10

余只、海军陆战队约2 000人进攻广州,第二次鸦片战争爆发。

10月24日(九月二十六日) 英军攻占凤凰冈及沙南炮台。包令通知西马縻各里,命解决进城问题。

10月25日(九月二十七日) 英军占领海珠炮台及十三行。

10月26日(九月二十八日) 叶名琛关闭粤海关,并布告捕杀英人。

10月27日(九月二十九日) 英军炮轰广州城垣。

10月29日(十月一日) 英军破广州新城,攻入总督署,焚靖海门、五仙门。中国军队顽强抵抗,叶名琛逃避于老城巡抚署内。雷州知府蒋立昂、南海士绅伍崇曜会晤巴夏礼议和。

10月30日(十月二日) 英军继续炮击广州。西马縻各里照会叶名琛,要求道歉,并履行进城问题规定。

10月31日(十月三日) 叶名琛拒绝西马縻各里要求。

11月8日(十月十一日) 石达开自安庆出师,东讨韦昌辉。

11月10日(十月十三日) 英军炮毁广州猎德炮台。

11月上旬洪秀全在天京下诏诛韦昌辉,秦日纲亦被派兵带回处斩。洪秀全将韦首级函送安徽宁国府石达开处。

11月12日(十月十五日) 英军占领虎门横档炮台。

11月13日(十月十六日) 英军占领威远炮台。

11月22日(十月二十五日) 广州法国领事及侨民撤退。

11月25日(十月二十八日) 广州社学悬赏捕杀英人。

11月28日(十一月一日) 石达开回天京提理政务。

12月4日(十一月七日) 英军攻占广州东定炮台。

12月5日(十一月八日) 叶名琛致书美国提督道歉。

12月10日(十一月十三日) 英外相训令包令,赞同其对"亚罗"号事件所采取的行动及巴夏礼的要求。

12月12日(十一月十五日) 伯驾致书美国务卿,主张与英、法分占台湾、舟山、朝鲜,再与中国交涉。

12月14日(十一月十七日) 咸丰帝以英人在粤滋事谕令叶名琛,只可设法驾驭,不可迁就议和,并谕沿海各省密加防范。

12月15日(十月十八日) 广州人民焚烧广州十三行洋楼。

12月19日(十月二十二日) 湘军攻陷武昌,太平军秋官副丞相钟廷生退走。

12月24日(十一月二十七日) 美公使伯驾为12月15日洋行被焚事,致书包令,要求一致行动索赔。

12月25日(十一月二十八日)　法外相训令布尔布隆,英、法、美三国决定合作,一致向华要求修约。

12月26日(十一月二十九日)　包令致书伯驾,谓英法已成立协议,共同对华行动,盼美国参加。

12月27日(十二月一日)　伯驾宣布中美关系尚待解决,并致函国务院,请增派海军,与英法一致行动。

是年末,沙俄非法将我国吉林三姓(今黑龙江依兰)副都统所辖黑龙江下游地区和库页岛划为其滨海省,并设省府于庙街。

1857年(清咸丰七年)

1月8日(十二月十三日)　太平军林启荣部在九江大败清军杨载福、李续宾部。

1月12日(十二月十七日)　英军焚广州商馆附近民宅数千家。

1月14日(十二月十九日)　英海军提督西马縻各里被迫自广州十三行一带退居凤凰炮台,并请印度总督增派援兵5 000人。

1月16日(十二月二十一日)　英法公使及葡澳总督因香港发生毒面包案向叶名琛提出抗议,谓华人于面包中暗置毒药。

1月23日(十二月二十八日)　马克思在《纽约每日论坛报》发表《英中冲突》一文。

2月26日(二月三日)　英国上院以36票的微弱多数赞同英政府因"亚罗"号事件采取的对华政策。

2月27日(二月四日)　美国务卿再次训令伯驾,美政府不准备对华诉之战争。

伯驾与海军提督奄师大郎在澳门会商占领台湾问题。

陈玉成、李秀成攻占安徽舒城。

3月2日(二月七日)　天地会李文茂占广西柳州,称平靖王,改柳州府为龙城府。

3月3日(二月八日)　陈玉成、李秀成攻占安徽六安。

3月4日(二月九日)　英国下院反对英政府因"亚罗"号事件所采取的对华政策,随后英首相巴麦尊解散下院。

3月10日(二月十五日)　伯驾上书美国务卿,力主占领台湾。

3月11日(二月十六日)　陈玉成、李秀成攻占安徽正阳关。

3月15日(二月二十日)　升平天国朱洪英军攻克广西柳州府。

3月18日(二月二十三日)　李秀成及捻军李昭寿、龚得树、苏天福攻克安徽霍邱。

3月20日(二月二十五日)　英政府任命前加拿大总督额尔金为全权代表,率领2 900余人组成的远征军,来华交涉。

3月31日(三月六日)　太平军杨辅清部自江西占福建邵武府。

4月2日(三月八日)　包令、布尔布隆、伯驾至澳门会晤,商讨合作对华。

4月10日(三月十六日)　美国务卿照复英使,婉拒同盟对华,允与英法一致要求修约及赔偿。

马克思在《纽约每日论坛报》发表《英人在华的残暴行动》一文。

4月17日(三月二十三日)　恩格斯在《纽约每日论坛报》发表《英人对华的新远征》一文。

4月20日(三月二十六日)　英外相训令专使额尔金,向中国要求修改条约、驻使北京、赔偿损失、履行条约规定。

法政府派葛罗为来华交涉专使。

4月22日(三月二十八日)　美以列卫廉代伯驾为驻华公使。

4月23日(三月二十九日)　咸丰帝以英国另派大员来粤,命叶名琛不可存意迁就,亦不可复开边患。

4月26日(四月三日)　沙俄欲派专使到北京"办理交涉一切事件"。咸丰谕令库伦办事大臣据理阻拦。

4月27日(四月四日)　太平军陈玉成占安徽英山,进屯太湖。

4月30日(四月七日)　太平军石达开部及小刀会占福建汀州。

5月9日(四月十六日)　法外交部训令葛罗,要求修改条约、北京驻使、解决西林教案。

5月12日(四月十九日)　太平军陈玉成自安徽分道入湖北,在蕲州张家塝大败清军。

5月25日(五月三日)　英海军在东江口击毁广东水师船40艘。

5月30日(五月八日)　美国务卿训令新任驻华公使列卫廉,继续与清廷就修约事交涉,与英法和平合作,不参加军事行动。

是月底,石达开因天王猜忌而出走,带走约20万太平军,安王洪仁发、福王洪仁达掌朝政。

6月1日(五月十日)　英军攻佛山,死伤50余人,军舰搁浅。

俄军600余人第四次武装入侵中国黑龙江流域。

6月2日(五月十一日)　石达开自皖南铜陵渡江。

6月5日(五月十四日)　恩格斯在《纽约每日论坛报》发表《波斯与中国》

一文。

6月9日(五月十八日)　石达开经无为州往安庆,另谋发展。

浩罕安集延回人倭里罕等陷新疆英吉尔沙回城,围攻汉城。

6月16日(五月二十五日)　清军胜保部进攻捻军张乐行、龚得树,占三河尖。

6月19日(五月二十八日)　俄人于海兰泡筑营安炮。

7月2日(闰五月十一日)　英国侵华军全权代表额尔金率军抵香港。

7月7日(闰五月十六日)　穆拉维约夫发布军令,在整个黑龙江左岸建立所谓"阿穆尔防线"。

7月16日(闰五月二十五日)　清军提督张国梁攻陷句容,进逼天京。

7月18日(闰五月二十七日)　太平军陈玉成分道进军湖北黄梅、广济、蕲州等地。

8月7日(六月十八日)　英海军封锁广州。

9月2日(七月十四日)　湘军攻陷江西瑞州。

10月5日(八月十八日)　石达开自安庆经建德入江西,开始远征。

10月26日(九月九日)　湘军水师攻陷湖口及梅家州,湘军外江内湖水师会合。

12月11日(十月二十六日)　李秀成、李世贤及捻军李昭寿增援镇江,与清军张国梁部相持于高资。

12月12日(十月二十七日)　英、法已集中5 600人的联军(其中法军1 000人)做好进攻准备。是日,英、法专使额尔金和葛罗向两广总督叶名琛发出通牒,要求入城、"修约""赔偿损失"和由英军把守河南地区各炮台,限10日内答复,否则"力攻省垣"。

法海军提督封锁广州。

12月14日(十月二十九日)　叶名琛分别照复英法专使,拒其要求。但不做防守准备,只迷信神仙"乩语"。

12月15日(十月三十日)　英法联军攻占广州海珠炮台。英援军自印度到香港。

12月27日(十一月十二日)　清军和春、张国梁部攻陷镇江,李秀成救吴如孝军回天京。清军围困天京。

12月28日(十一月十三日)　英法联军炮轰广州城。

12月30日(十一月十五日)　广东巡抚柏贵、广州将军穆克德纳在广州西北城墙竖白旗投降,广州失陷。

陈玉成等率太平军再入湖北。

是年底或次年初,李秀成向洪秀全提出"依古制而惠四方"的纲领,遭到痛斥,撤职革爵;李秀成承认错误后,洪秀全又复其职。

是年年底至翌年初,广州人民组成佛山团练局,反抗英法联军侵略。

是年,中国第一个留英学生黄宽在爱丁堡大学医科毕业归国,后入广州博济医院行医和培养中国第一代西医。

英国麦加利银行在上海设立分行。

1858年(清咸丰八年)

1月2日(十一月十八日)　叶名琛自两广总督衙门避入广州都统衙门。5日被英法联军俘获。

1月8日(十一月二十四日)　清军张国梁部逼攻天京,重建江南大营。

1月9日(十一月二十五日)　英法占领军成立联军委员会,对广州实行军事殖民统治。柏贵仍任原职,成为中国近代史上第一个地方殖民政权的傀儡。

英法联军在广州无恶不作,英军抢走布政使衙门库银227 000两。

1月11日(十一月二十七日)　广东南海番禺知县与绅士密商利用团练谋复省城。

1月19日(十二月五日)　贵州灯花教刘义顺起义,攻占思南府。因以白布裹首,亦称"白号"。

1月22日(十二月八日)　湘军道员刘长佑、萧启江,同知刘坤一,攻陷江西临江府。

1月25日(十二月十一日)　陈玉成等率太平军自安徽霍山会合捻军北进。

2月4日(十二月二十一日)　英、法专使照会美、俄二使,力主一致要求清廷派遣全权钦差到上海谈判,否则四国共同进军天津。

2月5日(十二月二十二日)　太平军陈玉成等率太平军入河南,围攻河南固始县。

2月10日(十二月二十七日)　英法联军解除广州封锁,贸易恢复。

2月11日(十二月二十八日)　英、法、美、俄四使照会大学士裕诚,要求于三月前派出全权大臣到上海谈判。

2月22日(正月九日)　英军将叶名琛自香港送往印度加尔各答。

2月25日(正月十二日)　李秀成督军出天京太平门、神策门及下关,被张国梁、张玉良等率清军击退。

2月26日(正月十三日)　额尔金的代表俄理范偕同英、法、美三国驻上海领事向江苏巡抚赵德辙递照会。

3月8日(正月二十三日)　英、法、美、俄四国通牒送达北京。

是月,李秀成出天京,前往芜湖增调援军,天京政务由正掌率赞天安蒙得恩及李春发、林绍章掌管。

4月6日(二月二十三日)　额尔金等退还何桂清、赵德辙来文,声明即日北上。

4月13日(二月三十日)　普提雅廷自上海到达白河口,投递照会,要求天津地方官往晤。

4月14日(三月一日)　额尔金自上海到达白河口。

4月15日(三月二日)　翼王石达开入浙江江山。

4月16日(三月三日)　列卫廉自上海到达白河口。

4月19日(三月六日)　谭廷襄率兵8 000人,携带神枪营大炮,前往大沽与原守军一起设防。后又增加马步兵2 000余人。

4月20日(三月七日)　葛罗自上海到达白河口。

4月24日(三月十一日)　英、法、美、俄四使照会大学士裕诚,限6日派全权大臣到大沽,否则将采取必要手段。

4月25日(三月十二日)　普提雅廷与崇纶、乌尔棍泰于大沽会晤,提出进京,查明黑龙江、伊犁边界,允海口通商等要求。

陈玉成等率太平军攻占湖北麻城。

4月27日(三月十四日)　额尔金令英海军提督西马縻各里进军天津。

4月29日(三月十六日)　英法兵船3艘驶入大沽口外拦江沙。

谭廷襄、崇纶、乌尔棍泰在大沽接见普提雅廷,普重提4月25日要求。

5月1日(三月十八日)　额尔金、葛罗以谭廷襄非全权大臣,无便宜行事之权,拒与会晤。

5月3日(三月二十日)　谭廷襄、崇纶在大沽接见美公使列卫廉,请其向英、法说合。

5月5日(三月二十二日)　普提雅廷提出调处法事条款,要求先将俄国所请两条议定:以黑龙江分界;陆路走恰克图,为中国预备枪炮和教练官。

清廷以俄使之言多不可靠,命谭廷襄等转向美公使求助调处。

5月18日(四月六日)　英、法专使及海军提督会商,决定以武力占领大沽炮台。

黑龙江将军奕山派副都统吉拉明阿往见穆拉维约夫,促会谈界务。

5月19日(四月七日)　清军李续宾、杨载福、彭玉麟攻陷九江,太平天国守将林启荣等以下17 000余人战死。

5月20日(四月八日)　英法联军攻占大沽炮台,游击沙元春、陈毅阵亡,天津总兵达年及兵勇八九千人均溃散。

5月26日（四月十四日） 英、法兵船抵达天津城下。

英国通李泰国面告天津府县，必须另派头品大臣二员来津共议，否则将取天津、北京。

5月28日（四月十六日） 黑龙江将军奕山在沙俄武力要挟和外交讹诈下，与俄国东西伯利亚总督穆拉维约夫订立《瑷珲条约》，沙俄由此割去黑龙江以北、外兴安岭以南60多万平方公里领土，并把乌苏里江以东中国领土划为中俄共管。但条约当时未获清廷批准。

清政府派大学士桂良、吏部尚书花沙纳驰往天津议和，命谭廷襄等宣示各国使臣，毋庸进京。

6月1日（四月二十日） 钦命桂良、花沙纳便宜行事，全权办理。派惠亲王绵愉、怡亲王载垣、郑亲王端华办理京城防务事宜。

6月2日（四月二十一日） 穆拉维约夫为"庆祝"《瑷珲条约》的签订，在海兰泡集会，宣布将此地更名为布拉戈维申斯克（意为"报喜城"）。

6月3日（四月二十二日） 咸丰皇帝命所有议抚事宜，专归耆英办理。并命惠亲王绵愉等专办京城各旗营巡防事宜。

6月6日（四月二十五日） 额尔金派李泰国与桂良、花沙纳晤谈，声言须先允进京驻扎，再往京议事，否则仍带兵入京。

6月13日（五月三日） 中俄《天津条约》签订。允俄国享受最惠国待遇，海路通商，勘定两国边界。

6月18日（五月八日） 中美《天津条约》签订。允美国享受最惠国待遇，公使到京暂驻。

6月20日（五月十日） 桂良奏，俄人欲赠送枪炮。谕准予接受，唯不准受其教导技艺。

6月23日（五月十三日） 清政府批准中俄《天津条约》。

6月25日（五月十五日） 桂良、花沙纳以诏旨坚拒使臣驻京、内地通商，请求美、俄二使向英使劝告疏通。

6月26日（五月十六日） 中英《天津条约》签订。允英国派使节驻京，增开牛庄、登州、台湾、潮州、琼州、淡水、汉口、九江、南京、镇江等10处为通商口岸，准许内地游历、通商，改订税则，允以领事裁判权，赔款400万两。一年内于北京换约。

6月27日（五月十七日） 中法《天津条约》签订。除包括中英《天津条约》主要条款外，另允天主教入内地传教，赔款200万两。

6月28日（五月十八日） 咸丰帝命桂良等与英法约定进京限制。指示镇江、南京通商须待军务告竣,牛庄不准通商,并托嘱俄公使挽回。

7月1日(五月二十一日) 允许俄国酌派数人前来教习枪炮,修筑炮台。

7月2日(五月二十二日) 广州一法人被杀,法兵屠杀华人43名。

7月9日(五月二十九日) 兵部侍郎王茂荫奏请重刊魏源的《海国图志》,并请变通考选。

7月15日(六月五日) 命大学士桂良、吏部尚书花沙纳、工部右侍郎基溥等前往上海会同两江总督何桂清与英法会议通商税则事宜。

7月21日(六月十一日) 罗惇衍等督壮勇7 000人围攻广州,不果,死伤300余人。

7月30日(六月二十日) 黄宗汉照会广州英法提督,和约已定,应约束兵丁,以达中外相安。

8月11日(七月三日) 英军进犯广东新安城,屠杀数千人。

8月23日(七月十五日) 太平军克安徽庐州城。

8月28日(七月二十日) 僧格林沁到大沽查勘。

是月,由陈玉成主持,太平天国各将领在安徽枞阳镇集会,制定解救天京的军事计划。

9月7日(八月一日) 额尔金照会桂良,抗议粤督黄宗汉出示招勇,敌视英人。

9月12日(八月六日) 太平天国国宗杨辅清攻克安徽婺源。洪秀全以杨辅清为中军主将取代蒙得恩。此前洪秀全已恢复五军主将制度。

9月20日(八月十四日) 马克思在《纽约每日论坛报》发表《鸦片贸易史》。

9月21日(八月十五日) 湘军攻陷江西吉安。

9月26日(八月二十日) 陈玉成、李秀成联合发起浦口之战,大败清钦差大臣德兴阿,夺回浦口,再破江北大营,解天京围。

9月29日(八月二十三日) 咸丰帝谕令桂良等照原定办法,将全免课一层,明白宣示,所许使臣驻京、入江各项,全行罢议,兵费不应再索,广州即时退出。

10月5日(八月二十九日) 马克思在《纽约每日论坛报》发表《中英条约》一文。

何桂清奏,会议税则,未可顿改前约,致另引波澜。

10月15日(九月九日) 马克思在《纽约每日论坛报》发表《中国和英国的条约》一文。

10月18日(九月十二日) 咸丰帝严旨命将派员驻京、内江通商及内地游历、赔缴兵费始退还广州四项一概消弭,否则断难允准。桂良等奏,欲洋人罢弃《天津条约》,势必不行。

11月8日(十月三日) 中英、中美《通商章程善后条约:海关税则》分别在上海签字。主要内容:允许鸦片以"洋药"名义进口;一般洋货进口按5%征税,运往内地加征2.5%子口税,不再纳厘金等税。

英、法、美三使协定各口岸海关均由英人任征收员。额尔金借通事李泰国等自上海溯江而上,考察通商口岸。

11月15日(十月十日) 太平军陈玉成、李秀成部在安徽三河镇大破湘军,全歼湘军精锐6000多人,湘军悍将李续宾自缢死,安庆之围不战自解。

11月20日(十月十五日) 英国侵略者额尔金率舰队抵天京观音门,与太平军发生炮战,英军死伤2人,太平军死20余人。

11月21日(十月十六日) 英舰炮轰浦口及观音门两岸太平军炮垒,太平军停止炮击,英舰溯江西上。

11月23日(十月十八日) 额尔金到芜湖,派遣威妥玛上岸与太平军守将会晤。

11月24日(十月十九日) 中法《通商章程善后条约:海关税则》在上海签字。内容同11月8日与英、美所签条约。

陈玉成、李秀成攻占安徽桐城。

11月26日(十月二十一日) 额尔金过安庆,与太平军发生冲突。

12月1日(十月二十六日) 以本年顺天乡试科场舞弊,命将正考官柏葰等先行革职,听候查办。

12月10日(十一月六日) 湖广总督官文于武昌城接见额尔金,款以酒肴。

12月11日(十一月七日) 安徽太湖二郎河之战,太平军失利。

12月15日(十一月十一日) 左军主将李世贤破芜湖湾沚清军大营,督办宁国军务浙江提督邓绍良毙命。

12月17日(十一月十三日) 俄使彼罗夫斯基到京,礼部尚书管理藩院事务肃顺、理藩院尚书瑞常受命与其商办有关事务。

12月25日(十一月二十一日) 洪秀全致英使额尔金的《对西洋番弟御诏》送至芜湖英舰"莱塔布登"号。

12月29日(十一月二十五日) 额尔金再过天京,遣威妥玛、李泰国等上岸,与李春发会见,英军声明并非帮助清军作战,而是前往汉口,请求太平军不要炮击英舰。李春发要求英方若通过太平军控制水域应先通知,并派员送之出天京城。

是年,广州城内城外民众以各种方式袭击侵略者。三元里、南海等地民众成立佛山团练局,开展长期抗敌斗争。

香港、澳门工人罢工,反对英法联军侵占广州。

英国麦加利银行在上海和香港设立分行。

1859 年(清咸丰九年)

1月4日(十二月一日) 英军进攻三元里牛栏冈一带,被乡民击退。

1月22日(十二月十九日) 美国务卿训令华若翰,中美《天津条约》必须在北京互换。

3月1日(正月二十七日) 英外相训令新任驻华公使普鲁斯,坚持北京换约、公使驻京、完全履行《天津条约》。

3月2日(正月二十八日) 额尔金照会桂良,北京换约之后,履行《天津条约》,公使可不长期驻京。

3月17日(二月十三日) 因上年顺天乡试科场舞弊案,主考官大学士柏葰、同考官浦安等被问斩。

3月20日(二月十六日) 陈玉成联合捻军在庐州城外击溃清军,擒获清署安徽巡抚李孟群。

3月29日(二月二十五日) 允英、法在北京换约,但随从人员不得超过10人。命桂良届时来京办理。另谕僧格林沁如英船到津,胆敢开炮,即可慑以兵威。

4月2日(二月二十九日) 获悉英、法公使均欲进京换约,命僧格林沁严防英船寻衅。

4月24日(三月二十二日) 中俄《天津条约》在北京换约。

4月30日(三月二十八日) 清廷以英公使将到,命桂良等于上海竭力阻其北上,挽回四事。

陈玉成自江浦攻六合。

5月11日(四月九日) 洪秀全晋封洪仁玕为开朝精忠军师顶天扶朝纲干王,总理朝政。太平天国后期封王自此始。

5月28日(四月二十六日) 美新任驻华公使华若翰到达上海,并照会中方即将进京换约。

6月6日(五月六日) 咸丰帝谕桂良等,以上海换约为第一要义,如不得已,须将船停泊大沽拦江沙外,由英法使臣亲自赴京。

6月7日(五月七日) 桂良等于上海照会普鲁斯,请暂缓北上,约期相见。并令苏松太道吴煦劝其在上海换约。

英法公使密谋,决定不惜武力打开白河大门,向京城挺进,并组成联合舰队(舰队由英、法、美三国21艘舰船组成,由新任侵华军司令何伯率领)。

6月17日(五月十七日) 何伯率英法联军舰队驶抵大沽口。随即要求清方3

日内撤去海口之木筏铁戗。

6月18日（五月十八日）　咸丰帝命桂良等星夜回京，并谕僧格林沁、恒福派员知照英、法兵船勿驶入拦江沙。将来进京须由北塘行走，清方将派人护送，并以礼相待。

6月20日（五月二十日）　何伯要求通过大沽，并要求清军撤去木筏铁戗，否则自行拔去。普鲁斯、布尔布隆到达大沽口，以"换约"为名，限令清政府在25日前撤除白河防御。

6月23日（五月二十三日）　直隶总督恒福照会普鲁斯，令自北塘上岸，再往北京换约。

6月25日（五月二十五日）　拂晓，何伯率英、法兵船13艘闯入大沽口，强行拆除航道中防卫设施，开炮轰击炮台。联军陆战队千余人强行登陆。守卫大沽炮台的爱国官兵奋起反击，联军惨败。直隶提督史荣春、副将龙汝元战死。

7月1日（六月二日）　太平军中军主将杨辅清与湘军曾国荃部大战于江西景德镇，至14日失利，杨辅清退至安徽祁门。

7月2日（六月三日）　恒福照会华若翰，说明大沽接仗曲直，并允入京换约和先在北塘会晤。

7月8日（六月九日）　华若翰与恒福会于北塘，美方要求入京，恒福请其调处英法事。

7月11日（六月十二日）　英、法兵船全部离大沽回上海。

7月27日（六月二十八日）　美公使华若翰到北京。

伊格那提也夫驳复肃顺等，坚持中国已允以乌苏里江为界，须照俄国地图办理，否则难免侵占扰乱，并对陆路贸易提出异议。

7月29日（六月三十日）　咸丰帝命奕山、景淳晓谕俄人，所有乌苏里江、绥芬河等处不容该国人船游驶，三姓地方亦不准该国商人到彼国贸易，黑龙江左岸系借与栖身之地，不得再来人口，亦不得再添盖房屋。

是月，两广总督黄宗汉与英、法议定在广州沙面西部和东部建立英法租界，共占地260余亩。

8月6日（七月八日）　上海教堂被捣毁。

8月10日（七月十二日）　美国驻华公使华若翰向桂良递交国书。

8月14日（七月十六日）　石达开撤湖南宝庆之围去广西。

8月16日（七月十八日）　美公使华若翰与直隶总督恒福在北塘换约。

8月22日（七月二十四日）　咸丰帝谕何桂清在上海与英公使妥议，挽回《天津条约》中之不可行者。

8月29日（八月二日）　以奕山办理中俄划界失宜故,革去御前大臣、黑龙江将军,命特普钦署黑龙江将军,并令暗整军务。

8月31日（八月四日）　伊格那提也夫照会军机处,指斥肃顺悖礼,不合和好之道,告其必须谨慎,或另派大臣商办,以维护两国和好。

9月2日（八月六日）　命僧格林沁于北塘设置炮台,拨调防兵。

9月13日（八月十七日）　军机处照复伊格那提也夫,中俄地界康熙年间久已分定,绥芬河、乌苏里江断不能借予居住。和约初定,不应别生枝节,无须派员会勘。

9月28日（九月三日）　曾国藩自武昌回黄州巴河,与胡林翼密谋进兵安徽。

9月29日（九月四日）　湘军道员萧启江等在广西桂林打败石达开部石镇吉。

10月7日（九月十二日）　以劳崇光代王庆云为两广总督,调耆龄为广东巡抚。留一人驻广州城外调度。

10月10日（九月十五日）　英外相训令普鲁斯,战区应限于华北。

10月14日（九月十九日）　美公使华若翰照会何桂清,请准美商前往汕头、台湾互市。

10月18日（九月二十三日）　太平天国天京天试,洪秀全任命洪仁玕为文衡正总裁。

10月19日（九月二十四日）　何桂清照复华若翰,俟与英、法争端了结,即照新约办理。

10月22日（九月二十七日）　太平军右军主将韦志俊以安徽池州叛降清军。

10月24日（九月二十九日）　两广总督劳崇光委令英国人总税务司李泰国按照沪海关办法组织粤海关税务司（由赫德任税务司）。

10月29日（十月四日）　英外相训令普鲁斯,如中国愿和,可先到天津再进京换约,否则要求充分道歉、特殊赔款。

11月15日（十月二十一日）　诏准美国先在潮州、台湾开市。

11月16日（十月二十二日）　太平天国颁布改历诏,调整天历。

11月,英、法组成新的侵华联军,其中英军18 000人、法军7 000人,英陆军中将格兰特、法陆军中将孟托班为英、法远征军总司令,准备扩大侵华战争。

11月26日（十一月三日）　英国陆军大臣赫伯特训令陆军统领格兰特,布置对中国军事行动计划及进军路线。

11月30日（十一月七日）　因英、法调兵东来,命恒福前往上海与何桂清商办,并命僧格林沁不可先行挑衅。

12月19日（十一月二十六日）　命僧格林沁于北塘备防。命何桂清劝导法公使,勿为英助。并允英、法二国在五口通商时,照美国新章征收船钞。

是年,华蘅芳写成近代中国第一部数学著作《抛物线说》,汇集了当时中西数学的成就,为中国第一台蒸汽机的制造奠定了数学基础。

郭嵩焘建议清政府令沿海、边疆各地选派通悉外国语言之人来京,在理藩院学习,并研究外人在华情况,制定应付办法。

李短鞑、蓝大顺在云南昭通组织农民起义。

两江总督衙门任命英人李泰国为总税务司。李泰国以"各口画一办理"为由,按上海口关的一套办法在广州组织海关税务。1860—1863年,又开设潮州、宁波、福州、镇江、天津、九江、厦门、汉口、烟台(东海)等关。

1860年(清咸丰十年)

1月14日(十二月二十二日) 英王陈玉成联合征北主将张乐行,败湘军于安徽潜山。

1月28日(正月六日) 李秀成与洪仁玕商定战略:约英王陈玉成虚援安庆,李秀成进兵杭州,以解天京之围。

2月1日(正月十日) 清江南军总统张国梁部攻陷江浦九洑洲,合围天京。

2月10日(正月十九日) 李秀成率陈坤书、谭绍光、陆顺德、吴定彩、陈炳文自芜湖到南陵。

2月15日(正月二十四日) 刑部候补主事何秋涛进呈所纂《北徼汇编》,赐名《朔方备乘》。

2月16日(正月二十五日) 太平天国左军主将李世贤、右军主将刘官芳破湘军副将杨名声,攻克皖南泾县。

2月17日(正月二十六日) 清副都统多隆阿、总兵鲍超破英王陈玉成于安徽小池驿。

2月22日(二月一日) 李世贤率太平军攻克皖南宁国县。

2月24日(二月三日) 李秀成攻克皖南广德州,向浙江进军。

清军张国梁部攻陷江宁七里洲、上关、下关。

是月,英、法政府决定再派额尔金、葛罗为特使,率军侵华。

3月8日(二月十六日) 英公使普鲁斯、法公使布尔布隆照会大学士桂良:要求中国为大沽事件道歉,交还联军当时放弃的全部枪炮和船舰;进京换约,赔偿兵费,长驻京师,及履行天津条约,限30天内答复。

3月19日(二月二十七日) 太平军攻克杭州,江南大营分兵往援。

4月8日(三月十八日) 忠王李秀成会辅王杨辅清、侍王李世贤、右军主将刘官芳、定南主将黄文金、平西主将吴定彩、求天义陈坤书等攻占安徽建平,商天京解围战略。

4月9日(三月十九日)　英国陆军大臣致书格兰特,占领北京之后,立即退出,免使中国陷于混乱,影响在华商务。

4月13日(三月二十三日)　李世贤攻克江苏溧阳。

4月14日(三月二十四日)　英法公使、英法陆军统领、英法海军统领于上海会议,决定封锁北直隶、占领舟山。

4月21日(闰三月一日)　英法联军占领定海。

4月23日(闰三月三日)　李世贤自江苏金坛占句容,辅王杨辅清攻占秣陵关。

4月24日(闰三月四日)　英王陈玉成自安徽全椒南援天京。

4月27日(闰三月七日)　忠王李秀成、平西主将吴定彩、侍王李世贤自句容逼淳化镇,猛攻江南大营。

4月28日(闰三月八日)　忠王李秀成等破淳化镇,打败提督张国梁。

4月29日(闰三月九日)　辅王杨辅清、定南主将黄文金(南路左翼)自秣陵关进攻雨花石,右军主将刘官芳、求天义陈坤书(南路右翼)北逼高桥门,英王陈玉成、靖东主将刘玱琳、前军主将吴如孝(西路)自江宁镇东趋板桥、善桥。

5月2日(闰三月十二日)　李秀成、陈玉成、李世贤、杨辅清、刘官芳、黄文金、吴如孝、刘玱琳、吴定彩、陈坤书分路并进,进攻江南大营,清钦差大臣和春、帮办军务张国梁、提督王浚固守。

5月6日(闰三月十六日)　太平军二破江南大营,和春、张国梁逃往镇江。天京第二次大解围。

5月11日(闰三月二十一日)　太平天国举行天京军事会议,决定先攻克苏州、常州,然后回师进行第二次西征。

5月19日(闰三月二十九日)　命何桂清、薛焕于上海向英、法公使反复劝导,极力挽回,不可骤然决裂。

英王陈玉成追击张国梁至丹阳,张国梁为追兵所迫,仓皇窜入丹阳南门河下没水而死。

5月26日(四月六日)　英王陈玉成攻扬州。

李秀成、李世贤、杨辅清占常州。

清廷钦差大臣、江宁将军和春逃往无锡,在浒墅关自杀。

5月27日(四月七日)　英军抵金州海口,占领大连湾。英、法兵船截捕山东洋面漕船商船。

5月30日(四月十日)　李秀成、李世贤攻克无锡。

是月,黔西苗、彝农民万余人起义,推陶新春、陶三春兄弟为首领。

6月2日(四月十三日) 李秀成、李世贤攻占苏州,旋建立苏福省,以苏州为省会。

美国人华尔在上海组成洋枪队。

6月4日(四月十五日) 法军集烟台,英军继续向金州集中。

6月8日(四月十九日) 法军占领烟台,并尽扣刘公岛内商船。

英军全部离香港北进。

6月9日(四月二十日) 清廷命兵部郎中左宗棠以四品京堂候补,随同曾国藩襄办军务。

6月15日(四月二十六日) 李世贤攻占浙江嘉兴。李秀成占江苏昆山。

6月16日(四月二十七日) 伊格那提也夫怂恿英、法北上打仗,并告以京津防备情形。

李秀成在苏州张贴安民"谆谕"。

6月17日(四月二十八日) 李秀成军占太仓。

6月18日(四月二十九日) 英军大队到金州青泥洼大孤山。

6月25日(五月七日) 英陆军统领格兰特及法海军统领沙内自上海到达烟台。英兵船122艘集中金州海口。

6月26日(五月八日) 英、法政府通告欧美各国对中国宣战。

俄公使伊格那提也夫告法公使愿予以外交协助。

7月1日(五月十三日) 太平军攻克松江。

7月2日(五月十四日) 沙俄侵占中国海口海参崴,改名为符拉迪沃斯托克,意为"控制东方"。

7月11日(五月二十三日) 俄船在北塘投递俄、美两公使致军机处照会,被拒。

上海英、法、美领事宣布三国住上海商民接受工部局管辖。

忠王李秀成致书美、英、法驻上海公使,请即日撤退松江洋船及上海城内洋兵,并请来苏州与干王晤商。

7月16日(五月二十八日) 华尔、白齐文、法尔思德的洋枪队袭取松江,进攻青浦。

7月19日(六月二日) 英、法公使和两国侵华陆海军司令,在烟台法旗舰上召开作战会议,商定进军计划。

7月26日(六月九日) 英、法军队分别从大连、烟台向天津进军。两国舰队于渤海湾会齐,继续向北塘开进(英军舰船173艘,兵力10 500人;法军舰船33

艘,兵力 6 300 人)。

7月28日(六月十一日)　英、法兵船到达大沽拦江沙外。

7月29日(六月十二日)　美公使华若翰照会恒福,愿在中国与英、法间调处。

7月31日(六月十四日)　舟山英、法军强向定海厅逼取巡逻费,每月 800 两。

8月1日(六月十五日)　格兰特和孟达班率英法联军,由俄国人引路,趁守备空虚,不战而据北塘。

8月2日(六月十六日)　忠王李秀成在青浦大破洋枪队。

英教士艾约瑟、杨笃信自上海到苏州,晤干王洪仁玕,谈宗教问题。

8月6日(六月二十日)　恒福照会额尔金,愿面会商议,请停止进兵。

8月9日(六月二十三日)　华尔洋枪队再攻青浦,被李秀成军打败,太平军缴获大量洋枪大炮。

8月10日(六月二十四日)　清政府实授曾国藩为两江总督,以钦差大臣督办江南军务,所有大江南北水陆各军悉归节制。

8月11日(六月二十五日)　额尔金照复恒福,同意与钦差大臣交涉,唯3月8日要求,不可改减。

8月12日(六月二十六日)　英、法军万人从北塘出发,攻占新河与军粮城,察哈尔都统西凌阿败退塘沽。

8月14日(六月二十八日)　英、法军队占领塘沽。

8月15日(六月二十九日)　谕僧格林沁,勿专以大沽为重,应退保天津,以顾京师。

调山西、陕西、直隶、山东各省兵 14 500 人入卫,命大学士瑞麟、理藩院尚书伊勒东阿统带京旗 9 000 人赴通州防堵。

8月16日(六月三十日)　恒福照会额尔金、葛罗,已派钦差来津议事,请停止干戈。

李秀成率太平军攻上海,不克。

8月18日(七月二日)　额尔金、葛罗分别照会恒福,以占领大沽炮台,批准3月8日所开条款,为罢兵条件。

李秀成致书驻沪的英、法、美公使,声明兵到上海,不扰外人,请悬黄旗,以便识别。

8月19日(七月三日)　李秀成军三面包围上海,焚江海关,进逼法租界,被英、法军击败。

8月20日(七月四日)　李秀成再攻上海,不克。李在战斗中负伤。

8月21日(七月五日)　英法联军进攻大沽北岸炮台,守军奋勇抵抗,损失近千人,联军死伤400人。直隶提督乐善阵亡。僧格林沁退出南岸炮台,大沽失守。

恒福照会额尔金、葛罗乞和。

8月23日(七月七日) 僧格林沁退至杨村,恒福自大沽退向天津。

8月24日(七月八日) 何伯率英法联军溯白河驶达天津城郊,不费一枪一弹占领天津城,并对天津实行军事管制。

清政府以大学士桂良、直隶总督恒福为钦差大臣,赴天津议和。

巴夏礼会晤恒福、文俊等,声言必须全准3月8日各条款,方能息兵。

8月25日(七月九日) 桂良照会英、法公使,接受了3月8日所开各条款。

8月29日(七月十三日) 额尔金照会桂良,要求天津开埠通商,增加赔款,并先专立善后专约,将前后所开各条,一概允准,再入京换约。

8月30日(七月十四日) 咸丰帝谕桂良,允英、法使臣驻京。

9月2日(七月十七日) 巴夏礼、美理登会晤桂良、恒福,限今日允准,桂良等即照复英、法二使,前后所开各条,一概允准。

9月3日(七月十八日) 额尔金照复桂良、恒福,善后条约具稿画押后,方行罢兵。

9月4日(七月十九日) 桂良、恒福照会额尔金、葛罗,允赔偿每国800万两。

桂良、恒福允先由巴夏礼随带数十人进京。

9月9日(七月二十四日) 咸丰帝下诏:亲统六师,直抵通州,以伸天讨。

9月10日(七月十五日) 英法联军先头部队3 000余人从天津向通州进发。

9月13日(七月二十八日) 英、法联军前锋抵河西务。

9月14日(七月二十九日) 谕令僧格林沁、瑞麟,将巴夏礼、威妥玛等羁留于通州,对继续北进之敌,即行拦截兜剿。

驻津英军风闻清军将截其后路,劫持天津知府石赞清。

9月15日(八月一日) 英法联军到达通州南20里张家湾。

9月16日(八月二日) 谕载垣等,英使所请各条均予允准,入京换约所带兵数,每国不得超过400人。

额尔金、葛罗照复载垣,同意在通州会谈。

9月18日(八月四日) 巴夏礼复见载垣,要求撤走张家湾清军,态度狂悖。僧格林沁将巴夏礼等39人于张家湾截获。

英法联军(约3 500人)大败僧格林沁部(约2万人),清军退至八里桥。通州失陷。

9月19日(八月五日) 威妥玛到达通州,要求释放巴夏礼等人,否则将进攻北京。

9月21日（八月七日） 英法联军进攻八里桥，再败僧格林沁、胜保、瑞麟等。此为第二次鸦片战争最后一仗（法统领孟达班以此功封八里桥伯）。

载垣、穆荫被撤去钦差大臣职务。授恭亲王奕䜣为钦差便宜行事全权大臣，督办和局。恭亲王奕䜣照会英、法二使，即派员面议和局，请暂息干戈。

9月22日（八月八日） 咸丰帝自圆明园逃往热河，命吉林、黑龙江兵折往热河护驾。

左宗棠自长沙统率军赴江西，援皖南。

9月23日（八月九日） 北京前三门关闭，官眷商民人等，纷纷出城逃避。

9月26日（八月十二日） 俄公使伊格那提也夫与额尔金、格兰特于张家湾会晤，提供北京详图。

英法联军进至北京朝阳门外。

是月，太平军进行第二次西征，分兵两路，以合取武昌。

10月2日（八月十八日） 命官文、胡林翼派兵北上，并命绥远城将军、盛京将军、陕甘总督及山东、河南、山西巡抚赴京应援。

10月3日（八月十九日） 额尔金、葛罗照会恭亲王，立刻简派委员，商定用印画押事宜，并送回被禁人员，即止兵前进。

英军6 000人进抵张家营。

10月6日（八月二十二日） 恭亲王照会额尔金、葛罗，允即送还巴夏礼。并令巴夏礼致书额尔金止兵。

法军败僧格林沁、瑞麟于北京安定门、德胜门外，攻占圆明园，大肆劫掠，并放火焚烧殿宇民房。恭亲王等逃往常新店（今长辛店）。

10月7日（八月二十三日） 额尔金、葛罗照会恭亲王，要求立即释放巴夏礼等，并交出北京一城门，否则开炮攻城。

英法军及匪徒抢掠清漪园。

恭亲王照会额尔金、葛罗，质问其既许还巴夏礼，何以并不止兵。

10月8日（八月二十四日） 留京王大臣将巴夏礼等8人释返英营。

英军及匪徒继续抢劫圆明园。英法联军抢掠静明园。

10月10日（八月二十六日） 英军统领格兰特、法军统领孟达班照会恭亲王，限于10月13日午前交出北京安定门，否则即将京城攻开。

10月11日（八月二十七日） 英军统领格兰特公开拍卖英军在圆明园抢劫的物品，出售所得及抢劫现金共约93 000金元。

10月12日（八月二十八日） 清政府又释放9名被俘虏的英国、法国人。

留京王大臣派恒祺前往英军营，允于明日午刻，开安定门。

恭亲王奕䜣照会葛罗,抗议焚掠圆明园。

10月13日(八月二十九日)　北京安定门正午开放,英法联军进入北京外城。

10月14日(九月一日)　额尔金致函葛罗,谓巴夏礼等遭受苛暴,圆明园应予拆毁,另要求赔偿30万两,并于天津立碑昭雪。

10月15日(九月二日)　以胜保为钦差大臣,总统各省来京援军。

英统领格兰特致书法军统领孟达班,提议毁掉圆明园。

10月16日(九月三日)　葛罗复额尔金,不赞同于天津立碑及毁圆明园。

10月17日(九月四日)　额尔金及格兰特照会恭亲王,要求赔付因"监禁凌虐"而死人员恤银30万两,并拆毁圆明园宫殿,法使要求恤银20万两,给还各省天主教堂及传教士坟墓。限定10月20日照复,10月22日给银,10月23日画押换约。

咸丰帝命恭亲王等速与英、法使臣续约画押盖印,并将八年天津和约互换,令其退出京城,再商定驻京章程。

北京留守大臣面请伊格那提也夫调停,伊要挟中国须承认俄国一切条款等三事。

10月18日(九月五日)　英军奉额尔金命,纵火焚毁圆明园。大火三日不熄。历经近百年修建、耗银上亿两的东方名园,化为灰烬。

伊格那提也夫应恭亲王之请,致书葛罗,进行调停。

10月20日(九月七日)　恭亲王照复额尔金,接受10月17日之一切要求。照复伊格那提也夫,请向英、法劝阻,应允速议办理与俄未结之议。

法统领孟达班向成琦、崇厚等表示,对英人过甚行为不满,望早日换约撤兵。

10月22日(九月九日)　付英、法赔恤银共50万两。

10月23日(九月十日)　额尔金、葛罗要求增加续定条约内容。英国要求九龙司地方及准华工出口赴英;法国要求准军民习天主教;给还各省教堂、坟墓、田地等,及准华工出口。

10月24日(九月十一日)　钦差大臣奕䜣与英国专使额尔金签订《中英北京条约》(并交换《天津条约》)。开天津为通商口岸,割九龙司为租界,赔款改为800万两。

10月25日(九月十二日)　钦差大臣奕䜣与法国专使葛罗签订《中法北京条约》(并换《天津条约》),开天津为通商口岸,赔款改为800万两。

10月28日(九月十五日)　咸丰帝批准中英、中法《北京条约》。并命恭亲王等即转告俄公使,绥芬、乌苏里等处均照奇咭、阔吞屯之例,借与居住。

10月30日(九月十七日)　《中俄天津条约》在北京互换。

10月31日(九月十八日)　尚书瑞常等与俄公使伊格那提也夫会谈。俄方提出和约 15 款。

11 月 1 日（九月十九日） 法军退出北京，英军自德胜门移住安定门。

11 月 2 日（九月二十日） 法教士二人会晤文祥，愿助中国"攻剿"太平军，被拒。

11 月 5 日（九月二十三日） 刊刻与英法和约，颁行全国遵照。

北京天主教南堂交付法国主教管理。

11 月 7 日（九月二十五日） 英公使普鲁斯到达北京。

上谕严命恭亲王务将英、法公使亲递国书一事取消。

11 月 8 日（九月二十六日） 英军退出北京。

命武备院卿恒棋办理海口通商事宜，长芦盐运使崇厚以正四品京堂候补帮同办理。

11 月 14 日（十月二日） 钦差大臣奕䜣与俄公使伊格那提也夫签订《中俄北京条约》，准乌苏里江以东属俄，喀什噶尔通商，库伦设领事。

11 月 18 日（十月六日） 容闳与英教士杨笃信等人来到天京。

11 月 19 日（十月七日） 伊格那提也夫会晤恭亲王，提出赠送枪炮，派俄军官来中国教导枪炮制造使用，并代运南漕。

11 月 26 日（十月十四日） 恭亲王照会普鲁斯，申明该国使臣应由大皇帝自主召见，不能勉强。拒绝亲递国书。

11 月 28 日（十月十六日） 北京天主教北堂交付法国主教管理。

11 月 30 日（十月十八日） 恭亲王照会布尔布隆，重申 11 月 26 日对英使之意见。

12 月 2 日（十月二十日） 准允英人在汉口、九江通商。

12 月 10 日（十月二十八日） 陈玉成在桐城挂车河战役中失利。

12 月 17 日（十一月六日） 以办理各国和约完竣，优叙恭亲王奕䜣、大学士桂良、户部左侍郎文祥等。

北京东堂交付法国主教管理。

12 月 28 日（十一月十七日） 太平军三路大军围困曾国藩于祁门。

12 月 30 日（十一月十九日） 命仓场侍郎成琦、吉林将军景淳与俄使查勘中俄东界。

是年，法国法兰西银行在上海设立分行。

三 早期现代化的尝试

1861 年（清咸丰十一年）

1 月 13 日（十二月三日） 钦差大臣恭亲王奕䜣等提出《综计全局折》，提出了

"灭发捻为先,治俄次之,治英又次之"的战略方针。

1月16日(十二月六日)　清政府委任英国人李泰国为中国海关总税务司。

1月20日(十二月十日)　清政府设立总理各国事务衙门,由恭亲王奕䜣、大学士桂良、户部左侍郎文祥主理事务。

天津开埠。

2月8日(十二月二十九日)　英国传教士慕维廉到天京访问。

2月20日(正月十一日)　捻军在山东菏泽击败僧格林沁。

3月1日(正月二十日)　何伯命"深淘"号舰长雅龄向太平天国提出8项要求。

3月9日(正月二十八日)　捻军破河南朱仙镇,进逼开封。

3月17日(二月七日)　捻军在山东汶上再败僧格林沁,进攻泰安,逼近济南。

3月18日(二月八日)　长江北岸西征军在陈玉成率领下,攻克湖北黄州府。

3月21日(二月十一日)　英国参赞巴夏礼与汉阳府县议定汉口英租界。

3月22日(二月十二日)　英侵略者巴夏礼自汉口过黄州,上岸见英王陈玉成,阻止太平军攻武汉。

李世贤在江西浮梁至安徽婺源间败左宗棠军,左军退回景德镇。

3月23日(二月十三日)　天津海关启征。

3月25日(二月十五日)　外国公使开始进驻北京。

3月28日(二月十八日)　英国提督何伯照会太平天国,勿令太平军开入上海和吴淞100华里范围之内,洪秀全不允。

4月1日(二月二十二日)　山东黑旗军宋景诗部攻聊城。

4月5日(二月二十六日)　太平军南部西征军在李秀成率领下,攻克江西樟树镇。20日攻克吉安。

4月23日(三月十四日)　李世贤军在乐平战败,遂不西进,转而往略浙江。

是月下旬,英王陈玉成率军由湖北广济黄梅回援安庆。侍王李世贤率军,由江西乐平入浙江。

5月2日(三月二十三日)　洪仁玕、林绍璋率太平军再援安庆不利,师退桐城。

5月3日(三月二十四日)　李世贤部攻克浙江常山。

5月10日(四月一日)　镇江开埠。

5月28日(四月十九日)　侍王李世贤率太平军占领浙江金华府。

5月29日(四月二十日)　法使哥士耆与崇厚订立天津紫竹林租地条款。

6月8日(五月一日)　赤冈岭之战,太平军失利,靖东主将刘玱琳次日被执,安庆保卫战更加困难。

6月12日(五月五日)　贵州教案发生。

6月15日(五月八日)　李秀成军攻克湖北武昌县。

6月30日(五月二十三日)　英国人赫德代理总税务司,开始把持中国海关。

7月9日(六月二日)　忠王李秀成率太平军南路西征军由湖北向浙江撤退。

8月2日(六月二十六日)　浙江平阳金钱会起义。

8月7日(七月二日)　英王陈玉成等率太平军第三次兵援安庆受阻。

8月21日(七月十六日)　清军攻陷浔州府,天地会大成洪德王陈开牺牲,大成国起义失败。

咸丰帝诏立长子载淳为皇太子,命怡亲王载垣、郑亲王端华、户部尚书肃顺等八人为"赞襄政务王大臣"。

8月22日(七月十七日)　咸丰帝病死热河。皇太子载淳继位,尊皇后钮祜禄氏和生母皇贵妃那拉氏为皇太后。

8月23日(七月十八日)　陈玉成等率军四次援安庆受阻。

两江总督曾国藩提出"购买外洋船炮,则为今日救时之第一要务"的主张。这标志着洋务活动的开始。

9月5日(八月一日)　安庆被湘军攻陷,太平军守将叶芸来、吴定彩等2万人战死。洪秀全旋因安庆失守,将洪仁玕、陈玉成革职,朝政复归洪仁发、洪仁达掌握,并开始大封诸王。

9月14日(八月十日)　御史董元醇上疏提出"暂请皇太后垂帘听政",那拉氏要辅政大臣照办,肃顺以"本朝无太后垂帘故事,令军机处拟旨驳还"。

9月16日(八月十二日)　李秀成在江西河口会合石达开旧部童容海、朱衣点约20万人,围攻广信府。

10月4日(九月一日)　清廷上东西两太后徽号为慈安皇太后、慈禧皇太后。

10月7日(九月四日)　慈禧太后解除了载垣等人掌握的禁卫兵权,同时争取了掌握京畿与直、鲁重兵的兵部侍郎胜保和僧格林沁的支持,准备发动政变。

10月12日(九月九日)　广东南海人民焚毁税务所,进行抗税斗争。

10月21日(九月十八日)　英法军队退出广州。

10月26日(九月二十三日)　曾国荃湘军占安徽无为,掠去太平军军粮2 000余石。

10月29日(九月二十六日)　太平军范汝增部占浙江诸暨,以何文庆为首的莲蓬党响应太平军。

11月1日(九月二十九日)　慈禧太后由热河起行,持幼帝回京。

11月2日(九月三十日)　慈禧太后与恭亲王奕䜣发动祺祥政变,免去肃顺等8人赞襄政务王大臣职务。

11月7日(十月五日)　诏改年号祺祥为同治,两宫皇太后垂帘听政,以次年为同治元年。

11月8日(十月六日)　诏立斩肃顺,载垣、端华赐死,景寿、穆荫、匡源、杜翰、焦佑瀛革职,遣戍军台。

11月20日(十月十八日)　清政府以曾国藩统辖苏、皖、赣、浙四省军务,所有四省巡抚提督以下各官,悉归节制。

11月26日(十月二十四日)　太平军范汝增部占奉化,规定五亩以下田赋免征,五亩以上亩纳米二斗。

12月9日(十一月八日)　太平军李世贤部攻克宁波。

12月27日(十一月二十六日)　何伯命驻天京"狐狸"号舰长班汉,向太平天国提出4条无理要求。

12月29日(十一月二十八日)　李秀成率军攻占杭州,次日攻克杭州满城。

是月,曾国藩设安庆内军械所。

是年,山东濮县、范县长枪会起义;山东南部幅军起义;山东邹县习文教起义;英国在上海设立汇川银行。

1862年(清同治元年)

1月1日(十二月二日)　汉口开埠。

太平天国幼赞王蒙时雍、章王林绍璋、顺王李春发照会驳斥英国侵略者的4条无理要求。

1月7日(十二月八日)　忠王李秀成兵分5路,再次进攻上海。

1月13日(十二月十四日)　上海官绅在洋泾浜成立会防局,专门对付太平天国革命。

1月20日(十二月二十一日)　美国传教士罗孝全不告而别,从干王府溜上英国军舰"狐狸"号去上海。

是月,英、美、法三国擅自在宁波城外划定外国租界。

2月2日(正月四日)　改良派黄畹(王韬)在苏州上书太平天国官员刘肇钧,论攻取上海等事。

2月8日(正月十日)　清政府批准上海成立中外会防局,借师助"剿"太平军。

2月12日(正月十四日)　英王陈玉成派扶王陈得才、遵王赖文光等由安徽颍州进军河南,攻取新蔡。

2月22日(正月二十四日)　道员李鸿章募集地主武装淮勇到安庆,由曾国藩按湘军规程编制。

2月25日（正月二十七日）　英法军及洋枪队袭击太平军于上海浦东高桥，吉庆元阵亡。

3月4日（二月四日）　中俄《陆路通商章程》在北京订立。

3月16日（二月十六日）　江苏巡抚薛焕奏，洋枪队兵勇作战甚为得力，已取名为"常胜军"，并续挑丁壮交华尔教演。

3月17日（二月十七日）　南昌教案爆发。江西省城投考生童捣毁天主教堂。

3月18日（二月十八日）　李秀成军四路进攻上海。

3月27日（二月二十七日）　美商上海轮船公司成立，因系旗昌洋行创办，故通称旗昌轮船公司，以长江航运为经营的重点，是上海港第一家外商轮船公司。

3月28日（二月二十八日）　上海会防公所雇用英国轮船7艘到安庆接运李鸿章的淮军，至5月2日，近7 000名淮军全部到上海。

4月4日（三月六日）　慕王谭绍光等人在上海西南罗家港王家寺与英法联军及华尔的"常胜军"开战，击伤英海军将领何伯。

4月8日（三月十日）　李鸿章率淮军从安庆乘英轮抵达上海。

4月15日（三月十七日）　台湾天地会起义。

4月17日（三月十九日）　陈得才、赖文光自河南进军陕西。

4月18日（三月二十日）　太平天国安徽巢县、含山被清军攻陷。

4月29日（四月一日）　上海法租界设立筹防公所。

5月1日（四月三日）　英法联军及"常胜军"占领嘉定，大肆抢掠。

5月10日（四月十二日）　英法侵略军与清军攻占宁波。12日，攻陷青浦。

5月11日（四月十三日）　捻军张宗禹入陕西与太平军陈得才等联合。

5月13日（四月十五日）　清军荆州将军多隆阿攻陷庐州，陈玉成走寿州。

5月15日（四月十七日）　陈玉成在寿州被苗沛霖诱擒。

5月17日（四月十九日）　英法军队进犯奉贤县南桥镇，法军提督卜罗德被击毙。

忠王李秀成在太仓大败清军。

5月22日（四月二十四日）　扶王陈得才等率太平军占领陕西渭南。西北回民在洪兴、任武率领下在渭南、大荔起义。

5月26日（四月二十八日）　李秀成击败英法军、"常胜军"，攻克嘉定，第三次进军上海。

5月30日（五月三日）　曾国荃部湘军进逼天京，扎营雨花台，天京第三次被围。

慕王谭绍光攻克湖州府。

6月2日（五月六日） 忠王李秀成率太平军攻占淞江广富林,击败英军。

6月9日（五月十三日） 谭绍光攻克青浦,生擒"常胜军"副领队法尔思德。

6月17日（五月二十一日） 李秀成率太平军再攻上海。

6月19日（五月二十三日） 李秀成自松江撤军。

6月20日（五月二十四日） 太平军叛徒、清将韦志俊攻陷安徽枞阳。

6月22日（五月二十六日） 忠王李秀成在苏州召集会议,商讨天京解围之计。

7月11日（六月十五日） 京师同文馆成立,英国人包尔腾为教习,徐树琳为汉文教习,以培养翻译人员。

湘军攻陷安徽宁国府。

7月21日（六月二十五日） 干王洪仁玕、辅王杨辅清袭击天京雨花台曾国荃营,未成功。

7月27日（七月一日） 梯王练业坤攻克浙江诸暨包村。

8月3日（七月八日） 中俄双方在新疆塔尔巴哈台举行勘分西北边界的谈判。

8月6日（七月十一日） 忠王李秀成与杨辅清、黄文金、刘官芳等再会于苏州,商讨支援天京之事。

8月10日（七月十五日） 华尔洋枪队与淮军程学启、郭松林部攻陷青浦。

8月23日（七月二十八日） 慕王谭绍光、主将蔡元隆进攻上海,占法华寺、静安寺。

8月27日（八月三日） 李鸿章、华尔率军击败太平军谭绍光部。

9月18日（八月二十五日） 太平军反攻宁波,戴王黄呈忠、首王范汝增重占慈溪,向宁波进军。

9月22日（八月二十九日） "常胜军"领队华尔,在浙江慈溪被太平军击毙。

10月12日（闰八月十九日） 清政府批准,左宗棠在浙江与法国侵略军组成"常捷军",由法军水师副将勒伯勒东以署浙江总兵名义统领。

10月13日（闰八月二十日） 忠王李秀成兵援天京,与清军在雨花台一带展开大战,战至11月26日,战事失利。

11月13日（九月二十二日） 谭绍光部在青浦作战中失利。

11月14日（九月二十三日） 西宁回民马文义起义。

11月18日（九月二十七日） "常捷军"攻陷余姚。

11月26日（十月五日） 石达开自四川高县北上,抢渡金沙江,进逼四川叙州。

12月1日(十月十日)　太平军自天京渡江,进北攻南。

是年,山东淄川爆发刘德培起义。

1863年(清同治二年)

1月16日(十一月二十七日)　总税务司李泰国与英海军军官阿思本订立统领清朝政府所置兵轮协定。

1月17日(十一月二十八日)　太平军在绍兴击败"常捷军",其统领勒伯勒东被击毙。

1月31日(十二月十三日)　石达开军自四川叙州入云南境。

2月7日(十二月二十日)　扶王陈得才率太平军占领陕西兴安府。

2月14日(十二月二十七日)　太平军击败进攻太仓的"常胜军"。

2月19日(正月二日)　太平军击败进攻绍兴的英法军队,"常捷军"统领达尔第福和英国参将定龄被击毙。

2月25日(正月八日)　上海法军提督伏恭以参将德克碑接统浙江"常捷军"。

3月2日(正月十三日)　左宗棠军攻陷浙江金华。

3月13日(正月二十四日)　重庆教案发生。

3月15日(正月二十六日)　英法军队攻陷浙江绍兴,宁王周文佳率太平军西走萧山。

3月19日(二月一日)　钦差大臣僧格林沁攻陷捻军根据地雉河集。

3月25日(二月七日)　英国少校军官戈登接统"常胜军"。

3月28日(二月十日)　清政府批准李鸿章等在上海、广州设立学习外国语的广方言馆。

5月2日(三月十五日)　戈登率领"常胜军"攻陷太仓,大肆杀掠。

5月11日(三月二十四日)　忠王李秀成与捻军联合进攻安徽六安。

5月12日(三月二十五日)　石达开自云南昭通府抢渡金沙江,入四川宁远府。

6月1日(四月十五日)　戈登及淮军攻陷昆山。

6月11日(四月二十五日)　翼王石达开在四川大渡河紫打地陷入清军包围。6月13日石达开命所部将士放下武器,同部下及其5岁儿子到洗马姑清营"投诚",幻想"舍命以全三军",结果被俘,所部太平军全军覆没。

6月20日(五月五日)　李秀成自九洑州渡江回天京。

6月25日(五月十日)　上海美国租界划定,其范围位于苏州河北岸,面积约为7 856亩。

7月11日（五月二十六日） 上海《北华捷报》英文周刊登载洪秀全号召太平军将士战斗到底的诏旨。

8月2日（六月十八日） 白齐文率部数百名，俘获"常胜军""高桥"号轮船，并购得大量军火，驶往苏州，投太平天国慕王谭绍光。

9月13日（八月一日） 淮军攻陷江阴，广王李恺顺率太平军撤往常州。

9月21日（八月九日） 上海英美租界合并为公共租界。

9月24日（八月十二日） 马化龙、穆生华回民军攻下甘肃平凉。

10月1日（八月十九日） 忠王李秀成等率太平军在苏州宝带桥大战洋军和清军。

10月2日（八月二十日） 扶王陈得才等率太平军西北远征军占领陕西汉中府。

11月13日（十月三日） 太平军中之英人呤唎在上海附近俘获"常胜军"之"飞而复来"号轮船，改船名为"太平"号，驶往无锡，归忠王李秀成。后在保卫无锡的战斗中，"太平"号缴获清军炮船51艘。

11月15日（十月五日） 李泰国总税务司职务被革除，由赫德继任中国海关总税务司。

11月30日（十月二十日） 曾国藩委派容闳出洋购买机器，拟在上海建立机器厂。

12月4日（十月二十四日） 太平天国叛徒郜永宽等在苏州刺杀慕王谭绍光，献城投敌。

12月6日（十月二十六日） 李鸿章杀郜永宽等降将。

12月12日（十一月二日） 清军攻陷无锡，太平天国潮王黄子隆殉难。

是年，沙俄在汉口创办顺丰砖茶厂，是俄国在中国设立的第一家工厂。

天主教传教士创办上海圣芳济书院。

1864年（清同治三年）

1月，李鸿章命英人马格里成立苏州西洋炮局，供应淮军军火。

2月10日（正月三日） 太平天国西北远征军自陕西南部由陈得才、蓝成春、赖文光分三路东援天京。

2月28日（正月二十一日） 湘军攻陷天京钟山天保城要塞。

3月1日（正月二十三日） "常胜军"攻陷江苏宜兴。

3月2日（正月二十四日） 曾国荃率湘军进军天京太平门及神策门，天京被合围。

3月20日（二月十三日） 淮军攻陷浙江嘉兴。

3月31日（二月二十四日） 太平军大败"常胜军"于江阴，毙英国侵略军252人，伤62人。

法国洋枪队与左宗棠军攻陷杭州。

4月27日（三月二十二日） 清军刘铭传部、戈登的"常胜军"猛攻常州。

5月5日（三月三十日） 台湾海关税务司成立。

5月11日（四月六日） 戈登军和淮军攻陷常州，护王陈坤书殉国。

5月13日（四月八日） 清军攻陷江苏丹阳，太平天国格王陈时永等牺牲。

5月17日（四月十二日） 太平天国扶王陈得才、遵王赖文光、梁王张宗禹围攻河南信阳州。

5月20日（四月十五日） 英国议会辩论英国政府对太平天国政策，首相巴麦尊为其镇压太平军辩护，受到议员白士德、赛克斯和立德尔等人驳诉。

5月31日（四月二十六日） "常胜军"于江苏昆山解散，留洋枪队300人、炮队600人及"海生"轮船数十人。

是月，上海中外会防公所撤销。

6月1日（四月二十七日） 太平天国天王洪秀全病逝天京，终年50岁。

6月4日（五月一日） 上海租界会审理事衙门成立。

6月6日（五月三日） 洪秀全长子洪天贵福即位，为幼天王，时年16岁。

6月13日（五月十日） 赖文光、张宗禹进逼汉口，武昌、汉阳大震。

6月20日（五月十七日） 广州同文馆设立。

7月1日（五月二十八日） 上海出版的英文《北华捷报》扩充为《字林西报》，改为日报。

7月3日（五月三十日） 曾国荃部湘军攻占天京的保城。

7月19日（六月十六日） 太平天国都城天京陷落，清军入城后"见人即杀，见屋即烧，子女玉帛，扫数入湘军"。忠王李秀成拥幼主洪天贵福冲出天京，乱军中彼此失散。

7月22日（六月十九日） 李秀成在天京东南方山丁村被俘。8月7日李秀成在南京写了《供状》后被曾国藩杀害。

7月24日（六月二十一日） 太平天国堵王黄文金在浙江湖州（今吴兴）击败清军。

8月6日（七月五日） 英国在香港创办汇丰银行，1865年3月3日正式营业。

8月24日（七月二十三日） 陈德才、赖文光在湖北麻城败于僧格林沁。

8月28日（七月二十七日） 湖州被清军攻陷。幼天王、洪仁玕、黄文金走广德，杨辅清走上海，去澳门。

9月18日（八月十八日）　太平天国启王梁成富等占甘肃阶州（今武都）。

10月7日（九月七日）　沙俄代表与清政府勘办西北界事宜大臣明谊在新疆塔城签订《中俄勘分西北界约记》。

10月9日（九月九日）　干王洪仁玕等部太平军在江西广昌失利,洪仁玕等被俘。

10月14日（九月十四日）　太平军侍王李世贤部占领福建漳州。

10月16日（九月十六日）　"常捷军"遣散。

10月25日（九月二十五日）　太平天国幼主洪天贵福等在江西石城被俘。

11月7日（十月九日）　陈得才部太平军在安徽霍山黑石渡与敌作战失利,部将马融和等率7万人投降僧格林沁,陈得才自杀殉难,马融和被僧格林沁杀死。

11月18日（十月二十日）　清政府在南昌将洪天贵福凌迟处死。

11月23日（十月二十五日）　洪仁玕在写了歌颂太平天国、痛斥外国侵略者干涉中国革命的《自述》后,就义于南昌。

12月7日（十一月九日）　遵王赖文光、淮王邱远才、捻军牛洛红等败僧格林沁于襄阳东北。

12月12日（十一月十四日）　赖文光、捻军张宗禹、任柱、陈大喜等再败僧格林沁于河南邓州。

是月,捻军与西北太平军共推遵王赖文光为首领,继续进行斗争。

是年,新疆回族、维吾尔族人民在天山东北起义反清。

美国长老会教士狄考文在山东登州创办蒙养学堂。

英国在上海设立利生、利华、利升3家银行。

1865年（清同治四年）

1月16日（十二月十九日）　上海法租界法商正式成立自来火行。

1月29日（正月三日）　赖文光、张宗禹击败僧格林沁于鲁山。

是月,中亚浩罕国军事头目阿古柏在英俄支持下侵入新疆,占喀什噶尔城。

京师同文馆美国教习丁韪良译《万国公法》刊行。

1—2月,赖文光部太平军与任化邦、张宗禹等所部捻军在豫南整编,共推由赖文光带领,坚持反清斗争。

3月18日（二月二十一日）　太平军余部戴王黄呈忠军进占福建漳浦。

4月2日（三月七日）　赖文光、张宗禹部自河南进军山东曹县。

4月3日（三月八日）　英国香港汇丰银行在上海开设分行。

5月15日（四月二十一日）　清军攻陷漳州,李世贤率余部突围。

5月18日（四月二十四日）　赖文光、张宗禹率军在山东曹州西北高楼寨设伏大败清军,清钦差大臣僧格林沁被击毙。

5月23日(四月二十九日) 清政府命钦差大臣曾国藩赴山东围攻捻军,以李鸿章署两江总督。随后又命曾国藩督办直隶、山东、河南3省军务。

7月,阿古柏攻占新疆英吉沙尔新城,新疆南路回民奋起抵抗。

8月23日(七月三日) 侍王李世贤在广东镇平被太平军余部康王汪海洋刺杀而死。

8月29日(七月九日) 法国传教士玛弼东被殴毙,四川酉阳教案发生。

是月,海关总税务司署自上海迁到北京。

9月20日(八月一日) 曾国藩、李鸿章在上海建江南机器制造总局。

10月26日(九月七日) 清政府允准招商办云南铜矿。

12月8日(十月二十一日) 太平军汪海洋部攻占广东嘉应州。

是年,李鸿章建立金陵机器局。

英商在上海开设耶松船厂。

清政府向英国借款143万英镑。

美国圣公会在上海开设培雅学堂。

1866年(清同治五年)

1月19日(十二月三日) 赖文光率捻军在湖北麻城击败清军。

1月23日(十二月七日) 赖文光攻克湖北黄陂,进逼汉口。

1月28日(十二月十二日) 康王汪海洋所率太平军余部在广东嘉应失败。

2月9日(十二月二十四日) 太平军偕王谭体元在黄沙嶂迷路,为敌兵追及,战斗中力竭坠崖,被执死难,南部太平军余部抗清斗争结束。

是月,江西、福建边区斋教起义。

4月8日(二月二十三日) 张宗禹等自河南攻入山东定陶。

6月25日(五月十三日) 闽浙总督左宗棠奏设船政学堂于福建,是清末最早的海军学校。

7月,左宗棠在福州筹设福州船政局。

9月24日(八月十六日) 捻军赖文光等突破汴南卫河堤墙,曾国藩防河计划破产。

10月6日(八月二十八日) 三口通商大臣崇厚筹设天津机器局。

10月20日(九月十二日) 太平天国遵王赖文光将所部捻军在河南陈留杞县一带分为两支,由赖文光等率东捻军,张宗禹等率西捻军。

11月19日(十月十三日) 曾国藩以病难速痊及"剿"捻无效,奏请清廷另派钦差大臣接办军务。

12月7日（十一月一日）　清政府任命李鸿章为钦差大臣,专司"剿"捻事宜。

12月14日（十一月八日）　西捻军进逼西安。

12月22日（十一月十六日）　东捻军攻克湖北麻城。

是年,清政府改五口通商大臣为南洋通商大臣。

呤唎著《太平天国革命亲历记》,在伦敦出版。

1867年（清同治六年）

1月11日（十二月六日）　东捻军在湖北安陆府罗家集消灭郭松林部湘军四营。

1月23日（十二月十八日）　西捻军在陕西灞桥十里坡歼刘蓉部湘军。

1月26日（十二月二十一日）　东捻军在湖北德安府新家闸歼灭张树珊部淮军。

2月15日（正月十一日）　清政府以李鸿章为湖广总督,督办"剿"捻事宜。

2月19日（正月十五日）　东捻军在湖北安陆尹隆河大捷,旋为增援的湘军鲍超部击败。

2月22日（正月十八日）　清政府任命陕西总督左宗棠为钦差大臣,督办陕甘军务。

3月23日（二月十八日）　东捻军大败湘军于湖北蕲水六神港。

3月,美国商船"罗佛"号遇风在台湾南部沿海失事,船员被当地土著居民杀害。

4月,三口通商大臣崇厚设立天津机器制造局。

6月10日（五月九日）　东捻军进入山东。

6月13日（五月十二日）　东捻军在山东梁山突破清军运河长墙,进逼济南。

美国派军舰侵入中国台湾南部,攻击土著居民,寻求复仇,被当地台湾土著人民击退。随后,美国驻厦门领事李仙得前往出事地点调查。

6月14日（五月十三日）　左宗棠军分三道入陕。

6月30日（五月二十九日）　东捻军进逼烟台,为英法军击退。

8月19日（七月二十日）　东捻军突破胶莱清军防线,西走潍县。

8月28日（七月二十九日）　东捻军自山东进入江苏赣榆。

10月24日（九月二十七日）　西捻军进入陕北。

11月19日（十月二十四日）　东捻军在江苏赣榆战败,鲁王任柱牺牲。

11月21日（十月二十六日）　清政府委前美国驻华公使蒲安臣为办理中外交涉事务大臣,出使美、英、法、俄等各国。

11月22日（十月二十七日）　西捻军联合回军攻克陕西绥德州。

是年,杜文秀组织20万兵力围攻昆明,先后攻占云南53个县。

阿古柏在新疆建立所谓"哲德沙尔汗国",自称为汗。

1868年(清同治七年)

1月2日(十二月八日)　西捻军自山西垣曲进入河南济源县。

1月5日(十二月十一日)　东捻军赖文光部在扬州瓦窑铺战败。

2月5日(正月十二日)　西捻军逼近直隶易州,北京大震。

2月19日(正月二十六日)　清政府命钦差大臣左宗棠总统直隶境内各路清军防堵捻军。

4月17日(三月二十五日)　西捻军张宗禹进入山东省境内。

4月22日(三月三十日)　清政府命李鸿章总统山东各路清军围攻捻军。

4月26日(四月四日)　西捻军进攻直隶静海,进逼天津。

4月27日(四月五日)　西捻军进至天津濠墙外6公里之稍直口,清政府指使崇厚守御。

6月7日(闰四月十七日)　甘肃回民起义军首领董福祥向左宗棠投降。

6月14日(闰四月二十四日)　清政府派都兴阿为钦差大臣赴天津,会同左宗棠、李鸿章进攻捻军。

7月28日(六月九日)　蒲安臣擅自与美国务卿西华德在华盛顿签订中美《续增条约》(即《蒲安臣条约》)。

8月16日(六月二十八日)　西捻军被清军围困在山东茌平的黄河、运河及徒骇河之间,全军覆没。捻军反清斗争至此失败。

8月22日(七月五日)　扬州教案发生。

9月5日(七月十九日)　《教会新报》创刊于上海。

9月28日(八月十三日)　江南制造总局第一号轮船竣工,名为"恬吉",后改"惠吉"。

11月25日(十月十二日)　英国兵船炮击台湾安平。

12月27日(十一月十四日)　由赫德制定的《中国引水总章》正式公布,在全国各港施行。

1869年(清同治八年)

1月2日(十一月二十日)　四川酉阳教案发生。

1月29日(十二月十七日)　英军在潮州杀死乡民69人,焚烧民房440多间。

3月30日(二月十八日)　西北回军会师于萧金镇,并18营为4大营。

4月20日(三月九日)　上海英、美、德领事公布《洋泾浜设官会审章程》,成立会审公廨。

4月27日（三月十六日） 中俄改订《陆路通商章程》。

6月14日（五月五日） 贵州遵义教案发生。

9月10日（八月五日） 山东巡抚丁宝桢将太监安德海正法。

9月24日（八月十九日） 英、俄、德、美、法五国公使在北京订立《上海公共租界土地章程》《法租界市政组织法》。

是月，湖南绅民发布反洋教揭帖。

11月26日（十月二十三日） 美传教士丁韪良任京师同文馆总教习。

是年，历时20年，波及两广、湖南、贵州、江西五省的两广天地会起义失败。

1870年（清同治九年）

6月6日（五月八日） 清政府允准英国公使威妥玛沿海设海底电线的要求。

6月21日（五月二十三日） "天津教案"发生。

6月23日（五月二十五日） 清政府命直隶总督曾国藩查办"天津教案"，天津知府和知县被革职充军。

6月28日（五月三十日） 清政府派三口通商大臣崇厚为出使法国钦差大臣，赴法道歉。

11月4日（十月十二日） 天津机器局建成。

11月12日（十月二十日） 清政府裁撤三口通商大臣，设北洋通商大臣，由直隶总督兼任。

是年，王韬在香港集股买下英华书院，旋又创办《循环日报》。

1871年（清同治十年）

1月6日（十一月十六日） 清军攻陷宁夏金积堡，马化龙率回军向清政府投降。

7月4日（五月十七日） 沙俄军队侵占伊犁。

8月13日（六月二十七日） 古田教案发生。

9月3日（七月十九日） 曾国藩、李鸿章奏请派陈兰彬、容闳带学生出国，学习军政、船政、步算、制造等科学技术。

9月13日（七月二十九日） 中日《修好条规》及通商章程在天津签字。

12月，琉球60多人乘船漂流到台湾南部琅桥，大部分被当地高士佛、牡丹社原住民杀害，有12人逃脱被送到福州，被清政府当局遣送琉球。

1872（清同治十一年）

4月13日（三月六日） 苗民起义首领张秀眉被俘，不久苗民起义失败。

4月30日（三月二十三日） 英人美查在上海创办《申报》。

7月18日（六月十三日） 俄使佯允交还伊犁，要求修改塔尔巴哈台边界，并要求开放乌鲁木齐、哈密等6城为商埠。

8月12日（七月九日）　陈兰彬、容闳率第一批赴美留学生詹天佑等从上海启程。

9月14日（八月十二日）　日本册封琉球王为藩王。

12月27日（十一月二十七日）　杜文秀领导的回民起义失败，杜文秀自尽身亡。

是年，广西李文采起义失败。

华侨商人陈启源在广东南海县设立继昌隆缫丝厂。

祝大椿在上海开设源昌号，经营煤铁五金业。

英商中国航运公司成立于上海。

1873年（清同治十二年）

1月14日（十二月十六日）　上海轮船招商局成立。

2月23日（正月二十六日）　同治帝亲政。

5月21日（四月二十五日）　江西瑞昌教案发生。

5月28日（五月三日）　清军攻占腾越厅城，云南回族起义失败。

6月12日（五月十八日）　中国第二批赴美留学生从上海启程。

6月14日（五月二十日）　清廷允许持有国书驻京各国使臣觐见。

7月27日（六月四日）　浙江新昌县会党数千人举义围城。

8月1日（六月九日）　清军围攻肃州回军。

9月22日（八月一日）　清政府派陈兰彬去古巴查看华工受虐待情形。

11月4日（九月十五日）　清军攻占肃州。

11月20日（十月一日）　法军将领安邺率军占领越南河内。

12月21日（十一月二日）　刘永福率黑旗军在河内击败法军，安邺被击毙。

1874年（清同治十三年）

2月6日（十二月二十日）　法越协定签字，法军退出越南。

5月3日（三月十八日）　上海人民反对法租界侵占四明公所。

5月7日（三月二十二日）　日军陆军中将西乡从道率日本舰队入侵台湾，在南部琅峤登陆。随即进攻台湾石门，遭到台湾人民的顽强抵抗。

5月23日（四月八日）　沙俄拒不交还伊犁，清政府派左宗棠迅速西征。

6月2日（四月十八日）　日军分三路发起进攻，焚烧牡丹社等处。

6月3日（四月十九日）　广州机器局设立。

6月14日（五月一日）　福州将军文煜等奏，筹台湾防务情形，建议购置铁甲船。

福建船政大臣沈葆桢带领兵船到达台湾,一面与日军交涉,一面布置全台防务。

9月5日(七月二十五日) 美国传教士林乐知将《教会新报》改名为《万国公报》。

9月19日(八月九日) 第三批赴美留学生从上海启程。

10月31日(九月二十二日) 中日《台湾专条》签字,再次明确整个台湾岛是中国的领土。清政府赔偿日军50万两白银,日军从台湾撤退。

12月10日(十一月二日) 李鸿章复奏筹议海防各条。

是年,福建船政大臣沈葆桢创办台湾基隆煤矿。

1875年(清同治十三年)

1月12日(十二月五日) 同治帝载淳病死,光绪帝载湉即位,改明年为光绪元年。

1月15日(十二月八日) 慈禧太后第二次垂帘听政。

1875年(清光绪元年)

2月21日(正月十六日) 英使馆翻译马嘉理在云南永昌被打死。

3月19日(二月十二日) 英使威妥玛就"马嘉理事件"正式向总署提出6项要求。

4月12日(三月七日) 陕甘总督左宗棠复奏,海防之费,无须别筹,只为常年经费所出,拟专筹塞防之费。

5月3日(三月二十八日) 清政府任命左宗棠为钦差大臣督办新疆军务。

5月30日(四月二十六日) 清政府命李鸿章督办北洋海防,命沈葆桢为两江总督兼通商大臣,督办南洋海防事宜。

6月10日(五月七日) 日本政府宣布派兵驻扎琉球。

7月12日(六月十日) 总理各国事务衙门奕䜣等奏,请于四成洋税外,另在苏、浙、闽、鄂、粤5省厘金项下,拨解银220万两为海防经费。

8月28日(七月二十八日) 清政府首次正式派出常驻国外公使郭嵩焘出使英国。

9月20日(八月二十一日) 日本出兵侵略朝鲜,制造"江华岛事件"。

10月14日(九月十六日) 中国第四批赴美留学生从上海启程。

11月1日(十月四日) 清政府批准丁宝桢在烟台、威海卫、登州府筑炮台,在济南建立山东机器局。

12月11日(十一月十四日) 清政府任命陈兰彬、容闳为出使美、秘等国钦差大臣。

是年,四川"营山教案"发生。

英国在上海设立麦加利银行分行。

福建民族资本家建立砖茶厂。

1876年(清光绪二年)

2月1日(正月七日)　湖北孝感教案发生。

4月8日(三月十四日)　四川江北厅教案发生。

4月15日(三月二十一日)　李鸿章派淮军将领卞长胜等7人赴德国学习军事。

5月,左宗棠部湘军大举出关,进入新疆北部。左宗棠大营移节肃州。

6月30日(五月九日)　英商修筑的淞沪铁路通车。随后,慈禧太后令撤毁。

8月17日(六月二十八日)　清军在乌鲁木齐以北的古牧地,大败阿古柏军,收复乌鲁木齐等地。11月初收复玛纳斯南城,平定天山北路。

11月23日(十月八日)　《上海新报》馆设立。

是年,李鸿章在天津设开平矿务局。

基督教青年会在上海设立了第一个青年会。

1877年(清光绪三年)

1月15日(十二月二日)　清政府派福建船政学堂学生严复等30人赴英、法留学。

4月1日(二月十八日)　湖北宜昌、安徽芜湖、浙江温州开埠。

4月16日(三月三日)　左宗棠部湘军收复达坂城。随后又收复托克逊、吐鲁番等地。

5月22日(四月十日)　阿古柏在库尔勒仰药自杀(一说被部下杀死)。

6月15日(五月五日)　上海有线电报告成。

9月,李鸿章派唐廷枢等在滦州设立开平矿务局。

10月7日(九月一日)　清军刘锦棠部收复喀喇沙尔。

10月9日(九月三日)　清军收复库尔勒。

10月21日(九月十五日)　清军收复拜城。

10月24日(九月十八日)　清军收复阿克苏。

10月26日(九月二十日)　清军收复乌什。

11月17日(十月十三日)　中国、西班牙、古巴华工条款在北京签字。

12月18日(十一月十四日)　清军刘锦棠部收复喀什噶尔。

12月21日(十一月十七日)　清军收复叶尔羌城。

12月24日(十一月二十日)　清军收复英吉沙尔。

12月28日(十一月二十四日) 阿古柏余部白彦虎等逃入俄境。

是年,丁宝桢设立四川机器制造局于成都。

1878年(清光绪四年)

2月1日(十二月三十)清军收复和田,南疆平定。除伊犁外新疆全部收复。

6月22日(五月二十二日) 清政府派崇厚为钦差大臣出使沙俄,谈判索还伊犁事宜。

7月24日(六月二十五日) 开平矿务局正式开局。10月,正式开工凿井。

8月25日(七月二十七日) 清政府召回郭嵩焘、刘锡鸿,派曾纪泽、李凤苞为驻英、德公使。

9月,琼州道汉、黎族人民抗清起义。

12月,海关设邮政局。

是年,朱其昂建立天津贻来牟机器磨坊。

1879年(清光绪五年)

3月30日(三月八日) 日军侵占琉球,废琉球国王。

6月,唐山胥各庄运煤铁路兴工,是我国自办铁路之始。

7月29日(六月十一日) 命李鸿章、沈葆桢刻意讲求海防。

是月,上海耶松船厂工人因被克扣工资举行罢工。

10月2日(八月十七日) 崇厚与沙俄订立《里瓦几亚条约》,中国损失大量权益。

10月8日(八月二十三日) 宛平富商段益三领窑照,开采直隶通兴煤矿。

10月19日(九月五日) 两江总督沈葆桢奏议崇厚丧失国权条约各款万不可行。

11月10日(九月二十七日) 上海祥生船厂工人举行罢工。

是年,汕头商人设立豆饼厂。

李鸿章在大沽北塘海口炮台试设到天津的电报。

英文版《文汇报》创刊于上海。

轮船招商局"和众"号试航旧金山,被美国海关无理扣留。

1880年(清光绪六年)

2月19日(正月十日) 清政府派曾纪泽取代崇厚为钦差大臣出使俄国,继续对俄谈判。并正式照会沙俄政府,不承认《里瓦几亚条约》。

3月1日(正月二十一日) 谕命李鸿章统筹北洋及天津防务。

8月22日(七月十七日) 天津水师学堂筹建。

9月5日(八月一日) 中国巴西《通商条约》在天津签字。

9月16日（八月十二日） 兰州机器织呢局正式开工。

9月18日（八月十四日） 李鸿章奏设南北洋电报,获准在天津设立电报总局。

10月,天津设立电报学堂。

11月17日（十月十五日） 中美《移民条约及商约》在北京订立。

12月31日（十二月一日） 李鸿章奏请兴建铁路。

是月,北洋水师大沽船坞竣工,罗丰禄为大沽船坞总办。

1881年（清光绪七年）

2月20日（正月二十二日） 李鸿章电令留美学生回国。

2月24日（正月二十六日） 曾纪泽在彼得堡签署中俄《伊犁改订条约》和《改订陆路通商章程》,俄国归还中国伊犁地区,但获得土地割让、赔款和商务权益。

6月9日（五月十三日） 唐山胥各庄运煤铁路建成,"中国火箭"号车头首次行驶。

6月26日（六月一日） 吴大澂奏请在吉林设立机器局,制造新式枪械子弹,获准。

是月,英国商人在上海创办自来水公司。

12月1日（十月十日） 中国第一条电报线上海至天津线建成并交付使用,24日通报。电报总局设天津,上海、苏州、镇江、济宁、清江、临清设分局。

12月2日（十月十一日） 李鸿章奏,以丁汝昌统领北洋水师,破格擢用,遇有水师提督缺出即予简放。

是月,丁汝昌率员驾驶由英国订购快碰船"超勇""扬威"回国。

是年,黄佐卿于上海设立公和永缫丝厂。

1882年（清光绪八年）

1月16日（十一月二十七日） 《申报》首用国内电讯。

4月23日（三月六日） 李鸿章奏请在上海试办机器织布局。

4月25日（三月八日） 法军攻取越南东京河内。

5月3日（三月十六日） 曾纪泽向法国外长抗议法军攻占河内。6月14日,再次照会法国外交部。

5月18日（四月二日） 《沪报》在上海创刊。

6月,黑龙江呼兰县教案发生。

7月26日（六月十二日） 上海公共租界电灯公司开始供电。

8月7日（六月二十四日） 因朝鲜京城发生兵变,清政府出兵朝鲜,平定兵变。

是月,开平煤矿工人为要求同工同酬举行罢工。

11月27日(十月十七日)　李鸿章与法国驻华公使宝海商订处理越南事宜备忘录,决定中国从越南撤兵,法国不侵占越南领土与政权,开放保胜为商埠,中法分巡红河南北。

12月9日(十月二十九日)　中俄《喀什噶尔界约》签订。

是年,李松云设立均昌机器船厂于上海。

广州商人合股建立造纸厂。

徐鸿复等设立同文书局于上海。

1883年(清光绪九年)

3月5日(正月二十六日)　法国外交部电宝海,不同意其与李鸿章所议之备忘录,将其撤任。

3月16日(二月八日)　李鸿章派员兴建旅顺海埠。

3月27日(二月十九日)　法军攻陷越南南定。

3月30日(二月二十二日)　越王阮福时请求援救。

3月31日(二月二十三日)　中英订立上海至香港电报办法合同。

4月8日(三月二日)　刘永福应邀带黑旗军往越南山西,助越抗法。

5月5日(三月二十九日)　江南制造总局工人为反对延长劳动日举行游行示威。

5月19日(四月十三日)　黑旗军第二次大败法军于河内附近。

6月6日(五月二日)　法国特使到中国重新开始谈判,企图使清政府承认法国在北越的侵略地位。

是月,祝大椿在上海设立原昌机器五金厂。

8月12日(七月十日)　中俄《科塔界约》议定。

8月25日(七月二十三日)　法越《顺化和约》签字,越南承认为法国保护国。

9月3日(八月三日)　刘永福率黑旗军与法军在越南丹凤激战三天三夜,战事不利。

9月10日(八月十日)　广东人民焚烧沙石洋行,抗议英国水手杀害中国人。

11月17日(十月十八日)　法内阁通知曾纪泽,决定以武力取安南北圻。

11月29日(十月三十日)　越南发生政变,主战派立阮福昊为越王,否认《顺化和约》。

12月16日(十一月十七日)　法军提督孤拔攻陷安南山西,应邀驻守该地的清军和黑旗军败退。

12月21日(十一月二十二日)　清政府命云贵总督岑毓英带兵赴安南山西

援越。

是年,总理衙门添设海防股。

1884 年(清光绪十年)

3 月 10 日(二月十三日)　李鸿章复函总理衙门,请设海部以筹海军,先于北洋设一衙门,并筹设水师学堂,以扩大水师将才门径。

3 月 12 日(二月十五日)　法军攻陷越南北宁,20 日攻陷太原。

4 月 15 日(三月二十日)　法军攻陷兴化,占领红河三角洲。

4 月 25 日(四月一日)　岑毓英奏请全师撤出越南,退守边境。

5 月 4 日(四月十日)　清政府命李鸿章处理中法议和事宜。翰林院编修梁鼎芬奏,李鸿章骄横奸恣,罪恶昭彰,恳旨明正典刑。

5 月 8 日(四月十四日)　英商美查主办的《点石斋画报》创刊。

5 月 11 日(四月十七日)　李鸿章与法国水师总兵福禄诺在天津签订《中法会议简明条款》,清政府承认法国对越南的保护权。

5 月 30 日(五月六日)　法军占领越南宣光府,进军谅山。

6 月 20 日(五月二十七日)　李鸿章奏请出洋巡海防。李鸿章、张之洞、吴大澂、张佩纶等于五月二十八日至闰五月四日巡阅北洋海防。

6 月 23 日(闰五月一日)　法军进攻谅山,挑起谅山事件。

7 月 5 日(闰五月十三日)　李鸿章奏,北洋沿海各口炮台工程情形,建议于旅顺建船埠。

7 月 15 日(闰五月二十三日)　法国远征舰队以"游历"为名,强行驶入福建水师基地马尾军港。

7 月 28 日(六月七日)　中法开始上海谈判,法使坚持要中国赔款等条件。

8 月 5 日(六月十五日)　法国军舰进犯台湾基隆,炮轰基隆炮台,炮台被炸毁,基隆煤矿被破坏。

8 月 16 日(六月二十六日)　法国议会决定扩大侵华战争,通过 3 800 万法郎的侵华经费。

8 月 19 日(六月二十九日)　法使谢满禄以基隆事件为借口,再次向中国政府发出最后通牒,中法外交关系彻底破裂。

8 月 23 日(七月三日)　中法马尾海战爆发,福建水师船舰多数被击毁。次日,马尾船厂被摧毁。

8 月 25 日(七月五日)　闽江清军长门炮台轰击法舰,法舰败逃。

8 月 26 日(七月六日)　清政府下诏对法国宣战。

9 月 7 日(七月十八日)　清政府授左宗棠为钦差大臣,督办福建军务。

10月1日(八月十三日)　法国海军攻陷基隆。

10月5日(八月十七日)　香港华工举行反法、英罢工。

10月8日(八月二十日)　法军在台湾沪尾登陆,被守军击退。

10月20日(九月二日)　法军提督孤拔宣布封锁台湾海面。

11月15日(九月二十八日)　谕命李鸿章等妥筹烟台、旅顺防务。

11月17日(九月三十日)　清政府设新疆行省。命刘锦棠为甘肃、新疆巡抚,督办新疆事务。

12月4日(十月十七日)　朝鲜发生第二次京城兵变。

12月15日(十月二十八日)　越北战场西线滇军和黑旗军包围法军占据的宣光城。

是年,广东、福建、浙江、贵州、云南等地人民焚毁天主教堂。

旅美、日侨胞捐款支援抗法斗争。

1885年(清光绪十一年)

1月31日(十二月十六日)　清西线滇军和黑旗军与法军在宣光城展开激战。

2月13日(十二月二十九日)　法军攻陷谅山。

南洋赴闽省5舰于洋面遇法舰,"开济""南琛""南瑞"3舰驶入宁波镇海口,"澄庆""驭远"退入石浦。

2月23日(正月九日)　法军侵占镇南关。

3月1日(正月十五日)　法国军舰进犯镇海招宝山,被击退。

3月3日(正月十七日)　清军由宣光撤退。

3月5日(正月十九日)　台湾基隆法军攻陷月眉山。

3月22日(二月六日)　清政府派李鸿章为全权大臣,与法使谈判议和。

3月24日(二月八日)　法军再攻镇南关,冯子材率守军大败法军,获"镇南关大捷"。

3月29日(二月十三日)　冯子材率军攻克谅山。

4月1日(二月十六日)　法舰攻踞澎湖,法军主将孤拔病死。

4月4日(二月十九日)　中法在巴黎签订《停战协定》。

4月6日(二月二十一日)　清政府诏令前线停战撤兵。

4月18日(三月四日)　中日《天津会议专条》签订。

6月9日(四月二十七日)　在天津签订《中法会定安南条约》(即《中法新约》),中法战争结束。

7月3日(五月二十一日)　在德国订购的"定远""镇远"两铁甲舰来华。

7月18日(六月七日)　中英《烟台续约》签订。

10月12日(九月五日)　清政府改台湾府为台湾省,任命刘铭传为第一任福建台湾巡抚。

10月13日(九月六日)　清政府设立海军衙门,奕䜣总理海军事务。

10月30日(九月二十三日)　清政府任命袁世凯为驻朝鲜总理交涉通商事宜大臣。

是年,上海格致书院成立,王韬为掌院。

中华基督教青年会成立。

1886年(清光绪十二年)

1月1日(十一月二十七日)　英国将缅甸合并于印度。

1月12日(十二月八日)　中英进行缅甸问题交涉。

5月25日(四月二十二日)　奕䜣于四月十三日至本日与李鸿章等乘轮赴北洋各海口,查阅各处炮台、水陆操练、机器局、武备水师学堂。

6月28日(五月二十七日)　张之洞奏,试造浅水轮船竣工,制成4只供粤省防务。

7月24日(六月二十三日)　中英签订《缅甸条约》。

9月2日(八月五日)　续修《大清会典》书成。

9月10日(八月十三日)　道员邵友濂、总税务司赫德与英国代表等在香港订立鸦片及商船协定,取缔鸦片偷运。

是年,英商在上海设立屈臣氏大药房。

官绅杨宗濂、买办吴懋鼎、淮军将领周盛波在天津合资设立自来水公司。

张之洞在广东设广东缫丝局。

刘铭传在台湾兴建台北到基隆的铁路。

1887年(清光绪十三年)

2月7日(正月十五日)　光绪帝行亲政礼。

3月1日(二月七日)　川滇电线建成。

3月16日(二月二十二日)　清政府命建造阎庄至大沽铁路,与唐山开平路相接。

3月26日(三月二日)　中葡签订《里斯本议定书》。

6月26日(五月六日)　中法《越南界务专条及商务专条》续订,开龙州、蒙自、蛮耗为商埠。

7月3日(五月十三日)　清政府批准法国矿师厂商办理粤、桂、滇3省矿务。

是月,汉口《益文月报》创刊。

9月29日(八月十三日)　黄河南岸郑州之下汛十堡处决口300余丈,全河断流,下游大水成灾。

10月9日(八月二十三日)　福建台湾水底电线建成。

11月1日(九月十六日)　英国长老会传教士韦廉臣在上海创办同文书会。

12月1日(十月十七日)　中葡《和好通商条约》在北京签订。

是年,严信厚在宁波开办通久源轧花厂。

李鸿章组织天津铁路公司,并在天津设宝津局机器造币,在山东筹办山东淄川铝矿。

张之洞在广州设机铸制钱局,在广州石井墟设枪弹厂。

1888年(清光绪十四年)

1月17日(十二月五日)　李鸿章开办黑龙江漠河金矿。

3月13日(二月一日)　台湾南北电线接通。

3月19日(二月七日)　英国侵略军悍然向西藏隆吐山进攻。

慈禧太后挪用建设海军经费修造颐和园。

3月22日(二月十日)　刘铭传开办台湾邮政。

4月3日(二月二十二日)　上海小车工人抗捐斗争取得胜利。

4月6日(二月二十五日)　海军衙门奏请编立第一支海军。

6月,上海机器布局动工兴建。

7月,张之洞在广州筹设枪炮局。天津至唐山铁路建成通车,称"北洋铁路"。

10月1日(八月二十六日)　美国总统批准限禁华工入境案。

12月17日(十一月十五日)　北洋海军建成,任命丁汝昌为提督。

1889年(清光绪十五年)

2月5日(正月六日)　镇江英租界印度巡捕殴打中国人,镇江人民怒而摧毁英、美领事馆。

3月4日(二月三日)　慈禧太后宣布归政,光绪帝正式亲政。

3月11日(二月十日)　张之洞札善后局照绘国旗图式。

7月3日(六月六日)　奕劻奏,每年可由海军经费腾挪30万两银,拨交颐和园工程应用。

奕劻奏,内务府前借海军衙门存款银40万两,已奏明拨归奉宸苑工程应用。请饬内务府大臣,将欠解及应还之款一并迅筹解还,以免有误工需。上谕著内务府迅筹解还,勿再延宕。

8月27日(八月二日)　经张之洞奏请,卢沟桥至汉口铁路开始筹办。

10月29日(十月六日)　西安至嘉峪关电线架设。

11月29日(十一月七日)　上海机器织布局开工。

云南个旧锡矿1 000多名矿工举行暴动。

是年,张之洞在广州设广东织布局。

日本在上海设立内外棉公司分公司。

德国在上海设立德华银行。

外国教会在广州开设格致书院,后来形成了岭南大学。

1890年(清光绪十六年)

3月17日(二月二十七日)　中英《藏印条约》签订。

4月20日(三月二日)　清政府命刘铭传帮办海军事务。

是月,张之洞在武昌创立两湖书院。

康有为在广州聚徒讲学,并从事著述。

5月19日(四月一日)　广西龙州与越南北圻电报接通。

5月20日(四月二日)　福建购买机器开炉试铸银圆。

8月8日(六月二十三日)　四川大足县余栋臣等举行反洋教起义。

10月28日(九月十五日)　吴兆泰奏请停止颐和园工程,清廷命交部严加议处。

12月4日(十月二十三日)　湖广总督张之洞创办汉阳铁厂及枪炮厂。

12月16日(十一月五日)　旅顺船坞、修船厂、库等工程竣工。

是年,燮昌火柴公司由上海商人设立。

张之洞在武昌设湖北织布局。

基督教传教士全国大会议决将学校教科书委员会改组成中华教育会,指导整个基督教在华教育事业。垄断了中国的教育阵地。

1891年(光绪十七年)

4月25日(三月十七日)　开平煤矿局工人举行反对外国技师欺压的大罢工。

第二次扬州教案发生。

5月13日(四月六日)　芜湖教案发生。

6月5日(四月二十九日)　湖北武穴教案发生。

6月11日(五月五日)　海军第一次会操后,李鸿章报告巡阅海防情形,说:"但就渤海门户而论,已有深固不摇之势。"

8月26日(七月二十二日)　李鸿章奏威海添建水师学堂情形。

是月,康有为在广州长兴里开设万木草堂学馆。

康有为著《新学伪经考》一书刊行。

9月2日(七月二十九日)　宜昌教案发生。

10月19日(九月十七日)　英国允许中国在香港设领事。

11月11日(十月十日)　热河金丹道教在敖罕旗起义。

是年,上海道唐松岩在上海设华新纺织新局。

1892年(清光绪十八年)

3月8日(二月十日)　杨衢云等在香港设立辅仁文社,以开通民智和反清为宗旨。

5月,日本横滨正金银行在上海设立分行。

8月,沙俄出兵帕米尔地区,强占萨雷阔勒岭以西中国领土。

9月18日(七月二十八日)　湖南醴陵、临湘等地哥老会在江西萍乡起事。

10月10日(八月二十日)　四川大足余栋臣等再举反洋教大旗起义。

11月20日(十月二日)　武昌织布局开织。

是年,陈虬撰《治平通议》,陈炽撰《庸书》,郑观应增订《救时揭要》为《盛世危言》。

1893年(清光绪十九年)

7月1日(五月十八日)　湖北麻城教案发生。

10月19日(九月十日)　上海机器织布局被焚。

11月29日(十月二十二日)　汉阳铁厂建成。

12月8日(十一月一日)　李鸿章开办天津总医院西学堂。

是年,商人李福明等在北京设立机器磨坊。

刘铭传建成台北至新竹的铁路。

1894年(清光绪二十年)

1月28日(十二月二十二日)　张之洞奏设武昌自强学堂。

3月1日(正月二十四日)　中英订立《续议滇缅界务、商务条款》。

3月17日(二月十一日)　中美在华盛顿签订《限禁来美华工保护寓美华人条约》。

3月29日(二月二十三日)　朝鲜东学党在全罗道举事,并传檄四方。

5月27日(四月二十三日)　海军举行第二次会操。李鸿章等巡阅北洋,校阅海军,勘察海口炮台后报告朝廷:"京师东面临海,北至辽沈,南至青齐,二千余里,一气联络,形势完固,已无可蹈之隙。"

6月2日(四月二十九日)　日本内阁决定出兵朝鲜。

6月4日(五月一日)　李鸿章接到朝鲜政府正式请求"速为代戡"的电报。

6月5日(五月二日)　日本成立指挥侵略战争的大本营。

6月6日(五月三日)　李鸿章致电中国出使日本大臣汪凤藻,以中国保护属邦出兵朝鲜之事照会日本外务衙门。

6月9日（五月六日） 直隶提督叶志超率淮军1 500人抵达朝鲜牙山县。日海军先遣队8 000人在朝鲜仁川登陆。

6月10日（五月七日） 日本驻朝鲜公使大鸟圭介率日军抵汉城。

6月11日（五月八日） 朝鲜东学道受招抚退出全州。

6月20日（五月十七日） 李鸿章商请俄使喀希尼出面调停朝鲜事宜。

6月30日（五月二十七日） 汉阳炼铁厂生铁大炉正式出铁。

是月，孙中山在天津上书李鸿章论中国兴革之事。

7月23日（六月二十一日） 日军包围朝鲜王宫，劫持国王组织傀儡政府。

7月25日（六月二十三日） 日舰在牙山口外丰岛击沉中国运兵船"高升"号，击伤"济远""广乙"等舰。中日甲午战争爆发。

7月26日（六月二十四日） 清政府派刘永福率黑旗军到台湾，加强防务。

7月29日（六月二十七日） 日军大队猛攻牙山成欢驿清军，清军败走。

8月1日（七月一日） 中日相互宣战。

8月7日（七月七日） 英国宣布对中日战争中立。

8月9日（七月九日） 俄国宣布对中日战争中立。

8月26日（七月二十六日） 日韩《攻守同盟条约》订立。

9月8日（八月九日） 户部奏，请息借京城银、票各号商银100万两，备充军饷。

9月14—16日（八月十五日至十七日） 日军分四路进攻平壤清军，高州镇总兵左宝贵等战死。16日，日军占领平壤。统兵将领叶志超败逃，退回国境。

9月17日（八月十八日） 中日黄海海战，管带邓世昌等战死。

9月19日（八月二十日） 上海华盛纺织总厂开工。

10月6日（九月八日） 英国正式向美、俄、德、法等国提出联合调停中日战争的建议。

10月18日（九月二十日） 北洋舰队休整后，由旅顺口回威海卫。

10月20日（九月二十二日） 日第一军占领朝鲜新义州。日军随后越过鸭绿江，25日占领安东九城。

10月25日（九月二十七日） 日第二军在辽东半岛花园口登陆，进犯旅顺、大连。

10月29日（十月一日） 日第一军攻陷凤凰城。

11月5日（十月八日） 金州守将徐邦道与日军激战终日。

11月6日（十月九日） 日军攻陷金州、大连湾。大连湾守将望风逃窜。

11月13日（十月十六日） 著赫德传谕前北洋舰队总兵洋员琅威理迅即来

华,以备任使。

11月18日(十月二十一日) 日军攻占岫岩。

11月19日(十月二十二日) 清政府派天津税务司德国人德璀琳赴日议和,被日本政府拒绝。

11月21日(十月二十四日) 徐邦道在旅顺外与日军激战至深夜。

11月22日(十月二十五日) 日军攻占旅顺。

11月24日(十月二十七日) 孙中山于檀香山建立兴中会。

12月13日(十一月十七日) 日军攻占海城。

12月19日(十一月二十三日) 日军攻占复州。

12月28日(十二月二日) 御史安维峻弹劾李鸿章误国卖国,被慈禧革职充军。

是年,广西按察使胡燏棻奉命在天津马厂训练定武军。

湖南设立聚昌、盛昌火柴公司。

广东佛山出现第一家商办巧明火柴厂。

中国民族资本创办的近代工矿企业已达七八十家。

1895年(清光绪二十一年)

1月5日(十二月十日) 清政府派张荫桓、邵友濂为全权大臣赴日议和。

1月10日(十二月十五日) 日军攻占盖平。

1月16日(十二月二十一日) 日军进攻辽阳,被团练击退。

1月20日(十二月二十五日) 日军在山东荣成龙须岛登陆,攻陷荣成。

1月30日(正月五日) 日军攻陷威海卫南帮炮台。2月1日攻陷威海卫北帮炮台。

1月31日(正月六日) 日本政府命伊藤博文、陆奥宗光为全权大臣,办理中日和谈事宜。

2月1日(正月七日) 张荫桓、邵友濂与日方代表在广岛会晤,被拒。日方指名要李鸿章为全权代表。

2月2日(正月八日) 日军水陆夹攻北洋海军。

2月5日(正月十一日) 中国"定远"号铁甲舰在威海卫被日鱼雷击沉。

2月6日(正月十二日) 日军攻陷山东文登。

2月9日(正月十五日) 日军进入山东宁海州,中国军舰"靖远"号被击沉。

2月10日(正月十六日) 中国北洋海军右翼总兵刘步蟾自尽。

2月12日(正月十八日) 提督丁汝昌、总兵张之宣以死殉国。

2月13日(正月十九日) 清政府派李鸿章为头等全权大臣与日本议和。

2月17日（正月二十三日）　北洋海军全军覆没。

2月21日（正月二十七日）　孙中山在香港成立兴中会总部，推黄咏商为临时主席。不久在广州设立分会，筹备发动广州起义。

2月25日（二月一日）　辽东民众武装向宽甸发动进攻，在欢喜岭与日军发生遭遇战，日军败逃。

3月4日（二月八日）　日军攻占牛庄。6日攻占营口。

3月9日（二月十三日）　日军攻占田庄台，纵火焚烧该市。

3月14日（二月十八日）　李鸿章偕其子李经方、美国顾问科士达，由天津去日本议和。

3月16日（二月二十日）　兴中会孙中山、杨衢云等在香港计划攻取广州，决定以青天白日旗为革命军旗。

3月20日（二月二十四日）　李鸿章与伊藤博文在马关春帆楼开始议和谈判。

3月24日（二月二十八日）　日本黑龙会浪人小山丰太郎刺伤李鸿章。

3月26日（三月一日）　辽东民军收复宽甸。

3月29日（三月四日）　日军攻占澎湖。

3月30日（三月五日）　中日《停战协定》订立。

4月17日（三月二十三日）　中日《马关条约》签订，中国被迫让与辽南、台湾等地，赔款2亿两白银，中日甲午战争结束。

4月19日（三月二十五日）　侍读学士文廷式等奏，日本人要挟过甚，请饬使臣展缓商议。

台湾绅民留巡抚唐景崧守台。

4月20日（三月二十六日）　张之洞电阻和议，主张向英、俄请援。

台北罢市，绅民请英领事设法拟以该地归英保护。

4月22日（三月二十八日）　李鸿章奏请早日批准和约。

翁同龢力陈和约批准宜缓。

康有为、梁启超等鼓动广东、湖南应试举人上书都察院，请拒和议。

4月23日（三月十九日）　俄、法、德三国驻日公使联合向日本政府提出把辽东半岛"归还"中国的照会。

4月25日（四月一日）　张之洞电请废约，乞助俄、英，分别酬以新疆数城及后藏之地，许以推广商务。

4月26日（四月二日）　英军舰到台湾淡水。

德皇威廉二世电俄皇尼古拉二世，称颂对日干涉，鼓励其将来在远东之行动，德亦望在中国取得一海港。

4月28日(四月四日)　唐景崧电总署,请各国公议台事,派兵船相助。

吏部候补主事鲍心源等奏劾李鸿章及其子经方。

4月30日(四月六日)　广东举人梁启超、麦孟华、陈景华,湖南举人任锡纯等及四川、奉天、江苏、湖北、江西、山东等省举人上书请拒中日和约。

是月,甘肃循化回民起事。

5月1日(四月七日)　严复《救亡决论》在天津《直报》开始登出,至8日登毕。张之洞电请借台湾民变,恳请诸国拒日。俄外相告许景澄,对日偿款应先向俄商借。

5月2日(四月八日)　康有为联合各省应试举人1 000余人联名上书,提出"拒和""迁都""变法"的主张。

5月8日(四月十四日)　伍廷芳、联芳与日本代表伊东已代治在芝罘互换条约批准书。

5月13日(四月十九日)　伊藤电李鸿章,请派大员办理台湾交付事宜。

5月15日(四月二十一日)　台湾绅民电留唐景崧、刘永福理台事,拒日人。

5月16日(四月二十二日)　唐景崧电台民决意死守,请商日人缓来。

5月20日(四月二十六日)　命台湾巡抚布政使唐景崧开缺来京,所有台湾大小文武各员即令陆续内渡。严旨命李鸿章饬李经方迅速前往台湾,不得畏难辞避。

5月22日(四月二十八日)　俄外部告许景澄,已与德、法商定,请日廷立允归还全辽,所索偿款,应驳其不合,三国不派员参与中立会议。

5月25日(五月二日)　台湾绅民在万般无奈下,决定自主保台,宣布成立"台湾民主国",建元"永清",以台湾巡抚唐景崧为总统,绅士丘逢甲为全台义军统领,刘永福为大将军。

5月28日(五月五日)　成都爆发反洋教斗争,影响所及达10多个州县。

5月29日(五月六日)　日本近卫师团在台湾基隆东澳底开始登陆。

5月31日(五月八日)　日军越台湾三貂岭,败吴国华部。

6月1日(五月九日)　日军攻陷台湾瑞芳。

6月2日(五月十日)　李经方与日本台湾总督桦山资纪会于基隆口外日舰上,签订台湾交接文据。

6月3日(五月十一日)　日军攻陷台湾基隆。

都察院转呈康有为5月29日《上清帝第三书》,言变法步骤。这是光绪皇帝第一次读到康有为的上书,表示喜悦和赞许。

6月5日(五月十三日)　台北混乱,溃兵大肆焚掠。

6月6日（五月十四日） 唐景崧乘船自沪尾去厦门。

6月8日（五月十六日） 日军攻陷台北。

6月12日（五月二十日） 台湾日军陷南雅厅，迫新竹，义勇徐骧、姜绍祖、吴汤抗之。

6月13日（五月二十一日） 日炮舰一艘到台南安平，与英舰并泊。刘永福要求英舰撤离，几起冲突。

6月14日（五月二十二日） 日本台湾总督桦山资纪到台北。

6月20日（五月二十八日） 庆亲王奕劻、吏部侍郎徐用仪与法使施阿兰订立中法续议界务专条，允越南铁路展至中国境内。

6月21日（五月二十九日） 日军攻陷台湾宜兰。

6月22日（五月三十日） 日军攻陷台湾新竹。

6月27日（闰五月五日） 日军自台湾新竹南侵，义勇徐骧等阻之。

6月30日（闰五月八日） 工部主事康有为上《上清帝第四书》，正式提出"设议院以通下情"的政治主张。都察院和工部不肯转呈，未能送到光绪皇帝手里。

7月4日（闰五月十二日） 桦山资纪致书刘永福劝降，刘拒之。

7月5日（闰五月十三日） 光绪帝发布《举人才诏》，命各部院堂官及各省将军督抚专折保荐人才。

7月6日（闰五月十四日） 中俄在圣彼得堡订立借款合同，由俄、法合借四万万法郎，偿付对日赔款。

7月11日（闰五月十九日） 台湾义勇反攻新竹，日军30余人被歼于大湖口。

7月15日（闰五月二十三日） 日骑兵一队再被歼于大湖口。

7月17日（闰五月二十五日） 以甘肃回民乱事，命董福祥迅速驰往援剿。

7月22日（六月一日） 命京城各衙门，此后一切公文，不得提书"夷"字。

7月23日（六月二日） 给事中余联沅等奏，李鸿章始终误国，请立予休致。

8月1日（六月十一日） 福建古田斋教发动反洋教斗争。

8月5日（六月十五日） 甘肃河川回民乌永琳破总兵汤彦和部八营于双城。时回民起义益炽。

8月9日（六月十九日） 大队日军自台湾新竹南侵，副将杨紫云战殁。

8月15日（六月二十五日） 日军陷台湾苗栗，吴汤兴、徐骧及刘永福部吴彭年退彰化大甲溪。

8月17日（六月二十七日） 康有为在北京创刊《万国公报》，遍送达官贵人。

8月23日（七月四日） 日军陷台湾大甲溪。

8月26日（七月七日） 日军陷台湾府，提督陈尚志阵亡。

8月28日（七月九日） 翰林院代递编修丁立钧等68人呈文，谓李鸿章万不可回任，必当速行罢斥。

日军攻陷台湾彰化，吴汤兴、吴彭年战死。日本近卫旅团长山根信成少将毙命。

8月29日（七月十日） 孙中山、杨衢云、何启等在香港商攻取广州方略。

日军攻陷台湾云林。

8月30日（七月十一日） 刘永福黑旗军复台湾大莆林，副将杨泗洪战殁。

是月，谭嗣同在甲午战争失败的刺激下，提出变法主张。旋与唐才常等在浏阳设算学社，成为湖南新学之起点。

9月1日（七月十三日） 黑旗军王德标、义军简精华复台湾云林。

9月2日（七月十四日） 台湾义军复苗栗。

9月4日（七月十六日） 台湾都司萧三发等逼攻彰化。

命龚照瑗告英外部，滇缅野人山界不能再让。

9月30日（八月十二日） 德使与总署谈山东教案，恐吓要挟。

10月3日（八月十五日） 中德订立汉口租界章程。

10月7日（八月十九日） 日军再陷云林，义勇简婴、林义成等力战，黑旗军萧三发阵殁。

10月8日（八月二十日） 日外相西园寺公望与俄、德、法三使商定交还辽东，由中国增付赔款3 000万两。

派龚照瑗在伦敦将第一期应付日本赔款5 000万两与日本驻英使臣交收清楚。

10月9日（八月二十一日） 甘肃河州回民马永琳围攻州城。

日军陷台湾嘉义，义军徐骧及总兵柏正才之黑旗军力战死。近卫师团长、北白川宫能久亲王受重伤，不久毙命。

10月10日（八月二十二日） 兴中会改以杨衢云为总办。

日军南进军在台湾嘉义西南之布袋嘴登陆。刘永福借英人请和被拒。

10月11日（八月二十三日） 日军在台湾南端之枋蓁登陆，义军力拒之。

10月14日（八月二十六日） 派李鸿章为全权大臣，与日本使臣商交还辽东事宜。俄使照会总署，已派员往东三省查勘修接铁路事宜。

10月15日（八月二十七日） 日军攻陷高雄。

10月16日（八月二十八日） 日军攻陷台湾凤山。刘永福三度请和。

10月17日（八月二十九日） 日军攻台南府。

10月30日（九月十三日） 中德订立天津租界章程。

10月31日（九月十四日） 英使欧格讷访恭亲王及总署大臣，论及中国之危，劝力行新政。

11月2日(九月十六日) 欧格讷再与奕䜣、翁同龢等论变法需参用西人。

11月7日(九月二十一日) 兴中会为广州起义,发表英文对外宣言。

11月8日(九月二十二日) 中日付还辽东条约订立,增加赔款3 000万两。

11月19日(十月三日) 恭亲王、翁同龢等议定胡燏棻造铁路、袁世凯练洋操、荫昌挑八旗兵入武备学堂三事。

11月27日(十月十一日) 康有为往江宁晤署两江总督张之洞,商开上海强学会,获得张之洞支持。

是月,北京强学书局开局,"先以报事为主"。

12月5日(十月十九日) 梁鼎芬奉张之洞命,电约张謇列名强学会。

12月8日(十月二十二日) 设新建陆军,命袁世凯督练。

12月14日(十月二十八日) 德使绅珂正式向中国要求海港。

12月16日(十一月一日) 北京强学会创刊《中外纪闻》。它是被迫停刊的《万国公报》改名的。

12月30日(十一月十五日) 台湾林大北举兵抗日,围攻宜兰,陈秋菊等应之。

是月,孙中山设兴中会分会于日本横滨。《蒙学报》在上海创刊。

是年,上海裕晋纱厂、大纯纱厂先后创设。

四 从戊戌维新到义和团

1896年(清光绪二十二年)

1月1日(十一月十七日) 台湾陈秋菊、胡嘉猷举兵围攻台北,被日军屠杀千人。

1月12日(十一月二十八日) 上海强学会机关报《强学报》创刊。

1月19日(十二月五日) 英、德两使与总署大臣谈借款,英使再提西江开埠事,态度强横。

1月21日(十二月七日) 御使杨崇伊奏参强学会"植党营私",北京强学会被封闭。

1月26日(十二月十二日) 署两江总督张之洞以与康有为"论学不合"为由,下令解散上海强学会。

2月5日(十二月二十二日) 御史胡孚宸上《书局有益人才请饬筹设以裨时局折》,清政府准奏,改强学书局为官书局,"专司选译各国新报及指备各种新学"。

2月7日(十二月二十四日) 清政府通饬各省督抚分别在省会筹设商务局。

2月10日(十二月二十七日)　慈禧改派李鸿章为正使、邵友濂为副使,往贺俄皇加冕。

2月17日(正月五日)　张之洞奏,选派南洋学生40人赴英、法、德肄业。又奏于苏州、镇江、通海设商务局。

2月21日(正月九日)　赏李经述三品衔,随侍其父李鸿章出洋,往英、法、德、美亲递国书。

2月24日(正月十二日)　命李鸿章于奉使之便,与俄、英、法、德、美外部商增加进口洋税。

2月27日(正月十五日)　从张之洞奏,于江宁创设陆军学堂,附设铁路专门学堂。

3月13日(正月三十日)　命安徽、江西、湖南、新疆、四川、山东各督抚认真督办该省矿务,并命云南、贵州、山西等省及时开采。

3月20日(二月七日)　设立邮政,以总税务司赫德管理之。

3月22日(二月九日)　以国用匮乏,命直隶、两江、闽浙、四川、山西、新疆、山东各督抚认真履勘办理各该省矿务。

3月23日(二月十日)　订立英、德借款合同,共借款1 600万英镑。

3月28日(二月十五日)　大刀会创始人刘士端在山东单县城关火神庙唱戏4天,以戏会友。以后逐渐发展为反洋教斗争,成为义和团运动先驱。

4月2日(二月二十日)　义和拳首领赵三多、阎书琴等在山东冠县梨园屯"亮拳"三天,反抗天主教堂霸占玉皇庙。

4月8日(二月二十六日)　命出使美国大臣杨儒确查孙中山行踪。

4月18日(三月六日)　俄使复与总署谈满洲铁路事,谓如此则俄可保护中国,免再与日本及他国冲突。

4月20日(三月八日)　开杭州商埠。

4月24日(三月十二日)　董福祥大破大通县西北大通营,杀3 000余人。

4月27日(三月十五日)　李鸿章一行抵黑海洼叠沙,俄国予以隆重欢迎。

5月1日(三月十九日)　俄使喀希尼致书俄外部,对东三省铁路问题,主对华提警告。

5月3日(三月二十一日)　维特与李鸿章正式会谈,提出西伯利亚铁路穿过满蒙要求。

5月6日(三月二十四日)　俄皇再见李鸿章,提出满洲铁路问题。李鸿章即电总署,俄请办东省铁路,以便将来出力援助。

5月8日(三月二十六日)　李鸿章与俄外务大臣罗拔诺夫及维特会谈东省铁

路及同盟密约。

第二期对日赔款 5 000 万两分别在伦敦、柏林交收。

5月13日（四月一日）　新建陆军督练袁世凯于天津创设武备学堂。

5月14日（四月二日）　张之洞委盛宣怀接办汉阳铁厂，招商承办。

5月18日（四月六日）　台湾刘德杓在台东举兵抗日。

5月26日（四月十四日）　俄皇尼古拉二世在莫斯科举行加冕礼。

5月28日（四月十六日）　命兵部尚书荣禄往天津阅新建陆军。

6月2日（四月二十一日）　汉口俄租界及法租界成立。

6月3日（四月二十二日）　李鸿章与俄外务大臣罗拔诺夫在莫斯科签订《中俄同盟密约》。

6月4日（四月二十三日）　俄将 300 万卢布贿款分 3 期交李鸿章，由华俄银行支付。

6月5日（四月二十四日）　中法订立龙州铁路合同，允越南铁路筑至龙州。

6月14日（五月四日）　台湾云林简义、柯铁举兵抗日，势力颇壮。

6月15日（五月五日）　江苏砀山县庞三杰联络山东大刀会在单县毁教民房屋器具。

6月19日（五月九日）　台湾简义、柯铁与日军战于云林大坪，日军大肆烧杀。

6月25日（五月十五日）　庞三杰等至江苏丰县焚毁教堂。

6月27日（五月十七日）　李鸿章晤德国首相俾斯麦，询以中国复兴之道，俾斯麦劝练精兵。

6月28日（五月十八日）　庞三杰会同大刀会首领牛金声、彭桂林等率众四五百人，至苏、鲁交界之马良集，攻占该地江南裁缺外委衙门。

6月30日（五月二十日）　台湾义军简义等收复云林。

是月，第一批学生 13 人赴日本留学。

7月3日（五月二十三日）　台湾民兵攻台中。

7月5日（五月二十五日）　刘坤一派兵至马良集，与大刀会众激战，大刀会伤亡 200 余人。

7月10日（五月三十日）　台湾黄国镇等在嘉义举兵抗日。

7月18日（六月八日）　出使美国大臣杨儒函告出使英国大臣龚照瑗，孙中山又将到欧洲，设法由英代拿。

7月21日（六月十一日）　户部侍郎张荫桓与日使林董订立《中日通商行船条约》。

7月24日（六月十四日）　《中英会议缅甸条款》签字。

7月28日（六月十八日）　法使要求总署用法人办福州船厂。

8月2日（六月二十三日）　命神机营练兵处仿西制练兵。

8月9日（七月一日）　《时务报》在上海创刊。《时务报》总理为汪康年，撰述为梁启超。梁启超《变法通议》在《时务报》陆续发刊。

8月14日（七月六日）　大刀会数千人继续活动于山东曹州府一带。

8月18日（七月十日）　新疆官军歼甘回于罗布淖尔，回帅刘同春、马吉等被捕。

8月28日（七月二十日）　清廷批准《中俄同盟密约》。

允许景澄与华俄银行订立铁路合同，准其在东三省租地筑路。

9月2日（七月二十五日）　许景澄与华俄道胜银行订立东清铁路公司合同。

9月27日（八月二十一日）　杭州日租界成立。

10月11日（九月五日）　孙中山被禁于伦敦中国使馆。

10月20日（九月十四日）　设立铁路总公司，以盛宣怀督办。

鹿传霖奏，统筹川藏情形，再申瞻对改设汉官之请。谕以如军事得手，可斟酌办理。

10月23日（九月十七日）　孙中山以英国政府干涉获释，离开中国使馆。

10月30日（九月二十四日）　台湾宜兰林大北、林维新举兵抗日。

是月，京津铁路修成。

11月6日（十月二日）　总署密函两广总督谭钟麟、广东巡抚许振祎设法于新加坡、西贡、香港等埠，密探孙中山踪迹。

11月12日（十月八日）　命盛宣怀招商兴办银行。

11月19日（十月十五日）　台湾凤山郑吉生举兵抗日。

11月22日（十月十八日）　比使以中国芦汉铁路借款计划告法使，主法、比合作。

是月中下旬，梁启超赴澳门筹办《知新报》。

12月4日（十月三十日）　孙中山赴伦敦大英博物馆研读。

12月6日（十一月二日）　总署奏复盛宣怀条陈自强大计。诏命户部及各省将练兵、理财、育才三事，实力兴办。

12月8日（十一月四日）　翰林院侍读学士陈兆文奏，请停止捐纳道府州县实官。

12月14日（十一月十日）　德使向总署提出租借胶州湾50年要求，并再拒黄遵宪使德。

12月31日（十一月二十七日）　台湾日军攻云林大弄顶，复为柯铁所败。

1897 年(清光绪二十三年)

1月7日(十二月五日)　从四川总督鹿传霖、驻藏大臣文海奏,收回瞻对,改设汉官。

1月8日(十二月六日)　山东平度英雄会数千人在徐家河岔、沙沟一带开展反洋教斗争。

1月12日(十二月十日)　山东巡抚李秉衡奏,中俄密约中国受制太甚,请改议。

1月17日(十二月十五日)　上海美商鸿源纱厂开工。

1月19日(十二月十七日)　谭嗣同重抵南京。在此撰成《仁学》一书。

1月20日(十二月十八日)　陈虬在温州创办《利济学堂报》。

1月29日(十二月二十七日)　德使再向总署要求租借胶州湾海港。

2月4日(正月三日)　李鸿章与英使窦纳乐订立《中英续议缅甸条约》。

2月7日(正月六日)　法使为《中英续议缅甸条约》,向总署抗议,以违约相责。

2月11日(正月十日)　康有为到桂林,旋与唐景崧、岑春煊等创立圣学会。

商务印书馆在上海创设,先设印刷所。

2月12日(正月十一日)　张元济等所设通艺学堂在京开馆。

2月13日(正月十二日)　法使向总署要求龙州铁路延至百色,开滇越路,粤、桂、滇3省开矿,并要求琼州及广东海岸不得许他国屯煤。

2月19日(正月十八日)　德皇决定武力占有胶州湾。

2月22日(正月二十一日)　《知新报》在澳门创刊。

2月26日(正月二十五日)　各国公使觐见于文华殿。

3月1日(正月二十八日)　张之洞奏准于湖北设立武备学堂。

3月3日(二月初一)浙江群学会在杭州开馆。

3月5日(二月三日)　苏州日本租界成立。

3月15日(二月十三日)　总署照会法使,声明不以海南岛(琼州)让与他国。

翁同龢等与张荫桓商借一万万两事。

3月21日(二月十九日)　美使田贝向总署争觐见礼,要求由中门入,东华门内降舆,翁同龢持不可。法、德使亦相继要求。

3月22日(二月二十日)　英商创办的上海老公茂纱厂开工。

3月24日(二月二十二日)　赵三多、阎书勤等在山东冠县梨园屯约集义和拳民3 000余人,亮拳比武。

4月8日(三月七日)　上海南洋公学成立。广西桂林开圣学会。

4月22日(三月二十一日) 《湘学新报》(《湘学报》)在长沙创刊,为旬刊。

4月24日(三月二十三日) 台湾南部东港等地纷起抗日。

4月27日(三月二十六日) 山东临清教会霸占庙产改建教堂,引起群众愤恨,打死教民3人。

是月上旬,上海德商瑞记纱厂开工。

5月2日(四月一日) 上海不缠足会成立后,于本日发刊之《时务报》刊登《试办不缠足会简明章程》。

谭嗣同、杨文会等于南京创设金陵测量学会。

5月10日(四月九日) 盛宣怀与比利时公司订立芦汉铁路借款草约。25日批准中比芦汉铁路借款合同。

5月27日(四月二十六日) 盛宣怀奉命招商集股,开办中国通商银行上海总行。旋于天津、汉口、广州、汕头、烟台、镇江、京城设分行。

是月,罗振玉、蒋黻等于上海创设农学会,发刊《农学报》。

上海英商怡和纱厂开工。

6月4日(五月五日) 命张荫桓与英讲论加税之事,免厘万不可允。

6月12日(五月十三日) 总署允法国建筑滇越铁路,延长龙州铁路,开滇桂粤矿。

6月30日(六月一日) 《算学报》在温州创刊。

是月,四川崇庆州和彭山县群众分别焚毁当地天主教堂。

7月23日(六月二十四日) 大刀会群五六百人攻打江苏砀山县訾庄教堂。

是月,质学会于武昌成立。苏学会于苏州成立。

8月2日(七月五日) 《经世报》于杭州创刊,章太炎、宋恕、陈虬等任撰述。

8月14日(七月十七日) 盛宣怀与英商订立1 600万镑借款草合同。

8月18日(七月二十一日) 东清铁路开工。

8月28日(八月一日) 《实学报》于上海创刊,旬刊。王仁俊任总理,章太炎任总撰述。

是月,《新学报》于上海创刊,半月刊,叶耀元等任总撰述。

苏州苏纶织布局开办。

9月13日(八月十七日) 黑龙江都鲁河金厂开工。

是月,谭嗣同、熊希龄等在陈宝箴、黄遵宪支持下,在长沙筹设时务学堂,聘梁启超为中文总教习,欧榘甲、韩文举为分教习。

10月5日(九月十日) 慈禧本年寿辰在颐和园受贺,派恭亲王、庆亲王会同礼部内务府筹办庆贺典礼。

10月25日（九月三十日） 晋丰公司刘鹗与英商北京福公司罗沙第订立借款办矿合同。

10月26日（十月一日） 严复主办之《国闻报》（日刊）在天津刊行。

译书公会在沪成立后,本日创刊《译书公会报》（周刊）,章太炎、杨模任总主笔。

10月27日（十月二日） 督办铁路事务胡燏棻奏陈查勘山海关内外铁路工程大概情形。

是月,宋育仁等在重庆创办《渝报》（旬刊）。

11月1日（十月七日） 巨野教案发生。山东巨野大刀会众击杀德国传教士韩理、能方济两人。

11月13日（十月十九日） 德国舰队司令棣利士率兵舰抵胶州湾。

11月14日（十月二十日） 德军登陆,强占胶州湾,夺占青岛炮台。

11月16日（十月二十二日） 俄外部外务大臣莫拉维夫训令柏林俄使,反对德占胶州湾。

俄国政府派太平洋水师提督率兵船16艘开赴胶州湾。

11月20日（十月二十六日） 德使海靖为曹州教案照会总署,要求竖牌、抚恤、革李秉衡职、赔费、山东路矿、租胶州湾六事。恭亲王等拒之,并言非退兵不能讲谈。

俄国对德让步,撤销俄舰驶往胶州湾命令。

10—11月,大同译书局于上海开设,康广仁任经理。

是月,上海筹组蒙学公会。

湖南时务学堂开课,梁启超任总教习。

12月1日（十一月八日） 德皇在国会宣称,德需在东方占有海军根据地。

12月2日（十一月九日） 诏三瞻地方仍一律赏给达赖喇嘛收受,毋庸改土归流。

德使晤总署王大臣,坚持惩办李秉衡与兖沂道及七州县。

12月4日（十一月十一日） 严复译《天演论序》在《国闻汇编》第二册刊出。

12月5日（十一月十二日） 德军占领即墨城。

德皇向国会提出扩张海军案。

康有为向清政府呈递《上清帝第五书》,明确提出开国会、定宪法两大政治主张。

12月14日（十一月二十一日） 梁启超撰写的《南学会叙》在《湘学报》上正式发表,湖南南学会正式成立。会友多达千余人。

12月15日(十一月二十二日) 俄舰队驶入旅顺湾,强占旅大。

翁同龢等第五次访德使,建议开胶澳为通商口岸,多给德租界,德不允,坚拒胶澳撤兵。

12月17日(十一月二十四日) 德国承认俄在华北之势力范围,助俄制日,削弱英国在华海关势力。

12月19日(十一月二十六日) 英使警告总署,如以各种租借权让与他国,英亦将有所要求。

12月21日(十一月二十八日) 英使又向总署提出汇丰银行借款。

杨儒电总署,俄反对开胶澳为口岸。

12月23日(十一月三十日) 翁同龢等第六次到德使馆,谈山东铁路自胶澳修至济南,由中德合办,租借胶澳,筑船厂炮台,允各国通商。

12月29日(十二月六日) 英兵船到旅顺。

李鸿章询俄使旅大何日退兵,俄使以胶州湾办法反诘。

12月30日(十二月七日) 曹州府群众继续进行反洋教斗争,清政府急电山东巡抚张汝梅严加镇压。

是年,山东临清、冠县教徒改神庙为教堂,分别受到当地群众2 000余人及1 000余人围攻。

1898年(清光绪二十四年)

1月3日(十二月十一日) 翁同龢、张荫桓第九次赴德使馆,德使恫吓如若中国不允,德即当用武力,俄、法、英各国断不能助中国。

日本参谋部大佐神尾光臣、大尉宇都宫大郎到武昌,与张之洞谈中日联合。

清廷命甘肃提督董福祥添练甘军,以资捍卫近畿。

1月4日(十二月十二日) 恭亲王及翁、张与德使会于总署,海靖提出租借胶州湾99年之无理要求,奕䜣等竟表示基本可允。

1月5日(十二月十三日) 康有为等在北京南海会馆创办粤学会。

1月7日(十二月十五日) 俄署使巴布罗夫晤李鸿章等,索黄海口岸屯煤,并造铁路。

1月9日(十二月十七日) 胶州湾群众自发开展反德国侵略军的斗争。

1月13日(十二月二十一日) 中德山东教案及胶澳交涉结束。

1月17日(十二月二十五日) 光绪谕饬各省督抚保举人才,裁汰绿营,添练新军。

命刘坤一、张之洞、裕禄等于山西、河南、湖南、四川筹设制造厂局,并设法将上海制造局移湖南。

1月22日(正月一日)　驻俄英使与俄财务大臣再商对华合作,俄主张英俄同盟瓜分中国,长江流域归英,直隶、山西、陕西、甘肃归俄。

1月24日(正月三日)　俄署使到总署晤恭亲王等,声言如不借俄款而借英款,将破坏均势,俄必问罪。

英使到总署,争借英款,否则将取必要行动。

康有为在总理衙门的西花厅接受荣禄、李鸿章、翁同龢以及刑部尚书廖寿恒、户部左侍郎张荫桓等人的问话,提出变法具体措施。

1月29日(正月八日)　康有为上《请大誓臣工开制度局革旧图新以存国祚折》,又称《应诏统筹全局折》(即上清帝第六书),连同《日本变政考》《俄大彼得变政记》一并呈递到总理衙门,吁请光绪决定变法,获光绪皇帝的赞赏。

1月31日(正月十日)　林旭等在北京成立闽学会。

2月4日(正月十四日)　颁发昭信股票,自王公及将军督抚以下均须领票缴银。

2月5日(正月十五日)　英使责总署停止借款,要求长江流域不许别国占有,内河航行,南宁湘潭开口岸。总署允端阳节前定议。

2月8日(正月十八日)　宋伯鲁、李岳瑞等在北京发起成立关学会。

2月9日(正月十九日)　中英互换《关于长江沿岸不割让》照会。

2月11日(正月二十一日)　命容闳设立公司,筹办津镇铁路勘路筹款事宜。

2月13日(正月二十三日)　总署照会英使,允永任英人为总税务司。

2月19日(正月二十九日)　总署与汇丰德华银行商定1 600万镑借款草合同。

2月21日(二月一日)　南学会在长沙开讲,谭嗣同讲《论中国情形危急》,皮锡瑞讲《论立学会讲学宗旨》。

3月1日(二月九日)　中国与英、德订立第二次借款合同。

3月2日(二月十日)　颁昭信股票详细章程,总额一万万两。

3月3日(二月十一日)　梁启超致书汪康年,辞《时务报》笔政。

俄署使到总署,要求租借旅顺、大连,及建造南满支路达黄海,限5日答复。

3月6日(二月十四日)　中、德签订《胶澳租借条约》。

3月7日(二月十五日)　谭嗣同、唐才常在长沙创刊《湘报》(日刊)。

3月8日(二月十六日)　重庆初通轮船。

3月9日(二月十七日)　俄使贿赂李鸿章、张荫桓,如能于限期内应允俄国要求,愿各酬以50万两。

3月11日(二月十九日)　法署使要求总署予法以与英、俄相同利益。

3月16日（二月二十四日）　俄国宣布如中国允许借让旅大，各国船舶仍可自由前来。

3月17日（二月二十五日）　康有为上联英拒俄策。

3月19日（二月二十七日）　康有为在北京倡保国会，梁启超等186人均列名。

3月24日（三月三日）　开湖南岳州、福建三都澳为通商口岸。

3月26日（三月五日）　英对德声明，威海卫之占领乃出于无奈，决不侵害德国利益。

开直隶秦皇岛为通商口岸。

3月27日（三月六日）　中俄订立《旅大租地条约》。

梁启超、麦孟华复约各省公车，上书都察院，力陈旅大之不可割。

3月29日（三月八日）　康有为进呈所著《日本变政记》等书。

是月，杨锐等在北京发起成立蜀学会。

阎书勤、赵三多在山东冠县梨园屯再次邀请邱县及直隶威县、广平等地拳众数千人，焚毁附近教堂。

4月4日、10日（三月十四日、二十日）　中法互换《关于越南邻省不割让》照会。

4月7日（三月十七日）　从总署奏，允河南商人与义商订立合同，设豫丰公司，承办怀庆左右黄河以北各矿。

4月12日（三月二十二日）　康有为之保国会正式成立于北京粤东会馆。

4月13日（三月二十三日）　总署代递康有为条陈折一件、书三部，光绪命将康折并书呈送慈禧。

4月14日（三月二十四日）　使美大臣伍廷芳与美国合兴公司订立粤汉铁路借款合同。

4月16日（三月二十六日）　张之洞奏于武昌设立农务工艺学堂，汉口设立劝工劝商公所。

4月17日（三月二十七日）　保国会第一次会议在北京粤东会馆举行，康有为演说变法自强。

德国宣布胶州湾为自由港，关税由中国征收。

4月18日（三月二十八日）　命山东按察使毓贤驰赴曹州，"剿杀"大刀会。

4月19日（三月二十九日）　英国正式声明不侵犯德国在山东利益。

开封机器局开工。

4月20日（三月三十日）　开江苏吴淞为商埠。

4月21日（闰三月初一）保国会在北京河南会馆举行第二次会议，梁启超发表演讲。

4月25日（闰三月五日）　湖南延年会在长沙成立，谭嗣同撰《叙》及《章程》。保国会在北京贵州会馆举行第三次会议。

4月26日（闰三月六日）　福公司擅自将山西平定至芦汉干线之铁路修筑权让给华俄银行。

4月27日（闰三月七日）　直隶大名府义和拳发布反对外国侵略者的揭帖。

4月29日（闰三月九日）　总税务司颁布内河轮船航行章程。

是月，谭嗣同、黄遵宪、唐才常等在湖南发起成立不缠足会。

湖南群萌学会组成。

湖北沙市人民掀起反对英日斗争。

5月2日（闰三月十二日）　御史潘庆澜奏劾康有为组织保国会，"聚众不道"。

5月3日（闰三月十三日）　清政府命王文韶查明《国闻报》现办情形及道员严复有无与外人勾串之事。

5月5日（闰三月十五日）　《无锡白话报》出版，裘廷梁等创办。

《时务日报》在上海刊行（8月改名《中外日报》）。

5月7日（闰三月十七日）　许景澄与俄外务大臣订立旅大租借续约。

对日赔款全部在伦敦交收。

5月9日（闰三月十九日）　湖北沙市群众烧毁税务司、招商局以及英日两国洋行。

5月13日（闰三月二十三日）　中英订立沪宁铁路借款合同。

5月15日（闰三月二十五日）　湖北自强学堂改课英、法、俄、德、日5国方言，并将两湖经心两书院改照学堂办法。

5月21日（四月二日）　英国福公司与山西商务局订立山西采矿敷设铁路合同。

5月31日（四月十二日）　康广仁妻黄谨娱在上海倡设女学会后，又创立女学堂，本日开塾。

6月1日（四月十三日）　康有为代杨深秀拟《请定国是而明赏罚折》《请厘定文体折》等；旋又自上《请告天祖誓群臣以变法定国是》，代宋伯鲁拟《请讲明国是正定方针折》。

6月3日（四月十五日）　从总署奏，允法国承办广东北海至西江铁路。

6月8日（四月二十日）　侍读学士徐致靖奏，外患已深，请速定国是。

6月9日（四月二十一日）　清政府与英国订立九龙租借条约，即《中英展拓香港界址专条》。

6月10日（四月二十二日）　允法人承办北海至南宁铁路。

6月11日（四月二十三日）　光绪颁布"明定国是"诏书，宣布变法，百日维新开始。光绪命各省督抚保举使才。

6月12日（四月二十四日）　谕各省督抚在各省会妥速筹办商务局。

6月13日（四月二十五日）　徐致靖奏保康有为、张元济等，命于16日预备召见。黄遵宪、谭嗣同著该督抚送部引见，梁启超著总署查看具奏。

6月14日（四月二十六日）　光绪赴颐和园慈禧处窥探意旨。"百日维新"期间，迭赴颐和园"请安驻跸"，共12次。

6月15日（四月二十七日）　慈禧下令，光绪下谕，革协办大学士翁同龢职，"开缺回籍"。

光绪谕本年秋间，奉慈禧赴天津阅操，命荣禄等预备事宜。

6月16日（四月二十八日）　光绪召见康有为、张元济，命康有为在总署章京上行走。

6月17日（四月二十九日）　康有为上《请废八股试帖楷法取士改用策论折》，旋上《请停刀弓石武试改设学校折》，又代宋伯鲁拟上《请废八股为策论折》《请催举经济特科折》。

6月19日（五月一日）　康有为再请大誓群臣，统筹全局，开制度局。

光绪命各省陆军改练洋操。

诏命所有官书局课印各报，自本日起每5日汇订一册，封送军机处呈递。

6月21日（五月三日）　英国福公司与河南豫丰公司订立河南怀庆左右黄河以北诸山采矿合同。

6月22日（五月四日）　康有为代徐致靖拟《请废八股以育人才折》。

6月23日（五月五日）　诏命自下科为始，乡会试及生童岁科各试，皆改试策论。

6月24日（五月六日）　康有为进《波兰分灭记》《列国比较表》。

6月25日（五月七日）　中、比订立芦汉铁路借款合同。

6月27日（五月九日）　裁撤督办军务处。

命袁世凯教练之新建陆军归直隶总督节制。

6月28日（五月十日）　准总署奏，将梁启超在上海所设译书局改为官督商办，月拨2 000两翻译外洋书籍。又谕总署妥议书局详细章程，迅速具奏。

6月30日（五月十二日）　山东巡抚张汝梅奏，将义和拳列入乡团之内，自卫身家，守望相助，并将义和拳改为义和团。

是月,山东高密群众反对德国修筑胶济铁路,聚众包围铁路公司。

四川南充群众焚毁两处天主教堂。

江西清江群众开展反教会斗争。

朱红灯领导的义和拳在山东长清县等地打击洋教。

上海人民开展反对法国扩大租界的斗争。

7月1日(五月十三日)　清政府与英国订立《租借威海卫专条》。

四川大足县余栋臣发动反洋教起义,提出"顺清灭洋"口号。

7月2日(五月十四日)　总署议复康有为《应诏统筹全局折》,对康有为所请各节进行驳斥。

7月3日(五月十五日)　开京师大学堂,派孙家鼐管理,官书局及译书局并入大学堂。

光绪赏梁启超六品卿衔,命办理译书局事务。

7月4日(五月十六日)　谕各省兼采中西各法,切实兴办农业。命刘坤一咨送上海农学会章程,饬各省学堂广译外洋农务诸书。

7月5日(五月十七日)　清政府颁发奖赏士民著作新法,准其专利售卖,有能独立创建学堂、开辟地利、兴造枪炮厂者,给予特赏。

7月8日(五月二十日)　后党御史文悌疏劾康有为等"任意妄为,遍结言官,把持国是"。诏斥:"文悌不胜御史之任,著回原衙门行走。"

7月9日(五月二十一日)　命神机营改练洋枪洋抬枪,八旗汉军营、藤牌营等亦一并改习洋操、新法练军。

7月10日(五月二十二日)　命改各地书院为兼学中学、西学之学校。

7月13日(五月二十五日)　清政府从总署奏,颁布《振兴工艺给奖章程》。

颁发《经济特科章程》。诏举经济特科,命各省长官各举所知,保荐人才于3个月内送京,然后定期举行。

总署议复康有为《统筹全局折》,光绪朱批:"切实妥议具奏,毋得空言搪塞。"

7月14日(五月二十六日)　命荣禄饬令道员吴懋鼎、粤东商人张振勋分别举办呢绒羽毯及烟台酿酒公司。

7月15日(五月二十七日)　严谕各省将军督抚切实裁兵练军,力行保甲,整顿厘金。

广西梧州等地数万会众起义。

7月16日(五月二十八日)　中日订立汉口租界专约。

7月17日(五月二十九日)　命荣禄将冯桂芬《校邠庐抗议》一书印刷1 000部,送军机处。

7月19日（六月一日）　康有为奏请令各省开商务局。

7月25日（六月七日）　命将张之洞所撰《劝学篇》颁发各省，广为刊布。

命刘坤一、张之洞选通达商务之员绅试办商务局，就各省物产，设厂兴工，并将如何设立商学、商报、商会各端，迅速奏闻。

7月26日（六月八日）　改《时务报》为官报，派康有为督办其事。并命津、沪、鄂、粤凡有报章，各地督抚咨送当地报纸于都察院及大学堂。

7月28日（六月十日）　命荣禄、张之洞督办芦汉等处铁路事宜。

光绪命名省筹拨经费，以备添设海军、筹造兵轮之用。

8月4日（六月十七日）　命京城劝办中小学堂。

8月6日（六月十九日）　命出使大臣体查情形，于英、美、日各阜劝办华侨学堂。

8月7日（六月二十日）　淞沪铁路通车。

8月9日（六月二十二日）　京师大学堂成立。

8月10日（六月二十三日）　命沿江沿边各将军督抚筹度推广口岸，展扩商埠。

8月16日（六月二十九日）　译书局成立。

8月17日（七月一日）　《昌言报》（原《时务报》）及《中外日报》（原《时务日报》）《汇报》在上海刊行。

8月18日（七月二日）　命各省督抚就学堂中挑选聪颖学生，有志深造者，派赴日本留学。

中日订立沙市租借专约。

8月21日（七月五日）　于京师设立农工商总局，各省府州县皆立农务学堂，广开农会，刊农报，购农器。命于外洋设立华侨学堂，由使馆监督管理。并命各使馆编译外洋书籍，由总署呈览。

8月22日（七月六日）　命荣禄在直隶赶紧筹办中小学堂。

命黄遵宪查明汪康年将《时务报》私改为《昌言报》原委，秉公核议电奏。

8月24日（七月八日）　光绪谕知九月间偕同慈禧诣天津阅兵日程。

8月26日（七月十日）　准梁启超奏，在上海设立编译学堂。

8月28日（七月十二日）　康有为奏陈时变之急，请及早开制度局。

8月29日（七月十三日）　中日订立天津租界专约。

8月30日（七月十四日）　康有为上《请开制度局议行新政折》《请废漕运以漕款筑铁路折》。

是月，康有为上《请裁撤厘金折》。

山东曹州府大刀会进入直隶开州,和当地人民结合开展反洋教、拒官军的斗争。

9月2日(七月十七日)　谕军机大臣等,嗣后遇有士民上书,都察院即将原封进呈,随到随递,不准稽压阻格。

英德订立《英德协定》,互相承认在华利益范围。

9月5日(七月二十日)　赏杨锐、刘光第、林旭、谭嗣同加四品卿衔,在军机章京上行走,参与新政事宜。

9月8日(七月二十三日)　命于铁路矿务总局、农工商总局,酌插各衙门裁缺人员。

命各省督抚筹款迅设农工商分局,制造机器。

谕河东河道总督裁撤后,所管山东运河归山东巡抚兼管。

命设立医学堂,考求中西医理,由大学堂兼辖。

9月11日(七月二十六日)　命总署将通商约章成案汇编一书,排印数百部,颁行内外各衙门。

9月12日(七月二十七日)　命于京师及各通商口岸广设邮政分局,以广流通。

9月13日(七月二十八日)　命各省督抚速于省会试办农务,并于产茶、产丝各省,妥议振兴丝茶章程,实力筹办。

杨崇伊至天津见荣禄。

9月14日(七月二十九日)　慈禧太后面责光绪皇帝:"小子为左右荧惑,使祖宗之法自汝坏之,如祖宗何?"

日本前内阁首相伊藤博文访华到达北京。

9月15日(七月三十日)　光绪赐杨锐等"密诏",谕以政变危机,令筹对策。

伊藤博文拜会总理衙门王大臣,与庆亲王奕劻等谈话。

9月16日(八月一日)　光绪召见袁世凯,擢为侍郎,责成专讲练兵事务,并随时具奏应办事宜。

9月17日(八月二日)　光绪皇帝在颐和园召见林旭,命康有为迅速出京赴上海督办官报,不得迁延观望。

9月18日(八月三日)　御史杨崇伊等请慈禧"训政"。

光绪命林旭传出密诏,康有为、林旭、梁启超等商救帝之策。

谭嗣同夜访袁世凯,劝袁助行新政,举兵杀荣禄,围颐和园。袁伪应允。

严复在京讲演西学源流旨趣及中西政教大原。

9月19日(八月四日)　慈禧由颐和园回宫。

康有为拜访李提摩太、伊藤博文,请其相助"新政"。

9月20日(八月五日) 在张荫桓引荐下,伊藤博文到勤政殿拜谒光绪皇帝。慈禧太后在帘后监视。

康有为离北京走天津。

袁世凯请训后回天津,立即向荣禄告密。

9月21日(八月六日) 步军统领奉旨包围粤东会馆,封锁张荫桓住所。

慈禧宣布"临朝训政"。下谕:康有为结党营私,莠言乱政,革职。并其弟康广仁均著步军统领衙门拿交刑部,按律治罪。又谕宋伯鲁"滥保匪人",革职永不叙用。

梁启超晤李提摩太,即避入日本使馆,康有为自天津乘英船南走。

9月22日(八月七日) 杨崇伊在天津从荣禄处获悉了袁世凯所述谭嗣同有谋围颐和园、劫持皇太后的密谋,本日赶回北京,把消息捅给了庆亲王奕劻。奕劻立即报给了慈禧。

9月23日(八月八日) 光绪率群臣恭贺慈禧太后"训政"。

杨深秀、张荫桓被逮。

9月24日(八月九日) 命将谭嗣同、林旭、杨锐、刘光第、张荫桓、徐致靖均革职拿办。

康有为到吴淞口,得英人援助南去。

大学士李鸿章宴请日本前首相伊藤博文,企图通过伊藤执获康有为回国惩办。

9月25日(八月十日) 梁启超自塘沽乘轮逃往日本。

清政府以光绪"病重",布告天下。

命荣禄即刻来京,直隶总督及北洋大臣事务著袁世凯暂行署理。

9月26日(八月十一日) 命恢复詹事府等已裁衙门,禁士民上书言事,擅自递封章;罢《时务官报》;除大学堂及各省会业已兴办学堂外,各府州县议设之小学堂听民自便,停止各省祠庙改设学堂。

9月27日(八月十二日) 北京各国公使在俄使馆会商中国政局。

9月28日(八月十三日) 谭嗣同、林旭、刘光第、杨深秀、康广仁、杨锐被杀,史称"戊戌六君子"。

命荣禄在军机大臣上行走,以裕禄补授直隶总督兼充北洋大臣;北洋各军仍归荣禄节制,并着裕禄帮办。

9月29日(八月十四日) 命将张荫桓发往新疆,徐致靖永远监禁,徐仁铸革职永不叙用。

将康有为等"罪案"宣示天下,命各省督抚严拿。

诏停止天津阅兵,并赏聂士成、袁世凯、董福祥所部,"以示体恤"。

10月1日(八月十六日)　命将康有为书籍板片,由地方官严查销毁。又命谭锺麟督饬地方官查抄康、梁原籍财产及严拿其家属。康、梁家属分别避至澳门等地。

命将候补四品京堂王照革职严拿,查抄家产。

10月6日(八月二十一日)　裁撤湖南南学会、保卫局,会中所有界说、札记、答问等书,一律销毁。

著陈宝箴、陈立三、江标、熊希龄均革职永不叙用,交地方官严加管束。

命各省认真保护教堂、教士及游历洋人。

使日大臣黄遵宪被开去差使,以李盛铎充任。

10月7日(八月二十二日)　诏有言责诸臣,指陈得失,严禁不应奏事人员擅递封奏。

10月8日(八月二十三日)　通艺学堂并入京师大学堂。

10月9日(八月二十四日)　复八股取士之制。罢经济特科。裁撤农工商总局。

命查禁各省报馆,严拿主笔。

10月10日(八月二十五日)　胡燏棻与英国汇丰银行订立山海关外铁路借款合同。

德国山东矿务公司成立。

10月11日(八月二十六日)　禁止联名结社,并著访查各省会社入会人等。

10月13日(八月二十八日)　命裕禄会同张之洞督办芦汉等处铁路。

设上海、汉口水利局。

10月25日(九月十一日)　赵三多、阎书勤等提出"扶清灭洋"口号,山东冠县梨园屯义和拳正式发动武装起义。

10月28日(九月十四日)　命裕禄严厉惩办《国闻报》。

11月7日(九月二十四日)　湖北施南府利川县群众数万人响应余栋臣起义,焚毁教堂4处。

11月9日(九月二十六日)　山东发生"日照教案"。

11月19日(十月六日)　颁布矿务铁路章程32条。

11月22日(十月九日)　广学会举行第11届年会,李提摩太对中国变法失败,表示惋惜。

11月28日(十月十五日)　湖北长乐县群众以"灭洋"为旗帜,响应余栋臣起义。

12月3日（十月二十日）　孙家鼐奏告京师大学堂开办情形。

12月4日（十月二十一日）　翁同龢被革职永不叙用，交地方官严加管束，不准滋事生端。

12月5日（十月二十二日）　密谕沿海沿江各督抚查拿康有为、梁启超、王照；并电饬李盛铎在日本设法密速办理。

12月23日（十一月十一日）　梁启超在日本横滨创刊《清议报》，旬刊。

12月28日（十一月十六日）　清政府再宣布康有为大逆不道之罪。

12月30日（十一月十八日）　京师大学堂增设师范馆。

12月31日（十一月十九日）　湖北长乐哥老会党向策安等起事，攻陷长乐城。

是月，山东发生"沂州教案"。

直隶枣强县义和团王庆一树"助清灭洋"旗帜，开展反洋教斗争。

1899年（清光绪二十五年）

1月2日（十一月二十一日）　谭嗣同《仁学》在《清议报》始刊。

湖北工艺学堂成立。

1月3日（十一月二十二日）　命各省督抚将军均兼总理衙门大臣，以期中外一体。

1月7日（十一月二十六日）　安徽涡阳县饥民在刘朝栋等领导下聚众数百人起义，并迅速发展至数万人。

1月30日（十二月十九日）　开广西南宁为通商口岸。

2月5日（十二月二十五日）　旅顺俄兵因催粮枪杀华人40余人，伤50余人。

2月10日（正月一日）　康有为、梁启超、王照等在日本东京明夷阁"望阙行礼"。

2月19日（正月十日）　山东郯城义和拳攻打天主教堂。

是月，朱红灯率拳众自长清移至茌平，设厂授徒，3个月内，习拳者达800余人。

3月2日（正月二十一日）　意大利要求租借浙江三门湾。

3月13日（二月二日）　唐才常由湘赴沪，参加《亚东时报》编务。

3月22日（二月十一日）　德人在山东横行不法，遭日照人民袭击。

3月28日（二月十七日）　督办铁路大臣盛宣怀与英商怡和洋行订立广九铁路借款草合同。

3月29日（二月十八日）　德军侵占山东日照，焚掠村舍。

是月，北京宣武门内天主教堂发现匿名揭帖。

天津郊区群众秘密传播义和拳。

浙江台州群众捣毁教堂。

山东清平县大刀会改名义和团。

4月1日（二月二十一日）　总署与各国修改长江通商章程，又内河行轮章程及续补章程。

4月3日（二月二十三日）　清政府与日本政府交涉，不准康有为留日。康有为于本日自横滨乘"和泉"丸轮渡太平洋。

4月7日（二月二十七日）　山东即墨王义训联络大刀会竖旗聚众，包围教堂，声言"灭耶稣、天主两教"。

4月15日（三月六日）　广东九龙数千民众在大埔阻击英军接管九龙，英军武力镇压，打死多人。

4月16日（三月七日）　中德海关协定订立。

4月28日（三月十九日）　英、俄订立瓜分中国铁路权益的协议。

中、日订立福州租界专约。

是月，朱红灯在茌平领导拳众先后焚烧教堂多处，提出"先学义和拳，后学红灯照，杀了洋鬼子，灭了天主教"的口号。

山东文登万余人集会，抗议英国扩大威海卫租界。

山东高唐州拳民夜聚明散，逐步开展反教会斗争。

山东恩县、冠县、东昌、曹州一带义和拳纷纷活动，发展迅速。

汉口博学书院成立。

5月7日（三月二十八日）　王文韶、许景澄与俄使订立勘分旅顺大连租界专条八款。

袁世凯部新建陆军自天津开往德州一带。

5月8日（三月二十九日）　上海公共租界扩展。

开福建三都澳为口岸。

5月16日（四月七日）　英军驱逐九龙城中国官员。

5月17日（四月八日）　赵三多在直隶正定大佛寺与阎书勤、朱九斌、刘化龙等聚会，决定联络静海、青县、东光等地的秘密结社，联合发动起义。

5月22日（四月十三日）　即墨县令周永抓捕领导反教会斗争的王义训。

5月23日（四月十四日）　张謇创办的南通大生纱厂开工。

5月24日（四月十五日）　设保商局于厦门，保护出洋回籍华商。

5月31日（四月二十二日）　意大利放弃三门湾要求，声明不占据中国土地。

是月，毓贤出告示改义和拳为义和团。

6月1日(四月二十三日) 允俄国享有建筑自北京向北及东北铁路优先权。允德国建筑天津至济南铁路。

6月6日(四月二十八日) 兴中会杨衢云在日本横滨与梁启超再谈"两党合作"事,仍无结果。

6月14日(五月七日) 德国山东铁路公司成立。

6月21日(五月十四日) 南昌民教发生冲突。

6月26日(五月十九日) 议结沂州教案,赔款4.782万两。

7月2日(五月二十五日) 敦煌莫高窟石室藏经出现。

7月11日(六月四日) 命各省将军督抚彻底清查财税状况,限3个月内拟定奏报。

四川保富公司与法商福安公司订立合同合办犍为、合州等处煤铁矿。

7月12日(六月五日) 中法广州湾教案解决。

7月20日(六月十三日) 康有为与李福基等于加拿大组织保皇会。

8月6日(七月一日) 梁启超与旅日华侨曾卓轩、郑席儒等创办高等大同学堂于东京。

8月7日(七月二日) 德使克林德要求总署批准德商瑞记洋行办理山东5处矿务。

8月14日(七月九日) 山东大刀会首领刘赞虞率百余人进入大名府开州进行反教会斗争。

8月25日(七月二十日) 拳首陈宝善、孟继礼等率众三四百人进入江苏丰、沛一带进行反教会活动。

是月,山东红拳会首领陈兆举在山东济宁、嘉祥、巨野等地聚众进行反教会活动,被清政府杀害。

9月6日(八月二日) 美国宣布对中国实行"门户开放"政策。

是月,义和团在保定"纠众树党"。

北京群众练习义和拳。

山东高密县108村农民在孙文领导下开展反对德国修筑胶济路的斗争。

10月3日(八月二十九日) 贵州遵义府怀仁县会党首领陈玉川与余栋臣之余部张立堂等联合,聚众千人,烧抢教堂并教民26家。

大刀会首领赵兴吉率众500人,于山东朝城、阳谷活动。

10月9日(九月五日) 朱红灯率高唐、茌平、长清等地义和拳开赴平原县,当地群众千余响应。

10月11日(九月七日) 朱红灯在平原指挥拳众抵抗清军,将兵勇击退,正式竖立"天下义和拳兴清灭洋"旗帜。

10月17日（九月十三日） 朱红灯率众攻打恩县刘王庄教堂和庞家庄教堂。

10月18日（九月十四日） 朱红灯领导义和团在平原森罗殿激战清军。

10月25日（九月二十一日） 中、日订立《厦门租界专约》。

是月，夏秋之际，义和拳开始进入京津地区活动。

11月4日（十月二日） 朱红灯与心诚和尚等率拳众到禹城、长清、茌平、博平等地焚毁教堂。

11月7日（十月五日） 贵州遵义仁怀哥老会陈玉川起义被镇压。

11月11日（十月九日） 美使康格照会总署，要求速平山东义和拳。

吴桥县令劳乃宣刊发《义和拳教门源流考》，力言义和拳系"邪教"，并出示严加查禁。

11月13日（十月十一日） 开岳州为商埠。

11月16日（十月十四日） 中法订立《广州湾租借条约》，租期99年。

11月23日（十月二十一日） 心诚和尚在高唐州被捕，与朱红灯一起押送济南。

11月24日（十月二十二日） 派李鸿章为商务大臣，前往通商各埠，考察商务。

11月27日（十月二十五日） 美使康格第五次照会总署，要求速平山东义和拳。

11月28日（十月二十六日） 朱红灯、心诚被捕后，高唐州拳首王立言代领其众，活动于高唐、茌平、禹城一带。

是月，山东济宁义和拳树"奉旨灭教"旗帜。

直隶正定府属各县义和拳迅速发展。

毕永年、郑士良与哥老会首领李云彪等会于香港，商联合各秘密会共奉孙中山为首领。

12月2日（十月三十日） 与法、比订立河南汴洛铁路建筑合同。

12月5日（十一月三日） 美使康格照会总署，要求撤换山东巡抚毓贤。

12月6日（十一月四日） 命毓贤来京陛见，以袁世凯署山东巡抚。

12月12日（十一月十日） 景州刘八庄教堂和苏古庄教堂被毁。

12月14日（十一月十二日） 总署准法商遵照矿务章程议商合办广东高、廉、雷各属矿务。

12月15日（十一月十三日） 直隶总督裕禄派记名提督梅东益率军前往冀州、河南等地镇压义和拳。

12月16日(十一月十四日)　武修和尚在景州聚众起义,并率众千余人攻打景州朱家河大教堂。清军三营前往镇压。

12月20日(十一月十八日)　命海疆各督抚遵照前谕,悬赏严拿康有为、梁启超。梁启超自横滨赴檀香山。

义和拳攻打景州羊牧教堂。

12月24日(十一月二十二日)　山东清平县义和拳千余人往博平、茌平、高唐一带活动。

12月25日(十一月二十三日)　山东巡抚袁世凯抵济南,随即发布《查禁义和拳匪告示》。

12月27日(十一月二十五日)　山东夏津、平阴、肥城义和拳积极活动。

12月30日(十一月二十八日)　英国牧师卜克斯被肥城大刀会击毙。

12月31日(十一月二十九日)　山东德州义和拳开赴直隶吴桥,与当地拳民联合,攻打庞家桥教堂。

是月,山东禹城义和拳攻打韩庄天主教堂。

是年,湖南耒阳、江西贵溪、湖北蕲州、浙江严州等地先后发生反教会斗争。

1900年(清光绪二十六年)

1月1日(十二月一日)　吴桥县令劳乃宣杀害拳首李德海等人。

光绪称病,诏所有年内及明年正月应行升殿及一切筵宴,均着停止。

1月2日(十二月二日)　山东高密群众在武生李金榜等领导下反对德国强修胶济铁路。

1月5日(十二月五日)　直隶正定府宁晋县孟家庄拳民与教民发生冲突,清军前往镇压,拳民死13人。

1月9日(十二月九日)　裕禄致电袁世凯,要直隶和山东两省合力缉捕义和拳。

1月10日(十二月十日)　袁世凯复电裕禄,主张惩办"匪首",以清祸源。

1月11日(十二月十一日)　清廷颁布上谕,承认义和团是"自卫身家"的组织。

1月12日(十二月十二日)　清政府命各督抚严拿惩办会党。

1月24日(十二月二十四日)　慈禧诏立端王载漪子溥儁为大阿哥,是谓"己亥建储"。

1月26日(十二月二十六日)　上海电报局总办经元善暨寓沪各省绅商叶瀚等1231人联名请总署代奏,请光绪"力疾临御,勿存退位之思"。

1月27日(十二月二十七日)　美、英、法、德、意等国驻华公使照会清政府,要求速下令镇压和取缔义和团及大刀会。

是月,义和团在天津城厢活动。

直隶雄县、霸县一带义和团发展迅速。

2月1日(正月二日)　康有为由香港抵达新加坡,正式接受英国政府保护。

山东高密百姓围攻德国铁路公司。

2月11日(正月十二日)　命李鸿章将康有为、梁启超广东本籍祖坟铲平,以警"凶邪"。

山东高密百姓攻掠鲁家庙德国公司。

2月13日(正月十四日)　缅甸英军强占滇边片马。

高密百姓谋攻芝阑庄德公司,被清军击退。

2月23日(正月二十四日)　命裕禄严行禁止天津《国闻报》。

2月25日(正月二十六日)　唐才常在上海发起正气会,手订《章程》21条,组织东文译社。

是月,天津城厢内外均有义和团活动。

3月1日(二月一日)　直隶总督裕禄发布严惩义和团首犯,禁止入会习拳告示。

3月2日(二月二日)　各国公使要求清政府正式公布"剿办"义和拳上谕。

3月3日(二月三日)　命地方官严捕设厂练拳者。

3月7日(二月七日)　总署拒绝各国公使公布上谕的要求。

3月9日(二月九日)　山东武城义和团首领王玉振、僧人徐福、朱西蚍等,各率两三百人,前往茌平、博平一带活动。

3月11日(二月十一日)　美、英、法、德、意5国公使分别电本国政府派遣海军来北直隶湾。

武城义和团进入夏县砸毁师堤庄教堂。

3月13日(二月十三日)　各国海军在渤海操演示威。

武城义和团与清军激战。

3月18日(二月十八日)　雄县、新安、容城、涿州等地义和团聚集在任丘三四千人,抗拒清军。

3月20日(二月二十日)　美国宣布各国赞同中国门户开放。

3月21日(二月二十一日)　袁世凯与德人订立中德胶济铁路章程及华德矿务公司章程。

3月22日(二月二十二日)　直隶任丘义和团还击河间知府的镇压。

3月23日(二月二十三日)　山东武城义和团抗击清军的镇压。

3月27日(二月二十七日)　义和团在天津城南击败清军。

3月28日(二月二十八日)　天津义和团张贴匿名揭帖,号召攻打教堂、抗击洋人。

梁启超函澳门《知新报》同仁及唐才常、康有为,商暗杀李鸿章、结联豪杰、筹运饷械等事。

4月6日(三月七日)　英、美、德、法4国公使照会总署,要求于两个月将义和团全部"剿除",否则将派兵代为"剿平"。

4月10日(三月十一日)　山东昌邑义和团千余人,拥有后膛枪数百杆,与清军发生冲突。

4月12日(三月十三日)　卢沟桥至保定一带,义和团活动频繁,并贴出匿名揭帖,定期举事。

总署照会英使抗议英兵侵占云南片马。

4月20日(三月二十一日)　袁世凯与德国订立《山东胶澳交涉简明章程》。

4月21日(三月二十二日)　义和团民潜入北京。

直隶清苑义和团攻打姜家庄教堂。

4月26日(三月二十七日)　杨衢云自香港赴日,与孙中山谋议广东起义。

4月28日(三月二十九日)　梁启超致书孙中山,劝利用时势,借"勤王以兴民政",举光绪为总统,使两党相合。

4月29日(四月一日)　北京西城出现义和团揭帖。

是月,北京第一个义和团坛口在东单牌楼西裱背胡同于谦祠内设立。

义和团在北京发布《最恨和约》揭帖。

天津西郊高家庄设立总坛口。

义和团在天津发布《只恨鬼子闹中原》等揭帖。

直隶完县南街天主教堂被义和团捣毁。

遵化义和团焚毁教堂。

张家口开始有义和团练拳。

湖北江陵群众焚毁螺山教堂。

清政府调甘肃提督董福祥率军保卫北京。

5月1日(四月三日)　命裕禄、袁世凯通筹妥议,可否派员改拳会为团练,以解义和团蔓延至近畿之危。

北京西四牌楼有人张贴义和团乩语。

5月2日(四月四日)　赵三多在直隶枣强发动第二次起义,进行反教会活动。

5月9日(四月十一日)　广西永福会党数千人横州,围困防营。

5月12日(四月十四日)　直隶涞水高洛村义和拳汇聚千余人,围困知县祝芾,当晚,拳教发生冲突。

5月17日(四月十九日)　京城内外,义和团四处张贴揭帖,清政府下令一律严禁。

直隶副将杨福同杀易州拳民18人。

5月18日(四月二十日)　山西大同义和团散发传单,主张灭洋。

5月19日(四月二十一日)　法国主教樊国梁致书法国公使,请派法国武装人员进驻西什库教堂。

5月21日(四月二十三日)　列强11国公使联合照会总署,要求镇压义和团。

5月22日(四月二十四日)　涞水数千义和团民与清军大战,取得较大胜利,击毙清军副将杨福同。

5月27日(四月二十九日)　义和团进驻涿州城,拆毁涿州至琉璃河铁路。

5月28日(五月一日)　义和团与清兵杨慕时部激战高碑店。

义和团张贴告白,宣传义和神拳宗旨系"保护中原,驱逐洋寇"。

义和团焚毁丰台车站,并袭击长辛店卢沟桥车站,芦保、芦津铁路中断。

各国公使决调兵来京,对义和团进行武装干涉,借以扩大对中国的侵略。

5月30日(五月三日)　义和团烧毁定兴车站,焚毁长辛店洋房。

命步军统领衙门、顺天府、直隶总督严饬地方官并统带各员合力镇压义和团。

调派聂士成率兵保护芦汉、京津铁路。

赵舒翘、何乃莹奏请招抚义和团。

总署复各国公使照会,拒绝外国军队来京,同时表示将全力保护使馆的安全。

5月31日(五月四日)　清政府同意各国派兵入京保护使馆。当晚,各国官兵近400人,强行自津抵京。

是月,义和团首领张德成在直隶静海成立"天下第一团",并率团进入天津。

天津义和团发展迅速,各处纷纷设坛。

义和团在山西发展很快,太原到处是揭帖。

义和团在沈阳宣传"保国灭洋"。

6月1日(五月五日)　英、法、德、意等国派兵至天津和北京。

直隶定兴、永清、雄县、安肃等地义和团焚教堂、杀教士。

6月2日(五月六日)　北京义和团焚毁麦加利银行。

天津义和团焚毁苏家桥教堂。

俄国哥萨克骑兵队在静海独流镇击杀儿童,被义和团击退。

6月3日(五月七日)　德奥水兵80余人入北京使馆。

6月4日（五月八日）　义和团焚毁黄村车站，并与清军激战。

天津义和团发布《警告国闻报》揭帖。

6月5日（五月九日）　外国军队600名入卫天津租界。

慈禧派员至涿州一带招抚义和团。

涿州义和团在高碑店与清军发生战斗。

定兴、通县义和团与清军发生战斗。

6月6日（五月十日）　慈禧加派刚毅前往涿州一带招抚义和团。

清军聂士成部在廊坊、落垡一带镇压义和团。

宣化府义和团与清军联合攻打永宁孔化莹天主教堂。

各国提督在天津会议。

慈禧召集各大臣会议，商讨对付义和团之策，主抚派略占上风。

6月7日（五月十一日）　各州县义和团陆续进入北京。

俄自海参崴派兵4 000人赴天津。

英国政府授权其驻华公使和军事司令官以镇压义和团便宜行事之权。其他列强也先后发布同样命令。

6月8日（五月十二日）　美军10人前往通州"保护"美国教堂。

美国务院令美使康格，对华采取单独行动，必要时方可与他国合作。

北京遍传揭帖，"必须焚灭教堂，杀尽教民"。

杨寿臣率义和团进入天津，设立三义庙总坛。

6月9日（五月十三日）　慈禧决定招抚义和团，并命董福祥率甘军进驻北京城。

义和团焚毁京郊跑马场。

义和团数万人聚集在天津南一带。

各国公使电天津各国提督再派兵入京。

6月10日（五月十四日）　英、美、法、德、意、奥、日、俄等八国联军2 000余人，在英国海军中将西摩率领下，乘火车自天津向北京进攻，抵达杨村。

北京义和团日夜持械，百十成群，巡行街市。

北京西山英国公使别墅被焚毁。

昆明群众焚毁法国天主教堂。

河南信阳群众攻打靳岗教堂。

6月11日（五月十五日）　义和团继续大批进入北京，并焚毁教堂。

西摩率八国联军到廊坊，义和团与其展开激战。

董福祥甘军于北京永定门杀死日本公使馆书记杉山彬。

6月12日（五月十六日）　义和团占领静海县城。

6月13日（五月十七日）　西摩联军被困于廊坊。

北京、天津义和团焚毁城内教堂。

6月14日（五月十八日）　各国使馆人员和八国联军在北京街头枪杀义和团民和一般平民。

义和团焚毁河间府教堂数处。

英国驻沪代总领事提出"东南互保"的建议。

俄军1 700人自旅顺到天津。

6月15日（五月十九日）　日军占领塘沽车站。

义和团围攻北京西什库天主教堂。

进驻东交民巷美军于东单杀害义和团民。

天津义和团从军械库中取得武器。

6月16日（五月二十日）　慈禧召开御前会议商讨宣战、招抚事宜。

大沽口列强军队司令联合向罗荣先发出通牒，要求交出大沽炮台。

英国军舰3艘分别驶入汉口、南京和吴淞口。

德国公使克林德率军在东交民巷附近击杀团民。

清政府命刚毅、董福祥招募义和团组军。

义和团在天津毁海关道署，并释囚取械，焚毁教堂。

6月17日（五月二十一日）　八国联军攻占大沽口炮台。

慈禧召开第二次御前会议，讨论与各国和战之事。

天津义和团还击盘踞天津火车站和租界的八国联军。

联军进攻天津武备学堂，数十名学员牺牲。

义和团在丰台阻止那桐、许景澄前往与西摩联系。

清廷命各督抚派军进京，听候调用。

孙中山偕陈少白及日人宫崎寅藏等到香港，拟在广东起义。

6月18日（五月二十二日）　慈禧召开第三次御前会议。

曹福田率义和团包围天津老龙头火车站，击毙俄军500余人。

董福祥甘军与义和团在廊坊激战西摩联军。

6月19日（五月二十三日）　慈禧召开第四次御前会议，决定对列强宣战。

清廷命裕禄招集团民御敌。

总署照会各国公使，鉴于北京秩序混乱，令于24小时内离京，前往天津，否则不负保护之责。

6月20日（五月二十四日）　义和团和清军联合围攻东交民巷使馆区。

西摩联军从廊坊经杨村向天津溃退。

侵略军在天津杀害无辜百姓,义和团和清军联合抗击。

北京义和团纷纷焚毁教堂、洋楼及教民住处。

沈阳各处张贴揭帖,要求将洋人驱逐出中国领土。

德国驻华公使克林德不听从总理衙门劝告,非要在秩序混乱情况下到总理衙门理论,在北京崇文门附近被巡逻的虎神营士兵击毙。

6月21日(五月二十五日) 清廷发布对外宣战谕旨,但是这个谕旨没有送达任何外国政府及其代理机构。

清廷任命英年、载澜、刚毅办理义和团之事。

义和团继续攻打使馆及西什库教堂。

沙俄宣布关东州进入战备状态。

聂士成部与联军在天津北仓苦战4小时。

6月22日(五月二十六日) 美、英、德、俄等国侵略军自大沽口出发,赴天津解救租界之围。

刚毅等发出擒杀洋人的奖格。

6月23日(五月二十七日) 清廷任命载勋、刚毅统率北京和天津的义和团。

义和团和清军继续围攻使馆和西什库教堂,将意、比等国使馆焚毁。

英国海军陆战队贝茨上校在天津被击毙。

山东大刀会首领韩姑娘率众攻占菏泽。

刘坤一、张之洞、盛宣怀、王之春等联合电奏,力主"剿"团乞和。

命各省督抚抓紧修理旧存武器,以备团民领用。

内蒙古义和团攻打萨拉齐天主教堂。

6月24日(五月二十八日) 盛宣怀致电刘坤一、张之洞、李鸿章、王之春等,力主实现"东南互保"。

天津义和团首领曹福田严惩劫抢的清军士兵,维持地方治安。

6月25日(五月二十九日) 慈禧赏给北京义和团和清军各10万两银。

慈禧派员给使馆送信,请予停战。

慈禧赞成李鸿章等变战为和、改抚为剿主张。

载漪率团民60多人进宫,企图谋杀光绪帝。

6月26日(五月三十日) 在刘坤一、张之洞主持下,上海道余联沅与各国驻上海领事会议,达成《东南互保约款》《保护上海城厢内外章程》两个文件。

西摩联军在英俄军队援救下,退回天津租界。

6月27日(六月一日) 北京义和团已达10万人。

天津义和团首领曹福田向八国联军下战书。

张德成率"天下第一团"700人,从静海到天津参战。

各国继续向华增派兵力。

天津机器东局失守。

太原义和团焚毁教堂。

山西巡抚毓贤焚太原外国医院。

6月28日(六月二日) 北京各部院概行停止办公,官员四出外逃。

6月29日(六月三日) 清政府向列强求和,保证惩办义和团。

浙江提督马玉昆率所部七营到天津参战。

6月30日(六月四日) 义和团焚毁天津美国长老会。

沈阳义和团发动反对中东铁路和洋教斗争。

是月,义和团与法国传教士戴德荣组织的教民武装在武清县发生战斗。

辽宁兴京义和团毁教堂杀教民。

山西曲沃义和团杀教民。

7月1日(六月五日) 清政府发布上谕,命教民自首,并驱逐各地传教士。

命裕禄释放涞水等县囚禁的义和团民。

7月2日(六月六日) 张德成率义和团于天津河东、紫竹林两处与侵略军激战。

命长芦盐运使杨宗濂成立芦勇六营,保卫天津。

德皇派德国元帅瓦德西率军7 000人东来。

7月3日(六月七日) 美国政府发布第二次对华门户开放政策。

清廷向俄、英、日递交国书,请求和议。

7月4日(六月八日) 清军炮击天津租界,义和团与清军联合与侵略军激战。

辽宁义和团搜查洋货,杀死教民。

湖南衡阳人民捣毁英法教堂。

德皇宣称,在占领北京之前,决不进行谈判。

7月5日(六月九日) 聂士成率武卫前军3万人抵天津,与马玉昆率武卫左军联合攻打紫竹林租界。

山海关义和团毁教堂,杀教士两人。

7月6日(六月十日) 慈禧赏赐天津义和团银10万两。

沙俄18万军队,分6路入侵我国东北地区。

清廷派刘恩溥办理天津义和团事宜。

7月7日(六月十一日) 各国侵略军头目在天津开会,商议进京事宜。

山东冠县阎书勤、馆陶曲亭高、威县赵佃选等率义和团先后将附近各村庄之教堂焚毁殆尽。

7月8日（六月十二日） 山东嘉祥、巨野、高唐、齐河等地义和团毁教堂、杀教民。

俄国阿穆尔总督要求"假道"瑷珲等地，寿山予以拒绝。

浙江诸暨县"白旗党"数千人发动反洋教斗争。

7月9日（六月十三日） 聂士成于天津八里台抵抗联军时战死。

京城13门均由义和团派人驻守。

毓贤在太原杀死外国传教士。

沙俄发出入侵我国东北的动员令，俄皇尼古拉二世自任总司令。

7月10日（六月十四日） 清军将领李大川、孙祥云、苏豁然等在天津火车站与联军激战时阵亡。

帮办北洋军务大臣宋庆抵达天津。

7月11日（六月十五日） 诏促各省勤王之兵兼程北上。

7月12日（六月十六日） 清廷任命副都统成勋、嵩昆为吉林义和团团练大臣。

宋庆命令所部在天津屠杀义和团。

山西大同义和团焚毁教堂两处，杀教士11人。

俄国关东省总督阿列克谢也夫在天津主持列强司令官会议，决定次日分头攻打天津城。

7月13日（六月十七日） 八国联军1万人向天津猛烈攻击。

宋庆、马玉昆和裕禄率部从天津撤退到北仓。

直录清河、山东武城、山西沂州、湖南衡阳、浙江浮梁以及厦门等地焚教堂和教民之家。

7月14日（六月十八日） 八国联军攻陷天津，疯狂屠杀和肆行抢劫。

闽浙总督许应骙与英、日等6国签订《福建互保协定》。

直隶盐山等地义和团在山东乐陵与袁世凯清军激战。

奕劻请各国公使搬往总署暂住。

清政府在北京处死白莲教数十人。

俄军沿松花江入侵。

7月16日（六月二十日） 内蒙古赤峰、黑龙江榆树县、吉林伯都纳、湖北谷城、江西上饶等地人民攻打、焚毁当地教堂。

李鸿章以粤人攀留为由，拖延北上。

7月17日（六月二十一日） 俄军制造血洗海兰泡事件。

清军和义和团于瑷珲渡江，夜袭江东卜尔多屯俄军。

清廷分别致美、德、法三国书，请求和议。

慈禧给使馆馈送水果、蔬菜。

孙中山在香港舟中召集会议，决定由郑士良组织惠州起义。

7月18日（六月二十二日） 俄军制造江东64屯惨案。

清军停止进攻使馆。

福建漳州、龙岩等地焚毁教堂。

从海参崴出发的俄军进犯黑龙江宁古塔城。

7月19日（六月二十三日） 清政府请求护送各国公使暂避天津。

7月20日（六月二十四日） 陕西宁羌州杀死德国神父等6人。

7月21日（六月二十五日） 衢州教案发生。浙江衢州群众先后捕杀英国传教士等10余人。

7月24日（六月二十八日） 清廷再次向俄国发出求和国书。

义和团和清军分道进攻被俄军盘占的哈尔滨。

清军与义和团在黑龙江依兰县抗击俄军。

俄军占领辽宁熊岳城。

7月25日（六月二十九日） 保定义和团杀死教士戴勒尔等8人。

饶州教案发生，江西饶州焚毁英法教堂，烧死教士多人。

7月26日（七月一日） 唐才常等80余人会于上海愚园，商挽救时局策，成立中国国会，以容闳、严复为正副会长。

7月27日（七月二日） 德皇威廉二世向侵华德军训话，命尽力屠杀，不要生擒俘虏。

7月28日（七月三日） 清廷杀主和的大臣许景澄、袁昶。

7月29日（七月四日） 唐才常等在上海愚园开会，部署"发难"。

7月30日（七月五日） 八国联军成立天津都统衙门，对天津、宁河、静海实行军事管制。

清廷宣布对不听指挥的团民，按照土匪章程惩办。

俄军侵占吉林珲春。

开平矿局总办德璀琳与英国墨林公司代理人胡华私订出卖开平矿合同。

7月31日（七月六日） 清政府下令停止攻打西什库教堂。

8月1日（七月七日） 热河朝阳义和团与在理教联合攻打该县松树咀子天主教堂。

安徽建德县人民攻打教堂。

俄军占据盖平及熊岳。

8月3日（七月九日）　清军于呼伦贝尔抗拒俄军，统领保全牺牲。

天津各国提督会议，即决进兵北京。

俄军攻占哈尔滨。

8月4日（七月十日）　八国联军2万人自天津出发，进犯北京。

北京人心惶惶，官绅大户纷纷出城避难。

俄军攻占黑龙江瑷珲、奉天营口。

8月5日（七月十一日）　八国联军攻占北仓。

8月6日（七月十二日）　八国联军攻占杨村。

慈禧做逃跑准备，命大学士昆冈为留京办事大臣。

8月7日（七月十三日）　清廷任命李鸿章为议和全权大臣。

清军在北京街上杀害义和团。

德皇宣布以瓦德西为联军统帅。

8月8日（七月十四日）　八国联军攻占蔡村。

8月9日（七月十五日）　八国联军抵河西务。

唐才常之自立军前军统领秦力山，在安徽大通运动抚署管带孙道毅，联合哥老会首领符焕章等起事。

8月10日（七月十六日）　八国联军侵占马头镇，李秉衡退驻通州张家湾。

8月11日（七月十七日）　清廷杀主和的大臣徐用仪、立山、联元。

八国联军攻通州张家湾，李秉衡兵败自杀。

秦力山大通起事失败，避难日本。

8月12日（七月十八日）　八国联军攻占通州，四处奸淫烧杀抢掠。

英援军3 000人抵上海。

8月13日（七月十九日）　俄军攻进北京东便门。

黑龙江兴安岭之北大岭清军激战俄军，副都统凤翔战死。

8月14日（七月二十日）　八国联军向北京发动总攻击。

8月15日（七月二十一日）　北京被八国联军攻陷，义和团坚持巷战，抗击侵略军。

慈禧率光绪等仓皇西逃。

8月16日（七月二十二日）　义和团和部分清军顽强巷战，至晚，八国联军全部控制北京城。侵略军公开抢劫3日，京城遭受空前浩劫。

俄军陷黑龙江北大岭，统领崇玉等战死。

8月17日（七月二十三日）　列强最后同意瓦德西为八国联军总司令。

8月20日（七月二十六日）　清政府下"罪己诏"。

8月21日（七月二十七日）　唐才常自立军汉口事泄失败，唐才常等被捕，次日就义。

8月24日（七月三十日）　清廷准全权大臣李鸿章便宜行事。

8月26日（八月二日）　日本派军队于厦门登陆。

8月28日（八月四日）　俄军占领齐齐哈尔，黑龙江将军寿山自杀。

八国联军到京郊良乡镇压义和团。

8月30日（八月六日）　慈禧等逃至山西大同。

俄军陷黑龙江省城。

9月3日（八月十日）　奕劻从宣化返北京，担任议和大臣。

9月4日（八月十一日）　奕劻会见赫德，商讨和谈等问题。

9月7日（八月十四日）　清政府命地方官大力镇压义和团。

9月9日（八月十六日）　奕劻、荣禄命直隶各军不得抗拒八国联军。

9月10日（八月十七日）　慈禧等逃抵山西太原。

9月14日（八月二十一日）　清廷谕令"剿杀"义和团，并把联军入侵归诸义和团"肇祸"。

9月18日（八月二十五日）　德国照会各国，主张"先惩凶，后议和"。

9月20日（八月二十七日）　联军侵占北塘炮台。

9月22日（八月二十九日）　俄军侵占吉林。

9月25日（闰八月二日）　清廷首次惩处"纵庇"义和团诸王大臣，庄亲王载勋、怡亲王溥静、贝勒载濂、载滢均革去爵职；端郡王载漪撤去一切差使，交宗人府严加议处；辅国公载澜、左都御史英年均交衙门议处；刚毅、赵书翘交部议处。

9月26日（闰八月三日）　俄军攻占鞍山。

9月27日（闰八月四日）　八国联军统帅瓦德西到天津。

9月28日（闰八月五日）　俄军侵占辽阳。

9月30日（闰八月七日）　八国联军占领山海关炮台。

10月1日（闰八月八日）　李鸿章在天津正式接任钦差大臣、直隶总督和北洋大臣。

慈禧等一行离太原奔西安。

英军占据山海关。

俄军占领沈阳。

10月2日（闰八月九日）　数千俄军到山海关。日、德、法、意、奥等国军队继至。

10月4日（闰八月十一日）　法国政府向各国政府提出和谈6项建议，作为同中国谈判的基础。

俄军占锦州。

10月8日（闰八月十五日）　革命党人郑士良等联合会党在惠州三洲田起义。

10月11日（闰八月十八日）　增祺与俄军阿历克谢也夫私自订立《奉天交地暂且条约》9条。

10月13日（闰八月二十日）　法、德、英、意四国联军侵占直隶省城保定。

10月15日（闰八月二十二日）　奕劻、李鸿章向各国公使提出议和5点建议，遭拒绝。

10月16日（闰八月二十三日）　英、德签订协定4条，作为对华政策之基本原则，其他列强先后表示赞同。

10月17日（闰八月二十四日）　八国联军统帅瓦德西抵北京。

10月18日（闰八月二十五日）　法军占据直隶正定府。

10月19日（闰八月二十六日）　八国联军占领保定，掳掠藩署库藏银16万两。

清廷谕令拟订处理"肇祸"大臣办法。

10月22日（闰八月二十九日）　郑士良惠州起义失败，赴香港。

10月24日（九月二日）　联军在易州清西陵，纵兵劫掠皇陵文物。

10月26日（九月四日）　慈禧一行逃抵西安。

10月27日（九月五日）　各国公使一致通牒，要求惩治载漪、载勋等11人。

10月28日（九月六日）　革命党人史坚如响应惠州起义，炸两广总督衙门，次日被捕，旋死难。

10月31日（九月九日）　八国联军在津保一带，焚毁曾是义和团据点的26处村庄。

俄军占据锦州。

11月6日（九月十五日）　八国联军以德、法、英、意四国名义，在保定处死护理直隶总督、直隶布政使廷雍等人。

俄宣布天津白河左岸为其征服地，美国提出抗议。

11月12日（九月二十一日）　德、意侵略军从北京向张家口进犯。

11月13日（九月二十二日）　列强向清廷提出议和大纲。

沙俄政府制订《俄国政府监理满洲之原则》。

11月15日（九月二十四日）　雄县义和团奋战清军。

11月18日(九月二十七日)　八国联军入侵张家口,大肆淫掠。

12月10日(十月十九日)　八国联军成立"北京管理委员会"。

12月16日(十月二十五日)　束鹿义和团英勇抗击窜犯之法军。

12月22日(十一月一日)　奕劻、李鸿章与11国公使会于西班牙使馆,会商各使提出的议和大纲12条。

12月24日(十一月三日)　列宁的《中国的战争》在《火星报》创刊号上发表。

12月27日(十一月六日)　清政府原则上同意议和大纲。

12月30日(十一月九日)　中俄签订《天津俄租界条款》。

五　新政、立宪与辛亥革命

1901年(清光绪二十七年)

1月2日(十一月十二日)　清政府授使俄大臣杨儒为全权大臣,与俄国谈判接收东北事宜。

1月15日(十一月二十五日)　清政府接受列强议和大纲,奕劻、李鸿章在议和大纲上签字。

1月17日(十一月二十七日)　维特向杨儒提出满洲问题草案13款。

1月21日(十二月二日)　清政府宣布增祺私自订立的《奉天交地暂且条约》无效。

1月29日(十二月十日)　清政府发布变法上谕,命内外臣工参酌中西政治,举凡朝章、国政、吏治、民生、学校、科举、军制等各抒所见。

2月1日(十二月十三日)　清政府严禁仇教集会,地方官不立行惩办者一律革职,永不叙用。

2月13日(十二月二十五日)　清廷接受议和条件,惩处"祸首"载漪、载澜、载勋、毓贤等人,并恢复徐用仪、立山、许景澄、联元、袁昶原职。

3月15日(正月二十五日)　上海各界人士集会,反对签订中俄密约。

3月21日(二月二日)　以俄逼迫签订中俄密约,张之洞电陈救急三策。

3月23日(二月四日)　德、英、法、日四国公使合组调查中国财源委员会。

3月24日(二月五日)　驻俄公使杨儒在莫斯科拒绝签署俄国炮制的条约。

4月4日(二月十六日)　各国公使向奕劻、李鸿章提出惩处查办外省官绅清单,计142员。

4月21日(三月三日)　清政府设立督办政务处,派奕劻、李鸿章、荣禄等为督办政务大臣。

4月23日(三月五日)　德法军占娘子关。

4月25日(三月七日)　袁世凯奏陈变法十事。

4月29日(三月一十一日)　清政府宣布惩办"保护教民不力"之地方官56人。

是月,以祁刚为首的义和团转战于雄县、新城、固安等地,提出"反清灭洋"的口号。

5月10日(三月二十二日)　秦力山等在日本创刊《国民报》。

5月29日(四月十二日)　赔款议定,四万万五千万两以金价计算,40年偿清,年利4厘。

5月30日(四月十三日)　清廷同意外国使馆扩充馆界。

6月1日(四月十五日)　列强宣布解除瓦德西联军总司令职务。

6月4日(四月十八日)　派醇亲王载沣为头等专使大臣,前往德国"谢罪"。

6月11日(四月二十五日)　应列强要求,停止"外国人民被杀害凌虐之城镇"(计40余府州县)文武考试5年。

6月16日(五月一日)　派户部侍郎那桐为专使大臣,前往日本"谢罪"。

6月20日(五月五日)　四川义和团在川东树立"灭清、剿洋、兴汉"起义旗帜。

6月25日(五月十日)　义和团首领刘洛焕等在正定被捕后遭杀害。

是月,直隶深州联庄会竖"扫清灭洋"大旗起义。

7月12日(五月二十七日)　刘坤一、张之洞会奏变通政治人才为先者。此后又连续会奏整顿中法12条及采用西法11条。

7月24日(六月九日)　清政府改总理衙门为外务部,列六部之前,由奕劻总理事务。

8月8日(六月二十四日)　八国联军从北京撤退完毕。

直隶雄县、霸县义和团在祁子岗、韩友礼率领下抗击清军。

8月9日(六月二十五日)　维特复李鸿章,要求以满洲铁路工业租借之优先权让与道胜银行。

8月19日(七月六日)　清廷重新宣示停止文武考试5年之地方及保护教士教民不力已行惩办之地方官56人,并续惩官绅71人。

8月25日(七月十二日)　谕于两年内所有外洋军火及制造军火器料,一概不准贩运入口。

8月26日(七月十三日)　更改公使觐见礼节。

8月29日(七月十六日)　诏自明年始,乡试会试均废八股,改试策论。

诏停止武生童考试及武科乡会试。

9月7日(七月二十五日)　清政府全权大臣奕劻、李鸿章与德、奥、比、西、英、美、法、意、日、荷、俄等11国公使在北京正式签订丧权辱国的《辛丑条约》。

9月11日(七月二十九日) 清政府命各省建立武备学堂。

9月15日(八月三日) 谢缵泰、洪全福等谋划在粤起事,拟定国号为大明顺天国。

9月24日(八月十二日) 清政府与日本订立《中日重庆租界专约》。

10月2日(八月二十日) 清政府颁布懿旨,责成中外臣工,将应行变通兴革诸事,力任其难,破除积习,以期补救时艰。

10月4日(八月二十二日) 各国划定北京使馆界址,东至崇文门,西至正阳门,北至东单牌楼,南至城墙。

10月11日(八月二十九日) 郑观应奉商务大臣盛宣怀命,与日商订立合办安徽宣城煤矿合同。

11月3日(九月二十三日) 东清铁路通车。

11月23日(十月十三日) 台湾嘉义黄茂松等举兵反抗日本侵占台湾。

12月21日(十一月十一日) 《清议报》因毁于火而停刊,共出100期。

是月,英国取得开平煤矿所有权,改名为开平矿务公司。

是年秋冬间,留日学生在日本东京神田骏河台成立中国留学生会馆,吴禄贞致开会辞,称之无异于"美国费城的独立厅"。

1902年(清光绪二十八年)

1月2日(十一月二十三日) 张謇正式创办通海垦牧公司。

1月4日(十一月二十五日) 张元济等在上海创办《外交报》。

京师大学堂正式成立,张百熙为京师大学堂管学大臣。

清政府派王文韶为督办路矿大臣,瞿鸿禨充任会办大臣。

清政府与各国订立鼓浪屿公共租界章程。

1月11日(十二月二日) 清政府将同文馆归入大学堂。

1月13日(十二月四日) 清政府通知各地严禁传习白莲、八卦等邪教。

2月3日(十二月二十五日) 吕海寰奏报荷属南洋各岛虐待华侨情形,请添派领事保护。

美国照会中、俄及列强,请注意东三省门户开放与机会均等。

2月6日(十二月二十八日) 清政府与比利时签订《天津比国租地合同》。

2月8日(正月一日) 梁启超在日本横滨创办《新民丛报》(半月刊)。

2月10日(正月初三) 清国留学生会馆在东京成立。

2月17日(正月十日) 驻俄公使杨儒客死于俄国首都任所。

2月24日(正月十七日) 《政艺通报》创刊。

2月25日(正月十八日)　外务部总理大臣奕劻照会俄使雷萨尔,重提满洲撤兵修正案。

是月,刘坤一、张之洞设江楚编译局于江宁。

初春,朝阳发生反洋教起义。

春,广西会党起义全面爆发。

孙中山在横滨接待章炳麟、秦力山来访,与章炳麟讨论改革土地、赋税制度问题。

3月25日(二月十六日)　河南泌阳大刀会席小发起义,反抗摊派教案赔款。

是月,袁世凯派新军镇压直隶广宗县联庄会反洋教斗争。

4月8日(三月一日)《中俄交收东三省条约》在北京签订,谈判经年之久的撤兵交涉告一段落。条约共4款,中国承认中俄以前的协定,俄军分三期撤离中国。

4月23日(三月十六日)　直隶广宗景廷宾在巨鹿起义,号召"扫清灭洋"。

4月27日(三月二十日)　章太炎、秦力山等发起在东京举行"中华亡国242年纪念会",遭日本警察阻止。同日下午,孙中山邀章太炎、秦力山等在横滨举行纪念会。

蔡元培、蒋观云、黄炎培在上海发起成立中国教育会,蔡为事务长(会长)。借办理教育为名鼓吹革命。

4月29日(三月二十二日)　袁世凯、胡燏棻与英使商订关内外铁路交还章程。

是月,台湾埔里社山胞抗日起义,杀死日守备队14人。

5月8日(四月一日)　云南腾越设埠开关。

清政府定于每年3、4月和8、9月宴各国公使及夫人随员等。

5月19日(四月十二日)　清政府应奥、意、比3国公使之请,将出使该3国大臣定为专使(钦差大臣)。

5月25日(四月十八日)　保定学堂开学,美国人丁家立为西学总教习。

是月,上海商务会议公所成立,后改称上海商务总会。

6月1日(四月二十五日)　英国交还山海关内外铁路。

6月7日(五月二日)　清政府与意大利订立《中意天津租界专约》。

山西巡抚岑春煊开办山西大学堂,分中学斋、西学斋,李提摩太任西学专斋总理。

6月17日(五月十二日)《大公报》在天津出版,天主教徒英华创办,1912年停刊。

6月21日（五月十六日） 袁世凯奏请创练北洋常备军制,设立北洋行营将弁学堂。

7月5日（六月一日） 奕劻照会德、英、俄、日、意、法6国公使请交还天津。

7月6日（六月二日） 张之洞奏请在湖北省城创办警察制度。

7月27日（六月二十三日） 清政府任命张之洞为督办商务大臣,命盛宣怀等赴湖北继续商议英日商约。

7月28日（六月二十四日） 吴敬恒力争保送学生入日本军事学堂,清驻日公使蔡钧阻止并招日警弹压,引发留日学生学潮。

8月15日（七月十二日） 袁世凯接收天津城,各国都统衙门撤销。

张百熙奏学堂章程（即"壬寅学制"）,清政府下令颁行各省。

湖南辰州教案发生,教堂被焚毁,传教士罗国全被杀。

8月22日（七月十九日） 上海张园开设协助留东学生会。抗议日本政府禁止中国留学生习陆军。

9月5日（八月四日） 清政府代表盛宣怀与英代表马凯在上海签订《续议通商行船条约》,又称《马凯条约》。

9月9日（八月八日） 山东利津县冯家庄附近黄河决口。

9月13日（八月十二日） 日本设立湖南汽船会社航行于汉口、长沙之间。

9月14日（八月十三日） 山东惠民县刘庄黄河决口宽达70丈。

9月18日（八月十七日） 湖南贺金声发动反洋教起义。

9月22日（八月二十一日） 庆亲王奕劻、大学士王文韶与俄驻华公使雷萨尔商定交还山海关外铁路条款7款。

9月25日（八月二十四日） 清政府允许四川矿务局与法商成立华法和成公司,合办川省煤油矿物。

9月26日（八月二十五日） 清政府颁布《钦定学堂章程》。

9月29日（八月二十八日） 清政府派袁世凯接收山海关内外铁路。

英商英美烟公司在英国成立,相继在中国汉口、沈阳、哈尔滨等地设立了烟厂。

10月5日（九月四日） 清政府命各省督抚选择学生,遣往西洋各国考求专门学业以备用。

10月10日（九月九日） 清政府任命杨宗廉督办顺直机器纺织局事务。

10月15日（九月十四日） 督办铁路大臣盛宣怀与华俄道胜银行订立《正太铁路借款合同》,总额4 000万法郎,9折。

10月17日（九月十六日） 清政府命各省督抚仿照袁世凯所定警务章程办理

巡警。

11月14日（十月十五日） 上海南洋公学学生发生学潮，200余人退学，抗议学校当局禁止学生阅读新书新报、议论时政。

梁启超主编之《新小说》在日本创刊，开创中国小说之新体例。

11月16日（十月十七日） 上海中国教育会助南洋公学退学学生成立爱国学社。

北洋铸造银圆总局开铸。

11月24日（十月二十五日） 湘籍留日学生黄兴、杨笃生、陈天华在日本东京创办《游学译编》。

12月12日（十一月十三日） 清政府命袁世凯、张之洞收回电报局改为官办。

12月17日（十一月十八日） 京师大学堂开学，先办速成科，分仕学馆及师范馆并设立译书局。

是月，中国留日学生秦毓鎏、叶澜等在东京组织中国青年会。

归国留学生戢元丞、秦力山在上海创办《大陆》杂志（月刊），后改为半月刊。

孙中山在东京嘱留日学生刘成禺撰《太平天国战史》，作反清宣传品，孙中山为该书作序，1904年在东京发行。

美国在上海创立花旗银行。

1903年（清光绪二十九年）

1月7日（十二月九日） 孙中山自日本抵香港，13日赴河内，参观工业博览会，宣传革命，结识志士，成立兴中会分会。后往西贡等处扩展党务，运动革命。

1月16日（十二月十八日） 吉林将军长顺与英国主教议定吉林全省耶稣教案赔恤合同。

1月28日（十二月三十日） 革命党人李纪堂、洪全福、谢缵泰计划广州举义，事泄失败。

1月29日（正月一日） 湖北留日学生刘成禺、李书城等在东京创办《湖北学生界》月刊（后为《汉声》）。

留日学生会馆在新年举行团拜演说，到会者千余人，马君武、刘成禺慷慨陈词，宣传革命"排满"。

2月13日（正月十六日） 直隶留日学生在东京创办《直说》月刊。

2月17日（正月二十日） 留日浙江同乡会在日本东京发刊《浙江潮》月刊。

2月19日（正月二十二日） 清政府派载振、那桐等为赴日本大阪博览会观会大臣，并考察商政。

3月31日（三月三日） 四川总督岑春煊在成都设立四川通省勤工局。

是月,爱国天主教徒马相伯在上海徐家汇开办震旦学院,自任总教习。

江苏留日学生秦毓鎏等在东京创办《江苏》(月刊)。

4月6日(三月九日)　爱国学社创办《童子世界》。

4月8日(三月十一日)　沙俄交还营口、牛庄等地到期,违约不撤兵,并于本月18日为撤兵问题向清外务部提出东三省新要求7项。

4月22日(三月二十五日)　清廷设立财政处。

4月24日(三月二十七日)　中日订立《扩展天津租界条约》。

留日学生500人发起拒法运动,反对广西巡抚王之春拟借法兵平定游勇。上海数百人在张园开拒法会。

4月27日(四月一日)　上海千余人在张园召开拒俄大会,通电反对沙俄背约拒绝撤兵。

天津中西学堂改为北洋大学。

4月29日(四月三日)　留日学生500人在东京举行拒俄大会,成立拒俄义勇队,声讨沙俄侵占东北。

4月30日(四月四日)　上海1 200人再次集会,成立上海拒俄义勇队。

5月2日(四月六日)　东京中国留学生拒俄义勇队改名为学生军,后又改为军国民教育会,旋因清廷之请,被日本政府解散。

5月4日(四月八日)　留日女学生胡彬夏等在东京组织共爱会。

5月23日(四月二十六日)　清政府命令各省将军督抚会同商部筹划经理路矿、农务、工艺各项公司。

5月24日(四月二十七日)　张謇到日本考察实业教育。

是月,邹容所著《革命军》一书在上海大同书局出版。

李宝嘉主编的《绣像小说》在上海创刊(半月刊)。

6月1日(五月六日)　《苏报》刊登论说《康有为》一文,高举革命旗帜,驳斥保皇言论,宣称"革命之宣告,殆以为全国之所公认,如铁案之不可移"。

6月9日(五月十四日)　外务部奏上张之洞、盛宣怀等所订沪宁铁路筹借英款订立详细合同,并获清政府批准。

6月12日(五月十七日)　梁启超与美国总统西奥多·罗斯福在华盛顿会晤。

6月29日(闰五月五日)　上海《苏报》摘录章太炎的文章《驳康有为书》,鼓吹排满革命。在两江总督魏光焘要求下,上海租界工部局出动巡捕查抄了苏报馆。次日,又查抄爱国学社,逮捕了章太炎等人。"苏报案"发生。

7月1日(闰五月七日)　《革命军》作者邹容因"苏报案"向上海英租界巡捕房自首。

东清铁路正式通车。

7月9日(闰五月十五日)　中英沪宁铁路借款合同签字,款额325万英镑,9折实收,年息5厘。

7月15日(闰五月二十一日)　清政府所请律师在上海租界会审公堂与章太炎、邹容对簿。

7月19日(闰五月二十五日)　自立军在军右统领沈荩因首先揭露《中俄密约》在北京被捕,31日被刑杖致死。

是月,黄兴抵湖北武昌,到两湖书院演说排满革命,并散发《革命军》等革命书籍。

8月,孙中山在东京青山设立军事训练班,培养军事人才,首次提出:驱除鞑虏,恢复中华,创立民国,平均地权。

9月7日(七月十六日)　清政府设立商部衙门。

9月26日(八月六日)　裁撤路矿总局,所有路矿事务均归商部通艺司管理。

是月,湖北聘日本保姆3人,在武昌创立湖北幼稚园,为我国幼稚园之始。

10月5日(八月十五日)　孙中山抵檀香山,与保皇派展开斗争。

10月8日(八月十八日)　中美续订通商行船条约。中日签订通商行船续约。

10月28日(九月九日)　俄军占据奉天省城各官署,拘禁奉天将军增祺。

中法订立滇越铁路章程。

秋冬间,陈天华所著《猛回头》《警世钟》两书在上海相继出版。

11月4日(九月十六日)　黄兴等在长沙秘密集会,决定成立革命团体华兴会。

11月6日(九月十八日)　出使大臣张德彝向英外交部抗议英军入侵西藏。

11月12日(九月二十四日)　中国铁路总公司督办大臣盛宣怀与比利时电车铁路合股公司订立《汴洛铁路借款合同》及行车合同,借款总额2 500万法郎。

11月17日(九月二十九日)　北京译学馆开学。

11月19日(十月一日)　清廷命各省振兴农务、清地亩、辨土性、兴水利、广畜牧,设立农务学堂。

是月,清政府颁布《奖励公司章程》。

高天梅在松江创办革命刊物《觉民》,主张把反对外来入侵同"排满"相区别。

孙中山在希炉华侨中建中华革命军,提出入会誓词:驱除鞑虏,恢复中华,创立民国,平均地权。

12月2日(十月十四日)　商部奏准颁行《奏定铁路简明章程》。

12月4日(十月十六日)　清廷正式成立练兵处。

12月10日(十月二十二日)　英印政府派荣赫鹏和麦克唐纳率军3 000人进犯中国西藏地区,13日发动第二次侵藏战争。

12月12日(十月二十四日)　清廷以廖平离经叛道之罪,革去其四川绥定府教授职并销毁其著刊各书。

12月15日(十月二十七日)　蔡元培等在沪组织对俄同志会,出版《俄事警闻》日刊,揭露俄军在东三省暴行。

12月19日(十一月一日)　林獬在上海创办《中国白话报》。

12月21日(十一月三日)　清政府批准张百熙奏折选派师范生赴东西洋各国留学。

12月30日(十一月十二日)　清政府电令各省,如日俄开战,严守局外中立。

是月,孙中山在檀香山将商业报纸《檀山新报》改组为《隆记报》,成为兴中会党报,并撰《敬告同乡书》批判保皇邪说。

是年,我国第一部甲骨文字著录书《铁云藏龟》出版。

1904年(清光绪三十年)

1月6日(十一月十九日)　清政府下诏各省筹饷以编练新军。

1月13日(十一月二十六日)　清政府颁布《奏定学堂章程》("癸卯学制"),为第一个正式施行的近代学制。

1月21日(十二月五日)　清廷颁布《钦定大清商律》。

是月,丁初我主编《女子世界》(月刊)在上海出版,以反礼教、倡女权为宗旨。

2月8日(十二月二十三日)　日本海军突袭旅顺俄舰队,日俄绝交,日俄战争爆发。

2月12日(十二月二十七日)　清政府宣布严守局外中立。

2月15日(十二月三十日)　华兴会在长沙正式召开成立大会,黄兴为会长,宋教仁、刘揆一为副会长。

2月16日(正月一日)　美洲、澳洲、亚洲、非洲旅居华侨致电外务部请求联日抗俄,趁势恢复东三省,并表示愿意助饷。

2月21日(正月六日)　长沙开为商埠。

2月26日(正月十一日)　《俄事警闻》扩充为《警钟日报》,1905年被查封。

是月,黄兴创设同仇会,联络湖南会党,确定起义计划。

3月10日(正月二十四日)　日俄海军再次在旅顺发生激战。

3月11日(正月二十五日)　商务印书馆创办的《东方杂志》发刊。

3月17日(二月一日)　清商部奏颁路矿暂行章程38条。

3月21日(二月五日)　上海英、德、法、美官商及中国官绅盛宣怀、吕海寰等合办上海万国红十字会,救护战地华绅商民。

3月31日(二月十五日)　孙中山抵达旧金山,保皇党运动海关拦阻。

4月5日(二月二十日)　清商部奏请筹办实业学堂,内分算学、化学、电学、水学、光学等10门。

4月11日(二月二十六日)　商部奏颁行《商务公会章程》。

荣赫鹏率英军进据西藏江孜附近,西藏地方政府组织藏兵展开江孜保卫战。

4月26日(三月十一日)　天津海关道唐绍仪等与比利时商人世昌洋行的海礼订立天津电车、电灯合同。

是月,孙中山刊印邹容《革命军》1.1万册,广为散布,并发售革命军需债券。

5月10日(三月二十五日)　清政府批准湖南绅商,设立铁路支路总公司。

5月15日(四月一日)　西藏地方政府对英国宣战。

清廷设置的修订法律馆正式开馆工作。

5月21日(四月七日)　上海租界会审公廨宣判"苏报案",邹容监禁2年,章太炎监禁3年,均罚做苦工。

5月29日(四月十五日)　湖南士绅联名电请政府支持撤废粤汉铁路合同。

是月,孙中山在旧金山改组致公党主办的《大同日报》,宣传革命。并为致公党订新章程。

6月5日(四月二十二日)　安徽商务局与英商改订合办安徽铜官山矿务合同。

6月12日(四月二十九日)　《时报》在上海发刊问世。

6月29日(五月十六日)　清政府加入万国红十字会。

胶济铁路完工。

7月3日(五月二十日)　吕大森、张难先、刘静庵、曹亚伯在武昌成立科学补习所。

7月8日(五月二十五日)　清政府开办鄂、湘、皖、赣4省土膏统税,总局设于宜昌。

7月19日(六月七日)　达赖喇嘛遣使向英军乞和。

7月21日(六月九日)　江西乐平会党夏廷义聚众抗捐,捣毁城内学堂、电报局等。

7月27日(六月十五日)　英军迫近拉萨,达赖北走青海,旋又逃往库伦。

是月,张謇刻《日本宪法》12册送呈内廷。

8月26日(七月十六日)　出使西班牙公使孙宝琦奏请将东三省、蒙古、新疆开口通商,以免日俄猜忌。

清廷免去达赖喇嘛名号,命班禅管理西藏事宜。

9月4日(七月二十五日) 日军攻占辽阳,俄军败退浑河,辽阳大战结束。

9月7日(七月二十八日) 西藏班禅喇嘛与英军大佐荣赫鹏订立英藏《拉萨条约》。清政府不承认《拉萨条约》。

9月26日(八月十七日) 清政府命津海关道唐绍仪以三品京堂候补,前往西藏查办西藏诸事件。

成都兵工厂600名工人罢工,抗议工头克扣工资,罢工持续16天。

10月1日(八月二十二日) 英军退出西藏。

10月11日(九月三日) 清廷下令扩充汉阳枪炮厂,改称湖北兵工厂。

10月16日(九月八日) 严修、张寿春在天津创立敬业中学,后改名南开中学。

10月23日(九月十五日) 黄兴、刘揆一联合湖南哥老会首领马福益,筹划湖南长沙起事,事机泄露失败。

10月28日(九月二十日) 因长沙事败,武昌军警搜捕革命党机关科学补习所及东文讲习所成员,该组织遭破坏。

是月,孙中山在纽约发表告欧美人士书《中国问题之真解决》。

旅美华侨呼吁修改有关虐待华工条约,并派代表回国,发起拒约运动。

光复会在上海成立。

11月4日(九月二十七日) 清廷命唐绍仪为议约全权大臣与英国商议西藏事宜。

11月14日(十月八日) 天津商务总会成立。

11月18日(十月十二日) 清政府批准张振勋在粤设立农工路矿公司。

11月19日(十月十三日) 革命党人万福华刺杀前广西巡抚王之春未遂。

12月28日(十一月二十二日) 清廷派出使大臣梁诚会订中美和衷条约。

是月,黄兴、程潜等在日本东京组织革命同志会。

是年,美国军事家荷马李与孙中山结识,此后荷马李赞助中国革命,成为孙中山的军事顾问。

1905年(清光绪三十一年)

1月14日(十二月九日) 列宁在《前进报》上发表《旅顺口陷落》一文,揭日、俄罪行。

1月23日(十二月十八日) 清政府允准袁世凯办直隶公债票。

1月25日(十二月二十日) 清政府设立商标注册总局,颁布《商标注册试办章程》。

商部命沿江沿海各省保护并创办内河华商轮船公司。

中美修订《华工条约》12款。

是月,沙俄借口新疆"回汉冲突",分兵进犯伊犁、喀什噶尔和蒙古等地。

孙中山走访刚抵伦敦的严复,反对严复主张以教育问题着手改革中国政治。

孙中山至比利时首都布鲁塞尔与中国留学生讨论革命方略与依靠力量问题。

科学补习所成员王汉在河南谋刺户部侍郎铁良未果,王汉被迫于3月21日投井而死。

《直隶白话报》在保定创刊。

2月7日(正月四日)　达赖请于库伦建庙诵经,诏不允,命仍回西藏。

2月15日(正月十二日)　许雪秋等在潮州密谋起义失败。

2月22日(正月十九日)　德国人在吴淞口安设上海到胶州海底电线。

2月23日(正月二十日)　邓实、黄节等在上海创刊《国粹学报》。

2月25日(正月二十二日)　中国第一家女子中西医学院在上海开办。

2月28日(正月二十五日)　中法商人各集股200万两在天津创设华兴银行。

是月,陈独秀、柏文蔚等在安徽芜湖成立革命团体岳王会,陈独秀为会长。

3月5日(正月三十日)　中英签订港九铁路合同。

3月7日(二月二日)　上海震旦学院因传教士干预教育,学生全体退学。

湖北教育普及社出售革命书刊被查封。

3月10日(二月五日)　日俄奉天大战,日军攻占奉天。

3月14日(二月九日)　清政府答复美国,愿参加海牙第二次和平会议。

3月16日(二月十一日)　南洋公学更名上海高等实业学堂,是上海第一所工商科实业大学。

3月26日(二月二十一日)　四川巴塘土司反对改土归流,骚扰滋事。

4月4日(二月三十日)　日俄两军战于大连。

4月10日(三月六日)　南非发生华工罢工,警察开枪,造成伤亡事故。

安徽洪泽湖盐民起义。

4月19日(三月十五日)　云南土民成立保地会,相约不售地与法人为筑造铁路之用。

4月20日(三月十六日)　湖南哥老会首领马福益被湘巡抚端方杀害。

4月24日(三月二十日)　清廷将律例重刑、凌迟、枭首、戮尸永远删除,凡死刑至斩决为止。

是月,湖北革命党人因科学补习所被封,改以武昌日知会为机关。

5月1日(三月二十七日)　军机处电令各省督抚查禁《新广东》《新湖南》《浙

江潮》《新民丛报》《新小说》《中国自由书》等革命书报。

5月10日（四月七日） 上海总商会发起抵制美货运动，反对美国迫害华工，各地响应。

5月15日（四月十二日） 清政府派张昭为京张铁路总办，詹天佑为总工程师，开国人自办铁路之先河。

5月16日（四月十三日） 两广总督岑春煊电外务部，力拒美国禁止华工条约。

5月18日（四月十五日） 河南霍山教案发生。

5月21日（四月十八日） 《中外日报》发表《论日胜为宪政之兆》一文，强调日本的胜利是由于立宪的缘故。

5月27日（四月二十四日） 京师大学堂召开第一次运动会。

5月28日（四月二十五日） 济南西关自开商埠。

是月，孙中山在布鲁塞尔访第二国际领导人王德威尔德等，在伦敦会晤吴敬恒，不久自英赴德与留学生详细讨论国家建设的种种问题，并在柏林召开第二次留学生会议。

北洋新军六镇全部练成，共计兵额7万人。

6月3日（五月一日） 宋教仁等在东京创刊《二十世纪之支那》。

广州绅商集会抵制美约，18日南京、杭州、汕头、温州等地绅商抵制美国华工禁约。

6月4日（五月二日） 上海知县汪懋琨发布禁止缠足告示。

6月11日（五月九日） 《大公报》申明不登美商广告。

6月14日（五月十二日） 广东各界成立拒约会。

6月18日（五月十六日） 天津商学各界集议抵制美货。

6月19日（五月十七日） 各国驻沪领事会议，议决今后上海英美会审公廨所审案犯，捕房不得任意带回。

6月22日（五月二十日） 各国驻华公使签押重订庚子赔款之约。

6月25日（五月二十三日） 中国教育会选举蔡元培为会长。

6月27日（五月二十五日） 清廷议行立宪政体。袁世凯奏请各省禁止抵制美货。

是月，孙中山在法国、日本、新加坡宣传革命主张。

7月3日（六月一日） 中英《道清铁路借款合同》订立。

7月4日（六月二日） 清帝亲临保和殿举行第一次出洋毕业生考试。

7月10日（六月八日） 北洋开办无线电学堂。

7月16日（六月十四日） 清政府为筹备立宪，派载泽、端方等五大臣分赴东西洋各国考察以作施政参考。

7月17日（六月十五日） 清廷归还达赖喇嘛法号。

7月19日（六月十七日） 孙中山抵达日本横滨后前往东京访晤黄兴、宋教仁等，开始筹建资产阶级革命政党。

7月20日（六月十八日） 上海总商会决定次日起不用美货，以抵制美华工禁约。

7月27日（六月二十五日） 上海妇女界举行抵制美国华工禁约会议。

7月28日（六月二十六日） 孙中山与宋教仁、陈天华会晤于《二十世纪之支那》杂志社，商谈统一组织、统一领导问题。

7月30日（六月二十八日） 中国同盟会于东京举行筹备会，70多名留学生到会。

8月7日（七月七日） 袁世凯奏请禁止外国人在中国境内私设无线电报及擅设电话。

8月8日（七月八日） 清廷开常德、湘潭为商埠，并自行开采平江金矿。

8月12日（七月十二日） 英日订立新同盟条约。

8月13日（七月十三日） 东京中国留学生集会，孙中山到会发表演说。

8月20日（七月二十日） 中国同盟会在东京正式召开成立大会，通过《同盟会宣言》，推孙中山为总理，中国第一个资产阶级政党诞生。

8月21日（七月二十一日） 广东学界发行《拒约报》，抵制美国华工苛约。

8月28日（七月二十八日） 日本政府封查《二十世纪之支那》。
学务处奉准在京设立法律学堂。

8月29日（七月二十九日） 中国赎回粤汉铁路合同在美签押，粤汉路权收回。

8月31日（八月二日） 清廷命各省督抚禁止商民抵制美货。

9月2日（八月四日） 清政府决定自明年起开始废除科举制度。

9月5日（八月七日） 日俄和约在美国朴次茅斯签订。

9月8日（八月十日） 冯自由、李自重两人被孙中山委为同盟会香港、广州、澳门主盟人。

9月13日（八月十五日） 清政府下令开放东三省。

9月23日（八月二十五日） 革命党人徐锡麟创立的绍兴大通学堂开学。

9月24日（八月二十六日） 革命党人吴樾在北京前门车站炸出洋考察五大臣，殉难。

南京各界召开第二次拒美和约会议,决定处理违约办法。

9月27日(八月二十九日)　抵制美货运动终止。

北京户部银行开市。

是月,马相伯创办的复旦公学在沪江湾成立。

10月2日(九月四日)　京张铁路破土动工。

10月6日(九月八日)　胡汉民在戊戌庚子死事诸人纪念会上演说,指责康有为、梁启超的保皇立宪言论。

10月8日(九月十日)　清政府设巡警部,以徐世昌为尚书。

10月23日(九月二十五日)　新建陆军河间秋操(中国新军第一次军事演习)开始。

10月26日(九月二十八日)　清政府改派山东布政使尚其亨、李盛铎、与载泽、端方、戴鸿慈出国考察政治。

11月17日(十月二十一日)　中日谈判满洲问题开议。

伊藤博文及其日使迫朝鲜订立日韩保护协约,韩国名存实亡。

11月20日(十月二十四日)　张之洞议定由鄂、湘、粤分办粤汉铁路。

11月25日(十月二十九日)　清政府令各省严拿革命党。

清廷派政务处五大臣设立考察政治馆,招揽通才。

11月26日(十月三十日)　中国同盟会机关报《民报》在东京正式发刊。孙中山撰发刊词,提出三民主义(民族、民权、民生)。

11月27日(十一月一日)　进士馆、仕学馆改为政法大学。

12月4日(十一月八日)　中国留日宏文学院学生为反对日本《取缔规则》罢课,各校相继响应。

12月6日(十一月十日)　清廷谕令设学部,令国子监并入其中。

12月8日(十一月十二日)　留日学生陈天华,因反对日本取缔留学生,愤而投海自杀。

12月13日(十一月十七日)　留日学生近300人抗议日本政府颁布"取缔规则",集体退学返国。

12月22日(十一月二十六日)　中日东三省善后事宜条约在北京签字。

是年,荣宗敬在江苏无锡创办振新纱厂。

张謇在南通州创办泽生水利公司、资生铁冶厂、颐生酿酒公司,并创办我国最早的博物馆——南通博物苑。

清廷承认粤汉、川汉铁路归绅商自办。

邓实组织国学保存会。

美国教会在上海办的约翰书院正式改名为圣约翰大学,在美国哥伦比亚注册立案。

1906年(清光绪三十二年)

2月1日(正月八日)　清政府复与英国开议藏约。

2月3日(正月十日)　清政府撤回驻韩公使原有事务,交由驻日使馆办理。

清户部银行订定代收国民捐章程。

2月6日(正月十三日)　北京警察改穿西式服装。

2月10日(正月十七日)　清政府按西律处决在湘枪毙英捕头的土耳其人马杜利、希腊人巴尔发。

2月16日(正月二十三日)　清议约大臣张荫棠提出治藏政策。

孙中山自西贡抵新加坡,旋在晚晴园建立同盟会分会,以张楚南、张永福为正副会长。

2月23日(二月一日)　清政府与驻京英使开议滇缅划界事宜。

2月25日(二月三日)　南昌教案发生。

2月26日(二月四日)　英、法、美兵舰闯入鄱阳湖。

2月27日(二月五日)　政务处兵部会奏裁撤绿营办法。

是月,湖北日知会正式成立。

安徽矿务总局设立。

吴趼人著《二十年目睹之怪现状》第1册出版。

3月5日(二月十一日)　清政府下令各省督抚、将军严饬属下官员切实保护外国人民财产及教堂。

3月14日(二月二十日)　清政府诏发帑银10万两赈济日本灾荒。

3月17日(二月二十三日)　台湾嘉义发生大地震,死1 100人,伤1 900人,毁房6 700余栋。

是月,中国公学在上海创办。

4月4日(三月十一日)　商务印书馆在农工部注册,该馆成立于1897年2月。

4月9日(三月十六日)　清政府将绿营一律改为巡警。

4月23日(三月三十日)　清廷拨帑银10万两赈济美旧金山地震,另以千万两赈济受灾华侨。

4月25日(四月二日)　清政府颁布《破产律》69条。

沈家本等拟定《大清刑事·民事诉讼法》。

4月27日(四月四日)　中英续订藏印条约在北京签订。

是月,《云南》杂志在东京出版。

5月6日(四月十三日)　同盟会总部改订《中国同盟会总章程》。

留日归国学生姚宏业因愤国事,在上海投黄浦江自杀。

5月8日(四月十五日)　清政府陆军行营军官学堂在保定成立,民国元年改为陆军大学迁址北京。

5月13日(四月二十日)　学部奏定学部新官制。

5月29日(闰四月初七日)　禹之谟发起在湖南长沙岳麓山举办公葬陈天华、姚宏业仪式。

是月,同盟会本部派余诚回鄂组织同盟会湖北分会,日知会全体加入,举刘静庵为总务干事。

湖北新军按全国统一编号,编为第8镇和暂编第21混成协共16 100人。

6月7日(闰四月十六日)　日本发布第142号敕令,宣布设立南满洲铁道股份公司。

清学部拟定女子学堂章程。

6月9日(闰四月十八日)　清驻意公使黄诰出席在罗马举行的万国农学会。

6月13日(闰四月二十二日)　天津北洋女子师范学堂开学。

6月17日(闰四月二十六日)　汴郑铁路竣工通车。

6月29日(五月八日)　章太炎在沪出狱即赴日本,旋加入同盟会。

7月22日(六月二日)　开县教案发生。

清政府在京师设立税务处。

7月23日(六月三日)　学部公布小学教科书审定办法。

7月25日(六月五日)　《民报》第6号出版,自本期起由章太炎主编。

7月31日(六月十一日)　日本在大连设置关东都督府。

是月,同盟会员蔡绍南与洪江会首领魏宗铨等在麻石密议,筹划萍浏醴起义。

章太炎发起国学讲习会。

8月7日(六月十八日)　孙中山于吉隆坡组织同盟会分会。

8月9日(六月二十日)　天津学生上书端方,请速定立宪。

8月10日(六月二十一日)　同盟会湖南分会会长禹之谟被捕,于次年1月5日就义于长沙。

8月29日(七月十日)　天津设立自治局。

8月30日(七月十一日)　清外务部电复驻京英使滇缅片马国界事。

9月1日(七月十三日)　清政府颁诏宣布"预备仿行宪政","大权统归朝廷、庶政公诸舆论"。

日本宣布大连为国际商埠。

9月2日（七月十四日）　清廷派载泽、袁世凯等议定官制。

9月5日（七月十七日）　日本革命志士宫崎寅藏、平山周等创办日文杂志《革命评论》,支持中国革命。

9月6日（七月十八日）　清政府组成官制编制馆。

9月18日（八月一日）　香港遭飓风袭击,死伤达10余万人。

9月24日（八月七日）　学部选派进士馆学生赴日本入法政速成科。

10月2日（八月十五日）　清廷颁行考验游学毕业生章程。

清政府练兵处决定每年派学生100人,就读日本士官学校。

10月5日（八月十八日）　学部规定外国人在内地设立学堂,一概不准立案。

10月8日（八月二十一日）　外务部照会驻华各使,禁止外国人在京开设商店。

10月11日（八月二十四日）　巡警部颁布《报章应守规则》。

10月16日（八月二十九日）　清户部议定在各省设立户部银行分行。

10月18日（九月一日）　上海《竞业旬报》出版。《盛京时报》创刊。《洞庭波》创刊。

10月20日（九月三日）　会议藏约大臣张荫棠在西藏拉萨被英兵围困,清政府电饬驻藏大臣查办。

10月22日（九月五日）　清政府新建陆军在河南彰德举行秋操大典。

10月27日（九月十日）　清廷批准法部尚书戴鸿慈等奏折,命各省兴办图书馆、博物院、动物园等。

11月1日（九月十五日）　江苏铁路公司在上海召开股东大会。

11月6日（九月二十日）　清廷颁布谕旨厘定中央官制;命厘定官制大臣陆续编订各省官制。

11月9日（九月二十三日）　清廷改督办政务处为会议政务处。清政府任命孙家鼐为国史馆总编官。

11月10日（九月二十四日）　外务部照会日使,不承认日本设立"南满铁路公司"。

11月15日（九月二十九日）　孙中山在东京与俄国社会革命党人吉尔约尼会谈,主张建立新共和政体、采取五权分立。

11月20日（十月五日）　清廷准直隶总督袁世凯开去各项兼差,以专责成而合新制。

11月26日（十月十一日）　日本南满铁道会社在东京成立。

11月30日（十月十五日） 清政府颁布《禁烟章程》。

12月2日（十月十七日） 中国同盟会在东京举行《民报》周年纪念大会。孙中山提出"五权宪法"之说。

12月4日（十月十九日） 同盟会员蔡绍南、刘道一、魏宗铨联合会党发动萍浏醴起义。

12月16日（十一月一日） 江浙绅商设立预备立宪公会，郑孝胥为会长，张謇、汤寿潜为副会长。

12月17日（十一月二日） 清学堂制定各学堂暑假、年假日期。

12月30日（十一月十五日） 清廷批准学部奏折，升孔子为大祀。

12月31日（十一月十六日） 英公使朱尔典抗议山西阻挠福公司办矿，并要求赔偿公司损失。

是年秋冬间，孙中山、黄兴等在东京制定同盟会《革命方略》。

是年，广西、福建、陕西等省建立同盟会分会。

北京师范学堂建立。

南洋兄弟烟草公司在香港创建，1916年在上海建厂。

既济水电公司在汉口成立。

1907年（清光绪三十三年）

1月2日（十一月十八日） 美国在上海设裁判所。

1月11日（十一月二十七日） 孙中山、宋教仁等坚决拒绝梁启超提议《民报》与《新民丛报》休战要求，坚持把论战进行到底。

1月13日（十一月二十九日） 武昌日知会遭张之洞封禁，刘静庵等被捕入狱。

1月14日（十二月一日） 秋瑾在沪创办《中国女报》月刊。

1月25日（十二月十二日） 湘籍革命党人所办《洞庭波》杂志改名为《汉帜》，继续在东京发行。

1月29日（十二月十六日） 出使日本大臣杨枢派员分往日本各校侦查革命党学生。

是月，杨度主编的《中国新报》在东京刊发，宣传立宪、召开国会。

2月2日（十二月二十日） 学部奏定《京师法政学堂章程》。

2月3日（十二月二十一日） 农工商部通告各省，查禁诱招华工至美洲开巴拿马运河。

2月5日（十二月二十三日） 燕斌在东京创办《中国新女界杂志》，提倡女权，增进妇女学识。

2月6日（十二月二十四日）　日本宣布中国留日学生已达17 860余人。

2月7日（十二月二十五日）　清廷令各省封禁烟馆，递年减种罂粟。

2月9日（十二月二十七日）　中日订立扩展汉口日租界专约。

2月13日（正月一日）　康有为、梁启超改保皇会为帝国宪政会。

2月17日（正月五日）　日本早稻田大学及中英大学等开除与革命党人有关的留学生39人。

2月18日（正月六日）　学部奏定学堂考试章程，通行各省施行。

2月19日（正月七日）　华侨革命党人许雪秋奉孙中山之命在潮州起义，失败。

2月24日（正月十二日）　黄兴邀宋教仁商谈鼓动辽东马侠参加革命。

2月28日（正月十六日）　河南修武绅民抵制福公司开办铁矿。

3月3日（正月十九日）　道清铁路通车。

3月4日（正月二十日）　日本政府应清廷要求，驱逐孙中山出境，孙偕胡汉民赴河内，旋设立领导粤、桂、滇起义总机关，筹备举事。

3月8日（正月二十四日）　学部奏定女子师范学堂章程及女子小学堂章程。

3月23日（二月十日）　宋教仁离日赴辽筹划东三省举行革命，事泄返东京。

3月25日（二月十二日）　日清轮船公司成立。

3月26日（二月十三日）　英商福公司背约开矿，晋省人公拟意见书，请废原约。

是月，江苏、浙江、安徽、广东等省不少州县发生抢米风潮。

广东钦州、廉州人民在刘思裕领导下组织万人会，举行抗捐起义。

4月2日（二月二十日）　于右任等在沪创刊《神州日报》。

4月10日（二月二十八日）　清廷与俄订约，合开外蒙古车臣汗伊鲁旗金矿。

4月15日（三月三日）　外务部与日使订立新奉、吉长铁路借款合同。

4月20日（三月八日）　清廷改盛京将军为东三省总督，设奉天、吉林、黑龙江三巡抚。

4月25日（三月十三日）　东京《民报》发行临时增刊《天讨》专辑。

是月，孙中山函召黄兴、胡汉民等回国联络新军、会党，准备发动两广潮、惠、钦、廉4府同时起义。并嘱黄兴潜入广东肇庆郭人璋部策划新军反正。

章太炎与印度革命志士在东京发起成立亚洲和亲会。

5月22日（四月十一日）　同盟会员陈涌波、余既成发动潮州黄冈起义。

5月30日（四月十九日）　总税务司赫德与驻京日使林权助订立大连设关试办章程。

5月31日（四月二十日）　清廷与德国签订《中德电报事宜合同》。

是月，邮传部以詹天佑为京张铁路总办兼工程师，关冕均为会办。

6月1日（四月二十一日）　《天义报》在东京刊行。

6月2日（四月二十二日）　革命党人邓子瑜在惠州七女湖起义，不久失败。

6月6日（四月二十六日）　中日签订《旅大租界条约》。

6月11日（五月一日）　革命党人刘思复谋刺广东水师提督李准，未成。

6月22日（五月十二日）　《新世纪》在巴黎创刊。

6月29日（五月十九日）　京奉铁路全线通车。

6月30日（五月二十日）　法驻华公使巴思德要求广西浔州西江通航权，遭清外务部拒绝。

是月，章炳麟、张继、陶成章等掀起倒孙风潮。

7月6日（五月二十六日）　革命党人徐锡麟在安庆起义，刺杀皖省巡抚恩铭，失败。

7月7日（五月二十七日）　清廷宣布变更地方官制，命由东三省、直隶、江苏先行办，限15年一律通行。

7月13日（六月四日）　革命党人秋瑾密谋起义于浙江绍兴大通学堂被捕，旋遇害于绍兴古轩亭口。

7月30日（六月二十一日）　第一次《日俄密约》签订，日俄在中国东北划分势力范围。

滇人愤慨于外侮交侵，设立云南死绝会。

8月13日（七月五日）　清政府改考查政治馆为宪政编查馆，将会议政务处并入内阁。

8月19日（七月十一日）　日本宪兵及韩国警察越境侵入吉林延吉、汪清、和龙、珲春4县等地方，制造"间岛问题"。

8月20日（七月十二日）　清廷颁布《改订奖励华商公司章程》。

8月23日（七月十五日）　清政府命各省督抚设法解散革命党，严密查拿。

8月25日（七月十七日）　汪康年主持的《北京京报》馆被查封。

8月29日（七月二十一日）　陆军部奏定全国分省限年编练陆军36镇。

8月31日（七月二十三日）　留日学生张继、刘师培在东京发起社会主义讲习会。

俄英订立密约，各不干涉西藏内政，承认中国宗主权。革命团体共进会正式成立于东京。

是月，汉口成立扬子机器厂。

9月1日（七月二十四日）　革命党人王和顺在广东发动钦、廉、防城起义。

9月20日（八月十三日）　清政府颁布《钦定大清矿务章程》。

是月，清政府经过1个多月的交涉力争，迫使日本不得已撤兵，承认间岛为中国领土。

《晋乘》在东京创刊。

10月1日（八月二十四日）　清廷命各省疆吏调和民教纠纷。

10月3日（八月二十六日）　刑律草案由沈家本等完成，计17章，分则36章，共387条。

10月17日（九月十一日）　梁启超在东京主持召开政闻社成立大会，被张继等捣散。

10月19日（九月十三日）　清政府命各省督抚筹设谘议局，并预筹各府州县议事会。

10月24日（九月十八日）　江苏铁路公司致电江苏巡抚，反对苏杭甬铁路借款，苏浙各省纷纷组织拒款保路会。

10月26日（九月二十日）　清廷为预备立宪而创刊《政治官报》。

10月30日（九月二十四日）　正太铁路全线完工。

10月31日（九月二十五日）　农工商部奏准颁行《农会简明章程》。

11月1日（九月二十六日）　江苏士绅成立江苏铁路协会，反对苏杭甬铁路向英国借款。

11月20日（十月十五日）　《新民丛报》停刊。

是月，江苏、浙江、安徽3省绅商学界和东京留日学生纷纷召开拒款大会，成立保路会，要求收回铁路权。

北洋滦州煤矿公司成立。

12月2日（十月二十七日）　革命党人黄明堂等率部在镇南关起义。

12月8日（十一月四日）　邮传部奏设交通银行。

12月9日（十一月五日）　浙江教育总会在杭州举行开幕式，张元济为会长。

12月24日（十一月二十日）　清政府严禁各省绅商士庶干预政事，并命宪政编查馆会同民政部拟订关于政事结社条规。

12月25日（十一月二十一日）　清政府谕令整顿士风，不准学生干预政治。

12月28日（十一月二十四日）　学部通令禁止中小学生吸烟。

是月，政闻社机关报《政论》在日本东京发刊。《河南》在东京创刊。

是年，熊范舆上书清廷，要求速开国会。

汉口商务总会成立。

《华商办理实业爵赏章程》颁行。

《票据法草案》编纂完成。

《四川》在东京创刊。

春阳社在上海成立,首演《黑奴吁天录》。

春柳社在东京成立,曾公演《茶花女》《黑奴吁天录》。

1908 年(光绪三十四年)

1月13日(十二月十日)　清政府谕令改津镇铁路为津浦铁路,与英、德两国公司订立借款合同自行修建。

1月20日(十二月十七日)　山西省收回英商福公司在晋省的矿权。

2月12日(正月十一日)　晋省前巡抚胡聘之等盗卖晋矿被革职,永不叙用。

2月17日(正月十六日)　户部银行改为大清银行。

是月,盛宣怀合并大冶铁厂、汉阳铁厂、萍乡煤矿,组织汉冶萍煤矿有限公司。

清廷议加20万金费额,通令全国缉拿孙中山。

政闻社本部由东京迁上海,旋在各省建立分支机构,会员遍及10数省。

3月1日(正月二十九日)　各国驻华公使反对新订矿律,要求缓行。

3月6日(二月四日)　外务部、邮传部与中英公司订立沪杭甬铁路借款合同。

3月11日(二月九日)　清宪政编查馆奏定《集会结社律》。

3月13日(二月十一日)　汉冶萍股份有限公司成立。

3月14日(二月十二日)　清宪政编查馆奏准颁行《大清报律》,45条。

3月19日(二月十七日)　粤商自治会为"二辰丸案"举行集会,定本日为国耻日,倡导抵制日货。

3月27日(二月二十五日)　革命党人黄兴、黎仲实等200余人自安南进攻钦州,发动钦廉上思起义。

4月1日(三月一日)　中国同盟会设支部于缅甸。

4月2日(三月二日)　黄兴率革命军在钦州马笃山大败清军,史称"钦州马笃山战役"。

4月3日(三月三日)　民政部拟定《巡警官制》。

4月7日(三月七日)　清政府设立禁烟总局。

4月20日(三月二十日)　查办西藏大臣张荫棠在印度与英代表订立《中英修订藏印通商章程》。

4月28日(三月二十八日)　农工商部请筹设京师自来水公司。

4月30日(四月一日)　革命党人黄明堂、王和顺等发动云南河口起义。

5月11日(四月十二日)　云南国民军总司令黄兴在老街为法警拘截并被解

送出境，河口起义失败。

5月27日（四月二十八日）　上海《神州日报》公布清廷悬赏缉拿黄兴等6名革命党人消息。

5月31日（五月二日）　清驻法公使照会法政府，请严禁革命军假道越南以扰滇边，法国政府要求别项利益以为报酬。

是月，滦州煤矿公司建立。

6月2日（五月四日）　民政部咨请各省督抚设立地方议会，以为立国会之基础。

6月6日（五月八日）　广东士绅代表至京呈递召开国会请愿书。

6月30日（六月二日）　上海预备立宪会会长郑孝胥及张謇、汤寿潜等致电请宪政编查馆速开国会，以2年为限。

是月，孙中山、胡汉民、黄兴在新加坡讨论今后进行革命方略。黄兴返东京整顿党务。胡汉民留南洋主持《中兴日报》，与保皇党展开思想斗争。

京师大学堂优级师范科改为京师优级师范学堂，1924年改为北京师范大学。

7月4日（六月六日）　京师女子师范学堂设立。

7月12日（六月十四日）　河南代表胡汝霖等呈递国会请愿书。

7月22日（六月二十四日）　清政府颁布由宪政编查馆、资政院合拟的各省谘议局及议员选举章程，限1年内办齐。

7月28日（七月一日）　原日知会会员任重远等在武昌成立湖北军队同盟会。

8月4日（七月八日）　星洲书报社延请汪兆铭、胡汉民讲述民族主义。

8月7日（七月十一日）　美使正式照会外务部，减收庚子赔款。

8月11日（七月十五日）　各省代表联合上书宪政编查馆，请速开国会。

8月27日（八月一日）　中国同盟会在缅甸仰光创办《光华报》。

清廷颁布《钦定宪法大纲》《议院未开以前逐年筹备事宜清单》。

是月，孙中山设南洋支部于新加坡，委胡汉民为支部长。

9月18日（八月二十三日）　两广总督电请外务部通知英、日两国驻京公使声明东沙岛是中国领土。

9月21日（八月二十六日）　徐世昌致电外务部，报告日本人在延吉扩张势力并禁止华人悬挂龙旗。

清廷批准《中英修订藏印通商章程》。

是月，檀香山同盟会机关报《自由新报》创刊，倡言革命"排满"。

10月8日（九月十四日）　出使美国大臣伍廷芳与美国务卿订立中美公断专约。

邮传部与英国汇丰银行、法国东方汇理银行订立 500 万借款合同,用以赎回京汉铁路。

11月14日(十月二十一日)　清光绪帝死。15日,西太后死。

11月19日(十月二十六日)　安庆马炮营队官熊成基起义。翌日失败。

11月20日(十月二十七日)　孙中山从新加坡赴曼谷组织同盟会员。

12月2日(十一月九日)　清帝溥仪登基,改明年为宣统元年,以醇亲王载沣为监国摄政王。

美日协约对华"机会均等"相互确认、互换照会被批准。

12月3日(十一月十日)　清政府重申在宣统8年颁布宪法。

12月13日(十一月二十日)　湖北革命党人黄申芗、杨王鹏等将军队同盟会改为群治学社,在武昌小东门外开成立大会。

沪宁铁路全线竣工。

12月23日(十二月一日)　革命党人在云南省城发动起义。

12月28日(十二月六日)　清政府命大学士张之洞兼统鄂境川汉铁路。

12月30日(十二月八日)　清政府派端方参加各国在上海召开的禁烟会议。

是年,山东省发生抵制德货运动。四明银行在上海创立。同盟会河南分会成立。

1909年(光绪三十五年)

1月1日(十二月十日)　清政府颁布《调查户口章程》,宣布普查全国人口。

1月2日(十二月十一日)　清廷以袁世凯"患足疾",加以罢斥,将其逐回河南原籍,由皇室掌握军队。

1月4日(十二月十三日)　中法订立中越交界禁匪章程,以防止革命党活动。

1月11日(十二月二十日)　清政府颁布《清理财政章程》。预备立宪公会、江苏教育总会、上海商务总会等电催宪政编查馆筹办宪政事宜。

1月18日(十二月二十七日)　清政府颁布《城镇乡自治章程》和《城镇乡地方自治选举章程》。

1909年(宣统元年)

2月1日(正月十一日)　第二次万国禁烟会议在上海开会。清廷派端方莅会。

2月5日(正月十五日)　各省谘议局举行初选。

2月17日(正月二十七日)　清廷命各省于本年内成立谘议局,筹办各州县地方自治、设立自治研究所,俾可依限开办资政院。

2月19日(正月二十九日)　清廷派肃亲王善耆、载泽等筹划重整海军大计。

2月27日(二月八日) 清廷命修订法律大臣会同外务部议商国籍法。

3月3日(二月十二日) 考察宪政大臣于式枚进呈《普鲁士宪法译注》。

3月6日(二月十五日) 清政府颁诏宣示朝廷一定实行"预备立宪维新图治"之旨。

3月19日(二月二十八日) 清政府要求日本领事馆日人西泽吉次自东沙岛撤退。

3月21日(二月三十日) 清政府颁布清查财政各项章程。

3月28日(闰二月七日) 清政府颁布《大清国籍条例》。

4月8日(闰二月十八日) 清廷设立贵胄法政学堂,派贝勒毓朗为总理。邮传部、农工商部奏上预备立宪逐年筹备事宜。

4月9日(闰二月十九日) 清政府抗议日本在延吉增设间岛事务官。

4月30日(三月十一日) 安徽路矿会召开全体大会,力争铜官山矿案。

是月,孙武、焦达峰在汉口法租界长清里设立共进会总部,联络长江中下游各会党组织,统一行动。群治学社与共进会建立联系。

5月11日(三月二十二日) 西藏亚东、江孜、噶大克开埠设关。

5月15日(三月二十六日) 学部奏准变通初等小学堂章程,分初等小学为5年、4年、3年等3种,咨行各省,一体办理。

学部变通中学课程,分文科、实科,文科重经学,实科重工艺,皆以5年毕业。

于右任在上海创办《民呼日报》,主笔为陈非卿。

5月19日(四月一日) 孙中山自新加坡赴欧美筹款,委黄兴、胡汉民负责国内革命运动。

5月21日(四月三日) 清廷选派京外各员充宪政编查馆一二等谘议官,计64人。

6月6日(四月十九日) 张之洞与英、法、德三国银行订立粤汉及湘、鄂境内与鄂境川汉铁路借款合同,共计550万镑。

6月14日(四月二十七日) 清廷与瑞典互换《中瑞通商条约》。

6月19日(五月二日) 杭州商学公会成立。

7月15日(五月二十八日) 清政府诏谕皇帝为海陆军大元帅,亲政前由摄政王代理,并专设军谘处。

7月16日(五月二十九日) 美总统塔虎脱致电清政府摄政王,要求美资参与粤汉、川汉铁路借款。

延吉日宪兵闯入和龙峪府衙署,枪杀营兵,刀伤外委,制造"和龙峪事件",延边局势恶化。

7月18日（六月二日）　江西丰城等县因调查户口发生骚动。

7月23日（六月七日）　清政府设立筹办海军事务处。

8月6日（六月二十一日）　湖南举行谘议局议员复票选举，选出谭延闿等82名正式议员。

上海勤昌丝厂女工因反对工厂延长工时举行罢工。京奉及东三省各地为安奉铁路交涉问题开始抵制日货。

8月19日（七月四日）　东三省总督锡良与日本驻奉总领事小池换文订立《中日安奉铁路节略》。

8月23日（七月八日）　清政府颁行《资政院章程》。

8月24日（七月九日）　清政府颁行军谘处暂行章程17条。

8月28日（七月十三日）　清廷派两江总督张人骏为南洋劝业会会长。

是月，湖南留日学生在东京出版《湘路警钟》。

9月4日（七月二十日）　中日签订《间岛协约》。中日订立《东三省交涉五案条款》。

9月9日（七月二十五日）　学部奏准设立京师图书馆。

9月15日（八月二日）　清政府以泄露机密、有碍交涉为由，封禁《北京国报》《中央大同日报》馆。

9月16日（八月三日）　江西宜春乡民因反对抽捐、学款发生暴动。

江苏谘议局开会，张謇为议长。

学部与外务部录取唐锐良、梅贻琦等47人为第一批留学生。

9月21日（八月八日）　旅美华工冯如驾驶自制飞机飞上天空，成为中国第一位飞行家。

9月25日（八月十二日）　邮传部奏京张铁路告成，请优奖总办詹天佑、总工颜德庆。

9月28日（八月十五日）　清政府在清华园建游美肄业馆。

云南陆军讲武堂在昆明唐公堤成立，以高尔登为总办。

是月，中国地学会成立。

10月2日（八月二十日）　中美订立《锦瑷铁路借款草约》。

10月3日（八月二十一日）　于右任等在沪创办《民吁日报》，11月4日被查封。

10月5日（八月二十三日）　清两广总督袁树勋与日领事订立东沙岛协定，日本承认该岛为中国领土。

10月7日（八月二十五日）　清廷命邮传部接办粤汉、川汉铁路。

10月8日(八月二十六日)　湖南铁路公司致电邮传部,反对湘路借款。

10月14日(九月一日)　各省谘议局开议,宣告成立。

10月18日(九月五日)　清政府批准海牙保和会条约。

10月26日(九月十三日)　清政府资政院奏准资政议员选举章程。

是月,孙中山自伦敦赴美国。

广东机器制造公司成立。

中国同盟会南方支部在香港成立,胡汉民为支部长,筹划在国内实行武装起义。

同盟会、光复会之间派别纠纷加剧,章炳麟、陶成章在南洋、日本等地大肆攻击孙中山,散发《伪〈民报〉检举状》《孙文罪状》等文件。

11月13日(十月一日)　陈巢南、柳亚子、高天梅等在苏州成立革命文学团体南社,创办《南社丛刻》(简称《南社》)。文学活动以诗歌为主。

11月27日(十月十五日)　江苏谘议局议长张謇发起各省谘议局代表集议上海,磋商进京请愿速开国会大计。

12月24日(十一月十二日)　湖北铁路协会会长刘心源等自鄂进京,力争废粤汉铁路借款草约。

12月26日(十一月十四日)　湘抚岑春煊奏,湘境内粤汉铁路由湘省人民集款自办。

是月,达赖喇嘛返西藏,调兵抗阻川兵入藏,令藏众抵制清政府治藏各政,图谋自立,清廷谋划应变事宜,藏事日紧。

是年,虞洽卿在沪开办宁绍轮船公司。海关总税务司赫德去职回英国。中国科学社成立。

1910年(清宣统二年)

1月8日(十一月二十七日)　清廷颁布各部院衙门互选资政院议员规则。

1月10日(十一月二十九日)　学部在京师大学堂筹设经、法、文、格致、农、工、商、医8科。学部定女学服色章程及简易识字学塾章程。

1月12日(十二月二日)　西藏达赖使者赴彼得堡谒见俄皇。

1月15日(十二月五日)　学部订定《各学堂毕业文凭条例》。

1月16日(十二月六日)　各省谘议局代表孙洪伊等进京请愿,向都察院呈递请愿书,请速开国会,清廷拒绝。

1月18日(十二月八日)　孙中山从纽约至芝加哥设同盟会分会。

1月21日(十二月十一日)　日俄反对美国满洲铁路中立计划。

1月22日(十二月十二日)　各省谘议局赴京代表组成请愿速开国会同志会。

1月28日（十二月十八日）　革命党人熊成基在哈尔滨谋刺清贝勒载洵不成被捕,2月就义。

1月30日（十二月二十日）　清政府下谕称,俟9年预备期满再降旨召开议院。

1月31日（十二月二十一日）　日使照会外务部,抗议中美锦瑷铁路借款。

是月,革命党人黄兴由日本赴香港,主持广州起义筹备工作,旋赵声、胡汉民、朱执信等参与筹划。

2月3日（十二月二十四日）　清廷颁布《京师地方自治章程》。

2月6日（十二月二十七日）　清政府颁行《府厅州县地方自治章程》及《府厅州县议事会议员选举章程》。

2月7日（十二月二十八日）　请愿即开同志会在京成立。清廷颁行《法院编制法》。

2月12日（正月三日）　广州新军起义失败,倪映典殉难。

川军入驻拉萨,达赖喇嘛逃亡印度。

英、法、德使照会清外务部,抗议中国商办湖广境内川汉、粤汉铁路。

2月15日（正月六日）　清廷命军咨处、陆军部、南北洋大臣等严查新旧诸军,并严禁聚众演说。

2月20日（正月十一日）　立宪派《国风报》(旬刊)在上海创刊,由梁启超实际主持。

2月25日（正月十六日）　清政府命革除达赖名号,命驻藏大臣联豫另立新达赖。

2月26日（正月十七日）　英使朱尔典抗议中国进兵西藏,要求清政府遵守有关条约规定。

2月27日（正月十八日）　清廷派盛宣怀充任中国红十字会会长。

同盟会美国总支部成立于旧金山,由少年学社改组而成。

是月,光复会在东京成立总部,章炳麟、陶成章为正副会长,中国同盟会公开分裂。

3月7日（正月二十六日）　清廷派京师高等检察厅长徐谦赴美出席万国刑律监狱改良会。

3月9日（正月二十八日）　外务部公布达赖喇嘛劣迹罪状。

3月11日（二月一日）　清廷与日本订立韩国仁川、釜山、元山三处中国租界章程。

3月21日（二月十一日）　清廷因总税务司赫德患病再赏假1年,以安格联为代理。

3月23日(二月十三日) 山西交城文水人民因禁烟暴动,被官兵击毙多人。

3月24日(二月十四日) 邮传部批准设立商办粤汉、川汉铁路公司。

4月2日(二月二十三日) 汪精卫、黄复生等谋炸摄政王载沣不成,汪被捕。

4月4日(二月二十五日) 中日订立鸭绿江架设铁桥协定。

4月6日(二月二十七日) 库伦喇嘛滋事。

4月7日(二月二十八日) 候补五品京堂刘锦藻等纂成《皇朝续文献通考》。

4月13日(三月四日) 长沙发生抢米风潮。

4月26日(三月十七日) 东三省总督锡良奏陈时局危急与救亡国存之见。

云贵总督李经义电告外务部,英人借口片马事件,争夺野人山界址,请驻京英使重勘。

是月,江苏吴县、泰州、清江,浙江武康、嘉兴,河南密县,江西抚州等地均发生民变。

5月9日(四月一日) 清政府命资政院于本年9月1日开院,并公布钦定宗室王公世爵各部院官及硕学通儒议员88人名单。

5月15日(四月七日) 清廷颁布《大清现行刑律》。

5月16日(四月八日) 革命党人胡鄂公等在保定正式成立共和会。

5月21日(四月十三日) 山东莱阳饥民在联庄会首曲诗文率领下,发动抗捐暴动。

5月22日(四月十四日) 中日签订《合办本溪湖煤矿合同》。

5月23日(四月十五日) 英、法、德、美组成四国银行团。

奉天、安东、凤凰、宽甸连日发生抢米风潮。

6月29日(五月二十三日) 请速开国会代表商议另行办法,改组国会请愿代表团。

是月,山东海阳,广东香山,湖北沔阳,安徽和州、南陵,浙江嵊县等地相继发生民变。

7月1日(五月二十五日) 日本东京中国留学生在东京举行会议,援助北京国会请愿团。

7月4日(五月二十八日) 日俄签订第二次协定密约。

7月11日(六月五日) 清廷派章宗祥赴德国充任万国卫生博览会监督并考察各国警务。

7月12日(六月六日) 广东新安妇女聚众抗钉门牌。

开封各界接连召开大会,反对邮传部借款筑开徐济铁路。

7月25日(六月十九日) 英国干涉西藏事务,拟派兵进藏保护英国人。

是月,上海发生橡胶股票风潮。

8月1日(六月二十六日)　清廷向英国伦敦菲色尔公司订立借款45万英镑,收赎京汉铁路。

8月4日(六月二十九日)　华东之江苏、浙江、安徽发生特大水灾。

8月8日(七月四日)　中俄订立《中俄松花江自由行船章程》,应允开放松花江。

8月12日(七月八日)　各省谘议局联合会在北京召开,汤化龙为主席,蒲殿俊为副主席。

8月15日(七月十一日)　国会请愿代表团开评议会,议决上书请开国会。

清廷同日本正金银行订立借款220万日元,赎回京汉铁路。

9月2日(七月二十九日)　清廷开缺驻藏大臣温宗尧密陈藏情,建议宜趁英俄各有忌惮之时,急整内政,恢复主权。

9月4日(八月一日)　中国报界俱进会在南京劝业会召开成立大会。

9月8日(八月五日)　云贵总督李经羲等地方督抚先后发表对时局的主张,磋商救亡图存之策。

9月18日(八月十五日)　湖北革命党人杨王鹏等改组群治学社为振武学社。

9月22日(八月十九日)　清政府颁行资政院议事细则及分股办事细则。

10月3日(九月一日)　清政府成立资政院,行开院礼。

各省请愿代表团发动第三次请愿,向摄政王和资政院呈递请愿书。

10月5日(九月三日)　云贵总督李经羲、湖广总督瑞澂联电各省督抚征求先设内阁以立主脑,开国会以定人心之意见。

10月11日(九月九日)　上海《民立报》创刊。

10月14日(九月十二日)　清政府因上海市面银根恐慌,令两江总督即借洋款周转,并借拨库银50万两。

10月18日(九月十六日)　第一次全国运动会在南京开幕,参赛者140人,24日闭幕。

10月19日(九月十七日)　保定各校学生罢课,请开国会,并争东三省路矿权,20日、21日京津学生响应。

10月23日(九月二十一日)　全国农务联合会成立。

10月25日(九月二十三日)　各省督抚联衔入奏,要求即设责任内阁,明年开国会。

10月28日(九月二十六日)　清外务部声明不丹、尼泊尔为中国藩属。

11月4日(十月三日)　清廷谕令改于宣统5年实行开议院,预行组织内阁。

谕令请愿代表即日散归。次日,国会请愿代表团解散。

浙江遂昌乡民反对勒派杂捐学租,捣毁学堂、监狱及巡警总局,围攻衙署。

11月13日(十月十二日) 孙中山、黄兴、赵声、胡汉民等在槟榔屿召开会议(又称"庇能会议"),谋再举义于广州。

12月2日(十一月一日) 奉天学界发动第四次国会请愿运动,清政府令出动军警镇压。

沙俄政府商讨兼并北满问题,决定暂时从缓,但须保持北满权利。

12月4日(十一月三日) 清政府改筹办海军处为海军部,改陆军部尚书为陆军大臣。

12月6日(十一月五日) 清廷命宪政编查馆将预备立宪逐年筹备事宜,缩短年限,切实进行。

是月,詹大悲在汉口创办《大江报》。清华学堂在北京创办。

是年,同盟会分会在柬埔寨成立。

美国在南京设立金陵大学,在成都设立华西协和大学。

1911年(清宣统三年)

1月2日(十二月二日) 奉天、直隶、四川等省学生散发传单,停学罢课,要求速开国会。清廷发布镇压学生请愿的命令。

1月7日(十二月七日) 四川人温朝钟率3 000起义军攻黔江,旋转移湖北,起义失败。

1月18日(十二月十八日) 黄兴抵香港,受孙中山委托主持广州起义筹备工作。月底,成立统筹部,黄任部长,赵声副之。

1月19日(十二月十九日) 英军侵占滇缅边境的片马地区,22日外务部致电请求撤兵,直到4月英军才撤离片马。

1月20日(十二月二十日) 上海《国粹学报》停刊,共出82期。

1月23日(十二月二十三日) 武汉各界数万人集会,抗议汉口英租界巡捕房枪杀人力车工人。

1月25日(十二月二十五日) 清廷颁布《大清新刑律》。

1月27日(十二月二十七日) 沈家本等奏呈《大清民事诉讼律草案》《大清刑事诉讼律草案》。

1月30日(正月一日) 蒋翊武、詹大悲、刘复基等人将湖北振武学社改名为文学社。

是月,江、淮发生饥荒,出现人吃人的现象。

2月8日(正月十日) 上海协和丝厂女工300多人反对减发工资罢工。

2月18日(正月二十日)　片马英军进窥大理,清廷提出抗议。

2月19日(正月二十一日)　清外务部派施肇基前赴奉天,参加各国防疫会议。

2月20日(正月二十二日)　清廷以东三省发生疫疾并蔓延直鲁两省,命民政部及东三省直鲁督抚迅灭时疫。

2月23日(正月二十五日)　革命党人谭人凤奉统筹部命到鄂策划举事,预定刘公为鄂军都督,刘英为副都督,孙武为总参谋。

2月24日(正月二十六日)　清廷申谕停止刑讯,永远革除非刑、私刑。

3月1日(二月一日)　清民政部编订户籍法共8章184条。

3月15日(二月十五日)　湖北革命团体文学社在武昌召开代表会议。

是月,湖北天门饥民10余万人抢米店。上海商团成立。

4月8日(三月十日)　同盟会员温生才拟刺杀广东水师提都李准,误毙署理广州将军孚琦。广州起义统筹部在香港召开会议,预定4月13日在广州起事。

4月9日(三月十一日)　游美肄业馆改名为清华学堂。

4月15日(三月十七日)　度支部尚书载泽与英、美、法、德四国银行缔结币制改革及东三省实业振兴借款合同1 000万英镑。

4月27日(三月二十九日)　同盟会在广州发动起义。此次起义失败后,殓骸72具,葬于红花岗(后改名黄花岗),史称"黄花岗起义"。

4月29日(四月一日)　全国教育联合会在上海隆重开幕,商讨国家教育状况。

是月,浙江杭州贫民捣毁米店。

5月5日(四月七日)　孙中山出席同盟会芝加哥分会会议,设立革命公司,筹款以图再举。会后孙中山撰《革命公司缘起》一文。

5月8日(四月十日)　清廷下诏废内阁、军机处及会议政务处。颁布内阁官制,设立责任内阁,以奕劻为内阁总理大臣,13位内阁大臣中,满族9人,其中皇室又占7人,故又称"皇族内阁"。

中英签订禁烟条约,英允许逐年减少鸦片输入中国,至1917年完全停止。

5月9日(四月十一日)　清廷宣布铁道干路国有政策。

5月11日(四月十三日)　湖北革命组织文学社与共进会召开代表会议,共商武装起义问题。

5月14日(四月十六日)　长沙湘路公司召开大会,筹议抵制铁路国有。

5月16日(四月十八日)　长沙铁路工人罢工。

5月20日(四月二十二日)　邮传部大臣盛宣怀与英、法、德、美四国银行团订立借款合同,借款600万英镑,将粤汉、川汉路出卖给外国,导致保路运动爆发。

5月22日(四月二十四日)　清廷令停收川湘两省铁路租股。

5月28日(五月一日)　中国邮政脱离税务司,改归邮传部,在北京设邮政总公司,各省设邮政管理局,各府州县设一、二、三等邮局、支局、代办所或信柜。

6月4日(五月八日)　各省谘议局联合会孙洪伊、汤化龙、蒲殿俊等在北京成立宪友会,以尊重君主立宪为政纲。

6月6日(五月十日)　粤路公司召开股东大会决议商办,抵制铁路国有,清廷严加弹压。

6月15日(五月十九日)　外蒙古活佛哲布尊丹巴呼克图于库伦召集蒙古王公密议独立。

6月17日(五月二十一日)　川汉铁路股东代表大会在成都开会,成立四川保路同志会,蒲殿俊、罗纶为正副会长。

6月18日(五月二十二日)　孙中山自纽约抵旧金山,命同盟会员加入致公党,共同筹款。

7月14日(六月十九日)　川汉铁路公司宜昌分公司4万多工人奋起斗争,遭军警弹压。

7月16日(六月二十一日)　盛宣怀与川汉铁路驻宜昌经理李稷勋商以现租股认办宜昌秭归段。由邮传部委札李稷勋主持。

7月31日(闰六月六日)　宋教仁、陈其美、谭人凤等在上海成立中国同盟会中部总会。

8月1日(闰六月七日)　《大江报》因连续发表《亡中国者和平》《大乱者,救中国之妙药》时评,实际上等于公开号召武装起义。报纸被封,报馆主笔詹大悲被捕。

8月5日(闰六月十一日)　上海晋昌、长纶、锦华、协和等丝厂女工2 000多人联合罢工,反对扣减工资。

8月9日(闰六月十五日)　江亢虎在上海组织社会主义研究会,继又办《社会星》杂志,标榜以"研究广义的社会主义"为宗旨。

8月13日(闰六月十九日)　革命党林冠慈、陈警岳刺伤广东水师提都李准,林、陈2人亦牺牲。

8月19日(闰六月二十五日)　清廷设内阁官报,以公布法律命令。

8月24日(七月一日)　四川铁路公司股东大会及保路同志会相继举行,倡导商店罢市、学校罢课、停纳捐税。

8月25日(七月二日)　成都及附近各州县罢市。

9月7日(七月十五日)　赵尔丰诱捕川省谘议局长蒲殿俊等11人,成都万人聚会请愿示威,赵尔丰下令开枪,死伤几百人,造成"成都血案"。

9月8日(七月十六日)　四川同盟会会员龙鸣剑、王天杰等组织保路同志军,自荣县进攻,哥老会首领秦载赓自华阳、侯宝斋自新津迫成都,号称"同志军"。

9月16日(七月二十四日)　文学社、共进会联合会议,筹划起义,成立湖北革命军总指挥部,蒋翊武为总指挥,孙武为参谋长。

9月18日(七月二十六日)　上海各船厂木工为增加工资全体罢工,22日胜利复工。

9月24日(八月三日)　文学社、共进会在武昌召开联席会议,决定在农历八月十五日中秋举义,后改为八月十八日。

9月27日(八月六日)　端方接收鄂省境内粤汉、川汉铁路。

是月,湖北新军一部调往四川。

10月9日(八月十八日)　晨,武汉革命党人讨论起义办法。上午10时,孙武在汉口俄租界制造炸弹失慎爆炸。蒋翊武于下午5时20分决定当晚12时发动起义,传令者被捕,起义命令未能送达。

10月10日(八月十九日)　凌晨,革命党人彭楚藩、刘复基、杨宏胜3人被湖广总督瑞澂下令处决。晚7时,湖北革命党人首义武昌,激战终宵,占领湖广总督府。

10月11日(八月二十日)　武昌全城以及汉阳、汉口旋被革命军占领,湖北全省各地纷纷响应。湖北军政府在武昌原谘议局成立,革命党人迫黎元洪任都督。决定废"宣统"年号,用黄帝纪元,改国号为"中华民国"。

10月12日(八月二十一日)　湖北军政府通电全国,宣告武昌"光复",同时电促黄兴、宋教仁、居正来湖北,并请转电孙中山从速归国,主持大计。

10月13日(八月二十二日)　汉口民军颁布《保商保民告示》。孙中山在美国芝加哥举行庆祝中华民国成立大会。清海军舰船13艘于九江起义,加入革命行列。

10月14日(八月二十三日)　清廷启用袁世凯,命补湖广总督,所有该省军队、援军,均归其节制。袁以"足疾"托病不出。

10月15日(八月二十四日)　湖北军政府宣布免税公告,规定除盐、烟、酒、糖等各税捐及海关外,所有统捐局卡、税卡,一律裁撤。

胡石庵主编《大汉报》,在汉口创刊。

10月17日(八月二十六日)　湖北军政府通过《中华民国军政府条例》,据此,都督府一切权力统归都督掌握。

10月18日(八月二十七日)　沙俄唆使外蒙古叛国集团宣布"独立"。

10月22日（九月一日）　湘省革命党人焦达峰、陈作新率新军、会党起义，湖南宣布独立，成立军政府。西安新军起义，宣布陕西独立。

10月23日（九月二日）　江西九江光复，成立中华民国九江军政分府。

10月25日（九月四日）　同盟会员李沛基炸毙广州将军凤山。湖北军政府通过《中华民国鄂军政府改订暂行条例》。

10月28日（九月七日）　黄兴离开香港经上海抵武昌，被拥为革命军总司令，随即前往汉口督师，鏖战清军。

10月29日（九月八日）　太原新军起义，成立山西军政府，举标统阎锡山为都督。

新军第20镇统制张绍曾、陆军第2混成协统领蓝天蔚通电清廷，要求组织责任内阁、制定宪法，否则举兵进攻北京，是为"滦州兵谏"。

10月30日（九月九日）　云南同盟会员联络新军起义，次日成立云南军政府，蔡锷为都督。

10月31日（九月十日）　江西南昌新军起义，11月2日在南昌成立江西军政府，吴介璋为都督。湖南立宪党人发动政变，湖南都督焦作峰被杀，以立宪党人谭延闿为都督。

是月，湖北军政府机关报《中华民国公报》以孙中山名义发布《中华民国军政府大总统孙》布告。

11月1日（九月十一日）　清廷授袁世凯为内阁总理大臣，皇族内阁辞职。清军攻陷汉口，革命军退保汉阳。

11月3日（九月十三日）　清廷颁布《宪法重大信条十九条》。

黄兴就任战时总司令，黎元洪行登坛拜将礼。上海革命党人起义，以陈其美为沪军都督。

11月4日（九月十四日）　贵州宣布独立，以杨荩诚为都督。

11月5日（九月十五日）　浙江杭州"光复"，推汤寿潜为军政府都督。江苏苏州"光复"，程德全为江苏都督。中国社会党在上海成立，发起者为江亢虎，以社会主义相号召。

11月7日（九月十七日）　新军第6镇统制吴禄贞在石家庄策动起义，遇刺身亡。

山东济南绅商学界集会，成立山东各界联合会。广西宣布独立。

11月8日（九月十八日）　安徽独立。

11月9日（九月十九日）　湖北军政府颁布《中华民国鄂州临时约法草案》。湖北军政府通电各省都督，派代表来鄂，组织临时政府。

广东宣布共和独立,成立军政府,胡汉民为都督。

11月11日(九月二十一日) 福建军政府成立,宣告独立。

11月13日(九月二十三日) 沪军都督陈其美分电各省都督派代表来沪,筹建临时政府。

山东宣布独立,旋即取消。

11月15日(九月二十五日) 杨度、汪精卫在北京组织国事共济会,请清廷实行停战,开临时国民会议,议君主民主问题。

11月16日(九月二十六日) 袁世凯组成责任内阁。

11月17日(九月二十七日) 各省都督府代表联合会决议会址选在上海,承认湖北军政府为中华民国中央军政府。

11月18日(九月二十八日) 张謇电内阁,主张共和,促清廷退位。

11月21日(十月一日) 孙中山在巴黎发表新中国内政外交之意见。

英使照会清外务部,要求将中国海关"全部税收均归置于总税务司"之下。

11月23日(十月三日) 各国驻华公使在北京召开外交团会议,决定增加北京使馆区驻兵。

11月27日(十月七日) 清军攻陷汉阳,黄兴领导的汉阳保卫战失败。黄兴随即离武昌东下。

四川独立,成立大汉四川军政府。

湖北新军管带陈镇藩在四川资州起义,杀铁路督办大臣端方。

11月30日(十月十日) 独立各省军政府代表假汉口英租界顺昌洋行举行第一次会议,以谭人凤为议长,议决在临时中央政府成立前,以湖北军政府为中央军政府,先后通过《中华民国临时政府组织大纲》及"如袁世凯反正,当公推为大总统"等决议。

是月,《中国日报》由香港迁广州出版。

梁启超发表《新中国建设问题》一文,鼓吹"虚君共和"。

12月1日(十月十一日) 外蒙古活佛哲布尊丹巴在俄国政府推动下,于库伦宣布"独立",建立"大蒙古国",驱逐清政府办事大臣。

同盟会京津保支部成立,汪精卫任支部长。

12月2日(十月十二日) 江浙联军攻入南京城,南京"光复"。

12月3日(十月十三日) 中国社会党在上海召开共和建设会正式成立大会。

12月5日(十月十五日) 各省代表会留沪代表议决,暂定南京为中华民国临时政府所在地,并举黄兴、黎元洪分任大元帅及副元帅。

独立各省留汉代表讨论议和问题,议决以汉口为义和地点,以伍廷芳为南方代表。

12月7日（十月十七日）　清廷命袁世凯为议和全权大臣。袁世凯以唐绍仪为全权代表，与南方议和。18日，伍廷芳、唐绍仪在沪英租界南京路市政厅召开南北议和首次会议。

12月20日（十一月一日）　驻沪英、日、德、美、俄、法6国领事以同文照会分别递交伍廷芳、唐绍仪，请南北双方尽速达成协议，停止冲突。

江浙联军在南京举行军事会议，举徐绍桢为北伐总司令。

12月22日（十一月三日）　成都军政府都督尹昌衡处死清四川总督、川滇边务大臣赵尔丰。

12月23日（十一月四日）　日本驻华公使伊集院警告袁世凯，不承认中国改建共和。

12月25日（十一月六日）　孙中山自海外回国，到达上海。

12月26日（十一月七日）　上海各界召开大会欢迎孙中山。

12月27日（十一月八日）　孙中山在上海与黄兴、宋教仁、胡汉民、陈其美等讨论组织临时政府方案。

12月29日（十一月十日）　各省代表联合会选举孙中山为中华民国首任临时大总统。

孙中山致电袁世凯，告以南方组织临时政府乃权宜之计，望其早定大计，虚位以待之心终可大白于将来。

12月31日（十一月十二日）　各省代表会议决定改用阳历。

六　民国的初建

1912年（中华民国元年）

1月1日（十一月十三日）　孙中山就任临时大总统，发表《临时大总统就职宣言》和《告全国同胞书》，宣告中华民国临时政府正式成立。

参议院决议改用阳历，并以中华民国纪年。

中华书局成立于上海，陆费逵等集资创办。

1月2日（十一月十四日）　各省代表会要求再度修改临时政府组织大纲，取消内阁制。

1月3日（十一月十五日）　17省代表举黎元洪为中华民国临时副总统。各省代表会通过孙中山所提名任命的临时政府各部总长。

中华民国联合会在上海成立，选举章炳麟、程德全为正副会长。

1月5日（十一月十七日）　孙中山发表《告友邦书》，历数清廷罪状，阐述中华民国的对内、对外政策。

1月7日（十一月十九日） 孙中山接见女子参政同志会代表林宗素等，允许女子参政权。

伊犁新军起义。

1月8日（十一月二十日） 中华民国军需公债发行。

1月9日（十一月二十一日） 孙中山任命黄兴为参谋总长，钮永建为副参谋长，成立陆军部。

1月14日（十一月二十六日） 光复会领袖陶成章在上海广慈医院，被沪军都督陈其美派遣蒋介石刺杀身亡。

1月15日（十一月二十七日） 南京临时政府成立法制局。

1月16日（十一月二十八日） 黎元洪、孙武等人在上海发起成立民社。

1月17日（十一月二十九日） 南京临时政府成立内务部、财政部、外交部、海军部。

1月18日（十一月三十日） 南京临时政府再次颁布清帝退位6条件。

1月19日（十二月一日） 南京临时政府教育部成立，通电各省颁行普通教育暂行办法及普通教育暂行课程标准。

清王公亲贵良弼、铁良等人反对清帝妥协退位，正式成立宗社党。

1月21日（十二月三日） 中华民国工党在上海成立，朱志尧任正长。

1月23日（十二月五日） 南京临时政府成立实业部、交通部。

1月26日（十二月八日） 同盟会员彭家珍刺杀反对共和的清宗社党领袖良弼。

清军将领段祺瑞等46人，在湖北前线联名电请清帝退位。

1月28日（十二月十日） 临时参议院在南京成立，举林森为议长。

1月29日（十二月十一日） 南京《临时政府公报》发刊，4月5日停刊。

1月30日（十二月十二日） 清廷开御前会议，庆亲王奕劻主张接受优待条例自行退位。

中华民国实业协会在南京成立，李四光为会长。

是月，中华民国工业建设会成立。

2月1日（十二月十四日） 清隆裕太后召开御前会议，拟定采用虚君共和政体。

2月3日（十二月十六日） 中华民国自由党在上海成立，拥戴孙中山、黄兴为正副主裁，以林与乐为理事长。南京临时政府颁布《保护财产令》。

2月5日（十二月十八日） 上海大清银行改称中国银行，开始营业。

2月6日（十二月十九日） 临时政府成立参谋部。

2月8日（十二月二十一日） 教育总长蔡元培发表"对于新教育之意见"，为教育之宗旨。

2月10日（十二月二十三日） 参议院推举唐绍仪为国务总理，并通过优待清室条例。

2月11日（十二月二十四日） 袁世凯急电临时政府，表示赞同共和，并请商统一之法。

2月12日（十二月二十五日） 清帝溥仪下诏退位，接受中华民国提出的优待条件。清朝268年统治正式终结。

《关于大清皇帝辞位后优待之条件》《关于满蒙回藏各族待遇之条件》《关于清皇族待遇之条件》公布。南京临时政府司法部成立。

2月13日 孙中山向临时参议院请辞临时大总统，并推荐袁世凯继任。

2月15日 临时参议院推举袁世凯为第二任临时大总统，确定临时政府仍设在南京。临时大总统孙中山率官员谒明孝陵、行祭告礼，并领导举行中华民国统一大庆典。

2月18日 孙中山派蔡元培为迎袁专使，偕宋教仁、汪精卫等赴北京，促袁世凯南下就职。

2月19日 中华民国红十字会成立。

2月23日 河南宝丰白朗起义。

2月29日 北京第3镇曹锟部受袁世凯指使发生兵变，焚烧抢劫北京东城及前门一带，随后扩大到保定、天津，造成反对袁世凯南下的气氛，史称"北京兵变"。

3月3日 中国同盟会在南京召开本部全体大会。

各国借口兵变，相继调兵入京。

3月6日 参议院议决同意袁世凯在北京就职。次日孙中山电告袁世凯在北京就职之安排。

3月8日 临时参议院通过《中华民国临时约法》。

3月9日 临时大总统孙中山为尊重言论自由，令内务部取消暂行报律。

临时大总统孙中山循临时参议院之请，将袁世凯就任大总统誓词通电全国。

3月10日 袁世凯在北京就任临时大总统。

3月11日 临时大总统孙中山公布《中华民国临时约法》。

3月13日 袁世凯任命唐绍仪为国务总理。

3月23日 南京临时政府成立稽勋局。

台湾南投农民为生计所迫，发动山民起义，杀日本警官3人，被镇压。是谓

"林圮埔事件"。

3月25日　袁世凯颁布《劝谕蒙藏令》，宣布成立蒙藏统一政治改良会。

3月31日　袁世凯任命黄兴为南京留守，统辖南方各军。

4月1日　临时大总统孙中山公布《参议院法》。

孙中山与内阁阁员在参议院宣告辞去临时大总统职。

4月2日　临时参议院议定临时政府迁北京，临时政府南京留守府成立。

4月4日　孙中山在上海与《文汇报》记者谈社会革命。

4月11日　孙中山在武汉演讲，提出八条政纲。

袁世凯派范源濂为特使至武汉，欢迎孙中山北上。

南京第70师因欠饷发生兵变。

统一共和党在南京成立，以蔡锷等为总干事。

4月13日　共和建设讨论会在上海成立，以汤化龙为主任干事。

4月21日　唐绍仪内阁在北京总统府宣告成立。

4月25日　同盟会本部由南京迁往北京。

4月29日　临时参议院在北京举行开院典礼。

临时参议院改举吴景濂、汤化龙为正、副议长。

孙中山发表十万英里铁路计划。

5月3日　京师大学堂改名北京大学校，以严复为校长。

5月7日　临时参议院议决，国会采两院制，定名为参议院和众议院。

5月9日　统一党、民社、民国公会、国民共进会、国民协进会、国民党联合组成共和党，黎元洪为理事长。

5月10日　临时参议院议决以五色旗为国旗。

5月17日　财政总长熊希龄与四国银行团签订垫款合同，以监督中国财政为条件。

5月23日　黄兴致电袁世凯、国务院、参议院，反对成立垫款合同。

5月31日　袁世凯准黄兴辞南京留守职，南京留守机关准即取消。黄兴于6月14日宣告解职。

本月，中国佛教总会第一次全国代表大会召开。

刘师复在广州组织无政府主义团体晦鸣学社。

6月9日　孙中山在广州与各界探讨平均地权与地价抽税问题。

6月15日　唐绍仪因王芝祥直隶都督任命事，愤袁世凯专权，辞国务总理职，出走天津。

6月29日　袁世凯任命陆徵祥为国务总理。

袁世凯准工商总长陈其美辞职。

本月，英商控制的开平煤矿和滦州煤矿联合成立开滦矿务总局。该局初设时，资本额 200 万英镑。

陆军军官学堂（1906 年创办）易名为保定陆军军官学校。

台湾嘉义农民黄朝等闻辛亥革命胜利，号召乡民驱逐日寇被杀害。是谓"土库事件"。

吴玉章在四川发起四川留法俭学会。

7月1日　中国同盟会本部通电宣布政见，绝对主张政党内阁。

7月9日　由蔡元培倡议，历史博物馆在北京国子监旧址筹办。后迁往故宫午门，对外开放，成为第一个国立公共博物馆。

7月10日　全国临时教育会议召开。会议规定学制如下：小学四年，高小三年，中学四年，大学预科三年，本科三年或四年。

7月12日　袁世凯任命黎元洪、谭延闿等十省都督。

7月14日　袁世凯准同盟会阁员蔡元培、宋教仁等辞总长职。

7月15日　中国社会党刊物《新世界》第 5 期发表恩格斯《社会主义从空想到科学的发展》全文，译名为《理想的社会主义与实行的社会主义》。

7月17日　黎元洪任命旧派人物为民政长，引起军中同盟会员反对，引发风潮。黎元洪宣布武昌戒严，逮捕同盟会鄂支部长祝制六，并诛杀文学社同志多人。

7月18日　陆徵祥所拟内阁名单被参议院否决，军警扬言以兵力解散国会。随后在 26 日通过第二次陆徵祥内阁名单。

本月，湖南、江西、福建、广东大水。

8月10日　袁世凯公布《中华民国国会组织法》。

8月16日　武昌首义元勋、湖北军政府军务副司长张振武和将校团团长方维在北京被处死。

8月24日　孙中山应临时大总统袁世凯之邀抵北京。后与袁世凯晤谈 13 次，孙愿以在野身份从事实业活动。

8月25日　经宋教仁等活动，中国同盟会联合其他小党派组成国民党。孙中山为理事长，实际由宋教仁负责党务。总部设在北京。

9月9日　袁世凯特授孙中山以筹划全国铁路全权。

9月25日　武昌南湖马队因反对袁世凯、黎元洪发生暴动，被镇压。

9月27日　共和建设讨论会发起，与国民协进会等六政党组成民主党。

9月28日　参议院决定 10 月 10 日为国庆日。

本月，台湾南投人陈阿荣建立数百人抗日组织，被捕下狱。

10月7日　孔教会在上海成立,以陈焕章为主任干事。

10月8日　梁启超自日本回到天津,得袁世凯资助,准备组织政党。

10月11日　黄兴电辞袁世凯授勋一位。前曾辞上将衔。

10月14日　孙中山在上海社会党本部演说社会主义。

10月20日　吉长铁路全线通车。

10月28日　袁世凯复授西藏达赖喇嘛名号。

本月,史量才接办《申报》,使之逐渐成为著名大报。

11月1日　工商部在北京召开工商大会,各省派有代表。

11月3日　俄国密使与蒙古宗教领袖呼图克图哲布尊丹巴等在库伦签订《俄蒙协约》《商务专条》。其中规定由俄国扶助蒙古的"自治",不准华人、华军入蒙。中国外交部不予承认。

11月13日　袁世凯据交通部呈请,指令将川汉铁路收归国有。

11月14日　孙中山宣布中国铁路总公司在上海成立。

11月15日　蒙古王公联合会宣布库伦政府无权代表蒙古,否认《俄蒙密约》。

11月24日　孙中山电辞袁世凯所授大勋位。

11月28日　袁世凯任命黄兴督办汉粤川铁路事宜。

11月30日　俄国驻华公使库朋斯齐就"俄蒙协约"提出四项交涉。

12月1日　中华民国首次司法会议在北京开幕。

12月3日　孙中山致电袁世凯等,就抗俄问题提出"救亡策"。

12月11日　汉阳兵工厂工人因厂方拘囚迟到工人并克扣工资,全体罢工。

12月12日　工商部制定的《暂行工艺品奖励章程》颁布实施。是为中国最早颁行的专利法。

12月15日　《戒严法》公布。袁世凯镇压"二次革命"时曾援用。

12月19日　江苏金山县农民七八百人到县署抗租,被镇压。

是月,同盟会员罗福星接受孙中山委派秘渡台湾,从事抗日复台工作。

是年,中华工程师会成立,詹天佑为会长。

王国维在日本完成《宋元戏曲考》。

1913年(民国二年)

1月1日　津浦铁路全线贯通,全长达1 009公里。

黄兴在汉口接受汉粤川铁路督办。

1月5日　沈蔼苍、虞洽卿等组北京华商电车有限公司,承包北京内外城全部电车线路的铺设。

1月8日　国民党代理理事长宋教仁离北京南下抵达湖南长沙,沿途发表演说,批评时政,推崇政党内阁制。

1月10日　袁世凯发布国会召集命令。

1月20日　中华民国学生会在北京发起,同年4月上旬成立,举吴稚晖为会长。

是月,甘肃废除驿站,此前,内地省份已经废除驿站。

新加坡华侨陈嘉庚在福建同安县家乡兴办集美学校。

2月1日　宋教仁在国民党湖北支部发表反袁演说。

2月4日　北京参议院、众议院复选,国民党得392席,占绝对多数。共和党、统一党、民主党三党总计仅获223席,其他党籍不明者占255席。

2月11日　孙中山从上海赴日本考察铁路与工商业。

3月20日　当晚10时,宋教仁在上海火车站遇刺。

康有为主编的《不忍》杂志在上海创刊,倡尊孔复辟。

3月21日　袁世凯电令江苏地方缉拿刺宋凶手。

3月22日　黄兴致电袁世凯及国务院、参议院,宣告宋教仁"绝命",同时致电上海公共租界总巡捕房,悬赏缉拿正凶。

3月23日　上海英、法租界巡捕房捕获宋案同谋犯应夔臣,次日,捕获正凶武士英。

3月29日　江苏扬州十二圩大火,烧毁船200余艘、商店居民400余家,死200余人。

3月30日　国民党本部在北京隆重集会,追悼宋教仁。

4月8日　中华民国第一届国会在京开幕,到会议员682人,其中参议员179名,众议员503名。分设参、众两院。

4月13日　陈其美主持国民党上海交通部追悼宋教仁大会。

4月25日　江苏都督程德全、应德闳公布宋案证据,事涉国务总理赵秉钧、大总统袁世凯,全国舆论哗然。

4月26日　北京政府同英、法、德、俄、日5国银行团签订《善后借款合同》,以办理善后为名,借款2500万英镑,年息5厘,债券九折出售,八四实收,47年还清,以盐税、关税做担保。

4月27日　黄兴和参议院正副议长张继、王正廷通电反对善后大借款。

4月29日　参议院开会,通过反对大借款案。

5月2日　美国总统宣布承认中华民国。

5月3日　袁世凯致国会咨文,正式国会已经成立,临时大总统的事业将终,应该选举正式大总统。

5月5日　国民党议员景耀月等在北京成立政友会。

湖南都督谭延闿、江西都督李烈钧、安徽都督柏文蔚、广东都督胡汉民联名通电反对善后大借款。

5月6日　总统府秘密会议制定对南军作战计划。

5月7日　袁世凯向众参两院发出咨文,要求承认善后大借款。

5月20日　国民党机关报《国民》月刊在上海发刊,孙中山、黄兴分别为之撰写《出世辞》。

5月26日　北京大学发生学潮。

5月29日　进步党成立。该党由共和党、统一党、民主党合并而成,意在与国民党抗衡。黎元洪任理事长,梁启超、张謇、熊希龄、汤化龙、孙武、伍廷芳等9人为理事。

5月30日　黎元洪会同各省都督通电要求承认善后大借款。

5月31日　汉阳兵工厂工人罢工,黎元洪派出军警镇压。

是月,宋则久接办工业售品总所,改称天津工业售品所。

6月1日　白朗军攻下河南唐河县城。

6月2日　袁世凯电令镇压北大学潮。

6月9日　袁世凯下令免江西都督李烈钧职务。随后又下令免广东都督胡汉民之职。

6月18日　章太炎辞去东三省筹边使一职。

6月22日　袁世凯发布尊孔祀孔令。

6月25日　副总统黎元洪镇压湖北革命党人起事。

6月27日　淮河泛滥,安徽水灾。

是月,工商部设立地质研究所(实为培训班),同时改地质科为地质调查所,丁文江任两所所长。

台湾"关帝庙事件"发生,高山族同胞拒交枪械,以抗日人统治,台湾总督率军围剿。

7月1日　清华学校举行第一届毕业生毕业典礼,美国驻华公使和教育部代总长出席致贺。

7月12日　李烈钧在湖口宣布江西独立,次日江西省议会推举李烈钧为讨袁军总司令。

7月15日　江苏都督程德全在驻宁第八师师长威逼下宣布独立,黄兴到南京担任江苏讨袁军总司令。

7月16日　岑春煊被反袁各省举为各省讨袁军大元帅。

7月17日　安徽宣布独立。

7月18日　上海、广东宣布独立讨袁。

7月20日　福建宣布与袁世凯断绝关系。

浙江宣布中立,宁波独立。

7月21日　袁世凯对南方独立省份宣布讨伐令。

7月22日　袁世凯宣布剥夺黄兴、陈其美、柏文蔚一切军职、荣典。着冯国璋等缉拿。

孙中山发表宣言,谴责袁世凯违法借款,以作战费,愿全体国民一致促袁辞职。如袁不愿辞职,则愿意从国民之后推翻袁世凯。

7月23日　袁世凯令撤销孙中山筹办全国铁路全权职务。

7月24日　北洋军占领徐州。

7月25日　湖南宣布独立。

北洋军占领江西湖口。

7月29日　黄兴因军事失利,离开南京,程德全宣布取消江苏独立。

8月4日　广东取消独立。

熊克武在重庆宣布独立。

8月6日　袁世凯下令查拿蒋翊武。

8月7日　袁世凯下令查禁社会党。

安徽取消独立。

8月8日　孙中山、胡汉民等由上海、福州取道台湾,流亡到日本。

何海鸣率众在南京宣布第二次独立,自称江苏讨袁军临时总司令。旋被拘,失败。

8月11日　何海鸣在南京第三次宣布独立,失败后流亡日本。

8月11日　章太炎自天津进入北京,被袁世凯软禁。

8月13日　广东讨袁军失败。

福建、湖南取消独立。

吴淞炮台被北洋军攻陷,上海讨袁军失败。

8月15日　孔教会代表陈焕章、梁启超等上书参众两院,请于宪法中明定孔教为国教。

8月18日　江西讨袁军失败。

8月20日　晦鸣学社之机关刊物《晦鸣录》(周刊)在广州创刊,宣传无政府主义,主编刘师复。只出两期即被查禁。

本月,直隶暴雨成灾,淹死两三千人之多。

9月1日　张勋军队攻入南京,屠杀纵火。讨袁军失败。

9月7日　公民党组成。梁士诒为党魁。凡议员加入该党,每月有200元津贴。该党公开鼓吹选举袁世凯做正式总统。

9月11日　进步党内社会名流熊希龄组成"名流内阁",梁启超、孙宝琦、张謇等入阁。

9月12日　四川讨袁军失败。

9月25日　白朗军攻下湖北枣阳。

9月27日　孔教会在山东曲阜召开第一次全国大会,推康有为为总会会长。

北京孔社开孔子诞日纪念会。

孙中山在东京筹组中华革命党。

本月,中国第一部故事片《难夫难妻》在上海首演。

10月4日　宪法会议议决并公布《大总统选举法》,规定大总统任期5年,如再被选,可以连任一次。

10月5日　北京政府与日本公使以秘密换文方式交换《满蒙五路借款修筑预约办法大纲》文书,并达成协议。日本承认北京政府。日本取得四洮(四平至洮南)、开海(开源至海龙)、长洮(长春至洮南)三铁路的借款权以及洮承(洮南至承德)、吉海(海龙至吉林城)两铁路的借款优先权。

10月6日　国会投票选举总统,两院议员出席者共703人。会议开始后,"公民团"包围国会,胁迫议员选袁世凯为总统,连选三次,袁以507票当选。次日选举黎元洪为副总统。

10月9日　武昌首义元勋蒋翊武在广西被袁世凯电令枪杀。

10月10日　袁世凯在北京前清皇宫太和殿就任中华民国大总统。

10月13日　中、英、"藏"三方代表在印度西姆拉开会,讨论"西藏问题"。

10月18日　袁世凯咨文国会,指责《大总统选举法》与国家立法程序相违反,认为不经大总统公布,不能施行。

原国民党人张耀曾等在北京成立民宪党,以"保障共和,拥护宪政"为宗旨。

10月31日　《天坛宪法草案》通过。宪法起草委员会成立后即着手宪法草案的拟订,于1913年10月定名为《中华民国宪法草案》。它规定采用内阁制。遭到袁势力的指责和通电反对。宪法起草委员会于10月31日三读通过,因起草委员会办公于北京天坛,故称《天坛宪草》。

11月1日　袁世凯公布《国籍法施行细则》。

11月4日　袁世凯下令解散国民党,追缴该党国会议员证书、徽章等,被剥夺议员资格者达400余人,致使两院人数不足半数,陷于停顿。

11月5日　中俄签署《中俄声明文件》,俄国承认中国在外蒙古之宗主权,中国承认外蒙古之自治权。

11月10日　宪法起草委员会因不足法定人数,自行解散。

11月11日　白朗军围攻河南信阳。

11月12日　袁世凯下令取消各省国民党议员资格。同日内务部宣布解散女子参政同盟会。

11月13日　参众两院院长发表声明,国民党议员被取消资格,国会不足法定人数,不能开会,与14日起停发议事日程。

11月17日　众议院194位议员就政府追缴国民党议员证书,向政府提出质询。

11月26日　袁世凯下令厘定尊孔典礼。

袁世凯令组织政治会议,以讨论国家大计。

本月,国立武昌高等师范学校(武汉大学前身)开学。

12月2日　汉冶萍煤铁有限公司董事会会长盛宣怀与日商签订借款合同。

12月3日　参议院议员61人为政府取消国民党籍议员资格质询政府有何法律依据。

12月15日　政治会议开幕。袁世凯任命李经羲、张国淦为政治会议正副议长。

12月16日　黎元洪领衔各省军政长官致电袁世凯拥护解散国会。

12月21日　云南昆明、峨山等地发生里氏7级地震,1 000多人死亡。

12月29日　政治会议举行首次正式会议。

北京政府参谋本部创办南苑航空学校。聘有法国教员,学员主要学习飞行技术。

1914年(民国三年)

1月1日　《中华实业界》《中华小说界》由中华书局编辑出版。

章炳麟被袁世凯软禁于北京龙泉寺。

1月10日　袁世凯宣布停止参、众两院议员职务,一律资遣回籍。

1月11日　北京政府先后公布田房契税、所得税、烟酒牌照税等条例。本年度,各省验契收入总数为3 098.450 6万元。13日,《公司保息条例》公布。

1月21日　北京政府与中法实业银行签订6亿法郎铁路借款合同。

1月29日　政治会议决祭天祭孔仪式。

袁世凯公布《约法会议议员选举程序细则》。

本月,白朗军越过京汉铁路东进,声势渐盛。

2月7日　北京政府颁布《国币条例》,设立币制局,铸发新银币,以纯银库平六钱四分八厘为一圆,上镌袁世凯头像(俗称袁头币),统一全国银币的铸造和流通。

2月9日　孙中山、陈其美、黄兴等在日本东京创设政法学校。

2月28日　袁世凯下令解散各省省议会。

本月,白朗军与北洋军激战于鄂豫皖一带。

山东、山西、云南、直隶、河南、奉天、广东、甘肃等各省相继发生农民反抗验契及苛捐杂税的斗争。

黄兴、李烈钧在东京创办浩然庐,训练军事人才。

北京政府教育部以孙中山、黄兴"倡乱湖口","实为民国罪人",命令各学校将教科书中孙文、黄兴肖像立即删除净尽。

3月1日　袁世凯下令正式设立清史馆。

中国加入万国邮政联盟。

3月2日　北京政府公布《商人通则》。

北京政府公布《治安警察条例》,禁止民众结社、集会、组织政党,并限制劳工团体活动,非政治性集会、屋外活动、集体游戏也均在被禁止、取缔之列。

3月3日　台湾新竹抗日首领罗福星于台北监狱遇害。前一年,罗福星发表《大革命宣言》,号召台湾同胞赶走日本侵略者,收复台湾。

3月10日　北京南苑航空学校举行飞行演习。

3月12日　孙中山派夏重民等去香港布置反袁军事工作。

3月15日　中华全国商会联合会在上海举行第一次会议,180余人参加,议题涉及商务法、税制条例、公司、矿务、盐务等。

3月24日　西姆拉会议期间,英国代表麦克马洪与西藏地方政府代表以秘密换文方式擅划"中印东段边界线",将中印东段边境地区9万平方公里的中国领土划入英属印度版图。此线俗称"麦克马洪线",历届中国政府均未予以承认。

本月,白朗军进军陕西。

4月1日　四川铁路收归国有。

4月2日　北京政府颁布《报纸条例》。

4月6日　北京南苑航空学校飞机在陕西各地从事侦察白朗军活动。

4月8日　上海道尹与法国驻沪总领事签订《上海法租界推广条约》,扩大了法租界的范围。

4月11日　浙江铁路收归国有。

4月26日　安徽定远乡民以江淮义侠军名义举事,一度攻占县城,31日败散。

4月30日　北京政府与中英公司签订800万英镑宁湘铁路（南京至株洲）借款合同。

本月，白朗军在陕西激战后，进入甘肃。

5月1日　《中华民国约法》公布，放弃内阁制，实行总统制。设参政院为咨询机关，代行立法院职权；大总统可以不经立法机关同意，行使官吏任免、宣战媾和等权力。大总统可以解散立法机关，而立法机关无弹劾大总统的权力。

袁世凯废国务院，于总统府内设政事堂，任命徐世昌为国务卿。

5月7日　台湾嘉义罗阿头不满日本暴政，发动抗日起义，遭警察镇压，被杀害。

5月9日　袁世凯设立陆军海军大元帅统率办事处，以荫昌、王士珍、萨镇冰等为办事员。

5月10日　《民国》杂志（胡汉民主编）与《甲寅》（章士钊主编）杂志在日本东京创刊。

5月16日　中华革命党筹备委员会在东京召开第一次筹备会议，柏文蔚、陈其美等任筹备委员。

5月26日　根据袁世凯颁布的《参政院组织法》，组成参政院，以黎元洪为议长，停止其他政治会议。

本月，白朗军在甘肃与北洋军激战，败走陕西。

6月1日　政事堂下令取消国税与地方税名目，实行地方解款中央的税收体制。

6月4日　朱执信在广东组织反袁武装失败。

6月6日　上海中华图书馆发行《礼拜六》杂志，它是鸳鸯蝴蝶派的代表性刊物，深受沿海大中城市市民欢迎。

6月8日　袁世凯撤销总统府军事处，成立陆海军大元帅统帅办事处，成为最高的军事机关。

6月14日　北京政府设置察哈尔特别行政区。

6月23日　中华革命党在东京召开总理选举大会，出席会议的八省代表一致选举孙中山为总理。

6月28日　中华革命党党员李国柱受孙中山委托回湖南举兵讨袁，两月之间占领数县。

6月30日　袁世凯下令裁撤各省都督，改设将军。

本月，广西、广东、江西、湖南发生特大洪水。月底，北京政府财政部分别赈济广西、广东各5万元，江西、湖南各3万元。

武昌革命党反袁团体遭到破坏，多人被枪杀。

7月3日　英国政府与西藏地方政府单独签署《西姆拉条约》，规定中国与英国不干涉外藏事务，中国不在西藏驻兵、移民和设立官员。中国政府始终未承认此条约。

7月8日　孙中山召集部分国民党员在日本东京正式建立中华革命党，规定入党必须填写誓死词，按指印，绝对服从总理领导，以党龄长短将党员分为三个等级。孙中山当选为总理。大会通过了党章、宣言等文件。1916年袁世凯死后，中华革命党总部迁往上海。

7月9日　黄兴抵达夏威夷，发表谈话，将再举革命。

7月15日　黄兴在美国旧金山发表讨袁谈话。

7月16日　吉林省城因松花江大水被淹。

本月，江西、广东水灾。江苏旱灾。河南、安徽、山东蝗灾。

8月1日　德国、俄国宣战，第一次世界大战爆发。此后，德国、法国以及英国、德国相继宣战。

8月3日　白朗因伤死于河南鲁山县石庄，白朗起义旋即失败。

8月6日　北京政府就欧洲大战爆发发表中立宣言。

8月10日　北京政府成立内国公债局，以梁士诒为总理。

8月12日　北京政府成立学术评定委员会，并制定该会办事章程，学术评定共分文、法、理、工、农、商、医等七科。

8月13日　赞成黄兴"缓进"主张的国民党人在欧战后组成欧事研究会。在美国、南洋、欧洲以及国内共有会员百余人。

8月15日　日本政府对德国发出最后通牒，要求德国将全部胶州湾租借地无条件交付日本。随后日本驻华公使将此照会中国政府。

8月24日　日本要求中国政府把山东划为交战区，中日双方未能达成一致。

8月27日　日本在对德国宣战后，于本日宣布封锁胶州湾。

9月2日　日本陆海军2万多人配合少数英军组织英日联军，在山东龙口及莱州附近地区登陆。后连续攻占潍县东站、青州车站和济南车站。

9月8日　中国驻日公使照会日方，要求引渡孙中山等人。

9月12日　袁世凯公布《商会法》，扩大了商人权益。

9月28日　袁世凯率官员在北京孔庙举行祀孔礼，各省在省会相继举行。

本月，范旭东在塘沽创设久大精盐公司，后改为久大盐业公司。

山西汾水一带发生水灾。山东水灾。湖北虫灾。

10月7日　北京政府抗议日本侵占胶济路外交失败。

10月11日　中国、交通两银行筹集资本100万元,设立新华储蓄银行,总行设北京,发行储蓄券。

10月31日　袁世凯通令各省严防中华革命党的活动。

11月2日　上海水木业工人4 000人罢工,要求增加工资。

11月7日　日军侵占青岛等地。

11月9日　华商中原公司与英商福公司联合组成福中总公司,总事务所设在焦作。

11月18日　河南濮阳黄河决口。

12月4日　北京政府颁布《出版法》。

12月20日　林献堂等在台北成立台湾同化会,意在要求缓和日本高压政策,减轻台胞压力。随即被当局解散。

12月23日　袁世凯在天坛祀天。

12月26日　美国退还庚子赔款,充作中国派遣学生留学美国经费。

12月29日　《修正大总统选举法》公布。依该法,总统任期10年,可连任,继任总统由现任总统推荐三人,书于"嘉禾金简",密藏石室,届时交付选举。

袁世凯公布《地方自治试行条例》。

本年,北京政府农商部颁布《公司条例》,规定公司均被认可为法人,受国家法律保护。

1915年(民国四年)

1月1日　袁世凯授徐世昌上卿、杨士奇等中卿,为进行帝制先声。

中国科学社之《科学》月刊创刊,任鸿隽等主其事。

吴淞、广州创设无线电台。

1月5日　北京政府以忠节孝义为立国精神,订施行办法。

1月14日　北京政府水利局总裁张謇等设河海工程专门学校。

1月18日　日本驻华公使日置益向袁世凯面提"二十一条"要求。

1月20日　梁启超主持之《大中华》杂志在上海创刊。次年6月20日停刊。

1月22日　教育部通告著作人及出版人激励真诚,共图利济,一切营作,应以裨益社会为目的。

1月25日　财政部国税厅调查全国田赋。

各省将军联电反对日本要求。

2月1日　中华革命党通告党员严防袁世凯离间,并说明革命意义。

山东峄县中兴煤矿矿井发生爆炸,炸死工人400余人。

2月2日　中日双方于外交部迎宾楼举行首次会议,交涉日本所提"二十一条"要求。

2月3日　南浔铁路(南昌至九江)全线通车。

2月5日　农商总长张謇通电各地商务总会,劝购新华储蓄银行储蓄票,以引起人民储蓄习惯。

2月11日　留日学生千余人冒雨在东京集会,反对日本政府提出的"二十一条",并拟定留日学生对外宣言。

2月12日　袁世凯聘梁启超为政治顾问。

中日交涉,北京政府外交部第一次提出修正案,直接拒绝日本第5号要求。

2月20日　巴拿马太平洋万国博览会在美国旧金山召开,北京政府农商部派员参加。3月9日中国馆开幕。

2月25日　黄兴在美国为"二十一条"交涉与旅居南洋的李烈钧、柏文蔚等往返函商,是日联名通电上海各报,主张"暂停革命",一致对外。

本月,中华医学会在上海成立。

3月4日　前四川民政长张培爵在京津谋反袁,事泄被杀。

3月5日　外交部次长曹汝霖致函驻日公使陆宗舆,告以袁世凯派日籍顾问有贺长雄就中日"二十一条"交涉问题赴日活动,"游说元老"。

3月6日　湖北沔县中华革命党人罗石相起事。

3月10日　孙中山命中华革命党党务部,揭露袁世凯对日本"二十一条"交涉真相,并通告党员积极讨袁。

3月12日　北京政府公布《国民会议组织法》。

湖南乾城煤矿工人罢工,要求增加工资,反对延长工作时间,发生冲突。

3月13日　日本增兵山东、满洲、天津约3万人。

菲律宾小吕宋华侨救亡团致电北京政府,愿以生命财产为后盾,请政府拒绝"二十一条"。

3月17日　北京政府举行祀孔典礼。

3月18日　上海市民举行反日大会。

3月22日　旧金山华裔总会电各处,抵制日货。

3月25日　北京政府申令,禁止排斥日货,敦睦中日邦交。

4月5日　袁世凯申令,对中华革命党在国内的革命活动,着各省将军巡按使"严加防缉"。

4月8日　湖北汉口租界与英、法、俄、德、日订立禁烟合同。

4月11日　北京总商会发起救国储金,在中央公园举行大会,与会者20万人,储金100万元,并宣传抵制日货。

4月22日　北京政府以南通县自治成绩卓著,颁奖张謇兄弟。

5月4日　日本内阁会议决定在对华发出最后通牒中删除第5号要求。

5月7日　日政府令驻华日使向我国外交部提出最后通牒。

中原公司与英福公司签订合办合同,定名为福中公司。

5月8日　北京政府召集会议,宣布承认日本最后通牒要求。

5月13日　汉口中日商民发生冲突。

北京政府申令妥筹国防,今后沿海港口湾岸岛屿,概不租借或让与。

5月14日　河南洛宁发生民变。

5月15日　第二届远东运动会在上海举行。

5月16日　镇江发生排日事件。

5月18日　汉阳发生排日风潮,汉口日本三菱支店被焚掠。

5月25日　中日《关于南满洲及东部内蒙古之条约》及其附件、《关于山东之条约》及其附件(总称为《中日北京条约》或《中日民四条约》)签字,6月8日在东京交换批准。

5月26日　濮阳黄河决口。

6月7日　《中俄蒙条约》于恰克图签字。条约规定:外蒙古承认中国宗主权。中国、俄国承认外蒙古自治,为中国领土之一部分。

6月9日　库伦活佛宣告取消独立,袁世凯册封库伦活佛为外蒙古博克多哲布尊丹巴呼图克图汗。

6月23日　赣、皖、浙、湘、鄂水灾。

6月29日　台湾爱国志士余清芳、江定举事抗日。

7月1日　袁世凯申令参政院推举宪法委员,组织委员会,制定宪法。

7月6日　冯国璋在京为帝制运动辟谣。

7月21日　苏州机织工人要求增加工资举行罢工,道署拘捕陈全福等14人。

7月27日　江苏濒海各县飓风成灾。

7月31日　袁世凯公布《国民学校令》,国民义务教育至此具有法律依据。

为推广造林防害,农商、内务两部行文各省区,定每年清明节为植树节。

袁世凯准免夏曾佑教育部社会教育司长职,改派为京师图书馆馆长。

8月3日　袁世凯的美籍顾问古德诺于北京《亚细亚报》发表《共和与君主论》。

8月5日　濮阳黄河口再次决口。

8月14日　杨度等发起筹安会。

8月17日　古德诺否认中国必须为君主制之说。

袁世凯表示对筹安会不会予以干涉。

8月26日　杨度发表《君宪救国伦》。

8月31日　袁世凯令参政院暂行立法院职权。

9月1日　留日学界、侨商声讨帝制。

9月3日　梁启超发表《异哉所谓国体问题者》，反对帝制。

9月15日　陈独秀在上海创刊《青年杂志》。

9月26日　驻日公使陆宗舆电曹汝霖，商派大员与日本密洽帝制事。

9月29日　参议院发表收到请愿变更国体书目录。

本月，美国教会在南京设立金陵女子大学，是月开学授课。

10月1日　国货展览会在北京举行。

10月2日　英使朱尔典晤袁世凯，声称英国赞成中国帝制。

10月4日　袁世凯告美使芮恩施国体由国民投票决定。

10月7日　云南军官第二次会议决定以武力反对帝制。

蒙藏部落、全国陆海军事长官、各省行政长官、全国警察长官联名呈请袁世凯变更国体。

10月8日　北京政府成立国民代表大会。

10月10日　谷钟秀、杨永泰、张炽章等筹办《中华新报》，在上海刊行。

10月13日　蒙回王公及军界呈请实行君主立宪。

10月15日　筹安会改组为宪政协进会。

10月18日　蔡锷在北京的住宅被搜。

10月20日　上海《字林西报》发表《喜剧欤，抑滑稽剧欤》之社论，讽刺帝制运动。

10月25日　中国科学社正式成立。

10月28日　国体投票开始。

俄、英、日劝阻北京政府暂缓变更国体。

11月1日　雷鸣远、司铎于天津创立《益世报》。

外交部复拒英、日、俄三使劝告，谓国体依民意决定。

11月3日　法使访外长陆徵祥劝暂缓变更国体。

云南举行第三次反帝制会议。

11月4日　驻京日使向外交部要求解释国体问题之答复。

11月5日　意使访外交部，劝告暂缓变更国体。

11月6日　中俄订立呼伦贝尔协约，承认该地区为特别区域。

11月7日 《著作权法》公布。

11月10日 广东佛山革命党人起事。

11月11日 蔡锷弃职离京。

外交部邀请日、英、俄、法四国公使,声明延缓帝制。

12月2日 上海人力车夫8 000人,反对华、洋各公司增加租价,举行同盟罢工。

12月3日 朱执信被委为广东革命军司令长官。

12月5日 陈其美策动肇和兵舰起义。

12月11日 "国民代表大会"一致赞成君主立宪,推举袁世凯为皇帝。

12月12日 袁世凯接受拥戴称帝。

12月13日 日代办小幡酉吉照会外交部,要求对变更国体事,于15日以前答复。

12月14日 黄兴电美国驻华公使,请勿赞成袁世凯称帝。

12月15日 日、英、俄、法、意五国公使向外交部声明,对改变国体持静观态度。

袁世凯册封黎元洪为武义亲王,黎不受。

12月21日 黄兴自美密函张謇等6人,望能维持共和国体。

唐继尧、蔡锷、李烈钧等主张取消帝制并杀杨度等13人以谢天下。

12月22日 唐继尧等13人誓盟,拥护共和。

12月25日 云南唐继尧、蔡锷等宣告独立,组建护国军。

12月29日 唐继尧致书孙中山,盼号召讨袁,并派李宗黄为驻沪代表。

12月31日 北京政府申令,明年改为洪宪元年。

1916年(民国五年)

1月1日 袁世凯称帝,洪宪纪元开始。

袁世凯令孔子后裔孔令贻仍袭衍圣公,并加郡王衔。

云南将军唐继尧宣布云南独立,改将军行署为护国军政府都督府,任都督。护国军政府都督唐继尧、护国军第一军总司令蔡锷、第二军总司令李烈钧联名发表护国军政府讨袁檄文,誓师讨袁。

1月3日 袁世凯对外仍称民国,对内则书"洪宪"。

1月4日 统率办事处举行军事会议,决定进军云南。

督理江苏军务冯国璋领衔联络各省军政长官电请袁世凯"早正大位","颁发明令,令将出征",讨伐唐继尧等。

1月5日 袁世凯明令讨伐唐继尧、蔡锷等,并申令各省长晓谕人民以帝制之利。

蔡锷通电讨伐袁世凯。

1月6日　广东共和军在惠州起事讨袁。

1月8日　江苏中华革命党人策划讨袁起义失败。

1月9日　进步党东京分部通电反对帝制。

1月10日　外蒙古改用"洪宪"年号。

1月11日　湖南长沙教育会长叶德辉等电请袁世凯"立颁登极诏书",吁请对蔡锷、唐继尧等"大张天讨"。

1月6日　云南护国第一军司令蔡锷率部自昆明出发,取道黔境向四川进军。

1月18日　孙中山致书康德黎夫人,吁请促使英国停止与袁世凯合作。

1月21日　日本内阁会议严重警告中国政府,延缓帝制。

1月22日　中华革命党主办的《民国日报》创刊,发起反对袁世凯复辟帝制宣传。

1月23日　京张、张绥铁路归并办理,改名京绥铁路。

1月25日　梁启超敦促陆荣廷早日起义讨袁。

1月26日　袁世凯军分四路"进剿"四川叙州护国军。

1月27日　贵州护军使刘显世宣布独立。

2月1日　川军第二师长刘存厚于纳溪宣布独立,改称护国川军总司令。

2月3日　留美学生胡适致书梅九迪,论文学改良。

2月5日　护国军第一军中路蔡锷所部,与护国川军刘存厚部会攻泸州。

中华革命党人于广东番禺石湖村起事。

2月10日　四川将军陈宧派胡鄂公赴湖南、江苏,联络汤芗铭、冯国璋,密谋反袁。

墨西哥华侨发表宣言,反对袁世凯恢复帝制。

2月13日　袁世凯命蒋雁行为驻宁专员,协办防务。

2月15日　易白沙在《青年杂志》发表《孔子平议》。

2月16日　新疆督军杨增新杀副长官夏鼎、炮兵营长李寅,传两人谋响应云南起事。

2月17日　护国军司令唐继尧之代表李宗黄在南京密晤冯国璋,盼其保持中立。

2月18日　中华革命党人策动武昌南湖马队起事。

2月19日　美、日、俄、法四使集议,对南北双方采取公平态度。

袁世凯设临时军务处于统率办事处。

驻美公使施肇基与比利时电车铁路公司订立陇海铁路短期借款合同,借款总额1 000万法郎。

2月22日　陆荣廷之代表唐绍慧及唐继尧代表李宗黄,在上海会晤梁启超,邀梁赴广西。

孙中山委派陈其美为江浙皖赣四省总司令。

2月23日　袁世凯申令缓正大位,并下令不许呈递吁请早正大位文电。

2月24日　中华革命党人杨王鹏等策划湖南长沙暴动,旋失败,被湖南将军汤芗铭杀害。

2月25日　陆徵祥将变更国体照会底稿咨送驻外各使密存,俟皇帝即位定期,再照会驻在国。

2月26日　孙中山向日商久原房之助借日金70万元,作为反袁军事费用。

2月28日　袁世凯令于北京设立高等警官学校。

3月3日　袁军在湘西反攻护国军。

3月4日　梁启超应陆荣廷之邀,自上海起程赴广西。

3月6日　中华革命党袭击广州黄埔"肇和"兵舰失利。

3月7日　袁世凯特派陆荣廷为贵州宣抚使。

日本内阁议决在华树立霸权,推翻袁世凯,承认南北军为交战团体,默许民间帮助南军。

3月10日　因为镇压反袁军事行动,袁政府财政枯竭,袁世凯公布"洪宪元年"6厘国债条例,债额2 000万元,强行摊派。

3月13日　陆荣廷、梁启超等电请袁世凯即日辞职。

孙中山委任居正为革命军东北军总司令,统筹直隶、山东、山西革命军事。

3月15日　广西独立,举陆荣廷为都督。

3月17日　龙济光宣布襄助共和。

蔡锷督率护国军再攻泸州。

袁世凯召见梁士诒,商讨撤销帝制。

3月18日　陕西中华革命党人在西安密谋起事失败。

3月19日　江苏将军冯国璋、江西将军李纯、长江巡阅使张勋、山东将军靳云鹏、浙江将军朱瑞密电袁世凯,要求取消帝制。

汤化龙、康有为等劝告袁世凯退位。

3月20日　袁世凯召国务卿、各部总长、参政等共商撤销帝制事。

3月21日　广西都督陆荣廷部署对粤用兵。

3月22日　袁世凯接受五将军要求,申令撤销帝制。次日宣布撤销"洪宪"年号,仍以本年为民国五年。

3月23日　袁世凯以黎元洪、徐世昌等名义,致电蔡锷、唐继尧等,要求停战议和。

3月24日　唐继尧等主张迫袁世凯退位,以副总统黎元洪继位。随后,全国各界致电要求袁世凯退位。

3月25日　袁世凯令朱启钤退还皇帝推戴书。

3月26日　护国军提出停战条件,要求袁世凯即日退位。

3月29日　袁世凯焚毁关于帝制文书840件。

蔡元培、吴玉章、李石曾等在法国巴黎召开华法教育会发起会。

3月30日　四川将军陈宧与蔡锷联络倒袁。

4月2日　政事堂奉袁世凯明令公告参政院代行立法院撤销国民总代表名义,及其决定之君主国体案。

川北军旅长冯玉祥与蔡锷联合,谋倒袁拥冯(国璋)。

4月5日　停泊在广东省河的军舰"宝壁""江大""江固"号响应民军起义,归附护国军。

4月6日　广东将军龙济光被迫宣布独立。

4月7日　驻美公使顾维钧向美商利希格金生公司借款500万美元。

4月13日　浙江嘉湖镇守使吕公望宣布与袁世凯脱离关系,与护国军采取一致行动。宁波独立旅旅长周凤岐宣布独立。

4月14日　江阴炮台宣布独立。

4月17日　冯国璋等为操纵南北政局,宣布调停时局办法大纲8点。

4月18日　江苏革命党人在吴江发动民军起义讨袁。

4月19日　两广达成协议,龙济光仍督粤,但须允从速讨袁。

4月26日　冯国璋电京,主张袁世凯退位。

零陵镇守使望云亭在湖南永州宣布独立。

4月27日　陆荣廷、龙济光通电拥岑春煊为两广护国军都司令。

4月28日　奉天桓仁县知事联合革命党人宣布独立,发表讨袁檄文。

黑龙江省宣布独立。

本月,奉天、吉林、黑龙江3省各县农民掀起反抗"清丈田亩"运动。

5月1日　两广都司令部于肇庆成立,岑春煊为都司令。

5月2日　奉天督军张作霖主袁留任。

唐绍仪等以22省旅沪公民名义发表宣言,反对冯国璋所提8项调停时局办法。

5月3日　岑春煊、梁启超发表告爱国诸军人书,坚持袁世凯必须退位。

梁启超电黎元洪,坚持袁退位,黎接任。

5月4日　康有为发表《为国家筹安定策者》一文,倡复辟。

中华革命党人居正率华侨"讨袁敢死先锋队"进攻山东潍县。

5月6日　冯国璋联合张勋、倪嗣冲发起南京会议,调停时局。

湖南新化锡矿山工人罢工,悬挂护国军旗帜。

5月7日　蔡锷发表对时局主张,请段祺瑞取代袁世凯为总统。

5月8日　滇、黔、桂、粤4省联合成立护国军军务院,推举唐继尧为抚军长。

5月9日　孙中山在上海发表第二次讨袁宣言,愿与各方协同一致讨袁,尊重约法。

陕北镇守使陈树藩宣布陕西独立。

5月12日　护国军第二军总司令李烈钧率部抵达肇庆商议会师北伐。

5月14日　上海中国银行拒绝国务院停止兑现付现命令,宣布照常继续兑现。

5月18日　17省代表在南京开会,公推冯国璋为主席,多数代表赞成袁氏退位。会议开至月底,吵吵嚷嚷,未形成一致意见。

5月22日　陈宧宣布与袁世凯断绝关系,改称四川都督。

5月26日　上海陆军学生数十人,乘日轮赴山东助居正。

5月29日　汤芗铭以湖南都督名义宣布湖南独立。

袁世凯宣布帝制案始末,推卸责任。

5月31日　护国军通电各国使节,依法拥护黎元洪继任总统。

6月1日　岑春煊等致电独立各省,提出解决时局四原则,坚持袁世凯不退位,不停止军事行动。

6月3日　护国第二军总司令李烈钧率军北伐。

6月6日　袁世凯在北京新华宫忧惧而死,年58岁。

国务院通电,遵袁遗令依新约法,以副总统代行职权。

六国驻华公使集会密谋袁世凯死后对策。

6月7日　黎元洪就任大总统,令京外官吏仍旧供职。张勋通电保境卫民,另电张作霖,主拥宣统复辟。

梁启超电独立各省都督,主助段祺瑞收拾北方。陕西都督陈树藩宣布取消独立。

6月9日　孙中山发表规复《临时约法》宣言。黄兴亦电请黎元洪规复《临时约法》。

张勋召开第一次徐州会议,名义是讨论国家前途,实际是结成军阀同盟。蔡锷通电拥护中央。

6月10日　孙中山电山东居正、香港朱执信罢兵。

6月11日　黎元洪电复孙中山,望共济艰难。

梁启超致电滇、黔、贵、粤、浙5省,建议6项善后办法。

6月14日　蔡锷电请黎元洪恢复旧约法,召集国会,改组内阁,开军事会议,惩办帝制余孽。

6月15日　冯国璋通电赞成恢复民元约法,重开会议。

6月16日　北京政府令各省停战。

6月19日　滇粤军在韶州起冲突。

6月21日　黄兴遣派代表晋京,表达恢复旧约法、召集旧国会之主张。

6月22日　国务卿段祺瑞通电征询恢复民元约法办法。

6月25日　唐绍仪、梁启超等联合驳斥段祺瑞民元约法不可恢复的主张。

6月29日　黎元洪申令尊行民元约法,定8月1日召集国会。

本月,由穆藕初等创办的厚生纱厂在上海建成。

段祺瑞以国务总理兼陆军部长控制北京政权,逐渐形成以他为首的皖系军阀集团。

7月2日　北京军人同德会成立。

7月3日　广东龙济光军袭攻北江李烈钧军。

7月4日　山东革命军与北军停战。

7月14日　黎元洪申令惩办变更国体祸首杨度、孙毓筠、顾鳌、梁士诒、夏寿田、朱启钤、周自齐、薛大可。

唐继尧、岑春煊等以约法、国会次第恢复,宣告撤销护国军军务院。

本月,邵飘萍在北京创办新闻编译社。

8月1日　国会在北京众议院复会,讨论宪法问题。

8月15日　《晨钟报》创刊于北京,该报为宪法研会机关报。梁启超、汤化龙、蒲殿俊主之。

8月20日　孙中山在浙江省议会演说,主张建设真正共和国家,当从办理地方自治着手。

本月,荣宗敬、荣德生在上海创办申新纺织无限公司。

9月8日　国会宪法会议续开,旧国民党议员主于宪法中规定省制大纲、省长民选。旧进步党议员反对,大起争执。

9月9日　张继、孙洪伊、谷钟秀、林森等组织宪政商榷会。

财政总长陈锦涛、农商总长谷钟秀,向日本兴业公司借款500万元,以中日合办安徽太平山、湖南水口山两矿做抵押。

9月13日　梁启超、汤化龙、王家襄、林长民组织的宪法研究会成立。

9月21日　安徽督军张勋、省长倪嗣冲等召开第二次徐州会议,成立13省区联合会。

10月1日　《青年杂志》改名为《新青年》。《新青年》刊出陈独秀《驳康有为致总统总理书》,反对定孔教为国教。又发表胡适致陈独秀书,主张文学革命必须从不同典、不用陈套语、不避俗字语等八事入手。

湖北、安徽、江西、贵州、河南、吉林等省议会复会。

陕西省设立讲武堂及模范营,以加强军事训练及教育。

10月17日　湖南平江金矿工人罢工。

10月18日　法国代办照会外交部,要求以天津老西开划入法界,限48小时答复。

10月20日　天津法领事派兵强占老西开地方,解除华警武装,并尽数拘捕。

10月26日　外交部向日俄两国抗议,俄国以松花江以南之北满铁路让与日本。

10月30日　国会选举冯国璋为副总统,逐渐形成以冯国璋为首的直系军阀集团。

11月7日　孙多森创立的天津中孚银行开业。

飞行家谭根在广州开展水上飞机飞行表演。

11月10日　日本在东三省郑家屯、昌图、盖平、掏鹿、八西城、农安等处设警察派出所。

11月12日　天津发生"老西开事件",法界华人一律罢工,并组织工团。

100多名国会议员在北京发起成立国教维持会。

11月19日　李根源、谷钟秀、张耀曾、钮永建等组织的政学会成立。

11月21日　国会通过中美实业借款案,即第一次烟酒税借款,总额500万美元。

11月22日　教育、内务二部共同呼吁各省续修县志。

11月25日　上海江南造船所工人罢工。

12月27日　宪法会议审议会进行审议国教问题。

12月28日　清华学校开始选派专科生赴美,此后每年选派一次。

1917年(民国六年)

1月1日　胡适在《新青年》杂志发表《文学改良刍议》,主张白话文。

1月3日　美国公使芮恩施致函日本公使林权助,询问中日南满铁路借款事。

1月4日　蔡元培就任北京大学校长职,9日演说教育改革方针。

1月5日　日本公使林权助致电外长伍廷芳,坚持于满蒙要地派驻警员、聘用军事教官顾问。

1月7日　皖督军张勋、省长倪嗣冲邀集各省代表到徐州举行第三次徐州会议。

1月11日　抚顺煤矿大山窑发生特大火灾,900多人丧生,直接经济损失约50万元。

1月12日　众议院通过恢复地方自治案。

1月14日　广东省长朱庆澜与荷兰订立借款合同,款额300万元。

1月20日　交通银行总裁曹汝霖与日本兴业、台湾、朝鲜三银行订立"西原借款"第一次借款合同,共500万元。

司法部审核认可北京朝阳大学、中华大学等一批私立大学。

1月22日　中日双方就郑家屯事件所举行的交涉于今日达成协议,中国答应惩办军官、赔偿日侨损失、奉督军向日本道歉。

1月26日　京师图书馆在安定门大街方家胡同开馆。

1月27日　英日谈判中国参战问题,日本外相本野一郎要求继承在山东及赤道以北太平洋各岛之权利。

1月30日　李大钊在《甲寅》杂志发表《孔子与宪法》一文,批评宪法草案规定"国民教育以孔子之道为修身大本"为"怪诞之事实"。

本月,中华农学会成立。

周学熙等在无锡创办广勤纺织公司。

2月1日　陈独秀在《新青年》杂志发表《文学革命论》。

2月4日　外交部接获美国驻华公使对德国新潜艇政策采取必要行动之牒文,劝对德国采取一致行动。

2月5日　北京政府召开特别外交会议,讨论参加欧战问题。

2月9日　外交部向德驻华公使抗议其潜艇封锁政策,同时答复美国,中国与美国采取一致态度。

2月12日　冯国璋电北京不应对德抗议,主张中立。

2月13日　日本外相本野一郎与协约国驻日大使商讨中国参战问题,要求各国继续承认日本在山东权利。

万国改良会在上海召开禁烟大会。25日成立中国禁烟会。

2月16日　英国答允赞助日本继承德国在山东权利及太平洋赤道以北德属

群岛。

段祺瑞力主加入协约国,黎元洪反对。

2月18日　蔡元培、梁启超等发起成立中华民国国语研究会。

2月19日　日本照会俄、法大使,要求继承德国在山东权利及太平洋赤道以北德属群岛。20日,俄国允日要求。

2月21日　孙中山所著之《民权初步》成书。

2月26日　英国在山东招募华工,赴欧参战。

本月,祝大椿在上海创设恒昌源纺织有限公司。

3月1日　法国同意日本继承德国在山东的权利,随后,俄国亦允许日本继承德国在山东的权利。法国舰艇"亚多洛"号被德国舰艇击沉,死华工500余人。

李剑农等主办《太平洋》杂志在上海出版。

3月3日　国民外交后援会在京举行演说会。刘彦、梁启超、蔡元培等均主张对德宣战。

3月4日　国务总理段祺瑞在总统府会议对德问题,请总统黎元洪电令驻协约国公使,向驻在国政府磋商对德绝交条件,涉及总统府与内阁权限之争,段祺瑞即日辞职赴天津。

章太炎发起的亚洲古学会在沪开会,研究亚洲问题,以谋亚洲之统一。

3月5日　段祺瑞通电各省详述辞职原因。总统黎元洪请冯国璋赴天津挽留段祺瑞。6日,段祺瑞回京述职。

3月7日　北京政府电驻协约国公使,向驻在国声明中国决定对德绝交,并磋商有关条件。

吴敬恒等发布留法俭学会缘起及会约,鼓励留学法国。

3月9日　孙中山电北京参、众两院,反对加入协约国。

3月10日　北京参、众两院秘密会议,投票通过对德绝交。

3月14日　北京政府公布与德国绝交令,并布告全国。

3月15日　海军部将海军编为巡洋、长江、练习三舰队,进驻上海、南京、福建。

3月16日　北京政府接收天津德国租界,更名为特别区,并收管上海、厦门等处之德国商船。18日,又接收汉口德国租界地。

3月19日　英、法、日、俄、意、比、葡七国公使致函外交部,劝中国加入协约国。

3月27日　亲段祺瑞派之靳云鹏、李国筠等政团组织中和俱乐部。此为安福俱乐部前身。

3月29日　因俄国发生二月革命,北京政府照会俄使,承认俄新政府。

4月1日　《新青年》发表毛泽东所撰《体育之研究》。

4月4日　法国招募华工自上海放洋赴欧洲。至11月放洋的华工3 000人。

4月9日　段祺瑞电召各省督军来京开会,商定外交大计。15日各省督军相继到达,其中陆荣廷拒绝参加会议,离京回广东。

4月18日　四川总督罗佩金与川军第二师师长刘存厚,因裁兵起冲突,双方军队相战于成都。

4月25日　留日学生总会促国民勿忘"五七"国耻。

5月1日　上海平民义学社会主义讲习所师生百余人庆祝"五一"国际劳动节。

5月3日　北京政府因津浦路购车舞弊事,准交通总长许世英辞职。

5月6日　黄炎培联合蔡元培、梁启超、张謇等,在上海发起成立中华职业教育社。

5月8日　梁启超发表外交方针质言,主张对德、奥宣战。

5月9日　上海寰球学生会举行纪念国耻会。

5月10日　北京众议院开会审查对德宣战案。段祺瑞唆使公民请愿团包围该院。

5月15日　周作民任总经理的金城银行在天津创建。

5月19日　北京众议院议决缓议对德宣战案。

因对德宣战问题,段祺瑞商请各省督军呈请总统黎元洪解散国会,改制宪法。国会亦呈请黎元洪免去段祺瑞国务总理职。

5月20日　张勋通电,响应督军团改组国会主张。

5月21日　前清陕甘总督升允自南京到上海,晤郑孝胥等商讨清废帝复辟事。

5月23日　总统黎元洪免国务总理兼陆军总长段祺瑞职。

倪嗣冲、张怀芝、赵倜、李厚基等自天津到徐州与张勋会议,段祺瑞代表徐树铮亦与会。此为第四次徐州会议。

5月26日　倪嗣冲以黎元洪免段祺瑞职为非法,宣告独立,与中央政府脱离关系。

5月29日　督军团纷纷通电宣布独立,反对南京临时约法。

5月30日　西南各省反对督军团干政。湘督谭延闿通电维持大局。

6月1日　直隶督军曹锟、省长朱家宝、福建督军李厚基、上海护军使卢永祥、第二十师师长范国璋宣告与中央脱离关系。

总统黎元洪召安徽督军张勋来京,共商国是。

6月2日　独立各省在天津设总参谋处,以雷震春为总参谋长,并设立"临时政府""临时议会"。

6月6日　《民国大新闻》在上海创刊,用整张报纸印刷,为此时中国最大之报纸。

孙中山电西南各省讨逆护法。

6月8日　张勋自徐州至天津,要求黎元洪3日内解散国会,否则不负调停之责。

6月10日　孙中山与章炳麟联名电黎大总统,盼清除祸国罪魁。

6月11日　广州陈炳焜、李烈钧、陈炯明、朱庆澜会议,决定讨伐祸首,拥戴共和。

6月12日　黎元洪被迫下令解散国会。

6月13日　张勋会晤徐世昌商讨复辟事。

6月18日　张勋电各省取消独立。

6月19日　孙中山发表《实业计划》中之第一计划。

6月23日　海军总长程璧光在沪召集海军将领会议,拥护总统、国会、约法,反对督军团干政。

7月1日　安徽督军张勋拥戴原清帝溥仪在北京复辟,改7月1日为宣统九年五月十五日。

总统黎元洪避入日本使馆,派人至上海拍电通告各省出师讨伐张勋。

7月2日　黎元洪特任段祺瑞为国务总理,并电副总统冯国璋代行总统职务。

7月3日　段祺瑞通电讨伐张勋,以讨逆军总司令名义布告天下。

7月4日　孙中山与程璧光、唐绍仪等商迎黎元洪来上海设立政府,并发讨逆宣言。

段祺瑞誓师马厂,申讨张勋。

7月6日　冯国璋在南京宣布就任代理总统职务。

南苑航空学校校长秦国镛驾飞机向清宫抛掷炸弹3枚。

中华全国学生救亡会发表告国人书,呼吁声讨复辟。

7月8日　孙中山从上海赴粤主持护法。

7月10日　张勋通电斥徐世昌、冯国璋、段祺瑞及各督军背信卖友,并据北京南池子备战。

7月12日　段祺瑞讨逆军克复北京。张勋复辟失败,避入荷兰公使馆。随后溥仪第二次宣布退位。

7月14日　总统黎元洪自日使馆回私宅,通电宣布去职。

7月17日　孙中山自汕头抵广州黄埔,倡导护法。

7月18日　梁启超、汤化龙等商组织临时参议院,不再恢复国会。

国会议员130余人发表宣言,在广州开非常会议。

7月21日　海军第一舰队响应孙中山护法号召,宣言否认约法毁弃国会解散后之政府。

北京政府免海军总司令程璧光职。

7月25日　国会议员在广东开非常会议,商组军政府。

8月8日　曾任袁世凯政治顾问的澳大利亚人莫理循收藏有关中国及东方图书文献以重金售与日本,起运赴日。

8月11日　云南省督军唐继尧通电拥护约法。随后组织靖国军,自任总司令。

8月14日　北京政府照会各国驻华公使,宣布加入协约国,对德、奥宣战。

8月18日　抵粤国会议员已达150余人,商讨开设国会,组立政府,决定召开非常会议。

8月25日　国会非常会议在广州揭幕。

8月28日　黎元洪辞职后得段祺瑞、冯国璋同意,出京回天津私宅,声明不南下、不见客、不与闻政治。

8月29日　北京政府通缉前往广州之国会议员。

8月31日　广州国会非常会议通过中华民国军政府组织大纲。

9月1日　广州国会非常会议举孙中山为中华民国军政府海陆军大元帅。2日,举唐继尧、陆荣廷为元帅。8日,唐继尧拒受元帅职。

汉冶萍煤矿公司与日本商人安川敬一郎订立合办钢铁厂契约。

9月2日　陆荣廷电广州国会非常会议,主由黎元洪复职,反对在广东另组政府。

9月8日　英、法、日、俄、意、比、葡等国允将庚子赔款延缓5年支付,并承认关税切实值百抽五之原则。

广东督军陈炳焜声明冯国璋代总统为合法,段祺瑞内阁为非法,对广州军政府不表赞成,亦不干涉,但不负担经费。

9月10日　孙中山在广州就任军政府陆海军大元帅,宣言戡定内乱,恢复约法,奉迎元首黎元洪。

9月12日　军政府大元帅孙中山任命陈炯明为军政府第一军总司令。

9月15日　湖南零陵镇守使刘建藩与驻衡州之第一师第二旅旅长休修梅宣

告自主,与两广云南各省一致,主张恢复国会,尊重约法,并否认段祺瑞内阁。

9月19日　北京商人赵益亭等在京开办汽车公司。

9月22日　广州国会非常会议召开。26日,军政府宣告对德宣战。

9月29日　冯国璋令各省选派参议员重组参议院。

北京政府通缉孙中山、吴景濂。

本月,周恩来东渡日本留学,写下《大江歌罢掉头东》一诗。

10月1日　日本于青岛正式设民政总署,山东各界群起反对。

10月2日　陆荣廷、程璧光、陈炳焜等会于南宁平塘,决定北伐,并联电要求罢斥段祺瑞。

10月3日　孙中山通令否认北京政府之一切伪令。

10月6日　国会非常会议宣布段祺瑞罪状,通电声讨。

北伐军入湖南,护法战争在湘南衡山、宝庆一带展开。

日使林权助面告段祺瑞,日本政府向其提供武器装备。

10月7日　军政府海陆军大元帅孙中山下令讨伐段祺瑞、倪嗣冲、梁启超、汤化龙等。

10月12日　北京政府交通总长曹汝霖与日本南满铁道株式会社签订吉长铁路合同,借款650万日元。

10月19日　北京交通部与美国西方电气公司、日本电气株式会社订立合办中国电气公司。

10月20日　美国公使芮恩施照会北京外交部,声明美国并未放弃关于中国币制改革借款利益。

中国第一家民族资本百货企业先施公司在上海开张。

10月21日　南北军战于湖南,战事激烈。

10月25日　两粤援湘护法军自粤出发。

福州大火,烧毁房屋数千间。

10月26日　广西督军谭浩明就任粤桂湘联军总司令。

10月28日　北京政府与日本商议军械借款及凤凰山矿约。

11月1日　日本公使林权助威迫农商总长张国淦签字凤凰铁矿合同,被拒。

北洋军在长沙成立湘南各军总司令部。

孙中山任命蒋中正、张群为大元帅府参军。

11月2日　美国国务卿蓝辛与日本特使石井菊次郎换文,承认日本因领土接近之故,对于中国有特殊利益。

11月4日　程璧光、唐绍仪、伍廷芳会于广州海珠,商讨对北京议和及组织西南各省联合会议等事。

11月7日　哈尔滨俄兵代表会议组织公安委员团,谋驱逐中东铁路总办霍尔瓦特。

11月9日　北京外交部对蓝辛、石井菊次郎换文发表声明,称中国政府不以他国文书互换有所拘束。

11月14日　军政府大元帅孙中山电唐继尧、陆荣廷,主组西南联合会议。

11月18日　湖南第一师长赵恒惕部占领长沙。

11月19日　军政府海陆军大元帅孙中山通电,非恢复约法及旧国会,否则不能议和。

11月20日　京畿水灾,河工督办熊希龄与美国广益公司订立1 200万元借款草约。

11月21日　曹锟通电,主南军退出长沙作为南北议和条件。

12月2日　广州军政府任陈炯明为援闽粤军总司令。

12月3日　直隶督军曹锟、山东督军张怀芝及奉、吉、黑、皖、晋、陕、豫、闽、浙、热、上海等省及地区代表在天津会议,决议对西南开战,逼冯国璋下讨伐令。

12月8日　谭延闿致电北京政府请撤退北军。

12月9日　陆荣廷、唐继尧通电冯国璋,主张南北和解、一致对外。

12月16日　冯国璋派曹锟为第一路司令,出京汉路入湖北,张怀芝为第二路司令,出津浦路入江西,向湖南进攻。

12月21日　北京政府任命曹锟、张怀芝为第一、二路司令,出兵湘、鄂。

12月23日　直隶督军曹锟派第三师长吴佩孚援湖北。

12月24日　滇、黔、川三省组织靖国军总司令部,推唐继尧为总司令,唐通电就职。

12月25日　冯国璋布告停战令。

12月26日　吉林第三混成旅旅长兼中东铁路警备司令陶祥贵,解除哈尔滨俄国革命党及俄军2 000人武装,遣送出境。

12月30日　北京政府陆军部与日本泰平公司订立借款合同1 800万元。

12月31日　程璧光、莫荣新公布《护法各省联合会议条例》。

本月,山东广文学校、神道学校与济南医道学校合并,改名为齐鲁大学。

本年,中国垦业银行创办。永利化学工业公司创建。

1918年(民国七年)

1月1日　唐继尧发表时局通电,历数段祺瑞之罪,并质询冯国璋。

1月3日　军政府大元帅孙中山,以广东督军莫荣新破坏护法,乃令"同安"

"豫章"舰炮击广州督军署。

1月4日　王天纵在河南汝州宣布自主,自称河南靖国军司令。

吉林省人民反对履行中日所订吉长铁路合同。

长江三督李纯、王占元、陈光远通电主张解散临时参议院。

1月5日　皖系各督军再会于天津,请北京政府下令讨伐南方。

招商局"普济"号轮船在吴淞口被撞沉,溺毙乘客200余人。

中东铁路哈尔滨总工厂2 500名工人罢工。

1月6日　财政部与日本正金银行订立1 000万日元借款合同(西原借款之一)。

1月9日　熊克武任四川靖国军总司令。

1月12日　粤军总司令陈炯明在广州誓师援闽。

北京政府与日本订立军械4 000万元借款条约。

1月15日　西南护法各省联合会在广州成立,是为护法各省最高政务执行机关。

《新青年》杂志该期用白话文排版,并试用新式标点符号。

1月16日　南军谭浩明、程潜、赵桓惕以北军已向荆襄进攻,乃分路进向岳州。

1月18日　内务部与日商订100万日元"防疫借款"。

苏俄新政府致函中国驻俄公使,要求中俄共同清理中东铁路问题,并派新任驻华代表。

1月30日　北京政府下令对南方进攻。

2月2日　程璧光偕唐绍仪、伍廷芳邀大元帅孙中山及督军莫荣新于珠海会议,讨论改组军政府办法。

2月6日　黑龙江省设置中东铁路临时警备司令。

2月7日　岑春煊、谭延闿自沪通电主和。

2月22日　中英航空试飞。28日,双方正式通航。

奉军张作霖派军入关,会同徐树铮在秦皇岛将北京政府购自日本之军械悉数截留。

军政府海陆军大元帅孙中山通电说明时局主张,赞同李纯和平救国之议。

是月,中国第一家飞机制造厂在福州马尾海军造船所内创立。

3月4日　上海时事新报副刊《学灯》正式出版,为我国报纸有学术性副刊之始。

3月5日　广州国会电巴黎各国代表,要求废止"二十一条"及段祺瑞与日本所订的一切密约协定。

张作霖通电拥护北京政府戡平内战。次日,奉军4旅陆续开拔入关。

3月7日　段祺瑞派王揖唐、王印川、光云锦、刘恩格、田应璜等组织安福俱乐部。

3月8日　军政府海陆军大元帅孙中山任命熊克武为四川都督、杨庶堪为四川省长。

3月9日　孙中山以北军将进攻岳州,和平绝望,电勉各军一致进讨。

3月12日　张作霖以徐树铮为奉军副司令,代行总司令职权.

3月14日　日使林权助自日本到奉天晤张作霖、徐树铮,表示对华政策及扶持段派宗旨不变。

3月18日　曹锟、吴佩孚及第二舰队司令杜锡珪攻占岳州。张敬尧进军平江。

3月19日　曹锟、张作霖、倪嗣冲等15省联电请段祺瑞组阁。

孙中山电唐继尧,促即日宣布就元帅职,并授以攻陕战略。

3月23日　军政府通告友邦,声明北京违法政府与各国缔结之一切契约条款均无效。

冯国璋复任段祺瑞为国务总理。

3月25日　日外相本野与中国驻日公使章宗祥就《中日共同防敌军事协定》换文。

4月1日　军政府海陆军大元帅孙中山电唐继尧,坚持护法主张,并特任林森署理军政府外交总长,戴传贤代理外交次长。

4月2日　吴佩孚所部攻占长沙。

4月15日　胡适在《新青年》发表《建设的文学革命论》一文,主张国语运动与文学革命相辅相成。

4月17日　陇海铁路火车在砀山被劫。

4月18日　毛泽东、萧瑜、蔡和森等在长沙组织新民学会。

4月23日　北军吴佩孚所部占领湖南衡阳。

4月25日　招商局"江宽"号商船在汉口下游,被段祺瑞所乘的"楚材"号军舰撞沉,溺毙约400人。

4月30日　交通兼财政总长曹汝霖与日商中华汇业银行订立《电信借款条约》(西原借款之一)。

5月1日　交通部与日本签订顺济铁路借款2 000万元合约,以该路为抵押。

北京政府发行1918年短期公债4 800万元,以及长期公债4 500万元。

5月3日　全国商会联合会代表晤见北京政府国务总理段祺瑞,请政府息兵,维持商业生机。

5月4日　广州非常国会通过《修正军政府组织法案》,改设七政务总裁,孙中山即向该会辞海陆大元帅职,并发表宣言斥责武人争雄。

5月5日　中华职业教育社于江苏省教育会开第一届年会,27所学校成绩陈列展览,到会者千余人。

留日学生在东京组成大中华民国救国团,反对《中日共同防敌军事协定》。

5月12日　留日学生罢学回国,反对中日"共同防敌"军事协定。

5月15日　鲁迅发表《狂人日记》。

5月17日　冯国璋公布《禁止与敌通商条例》。

5月19日　《中日海军共同防敌军事协定》订立。

5月20日　广州非常国会会议改组大元帅府为军政府。

5月21日　孙中山不就军政府政务总裁职,离广州。

北京学生举行示威游行,请废止《中日军事协定》。

5月25日　湖南前线南北军会商停战。

6月3日　各省议会代表会议宣言,要求南北停战。

6月4日　梁士诒、朱启钤、周自齐等主张调和南北,推徐世昌斡旋。

6月8日　留日归国学生在上海开全体会议,筹开国民大会,拒绝中日军事协定。

6月9日　日本海军借口护侨,在汕头登陆。

6月10日　段祺瑞威胁旧国会议员不得赴广州开会。

6月12日　广州国会议员通告召开正式国会,唯仍未足法定人数。

6月15日　《新青年》杂志出版易卜生专刊。

6月18日　交通兼财政总长曹汝霖与日本银行订立《吉会铁路借款预备合同》,款额1 000万日元(西原借款之一)。

6月19日　徐树铮电吴佩孚不可与南军停战议和。

《大中华报》刊登中日军事协商全文。20日,转载于全国各报。

6月30日　中日陕西实业借款日金300万元成立。

王光祈、曾琦、李大钊等在北京商议发起少年中国学会。

7月1日　北京大学图书馆主任李大钊在《言志季刊》发表《法俄革命之比较观》。

7月2日　协约国决定由中、日、美、英、法及捷克共同进兵西伯利亚。

7月3日　广州国会召开非常会议,电请黎元洪南来行使职权。

岑春煊由沪抵广州,出任军政府政务总裁。

7月4日　苏俄外长契切林在苏维埃第五次会议宣布放弃帝俄在华特权。

7月5日　财政总长曹汝霖与日本银行团订立第二次善后借款第三次垫款合同。

7月7日　山东汶、泗、沂河泛滥成灾。

7月8日　上海银行公会成立。

7月14日　徐树铮电张作霖,表示中日吉黑林矿借款全为军费需要,无损地方权利。

7月17日　北京新国会议员选举,派系斗争激烈,安福系联合交通系及各省督军排斥研究系。

7月18日　农商部呈准组织龙烟铁矿公司,陆宗舆任督办。

7月20日　交通总长曹汝霖与美日电气公司签订合办电气公司合同。

熊希龄与美商签订600万美元运河借款合同。

7月21日　少年中国学会订定规约章程,以振作少年精神研究真实学问发展社会事业转移末世风俗为宗旨。

8月1日　南北战争又起,双方在湖南祁阳、宝庆一带激战。

8月2日　财政总长曹汝霖等与日本汇业银行签订吉黑两省金矿及森林借款合同,金额达3 000万日元。

8月13日　上海日华纺织公司女工千人罢工。

8月19日　广州军政府推岑春煊为主席总裁。

日军5 000人由哈尔滨进入黑龙江省,分驻中东路各站。

毛泽东率领准备留法勤工俭学的新民学会会员20多人赴京。

8月31日　非常国会宣言继续召集护法会议选举总统,不承认北京政府缔结之对外条约及公布法律。

9月4日　北京新国会选举徐世昌为中华民国第二任大总统。

9月13日　吴佩孚电劝徐世昌勿就非法国会选出总统职。

9月14日　广州军政府电复冯国璋,指北京总统选举非法。

9月16日　广州军政府岑春煊、伍廷芳等通电反对徐世昌任总统。

9月26日　湖南南军将领谭浩明、谭延闿及北军将领吴佩孚、冯玉祥等多人联名电请冯国璋速颁罢战命令。

9月28日　中日订立满蒙四铁路借款草合同,金额为2 000万日元。

本月,会计师谢霖在北京创办会计事务所。

10月4日　前线南北将领联电各省,盼徐世昌勿就总统职。

10月10日　全国学生救国会在上海成立。

10月13日　徐世昌复电美国总统,表示首谋国家统一,两国共同实现理想。

10月15日　《新青年》发表李大钊撰《庶民的胜利》和《Bolshevism的胜利》。

10月23日　熊希龄、张謇、蔡元培等24人通电发起和平期成会。11月3日正式成立,熊希龄、蔡元培为正副会长。

10月25日　日本向英、美、法、意建议,由五国联合向中国南北政府劝告和平统一。

10月31日　徐世昌再与美使芮恩施洽谈南北和平统一问题,决先与南方军人接洽。

是月,北京大学教授陈独秀、图书馆主任李大钊组织社会主义研究会。

11月2日　北京参、众两院追认对德宣战案。

11月5日　国务院通电南北各派代表10人议和。

11月6日　驻库伦办事大员陈毅陈述关于布置唐努乌梁海军事。

11月11日　第一次世界大战结束。

11月12日　北京政府决定召开南北和平会议。

11月13日　北京东单牌楼所立之克林德碑拆除。

11月16日　北京政府令前方军队罢战撤兵。

11月18日　孙中山电美总统威尔逊,必须国会完全自由行使职权,南北方能和平。

11月19日　北京大学学生傅斯年、罗家伦等发起成立新潮社。

11月22日　广东军政府通令休战与北方依法和平解决。

11月23日　教育部公布注音字母39字表。

11月26日　李纯电岑春煊,北京同意南北派代表于南京举行善后会议。

11月28日　上海交易所开幕。

12月1日　孙中山派曹亚伯为代表往柏林游说德国政府与广州政府合作。
北京政府外长陆徵祥一行启程赴欧,出席巴黎和会。

12月2日　英、法、美、日、意五国公使劝南北政府速谋和平统一,并声明不干涉中国内政。

12月3日　徐世昌召各省督军及全体阁员会议商南北和议问题。

12月6日　粤军总司令陈炯明与福建督军李厚基成立停战协定。

12月7日　京绥铁路局与日本东亚兴业会社签订300万日元借款合同。

12月9日　美公使芮恩施向英、法、日、意提议,共同宣布在中国政府统一前,不以资金军火供应中国。

12月10日　美公使芮恩施电告国务院,立即对华借款,俾徐世昌完成统一。

12月11日　北京政府派朱启钤任南北和平善后会议北方总代理。

12月12日　广州军政府咨请非常国会孙中山、伍廷芳、王正廷、伍朝枢、王宠惠代表出席欧洲和平会议。

12月21日　北京图书馆协会成立。

12月22日　陈独秀、李大钊发起的《每周评论》于北京发刊。

12月23日　张謇等在沪发起成立主张国际税法平等会。

12月25日　蔡元培、王宠惠等组织的国民制宪倡导会在北京开会。

12月28日　北京报界联合会在京成立。

12月30日　孙中山完成《孙文学说》,是日自序。

本月,外蒙古官府派员入京朝觐。

旅俄华工联合会在彼得堡正式成立。

1919年(民国八年)

1月1日　《国民》杂志等一批新潮刊物创刊。

1月5日　李大钊在《每周评论》发表《新纪元》一文。

1月9日　广州军政府委派唐绍仪为南北议和会议总代表,章士钊、胡汉民等11人为代表。

1月11日　北京政府改组,广州政府改名护法政府。

1月18日　广州国会公布《中华民国国会第五次宣言》,声明拒不承认北京政府所派出席巴黎和会代表及其所订各项条约。

巴黎和会正式开幕,会议只准中国代表二人出席。

1月20日　无政府主义小团体民声社、实社、平社、群社于月初合并成进化社,是日出版《进化》月刊。

1月27日　巴黎和会召开五国会议,讨论德属殖民地问题,中国代表力争山东主权。

本月,江苏省教育会、北京大学、南京高师、暨南学校、中华职教社联合组成中华新教育共进社。并决定编译东西洋学术新书,发行杂志。

美、英两国提出由美、英、法、日四国组织统一机构,向中国铁路统一提供贷款,即所谓"铁路统一案"。

长沙楚怡小学体操教员黄醒创办《体育周报》,"以研究人生问题,提起人生观念,辟体育界之新纪元为宗旨"。

北京工读互助团成立。

2月5日　《中日陆军共同防敌军事协定》条约延长,更名为《关于陆军共同防敌军事协定战争终了之协定》。

北京以及社会各界要求巴黎和会中国代表维护中国主权。

2月7日　北京《晨报》副刊改组,由李大钊负责编辑。增加"自由论坛"及"译丛"两栏,广泛介绍"新修养、新知识、新道德"。

2月11日　国际联盟同志会在京成立,"以促进国际同盟之主义为目的"。推举梁启超为理事长。

2月12日　巴黎和会中国代表公布中日各项密约,美、日、英、法、意协定五国共管中东铁路。

2月15日　巴黎和会中国代表就山东问题,发表长篇演讲,要求将胶澳租借地、胶济铁路及德国在山东强占的其他权利直接归还中国。

2月16日　中国国民外交协会在京成立。

2月17日　桐城派文人林纾在上海《新申报》发表小说《荆生》,说要将反孔孟者斩尽杀绝,引起新旧思潮激战。

2月20日　李大钊开始在《晨报》上连续发表《青年与农村》一文,号召青年与劳动阶级结合。

3月7日　中国侨居英、法的工商学界10余万人自巴黎致电北京政府,要求废除中日各项密约。

3月12日　毛泽东离京南下,14日抵沪,送别第一批留法勤工俭学学生。

3月15日　北京政府为纪念协约国胜利,在中央公园举行"公理战胜"纪念牌坊开工典礼。

3月16日　北京政府开始陆续公布第一次世界大战以来与日、英、美所订各种密约。

3月17日　山东全体公民致电北京政府,要求与日本政府交涉,无条件归还青岛。

北京大学文科教授刘师培等筹备的《国故月刊》创刊。以"昌明中国固有之学术为宗旨"。

3月23日　全国教育会、商会联合会致电巴黎和会,请求协助中国收回青岛并废除21条及1918年北京政府与日本所订各项铁路密约。

北京大学平民教育讲演团正式成立。

4月3日　《民国日报》刊载中国国民外交会、各省议会、教育会、商会致巴黎和会中国代表电:诸公尽职尽力,否则请勿返国。

4月5日　《每周评论》刊载《共产党宣言》节译本。

4月11日　蚌埠大火,死亡160余人,损失约千万元。

4月15日　鲁迅在《新青年》6卷4号上发表小说《孔乙己》。

全国报界联合会在沪成立,86家报社参加。

4月16日　巴黎和会举行美、英、法、意、日五国会议,讨论山东问题。

北京政府教育部公布国语研究会按照音类排定的注音字母次序表。

4月17日　上海杨树浦三新纱厂8 000工人罢工。

4月21日　国语统一筹备委员会在京成立。

4月28日　上海《时事新报》副刊《学灯》以"社会主义"为题发起征文,但声明"有碍治安者不为揭载"。

4月30日　美国哲学家杜威抵达上海,由胡适、蒋梦麟陪同开始赴各地讲演哲学、教育学。

巴黎和会对山东问题做出最后裁决,决定将德国在山东的一切权益均让与日本,并列入对德和约。

5月1日　中国国民外交协会致电巴黎和会中国代表,指出和约若损国家主权,不能签字。该会同时致电美、英、法、意四国首脑,谓若以强权压迫接受日本要求,中国四万万人誓以全力抵抗。

5月3日　北京学界以及各团体纷纷集会讨论山东主权问题,决定提前在5月4日在天安门发起游行大会。

5月4日　北京爆发了学生群众的反帝爱国运动。京师警察厅派出大批警察在赵家楼逮捕学生32人。

5月5日　全国各界声援北京爱国学生。

5月6日　南北议和代表声援北京爱国学生。

北京学生联合会成立。

5月7日　中国代表因巴黎和会外交失败自请罢黜,以谢天下。

北京全国国民自决会声明与日本断绝友谊,会员均不购日货。

5月9日　北京大学校长蔡元培因北京政府下令惩办爱国学生,辞职赴上海。

上海、南京、苏州、江苏、浙江、山东、河南各地及旅居巴黎华侨召开国耻纪念会。

《民国日报》以显著地位刊载《旅沪湘人公决》,要求速去湖南督军兼省长张敬尧。

5月11日　上海成立学生联合会。

5月15日　《新中国》月刊于北京创刊。同年12月15日出版1卷8号,载有列宁《俄国的政党和无产阶级任务》部分译文。

5月19日　北京学生2.5万多人举行总罢课,并致书徐世昌,说明罢课理由,并提出"和会不得签字"和"惩办国贼"等6项要求。

5月20日　北京总商会全体大会议决抵制日货。

5月23日　天津、保定、济南、唐山等地学生宣布罢课。

5月26日　上海、太原等地学生宣布罢课。

天津南开学校《南开日刊》创刊。

5月28日　孙中山发表《护法宣言》。

苏州、安庆、杭州等地学生宣布罢课。

5月29日　南京学生宣布罢课。

5月31日　开封、宁波、广州学生宣布罢课。

《新青年》出版《马克思主义研究》专号。

本月，上海工界各行业代表组建中华工会。

6月1日　徐世昌令教育部及各省省长、省教育厅强迫全国罢课各校学生立即复课，并切实查禁"联合会""义勇队"等学生团体。

武汉学生宣布罢课。

6月2日　全国学界继续开展罢课活动。

6月3日　北京20余校各派数百学生进行街头讲演，军警逮捕学生170余人。4日学生加倍出动街头讲演，被捕700余人。4日上海、天津学生联合会分别发出急电，呼吁全国各界火速援救北京被捕学生。

6月5日　上海实行罢市、罢工、罢课，声援爱国学生运动。全国商界罢市声援爱国学生。

6月6日　徐世昌任命胡仁源为北京大学校长。北京各界代表慰问北京大学被捕学生。

6月8日　《星期评论》在上海创刊。

6月9日　天津召开国民大会，议决罢市。

6月10日　徐世昌被迫接受交通总长曹汝霖、驻日公使章宗祥、币制局总裁陆宗舆辞职。

6月11日　陈独秀、李大钊等散发《北京市民宣言》，陈独秀遭捕。

徐世昌批准财政部发行"定期有利国库券"1千万元，以"以救眉急"。

湖南学生联合会创办《救国周刊》。

6月12日　北京国务院被迫通电所辖各省，要求保护爱国学生。

上海法租界兴圣街商业联合会数百名工人店员欲结队游行庆祝罢免国贼，游行到山东路，为西捕、印捕阻挡，租界警察开枪，死1人，重伤9人，此即"带钩桥血案"。

6月16日　全国学生联合会在沪成立。18日选举北京代表段锡朋为会长、上海代表何葆仁为副会长。

6月28日　旅法华工、留法学生和华侨3万余人包围中国出席巴黎和会代表驻地,反对代表签字。是日是对德和约签字日,中国代表未出席和会签字。

本月,福州发生霍乱,死者近1400余人,并波及东北、华北、华东等8省市。

安徽山洪暴发,望江等14县受灾颇巨。同时,皖北21县俱受旱灾。

浙江山洪暴发,复加风、虫各害,受灾26县。

7月1日　由李大钊、王光祈发起组织的少年中国学会成立。

北京政府交通部在北京、天津、太原、开封、济南、汉口、南昌、南京、上海、安庆、杭州等地开办邮政储蓄。

7月7日　北京政府通电所辖各省区,禁止抵制日货。

7月9日　北京各界联合会、湖南各界联合会成立。

7月10日　北京政府布告拒绝对德和约。

7月11日　广州军政府令军警镇压前去请愿的爱国民众,伤十数人,拘捕学生50人。16日,又拘捕学生300余人。孙中山等电请释放被捕者。

中华职教社、中华基督教青年会等13团体组成国民教育促进团,以教育救国为其宗旨。

7月14日　毛泽东主编的《湘江评论》创刊。

7月20日　胡适在《每周评论》第31号发表《多研究些问题,少谈些主义》。

7月21日　周恩来主编的《天津学生联合会报》创刊。

7月22日　全国学联发表《终止罢课宣言》。

7月23日　北京政府命令山东戒严。

7月25日　苏俄政府发表第一次对华宣言,宣布废除沙皇俄国同中国签订的不平等条约,废除俄国在中国的特权。

本月,江苏、湖北、湖南、陕西等省受水灾、雹灾,损失严重,受灾面积50余县。

8月1日　孙中山指派朱执信、廖仲恺等人在上海创办理论刊物《建设》杂志。

8月3日　留法勤工俭学学生会在法国蒙达尔尼学校正式成立,以"创造及奋斗之精神相励"。

8月4日　外蒙古王公集议,一致反对谢米诺夫(俄人)劝诱外蒙古独立。

8月6日　驻库伦办事大员陈毅致电北京政府,要求收复唐努乌梁海全境。

8月7日　孙中山通电辞去军政府总裁职务。

8月10日　张敬尧解散湖南学生联合会。

8月14日　四川留法勤工俭学学生陈毅等61人,自上海启程赴法。

中华博物协会举办博物展览会是日开幕,共展物品11 132件。9月10日闭幕。

8月24日 《新生活》周刊(五四时期著名小型通俗刊物)创刊。

8月25日 晚7时至翌晨3时,台风猛袭福建,沿海各县受灾,死亡3万余人。

8月28日 天津警察厅解散天津各界联合会。该会随即转入租界,照常进行会务。

8月29日 欧美同学会总会在沪成立。蔡元培为会长。

8月30日 《每周评论》被北京政府封禁。该刊共发行36期。

本月,墨西哥政府掀起大规模排华逆流。旅墨华侨数百人被杀,华商铺户多遭焚掠,损失逾千万。

9月1日 《解放与改造》半月刊创刊,主张不实行马克思主义的社会主义。平民教育社成立。

9月2日 北京政府内务部通电各省,再次申令查禁《工人宝鉴》等7种刊物。

9月3日 上海学界通电抗议北京政府禁止学生集会令。

9月10日 巴黎和会中国代表参加签署对奥和约。

9月12日 法属安南殖民当局受日人贿买,于西贡、河内等地开始大规模排华。

9月14日 中华全国工界协政会成立。

9月16日 周恩来等人在天津发起成立觉悟社。

9月23日 上海中华国民励志会召开紧急大会,通过拒绝8年公债、废除中日军事协约、驱除安福国会等决议。

9月26日 北京政府内务部电直隶、湖北、山西、浙江、安徽、河南、江苏等省督军、省长,令"分别解散或禁止"各界联合会。

9月27日 上海各界联合会成立,谓"以各界合群互助,拥护国权,促进民治为宗旨"。

本月,天津南开学校增设大学部,是月正式开学。由张伯苓任校长。此为南开大学学始。

10月10日 中华革命党改组为中国国民党。

浙江《双十》半月刊创办,提倡劳动互助主义。

10月11日 上海杨树浦三新纱厂8 000余名工人和上海纱厂万余名工人同时举行罢工。

聂云台发起成立大中华纺织公司,股本银90万两,纱锭2万枚。

10月12日　上海《人言周刊》创办,提倡人道主义。

10月19日　外蒙古库伦当局呈文北京政府要求取消独立。

10月20日　武昌健学会成立。以"改造自身、改造环境"为其宗旨,并确定"实践、奋斗、互助、坚忍、俭朴"为会员共同遵守之信条。

10月31日　留法勤工俭学学生李富春、张昆弟等150余人,自上海启程赴法。

11月1日　《曙光》《新社会》等杂志、报纸创刊。

经驻京公使团同意,北京政府派员接收自1900年起被美军占领的北京正阳门城楼。

11月4日　《湖南教育月刊》创刊,提倡教育救国。

11月8日　广州军政府督察厅长魏邦平指使军警刺杀要求抵制日货之广州学生,重伤7人,拘禁200余人。广东学联发布《粤学生泣告全国书》。

11月10日　全国各界联合会在沪成立。

长沙公立中等以上各校教职员,因张敬尧侵吞教育经费,自是日起全体罢教。

11月14日　长沙妇女赵五贞因不满封建包办婚姻,于出嫁途中自杀身死。自16日至28日,毛泽东就此事在长沙《大公报》连续发表评论9篇。

11月15日　旅法华人于巴黎创办《旅欧周刊》,提倡改良主义。

《宁波工厂周报》创刊,提倡实业救国。

11月16日　日本驻福州领事馆为破坏群众抵制日货的行动,派出便衣警察和浪人组织所谓的"商品保护队"持械寻衅,殴打爱国学生,制造了震惊中外的"福州惨案"。

长沙各校学生不顾张敬尧禁阻,集20余校代表,重新组成湖南学生联合会,并发表《湖南学生联合会再组宣言》。

11月17日　库伦当局正式宣布取消外蒙古独立。

11月30日　云南省各界联合会成立。

12月1日　《新青年》发表《本志宣言》,呼吁"树立新时代的精神,适应新社会的环境"。胡适、陈独秀同时撰文。

12月2日　毛泽东开始领导湖南驱张运动。

12月5日　广州国会致电北京政府,要求日舰撤退福州,惩办闽案凶手,赔偿损失。

12月6日　鄂督王占元令禁武汉学联结社游行。

上海《民心周报》创刊。

12月8日　北京总商会通告各商铺限在三日内将所有日货一律封存,若再售,即行焚烧。

12月9日　留法勤工俭学学生聂荣臻等150人自沪赴法。

12月13日　苏州各界联合会成立。一致决定自救救国,抵制日货,奋起援闽。

12月15日　奉天省城各校学生代表集会,决定抵制日货,组织救国10人团。

12月17日　全国各界联合会电各地各团体,提出:以宣传促国人觉悟;以抵制促日人反省;以民军厚人民实力。

12月21日　呼伦贝尔当局致电北京政府要求取消独立,并请废除1915年沙俄政府胁迫北京政府签订的呼伦贝尔条约。

12月23日　山东学生因开会讨论救国方案,遭军警镇压。

12月24日　广东女界联合会成立。

本年,汉口创办大兴纺织公司。

刘鸿生创办的鸿生火柴厂在苏州开办。

燕京大学在北京成立。

1920年(民国九年)

1月1日　王光祈在北京组织工读互助团。

1月5日　北京各校教职员4 000余人包围教育部,要求撤换安福系教育次长傅岳棻。

1月6日　天津国民大会通电全国声讨安福系。

1月8日　全国各界联合会致电北京政府国务院,声援山东各界人民爱国运动。

1月10日　出席巴黎和会的中国代表顾维钧致电北京政府,告以协约国对德和约已批准换文,中国因拒绝签字,故仍未列席。

1月11日　留日台湾学生在东京组织新民会,以林献堂为会长。

1月14日　全国学生联合会总会为拒绝日牒事通告全国各地学生联合会暨各界各团体,呼吁群起监督媚外政府与日秘密交涉山东问题,勿使五四运动前功尽弃。

1月16日　日本驻华公使小幡酉吉向北京政府提出"严重警告",要求取缔反日,抵制日货运动。

1月29日　为抗议天津日本浪人毒打检查日货的学联代表,天津学联组织数千学生集会游行,要求省长支持抵制日货,遭军警镇压,发生流血惨案,学生代表周恩来等4人被捕。

1月30日　广州军政府决定联直制皖,秘密接济吴佩孚北撤费用60万元。

1月31日　上海浦东华日纱厂工人9万余人,要求厂方仿效英商分给花红,日方竟殴打工人。

本月,中国旅法华工工会在巴黎成立。

《少年世界》创刊。该刊为中国少年学会主办的第二种月刊。

李大钊发表《由经济上解释中国近代思想变动的原因》一文。

2月1日　北京政府收复沙俄强占的唐努乌梁海。

恽代英、董必武、陈潭秋等在武昌组织利群书社。

2月8日　广西梧州大火,所有泊拖船艇化为灰烬,死120人,财产损失40万元。

2月11日　重庆大火,5 000余家被烧,死伤数百人。

2月15日　《改造》(原名《解放与改造》)月刊2卷4号出版,特辟"社会主义研究"栏。

2月16日　河北宝坻县灾民七八万人,赴县请求治理潮白河患。

2月24日　全国各界联合会等团体联名致电各国驻华公使,反对各国借款与北京政府。

2月25日　上海三新纱厂4 000余工人罢工。

本月,广东商办新宁铁路全线通车。

北京大学开始招收女生,开创我国大学教育男女同校的先例。

3月1日　河南开封商务印刷所工人罢工,要求尊重工人人格、减少工作时间和增加工资。

3月3日　北京政府通令全国,严厉取缔学生、市民集会游行。

3月4日　日本坚持中日直接交涉山东问题。

3月29日　暨南学校校长赵正平等发起在上海创设商科大学,推黄炎培为筹备处主任。

3月31日　北京大学马克思学说研究会正式成立。

本月,川、湘、沪、鲁省市民众通电反对中日直接交涉山东问题。

直系将领相继通电反对鲁案直接交涉。

梁启超发表《欧游心影录》。

4月1日　《新青年》发表蔡元培撰《洪水与猛兽》,把洪水比喻新思潮,把猛兽比喻军阀。

4月3日　北京政府正式收到苏俄第一次对华宣言。苏俄政府宣布放弃沙俄在华一切权益,受到中国人民热烈欢迎。

4月8日　全国报界联合会发表致苏俄人民和苏维埃政府书,表示热烈欢迎并衷心感谢苏俄人民和苏维埃政府放弃沙俄在华一切权益的无私行动。

4月25日　唐继尧、伍廷芳、唐绍仪宣告脱离广州军政府。

本月，上海社会主义研究社出版陈望道翻译的《共产党宣言》中文全译本，是为国内最早中文全译本。

梁士诒联合中国、交通、汇业等12家银行创办中华银公司，资本1 000万元，承办承募国家、地方及公司各种债款业务。

杜威再来南京高等师范做长期演讲，讲题为《教育哲学、实验伦理、哲学史》。

5月1日　京沪等地第一次纪念"五一"国际劳动节。广州中华工会刊物《工界》创刊。《妇女评论》在苏州创刊。

5月4日　京粤等地学生纪念五四运动一周年。

5月6日　全国各界联合会、上海各界联合会、全国学生联合会总会、上海学生联合会被封。

上海女界联合会、女青年会等10团体组织中华女子参政同盟会，推举郑毓秀、周莢安为出席万国女子参政同盟会代表。

5月22日　北京政府拒绝接受日本政府关于中日直接交涉山东问题的通牒。

6月29日　孙中山派朱执信前往劝说陈炯明誓师回粤，讨伐桂系。

中国正式加入国际联盟。

本月，汉阳铁工厂800名工人罢工。

7月1日　北京政府停付俄国庚子赔款。

上海证券物品交易股份有限公司成立，资本总额500万元，虞洽卿任理事长。

7月5日　第三次全俄华工大会召开，电转北京政府承认劳农俄国，迅速建立邦交。

7月6日　上海江南造船所工人罢工。

7月12日　直皖战争爆发。

徐世昌下令保护外国人在华生命财产安全。

7月13日　张作霖通电入关，参加直皖战争。

浙江等地发生抢米风潮。

7月15日　上海、湖南工商界等支持曹锟、吴佩孚讨伐段祺瑞。

7月16日　广州军政府支持曹、吴讨段。

7月17日　浙江部分地区发生水灾，淹死3 000余人。

7月19日　共产国际在莫斯科举行第二次代表会议。中国代表刘绍周、安恩学出席。

7月20日　全国学联通电谴责日军支持皖系军阀内战。

7月22日　谭延闿发表治湘宣言,主张湖南自治。

7月28日　徐世昌下令罢免段祺瑞本兼各职。

孙中山等致电徐世昌:北京政权无论何派掌执,仍应废止中日军事协定和"二十一条"。

本月,上海华商证券交易所成立。

毛泽东、易礼容等在长沙创办文化书社。

8月4日　曹锟、张作霖通电拥戴徐世昌。

8月5日　美国议员团来华发表政见,建议中国从速召开国民制宪大会,解决时局问题。

8月7日　蒋介石抵达上海,同廖仲恺谒见孙中山,商谈国内政局。

8月8日　胡适、陈独秀、张东荪、胡汉民、叶楚伧等聚会讨论"力争自由"问题。

8月10日　协约国对土和约签订。因和约规定列国对土仍有领事裁判权,中国代表未签字。

8月11日　粤桂战争爆发。

8月15日　《劳动界》创刊。

8月22日　上海社会主义青年团在上海渔阳里《新青年》编辑部成立,俞秀松为书记。

8月28日　华人商业储蓄银行开业,资本总额100万元。

8月31日　北京大学举行第一次授予名誉学位典礼,授予法国数学家班乐上等名誉理学博士。

本月,中国共产党上海发起组在上海《新青年》编辑部成立中国共产党,参加者多是马克思主义研究会的骨干成员,以陈独秀为书记。

陈独秀派刘伯垂到武汉筹建共产党组织,本月在武昌府院街董必武寓所成立共产党武汉支部,主要成员有董必武、陈潭秋、包惠僧等,以包惠僧为书记。

9月1日　《新青年》杂志第8卷第1期出版。该刊自此期起成为上海新成立的中国共产党公开刊物。

9月2日　京津等地筹备成立国民大会。

9月5日　梁启超、蒋方震创设讲学社,邀请各国学者来华讲学。每年由教育部补助2万元。

9月6日　谭延闿出面调和粤桂交战双方。

9月11日　《湖南通俗报》创刊(日刊),何叔衡主办。

9月13日　上海三新纱厂4 000余名工人罢工。

9月15日　长沙组织报界联合会。

9月16日　毛泽东在长沙组织俄罗斯研究会,任书记干事。

9月22日　北京政府断绝与前沙俄外交关系。

9月26日　《劳动界》第七册刊载《一个工人的宣言》,文章指出,将来的中国是工人主宰的中国。

9月27日　苏俄政府发表第二次对华宣言,重申第一次对华宣言的各项原则。

10月2日　日本出兵占领中国珲春。

10月9日　徐世昌派朱启钤督理《四库全书》事宜。

10月12日　英国哲学家罗素应尚志学会、北京大学、新学会、中国公学四团体之聘,来华讲学,抵达上海。

10月14日　唐山开滦煤矿因沼气爆炸,工人死伤500余人。

上海公共租界纳税华人会成立,要求参与租界管理。

10月15日　英、美、法、日对华新银行团在美国正式成立,各国代表在协定上签字。

10月16日　瞿秋白以北京《晨报》记者名义赴苏俄采访。

10月17日　北京大学授予杜威哲学博士,授予芮恩施法学博士。

10月18日　长沙新文化协进社成立。

10月24日　长沙工界各业召开劳动发起会,旋即发表《湖南劳工会的宣言》。

本月,李大钊、张申府、张国焘等在北京大学图书馆李大钊办公室成立共产党小组,李大钊总负责。年底,共产党小组改名为共产党北京支部,李大钊任书记。

11月2日　列宁接见张斯麟,说中俄将团结一致,促使帝国主义灭亡。

张东荪在上海《时事新报》发表《由内地旅行而得之又一教训》的时评,公开向马克思主义挑战,引起了关于社会主义的论战。

11月7日　中国共产党在上海创办《共产党》(月刊),李达主编。该刊第一次出现"共产党万岁""社会主义万岁"的口号。

北京共产党小组创办《劳动者》周刊,邓中夏、罗章龙任编辑,是指导工人运动的通俗刊物。

11月12日　连横著《台湾通史》出版。

11月20日　英、美、法、日四国政府同时发表声明,宣告新银行团成立。

11月21日　上海机器工会在上海公学召开成立大会。这是中国产业工人在上海共产党领导下正式成立的最早的一个产业工会。

黄爱、庞人铨在湖南长沙发起组织湖南劳动工会。该会以"改造物质生活,增进劳工的知识"为宗旨。

11月22日　上海各区商界联合会召开联席会议,反对增加印花税及所得税问题。

初冬,毛泽东、何叔衡等在长沙组建了湖南共产党组织,主要成员是新民学会中的先进分子。

12月1日　《新青年》发表李大钊著《唯物史观在现代史学上的价值》。

12月2日　江苏数千缎业机工罢工,要求恢复茧行条例案,罢工获胜。

12月16日　甘肃固原、海原地区发生强烈地震,波及12省区。震区死亡234 117人,约占该地人口的三分之一。

顾维钧电告北京政府,国际联盟对于中国提议取消各国在华邮局一案,业已完全通过。

12月17日　湖南水口山矿工5 000余名,因矿主拖欠工资,生活无着,全体停工。

12月26日　星期通俗讲演会在沪成立,该会以"利用星期日作通俗演讲,以启国民常识"为宗旨。

本年,湖南女子留法预备团成立。

陕、豫、冀、鲁、晋5省大旱,灾民2 000万人,死亡50万人,灾区共达317县。

1921年(民国十年)

1月1日　广州举行中华民国南京临时政府成立九周年大会,孙中山发表演说,主张成立中华民国正式政府。

湖南新民学会举办新年大会,讨论改造世界与中国问题。

1月4日　美国大通银行在上海设立分行。

文学研究会在北京中央公园来今雨轩召开成立大会,蒋百里、沈雁冰、郑振铎、孙伏园等发起,创办《小说月报》。

1月8日　刘湘、但懋辛等宣布四川省自治。

1月9日　经济研究会在上海召开成立大会,推徐沧水为主席,马寅初、徐沧水、杨端六为干事员。

1月16日　北京政府内务部经国务会议批准设立著作及出版物研究会。

1月17日　北京共产党支部邓中夏、张太雷等创办的长辛店劳动补习学校正式开学。

1月19日　北京中法实业银行发生挤兑风潮。

陈独秀在广州法政学校演讲《社会主义批评》,主张在中国采取俄国式的共产主义。

1月21日　赵恒惕通电宣布湘省筹备自治。

1月27日　中日两国军事代表正式签字取消1918年签订的《陆军共同防敌军事协定》《海军共同防敌军事协定》。

1月28日　黔军代理总司令卢焘等通电,宣布贵州实行自治。

1月30日　广东省教育委员会成立,汪精卫任会长,陈独秀等3人为政务委员。

2月3日　白俄攻陷库伦,北京政府内部因意见不一致而难以收复。

2月11日　上海新青年社出版发行《阶级斗争》《到自由之路》等书籍画报,法租界捕房强行封闭该社。

2月13日　《劳动与妇女》周刊在广州创刊,共出11期停刊。编辑和撰稿人有沈玄庐、陈独秀等。

2月22日　甘肃平罗县发生强烈地震,死1.6万余人。

2月23日　湖北沙市兵变,损失50万元以上。

2月25日　北京政府航空署在北京历史博物馆举行意大利赠送飞机接收典礼。

2月28日　蒙古国民党成立。

本月,周恩来、李富春等在法国巴黎成立中国少年共产党。

陈子彝、蔡裕焜等创办上海杂粮油饼交易所,资本200万元。

春,广州共产党成立,陈独秀、谭平山先后任书记。

济南共产党成立,王烬美、邓恩铭组织。

3月1日　汉口租界人力车工人罢工。

3月4日　开滦煤矿1000余工人罢工失败。

3月6日　广东各界1万余人在广州东园召开国民大会,要求收回关余,并呈请广州国会选举总统。

香港中华海员工业联合总会成立,苏兆征、林伟民分任正、副会长。这是中国最早现代工会组织之一。

3月10日　中法合办的通惠工商学院开学。

交通大学在北京成立,交通部部长叶恭绰任校长。

3月14日　北京大学等8校教职员工因索薪举行同盟罢工。

3月17日　唐山启新洋灰公司工人罢工。

3月19日　香港发生剧烈地震。

3月22日　驻京外交团接受北京政府外交部要求,决定将伍廷芳存入汇丰银行的250万两关余交北京政府。

3月31日　徐世昌批准教育部编订的国乐、国歌正谱及燕乐、军乐各谱。

4月3日　全川自治联合会成立,通过吴玉章起草的《全川自治联合会宣言》和12条纲领。

4月6日　南洋爱国华侨陈嘉庚创办厦门大学。开办基金800万元。陈担负一半,余由南洋华侨捐助,聘邓芝园为校长,招收学生300名。

我国有线电报加入万国电报公会。

4月7日　孙中山当选为中华民国非常大总统。

4月8日　北京八校教职员全体辞职,并通电全国说明辞职理由。教育总长范源濂提出辞职。

4月9日　外蒙古活佛派特使抵京,承认蒙古属于中国,愿依据恰克图条约订立条约,但要求北京政府不要在外蒙古驻军。

4月17日　徐世昌电令各省长官全国裁兵30万,各长官就地筹款办厂,安排回籍士兵入厂做工。

4月19日　北京政府下令讨伐南方,并命陆荣廷出兵扰粤。

4月22日　驻京公使团电粤领事声明否认广州国会选举总统。

4月24日　华洋义赈会统计:湖南饥民近200万人。

4月27日　曹锟等33名督军通电反对选举孙中山为总统。

4月28日　孙中山命陈炯明、许崇智、李烈钧等分路讨伐广西军阀陆荣廷。

5月1日　京沪等地工人纪念"五一"节。

5月5日　全国道路建设会在沪成立,推张謇为名誉主席,王正廷为主席。

5月13日　中日合办大东银行在京成立,资本250万元。

5月20日　中德两国签订《中德协约》,德国声明放弃其在山东的各项权利。

5月28日　中意合办震义银行在京开业,资本总额1000万元。

本月,贵州、湖南、河北等地灾情严重,饥民数百万。

6月2日　安庆发生"六二"惨案,数十名为争取教育经费请愿的师生被打伤。

6月3日　北京大中学校15校近500名学生向靳云鹏请愿,被军警镇压,造成"六三"惨案。

6月4日　鲁、陕、豫、苏、晋学界和上海复旦大学全体教职员纷纷通电北京政府,声援北京学生。

6月6日　北京、上海、湖南、济南等地各界各团体纷纷通电反对英日续盟。

6月10日　山东武定、东昌间汽车路建成,全长1 200里。该路由美国红十字会出资50万元,用以工代赈办法招募灾民修建。

6月12日　奉天南满铁道西奉天窑业会社等企业华工3 000余人举行同盟罢工,要求增加工资。

6月14日　广州机器厂工人罢工。

孙中山首次接到苏俄外交人民委员齐契林来函,建议建立中俄友好关系。

6月20日　第二次粤桂战争爆发。

6月21日　国会非常会议在广州开会,议决反对英日盟约中侵及中国国权案。

6月22日　第三国际在莫斯科举行第二次大会,中国共产党派张太雷参加会议。会议于7月12日闭幕。出席会议的还有《晨报》记者瞿秋白和中国社会党江亢虎。

6月27日　苏俄派遣大批红军和远东共和国红军组成联合军进入我国外蒙古,围剿俄蒙叛匪。

6月28日　驻粤美领事首次正式觐见孙中山。孙中山与美领事畅谈中美两国邦交。

6月30日　北京政府外交部转电苏俄政府,对苏俄红军进兵外蒙古一事,殊难承认。

本月,郭沫若、郁达夫等在日本东京聚会,决定成立创造社,创办《创造》季刊。

7月11日　苏俄、远东共和国和蒙古军队月初攻占库伦。蒙古人民党领导人苏赫巴托等宣布在蒙古成立君主立宪。本日宣布蒙古国人民政府成立。

7月16日　中日《合办奉天送电所合同》签字,所得纯益中日作四六分配。

7月20日　上海英美烟厂老厂工人罢工。

7月23日　中国共产党第一次全国代表大会在上海举行。

7月27日　北京政府就英日续盟,电令驻日公使胡维德向日政府提出抗议。

7月28日　湘鄂战争爆发。

本月,湖南全省50余县发生旱灾。

8月1日　山东利津黄河决口,决口之处宽达300余丈,水深9丈,数十万生灵遭灾蒙难。

8月2日　中国共产党第一次全国代表大会改在浙江嘉兴南湖一条船上继续进行,通过了党纲和决议,推举陈独秀、张国焘、李达组成中央局,陈独秀任书记。

8月5日　郭沫若诗集《女神》作为创造社丛书第一种在上海泰东书局出版。

8月7日　中国证券交易所在沪开幕,理事长为陆叔同。

8月9日　湖北各民众团体通电请求民选省长、督军。

8月10日　国会非常会议咨请孙中山明令出师北伐,以谋国家统一。

8月11日　中国劳动组合书记部在上海成立,它是中共领导工人运动的总机关。

8月13日　美国政府正式照会北京政府外交部,邀请中国参加太平洋会议。

8月15日　北京政府教育部职员因欠薪达5个月而召开全体会议,决定停止办公。

8月16日　广州两万余名土木建筑工人举行总罢工,要求增加工资。

8月27日　江西星子县白鹿洞书院被焚。

9月1日　中共中央在沪创办人民出版社。

9月3日　孙中山在广州总统府发表《统一中国非北伐不为功》的演说。

9月5日　孙中山就华盛顿会议发表宣言指出,如果不让本政府代表列席与会,概不承认有关中国的决议案。

9月7日　日使提出《山东善后处置案》。

9月9日　北京政府在美国旧金山设立公断处,用来处理华侨纠纷。

9月22日　孙中山召集国务会议,提议铸造中华民国国玺及中华民国陆海军大元帅印。

9月23日　全国银行公会联合会在津召开大会,并推冯耿光等3人为该会出席华盛顿会议代表。

9月29日　北京政府出席太平洋会议代表团离京赴美。第一批代表及随员70人。

徐世昌批准《国际法庭规约议定书》及《国际法庭规约》。10月9日全文公布。

本月,《国际歌》由郑振铎和耿济之译成中文。

东南大学在南京成立。

安徽水灾严重,溺死数千人,财产损失8 000万元以上。

10月1日　北京政府外交部俄文专修馆改为外交部俄文法政专门学校,派夏维松任校长。

10月2日　太平洋外交商榷会在沪成立。

10月5日　北京政府外交部拒受《山东善后处置案》。

10月10日　孙中山著《实业计划》在国内出版。

中国报界代表许建屏、董显光等出席檀香山召开的世界报界第二次大会。

10月12日　全国商会联合会和全国教育联合会在沪开联席会议,议决派员赴美宣传对太平洋会议问题所发表的对外和对内宣言。

徐世昌派员出席万国邮政会议,签订《万国邮政公约》。

10月17日　台湾文化协会成立,会长林献堂。

10月19日　日使向北京政府提出山东问题通牒。

10月22日　湖南劳动工会机关报《劳工周刊》创刊,主笔庞人铨。

本月，毛泽东在长沙建立中国共产党湖南支部，随后建立中国共产党湘区委员会，毛泽东任书记。

仰韶文化遗址发掘。

11月1日　叶恭绰等发起成立敦煌经籍辑存会。

11月4日　吴佩孚组织鄂、湘、赣、皖、苏5省为联防区域，以对抗广州政府北伐。

11月5日　苏俄与外蒙古地方当局签订《苏蒙友好条约》。

11月12日　华盛顿会议开幕。中国全权代表施肇基、顾维钧、王宠惠出席。

11月15日　中国、交通银行发生挤兑风潮。

孙中山在桂林督师北伐。

11月17日　陇海铁路机务处工人罢工，反对比籍总管若里裁人减薪，虐待工人。20日，全路数万工人罢工响应。

邓中夏在北京大学发起组织马克思学说研究会。

11月23日　中国代表在华盛领会议上提出关税自主案被拒。

11月24日　广州国会宣布徐世昌、吴佩孚祸国殃民罪状。

11月25日　日、英、美三国就山东问题在华盛顿会议达成秘密协议，山东问题由中日双方直接谈判解决。

12月3日　徐世昌因府院之间关系恶化及财政窘迫，通电辞职。9日，张作霖等通电挽留。

顾维钧在华盛顿会议提出废止各国在华租借法案等多项主权案被拒。

12月4日　孙中山抵桂林整军北伐。

鲁迅的小说《阿Q正传》开始在《晨报》副刊登载，署名巴人。

12月7日　华盛顿会议北京政府代表提出辞职。北京政府致电挽留。

12月13日　上海中华女界联合会出版《妇女声》月刊，以宣传被压迫阶级的解放和女子解放为宗旨。

12月14日　浙江绍兴、萧山农民抗租斗争失败。

王宠惠在华盛顿会议上提出取消"二十一条"案被拒。

1922年(民国十一年)

1月1日　湘督赵恒惕公布"湖南省宪法"。同日，湘省议会选举事务所暨法制编纂会成立。

孙中山决定以青天白日满地红旗作为国旗，在桂林大本营举行升旗仪式。

1月7日　华城银行开业。该行由中国、挪威、丹麦三国商人合办，资本1 000万元。

1月8日　上海工人举行大规模示威游行,反对北京政府直接交涉山东问题等卖国罪行。

1月12日　香港海员工人6 000多人为反抗英国资本家的压迫剥削,要求增加工资,举行罢工。

1月13日　北京银行公会组成盐余借款联合团,决定自是日起不再承受北京政府以盐税剩余作抵之借款,另决定与财政部商筹按日拨还盐余旧欠。

1月15日　上海社会主义研究会等团体开会纪念李卜克内西,与会者500人。

中国社会主义青年团第一个机关报《先驱》在北京创刊。

1月17日　湖南劳工会领袖黄爱、庞人铨被军阀赵恒惕杀害。

1月21日　张国焘、王烬美、瞿秋白等出席共产国际在莫斯科召开的远东各国共产党及民族革命团体第一次代表大会。列宁接见中共代表团谈及国共合作问题。

1月22日　汉口江岸京汉铁路工人俱乐部成立。

1月29日　北京政府同意借日款赎回胶济铁路。

1月30日　林献堂等在日本东京征集同胞签名,发起第一次台湾议会设置请愿运动,向日本议会提出设立台湾议会。

1月31日　中日直接交涉山东问题会议结束。

安源工人补习学校成立。

吴宓任总编的《学衡》杂志在北京创刊,以"昌明国学,融化新知"为宗旨。

2月4日　中日代表签订《解决山东悬案条约》及《附约》。

2月5日　直军保定会议召开。

2月7日　上海大同银行正式开业,总董事陶希泉,经理徐季风。

2月9日　广州政府国务会议议决,否认华盛顿会议关于山东问题之决定。

2月15日　胡鄂公等编辑的《今日》月刊在北京创刊,该刊以宣传马克思主义为主旨。

2月28日　吴佩孚下令取缔陇海路郑州铁路工人俱乐部。

3月1日　北京政府教育部公布筹办"退款兴学委员会规程",办理退还庚子赔款事宜。

3月4日　香港罢工工人在沙田被英国军警镇压,发生沙田惨案。

3月9日　上海非基督教学生同盟发表宣言。

3月10日　川、陕等5省宣布联省自治。

3月15日　上海成立中华民国各团体会议。该会以"改革内政实行民治"为宗旨。

3月16日　大英银行上海分行开业。该行为大英轮船公司所办,其主要业务为汇兑、贴现、运输及旅游业务。

3月18日　北京政府农商部批准由靳云鹏等出面(日本人操纵)组织的鲁大公司。该公司主要承办经营山东铁路沿线各矿。

3月19日　上海纺织工会浦东分会成立。

3月20日　苏俄新任远东共和国驻华代表团副团长鲍罗庭抵京。

本月,张石川等在上海设立明星影片公司。

4月3日　11省直系军阀头目500余人托词祝贺吴佩孚生辰,云集洛阳,商讨对奉作战计划。

4月4日　中国劳动组合书记部发行《劳动运动史》一书,定为劳动学校之教科书。

世界第十一次基督教学生同盟会在清华大学开会,到会代表500多名,代表40余个国家。

4月9日　上海商业总联会向各省商业、金融机关发出通电,反对北京政府设鲁案理事会,要求立即组成国民自动之赎路总机关。

4月10日　徐世昌宴请各国公使,表示中国政潮已息,希勿误会。

吴佩孚提取京汉路收入款共380万元,北京政府函吴,请停止提取。

4月14日　北京政府交通部通告:凡属国有路、电、邮、航四政范围内一切资产,不论国内外何项机关,擅自抵押售卖或任意处分者均无效。

驻京外交使团就直奉战事警告北京政府。驻京英使提出交还威海卫之条件。

上海大中华纺织厂正式投产,总经理聂云台,资本200万元,纱锭4.5万余枚。

4月21日　孙中山令免去陈炯明本兼各职。

4月24日　上海邮务工人700余人罢工。

4月29日　第一次直奉战争爆发。5月3日,吴佩孚改守为攻,奉军战败。6月,双方以山海关为界,成立停战协定。此后,北京政权由直系军阀控制。

5月1日　中国劳动组合书记部邀请发起的第一次全国劳动大会在广州开幕。

安源路矿工人俱乐部正式成立,李立三为主任,并举行马克思诞辰纪念大会。

赣督陈光远以"宣传共产主义"罪名封闭《文汇报》报馆。

5月4日　孙中山下令北伐,讨伐徐世昌。

北京学联为纪念五四运动三周年发表宣言,声明"誓以五四运动的精神打倒中国军阀"。

5月5日　中国社会主义青年团在广州召开第一次全国代表大会,大会选举施存统任书记。

5月6日　中华民国八团体国是会议在上海开幕。直、鲁、豫、苏等12省均派代表出席。

5月13日　蔡元培、胡适等人发表《我们的政治主张》,主张组织"好人政府"。

5月14日　吴佩孚等直系将领通电主张恢复旧国会,并拥黎元洪复位。

5月16日　四川省长刘湘电聘骆成骧筹备创办四川大学。

5月19日　奉天省议会宣布东北三省实行联省自治,举张作霖为三省总司令兼奉天省长。

5月21日　上海非基督教学生同盟成立,以反基督教求精神自由为同盟宗旨。

5月25日　北京午门历史博物馆所存明末及清内阁档案、试卷等物,移交北京大学收管。

本月,彭湃在广东海丰县发起组织农会。

湘西600万灾民濒临绝境。

6月2日　曹锟、吴佩孚电请黎元洪复位。中日《解决山东悬案条约》在北京换文。

6月3日　全国各界民众团体通电拥护孙中山,反对黎元洪复位。

赵世炎、张申府、周恩来等在巴黎近郊区成立旅欧中国少年共产党。

6月11日　黎元洪复总统位,并任命颜惠庆内阁。

6月14日　吴佩孚致电黎元洪辞陆军总长。

6月15日　中共中央第一次发表《对时局的宣言》,主张用革命的手段,打倒军阀,主张与国民党等革命党派和其他社会主义团体,共同建立民主主义的联合战线,同封建军阀继续斗争。

6月16日　陈炯明叛变,炮轰广州总统府。

6月17日　孙中山转登"永丰"舰,率领海军讨伐陈炯明。

7月2日　中华海员工业联合总会上海支部正式成立。会长林伟民。以联络感情、增进知识为宗旨。

7月6日　蔡元培、梁启超等致电北京政府,请求将俄国退还之庚子赔款,拨作教育经费。

上海远东银行创办。

7月7日　吴佩孚相继通电反对联省自治。

7月9日　北京政府与法国公使签订中法实业银行(中法合办)新约。

7月16日　中国共产党在上海召开第二次全国代表大会,出席代表12人,代表全国195名党员。大会决议加入共产国际,建立民主联合战线,扫清封建军阀,推翻帝国主义压迫,建设民主政治的独立国家。

7月17日　苏俄政府任命越飞为驻中国全权代表。

7月18日　中国劳动组合书记部迁到北京。

7月23日　汉阳钢铁厂工人罢工。

8月1日　中国社会主义青年团旅欧总支部所创办的《少年》月刊出版。一年后改名《赤光》。

8月5日　上海长江海员大罢工。

8月12日　彭湃领导的海陆丰农民协会成立。

8月13日　汉阳兵工厂2 600余工人罢工被镇压,打死3名工人,工人愤而炸毁机器一部。

8月16日　劳动组合书记部定"劳动法案大纲"。

8月19日　成都卫戍司令部查封《川报》《国民公报》两报馆,逮捕两报总编辑宋师度、李澄波。

8月20日　中国科学社第七次年会在南通召开。

8月22日　各国驻华公使向北京政府提出通告,表示在中国政局混乱的情况下,不能向中国提供财政援助。

8月23日　李大钊代表中国共产党在上海会见孙中山,陈述了"振兴国民党以振兴中国"的主张。李以共产党员个人资格加入国民党。其后,陈独秀、张国焘、蔡和森、张太雷也先后加入国民党,迈出第一次国共合作的第一步。

8月24日　长辛店铁路工人罢工。

8月29日　中国共产党中央执行委员会在杭州西湖举行全体会议,讨论了共产党员以个人资格加入国民党问题。

9月4日　孙中山召集会议商讨中国国民党改组问题,并邀李大钊、陈独秀参加。

中南、盐业、金城及大陆四行联合发行纸币,并成立四行准备库。

9月9日　粤汉铁路武昌、长沙段工人罢工。

9月13日　中共中央机关报《向导》周报在上海创刊。

江西安源路矿工人1.7万余人罢工,坚持5天,终于使厂方承认工人所提13条要求。

9月16日　上海金银业工人俱乐部成立,张静泉任主席。

9月28日　上海浦东纺织业工会被警厅封闭。

10月2日　孙中山与段祺瑞、张作霖组成反直同盟。

10月4日　山海关京奉铁路工人罢工。

10月6日　长沙泥木工人罢工。

英国借给陈炯明700万英镑,以使广九路延长与粤汉路衔接为条件。

10月6日　石家庄正太铁路工人俱乐部成立。

10月10日　中共中央发动群众,开展双十节"反对帝国主义大示威"运动。

北京77团体在天安门举行国民裁兵大会。

10月23日　开滦煤矿工人罢工。

东南高等师范学校更名为上海大学,陈望道任教务长,邓中夏任总务长。

11月1日　粤汉铁路总工会成立。

上海金业交易所成立,资本150万元。

上海日华纱厂和英美烟厂同盟罢工。

11月3日　越飞照会北京政府外交部,再次声明除苏俄外,各国均无权过问中东铁路。

中华全国商约研究会成立。

11月5日　中国各省区民治运动总联合会通过修订章程及宣言,"以发展民治、保障国权"为宗旨。

11月6日　上海南洋兄弟烟草公司6 000名工人罢工。

11月7日　北京、长沙、武汉等各地举行纪念俄国十月革命五周年。

11月10日　北京言论自由会成立,推蔡元培、胡适、李大钊等60人为评议员。

11月12日　北京成立国民监督议会团。该团受吴佩孚支持,以国会先制宪法后选举总统为宗旨。

11月13日　烟台、吴淞海底电缆竣工。

11月15日　北京万国报界学会集会,欢迎美联社社长诺伊斯。诺伊斯倡言北京报界组织持独立精神。

11月18日　北京政府交通部解散唐山路矿大学。

11月27日　湖南水口山工人俱乐部成立。

本月,北京政府教育部改北京农业专门学校为农业大学,聘章士钊为校长。

12月5日　湖南水口山铅矿工人罢工。

12月10日　汉冶萍总工会成立。

12月11日　毛泽东率湖南工团联合会代表迫使赵恒惕承认工人集会、结社、罢工及交涉权利。

12月15日　石家庄机器厂工人罢工。

12月22日　驻京英使照会北京政府外交部,将英庚款余额退还中国,做两国共同利益之用。

12月24日　徐谦发起成立全国救国联合会。

1923年(民国十二年)

1月1日　孙中山发表《中国国民党宣言》和公布《中国国民党党纲》。

黎元洪以"废督"无效,咨国会辞大总统职,并通电各省。

爱因斯坦在上海做关于相对论的学术演讲。

北京政府从日本方面收回胶济铁路及其支线和一切附属财产。

广东海丰县总农会成立,会员约10万人,彭湃任会长。

1月3日　台湾文化协会派人去台湾各地区巡回演讲,以启蒙台湾同胞民族意识,日本警察横加干涉,并命令解散。

1月4日　汉口英美烟厂、洋行等处工人罢工。

1月5日　京汉铁路工人筹备建立总工会。

1月7日　曹锟为贿选总统,给每位议员发送津贴200元。

1月10日　上海总商会通电各省银行公会、北京新银行团等团体,要求勿再承担政治借款。

1月12日　共产国际执委会通过《关于中国共产党与国民党合作的决议》。

1月17日　北京众议院通过收回旅大案。

1月19日　北京参议院通过宣布中日协约"二十一条"无效案,并咨政府照办。

1月20日　北京学联宣告成立。

1月23日　上海中国无线电社在广东路大赉洋行屋顶播音,是为国内商业无线电台之始。

1月26日　孙中山发表和平统一宣言。

孙中山与苏俄代表越飞在上海联名发表《孙文越飞宣言》。

本月,《民国日报》报道,山西西南部及汾河以东27县灾荒,受灾人口40万人。

2月1日　京汉铁路总工会在郑州成立,成立大会遭到军警阻挠与镇压。

2月3日　北京民权大同盟等40余个团体开会呼吁民主政治。

2月4日　天津救国联合会成立。

在京汉铁路总工会领导下,从北京长辛店经郑州到汉口江岸,全线1 000公里铁路工人实行同盟总罢工。

2月7日　吴佩孚制造"二七"惨案,林祥谦在汉口江岸车站就义,此后大律师施洋就义。

2月10日　上海总商会通电反对以金法郎付庚子赔款。

2月16日　全国各界联合会、中华学生联合总会、学术研究会总会、中华留日学生救国会、中华女界联合会五团体通电呼吁国民,自己起来收回旅大。

2月19日　英国人辛博森所办之《东方时报》在京发刊。

2月21日　孙中山返抵广州,在东郊农林试验场设立陆海军大元帅府,就任陆海军大元帅职。

2月27日　中共中央发表《为吴佩孚惨杀京汉路工人告工人阶级与国民》。

2月28日　孙中山特派胡汉民、孙洪伊、汪精卫、徐谦等为驻沪办理和平统一事宜全权代表。

云南督军唐继尧以内有南北分裂之虞、外有列强共管之忧为由,致电国会促请两院议员迅速完成宪法,"以范围人心,而共维国是"。

本月,海内外同胞声讨制造"二七"惨案的封建军阀。

张君劢在《清华周刊》发表《人生观》演讲稿,引发了知识界有关科学与人生观的大讨论。

3月1日　北京政府公布《县自治法》。

华商轮船公司之"金清"号因超载而沉没于浙江三山头洋面,500多人葬身大海。

3月2日　北京学界与各团体联合会为促进废督裁兵,联合举行农历元宵节提灯游行大会,遭到军警镇压。

3月3日　共产国际执行委员会发表《就京汉铁路罢工工人流血事件告中国铁路工人书》。

3月18日　中国国民党福建支部在福州成立,黄展云任支部长。

全国商学会联合会通电号召国民一致对日。

3月20日　废除"二十一条"和收回旅大群众运动爆发。

3月29日　中日关于"鲁案"问题的最后文件签字。

4月4日　台湾人在日本东京神田中华青年会举行反对日本统治台湾大会。

4月7日　哈尔滨傅家甸附近松花江之新堤决口,淹死3 000余人,无家可归者数千人。

4月8日　海军舰队通电赞成联省自治,加入反直阵营。

4月16日　上海各华商纱厂发表联合宣言,三个月内各厂棉纱不给交易所,以实销为主,以维持市价,免受任意操纵之弊害。

全国商联会因华侨遭到秘鲁、巴西、厄瓜多尔、荷兰和海滨俄政府当局的排斥虐待，特派出代表向北京政府外交部恳请分别迅速严重干涉，以资挽救。

4月25日　陈独秀发表《资产阶级革命与革命的资产阶级》一文。

5月1日　全国工友纪念"五一"国际劳动节。

5月2日　绥远五原兵变，全城被掠。

5月3日　黎元洪公布《商标法》。

5月4日　北京学生联合会纪念"五四"，强调继承五四精神。

5月6日　津浦铁路一列由南向北行驶的列车在山东临城站附近被劫匪孙美瑶部千余人劫持，200多乘客被掳劫，一名英国人被击毙，造成临城劫车案。

5月28日　上海同济医工专科学校改为同济大学。

本月，新潮社成员顾颉刚在《读书杂志》发表《与钱玄同论古史书》，引发学术界有关中国古代史的讨论。

6月4日　长沙市民和学生在市内举行收回旅大和废除"二十一条"演讲会，与日本兵发生冲突，遭到日兵开枪扫射，造成"六一"长沙惨案。

6月12日　中共三大在广州召开，大会通过《关于国民运动及国民党问题的议决案》，共产党员以个人身份加入国民党。大会选举陈独秀、毛泽东、罗章龙、蔡和森、谭平山组成中央局，以陈独秀为中央执行委员会委员长。

6月13日　直系发动反黎政变，总统黎元洪被迫去职。

6月15日　《新青年》季刊出版，瞿秋白任主编。

6月20日　熊朱其慧、陶行知等发起组织的南京平民教育促进会成立，推举袁希涛、蒋维乔为正副会长。

台湾嘉义人李思桢在厦门组织台湾尚志社，发行杂志《厦门尚志号》，开展抗日运动。

6月26日　午夜，北京故宫大火，计焚毁房屋等130余间，其中所藏古物尽毁，损失千万元以上。

6月27日　中国国民党中央干部会议在沪举行第四次会议，讨论应付时局问题，决议电促在京国民党议员南下。

6月28日　曹锟成立总统选举筹备处。

6月30日　中国科学社请政府从退还庚款等项中拨出100万元，用来发展本国科学事业。

7月1日　中共机关刊物《前锋》月刊在广州出版。

7月4日　驻华使团电告北京政府：中国商标法未经列强认可之前，不得设立商标局。

7月10日　国民党籍国会议员200多人发表告别北京宣言，揭露直系军阀占据内阁图谋后,南下上海。

7月13日　全国学联通电号召打倒帝国主义和封建军阀。

7月17日　天津怀远银业开业,资本500万元。

7月27日　山东各界联合会致电北京政府,反对中英所订威海卫条约。

本月,广州飞机制造厂制造第一架侦察教练机试飞成功。孙中山命名该机为"乐士文"号。

8月1日　中国共产党发表《对于时局之主张》,指出军阀势力与列强相勾结是中国危机的根源。

8月2日　北京大学国学研究所集合校内外学者组织风俗调查会,调查全国风俗。

北京双桥无线电台开始与世界各国通电讯。

8月13日　吴佩孚电令禁止河南自治。

汉口银行公会议决在制宪未成,正式政府未成立前,各银行不得投资于任何军阀。

山东范县黄河决口,濮县、范县、寿张、阳谷四县被淹。

8月16日　孙中山为了加强与苏俄联系,进一步了解苏俄,派出蒋介石以孙逸仙博士考察团名义赴苏考察。

8月20日　中国社会主义青年团第二次全国代表大会在南京召开。

8月25日　河南新郑县城发现东周铜器。

8月26日　中华全国平民教育促进会在北京召开成立大会,选晏阳初为总干事。

本月,鲁迅的短篇小说集《呐喊》出版。

9月1日　日本关东发生大地震。14日,中国红十字会代表率领救护队到日本救灾。

9月2日　加拉罕率苏维埃社会主义共和国联盟特派驻华全权代表团访华,发表第三次对华宣言。

9月13日　京绥线鸡鸣山煤矿发生火灾,千余名工人死亡。

9月16日　湖南岳北农工会成立。

9月23日　山东劫匪范明新率2 000余人攻陷河南西华县城,掳走"肉票"200余人。

9月30日　山东德平西北乡遭土匪抢劫,被打死千余人,绑架150人。

10月5日　北京国会上演贿选丑剧,曹锟被贿选为"总统"。10日,曹锟宣布就任。

10月6日　鲍罗廷受苏联政府委派到达广州,被孙中山任命为国民党中央执行委员会顾问,协助孙中山从事改组国民党的工作。

10月8日　孙中山明令讨伐曹锟及附逆议员。

10月14日　北京财政部为应付急需用款,发行国库券150万元。

10月15日　法国驻上海总领事令法租界封闭全国学生联合会总会办事处。

10月17日　全国青年会九大在广州开幕。

10月20日　中国社会主义青年团中央机关刊物《中国青年》在上海创刊。

10月25日　国民党改组特别会议召开,决定成立临时中央执行委员会,筹备召开全国代表大会。

10月29日　法国东方汇理银行扣留中国盐余。

本月,少年中国学会在苏州开会决议,反对教会教育。

11月1日　中共在上海创办上海书店,出版发行《向导》《新青年》《前锋》《中国青年》等。

梁启超创办的松坡图书馆在北京成立。

11月15日　苏联驻华全权代表加拉罕照会北京政府,表示苏联同意将庚款俄国部分全部拨为中国教育基金,并速拨一部分给北京国立八校,希望中国政府承诺不将该款移作他用。

11月17日　上海公共租界工部局组织外侨委员会,纪念上海开港80周年。

11月18日　由保定派操纵国会议员组成的宪政党在北京开正式成立大会。

11月21日　中国文艺协会在上海成立,该会宗旨在于"研究文艺,砥砺道德,奉互助之精神,谋文化之发展"。

11月23日　孙中山代表广州大本营向北京外交使团要求收回广东海关关余受挫,孙中山坚持斗争,次年1月在美使调停下外交使团做出让步,确定海关以修浚西江名义拨款。

11月24日　中共三届一中全会在上海召开,进一步解决执行中共第三次全国代表大会决议的问题。

11月25日　国民党旅欧支部正式成立。

11月26日　国民党中央决定建立国民军军官学校。

11月28日　北京外交部照会驻京日使芳泽,抗议日本地震期间留日华侨被杀案,要求日政府赔偿、惩凶。

11月29日　国民党广东支部长邓泽如致书孙中山,要求弹劾共产党。孙中山批示"切不可疑神疑鬼"。

本月,中国最早的长篇儿童故事片《孤儿救祖记》问世。

12月1日　陈独秀在《前锋》杂志发表《中国国民革命与社会各阶级》一文。

12月2日　中国青年党成立。

12月9日　吴佩孚在洛阳通电正式就任直鲁豫巡阅使职。

孙中山发表演说,指出中国革命必须以俄为师。

12月10日　孙中山发表对外宣言,决心收回广东海关关余。

12月24日　孙中山发表关于粤海关关余问题宣言。

12月28日　北京政府外交部依据《辛丑条约》照会法、意、比、日、英、美、荷兰、西班牙八国公使,声明反对金法郎案。

本月,李大钊到达广州,帮助孙中山改组国民党和筹备召开中国国民党第一次全国代表大会。

七　国共合作与国民革命

1924年(民国十三年)

1月1日　上海《民国日报》出版元旦增刊"中国国民党改组号",发表《中国国民党改组宣言》《中国国民党党纲草案》《中国国民党章程草案》《孙总理演说改组原因》等文件。

1月4日　孙中山在广州大元帅府召开会议,议决最短时期内在粤成立中华民国"建国政府",出师北伐,统一财政,并宣布护法结束。

1月17日　中国国民党巴黎通讯处成立,聂荣臻被选为通讯处处长。

1月20日　中国国民党一大在广州召开,30日闭幕。大会通过了《组织国民政府之必要案》《中国国民党第一次代表大会宣言》《中国国民党总章》等文件。《总章》规定孙中山为总理,党员必须服从总理指导。孙中山在大会上发表关于民生主义的演说,认为"共产主义与民生主义毫不冲突,不过范围有大小耳"。

1月25日　中国国民党代表大会中止会议议程,哀悼列宁逝世。

1月26日,北京学生联合会、马克思学说研究会等团体在北京大学举行遥祭列宁大会,马叙伦担任主席,5 000人出席。

1月27日　孙中山在广州国立高等师范学校开始系统演讲三民主义。此后每周演讲一次,至8月24日讲完民生主义四讲,因准备北伐而停顿。

1月29日　北京政府外交部照会外交使团,再次提出收回上海会审公廨管理权的要求。

1月30日　列强声明反对中国商标法。

2月1日　粤琼崖各界召开全琼公民大会,抗议日人侵占西沙群岛。

2月4日　广州高等师范学校、广东法科大学、广东农业专门学校合并为国立广东大学,邹鲁为该校筹备处主任。

2月7日　中国共产党在北京秘密召开全国铁路工人代表大会,正式成立全国铁路总工会。

2月16日　连横在台北演讲孔子大同学说,遭到日警干涉。

2月18日　孙中山致函外蒙古库伦国民党党部同志,介绍中央执行委员会委员白云梯前往商办党务。

2月23日　北京政府教育部公布《国立大学校条例》。

本月,中央信托股份有限公司在上海设立,资金300万元。

3月1日　中国国民党上海执行部成立。

3月2日　孙中山通告党员,解释中国国民党改组"容共"意义。

3月5日　张作霖表示赞同《解决中俄悬案大纲协定草案》,希望从速承认苏联。

3月6日　北京政府请求列强同意由中国召集关税会议,被拒绝。

3月8日　何香凝在广州主持召开中国第一次庆祝"三八"妇女节大会,提出打倒帝国主义、封建主义、争取妇女解放口号。

3月10日　上海闸北祥经丝厂失火,烧死女工200余人,伤84人。

3月21日　何香凝主持召开国民党妇女党员大会,决定组织贫民妇女生产保护医院和创办三所妇女劳工学校。

3月23日　日本政府派10余艘鱼雷舰抵沪,准备到长江沿线示威。

3月24日　上海等各大城市举行纪念对日外交斗争一周年大会。各会场纷纷致电日本,要求废除"二十一条",交还中国的旅顺、大连。

4月12日　孙中山公布《国民政府建国大纲》。

印度诗人泰戈尔应北京大学之聘来华讲学,是日抵沪。

4月17日　国民党中央执行委员会第22次会议通过《工人党团组织通则》。

4月20日　中国青年党在巴黎召开第一次全体大会,52人出席,选举曾琦为中央执行委员会委员长。

4月27日　驻京使团会议提出川、湘战事对外侨的"损失案",计220余万元,照会北京政府外交部请速"赔偿"。

5月1日　广州工人代表大会召开。

5月5日　国民党中央执行委员会通过组织农民运动委员会案。

应日本政府要求北京政府通令全国,严禁人民召开"五七""五九"国耻纪念会。

5月10日　全国银行公会要求维持国币币制。

5月22日　第三届全国运动会在武昌举行,总成绩以华北第一、华东第二、华中第三。

5月28日　广州及其附近县镇商团代表在广州举行团务会议,决定成立联防总部,举陈廉伯为联防总长。该联防总部拥有常备、后备军8 000人。

5月29日　厦门大学爆发学潮。

5月31日　北京政府代表顾维钧与苏联政府代表正式签订《中俄解决悬案大纲协定》及《暂行管理中东铁路协定》。主要内容:帝俄与中国所订一切旧约、协定、议定书等概行废止;帝俄与第三者所订有碍中国主权及利益的一切条约、协定概为无效;归还帝俄在中国所设租界,放弃庚子赔款;取消治外法权及领事裁判权;平等协商关税等。

6月1日　国民党广州市党部执行委员孙科等,请中央党部制止共产党活动。

湖南各界在长沙纪念"六一"惨案,全市举行罢工、罢课、罢市,约10万人参加游行。

6月16日　黄埔军校正式开学。孙中山兼任总理,蒋介石为校长,廖仲恺为党代表。

6月17日　李大钊、王荷波等代表中共到莫斯科参加共产国际五大。

6月18日　国民党中央监察委员邓泽如、张继、谢持呈请孙中山弹劾共产党。

6月19日　广州政府发表关于农民运动第一次宣言。

6月28日　天津各界为提倡平民教育,有256个团体约4万人举行游行。

6月30日　前粤大本营司法总长徐谦到沪,专事办理上海法政大学校务。

本月,商务印书馆刊行瞿秋白所著《赤都心史》一书。该书为最早记述苏联的著作。

闽江久雨暴涨,助以山洪,闽江流域28县受灾,灾民百万以上,仅龙溪即淹毙8 000余人。

7月1日　外蒙古宣告成立"蒙古人民共和国",公布宪法,北京政府驻苏大使向苏联政府提出抗议。

7月3日　广州第一届农民运动讲习所开学。

7月5日　中华全国体育联合会在南京成立。

7月7日　国民党发表党务宣言,申明"容共"原则。

7月8日　上海市民对外协会等30公团发表宣言,要求废除不平等条约。

7月11日　孙中山决定成立国民党中央政治委员会,是日举行首次会议。

7月13日　北京学生联合会等团体及京内国会议员等在中央公园举行反帝国主义运动大联盟成立会议,宗旨是反对帝国主义侵略,废除一切不平等条约,扑灭帝国主义的走狗汉奸。胡鄂公任主席。

7月15日　孙中山派蒋介石为各军军事训练筹委会委员长,派汪精卫为各军政治训练筹委会委员长。

广州沙面数千工人举行罢工,反对英法帝国主义"不准中国人自由出入租界"的"新警律"。

东三省官银号、奉天兴业银行、东三省银行合并,改为东三省官银号,发行奉票。

7月22日　直、鲁、豫等省议会在天津成立省议会联合会,发表宣言反对国会代制省选举法。

8月2日　全国各界声援沙面工人罢工,继续到23日。

8月3日　以报道时事、分析政治为主旨的《国闻周报》在上海创办,胡政之主持。

8月9日　蒋介石奉孙中山命令,查获广州商团从欧洲进口的枪械9 000支、子弹300万发。14日,广东省政府布告予以扣留。在广州商团煽动下,22日起,佛山、广州等地发起了罢市风潮。

8月14日　美政府训令驻上海美领事,通知中国政府指定该国14所大学准中国学生就学,后又增加到22所。

8月18日　台湾蔡培火等因组建台湾议会期成同盟会被日本以违反治安警察法提起公诉。

8月21日　罗绮园在广州主办第二届农民运动讲习所,招生225人,是日行开学典礼。

8月23日　孙中山在农讲所第一期结业典礼上发表题为《耕者有其田》的演说。

8月26日　重庆大火,延烧4日,焚烧商店、民居2 000家,损失千万元以上。本月,广东开始组织农民自卫军。

9月3日　江浙战争爆发。

9月5日　中国兴业银行在上海开创立会。

9月8日　上海南洋烟草公司7 000人因反对资方苛刻,无理开除女工和阴谋解散职工同志会而罢工。

9月10日　中国共产党发表第三次对于时局宣言,号召反对帝国主义,推翻直系军阀的统治。

9月14日　吴佩孚出兵北上伐奉。

9月15日　第二次直奉战争爆发。

9月17日　曹锟指令设立中华教育文化基金董事会,次日在北京外交大楼开成立大会。

9月20日　孙中山在韶关举行北伐誓师典礼。

广东全省工团及农民自卫军分别发表《北伐宣言》。

9月22日　国民党中央执委会通告,以青天白日旗为党旗及军旗,以青天白日满地红旗为国旗。

9月24日　孙中山发表《制定建国大纲宣言》。

10月1日　孙中山公布《工会条例》21条。

10月9日　孙中山致函蒋介石在广州组建革命委员会,以对付种种非常之事,并指出:"我党今后之革命,非以俄为师,断无成就。"11日,正式组织革命委员会,孙中山任会长,决定取消商团罢市、设法收回关余。

吴佩孚和驻津日总领事吉田茂会谈,表示直军进入满洲后,尊重条约中规定的日本在满权益。

10月10日　国家主义派曾琦等在上海创办《醒狮》杂志。

广州商团军袭击游行群众,当场死亡20多人,造成血案,孙中山电令严行查办。

广州工农兵学革命大同盟成立。

10月11日　广州大本营外长伍朝枢电告北京使团,不承认外国资本团或国民对北京政府的贷款。

10月23日　冯玉祥倒戈,进京软禁曹锟,发动政变,推翻直系中央政府。

10月26日　冯玉祥等电邀孙中山、段祺瑞北上商议国是。

11月1日　冯玉祥、王承斌等再次电请孙中山早日入京,并派马伯援为代表赴粤迎孙。

11月2日　曹锟宣布辞总统职,将大总统印送交国务院,由国务院依法摄行大总统职务。

11月5日　清废帝溥仪被逐出故宫。

11月10日　孙中山发表《北上宣言》,13日与夫人宋庆龄离粤北上。

11月19日　中共发表第四次对时局的主张,建议召开国民会议。

11月22日　反贿选议员在北京成立国会非常会议。

11月24日　中华民国临时执政府在北京成立,段祺瑞就任临时总执政。

本月,周恩来出任黄埔军校政治部主任。

12月1日　国民党中央农民部特派员彭湃前往广东广宁领导农民减租运动。

台湾青年会和台湾自治协会在上海召开座谈会,请祖国人士援助台胞从事革命事业,使台湾重归祖国怀抱。

12月6日　谭延闿下令北伐军三路向赣南进攻。

12月12日　长沙人力车工人2 600余人反对车业加租改洋,实行罢工,获胜。

12月13日　王世杰、周鲠生主办的政论性刊物《现代评论》在北京创刊。

12月17日　北京电车在天安门举行通车典礼。

12月20日　清室善后委员会举行第一次会议。

12月30日　段祺瑞通电宣布于民国十四年二月一日在北京召集善后会议。

1925年(民国十四年)

1月1日　段祺瑞下令废除将军府,电请孙中山、黎元洪等出席"善后会议"。

1月2日　驻京使团促段祺瑞早开善后会议成立正式政府。

1月11日　中共在上海举行第四次全国代表大会。大会通过决议案多件,并发表宣言,呼吁"制止军阀的阴谋","赶快要求在善后会议中参加最大多数的国民代表,赶快努力国民会议之召集"。大会选举陈独秀为中央总书记。

1月12日　驻沪英、美、意、日各领事以奉军南下为由,致电本国政府速派军舰来沪及长江要塞。

1月17日　孙中山复电段祺瑞,表示不会参加善后会议,并反对段包办善后会议。

1月25日　周恩来等组织成立黄埔军校中国青年军人联合会。

1月26日　孙中山在北京病情恶化,确诊为肝癌后期。

中国社会主义青年团第三次全国代表大会在上海召开,会上决定将中国社会主义青年团更名为中国共产主义青年团。张太雷任团中央总书记。

1月28日　中国社会党更名为中国社会民主党,江亢虎为总理,总部设北京。

1月29日　广西建国军总司令沈鸿英部向粤桂联军李宗仁、李济深部发起攻击,广西战事爆发。

2月1日　善后会议在京开幕。

广东革命政府第一次东征,讨伐陈炯明。

2月2日　中国国民党发表宣言,反对"善后会议"。

2月8日　上海市民举行纪念列宁逝世一周年大会。会后高唱《国际歌》,并呼:"列宁主义万岁!"

2月9日　上海日商内外棉八厂等11个纱厂2万余人举行同盟政治罢工,抗议无故开除工人。

2月11日　北京临时政府外交部以日俄协定中有苏联承认朴次茅斯条约的条文,妨碍中国主权及利益,分别向驻京苏、日两使提出抗议。

2月15日　中华妇女协会在北京召开成立大会,通过宣言及简章。宣言提出女子应参加打倒帝国主义和军阀的民族独立的国民革命运动。

2月23日　溥仪逃离北京日使馆,潜入天津日租界。

2月24日　孙中山病危,在铁狮子胡同行馆口授遗嘱。

2月25日　唐继尧部龙云乘虚攻入南宁。

2月27日　天津农民协会成立,并发表打倒帝国主义和军阀的宣言,要求减轻田赋。

2月28日　广州大本营外长伍朝枢宴请驻粤各国领事,称中国废约是排除帝国主义而非外国人,是自拔于半殖民地而非驱逐外国人。

3月5日　北京《民国日报》创刊,该报系国民党主办,邵元冲主编。旋被封。

3月8日　重庆木工两万余人罢工,抗议苛捐。

冯自由等在北京发起组织国民党同志俱乐部。

3月11日　孙中山在遗嘱上亲笔签字。次日逝世。

3月13日　苏联共产党中央委员会致国民党中央执委会唁电,哀悼孙中山逝世。

3月14日　共产国际就孙中山逝世发表《致中国人民大众书》,呼吁中国人民把孙中山开创的革命事业继续下去。

3月15日　中共中央发表《为孙中山之死告中国民众书》。

3月23日　北京印刷工人罢工,27家报纸停刊。

3月30日　国民党中央执委会议决永久保留广东香山县翠亨乡孙中山故居。

4月1日　京师警察厅制定《管理新闻营业规则》。

4月12日　中法金法郎案协定在京签字。

4月13日　国民党中央执委会决定将"永丰"舰改名为"中山"舰,本日举行改名典礼。

4月20日　东征联军占领惠州。第一次东征结束。

4月24日　段祺瑞下令:公布善后会议议决之"国民代表会条例""军事善后委员会条例""财政善后委员会条例",并令取消法统。

黄埔军校孙文主义学会成立。

4月25日　中华图书馆协会成立。

4月29日　全国各界妇女联合会成立。

本月,中国共产党领导青岛日资纱厂1万多工人举行大罢工。

5月1日　第二次全国劳动代表大会在广州开幕。

广东省第一次农民代表大会在广州开幕。

北京各界、京奉铁路、香港工人俱乐部、武汉学联、京绥铁路工人纪念"五一"国际劳动节,高呼"打倒帝国主义和军阀""全世界工人联合万岁"等口号。

5月4日　全国学联、上海学生会,北京师范大学、武汉各校学生集会纪念"五四"运动六周年,高呼"中华民族解放万岁"等口号。

5月12日　日本在台湾实施"治安维持法"。

5月15日　上海日商内外棉纱厂第7厂发生工潮,日本工头枪击工人代表顾正红。

5月18日　段祺瑞设国政商榷会,以安排第二届安福国会议员。是日公布《国政商榷会条例》。

山西太原学生万余人示威游行,反对阎锡山扩张军备、征收房税。

5月21日　东征军奉命回师广州,并于6月12日镇压桂系军阀刘震寰、滇系军阀杨希闵叛乱,收复广州城。

5月24日　国民党第三次中央执委会全体会议,发表接受孙中山遗嘱宣言。

5月25日　国民党中央执委会为顾正红事件通电全国,号召人民一致奋起作废约运动。

5月28日　广州大本营决定采用委员制,以胡汉民等9人为委员。

5月30日　上海学生及其他群众代表在公共租界举行反帝游行、讲演,租界巡捕开枪镇压,酿成"五卅惨案"。

中共中央号召上海人民实行三罢斗争。

本月,西藏旅京同胞组织藏事研究促进会,并发表敬告国人宣言。

6月1日　上海总工会公开成立,李立三任委员长。

国民党中央执委会、上海执行部发表宣言声援"五卅"爱国运动。

上海公共租界西捕继续枪杀华人。

6月2日　北京临时政府抗议列强制造沪案。

6月3日　加拉罕致电北京临时政府,就"五卅惨案"向中国人民表示最深切的同情与悲哀。

6月4日　上海租界中西巡捕及武装英兵强占上海大学,随后两日又强占南方大学、文治大学和同德医校。

上海工商学联合会成立。

中共为在"五卅"运动中加强宣传工作,是日在沪创办《热血日报》,瞿秋白任主编。此为中共创办的第一张日报。

驻京外交使团复照北京临时政府外交部,声称"五卅"事件责任全在示威者。

6月5日　中国共产党为"五卅惨案"发表告全国民众书。

6月6日　上海工商学联合会议定"五卅惨案"交涉条件17条。

6月7日　北京临时政府调查沪案专员抵沪。

6月8日　外轮中国海员5 000余人响应中华海员工业联合会上海支部号召,一律登岸罢工。

6月9日　张作霖等响应冯玉祥通电,致电段祺瑞严肃交涉沪案。

"五卅"事件中被捕的工人、学生17人,由公共租界会审公廨开审,11日,宣布一律开释。

6月10日　北京各界20万人在天安门召开对英、日帝国主义惨杀同胞雪耻大会。

6月11日　汉口数千名码头工人游行抗议英商太古公司殴伤工人,遭军警弹压。游行群众向租界转移,英租界义勇队和海军陆战队向游行群众开枪扫射,打死30余人。是谓"汉口惨案"。

6月19日　省港工人罢工开始。

6月23日　广州发生"沙基惨案"。

6月25日　广州《民国日报》载文列数英帝国主义在华八大罪状,呼吁同胞注意。

6月26日　上海公共租界各商店陆续开市。

6月28日　上海提倡国货会在沪开成立大会。

6月30日　上海工商学界20万人举行追悼"五卅"死难烈士大会。大会高呼"废约""收回租界""国民绝交""烈士不死"等口号。

本月,《申报》报道:四川本年灾荒兵祸匪患奇重,饿死、病死、流浪者达110万人以上。

7月1日　中华民国国民政府在广州成立,汪精卫为主席。

7月3日　重庆各界万余人集会抗议英兵暴行,当地军警又刺伤市民十数人,并捕工人学生数十人。

上海公共租界当局查封中华海员工业联合会上海支部,并将工作人员一律驱逐。

7月6日　广东成立省港罢工委员会,作为省港罢工工人的最高领导机关。

北京与乌鲁木齐、喀什噶尔两地无线电通信试验成功。

广州国民政府军事委员会成立。

7月9日　焦作煤矿工人大罢工。

7月10日　中共中央、共青团中央发表宣言,号召全国民众团结一致为实现废约和召开国民大会而奋斗。

7月11日　武汉各界人士5万余人在武昌举行纪念汉口惨案一周月活动,高呼打倒帝国主义、中华民族独立万岁。大会通电废除不平等条约,收回租界。

7月13日　冯玉祥部属孙岳军队与皖系吴新田部交战,豫陕战争发生。16日,冯部占西安,战事暂止。

7月19日　川黔联军袁祖铭部与杨森部交战,川黔战事爆发。

7月21日　天津海员大罢工。

7月23日　广州工、农、商、学各界30万人,举行纪念沙基惨案一周月的大游行。

8月1日　段祺瑞下令:封班禅额尔德尼以"宣诚济世"荣誉称号。

8月5日　清室善后委员会致函段祺瑞反对临时政府企图收回清室财产的决议。

8月6日　天津总工会成立。

8月11日　上海南方大学校务会议因江亢虎有图谋清室复辟之嫌,议决否认江为校长。

8月17日　北京政府教育部决定将女师大改组为国立女子大学,遭学生自治会反对,引发学潮。22日,教育部强行接收,并锁闭女师大大门。

8月20日　廖仲恺在广州被刺逝世。

西北妇女讲习所在张家口开幕,冯玉祥夫人李德全为讲习所监督。

8月22日　南方大学教职员为反对江亢虎占据学校,联合章炳麟发起国民大学,是日正式成立。

上海商务印书馆职工大罢工。

8月25日　北京国宪起草委员会议决国会采两院制。27日,通过宪法纲目。

胡汉民因廖案嫌疑而被蒋介石软禁,随后被国民党中央以赴俄考察的名义放逐海外。

英国资本家要求政府对广州国民政府下最后通牒书。

8月26日　国民政府军事委员会议决编组国民革命军,取消原有地方军的名称,将党军改为国民革命军第一军,建国湘军改为第二军,建国滇军改为第三军,建国粤军改为第四军,福军改为第五军。

8月27日　北京临时政府通令各省区改良司法以求收回领事裁判权。

8月31日　中共中央执委会致电国民党中央执委会,吊唁廖仲恺遇刺逝世。

9月4日　华盛顿会议条约各国照会北京政府拒绝修改不平等条约。

9月7日　为纪念《辛丑条约》签字国耻日,国民党中央执委会、上海总工会、武汉工学商各界,分别举行纪念"九七"国耻日会。

9月11日　段祺瑞下令:特派章士钊兼国立编译馆总裁,张奚若为出版品国际交换局局长。

9月12日　国民政府下令:每年3月12日为孙中山逝世纪念日。

9月15日　黄河下游山东寿张县黄花寺决口,冲没村庄80余处,淹毙2 000余人。

9月17日　山东东昌驻军张建功旅全体哗变,大肆抢劫4县,后向河南省境窜去。

9月19日　国民政府军事委员会特令黄埔军校校长兼广州卫戍司令蒋介石全权处理廖案后广州政局。

周恩来任国民革命军第一军政治部主任。

9月20日　山东黄河决口酿成巨灾,受灾人口近200万人。

9月25日　临时执政令将文津阁四库全书一律点交运沪,交商务印书馆影印。

9月26日　中国电报工会联合会成立。

9月29日　冯玉祥派遣军事代表团抵莫斯科。

本月,鲁迅等左翼作家批判章士钊复古逆流。

10月4日　广东各校代表请国民政府将全省教会学校从速收归国有。

10月5日　国民党中央宣传部部长汪精卫推荐毛泽东代理中央宣传部部长一职。

10月7日　皖、赣、苏、闽、浙5省军阀代表集会,议决成立五省联盟,组成皖赣苏闽浙联军,举孙传芳为总司令,拥段反奉。

10月8日　荷兰宣布将所得庚款全部退还中国。

10月9日　中日文化事业委员会在北京成立。

10月10日　中国致公党成立。

故宫博物院举行开院典礼,古物、图书等馆完全开放。

10月11日　广州国民政府组织第二次东征,以蒋介石为总司令。

10月14日　国民政府外交代表团到达北京。林森总代表谓代表团两大任务:第一宣传沙基惨案事实;第二继承总理遗志,废除不平等条约。

10月15日　直奉战争爆发。

10月20日　中共中央发表反奉战争宣言。

10月24日　张作霖向满铁借款1 800万日元,年息百分之九,满铁承包吉林至敦化铁路筑路工程。

10月26日　北京政府主持的关税特别会议在北京居仁堂开幕,出席会议除中方外,还有英、美、日、法等12国代表,主要讨论北京政府的关税自主提案。

10月29日　北京临时政府拒绝列强对"五卅惨案"所给的赔款。

10月30日　吴佩孚致电各国驻京使团,宣布截留苏、皖等8省盐税。

11月12日　奉军撤至徐州窑湾镇抢劫,该镇损失20余万元。

11月23日　国民党中央执监委员中的部分右派在北京西山非法召开国民党一届四中全会,宣布分共、解雇苏俄顾问鲍罗廷、停止广州中央执行委员会的职权、开除汪精卫党籍6个月。会议断断续续延至次年1月4日宣布闭幕。与会者被称作"西山会议派"。

11月27日　国民党中央执行委员汪精卫、谭延闿、林祖涵等致电各级党部,严驳西山右派会议。同日,国民党中央执行委员会通过代理中央宣传部长毛泽东提交的《中国国民党之反奉战争宣传大纲》。

本月,叶挺独立团组建。广东革命政府第二次东征取得胜利。

12月1日　吴佩孚宣布发行军需券2 000万元,并布告:倘敢破坏者,定按军法从严惩治。

上海妇女问题研究会主办《新女性》月刊出版。

国民革命军第二军司令部出版的《革命》半月刊发表毛泽东《中国社会各阶级的分析》。

12月2日　西山会议派通电宣布:取消共产派之国民党中央委员的党籍。

全国铁路总工会通电反对段祺瑞。

12月5日　国民党中央代理宣传部长毛泽东主编的《政治周报》在广州创刊。

12月8日　豫省土匪孙殿英部攻占皖北亳县19天,全县损失达数千万元之巨。

12月11日　国民党中央执委会发表召集二大宣言,重申孙中山三大政策和根本方针。

12月15日　日本政府决定增兵中国东北4 000人。

12月20日　中共中央、共青团中央发表为日本出兵干涉中国内政告全国民众书。

国民党中央执委会召集广东各界10万群众举行反段大会,议决建立全国统一的国民政府。

12月31日　北京市民5万余人在天安门召开反日大会,议决实现国民革命,打倒帝国主义。

1926年(民国十五年)

1月1日　国民党二大在广州召开,会议决定进一步贯彻执行联俄、联共、扶助农工的三大政策。

中国国民党中央执行委员会农民协会主办的《中国农民》创刊。

1月2日　北京临时政府外交部命令将上海工部局所赔偿给"五卅惨案"的抚恤金7.5万元退还。

1月5日　全国海员第一次代表大会在广州召开。

1月8日　北京临时政府外交部要求日本撤回驻防满洲的日军。

1月11日　张作霖宣布东三省与北京政府脱离关系。

1月12日　由中、美等12国出席的法权调查会在北京开幕。

1月13日　内蒙古各盟旗、各团体代表大会在京举行，发表宣言主张召开内蒙古国民代表大会，实行自治。

1月15日　奉军与国民军在山海关附近交战，国民军撤出山海关，退守滦县。

全国总工会发表《反对日本出兵满洲宣言》。

1月25日　张作霖召集会议决东三省宣布独立。

本月，湖北、湖南北部大旱成灾，饥民达300多万人。

2月1日　国民政府特任蒋介石为国民革命军总监。

2月5日　国民党中央党部、中华全国总工会等发起组织援助省港罢工周活动。

2月21日　段祺瑞下令讨伐吴佩孚。

中共中央执委会在北京召开特别会议，决策北伐，并决定建立中央军委。

2月22日　列强封锁广东海关。

2月25日　鹿钟麟封闭《北京晚报》及《大同晚报》，并逮捕两个报馆的经理、主笔。

2月26日　西山会议派以国民党中央执委会名义宣布，定于3月29日在北京西山召开国民党二大。

2月28日　段祺瑞下令制止反基督教运动。

3月1日　黄埔陆军军官学校改名为中央军事政治学校，举行成立典礼。校长蒋介石，党代表汪精卫。

北京图书馆成立。

3月3日　北京临时政府外交部就苏联与外蒙古订立正式条约，向苏联驻华大使加拉罕提出抗议。

全国非基督教大同盟通电斥责段祺瑞政府明令取缔非基督教运动。

3月12日　日军军舰在大沽口掩护奉军进攻天津，国民军与日舰交火，日舰退出大沽口。16日，驻京各国使团决议以《辛丑条约》关系国日、美、英等八国向北京政府提出最后通牒。

上海各路商界总联合会向北京临时政府呈报"五卅惨案"损失,总计白银367万两,国币7 754 800余元。

3月15日　山东大学创建。

3月18日　北京140多个团体和大中学生3万人在天安门集会,反对列强最后通牒。游行学生在执政府门前,遭到执政府卫队镇压,北京师范大学学生刘和珍等47人被杀害,重伤189人,是谓"三一八"惨案。

国民政府发布命令,禁止西山会议派召开国民党全国代表大会。

3月20日　蒋介石制造"中山舰事件"。

中共中央执委会为"三一八"惨案发表《告全国民众书》。

3月29日　西山会议派在上海召开国民党二大。

4月1日　直鲁联军与奉军决议联合进攻北京国民军,张宗昌任前敌总司令。

全国学生总会发表告全国同学书,号召以反帝反封建口号"统一学生运动"。

4月2日　中华全国总工会发表告民众书,号召全国工友反对军阀,并督促国民政府出师北伐。

4月3日　共青团中央执委会为"三一八"惨案发表告全国青年书。

4月9日　因段祺瑞与奉军勾结,国民军将领、北京警备司令鹿钟麟派兵包围执政府。

4月16日　国民党中央、国民政府推选谭延闿为政治委员会主席,蒋介石为军事委员会主席。

4月20日　国民政府发表对内宣言,主张打倒段祺瑞。

全国第一次农民代表大会召开。

段祺瑞下野,"执政府"结束。

4月22日　国民政府发表对外宣言,要求列强拒绝承认由各派军阀把持的北京政府。

4月24日　京师警察厅封闭《京报》馆,并逮捕社长邵飘萍,随后不经审讯以"勾结赤俄、宣传赤化"名义将邵枪杀。

4月27日　大连日商福岛纺织厂工人大罢工,坚持95天后获得彻底胜利。

5月1日　全国总工会在广州召开第三次全国劳动大会,广东省第二次农民代表大会同时在广州举行。

5月3日　第六届农民运动讲习所开学,毛泽东任所长。

5月4日　吴佩孚通电全国各地铁路局严行取缔各路工会。

5月15日　国民党在广州召开二届二中全会,5月22日结束。大会通过蒋介石提出的"整理党务案"等议案,旨在限制共产党活动。

5月21日　国民政府任命唐生智为国民革命军第八军军长,北伐前敌总指挥。

关税会议通过决议,同意中国按照华盛顿会议协定实行二五附加税和五厘的增税率,但得将所增税款3 400万元存于各国银行。

5月25日　国民党中央发表《整理党务宣言》,声明整理党务一事是避免外人以反共产口号摧残国民革命。

5月26日　吴佩孚离开汉口北上,与阎锡山、张作霖共谋讨伐冯玉祥。

6月2日　国民革命军第四军叶挺独立团挺进湖南安仁。

6月3日　吴佩孚召开保定军事会议,议决分三路进攻冯玉祥国民军。

6月5日　国民政府特任蒋介石为国民革命军总司令。

6月14日　吴佩孚在保定设"讨贼联军"总司令部并下令向国民军总攻击。

6月19日　国民党中央致信中国共产党,提出成立两党联席会议。

6月30日　省港罢工委员会组织500人的北伐运输队随军北伐。

7月9日　广州隆重举行北伐誓师典礼。北伐战争开始。11日,北伐军攻占长沙。

7月12日　中国共产党四届三中全会扩大会议在上海召开。

7月15日　国民政府与港英当局谈判省港罢工等问题。

7月16日　江苏省与驻沪领事团就收回上海公共租界会审公廨达成协议。

7月27日　上海公共租界纳税华人会发表宣言,会审公廨应无条件交还中国。

本月,中日文化事业委员会更名为东方文化事业总委员会,拟订会章13条。

上海、江苏、浙江、武汉、山西、湖南等省8万余工人罢工,要求增加工资。

中国青年党第一次全国代表大会召开。

8月1日　汉阳兵工厂全体工人总罢工,响应国民革命军北伐行动。

广东大学改名国立中山大学。

8月8日　中共中央执委会发表《致粤港罢工工人书》,主张坚持原则而解决罢工问题。

8月12日　蒋介石在长沙召开军事会议,决定迅速进攻湖北,对赣暂取守势。

8月16日　蒋介石在长沙发表"讨吴宣言"。

国民政府公布《劳工仲裁会条例》和《国民政府解决雇主雇工争执仲裁条例》。

8月19日　叶挺独立团进占平江。

北京政府教育部部务会议决定故宫永为国产,防止移转、变卖、抵押等非分之举。

8月20日　上海内外棉厂工人举行全市日本纱厂工人同盟罢工,坚持28天。

8月23日　北伐军进军汀泗桥。

8月29日　英商轮"万流"号在四川云阳江面故意撞翻中国木船,溺死商民、船夫、官兵70余人。"万流"号驶抵万县,英舰派兵阻挠杨森部士兵调查,枪伤杨森部士兵,炮轰万县城内民房,造成万县惨案。

8月30日　北伐军占领贺胜桥。

9月1日　毛泽东为《农民问题丛刊》撰序,题为《国民革命与农民运动》。

9月3日　北伐军第一次攻打武昌。

9月6日　北伐军第十四军克复赣州,第三军占领萍乡。

9月7日　北伐军先后攻占汉阳、汉口。

9月16日　历时8个月的法权调查会议结束。与会列强坚持必须等中国法庭完全独立后,才能废除治外法权。

9月17日　冯玉祥在绥远五原誓师,就任国民联军总司令,宣布全军加入国民党,向甘肃、陕西进军,同北伐军南北呼应。

9月19日　国民革命军进攻南昌。

9月22日　国民党中央政治会议议决,10月1日起取消封锁港澳政策。

9月30日　省港罢工结束。

10月10日　国民革命军攻克武昌城,基本上消灭了吴佩孚的军队。

国民政府正式宣布恢复港澳交通,停止罢工。

中国历史博物馆开馆。

10月16日　国民政府决定彻底改革中山大学,以实施纯粹的党化教育。

10月22日　瑞典地质学家、北京政府矿务顾问安特生,是日在北京地质研究会、自然历史学会及协和医学院举行的联席会议上发表学术论文,报告其于1921年夏在京西周口店掘得人类牙齿化石一枚,为世界最古之人类化石。

10月23日　为配合北伐军推翻军阀统治,上海工人举行第一次武装起义。

10月30日　第三次泛太平洋会议在日本东京举行。北京政府派中国科学家代表参加。

11月5日　国民革命军占领九江。

11月8日　国民党中央政治会议决定:近期迁国民政府及中央党部于武汉。

国民革命军占领南昌,江西战事结束。

11月9日　北京政府教育部公布《国音罗马字母拼音法式》。

11月18日　北京政府颁行民律案总则、民律案续编、商律商行法案、票据法案、海船法案、破产法案。

文学研究会上海分会等9团体联合发表拥护人道宣言:抗议各地军人任意杀戮无辜人民。

11月22日 共产国际执委会第七次扩大会议召开,30日,斯大林发表《论中国革命的前途》的演说。

12月1日 张作霖在天津就任安国军总司令职。

湖南全省第一次工农代表大会开幕。

12月7日 国民党中央通电宣布,中央党部及国民政府从广州北迁武昌。

12月9日 国民革命军占领福州。

12月10日 周恩来撰写《国民革命及国民革命势力的团结》一文,驳斥"民众运动过火论"。

12月11日 新任驻华英使蓝普森在武汉会晤国民政府外交部长陈友仁,陈宣布国民政府关于废除不平等条约和保护外侨生命财产的外交政策。

12月13日 中共中央在汉口召开特别会议,中心议题是根据北伐形势制定党的主要斗争策略。陈独秀否决了湘粤区委有关解决农民土地问题的主张,提出防止党外右倾、反对党内"左"倾等挽救危险的7项措施。

12月17日 国民政府正式通告各国政府:本政府迁都武昌后,所有外交事宜概由政府负责,非经本政府承认或接受的事件和文书,在中国概不生效。

本月,西藏达赖喇嘛下令封闭英国人创办的江孜贵族子弟学校。

1927年(民国十六年)

1月1日 国民政府明令定都武汉。

1月3日 英国水兵刺伤在汉口英租界附近江汉关前听演讲的群众,制造汉口惨案。

蒋介石决定中央党部和国民政府暂驻南昌。

1月4日 汉口英领事鉴于租界形势严重,撤出租界水兵义勇队,汉口群众涌入租界,占领工部局等单位。武汉卫戍司令部派兵进驻英租界。

毛泽东从长沙启程,开始考察农民运动。

1月6日 九江英租界水兵与码头工人冲突,英舰开炮示威,商民相率罢市,英领事等逃避。国民革命军贺耀祖部派兵接管九江英租界。汉口、九江事件后,武汉国民政府外交部长陈友仁与英国驻华公使代表欧玛利就汉口惨案和租界问题进行谈判,并于2月19、20日在汉口先后签订了《收回汉口英租界协定》《收回九江英租界协定》。

1月11日 英舰两艘在湖北武穴故意撞沉我盐船、货船数百只,淹死100余人,损失百余万元。

1月12日　中国、印度、朝鲜、越南等国代表200人在汉口出席东方被压迫民族联合会成立大会。

1月19日　湖南省颁布《惩治土豪劣绅暂行条例》。

汉口市教育局颁布《取消外国学校条例》。

1月20日　上海《时事新报》报道:广州岭南大学收归中国管理,这是我国收回教育权的首次纪录。

1月28日　中共发表《中国共产党对于时局宣言》,号召组成国民革命坚固的统一战线。

2月4日　美国公使马慕瑞向中国南北政府提议,将上海公共租界划出战争区域以外,国民政府外交部表示坚决抗议。

2月6日　昆明镇守使龙云发动军事政变,掌握云南实权。

2月8日　武汉国民党中央为对付蒋介石最近的活动,开展恢复党权的努力。安国军总司令张作霖宣布进兵河南。

2月9日　国际反帝国主义大会在布鲁塞尔召开。中国国民政府代表廖焕星被推为执行委员。大会通过中国代表提出的有关中国问题五项议案。

2月16日　英军2 680名先前已在沪登陆,本日又有1 700名在沪登陆。

中华全国铁路工人第四次代表大会在汉口召开,选举王荷波为书记。

2月19日　上海工人举行总罢工。至22日,总罢工发展成为第二次武装起义。

2月20日　国立武昌中山大学开学。

2月21日　中国农工银行今日开业,资本1 000万元,并有发行钞票特权。

2月28日　湖北阳新县土豪劣绅勾结红枪会包围县城,烧死省农协成子英等9人。

3月6日　蒋介石指令杀害江西总工会副委员长、赣州总工会委员长陈赞贤。

3月10日　国民党二届三中全会举行首次会议,通过《统一党的领导机关案》等文件。

3月11日　北京政府顾维钧内阁以张作霖与吴佩孚交战,阁议讨论总辞职事。

3月16日　蒋介石下令解散国民党南昌市党部。

3月21日　上海工人举行第三次武装起义。经30个小时激战,打败军阀军队,占领上海。随之,蒋介石的部队乘机进驻上海。

3月22日　国民党中央执行委员会宣传部主办的《中央日报》在汉口出版,中宣部长顾孟余兼社长。

上海商业联合会成立,虞洽卿等任主席。

3月24日　英、日、美、法等国停泊在下关江面的军舰乘北伐军入城搜索敌人之时,借口侨民及领事馆受到损害,炮轰南京,死30余人,制造"南京惨案"。

北伐军第六军、第二军占领南京。

3月28日　上海总工会开第一次执委会会议,组成以汪寿华为委员长的常务委员会。

3月31日　国民革命军第二十一军军员刘湘令军队向在重庆打枪坝集会抗议英美列强军舰炮击南京的群众开枪,死伤1400多人,造成惨案。

4月1日　武汉国民党中央政治委员会议决:限制蒋介石职权并且严禁其解散上海工人纠察队。

湖南审理土豪劣绅特别法庭成立。

苏联职工会中央理事会汇寄10万卢布救济南京事件难民,并致电上海总工会表示慰问。

4月2日　武汉中央土地委员会成立,毛泽东、邓演达为委员。

4月3日　汪精卫、蒋介石在上海举行反共秘密会议。

4月5日　武汉国民政府任命蒋介石、冯玉祥为第一、二集团军司令,着令出兵讨伐张作霖。

汪精卫与陈独秀联合发表《国共两党领袖联合宣言》称:"国民党最高党部最近全体会议之议决,已示全世界,决无有驱逐友党,摧残工会之事。"

4月6日　安国军总司令张作霖不顾国际公法,调动军警搜查苏联大使馆,逮捕在此避难的李大钊等革命人士60多人。

4月8日　上海临时政治委员会成立,吴稚晖、蔡元培等为委员。该会掌握上海党、政、军、财大权。

4月9日　国民党中央监察委员邓泽如等通电"护党救国",诋毁武汉联席会议。

四川军阀刘湘等发动拥蒋反共。

4月10日　蒋介石宣布南京戒严,并解散国民革命军总政治部。

杭州公安局奉密令宣布杭州戒严,解散总工会和纠察队,搜查浙江省政务委员会,共产党领导人宣中华被捕,17日在上海龙华被杀害。

浙江宁台温防守司令王俊奉蒋介石密令,包围宁波市党部,逮捕总工会委员长。

4月11日　上海总工会委员长汪寿华被通电反共的上海青帮头子杜月笙

杀害。

4月12日　蒋介石在上海发动反革命政变,收缴工人纠察队的武器,捕杀工人和共产党员。12日至15日,上海有300多人被杀,500多人被捕,5 000多人失踪。

八　内战与危机

4月14日　共产国际执行委员会发表《关于蒋介石发动反革命政变告全世界无产者、农民及一切被压迫民族书》。

4月15日　李济深在广州"清党"。

4月16日　周恩来等致电中共中央,建议武汉迅速出兵讨伐蒋介石。

4月18日　蒋介石与胡汉民等在南京成立国民政府。武汉国民政府免去蒋介石本兼各职。

南京政府发出秘字第一号令,通缉共产党首要及国民党左派197人。26日,南京政府命令各地对举发的共产党首要分子就近由军警看管监视。

4月20日　中共中央在汉口发表《中国共产党为蒋介石屠杀革命民众宣言》。

4月21日　蒋介石通电否认武汉中央政府。

4月22日　武汉国民党中央执行委员、国民政府委员、军事委员会委员联名通电讨伐蒋介石。

4月24日　湖北审判土豪劣绅委员会成立。

4月25日　武汉举行30万人的反蒋大会。

4月27日　中共五大召开,陈独秀仍被选为总书记。

4月28日　李大钊等在北京被张作霖杀害。

5月1日　冯玉祥在西安就任国民革命军第二集团军总司令职;蒋介石决定后期北伐作战计划。

中共海陆丰地委在海丰、陆丰发动起义,分别成立两县临时人民政府。

5月2日　南京国民党中央政治会议通过《国民革命军总司令部组织大纲》,集全权于蒋介石。

蒋介石在上海发表《告工界书》,宣布新劳工政策16条,解散上海所有共产党工会。

5月5日　南京国民党中央组织中央"清党"委员会,通过《"清党"原则》。

中共创办的上海大学被国民党查封。

5月6日　武汉国民革命军独立第十四师师长夏斗寅叛变,率部进攻武汉。

5月7日　云南省龙云、胡若愚通电反共拥蒋。

5月9日　南京政府外交部长伍朝枢就职,宣布以和平手段废约和反帝的外交方针。

5月11日　徐谦在沪所办法政大学被封。

5月14日　武汉国民政府公布《取缔擅行逮捕令》和《禁止擅行没收人民财产令》,以限制工农运动。

5月18日　共产国际举行第八次执委会,讨论中国革命问题。会议开至30日,通过的决议案未能挽救中国革命的失败。

5月21日　湖南国民党军官许克祥在长沙发动"马日事变"。

5月25日　南京政府通知报馆,已经任命组成上海、广东、广州、广西、福建、安徽等省市清党委员会。

5月28日　日本政府发表出兵山东声明,决定派驻满洲部队2000名赴青岛。

5月29日　蒋渭水、蔡培火等在台湾成立台湾民众党。

6月1日　中国南北政府抗议日本出兵山东济南。

南京政府任命戴季陶为广州中山大学校长,朱家骅为副校长。

6月2日　王国维在北京投昆明湖自杀。

6月4日　中共中央要求武汉国民党中央解决长沙"马日事变"。

中共中央发表《告全国农民群众书》。

6月5日　江西省政府主席朱培德查封省党部、省总工会和农民协会等团体,礼送共产党员出境。

武汉国民政府解除苏联顾问鲍罗廷和加伦等140余人的职务。

6月6日　阎锡山就任国民革命军北方总司令,并通电拥蒋反共。

6月9日　南京政府组成浙江"清党"委员会。

6月10日　报载:南京国民党中央执委会议决恢复西山会议派党籍。

6月15日　南京国民党中央宣传部定期刊物《中央半月刊》出版,吴稚晖任主编。

6月16日　邓演达、毛泽东等全国农协临时执行委员会常务委员呈请武汉国民政府保护工农运动,讨伐蒋介石。

6月18日　张作霖就任安国军政府海陆军大元帅。

6月19日　中华全国总工会在汉口召开第四次全国劳动大会。

6月20日　蒋介石、冯玉祥举行徐州会议,决定实行宁汉合作,联合北伐。

6月21日　南京国民党中央执委会任命陈铭枢、何应钦为军队"清党"委员。

6月23日　南京国民党中央"清党"委员会致电各省市,限7月5日以前成立"清党"委员会。

6月26日　中共江苏省委和上海总工会被破坏,省委书记陈延年被捕,7月4日遇害。

6月27日　日本政府召开东方会议,策划侵略中国的基本国策。

6月28日　湖北省总工会自动解散工人纠察队。

6月29日　南京政府发行盐余国库券6 000万元。

7月3日　中共中央武昌扩大会议召开,关于两党关系,决定向国民党妥协,要求工农等民众团体均应执行国民党决议和国民政府法令。

7月5日　中华海员工会联合总会发表宣言,抗议香港政府解散海员工会香港分会和国内反动派提取海员工会会款,封闭海员工会各地分会。

7月6日　汉口《民国日报》报道,自2月至6月,湖北省30余县农协会员4 700余人被害,伤者无数。

7月7日　冯玉祥在洛阳宣布"清党",随后将全军政治人员解职,加以甄别。

7月12日　中共中央改组,成立由周恩来、张国焘、李立三、李维汉、张太雷5人组成的临时中央常务委员会,代行中央政治局职权。陈独秀离开党的领导岗位。

7月13日　中共中央发表《对政局宣言》,谴责武汉国民党策划反共。

武汉国民政府军事委员会政治部主任邓演达发表《辞职宣言》。

7月15日　武汉国民党中央常务委员会召开扩大会议,决意"分共",通过《取缔共产党案》,正式宣布与共产党决裂。随后不久,就对共产党员和革命群众实行大屠杀。国共合作发动的大革命宣告失败。

7月18日　湖北省政府委员兼农工厅长董必武向武汉政府辞去本兼各职。

7月19日　武汉政府军事委员会训令各军取缔共产党。

中共中央委员、江苏省委代书记赵世炎被国民党杀害。

7月27日　中共在南昌组成前敌委员会,以周恩来为书记。前委会召开扩大会议,讨论南昌起义部署。

7月28日　上海浦东英美烟公司工厂反对征收烟草新税,是晚宣布停工,并辞退7 000工人。

7月29日　李品仙借工潮封闭全国总工会及湖北省总工会,并勒令武汉《工人日报》停刊。

是月,台湾工友总联盟成立,李友三为书记长。

8月1日　周恩来、贺龙、叶挺、朱德等率北伐军2万人发动南昌武装起义,起义军占领南昌城。起义后,中共前委召开国民党中央委员及各党部联席会议,决定组成以宋庆龄等25人为委员的中国国民党革命委员会,以宋庆龄、邓演达、谭平山、张发奎、贺龙、郭沫若、恽代英组成主席团。

8月3日 中共中央发布《湘鄂赣粤四省秋收暴动大纲》。

8月5日 南京政府通令各机关,取消莫斯科孙逸仙大学,全国不得再送学生前往。

8月6日 张发奎进攻南昌起义军,起义军撤出南昌城。张发奎在九江大肆捕杀共产党人。

南京政府教育行政委员会通令各省区教育行政机关,所有学校采取校长制,废除委员制。

8月7日 中共中央在汉口秘密召开"八七"会议。会议确定了实行土地革命和武装反抗国民党反动派屠杀政策的总方针。

8月8日 南京政府下令各省政府清查留学生,"如有共产党及跨党分子即停止公费"。

8月13日 南京政府外交部发表宣言,废除北京政府与各国所订一切不平等条约。

蒋介石在上海发表下野宣言:希望实行宁汉合作,并力北伐,彻底"清党"。此后离沪回奉化。

8月17日 南京国民党中央党部议决挽留蒋介石,次日,南京政府也明令挽留。

8月19日 武汉国民政府迁都南京,宁汉合流。

8月21日 西山会议派张继通电主张宁、汉、沪三派合作共同反共,汪精卫应离职让贤。

8月23日 奉天本溪湖煤矿公司1 300余工人罢工,日军以暴力捕杀300余人,逼工人复工。

9月2日 长沙人力车夫3 000余人罢工抗捐。

9月3日 中华全国总工会被国民党改组。

9月5日 李济深通电发表时局宣言,呼吁党内合作、蒋汪合作。

9月6日 宋庆龄偕陈友仁抵莫斯科,发表声明表示中苏人民合作、打倒帝国主义及一切反动势力。

9月8日 北京安国军政府教育部通令各校禁用白话文。

9月9日 毛泽东领导湘赣边界举行秋收起义,起义部队编成工农革命军第一军第一师。

9月10日 汪精卫致电请蒋介石回南京复职以共商大计。

9月15日 宁、汉、沪三方在南京召开联席会议,并宣告国民党中央特别委员会成立。

9月19日　中共中央政治局会议通过《关于"左派国民党"及苏维埃口号问题决议案》，决定用苏维埃取代国民党的旗帜。

9月21日　汪精卫、顾孟余、唐生智等返汉，成立武汉政治分会，与南京中央特委会对峙。

9月29日　阎锡山致电国民政府，宣布誓师讨奉。

本月，中共在洪湖湘鄂边界发动秋收起义。

中共在海南岛发动秋收起义。

10月4日　南京政府下令讨奉。

10月7日　毛泽东率部进驻井冈山茅坪。

李济深、张发奎联名通电拥汪。

10月11日　张作霖与日本达成满蒙新五路协约。

10月14日　广州海员及各业工人2万人集会游行，公开拥护赤色工会和共产党。

10月18日　冀东玉田农民暴动，成立京东人民革命军。12月失败。

10月20日　宁汉战争爆发。

10月25日　北京政府枪杀京津工会会长赵铨林等10人。

10月28日　苏联驻沪领事馆被国民党查封。

10月30日　海陆丰工农武装举行第三次武装起义。

本月，中共河南确山县委和农军负责人马尚德（即杨靖宇）在确山刘店领导农民起义。

11月1日　宋庆龄、邓演达、陈友仁以中国国民党临时行动委员会名义发表《对中国及世界革命民众宣言》，声明继承孙中山遗志，坚持反帝反封建斗争。

11月4日　国民政府议决特派何应钦、白崇禧、李宗仁、程潜、朱培德分别为一、二、三、四、五路各路军总指挥，担负北伐和西征（唐生智）责任。

11月6日　中共浏阳县22岁的女县长邵振雄被国民党杀害。

11月8日　广州政治分会、广东省政府宣布解散省港罢工委员会、遣散罢工工人群众。

11月9日　华洋义赈会宣布山东旱蝗兵灾使2100万灾民流离失所，占全省人口一半以上。

11月11日　中共中央北方局书记王荷波等18人被张作霖杀害。

11月13日　中共在湖北黄安、麻城发动秋收起义。

广东海陆丰苏维埃政府成立。

11月16日　蒋介石在上海宣布应由蒋、汪、胡团结合作,不排斥西山会议派。

11月23日　南京政府外交部长伍朝枢发表《废约宣言》。

11月25日　方志敏主持弋横五县共产党员联席会议,通过武装起义纲领。12月,方志敏等领导弋横暴动,后成立赣东北革命根据地。

11月27日　美国教会学校金陵大学归华人主办,校长陈裕光。

本月,茶陵县工农兵政府正式成立。

12月9日　汪精卫等联名电广州陈公博、张发奎实行"清共"。

12月10日　湘省共产党发动长沙暴动,中共长沙市委书记涂振楚等百余人被捕后牺牲。

12月11日　冯玉祥、阎锡山联名电请国民党中央及国民政府,起用蒋介石主持军政。

中共中央和广东省委发动的广州起义爆发,成立广州苏维埃政府。张太雷牺牲。

12月14日　国民政府发布对苏联断绝邦交令。

12月15日　广州国民党连日屠杀共产党人。香港路透社17日电讯,共产党人被杀者约2 000人。

12月17日　湖北省前财政厅长詹大悲、前教育厅长李汉俊以湖北共产党首领名义被捕遇害。

本月,中共中央派贺龙、周逸群等到湘鄂西组织湘鄂边前敌委员会,开展革命工作。

1928年(民国十七年)

1月7日　国民党将上海工会组织统一委员会,改组为上海工统会。

1月9日　中共中央组成以郭亮、贺龙、周逸群、柳直荀、徐特立为成员的中共湘西北特委。

1月12日　朱德、陈毅领导宜章暴动,并在附近七县建立苏维埃政府。

1月15日　第一次新粤桂战争结束。张发奎、黄琪翔部与李济深部双方伤亡达2万人以上。

1月20日　江西遂川县苏维埃政府成立,贫农王次淳当选为政府主席。

1月21日　日本派兵舰至湖北大冶,抗议国民政府接管大冶铁矿。

1月24日　北京军政府与日本南满铁路公司秘密签订吉会铁路500万元合同。

2月2日　国民党二届四中全会召开,7日闭幕。会议建立了统一的国民党中央与国民政府。决定蒋介石为军事委员会主席,谭延闿为国民政府主席。

冯玉祥命令各军严密查办缉拿共产党人。

2月8日　前国民政府代理海军局长、共产党员李之龙在广州被捕就义。

2月15日　中共北京市委书记马骏就义。

2月16日　蒋介石、冯玉祥在开封会商北伐作战方略。阎锡山代表亦与会。

3月9日　国民政府公布《暂行反革命治罪法》。

3月10日　国民政府公布《中华民国刑法》。

西康特区政务委员会在康定成立。

《新月》杂志在上海创刊，徐志摩主编。

3月15日　陈公博在上海《贡献》（旬刊）著文，公开提出改组国民党主张。

3月20日　中共湖北省委委员夏明翰在汉口就义。

3月28日　中共中央委员、湖北省委书记郭亮在岳阳被捕，当晚在长沙就义。

本月，毛泽东为中国工农红军颁布"三大纪律、六项注意"。

贺龙、周逸群发动湘西北桑植起义。

4月1日　国民政府财政会议议决由苏、浙、皖三省向中央按月送款9 243 000元。

4月3日　北京军政府财长梁士诒召集各银行行长会议，拟筹借2 000万元，被一致拒绝。

4月7日　蒋介石下北伐总攻击令。

4月12日　北京政府正式声明，停止道胜银行各项合同权利，第三国不得继承。

4月15日　台湾共产党（日本共产党民族支部）在上海召开第一次代表大会。

4月18日　国民党中央政治会议通过《省政府组织法》，任蔡元培为中央研究院院长。

4月19日　日本政府下令第二次出兵山东。

4月21日　中共中央临时政治局委员罗亦农在上海龙华就义。

4月25日　朱德、陈毅率部到达宁冈县砻市，与毛泽东会师，组成工农红军第四军。

国民党中政会通过《劳资争议处理法》。

本月，刘志丹等领导渭（南）华（县）起义，建立西北工农革命军。

5月1日　国民革命军第一集团军克复济南。

中共湖北省委负责人向警予在汉口就义。

5月3日　日军破坏外交惯例，冲进国民党战地政务委员会外交公署，将南京政府新任驻山东外交特派交涉员蔡公时及随员19人全部捆绑毒打，并将其杀害，制造了"济南惨案"。

5月4日　北京军政府外交部就"济南事件"向日使提出抗议。

5月5日　国民党中央执委会通知国民政府严重抗议日本制造"济南惨案"。

5月9日　日本外务省就第三次出兵山东发表声明,决定再派日军赴山东保护日侨。

5月11日　日军占领济南城,打死打伤中国军民约1.1万人。

5月12日　国民政府议决对张作霖求和电,予以拒绝。

5月14日　国民政府公布《著作权法》及《著作权法实施细则》。

5月19日　美国政府发表声明:满洲为中国之领土。对于日本提出的日本在满洲有特殊势力范围的要求予以拒绝。

中共湘赣边界第一次代表大会召开。

5月31日　国民革命军第三集团军占领保定。

6月4日　日军制造皇姑屯事件,张作霖在皇姑屯车站被炸重伤身亡。

6月6日　中共中央委员、江苏省委组织部长陈乔年(陈独秀次子)被捕,在上海龙华就义。

6月8日　国民军先后占领北京、天津。至此,第二次北伐宣告成功。

6月9日　蔡元培在上海主持召开中央研究院第一次院务会议,宣告正式成立。

6月10日　国民政府会议决议组织敌产委员会。

6月16日　新疆督办杨增新通电易帜。

6月18日　国民政府公布《奖励工业品暂行条例》。

中共六大在莫斯科举行。会议通过了中国共产党在民主革命中的十大纲领,选举了新的领导机构,向忠发任总书记,周恩来、苏兆征、项英、蔡和森为政治局常委。

张学良就任奉天军务督办,通电罢兵。

6月20日　全国经济会议在上海开幕。

6月21日　国民党中央政治会议议决:直隶省改名河北省,北京改名北平,为特别市。

6月22日　井冈山革命根据地粉碎敌人第一次大"会剿"。

7月1日　全国财政会议在南京开幕。会议决定统一财政、统一币制,废两改元。

7月3日　中国测地协会在南京成立。

7月7日　国民政府外交部发表废约声明。

7月11日　国民政府蒙藏委员会在南京成立,白云梯任主席。

7月15日　共青团五大在莫斯科举行,选举关向应为团中央书记。

7月19日　热河都统汤玉麟通电易帜。

7月22日　彭德怀领导平江起义。

7月23日　蒋介石致电张学良,请毅然断行易帜。

7月25日　中美签订关税条约。条约规定中美各旧约有关关税条款作废,新约遵循关税自主的原则。

中国工农红军第五军成立。

7月28日　国民政府公布《刑事诉讼法》《刑事诉讼法施行条例》及《土地征收法》。

7月30日　英国外相张伯伦发表谈话,声明必须等待南京政府解决"南京事件",才能承认中国享有关税自主的权利。

8月1日　国民党中央执委会的广播无线电台(中央广播电台)在南京举行开播典礼,正式开始播音。

教皇庇护十一世向中国天主教发布特别通谕,令嘱中国天主教徒服从国民政府。

8月7日　中共湖南省委书记彭公达在长沙遇难。

8月9日　《中英宁案协定》在南京签字。

8月15日　国民党二届五中全会闭幕,通过大会宣言,并决定设立行政、立法、司法、考试、监察五院。

8月17日　中德《关税条约》在南京签字。

8月19日　朱(德)、毛(泽东)红军攻占湖南桂东县城。

8月20日　《布尔什维克》杂志刊载被国民党屠杀的共产党员、革命群众有18 488人,被捕的有31 471人。据中共六大统计有31万人。

8月24日　外交部照会荷兰驻华公使欧登科,抗议荷属南洋群岛殖民地禁止华侨的爱国运动。

8月28日　工商部长孔祥熙提议保护山东孔林及各省孔庙。国民政府通电各省施行。

8月30日　红军在井冈山黄洋界保卫战中取得以少胜多、以弱克强的胜利。

9月4日　全国预算委员会开会,确定全国军队不得超过60个师,由财政部速筹裁兵费。

9月13日　国民政府宣布加入"非战公约"。

9月14日　奉军与直鲁军战事爆发。

9月17日　国民政府公布西康等区改省办法。

9月18日　国民政府将原清华学校正式命名为国立清华大学,罗家伦为首任校长。

9月20日　《大众文艺》月刊创刊,郁达夫主编。

9月22日　国民政府正式委任易纨士为总税务司,梅乐和为副总税务司。

9月23日　东征军事结束。白崇禧下令改直鲁降军为3个暂编师,听候国民政府处置。

9月24日　中国驻日公使汪荣宝就日本政府将满蒙列为殖民地一事,向日本政府提出严重抗议。

9月27日　古巴同意废除不平等条约并承认国民政府。

10月3日　国民党中央严令禁止邮务工人罢工。

10月4日　中共湘赣边界党的第二次代表大会在井冈山茅坪召开,毛泽东主持。大会讨论了毛泽东主持制定的《井冈山土地法》。12月,正式颁布。

10月8日　国民政府改组,蒋介石任国民政府主席。

10月26日　国民政府发表《国民政府训政时期施政宣言》,标志南京国民政府五院制确立。

本月,中央研究院历史语言研究所考古组开始对河南安阳殷墟进行发掘。

大中华橡胶厂在上海创办。

11月1日　中央银行在上海成立,资本总额2 000万银圆。总裁宋子文。

11月2日　国民政府决议公布《中华民国国徽国旗法》。

11月5日　美国政府宣布正式承认中华民国政府。

11月17日　第三届国际运动会在上海举行。18日闭幕,中国队获团体总分第三名。

11月20日　中共中央机关报《红旗》创刊。共出126期,前23期是周报,后103期日报。1930年8月2日停刊。

11月27日　中意《友好通商条约》在南京签字。

11月29日　武汉航空会订购美国飞机5架,每架1.3万美元。

本月,国民政府正式决定以梅花为国花,并拟定以三朵连枝象征三民主义,五瓣象征五权的图案。

12月7日　国民政府第十次会议议决明令各级地方政府不准擅自与外人订立和约、借用外资,或者准许外人享有经营建设事业的特权。

12月8日　国民政府公布内政、外交、财政、农矿、工商、教育、交通各部及建设委员会组织法。

12月12日　中丹(麦)《友好通商条约》在南京签字。

12月14日　浙、闽、苏、皖、赣五省裁厘会议召开。

12月15日　国民政府颁发统一财权令。

12月16日　蒙藏委员会以美国新版地图将西藏划入印度,苏俄新地图将唐努乌梁海划入苏俄,请国民政府交涉此事,并且提出抗议。

12月19日　中荷、中葡《友好通商条约》签字。

12月20日　中英、中瑞《关税条约》在南京签字。

12月22日　中法《关税条约》在南京签字。

12月29日　张学良通电宣布:从即日起遵守三民主义,服从国民政府,改易旗帜。同日上午7时,东三省同时悬挂青天白日旗。

12月30日　谢雪红主持台湾农民联合会第二届大会,号召台湾工人、农民以及一切被压迫民众组织起来,反击日寇镇压,支持中国工农革命。

12月31日　国民政府特任张学良为东北边防军司令长官。

本月,《井冈山土地法》颁布。

本年,谭平山、邓演达等在上海发起成立中华革命党。

陈公博等在上海成立中国国民党改组同志会。

1929年(民国十八年)

1月1日　蒋介石部署对井冈山的第三次"会剿"。

1月4日　中华教育文化基金董事会第三次常会在杭州召开,修改该会章程,选举蔡元培为董事长。

1月7日　东北政务委员会成立,张学良任主任。

1月14日　中国史学会在北平成立,北京大学史学系主任朱希祖等任执行委员。

毛泽东、朱德、陈毅率领红四军主力进军赣南。

1月17日　国民党中常会通过有关孙中山总理奉安纪念办法和宣传计划。

1月19日　西北学术考察团中国团长徐炳昶宣布在四川发现1 600万年前的恐龙化石。

罗马教皇代表刚恒毅抵达南京,表示中国教徒应受中国法律支配。

2月5日　国民政府公布《国籍法》《国籍法施行条例》《侨务委员会组织法》。

2月13日　江苏省宿迁县小刀会起义。

3月17日　国民政府抗议英国入侵云南江心坡。

全国中医药代表大会召开。

3月21日　李济深在南京力言和平解决湘事,被蒋介石软禁于汤山。

3月26日　国民政府下令讨伐桂系。蒋桂战争爆发。

3月31日　国民政府接收日本占领的济南。

4月6日　全国巡回拒毒运动大会在上海开幕,组成全国拒毒巡回运动团分赴各地。

4月7日　全国反日会在南京召开提倡国货委员会会议,议决召集全国提倡国货委员会代表大会。

4月8日　蒋介石发表通电就对桂系"叛党背国"失察,待大局敉平后,当引咎自劾。

4月10日　冯玉祥通电服从中央。

4月14日　中日就解决悬案问题举行正式谈判。

4月20日　国民政府下令保障人权财权。

4月24日　汪精卫宣布国民党改组纲领。

5月5日　李宗仁通电组织"护党讨贼军",斥蒋介石为党贼,在梧州就任护党救国军南路总司令。

5月8日　蒋介石当选为国民党中央政治会议主席。

5月9日　上海军警实行特别戒严,并查封大陆、华南、建华三所大学。

5月10日　浙江农民代表向国民党中央请愿恢复二五减租。

5月22日　韩复榘、石友三通电叛冯投蒋。

国民党中央宣传部通令查禁《先声周刊》《快乐之神》《中国工人》《民众呼声》《创造月刊》等刊物。

5月24日　青岛日商纱厂工人罢工。

5月26日　张学良派兵搜查苏联领事馆。

5月27日　冯玉祥通电下野,息影华山。

本月,国民党改组派组织护党革命大同盟。

陈独秀等人转向托洛茨基主义。

6月1日　国民政府在南京紫金山举行孙中山灵榇奉安仪式。

6月3日　国民党中宣部在南京召开全国宣传会议,通过有关训政时期的宣传方法等议案。

禁烟委员会在南京举行林则徐禁烟90周年纪念大会。

6月6日　西湖博览会开幕,浙江省政府主席张静江主持。

6月26日　国民政府宣布中共第六次全国代表大会决议案"关系党国安危甚巨",训令严密搜查。

7月1日　教育部通令查封《纪念广州惨案》《中国工人》《布尔塞维克》等18

种进步刊物。

7月4日　蒙藏委员会向国民政府报告,英入侵西藏,并促使藏兵侵占西康20余县。

7月7日　北平大学教职员反对政府挪用庚款筑路。

7月10日　上海日商东亚制麻厂工人全体罢工。

7月11日　北平大学致电教育部要求北大直属中央,恢复北京大学原称,并任蔡元培为校长。

昆明火药库爆炸,死1 000人,伤六七千人。

7月17日　中东路事件,苏联宣布与中国绝交,中苏发生军事冲突。

7月25日　上海英商自来水厂工人全体罢工。

8月24日　中共中央政治局候补委员彭湃因叛徒出卖在沪被捕,同时被捕者有杨殷(中共中央政治局委员)、颜昌颐(中共中央军委委员)等。30日英勇牺牲。

9月10日　中法签订组织学术考察团的合同,决定1930年1月启程考察蒙古、新疆。

9月13日　蒋介石令限期3个月内实施保甲制度和清查户口。

9月16日　国民政府下令查封前清故吏盛宣怀的遗产。

9月17日　张发奎通电反蒋,要求汪精卫回国主政。

《清乡条例》颁布。

9月24日　汪精卫联合国民党第二届中央委员12人在香港通电反对蒋介石。

10月10日　西北军将领联名通电反蒋。

蒋介石发表《双十节告同胞书》,以"智、仁、勇"为革命与立国之道。

10月20日　中国出席第三届太平洋国际交流讨论会代表,要求废除治外法权。

10月22日　日本驻华公使佐分利谈日本移民政策,称"中国为日人海外发展第一线""每年移民一万尚不为多",引起上海舆论界大哗。

10月25日　红四军朱德、毛泽东部攻克广东梅县。

10月26日　蒋、冯战争爆发,两军在豫西巩县至登村间全线开火。

10月28日　蒋介石赴武汉督师,国民政府主席职由行政院长谭延闿代,总司令由参谋长朱培德代。

11月1日　国民政府令,自本日起施行《工会法》,制裁工人运动。

11月4日　太平洋会议讨论中国满洲问题,中国代表强烈反对日本将满洲比之于英国之印度。

蒋介石令讨冯前线各军归唐生智指挥,并下总攻击令。

中国银行伦敦分行正式开业。

11月5日　国民政府令广东粤汉铁路应即收归国有,其原有商股由铁道部发行公债限期赎回。

11月8日　安徽六安独山数千农民起义占领独山镇。

11月14日　国民政府教育部通令全国各大学停止施行学分制,改行学年制。

11月15日　中国正式接收镇江英租界。

中共中央政治局决定开除陈独秀党籍。

本月,李宗仁就任护党救国军第八路总司令职,与张发奎联手反蒋。

12月2日　古生物学家裴文中在周口店龙骨山发现完整的"北京人"头骨化石。

12月5日　青岛英美烟公司劳资双方谈判破裂,厂方宣告停业。

12月11日　邓小平、张云逸、韦拔群领导广西百色起义。随后成立右江苏维埃政府,雷经天任主席。

12月28日　红四军在福建上杭古田召开党的第九次代表大会(即古田会议),会议通过了《古田会议决议》,毛泽东当选为前委书记。

12月31日　中苏双方和平解决中东路事件并恢复外交关系。

1930年(民国十九年)

1月1日　鲁迅主编的《萌芽》月刊在上海创刊。

1月5日　毛泽东致函林彪(《星星之火,可以燎原》),进一步阐明工农武装割据思想。

1月14日　山东省政府议决,取消孔氏家族特殊待遇,规定除孔子祀田外,其他孔族田地一律照章纳税。

1月17日　国民政府令,自本年10月10日起,所有全国厘金及类似厘金之一切税捐,一律裁撤。

1月18日　立法院通过国际劳工大会的最低工资公约。

中共湘赣边、赣西特委和红五军军委联席会议,决定组成红六军,黄光略任军长。

1月20日　郭沫若著《中国古代社会研究》出版,标志着中国马克思主义史学的起点和里程碑。

1月26日　尼泊尔在英国支持操纵下,出兵6万余人进攻中国西藏。

1月30日　司法院长王宠惠召集会议,决定改组上海临时法院具体办法。是为我国司法机关在上海租界执行职务之始。

1月31日　国民政府颁布《妇女团体组织原则》《大纲》及《文化团体组织原则》《大纲》。

本月,红四军粉碎赣闽粤三省国民党军的"会剿"。

赣东北红军打破国民党军的第五次"进剿"。

据日本外务省调查,外国在华驻军数达15 600人,其中美2 300人,英7 700人,法3 400人,日1 800人,意400人。

2月1日　俞作豫率领广西警备第五大队在广西龙州起义,成立中国工农红军第八军,俞作豫任军长,邓斌(小平)兼政治委员。

2月2日　行政院令各省修葺郑成功、戚继光祠宇,连同福州鼓浪屿水操台一并依古迹条例保存。

2月5日　红军第六军编成,孙德清、旷继勋先后任军长,周逸群兼任政治委员。

2月6日　红四军前委、赣西特委和红五、六军军委召开联席会议(通称"二七会议"),确定党的任务是深入土地革命,建立革命政权和发展工农武装。

2月7日　汉口、长辛店分别举行"二七"惨案纪念,两处共到万余人。

2月8日　中国社会学社在上海成立,选举孙本文等7人为理事。出版《社会学刊》。

2月9日　国民党军队在江西向红军开始总攻击。

2月12日　阎锡山要求与蒋介石共同下野。蒋介石电复阎锡山,告以"革命救国本为义务,非为权利",故不能弃任。蒋阎之间进行了长达两个月的电报战。

2月13日　鲁迅、冯雪峰等发起的中国自由运动大同盟在上海成立。

2月15日　鲁迅主编《文艺研究》季刊创刊,仅出一期被禁。

2月16日　天津宝成纱厂自日起将12小时工作制改为8小时工作制,开中国劳动界先例。

2月19日　故宫博物院审查赵尔巽总撰《清史稿》,认为内容反动,错误百出,呈请国民政府"禁其发行"。国民政府以《清史稿》纰缪百出,训令行政院转饬所属禁售,永禁流传。

2月20日　历史语言研究所主任李济在北平发表谈话,称在安阳所发掘的殷墟古物,其价值可使中国美术、文化社会史重行编定。

2月22日　复旦大学教授洪深组织群众反对大光明影院上演侮辱华人之美国影片《不怕死》。

2月26日　中共中央发出第70号进攻通告,把准备武装起义、建立全国政权定为全党的总路线和总任务,要求红军"在战略和战术上必须向着交通要道中心城市发展",指出"党内最主要的危险是右倾"。

2月28日　各方反蒋代表34人在太原召开军事会议,反蒋阵线大联合形成。

本月,5年悬而未结的"五卅惨案",以租界工部局赔偿抚恤费15万元了结。

胡汉民主编的《总理全集》由上海民智书局出版。

3月2日　中国左翼作家联盟在上海召开成立大会,鲁迅、夏衍、钱杏村组成主席团。

3月30日　哈尔滨开明书店因传播共产主义被特警处查封。

3月31日　尼泊尔犯藏,拉萨危急,班禅向国民政府求援。

本月,中共机关刊物《布尔什维克》发表李立三著《中国革命根本问题》一文,批判了托派理论。此后引发了理论界有关中国社会性质的长期论战。

4月1日　阎锡山通电在太原就陆海空军总司令职,宣布率军陈师中原讨蒋。

4月7日　国民党中常会决议永远开除阎锡山党籍。蒋介石部署讨伐阎、冯军事。

4月9日　南京下关和记洋行工潮经市社会局等调解平息,工人700余人复工。

4月10日　朱德、毛泽东率领红四军攻克江西信丰。

厦门全乐汽车公司的便利汽船载客渡五通港出厦,中途船破沉没,溺毙乘客189人。

4月12日　国民党政府明令通缉晓庄师范学校校长陶行知。

4月16日　全国气象会议在南京举行,审定国内气象台一律采用徐家汇气象台所定的天气旗号。

4月18日　中英在南京签订收回威海卫专约及英国展租刘公岛协定。

4月28日　中国国民党中央执行委员会党史史料编纂委员会成立,蒋介石、胡汉民等11人为委员。

本月,中国第一信用保险股份有限公司在上海创立。

5月1日　蒋介石发表"讨伐阎冯誓师词",中原大战拉开序幕。

5月2日　国民政府通令推行注音符号。

5月3日　国民政府行政院密令严防共产党在红五月发动工人罢工示威活动。

5月6日　《中日关税协定》在南京正式签字。

国民政府公布《商标法》。

5月9日　陕西全省连年旱荒,饿死者300余万。是日,朱庆澜、李晋发起救济陕灾募捐运动。

5月10日　广东省中山县唐山湾开辟为无税口岸,以60年为期,定名中山港。

5月11日　蒋介石下达"讨逆"总攻击令,蒋阎冯中原大战爆发。

5月14日　上海标金猛涨,价格最高达526两。

5月15日　国民政府以金价暴涨,决定禁止银块输入及金块输出。

5月20日　第一次全国苏维埃区域代表大会在上海秘密举行,会议受到了李立三的"左"倾冒险主义的影响,认为目前苏区的"主要危险是右倾保守观念和富农路线"。

中国社会科学家联盟在上海成立,该联盟以介绍马克思主义理论为宗旨。

中央研究院函请外交部,限制英籍考古学家斯坦因在西北的考古工作。

5月21日　蒙古会议在南京举行开幕式及第一次预备会,讨论蒙古交通建设等案。

6月1日　国民政府指令行政院,曲阜大成殿维修后定为孔子纪念堂。

6月11日　李立三在沪主持召开中共中央政治局会议,通过《新的革命高潮与一省或几省的首先胜利》决议案。

6月12日　汪精卫在香港发表《中央党部扩大会议之必要》一文,希望反蒋派携手合作。

6月19日　中国工农红军第一军团成立(由红四军、红十二军和红六军合编而成,先称为红军第一路军,后改此名),朱德任总指挥,毛泽东任政治委员。同时组成红军第三军团,彭德怀总指挥,滕代远任政治委员。

6月23日　国民政府电令张学良派东北舰队至大沽口外封锁天津,监视逃税船只。

6月26日　总税务司奉国民政府令宣布所有天津海关应收之进出口税,统由江海关代征。

6月28日　中国工商管理协会在上海成立。

6月30日　国民政府公布《土地法》,规定土地国有的最高原则,公有和私有的原则,规定了限田和限租制度,保护了地主土地所有制。

本月,鄂豫皖革命根据地建立。

7月4日　湘鄂边红四军与洪湖地区红六军在湖北公安会师,组成红二军团,贺龙任总指挥。

7月5日　周恩来在莫斯科联共第十六次代表大会上作《中国革命新高潮与中国共产党》的报告,提出要"反对'左'倾盲动情绪和关门主义"。

7月16日　中共中央政治局致函共产国际,提出为了坚决执行"变军阀战争为革命战争"的路线,决定在宁汉暴动,建立全国苏维埃政权。

7月17日　美影片《月宫宝盒》《不怕死》在沪上演引起公愤。

7月25日　红军多次迫近南昌,是日张辉瓒宣布南昌临时戒严。

7月27日　彭德怀率红三军团攻克长沙。30日,红三军团攻入长沙,湖南省工农兵苏维埃政府在长沙成立,李立三任主席。

本月,湘鄂西革命根据地建立。

国民政府取缔上海日本人办的同文书院组织的各地考察团。

刘鸿生等发起的大中华火柴股份有限公司在上海成立。

8月1日　蒋军与晋军争夺济南的大规模战役开始。

8月2日　长沙10余万工人在教育会坪举行"八一"南昌起义三周年和庆祝湖南省苏维埃成立大会。

8月5日　何键军向长沙发起总攻,红军被迫退出长沙,向平江、浏阳地区转移。

8月8日　《民报》发表《考察松花江下游赫哲族报告》,称赫哲族已由清初3 000人减少至500余人。

8月9日　邓演达等在上海召开中国国民党临时行动委员会成立大会。

8月18日　中共南京地下组织被国民党破坏,任雪涛、谭籍安等20人在南京雨花台遇害。

8月20日　湘军戴斗垣旅三团在浏阳文家市被朱德红一军团全部歼灭,戴斗垣被击毙。

8月23日　国民政府立法院秘密会议通过《处置共产党条例》。

红一军团与红三军团在湖南浏阳永和市会师,组成红军第一方面军,朱德任总司令,彭德怀任副总司令,毛泽东任总前委书记兼总政治委员。

8月26日　上海各革命文化团体代表集会,决定发起"反白色恐怖周"。

8月29日　陇海线蒋军下总攻击令。

8月31日　蒋介石下达对平汉线冯军总攻击令。

9月1日　北平国民党中央党部扩大会议,反蒋派通电公布《国民政府组织大纲》。

红一方面军第二次攻打长沙。

官商合办的重庆市民银行成立。

9月2日　阎锡山致电扩大会议,接受政府委员及主席职。

9月4日　共产党员张叔昆等8人,在南京雨花台被南京卫戍司令部杀害。

9月7日　上海南京路举行反白色恐怖大示威。

9月10日　张学良在沈阳召开东北最高干部会议,决定出兵华北。

9月15日　长沙举行"铲共"大会,当场杀害共产党人陈桂林等5人。

9月18日　张学良发出和平通电,吁请各方即日罢兵。

9月24日　中共六届三中全会在上海召开,结束"左"倾路线对中央的统治。

10月1日　汪精卫、陈公博抵太原。扩大会议连日在太原傅公祠开会,继续研究起草约法工作。

10月3日　东北军接收北平市政府。

10月4日　朱德指挥红一军团占领赣西吉安城。

10月5日　阎、冯、汪致电张学良表示实行停战。

10月7日　江西省苏维埃政府在吉安城宣布成立,曾山任主席。

10月9日　张学良在沈阳就南京所委任的陆海空军副司令之职。

10月14日　中国公学校长马君武当面斥责警察进校抓进步学生,从而触恼上海国民党当局。

10月21日　冯军吉鸿昌部和张印相师被蒋介石收编为第二十二路军,以吉鸿昌为总指挥。即日调往豫鄂皖边区"剿共"。

10月22日　红二军团贺龙部攻克湖南南县、华容。

10月27日　台湾雾社高山族人民举行抗日大暴动。高山族领袖莫那鲁道牺牲。

10月30日　国民政府教育部再请国民党中央废除《中日文化协定》。

11月1日　国民党湘鄂赣三省"剿共"部队开始动员。

红军部署第一次反"围剿"作战,红一方面军总部下达"诱敌深入赤色区域待其疲惫而歼灭之"的命令。

11月4日　阎锡山通电下野。中原大战结束。

赣东红十军方志敏部占领皖南秋浦县城。

11月5日　国民党开始"围剿"中央革命根据地。

11月7日　济南龙山镇谭国古城开始发掘,不久即发现被誉为龙山文化的黑色陶器。

11月14日　张学良、蒋介石磋商北方善后,决定北方政局由张学良全权处理。

杨开慧在长沙被湖南"清乡"司令部杀害。

11月16日　山西全省各官营事业及一切税捐悉改收现洋,晋钞破产。

11月17日　郑州行营派飞机续炸太原,并散发传单,促晋人驱阎。

12月3日　国民党中央政治会议决议改组国民政府,加强蒋介石权力。

梁漱溟应韩复榘邀请自北平赴山东,商议乡村自治实行办法。

12月4日　蒋梦麟任北京大学校长。

12月5日　蒋介石视察湘鄂赣三省"剿共"军队,声称拥兵30余万,还有海、空部队,无异网罗。

12月9日　国民党对红军的第一次"围剿"开始。

12月10日　国民政府令新疆省政府就近制止英人斯坦因在新疆窃掘古物。

12月12日　第二次国民政府会议议决,公布民法第四编亲属法、第五编继承法及民事诉讼法、出版法、交通部航政局组织法、工厂法施行条例。

12月13日　红二军团贺龙部占领公安,小部进城,大部向黄金洞转移。

12月14日　张学良与商震、徐永昌会谈晋绥善后。

12月15日　国民政府通电实行裁厘。

国民政府颁布《出版法》,加强了对革命文化的"围剿"。

12月16日　鲁涤平令各路军向江西红军根据地中心区进攻。

12月19日　国民政府电山东省府,令制止聊城海源阁杨氏将所藏古书倾售与日人。

12月28日　英国远东经济考察团抵天津。

12月29日　中国社会科学社在南京举行第一次年会。

12月30日　红军全歼张辉瓒部,并生俘张辉瓒,粉碎了国民党军的第一次"围剿"。

1931年(民国二十年)

1月3日　谭道源第五十师在东韶被红军包围,残部突围到南丰。至此,国民党对江西红军发动的第一次"围剿"以失败告终。

1月5日　王敏川等成立台湾大众党,台湾文化协会解散。

1月7日　中国共产党六届四中全会在上海召开,在共产国际东方部负责人米夫支持下,王明进入中央政治局,实际上掌握了中央领导权。

1月12日　总税务司公布1930年海关税收,全国总数合关平银18 057万两。

1月15日　中共苏区中央局、苏区中央革命军事委员会在江西瑞金成立。

1月18日　中国国际贸易协会在上海成立。

1月27日　罗章龙等因在中共六届四中全会后非法成立"第二中央""第二省委""第二区委""第二工会党团"等组织,进行分裂党的活动,被开除出党。

1月31日　国民政府公布《危害民国紧急治罪法》。

2月1日　交通部在上海成立国际电信局。

中德航空公司成立。

2月2日　湘鄂赣闽"剿匪"总司令何应钦赴赣,组织指挥对江西苏区红军第二次大"围剿"。

2月3日　国民政府行政院公布《电影检查法施行规则》《电影检查委员会组织章程》。

2月7日　左联作家胡也频、柔石、殷夫、冯铿等在龙华被国民党淞沪警备司令部杀害。

2月8日　抚顺煤矿发生火灾,烧死工人3 000余人。

2月10日　红四军第十三师攻占河南光山南部新集镇。此后,新集成为鄂豫皖根据地的政治中心。

王明《两条路线》(后改称《为中共更加布尔塞维克化而斗争》)小册子正式出版。

2月28日　因"约法"问题矛盾激化,蒋介石软禁胡汉民,宁粤分裂开始。

3月1日　中国语言文字学会在上海成立。

3月12日　第十九路军总指挥蒋光鼐抵赣州,并决定在赣州设立"剿共"总指挥部。

3月27日　南昌行营下达向江西红军进行第二次"围剿"总攻击令。

4月3日　何应钦下令在国民会议前,将朱德、毛泽东各部肃清。

4月5日　首届亚洲文化协会代表大会在南京召开。

中共山东省委书记邓恩铭等22人在济南被杀害。

4月8日　上海《时报》开始连载巴金的长篇小说《家》。

4月14日　据《申报》发表:实业部调查各省市工人总数,全国共有工人1 144 396人。

4月21日　中国水利工程学会在南京成立,李仪祉为会长。

4月22日　财政部长宋子文宣布中央银行于本年5月1日起发行关金兑换券。

4月26日　参加对江西红军进行第二次"围剿"的航空第三队进驻吉安,航空第五队进驻樟树,此后每日派飞机在红军占领区域侦察或轰炸。

西藏驻京办事处成立。

4月29日　中共沪东行动委员会书记恽代英在南京国民党中央军人监狱被杀害。

5月1日　国民党中央执行委员会召开临时全体会议,通过《中华民国训政时期约法草案》及《首都建设案》。

张国焘宣布撤销鄂豫皖边特委,成立中共中央鄂豫皖分局和鄂豫皖军事委员会。

"中国共产主义左派反对派"组成,以陈独秀为总书记。

5月5日　国民会议在南京开幕。17日闭幕。此次会议从法律上巩固了蒋介石的统治地位。

中共中央在上海召开各苏维埃区域代表会,通过《全国形势及苏维埃任务》的宣言。

5月13日　中国佛教会主席太虚等电促达赖来京与班禅消释猜忌,携手合作。

5月17日　红军彭德怀部将公秉藩师、郭华宗师大部歼灭。

中法学术考察团自张家口向喀什噶尔进发。

5月18日　中国银行公布1930年度营业情况,该行获纯利2 085 944.77元。

5月27日　汪精卫、孙科等国民党中央执、监委员在广州成立"非常会议",并议决在广州成立"国民政府",主要任务在推倒蒋介石的独裁。

5月28日　清华大学教授、学生掀起反对校长吴南轩风潮。

5月31日　毛泽东、朱德率领红军取得第二次反"围剿"胜利。

6月1日　国民政府公布《中华民国训政时期约法》,即日生效。

6月12日　广州"国民政府"举行北伐誓师大会,全场观众达10万人。

6月22日　中共中央总书记向忠发在上海被捕,24日叛变后,被就地枪杀。

6月24日　国民政府给班禅加"护国宣化广慧大师"名号。

6月26日　6月初,日本间谍中村等人化装成中国农民到兴安岭一带进行军事地理调查。本日被中国屯垦军逮捕。在确认他们是军事间谍后,中国官兵将他们秘密处死。

7月1日　蒋介石发出第三次"围剿"江西苏区红军的命令,30万国民党军即日开始行动。

韩人在长春市以北的万宝山强行开渠种稻,当地农民前往平坝填沟,与日警发生武装冲突。

7月11日　上海劳动大学及附属中学因反对国民党政策,被下令解散。

7月12日　蒋介石密电张学良,对日军在东北的挑衅,须极力忍让。

7月13日　上海各界联合召开反日援侨大会,请政府切实保护在韩华侨。

7月15日　蒋介石下令:凡活捉朱德、毛泽东、彭德怀、黄公略者,各赏银五万元。

7月19日　陈诚师攻入红军重要根据地宁都城。

7月23日　蒋介石在南昌行营首次鼓吹"攘外必先安内"。

8月2日　内政部以土司制度有碍行政统一,特咨川、滇、甘各省筹议改革办法。

8月4日　蒋介石在南昌电国民党中央,坚持"安内可以攘外",慎重对待国民排日运动。

8月9日　汉口长江水标达50英尺5英寸的新纪录。汉口灾民增至20万人,急待赈济者15万人。11日《申报》载长江下游一带水灾,受灾人口2300万,损失超过20亿元。

8月11日　行政院批准青海省政府所拟取消土司办法。

8月14日　国民政府为统筹救灾,特设救济水灾委员会,以宋子文为委员长。

8月16日　蒋介石对日挑衅力主不抵抗主义。

8月17日　中国国民党临时行动委员会(即第三党)首领邓演达等15人在上海被逮捕。

8月18日　日本政府公布中村事件调查报告,对中村的间谍活动曲意隐讳。

9月1日　蒋介石在汉口发出"弭乱救灾"的通电。

美国红十字会捐款10万美元专赈武汉水灾。

9月14日　山西临县第四区兔坂镇一带发生鼠疫,省府派医生前往勘验。

满铁日守备队中级军官16人抵哈尔滨进行军事考察。

9月18日　日本关东军独立守备队第二大队第三中队河本墨守中尉密谋炸毁沈阳北部柳条湖一段铁轨,制造了"柳条湖事件",日军借口进攻沈阳,"九一八"事变爆发。

9月19日　日军攻占沈阳城。

日军占领长春市。

张学良严令各部"力持镇静,不得抵抗"。

北平、天津中外记者组成新闻记者沈阳事变视察团,赴辽宁实地调查。

9月20日　日军在沈阳组织军政、市政公所,改沈阳为奉天市。

中共中央发表《中国共产党为日本帝国主义强暴占领东三省事件宣言》。

丁玲主编的《北斗》杂志在上海创刊。

9月22日　南京市全体国民党员举行抗日救国大会。

中共中央号召组织群众性反帝运动。

水灾救济委员会决定拒收日本赈品。

9月23日　国民党中央发表《告全国同胞书》,要求"务必维持严肃镇静态度"。

9月27日　东北抗日救国会成立。

本月，王明决定去莫斯科，担任中共中央驻共产国际代表团负责人，经共产国际批准，由秦邦宪（博古）、张闻天（洛甫）、卢福坦（翌年被捕叛变）等组成的中共临时中央政治局在上海成立。

10月3日　全国各地民众抗日运动高涨。

10月5日　南京各工会团体成立工界抗日救国会。

10月6日　广州"非常会议"就时局问题发表通电。

日本借口上海民众抗日气氛激昂，令大批军舰开沪。

10月10日　广州永安路公安分局局长杜煊泰所开设的新世界洋货店专卖日货，是日因拒绝焚毁日货，群众愤而将店内日货焚烧。

10月12日　《民国日报》报道：日本关东军掠夺军械"战利品"达8 000万元。

10月14日　胡汉民离宁赴沪，结束了自2月28日以来被蒋介石幽禁的生活。

中国航空公司南京至北平航线正式通航。

10月18日　国民政府令各机关禁止公务员参加民众抗日运动。

10月19日　张发奎率第四军全体将士通电全国主张对日本宣战。

10月23日　鲁迅发表《"民族主义文学"的任务和命运》一文。

10月26日　日政府发表中日满洲问题声明书。

10月27日　上海宁粤和平统一会议召开。

11月3日　马占山指挥部队在嫩江桥头抗击日军（史称"江桥抗战"）。

11月5日　全国学生抗日救国联合会议决对日五项办法。

11月7日　中国工农红军第四方面军组建，徐向前兼任军长，陈昌浩兼任政治委员，刘少奇兼任政治部主任。

11月10日　中央银行将金条24箱由日本"皇后"轮装运美国，价值150万美元。

溥仪在日人挟持下深夜乘"淡路"丸离津，被秘密转送旅顺。

11月11日　东北民众救国请愿团赴国民党中央党部请愿。

11月12日　宁方国民党第四次全国代表大会在南京开幕。

11月13日　日代办矢野真在北平访张学良，要求中国尊重《辛丑条约》，不在天津周围20里内驻扎重兵。

11月14日　天津法租界工部局通知各华文报，自是日起，所有新闻稿一律送检，开外人干涉中国人民言论自由之先例。

11月18日　粤方国民党四全大会在广州开幕。

11月26日　首都各校抗日救国会举行送蒋北上讨日大会。

11月27日　中华苏维埃中央政府执委会一次会议召开,毛泽东被选为中华苏维埃共和国中央执行委员会主席。

日军进攻锦州,国民党政府向国联提出划锦州为中立区。

11月29日　因揭露蒋介石独裁统治,邓演达被杀害于南京城东沙子岗。

本月,上海各界纷汇巨款支援黑龙江省马占山抗日。

上海各界纷汇巨款支援黑龙江省马占山抗日。

12月5日　北京大学等20余所学校学生南下请愿。南下示威团被警宪镇压。

12月8日　国民政府发表《告全国学生书》,指责请愿学生之"越轨"行动,系受人驱策。

12月10日　南京大中学生万余人游行请愿。

12月11日　《红色中华》在瑞金创刊。

左联刊物《十字街头》创刊。

12月14日　日本政府向国联抗议中国政府参加抗日宣传。

赵博生、董振堂、季振同、英中岳率部在宁都起义,被编为中国工农红军第五军团。

12月17日　南京和全国各地赴京示威团学生,在珍珠桥《中央日报》社附近,遭大批军警镇压,被打死打伤学生30余人,逮捕约百人。

广州学生两万余人前往广州"国民政府"请愿,要求出兵抗日,统一政府。

12月18日　国民政府严令制止学生团体出境赴各地游行示威。

12月19日　周建人、胡愈之发起上海文化界反帝抗日联盟。

12月20日　冯玉祥派代表往太原慰问被省党部打伤的请愿学生。

宋庆龄就邓演达被害发表宣言,揭露蒋介石背叛孙中山遗教。

12月22日　国民党四届一中全会在南京开幕,宁、粤、沪三方出席。

1932年(民国二十一年)

1月1日　国民政府主席林森率新任各院、部长宣誓就职。胡汉民、汪精卫、孙科等通电取消广州国民政府。国民党"统一政府"成立。

1月3日　日本军占领锦州。

1月5日　中共中央发表《为反对日本帝国主义占领锦州号召民族的革命战争的宣言》。

1月7日　美国国务卿史汀生照会中日两国,不承认日本侵占中国东北的现状。

1月8日　轮船招商局全体船员罢工,要求改善待遇。

1月9日　中共临时中央发布《关于争取革命在一省或数省首先胜利的决议》,要求红军夺取中心城市。

1月18日　红四方面军发起商(城)潢(川)战役。

1月27日　上海市政府下令取消各界抗日救国会。

1月28日　日军进攻上海,十九路军淞沪抗战开始。

1月29日　国民政府外交部发表宣言,称对日进犯"不得不采取自卫手段"。

上海商务印书馆被日军轰炸,东方图书馆被焚。

1月30日　国民政府发表迁都洛阳宣言。

宋庆龄、何香凝到上海真如慰问十九路军。

1月31日　中共中央发表《为上海事变第二次宣言》,谴责国民党政府妥协投降政策。

本月,中国新音乐研究会在上海成立,主要成员有聂耳、冼星海等。

2月1日　蒋介石在江苏徐州召开军事会议,商讨对日作战计划。

2月3日　茅盾、鲁迅、叶圣陶、郁达夫、丁玲、胡愈之、陈望道、冯雪峰、周杨、田汉、夏衍、阳翰笙等43人联合发表《上海文化界告世界书》,愤怒斥责日本帝国主义的侵略,反对国民党的不抵抗主义等。

2月4日　红三军团发起赣州战役。

2月5日　日军攻占哈尔滨。

2月6日　国民政府军事委员会在洛阳成立。

2月8日　上海剧作家抗日会成立,戈公振、陈望道、丁玲、叶圣陶等发起。

2月9日　周恩来发表《帝国主义大战的危机与党的目前紧急任务》一文。

2月11日　北平军事整理委员会成立,张学良任理事长。

吴佩孚在北平招待新闻记者,认为"家不合,外人欺",主张"攘外必先和内"。

2月14日　国民政府军政部令张治中率第五军参加对日作战。

2月15日　汪精卫在徐州提出"一面抗战,一面交涉"的外交方针。

2月19日　中央苏区在瑞金举行反帝反国民党、参加革命战争的武装总示威大会。

2月26日　中共临时中央做出《关于"一·二八"事变的决议》。

2月28日　上海各团体救国联合会召开上海抗日血战月纪念大会。

2月29日　十九路军发表《告全国民众书》。

3月1日　中华复兴社在南京成立。

十九路军撤至第二道防线。

3月4日　国联大会通过中日实行停战的决议案。

3月5日　宋庆龄、何香凝在上海设立国民伤兵医院。

3月6日　国民党中政会任命蒋介石为军事委员会委员长。

3月9日　日本扶清废帝溥仪在长春成立"满洲国"。

3月10日　台湾民主党成立。

3月14日　英国前代理印度总督李顿率国际联盟"九一八"事变调查团来沪，开始调查日本侵占东北情况。

3月18日　福建省苏维埃政府成立，张鼎丞任主席。

3月20日　中国左翼新闻记者联盟在上海成立。

3月21日　红四方面军在豫南发起苏家埠战役，战役到5月8日结束，歼敌3万多人。

3月24日　中日停战会议在上海举行，无结果。

3月30日　蒋介石、汪精卫等与国联调查团开谈话会。

4月1日　军事委员会调查统计局成立。

4月7日　国民政府在洛阳召开国难会议。

国民政府实业部开会讨论利用外资发展国民经济问题。

上海《晨报》创刊，社长潘公展。

4月9日　黑龙江省省长马占山通电继续抗日。

4月11日　国际联盟调查团在北平调查"九一八"事变经过。

4月15日　中华苏维埃共和国临时中央政府正式宣布对日战争。

4月20日　由红一军团和红五军团组成的东路军占领福建漳州城。

4月21日　国际联盟调查团抵沈阳。

4月24日　孙科在上海发表"抗日救国纲领"，主张彻底抗日。

4月30日　《申报》发表《六十年来之国难》纪念刊词。

本月，瞿秋白发表《普罗大众文艺的现实问题》一文。

中国左翼教育工作者联盟在上海成立。

5月3日　上海各救国团体代表痛殴上海中日停战会议中国代表郭泰祺。

国联调查团抵长春访溥仪。

5月4日　国联调查团第一次报告书在南京发表。

5月5日　中日《淞沪停战协定》在上海签订。

5月7日　上海停战共同委员会成立，美国驻沪总领事克宁翰为委员长。

5月8日　上海光华大学文学院长王造时发表论文，驳斥汪精卫等国民党一党专政论。

红军第三军团占领湖南桂东。

5月11日　中共苏区中央局提出右倾机会主义是苏区党内的主要危险。

5月21日　国民政府监察院长于右任弹劾行政院长汪精卫违法批准上海停战协定。

5月22日　上海邮务职工总罢工。

胡适、丁文江、蒋廷黻在北平创办《独立评论》，胡适任总编辑。

5月24日　国民政府特派蒋介石为豫鄂皖三省"剿匪"总司令。

6月1日　河北全省反帝代表大会召开，提出"打倒帝国主义走狗——国民党政府"。

6月2日　蒋光鼐、蔡廷锴率十九路军分两路入闽"剿共"。

瑞典考古学家斯文·赫定的西北科学考察团，前往蒙古、新疆、甘肃考察。

6月12日　红四方面军发起潢（川）光（山）战役。

6月15日　蒋介石在庐山召开湘、鄂、豫、皖、赣五省"剿匪"会议，会商在全国范围内对苏区发动第四次"围剿"计划。

6月20日　《文学月报》在上海创刊。

6月23日　中华苏维埃中央政府为反对国民党对红军发动第四次"围剿"发表宣言。

6月28日　鄂豫皖三省"剿匪"总司令部在汉口成立。

6月29日　国民政府行政院决议解散国立中央大学。

中央苏区创办列宁师范学校，徐特立任校长。

7月1日　邹韬奋在上海创办生活书店。

7月2日　红一方面军发动赣南水口战役。

7月8日　中国首次参加奥运会。

7月13日　鄂豫皖三省党政委员会成立，蒋介石兼任委员长。14日，蒋介石发动第四次"围剿"革命根据地行动。

7月14日　蒋介石第四次"围剿"革命根据地。

7月15日　国民政府外交、财政两部决定封锁东北海关。

7月20日　阎锡山在山西成立建设救国社。

7月21日　上海各团体救国联合会督促国民政府出兵收复东北失地。

8月11日　上海英商公共汽车公司工人罢工。

8月12日　上海市商会通电全国，共起制裁私售日货之奸商。

东北民众自卫军邓铁梅部攻占岫岩。

8月14日　红军贺龙部逼近湖北沙市、江陵。

8月20日　蒋介石委张学良代理军委会北平分会委员长。

8月21日　日军大举侵犯热河。

8月23日　中国物理学会在北平成立。

8月27日　废止内战大同盟在上海成立,推吴鼎昌等为常委,宣言称"誓期消弭内战,共御外侮"。

8月29日　东北义勇军夜袭沈阳城。

9月3日　国联调查团总报告书在北平签字。

9月9日　日本正式承认伪满洲国。随后日本与伪满洲国签订《日满议定书》。

9月11日　中国国民救国义勇军后援会在南京成立。

9月13日　中国工农红军反帝拥苏总同盟在江西瑞金成立。

9月16日　日军制造平顶山惨案,平顶山三村2 700余人被枪杀。

9月23日　国民政府财政部长宋子文发表封锁东北海关宣言。

9月24日　吉黑抗日联军会攻哈尔滨。

9月27日　中东路护路军苏炳文率部在海拉尔、满洲里反正。

9月28日　东北义勇军收复通辽。

10月1日　四川刘文辉与刘湘发生战争。

10月2日　《国联调查团报告书》在日内瓦、南京、东京同时发表。

10月7日　冯玉祥在济南对记者称:"惟有抵抗方是中国唯一出路。"

10月9日　冯玉祥、李烈钧、柏文蔚等15人通电全国,指摘国际联盟调查团报告书谬误。

10月10日　张国焘决定放弃鄂豫皖边区根据地。

10月12日　毛泽东被撤销红一方面军总政治委员职务。

10月13日　中华苏维埃临时中央政府发布关于战争紧急动员令。

10月26日　国民政府有条件接受《国联调查团报告书》。

中共临时中央任命周恩来兼任第一方面军总政治委员。

10月30日　废止内战大同盟北平分会成立,胡适任临时主席。

10月31日　宋庆龄建议国民党中央设立特种委员会,专理"政治犯"事件。

11月2日　蒋介石委朱绍良为湘鄂赣三省边区"剿共"总指挥。

11月12日　国民党中央广播电台正式开播。

11月18日　上海华商电车工厂全体罢工。

11月21日　《晨报》在上海创刊。

11月24日　天津裕元纱厂工人罢工。

12月11日　闽浙赣革命根据地建立,方志敏任省苏维埃政府主席。

12月12日　国民政府与苏联复交。

12月13日　北平大学教授许德珩被国民党北平当局逮捕。

12月17日　宋庆龄、蔡元培等发起组织中国民权保障同盟。

12月19日　国民党中常会决定定期召集国民参政会。

12月24日　陕甘边红二十六军成立。

12月29日　中共川陕省临时革命委员会在通江成立，邝继勋任主席。

12月30日　国民党赣粤闽边"剿共"总司令部下达第四次"围剿"江西红军的命令。

1933年(民国二十二年)

1月1日　日本制造榆关事件(榆关即山海关)，中国守军奋起抗击。3日，榆关失陷。

1月3日　孙科、吴铁城等发起成立中山文化教育馆。

1月7日　冯玉祥呼吁"与暴日作殊死战"，谴责蒋介石等人对日妥协"足以亡国灭种而有余"。

中共中央通过《关于日本帝国主义进攻华北的决议》，号召武装民众，反对日本帝国主义。

1月9日　汪精卫在德国称："中国今日之地位，不足向日本宣战。"

1月11日　新疆吐鲁番少数民族暴动，反对省政府主席金树仁的统治。

1月17日　毛泽东、朱德以中华苏维埃临时中央政府和中国工农红军革命军事委员会的名义发表宣言，提出在停止进攻红区、保证人民民主权利和武装民众三个条件下，红军愿意与一切武装部队订立停战协定，共同抗日。

1月30日　中国民权保障同盟北平分会成立，主张废止《危害民国紧急治罪法》，胡适任主席。

本月，中共临时中央由上海迁往江西中央苏区。

茅盾著长篇小说《子夜》，由开明书店出版。

《三民主义》月刊在广州创刊，主编胡汉民。

2月4日　《自由言论》半月刊在上海创刊，王造时主编。

2月7日　中共川陕省委成立，袁克服任书记。随后建立川陕省苏维埃政府，熊国炳为主席。

故宫文物开始分批南运。至5月22日第5批文物运抵上海。5批文物共计19 557箱。

2月9日　中国电影文化协会在上海成立，夏衍、田汉、洪深、聂耳为执委。

2月16日　东北热河后援协进会在北平成立，会长朱庆澜。

2月19日　胡适在《独立评论》发表《民权的保障》一文,反对民权保障运动。

2月21日　日伪军三路大举进犯热河。

2月22日　陕西省政府主席杨虎城表示愿"出兵抗日,效命疆场"。

2月23日　国民党中常会通过《国民参政会组织法》。

2月24日　国际联盟大会通过《关于中日争议报告书》。

2月26日　上海180多个同业公会联合通电,要求国民政府对日经济绝交。

2月27日　红一方面军在江西黄陂地区全歼国民党两个师。

3月3日　中国民权保障同盟将胡适开除出盟。

3月4日　热河省政府主席汤玉麟不战放弃承德,热河失陷。

3月5日　上海明星影片公司第一部左翼影片《狂流》问世。

3月8日　中国民权保障同盟发起成立国民御侮自救会。

3月9日　日军进攻喜峰口,长城抗战开始。

3月10日　宋哲元率第二十九军在喜峰口歼敌1 000余人;关麟征率二十五师在古北口与敌血战三天三夜,重创日军。

3月14日　上海学术界举行马克思逝世50周年纪念会,蔡元培、陈望道出席演讲。

3月17日　江苏仪征农民3 000多人暴动。

3月20日　汪精卫在南京总理纪念周上发表《抵抗能力不限于武力一项》的演说。

3月21日　中央苏区打破国民党军第四次"围剿"。

4月2日　中国民权保障同盟决定组设营救政治犯委员会,宋庆龄、蔡元培等为委员。

4月4日　国民党西南执行部反对国民党中央召集临时全国代表大会。

4月7日　法国于是日及10、11日侵占我国南沙群岛中太平岛等9个小岛。

4月10日　蒋介石在南昌宣称:"抗日必先剿匪……安内始能攘外。"

4月13日　二十九军和八十四师在喜峰口与日军激战,日军占领喜峰口。
国民政府决议设立复兴农村委员会。

4月15日　《中国经济》杂志在南京创刊。

4月23日　北平各界公葬李大钊。

4月29日　日军侵占察哈尔省多伦。

4月30日　江苏南通大生纱厂工人宣布罢工。

5月1日　南京、天津、北平、上海等市工人集会纪念"五一"国际劳动节。

5月6日　日本参谋本部提出《华北方面紧急处理方案》。

5月7日　川军二十四军军长刘文辉与二十八军邓锡侯发生内战。

5月8日　蒋介石演讲《革命军的责任是安内与攘外》。

5月10日　上海英美烟公司工人宣告罢工。

5月13日　共产主义青年团中央局决定创立"少共国际师"。

5月14日　作家丁玲、潘梓年在上海租界被国民党特务秘密绑架。
中国考古会在上海成立。

5月20日　日军先后攻陷密云、平谷。

5月24日　宋庆龄在纽约《民族》杂志发表《中国的工人们，团结起来》一文。

5月25日　中共中央发表《为反对国民党出卖华北告平津民众书》。

5月26日　察哈尔民众抗日同盟军成立。

5月30日　中华苏维埃共和国第一次体育运动大会在江西瑞金举行。

5月31日　中日签订《塘沽协定》。

6月15日　冯玉祥在张家口召开抗日同盟军第一次军民代表大会。

6月18日　中国民权保障同盟总干事杨杏佛遭国民党特务暗杀。

6月21日　汉奸石友三等成立"华北民众自治联军军政府"。

6月22日　察哈尔抗日同盟军收复康宝县城。

6月26日　新疆督办公署督办盛世才发动第二次"新变"。

7月2日　中、日代表在大连会商华北战区接收及伪军改编问题。

7月3日　蒋介石决定对冯玉祥察哈尔抗日同盟军采取行动。

7月9日　东北民众抗日大同盟在张家口成立。

7月12日　抗日同盟军收复多伦。

7月14日　梁漱溟、晏阳初等发起的全国乡村建设协进会在山东举行乡村工作讨论会。

7月17日　汪精卫在国民政府行政院纪念周上演讲《以建设求统一》。

7月20日　国民党留沪中委、西南执行部反对蒋介石对冯玉祥用兵。

7月22日　中国、印度、美国等九国在伦敦签订《白银协定》。

7月27日　察哈尔民众抗日同盟军收复东北四省计划委员会在张家口成立。

8月1日　《科学画报》月刊在上海创刊。

8月3日　冯玉祥表示结束察哈尔抗日同盟军军事。

8月6日　陈济棠在广州召开"剿共"军事会议。

8月9日　冯玉祥撤销抗日同盟军总部。

8月11日　山东、河南多处黄河决口。

8月12日　中央苏区南部十七县经济建设工作会议召开。

"全国军民抗日死难烈士祠"在张家口落成。

8月13日　伪蒙军李守信部侵占多伦。

8月14日　中国代表胡适出席在加拿大召开的太平洋国际学会第五届大会。

8月16日　方振武、吉鸿昌组织"抗日讨蒋军"。

8月18日　国际反帝反战代表团到达上海。

8月24日　吉林抗日武装攻占宝清县城。

8月29日　中华全国总工会上海执行局书记罗登贤在南京雨花台就义。

本月,国民政府推行新县政。

9月5日　蒋介石在牯岭开谈话会,讨论统制经济和应对日本方针等问题。

9月10日　国民党中央宪兵三团在北平大肆逮捕共产党员。

9月15日　沈志远《新哲学辞典》出版。

9月17日　闽浙赣军区红军方志敏部攻克浙江开化县。

9月21日　中共中央委员、工人运动领袖邓中夏在上海法租界被捕,本日在南京就义。

9月29日　上海电力公司新厂工人宣告罢工。

9月30日　远东反战反法西斯大会在上海秘密召开,会议推举毛泽东、朱德、片山潜、鲁迅、高尔基、巴比塞、台尔曼等为名誉主席。

本月,共产国际驻中共军事顾问李德从上海到达中央苏区。

蒋介石调集百万兵力,自任总司令,开始对革命根据地进行第五次大规模军事"围剿"。

吉林、辽宁鼠疫流行。

10月4日　全国经济委员会成立。

10月6日　内蒙古德王德穆楚克栋鲁普在百灵庙成立"内蒙古自治政府"。

10月10日　中共珠河东北抗日游击队成立,赵尚志任队长。

10月16日　国民政府棉业统制委员会在南京成立,陈光甫为主任委员。

10月19日　西蒙各盟旗首领要求"采用高度自治,建设内蒙自治政府"。

10月20日　苏区中央文化教育建设大会通过《消灭文盲决议案》。

10月26日　中华苏维埃共和国临时中央政府及红军全权代表潘汉年和国民党福建省政府及第十九路军全权代表徐名鸿在瑞金草签了《反日反蒋的初步协定》。

10月27日　四川大学全体教职员发表宣言,反对四川"剿匪"督办公署拍卖川大校址。

11月6日　日本关东军副参谋长冈村宁次到北平与华北当局交涉停战善后

事宜。

11月12日　国民党CC特务"影界铲共同志会"捣毁上海艺华影片公司等文化机构。

11月20日　国民党军第十九路军将领蔡廷锴、陈铭枢、蒋光鼐联合国民党内李济深等一部分反蒋介石势力，发动了福建事变，在福州成立抗日反蒋的中华共和国人民革命政府。22日，福建人民政府正式成立，李济深任主席。

11月21日　李济深、陈铭枢等宣布脱离国民党，组建生产人民党，陈铭枢任总书记。

中共中央宣言反对国民党与日本"直接交涉"。

11月22日　蒋介石发表《告十九路军全体将士书》。

本月，中共中央军委派张云逸为驻福建十九路军军事代表。

12月1日　废止内战大同盟致电国民政府，要求政治解决福建事变。

12月5日　中共中央发表《为福建事变告全国民众书》。

12月6日　福建人民政府通缉蒋介石、汪精卫、何应钦等。

12月10日　蒋廷黻发表《革命与专制》一文，引起"民主与独裁"大论战。

12月11日　第三党宣布解散，加入生产人民党。

12月15日　胡汉民发表对时局宣言，主张宁方"放弃其独裁之政策"，闽方"痛改叛党联共谬举"。

12月21日　国民政府追赠达赖喇嘛护国弘化普慈圆觉大师封号。

12月25日　蒋介石飞临浦城，亲自指挥讨闽军事。

12月30日　红九军团成立。

1934年（民国二十三年）

1月1日　国民党军对福建人民革命军发起总攻。

1月8日　《文学季刊》在北平创刊，谢冰心、郑振铎、朱自清等编辑。

1月13日　中华苏维埃临时中央政府向福建十九路军做6项紧急提议。

1月15日　福建人民革命军被迫全部撤离福州。

中华国货产销联合公司在上海成立，杜月笙为董事长。

《音乐杂志》季刊在上海创刊。

1月22日　上海反共组织"中国青年铲共大同盟"发表宣言，称"铲除电影界赤化活动"。

1月26日　西藏僧俗官民大会举热振呼图克图为总摄政，掌握西藏政教大权。

1月30日　蒋介石遣散十九路军。

本月，国民政府提前推行保甲制度。

2月11日　中国文化协进会在南京成立，陈立夫为理事长。

2月13日　蒋介石在南昌召开军事会议，重新部署第五次"围剿"。

2月14日　杜重远在上海创办《新生周刊》。

2月19日　蒋介石在江西南昌发起"新生活运动"。

2月20日　班禅额尔德尼在南京就国民政府委员职。

2月22日　中共中央指示满洲省委建立反日统一战线。

2月25日　中国保护动物会在上海成立，叶恭绰、许世英、陈无我等21人为理事。

2月26日　上海国泰商业储蓄银行成立，资本100万元，董事长王伯元，总经理郑秉权。

《中国经济评论》月刊在汉口创刊。

3月1日　溥仪在"新京"（长春）由"执政"改称"皇帝"，改国号为"满洲帝国"，改年号为"康德"。

《禹贡》半月刊在北平创刊。

3月9日　日本关东军在吉林13个县大规模抢占耕地。

3月19日　日军在长城各口外树立"满洲国界"字样界碑。

3月28日　永利化学工业公司成立，范旭东任总经理。

3月29日　"蒙古地方自治政务委员会"在百灵庙成立。

3月30日　国际政治学会在南京成立。

本月，中国地理学会在南京成立，竺可桢为董事长。

叶青发表《理论与实践》一文，提出精神、物质二元论观点。

4月2日　国民党中央监察委员张继称：华北形势"与东北'九一八'前夜形势相似"。

4月6日　蒋介石向国民党各将领声称："外寇不足虑，内'匪'实为心腹之患"。

4月8日　中华苏维埃共和国瑞金中央人民政府颁布《惩治反革命条例》。

中华苏维埃共和国颁布《婚姻法》。

4月10日　中共中央发表《为日本帝国主义占领华北并吞中国告全国民众书》。

4月17日　日本外务省情报部长天羽英二发表独占中国的声明。

4月20日　宋庆龄等签名发表《中国人民对日作战的基本纲领》，呼吁中华民族武装自己，把日本帝国主义驱逐出中国。

国民政府公布《工业奖励法》。

4月26日　宋子文在西安提出开发西北四项计划。

国民政府特使孔祥熙电蒋介石,已向英、德、法、美、意等国订购坦克、装甲车等。

5月11日　国民政府组织军事交通考察团赴意、德、比、英、美等国考察。

5月15日　冯玉祥在山东泰山发表谈话称:"中国命运全视能否抗日。"

5月24日　上海英美烟厂全体工人举行总罢工。

5月31日　蒋介石电促孔祥熙与德国商订合办飞机制造厂合同。

本月,汉字改革研究会成立,发起人为钱玄同、胡适、黎锦熙等。

6月6日　国民党中央图书审查委员会成立。

6月11日　国民党中央民众运动指导委员会在南京召开全国民众运动工作讨论会。

6月14日　电影《渔光曲》参加莫斯科国际电影节获得荣誉奖。

6月19日　中共中央发表宣言,痛斥国民政府出卖整个华北。

6月20日　中国民族武装自卫委员会筹备委员会发表《对日作战宣言》。

6月21日　陈济棠、李宗仁、何健、薛岳等在广州召开三省军事会议,决定联合反共。

本月,东北抗日游击队哈东支队成立,赵尚志任支队司令,李兆麟任政治部主任。

陈望道、胡愈之、叶圣陶等人发表文章,主张"大众语"和"大众语文学"。

7月1日　蒋介石在南昌成立新生活促进总会,自任会长。

7月5日　国民政府军政部航空署改组为中央航空委员会,蒋介石兼任委员长。

7月7日　由红七军团改编的北上抗日先遣队从江西瑞金出发北上抗日。

7月13日　蒋介石在庐山演讲《抵御外侮与复兴民族》。

7月15日　中国工农红军《北上抗日宣言》发表。

7月19日　国民政府命令统一盐税。

7月23日　中共中央军委命令萧克、王震率红六军团实施战略转移。

华北农村合作事业委员会成立,张伯苓为第一届主席。

湘赣红十六军军长孔荷宠在江西泰和投降国民党军。

7月29日　中央地质调查所发表中国石油储藏量为3 274兆桶的消息。

本月,中国正式加入国际电话技术咨询委员会。

8月1日　盛世才宣告新疆"和平统一"。

8月7日　为配合中央红军第五次反"围剿",红六军团开始从湘赣根据地突围西征。

8月10日　日本政府下令大规模驱逐横滨华侨。

8月12日　黄河在河南省多处决口。

8月16日　国际政治经济文化半月刊《世界知识》在上海创刊。

8月20日　南满反日总会在盘石成立。

《新生活运动促进总会会刊》在南昌创刊。

8月26日　日本舰队在渤海湾举行军事演习。

8月29日　国民政府行政院公布《奖励工业审查委员会规程》及《工业奖励审查标准》。

8月31日　国民党军占领中共中央苏区广昌。

本月,南京紫金山天文台建成。

蔡元培发起组织英文中国年鉴会。

杭州飞机场失火,数十架飞机被焚。

湘鄂赣皖各省灾民成千至南京乞食。

9月1日　日本浪人在河北迁安制造"迁安事件"。

9月2日　日军在喜峰口外筑成飞机场。

9月11日　徐向前指挥红四方面军占领巴中。

蒋介石电令上海市党部及政府,严禁工人罢工、怠工。

9月16日　上海《译文》月刊创刊。鲁迅主持,黄源主编。

9月17日　中共中央指示鄂豫皖徐海东红二十五军进军西北。

9月18日　东北人民革命军第一军、东北抗日同盟军第四军成立。

9月22日　红四方面军取得反川军六路围攻的胜利。

9月23日　国民政府专员黄慕松在西藏拉萨举行册封及致祭达赖大典。

9月24日　中国红十字会首次全国代表大会在上海召开。

中国国语罗马字促进会第一次全国代表大会在郑州召开,黎锦熙为大会主席。

9月30日　国民政府全国经济委员会公布《西北畜牧计划》。

10月1日　《世界文学》月刊在上海创刊。

10月10日　中共中央和红军总部从瑞金出发,率红军主力及后方机关8.6万余人向湘西进军,开始长征。

10月15日　国民政府考试院长戴季陶反对中小学读白话文,主张读孔孟经书。

10月18日　日本在大连设置特务机关,派土肥原为特务机关长。

10月23日　中央红军突破国民党军第一道封锁线。

10月24日　红六军团与红三军在黔东会师。

本月,中国国家社会党成立。

11月5日　中央红军突破国民党军第二道封锁线。

11月7日　东北人民革命军正式成立,杨靖宇为军长兼政委。

11月11日　红二十五军开始长征。

杭州钱塘江大桥举行开工典礼。

11月13日　上海《申报》总经理史量才被国民党特务暗杀。

11月14日　何键在衡阳成立"追剿军"总司令部,宣布就任总司令职。

11月15日　中央红军通过国民党军第三道封锁线。

11月26日　中共湘鄂川黔边省委在大庸县城成立,任弼时任书记。

11月27日　中央红军强渡湘江。

11月28日　清华大学教授冯友兰等11人在北平被捕。

11月29日　国民政府颁布戒严法。

11月30日　中央红军冲破国民党军第四道封锁线。

12月1日　陶希圣主编的《食货》半月刊在上海创刊。

12月2日　上海狮吼剧社成立,社长朱学范,导演欧阳予倩。

12月3日　伪满洲国发布《集团部落建设文告》。

12月8日　中美银行在上海成立,美人赫克门任董事长。

12月15日　中华妇女运动同盟会在南京成立。

12月16日　中华民族学会在南京成立。

12月27日　陇海铁路全线竣工。

12月30日　中国法学会在上海成立。

1935年(民国二十四年)

1月1日　蒋介石宣布今年为新生活运动年。

1月10日　《文化建设》发表何炳松等十教授署名的《中国本位的文化建设宣言》。

1月11日　北平故都文物整理委员会成立。

1月13日　刘仁静等在上海成立中国共产主义同盟。

1月14日　国民政府教育部规定以《新生活运动纲要》作为各大、中、小学补充教材。

1月15日　中共中央在贵州遵义召开政治局扩大会议,这次会议解决了当时最迫切军事问题,结束了"左"倾教条主义在党中央的统治,实际上确立了毛泽东在党中央的领导地位。

日伪军进攻察哈尔省沽源县,制造"察东事件"。

1月24日　国民党中常会议定新闻检查原则,规定不得宣传与三民主义不相容之主义。

2月2日　国民政府军委会悬赏"缉拿"朱德、毛泽东、徐向前等8位红军领导人。

2月3日　红四方面军发起陕南战役。

2月9日　湘鄂川黔革命根据地进行第二次反"围剿"。

2月14日　蒋介石在庐山对日本记者称,中国"无排日之必要"。

2月15日　国民政府派李平衡、包华国为出席第十九次国际劳工大会中国政府代表。

2月19日　蒋介石为新生活运动一周年发表《告全国同胞书》。

2月25日　上海工商各界反对英商汇丰银行拍卖申新第七厂。

2月27日　蒋介石、汪精卫联名发布严禁排日运动命令。

3月4日　中共中革军委命令特设前敌司令部,委托朱德为司令员、毛泽东为政治委员。

3月13日　日本外务省决定"中日经济提携大纲"。

3月21日　红军赣南军区政治部主任刘伯坚被国民党杀害。

3月23日　苏日伪满签订中东路买卖协定。

3月26日　豫鄂皖赣四省农民银行决定自4月1日起改称中国农民银行。

3月27日　国民党中政会决定采取军衔制度,特任蒋介石为特级上将。

3月28日　红四方面军强渡四川嘉陵江。

3月29日　中国国民党党史馆在南京明故宫奠基。

3月31日　中国酒精厂在上海创立,资本150万元。

4月1日　蒋介石在贵阳发起国民经济建设运动。

4月22日　国民政府公布《学位授予法》。

4月23日　蒋介石调集30多个团对鄂豫陕苏区发动第二次"围剿"。

5月4日　国民政府任命陈立夫为军事委员会调查统治局局长。

5月13日　中日合办鲁大公司淄川煤矿井下大水,淹死矿工539人。

5月16日　《电通画报》第一期刊出《义勇军进行曲》。

5月18日　张国焘在四川茂县成立"中共西北特区委员会"和"西北苏维埃联邦政府"。

5月27日　国民政府公布《中央研究院评议会条例》。

5月31日　中法两国公使升格为大使。

本月，红四方面军开始长征。

日本帝国主义开始在华北制造事端，向国民党政府提出对华北统治权的要求。

6月1日　国民党河北省政府因日方逼迫，开始由天津迁往保定。

6月4日　国民政府行政院通过推行简体字办法。

6月5日　日本关东军制造"张北事件"。

6月6日　国民政府调于学忠任川陕甘边区"剿共"总司令。

6月9日　国民党下令撤退河北省、天津两市党部。

6月10日　国民政府发布"睦邻邦交令"。

6月12日　红一、四方面军在四川懋功会师。

6月18日　中共江西中央局宣传部长瞿秋白在福建被蒋鼎文杀害。

6月26日　中共中央在四川两河口举行政治局会议，通过《关于一、四方面军会合后战略方针的决定》。

6月27日　秦德纯与土肥原在北平签订《秦土协定》。

白坚武组织正义自治军，是日袭击丰台车站，制造"丰台事件"。

7月2日　日本与伪满洲国议决联合对华北实行经济侵略。

7月5日　国民党中央密电各省市党部，严饬所属及民众团体切勿轻发救国言论。

7月6日　在日方压迫下，由梅津美治郎备忘录与何应钦复函所达成的协议，被称作《何梅协定》，日本攫取了中国的河北、察哈尔两省的大部分主权。

7月17日　国民政府公布《破产法》。

7月25日　国民政府修正公布《共产党人自首法》。

8月1日　中共驻共产国际代表团发布《为抗日救国告全国同胞书》（即"八一宣言"）。

8月6日　中国工农红军北上抗日先遣队军政委员会主席方志敏在江西玉山被俘，本日在南昌就义。

8月8日　湘鄂川黔革命根据地粉碎国民党军的第二次"围剿"。

8月28日　洪范在《大公报》发表《中日经济提携》一文，指出经济提携的基本理论就是使中国完全殖民地化。

9月16日　《宇宙风》半月刊在上海创刊，林语堂主编。

9月27日　中共中央政治局在榜罗镇召开会议，正式决定以陕北作为领导中国革命的大本营。

10月2日　国民政府特派蒋介石兼西北"剿匪"总司令,张学良为副总司令。

10月5日　张国焘在川康边界另立"中央"。

10月11日　日本实业界经济考察团来华,鼓吹"工业日本,农业中国"。

10月19日　中国工农红军陕甘支队到达陕北革命根据地吴起镇。

10月21日　上海标金猛涨,国民政府财政部长孔祥熙令中央银行负责平定金潮。

10月25日　中苏文化协会在南京成立,孙科为会长。

11月4日　国民政府财政部颁布币制改革紧急令,实行法币政策。

11月7日　中共中央领导机关进驻安定县(今子长县)瓦窑堡。

11月10日　中国国民党临时行动委员会改名为中华民族解放行动委员会。

11月12日　中国国民党第五次全国代表大会在南京召开。

11月13日　中共中央发表《为日本帝国主义并吞华北及蒋介石出卖华北出卖中国宣言》。

11月16日　《大众生活》周刊在上海创刊。

11月18日　北平大中学校学生联合会成立。

11月19日　红二、六军团开始长征。

11月21日　红一方面军发动直罗镇战役。

11月24日　"冀东防共自治委员会"成立。

11月26日　国民政府下令撤销军事委员会北平分会。

宋哲元会见北平各大学教授蒋梦麟等,表示一切按国民党中央指示行事。

11月28日　中华苏维埃共和国中央政府与中央革命军事委员会发表《抗日救国宣言》。

11月30日　蒋介石订定"华北自治办法",决定"给华北政权以相当支配权"。

本月,日本策动汉奸进行所谓"华北五省自治运动",成立"冀北防共自治政府"。

红军彻底粉碎了国民党军对陕北革命根据地的第三次"围剿"。

12月9日　北平爆发大规模学生抗日救亡运动。

12月18日　冀察政务委员会在北平成立。

12月21日　上海市妇女救国联合会成立。

周立波发表《关于国防文学》一文,提出"国防文学"口号。

12月25日　汉奸殷汝耕宣布改"冀东防共自治委员会"为"冀东防共自治政府"。

12月26日　国民党新编第一军总参议续范亭忧愤国事,在中山陵切腹明志。

12月27日　毛泽东演说《论反对日本帝国主义的策略》。

1936年(民国二十五年)

1月3日　北平学联组成平津学生南下扩大宣传团,沿铁道南下,深入民间宣传抗日。

1月14日　冀察绥靖公署在天津成立,宋哲元为主任。

1月21日　日外相广田弘毅提出对华关系三原则:"日中提携、承认满洲国、共同防共。"

1月22日　蒋介石向苏联驻华大使鲍格莫洛夫谈同中国共产党谈判的三个条件。

中共中央政治局作出《关于张国焘同志成立第二"中央"的决定》。

1月25日　毛泽东等21名红军将领联名发出《致东北军全体将士书》。

1月27日　北平文化界救国会成立,马叙伦为主席。

1月28日　东北抗日联军总司令部成立,杨靖宇为总司令。

2月1日　中华民族解放先锋队在北平师范大学正式成立。

"左联"编辑的《新文化》在上海创刊。

2月5日　上海日商大康纱厂工人梅世钧被日监工毒打身亡,4 000余工人罢工。

2月7日　中国农民银行经政府特许发行纸币一亿元作为法币。

2月13日　美国财政部长宣布,决定与中国合作,援助解决币制问题。

2月20日　国民政府颁布《维持治安紧急办法》。

中国工农红军发动东征战役。红军抗日先锋队东渡黄河进入山西,准备与日军直接作战。

2月21日　蒋介石等电平津当局,镇压学生运动。

中华苏维埃人民共和国中央政府发布《关于召集全国抗日救国代表大会通电》。

2月23日　陶行知领导的国难教育社在上海成立。

2月25日　红军与东北军、西北军达成互不侵犯协定。

2月29日　胡汉民拒绝北上就任国民党中常会主席职。

3月3日　日关东军与华北驻屯军代表在津会商阻止工农红军前进措施。

3月4日　毛泽东、张闻天、彭德怀致电秦邦宪提出和国民党谈判五项原则。

3月7日　阎锡山对红军下第二次总攻击令。

3月8日　上海各界万余人举行反日大示威。

3月13日　阎锡山对红军下第三次总攻击令。

3月16日　太原市大捕共产党嫌疑犯。

3月25日　陈诚赴太原与阎锡山协商"剿共"事宜。

3月26日　国民政府以《四库全书》赠苏联列宁图书馆。

3月29日　苏联与外蒙古订立《互助条约》。

4月1日　上海《大公报》创刊。

4月5日　毛泽东、朱德为红军抗日先锋军东征抗日发表宣言。

4月6日　中国银行在美国纽约设立分行。

4月7日　国民政府外交部照会苏联驻华大使,严重抗议苏蒙互助协定。

4月9日　周恩来与张学良在肤施(延安)举行联合抗日救国会谈。

4月10日　蒋介石调集20万部队入晋增援阎锡山。

4月20日　"蒙古自治军政府"成立。

4月25日　中共中央发表《为创立全国各党各派的抗日人民阵线宣言》。

本月,甘肃凉州、安西、五门一带瘟疫流行,每县每日千余人丧生。

5月5日　毛泽东、朱德发布《停战议和一致抗日通电》。

5月14日　国民政府公布《国民大会组织法》和《国民大会代表选举法》。

5月18日　毛泽东、周恩来、彭德怀发布《西征战役计划》。

国民政府与美国签订《中美白银协定》。

5月19日　国民政府任命竺可桢为国立浙江大学校长。

5月20日　蒋介石向陈济棠提出"宁粤合作"五条件。

5月21日　周恩来在中共中央党校作《论中国的抗日人民统一战线的报告》。

5月23日　开滦煤矿工人罢工。

5月25日　毛泽东致函阎锡山希望"联合一致,抗日反蒋"。

中华苏维埃中央政府发表《对回族人民的宣言》。

5月29日　中华全国学生救国联合会在上海成立。

5月31日　全国各界救国联合会在上海成立。

6月1日　两广军阀以抗日反蒋为名,出兵湖南,与蒋介石所调军队发生战斗。

中国人民抗日红军大学在瓦窑堡成立。

6月3日　蒋介石设立国民经济建设运动委员会。

6月7日　邹韬奋在香港创办《生活日报》。

6月10日　粤、桂军与蒋介石军在湖南衡阳发生战争。

6月12日　冀察政务委员会委员长宋哲元声称对外竭力保卫主权。

6月20日　中共中央发布《关于东北军工作的指导原则》,明确了统战工作的基本政策。

6月26日　任鸿隽等6大学校长通电拥护和平统一政策。

6月27日　国民政府向美国购运1 000余万美元黄金作为平衡中美汇兑之用。

7月1日　红二、六军团与红四方面军在四川甘孜会师。

7月9日　余汉谋在南京电促粤各将领"服从中枢""团结御侮"。

7月15日　全国各界救国联合会发表《团结御侮的几个基本条件与最低要求》的公开信。

7月16日　毛泽东与美国记者斯诺谈话,围绕日本侵略中国问题,阐明了中国共产党的内外政策。

8月1日　李宗仁、白崇禧在广西南宁举行抗战宣誓典礼。

中国第一次参加在柏林举行的奥运会。

8月10日　中共中央政治局会议研究国共两党关系、统一战线问题。

8月14日　毛泽东致信傅作义、宋哲元、宋子文,呼吁联合抗日。

8月19日　广西组织中华民国人民抗日救国政府,李宗仁为主席。

8月24日　北平大学文学院院长胡适在美国加州太平洋学会上抨击日本对华政策。

8月25日　日本广田内阁发表向东北移民"二十年百万户计划"。

8月29日　张学良派兵包围国民党陕西省党部,查抄特务档案事件。

8月30日　吴越史地研究会在上海成立,蔡元培为会长。

9月1日　中共中央向党内发出《关于逼蒋抗日问题的指示》。

9月3日　中国代表团陶行知等出席世界和平运动大会。

9月6日　全国各界救国会发起援绥抗日运动。

9月8日　国民政府通令全国人民服兵役。

国民党上海市党政当局议决制止工潮办法。

9月17日　中共中央作出《关于抗日救亡运动的新形势与民主共和国的决议》。

9月18日　山西牺牲救国同盟会成立。

中日军队在丰台发生冲突。

红军与东北军签订《停战协定》。

9月20日　巴金、王统照、茅盾等21人发表《文艺界同人为团结御侮与言论自由宣言》。

9月22日　毛泽东致书蒋光鼐、蔡廷锴、李济深、李宗仁、白崇禧,提议签订抗日救国协定。

9月30日　中日《华北经济开发协定》签订。

10月2日　全国各界救国联合会发表《为团结御侮告全国同胞书》。

10月4日　张学良在西安接见伦敦记者,发表关于中日问题意见。

10月10日　红一、四方面军在甘肃会宁会师。

10月12日　北平教育学术界70余人发表对时局宣言,向国民政府提出8项要求。

10月17日　国民政府与日本签订《中日华北航空协定》。

10月22日　"北京人"头盖骨在北京周口店被发现。

10月23日　红军三大主力胜利会师,长征胜利完成。

10月26日　毛泽东等46人发出《红军将领给蒋总司令及国民革命军西北各将领书》。

10月27日　青海省政府主席马麟率回教朝圣团赴麦加朝圣。

10月29日　蒋介石由西安抵洛阳,部署对西北红军军事。

10月31日　张学良在洛阳力劝蒋介石停止内战,一致抗日。

蒋介石在洛阳颁布对红军总攻击令。

11月1日　平津日军6 000余人在北平大规模演习攻防战。

11月2日　上海中汇、江浙两银行合并为中汇银行,杜月笙任总董事长兼总经理。

11月5日　日军与伪蒙军由百灵庙进犯绥远,傅作义率部抵抗。

11月7日　宋哲元二十九军举行对抗性军事演习。

11月8日　上海日商纱厂工人联合罢工。

11月10日　中国工农红军西路军成立。

国民党代表陈立夫在上海约见中共代表潘汉年。

11月11日　宋哲元二十九军举行秋季大演习。

11月15日　西安学生联合会成立。

中国佛学会在上海举行第八届全国佛教徒代表大会。

11月21日　红军在甘肃山城堡粉碎国民党军胡宗南的进攻。

11月23日　国民政府下令逮捕全国各界救国联合会领袖沈钧儒、邹韬奋、李公朴、章乃器、王造时、沙千里、史良等七君子。

11月24日　傅作义军奋起抗战,一举攻克百灵庙,粉碎了日伪进攻绥远的计划。

11月27日　张学良向蒋介石递交请缨抗日书。

11月28日　南京各界救国会负责人曹孟君、孙晓村被捕。

12月1日　毛泽东等致信蒋介石，呼吁"化敌为友，共同抗日"。

12月2日　朱德、张国焘率红军总部到达陕北保安，与中共中央会合。

12月9日　西安学生万余人游行示威，要求停止内战，一致抗日。

蒋介石在西安召集参谋人员会议，决定12日颁布第六次总攻红军命令。

12月10日　冯玉祥、于右任在南京发起签名营救七君子运动。

12月12日　张学良、杨虎城发动兵谏，扣押了蒋介石，要求联共抗日，是谓西安事变。

12月13日　中共中央政治局会议讨论应付西安事变方针。

12月14日　张学良发表广播讲话，说明西安事变真相。

12月15日　毛泽东等发表《红军将领关于西安事变致国民党国民政府电》，反对南京当局发动内战，主张"组织统一战线政府""化敌为友，共赴国仇"。

全国各界救国联合会为当前时局发表紧急宣言。

12月16日　中共中央代表团到达西安。

国民政府下令讨伐张学良、杨虎城。

全国各界救国联合会领导人马相伯、何香凝、宋庆龄发表《为七领袖被捕事件宣言》。

12月17日　周恩来抵达西安，与张学良会谈。

12月18日　周恩来与杨虎城会谈。

12月19日　中共中央政治局常委扩大会议，确定和平解决西安事变的方针，通过了《关于西安事变及我们任务的指示》。

12月22日　宋子文、宋美龄抵西安与张学良、杨虎城谈判。

12月23日　张学良、杨虎城、周恩来与宋子文谈判。

12月24日　周恩来、张学良、杨虎城与宋子文、宋美龄谈判，达成停止内战、一致抗日的意见。

周恩来单独会晤宋子文。

蒋介石作出停战、联共、抗日、释放政治犯等承诺。

12月25日　张学良、杨虎城释放蒋介石。

张学良送蒋介石回到南京，被扣押。

12月27日　中共中央向党内发出《关于蒋介石释放后的指示》。次日，毛泽东发表《关于蒋介石声明的声明》。

12月31日　国民政府军事委员会高等军事法庭判处张学良有期徒刑10年。

1937年(民国二十六年)

1月2日 中共中央政治局讨论张学良被扣后的形势和对策。

1月4日 国民政府明令特赦张学良,但仍交军委会严加管束。

1月5日 周恩来与杨虎城等拟定三方面联合作战方案。

国民政府军政部发表整理陕甘军事办法。

1月8日 中共中央发表《为号召和平停止内战通电》。

1月9日 蒋介石向杨虎城提出善后甲、乙两案。

1月11日 周恩来致电蒋介石,指责其背信弃义,敦促其实现诺言。

东北军通电抗议国民政府扣留张学良。

1月15日 周恩来建议杨虎城为了西安事变和平解决,对蒋提出的甲案可基本接受,建议中共、东北军、十七路军行动一致。

1月16日 周恩来与东北军、十七路军将领商讨坚持和平方针、应付时局办法。

1月20日 中国人民抗日军政大学在延安成立。

1月21日 毛泽东指出,为避免内战,原则上不反对蒋之方针,应劝说西安服从南京统一方针。

东北军、十七路军决定接受蒋所提甲案。

1月24日 杨虎城表示接受国民党中央命令。

1月25日 新华通讯社在延安成立。

华北日驻屯军与满铁在天津召开开发华北经济会议。

1月29日 中华苏维埃政府机关报《红色中华》更名为《新中华报》在延安出版。

杨虎城部队开始由西安撤往渭北三原一带。

1月31日 周恩来与国民党西安行营主任顾祝同谈判国民政府发给红军军费问题。

2月1日 全国火柴产销联营社在上海成立。

2月2日 西安发生"二二事变",东北军少壮军人刺杀东北军主和派高级将领王以哲。

2月8日 国民党中央军进入西安城。

2月9日 毛泽东、张闻天提出同国民政府谈判的主要内容和条件。

2月11日 国共两党举行西安谈判。

2月15日 杨虎城、于学忠在国民党五届三中全会开幕后提出包括改组政府、收容各党派人才在内的实行全国统一的八项办法。全会在22日闭幕。全会宣言称：对外维护主权，对内和平统一，根绝"赤祸"，努力经济建设，消灭阶级斗争。

中国文化建设协会等团体改组为上海各界统一救国大同盟，王云五、杜月笙等为执委。

台湾总督府宣布全台公立学校一律废除中文，全用日文。

3月1日　毛泽东会见美国作家、记者史沫特莱，谈中国共产党既是国际主义者，又是爱国主义者。

3月10日　冀察政务委员会委员长宋哲元在北平称，奉行中央政府命令为其神圣任务。

3月23日　中共中央政治局在延安召开扩大会议，着重讨论国民党三中全会后中国共产党的任务和张国焘的错误。毛泽东就中日矛盾、三民主义、阶级斗争以及张国焘错误问题做了主题发言。

3月25日　周恩来在杭州就中共提出的谈判条件15项与蒋介石进行谈判。26日继续。蒋承认中共有民族意识与革命精神，是新生力量，要周恩来回延安商量"合作与纲领问题"，表示陕甘宁可以成为一个整体，红军可以改编为三个师，可以设总指挥部。

4月4日　江苏高等法院起诉沈钧儒等七君子。

4月5日　国共两党代表共祭黄帝陵。

4月10日　国货联合营业公司在南京成立，实业部部长吴鼎昌为董事长。

4月15日　中共中央发表《告全党同志书》，号召全党为巩固国内和平，争取民主权利，实现对日抗战而斗争。

4月20日　中共中央政治局会议讨论《御侮救亡、复兴中国的民族统一纲领草案》。

4月21日　中美定期航班开航。

4月22日　国民党中常会通过修正《国民大会组织法》及《宪法草案》。

4月24日　中国共产党机关刊物《解放》周刊在延安创刊。

4月30日　杨虎城被蒋介石革职出国"考察"。

本月，日本向中国东北移民数十万。

5月1日　蒋介石电令撤销西安绥靖公署及第十七路军名义。

中共中央代表陈云、滕代远前往甘肃、新疆交界的星星峡，迎接李先念率领的西路军左支队。

5月15日　毛泽东同美国记者韦尔斯谈话，指出国共谈判仍在进行，最主要的是两党的共同政治纲领，这是两党合作的基础。纲领的原则在实现民族、民主及民生的任务。

5月29日　张冲率国民党中央考察团抵延安考察,毛泽东在一周内四次会见考察团成员。

6月8日　周恩来与蒋介石进行第一次庐山谈判,至15日未能达成一致意见。

6月11日　国民政府江苏高等法院审判沈钧儒七君子案,不许旁听。

6月17日　蒋介石邀请全国各大学教授及各界领袖在庐山举行谈话会。

6月23日　周恩来在延安会见美国学者T.A.彼森,介绍国共两党谈判情况。

6月25日　日军在卢沟桥附近地区连续举行军事演习。

6月27日　周恩来在延安中共中央党校和抗日军政大学演讲《和平、抗日与民主——统一战线的政治目标》。

7月1日　中国共产党第一次以7月1日作为诞生纪念日。

7月4日　国民党庐山暑期军官训练团第一期开始。

九　抗日战争

7月7日　日本侵略军向北平郊区宛平县卢沟桥的中国驻军发动进攻,中国守军第二十九军一部奋起抵抗。这标志着全国抗日战争开始。

7月8日　蒋介石指示宋哲元:不得签订任何条约、不得后退一步、准备牺牲。中共中央发出《为日军进攻卢沟桥通电》。

中国工农红军领导人毛泽东、朱德、彭德怀、贺龙等致电蒋介石,要求全国总动员进行抗日斗争,并代表红军战士请缨杀敌。

7月10日　全国各界救国联合会为保卫北方紧急宣言。

7月11日　日本政府发表增兵华北的声明。日本参谋本部制定"对支"作战计划,宣称通过"全面战争,求得对华问题的彻底解决"。

7月14日　中共代表周恩来等将《中共中央为公布国共合作宣言》交给蒋介石。国共两党举行第二次庐山谈判。

毛泽东、朱德发布关于红军在10天内准备完毕,待命开赴抗日前线的命令。

7月17日　蒋介石在庐山发表"最后关头"的演说,称:在和平根本绝望之前一秒钟,我们还是希望和平的。如果战端一开,那就是地无分南北,年无分老幼,无论何人,皆有守土抗战之责任,皆应抱牺牲一切之决心。

7月18日　冀察政务委员会委员长宋哲元发表"平则和,不平则不和"的谈话。

7月21日　宋哲元第二十九军从卢沟桥、龙王庙、八宝山等地撤退。

7月22日　上海各界15团体发起成立上海市各界抗敌后援会。

7月23日　毛泽东撰写《反对日本进攻的方针、办法和前途》一文。

中共发表《为日本帝国主义进攻华北第二次宣言》。

7月25日　日军占领河北廊坊。

7月27日　日军进攻南苑。

7月28日　第二十九军副军长佟麟阁、第一三二师师长赵登禹在南苑指挥对日作战中阵亡。

上海文化界救亡协会成立,选举蔡元培等为理事。

7月30日　北平、天津先后沦陷。

7月31日　蒋介石发表《告抗战全军将士书》,表示和平既然绝望,只有抗战到底。

救国会沈钧儒等七君子获释。

本月,毛泽东撰写《实践论》。

日本宣布台湾进入战时体制,解散台湾地方自治联盟。

8月1日　毛泽东、张闻天提出红军对日作战原则。

8月7日　毛泽东撰写《矛盾论》完成。

8月8日　日军发起南口战役。

8月9日　周恩来、朱德、叶剑英在南京出席国防会议。

日本驻上海海军陆战队士兵驾车冲击虹桥机场,制造虹桥机场事件。

8月12日　国共两党在南京进行谈判,主要涉及发表国共合作宣言、红军改编等问题。

台湾总督府宣布开征"华北事变特别税"。

8月13日　日军进攻上海。

8月14日　国民政府发表《抗暴自卫声明书》。

8月15日　日本组成"上海派遣军",松井石根为司令长官。

8月19日　《抵抗》(后名《抗战三日刊》)在上海创刊,邹韬奋任主编。

8月20日　国民政府军事委员会发布作战指导计划。

8月21日　中苏在南京签订《互不侵犯条约》。

8月22日　国民政府军事委员会宣布委任朱德、彭德怀为国民革命军第八路军总指挥、副总指挥。

8月24日　上海文化界救亡协会的机关报《救亡日报》在上海创刊,郭沫若任社长。

国民政府公布《战时军律》。

8月25日　中国共产党颁布《中国共产党抗日救国十大纲领》。中共中央军委发布《关于红军改编为国民革命军第八路军的命令》，以朱德为总指挥，彭德怀为副总指挥，叶剑英为参谋长，左权为副参谋长。

8月26日　张家口失守。

8月30日　蒋介石决定以军委会为抗战最高统帅部。

9月2日　国民政府教育部令沿海各省学校迁往内地。

9月4日　国民政府公布修正《危害民国紧急治罪法》。

9月5日　全民通讯社在太原成立，李公朴任社长。

9月6日　陕甘宁边区政府成立，林伯渠任主席。

9月9日　国防参议会成立，蒋介石为主席。

9月11日　军事委员会将国民革命军第八路军改称为第十八集团军。

9月12日　毛泽东发出《关于独立自主山地游击战原则的指示》。

9月13日　大同沦陷。

9月16日　毛泽东部署八路军三个师实施由正规战到游击战的转变。

9月20日　第二战区民族革命战争战地总动员委员会在太原成立，续范亭任主任。

9月22日　国民党中央通讯社发表《中国共产党为公布国共合作宣言》。

9月23日　蒋介石在庐山就中国共产党的宣言发表谈话，实际上承认中国共产党的合法地位。国共两党实现第二次合作，以国共合作为主体的抗日民族统一战线正式建立。

9月25日　八路军一一五师在平型关歼灭日军500多人。

9月30日　毛泽东、张闻天提出关于南方游击队的改编原则，集中3/5编为一个军，以叶挺为军长。

本月，国民政府设立工矿、农产、贸易三个调整委员会。

台湾总督府在台湾开始推行"皇民化运动"。

10月2日　中共与国民党谈判达成协议，将湘、赣、闽、粤、浙、鄂、豫、皖8省边界10多个地区的红军和游击队（不含广东琼崖红军游击队）改编为国民革命军陆军新编第四军。

10月10日　国民政府组织忻口保卫战。

中国第一座自行设计和施工建造的铁路、公路双层桥——钱塘江大桥，今日举行通车典礼。

10月14日　原东北军六九一团在团长吕正操率领下改编的河北人民自卫军，在冀中开展敌后游击战争。

10月15日　国民党中政会决议国防最高会议为全国国防最高决策机关。

10月16日　中共中央华北局书记刘少奇发表《抗日游击战中各种基本政策问题》。

10月17日　湖南文化界抗敌后援会在长沙成立。

10月19日　八路军一二九师组织山西省崞县阳明堡战斗,毁伤敌机20余架,歼敌百余人。

10月23日　川军第二十师开赴淞沪前线。

10月27日　国民党第八十八师谢晋元部在上海四行仓库坚守战斗。

10月29日　蒋介石在国防最高会议作《国民政府迁都重庆与抗战前途》的报告。

李济深发表宣言解散中华民族革命同盟。

本月,日军占领河北正定,屠杀居民2 000余人,还烧死了正定教堂文致和主教在内的外籍教士9人。

11月1日　陕北公学在延安举行开学典礼,毛泽东作《目前的时局》的演讲。

11月5日　德国驻华大使陶德曼会见蒋介石,开始调停中日关系。

日军在杭州湾登陆。

11月8日　山西太原失陷,华北正面战场作战结束。

11月9日　蒋介石下令上海全线撤军。

11月12日　毛泽东在党的活动分子会上强调反对投降主义。

上海失陷。

11月20日　国民政府发表迁都重庆宣言,表示"此后将以最广大之规模,从事更持久之战斗"。

11月24日　国民政府组织保卫南京战役。

日军首次扫荡晋察冀边区。

11月30日　蒋介石巡视南京全城防务。

本月,山东各地人民举行抗日武装起义。

八路军一二○师创建晋西北抗日根据地。

八路军一二九师创建晋冀豫抗日根据地。

八路军一一五师一部开辟晋察冀抗日根据地。

以山西青年抗战决死队为骨干力量的山西新军,先后进驻晋东南、晋西南和晋西北地区,协同八路军作战。

12月1日　国民政府外交部抗议意大利承认伪满洲国。

12月4日　日机首次轰炸兰州。

12月5日　日军占领句容。

12月6日　汪精卫在汉口主持国防最高会议,决定接受陶德曼调停。

12月9日　中共中央政治局在延安召开会议,讨论抗日战争爆发以来中共的政治、军事路线问题和组织问题。王明批评洛川会议以来的中央方针,主张"一切经过统一战线";毛泽东坚持洛川会议制定的方针和政策,指出统一战线的总方针要适合于团结御侮。

12月11日　中共中央机关刊物《群众》杂志在汉口创刊,潘梓年任社长,许涤新任主编。

晋察冀军区政治部主办的《抗敌报》在河北阜平创办,邓拓是主要撰稿人之一。

12月12日　蒋介石下令南京守军撤退。

12月13日　日军占领国民政府首都南京,在长达六周里连续进行血腥大屠杀,造成了中国军民30万人以上的死亡。

12月14日　王克敏等在北平组织伪中华民国临时政府。

"新民会"在北平成立。它是日本侵略者纠集汉奸成立的一个傀儡组织。

上海大报《申报》《大公报》在日军新闻检查下被迫停刊。

12月16日　蒋介石在武昌发表《告全国军民书》,号召坚决抗日.

12月17日　全国抗日大同盟在汉口成立。

12月19日　合肥沦陷。

12月20日　国民政府发布宣言,痛斥北平伪组织。

12月24日　杭州失守。

12月25日　新四军军部在汉口正式对外办公。

12月26日　国共两党关系委员会第一次会议,推周恩来、刘健群起草共同纲领。

12月27日　日军占领济南。

12月28日　蒋介石电各战区长官,擅自离职,军法论处。

12月30日　国民党青岛当局在青岛实行"焦土抗战政策"。

12月31日　全国戏剧界抗敌总会在汉口成立,张道藩任主任常务理事。

1938年(民国二十七年)

1月5日　苏联志愿空军入华作战。

周恩来在武汉驳斥"亡国论"。

1月6日　新四军军部迁到南昌。

1月8日　《东方杂志》迁长沙出版。

1月9日　印度国民会议主席尼赫鲁举行"中国日",援助中国抗战,泰戈尔发表宣言声援中国。

1月10日　青岛失陷,日军枪杀中国军警600余人。

《战时青年》在武汉创刊。

1月11日　中共中央长江局机关报《新华日报》在武汉创刊,潘梓年任社长。

1月12日　八路军总部号召全军"坚持华北抗战,与华北人民共存亡"。

1月16日　日本近卫内阁首次发表"不以国民政府为对手"的对华声明。

1月17日　四川省政府颁布《四川省节食运动实施规则》,以支持持久抗战。

全国歌咏协会在汉口成立,冼星海等任执委。会后,举行盛大音乐会,以全部收入捐助冀北人民抗日游击队。

1月18日　中华公教进行会在汉口天主堂举行大弥撒,追悼阵亡将士及死难平民并祈祷和平。

国民政府发表"维护领土主权及行政完整"的声明。

1月23日　国际反侵略运动大会中国分会在汉口成立。

1月24日　第三集团军总司令韩复榘因"不尽守土职责及抵抗能事""擅先放弃济南,撤退泰安"被判处死刑,是日在武昌执行枪决。

1月25日　中文《文汇报》在上海创刊。

2月2日　定远、凤阳、蚌埠失陷。

2月3日　日本外相广田在众议院宣称:"中国国内现并无日本所承认之中央政府,中日两国现已入于战争状态。"

2月5日　国民政府军事委员会公布蒋介石1934年7月在庐山军官训练团所作《抵御外侮与复兴民族》讲演稿。

2月6日　国民政府军事委员会政治部成立,陈诚任部长,周恩来、黄琪翔任副部长。

上海《社会晚报》被日方禁止发行,经理蔡钧被杀害。

2月7日　中苏签订《军事航空协定》。

2月8日　蒋介石以八路军在晋东南连战皆捷,特电第十八集团军武汉办事处叶剑英转朱德、彭德怀总副指挥嘉奖。

国民政府经济部资源委员会与江西省合办天河煤矿投产,日产煤700吨。

2月11日　毛泽东在延安反侵略大会演说,指出:"中国一定能够战胜侵略者,新中国的创设是必然的。"

2月17日　蒋介石令炸毁郑州黄河铁桥,以阻止日军进攻。

2月18日　日机空袭武汉,苏联空军志愿队配合中国空军第四大队,击落日机11架,创武汉空战纪录。

2月21日 《少年先锋》在武汉创刊,茅盾、叶圣陶任主编。

2月23日 苏联援华航空队首次远征台湾告捷,击毁日机40架。

2月24日 空军一队轰炸新乡日军机场,毁日机4架。

2月27日 中共中央政治局举行会议,毛泽东指出中国抗战要争取外援,但主要靠自己。

3月1日 中共中央致书国民党临时全国代表大会,提出扩大各党派抗日救国团结三点建议。

中国农工民主党在武汉召开第三次临时全国代表大会,通过抗战时期政治主张。

日机袭广州机场并炸中山大学。

3月2日 朱德、彭德怀致电《新华日报》,揭露日军在华北的暴行。

暹罗华侨义勇队190人回国参加抗战。

3月3日 国民政府行政院通令各地工商企业"加紧生产,调节物品,以期充实后方,增加抗战力量"。

3月10日 中国空军袭南京,炸毁日机10余架。

沈钧儒、郭沫若、邓颖超、安娥等百余人在武汉发起组织战时儿童保育会,宋美龄任理事长,李德全任副理事长。

3月11日 香港学生赈济会发起三日节食节用运动,以筹集资金慰问抗日将士,至是日得款4 700余元。

3月12日 国民政府实行外汇统制。

3月14日 鲁南会战开始,李宗仁指挥40万大军迎击日军。

3月16日 八路军第一二九师在晋东南黎城神头岭设伏,歼灭日军1 500余人。

毛泽东电示周恩来等与国民党商讨华北军事问题的原则。

3月17日 滕县失陷。守军一二二师师长王铭章殉国。

3月18日 临沂大捷,共毙伤日军4 000人以上。

3月20日 《战地》文艺半月刊在武汉创刊,丁玲主编。

中华全国文艺界抗敌协会在汉口成立。

3月22日 八路军一二〇师在晋西北义井东凤凰山设伏,歼灭日军300余人。

3月23日 台儿庄战役开始。4月4日,日军在台儿庄陷入包围圈。6日,日军溃退,台儿庄大捷,歼灭日军万余人。

3月27日　"中华民国维新政府"在日军操纵下在南京成立。

3月31日　八路军一二九师响堂铺伏击战打响。

本月,白求恩率加拿大——美国援华医疗队到达延安。

4月1日　国民党临时全国代表大会制定《抗战建国纲领》。

武汉各界欢迎日本反战作家鹿地亘。

《自由中国》杂志在武汉创刊,周扬、夏衍等为编委。

日本在天津筹设华北盐业公司。

中国青年记者学会在汉口成立。

重庆市儿童发起捐购中国儿童号飞机。

4月5日　张国焘代表陕甘宁边区政府参加祭黄帝陵后,逃至西安。7日,张国焘逃至武汉,投靠蒋介石。17日,张国焘发表书面声明,脱离中国共产党。

4月7日　张国焘叛逃至武汉,投靠蒋介石。

武汉三镇庆祝台儿庄大捷。

4月10日　广州市30余万人举行庆祝台儿庄大捷游行。

延安鲁迅艺术学院成立。

4月15日　宋庆龄、何香凝联名发表《拥护抗战建国纲领,实行抗战到底》一文。

4月17日　日机滥炸广州闹区,平民死伤数百。

4月18日　日军向徐州发起进攻,徐州会战开始。

日军将上海四行仓库价值千万元以上的中国存货劫运回国。

4月21日　毛泽东指示在冀鲁平原发展抗日游击战。

4月29日　日机轰炸武汉,被击落21架。

5月2日　国民政府财政部贸易委员会实施《出口贸易外汇集中办法》。

5月4日　毛泽东致电项英,指示新四军以茅山为中心扩建根据地。

日本华北方面军司令部为攫取华北资源,拟定《华北开发方案》。

5月5日　蒋介石致电斯大林,洽商军火货物交换办法。

德国红十字会代表团到汉口,赠送中国药品400余箱。

5月8日　徐向前率领东进的八路军袭击威县,毙敌伪500余人。

5月11日　厦门失陷。

吕正操所部华北人民自卫军收复青县。

5月14日　日机70余架狂炸徐州,交通银行、电灯厂、邮政局等处中弹,民众死伤700余人。

国联鼓励中国英勇抗日,并重申实施援华案。

5月16日　陈诚在汉口举行外国记者招待会,揭露日军使用毒气、毒物残害中国军队的罪行。

5月19日　中国军队放弃徐州,徐州会战结束。

5月26日　毛泽东在延安抗日战争研究会上讲演《论持久战》。

5月28日　国民政府财政部禁止铜币出口。

6月1日　蒋介石在武汉召开最高军事会议,决定豫东守军向豫西山地作战略转移;同时秘密决定决黄河堤,以阻日军西进。

6月2日　八路军一二九师骑兵团占领广平县城。

6月3日　中苏文化协会俄文专修学校在武汉成立。

6月4日　日军总攻开封,与中国军队激战。

《民主》半月刊在武汉创刊。

6月5日　广州续遭日机狂炸,平民死伤4 000多人。

6月6日　开封失陷。

6月9日　花园口决堤成功,是日放水。日军约4个师团陷于泛区,损失达两个师团以上。

国民党驻武汉党政军机关开始撤退,党政机关移重庆,军事机关移湖南。

6月11日　八路军一二九师骑兵团一部占领河北成安县城,另一部攻占津浦路平原车站。

6月12日　安庆失陷。

6月13日　日军攻陷桐城。

6月22日　开封农民发起联庄自卫团奋起抗战。

6月28日　日军在苏北决运河大堤,以图阻止韩德勤部反攻其后方。

6月29日　萧华率八路军两个支队赴津浦路东,协助当地开辟冀鲁边区抗日根据地。

7月1日　国民政府发起献金运动,以激发群众爱国热忱和抗战决心。

7月4日　冀东21县发动武装抗日大起义。

7月5日　中共参政员毛泽东等人发表《我们对于国民参政会的意见》。

汪精卫指使高宗武(原外交部亚洲司司长)秘密访日。高宗武要求日本首相"以汪精卫为和平运动的中心"。

7月6日　国民参政会在武汉开幕。

武汉三镇民众12万余人举行抗战周年纪念大会并举行火炬大游行。

7月7日　邹韬奋编辑的《全民抗战》在武汉创刊。

周恩来在《新华日报》发表《论保卫武汉及其发展前途》。

7月9日　三民主义青年团在武昌成立,陈诚为书记长。

7月10日　武汉"七七"献金运动结束,献金者达50万人以上,献金总额100万元。

7月12日　日机68架狂炸武汉,死伤民众650人。

北京大学校长蒋梦麟等全国各大学校长联名通电全世界,呼吁制止日机轰炸中国不设防城市,屠杀和平居民的暴行。

7月18日　开滦7 000名矿工举行抗日武装起义。

7月20日　敌机向岳阳大举空袭,创"民生""江贞"二舰。

7月23日　日军在塘沽登陆。

7月24日　日军进攻九江,武汉会战自此开始。

7月25日　河北省府主席鹿钟麟发出《告河北民众书》,表示要使全省广大民众的抗敌组织及武装力量配合适当,一致打击共同的敌人。

7月26日　九江失陷。

战时日本研究会会刊《战时日本》在武汉创刊,宋斐如主编。

8月2日　宿松失陷,国民党守军退至黄梅防线。

第九战区总动员委员会在武汉成立。

8月3日　南浔会战开始。

8月4日　黄梅失陷,日军攻入鄂东门户,使武汉三镇暴露在日军面前。

8月5日　香港英文《孖剌西报》首载日本向中国提出的五项议和条件。

朱德、彭德怀电蒋介石抗议国民党军队袭击陕西淳化八路军保安队并大举进犯边区。

8月16日　日机81架分两批袭武汉三镇,投弹260余枚,毁房300余栋,死伤平民300余人。

8月23日　胡绳主编的《救中国》在武汉创刊。

8月25日　朱德为纪念八路军成立一周年发表《告国民书》,对所谓八路军"游而不击,领饷不作战"的诬蔑之词进行有力的驳斥。

8月27日　八路军一二九师发起彰南战役,歼伪军4 000余人。

8月29日　朱德在延安抗日军政大学作《一年余以来的华北抗战》的演讲。

本月,晋绥抗日根据地建立。

国民党特务组织中央执行委员会调查统计局成立。

9月3日　生活、商务、中华等20余家书店联名具呈蒋介石,要求撤销对战时图书杂志的审查。

9月5日　王震率三五九旅在桑干河与日军激战,毙敌300余人。

9月8日　全国102家报纸联合发表《全国报界共同宣言》,要求国民政府彻底检查7年来外交政策。

9月10日　八路军一二九师夜袭冀豫交界处临漳以南的大韩集、豆公集,消灭伪军1 300余人。

9月13日　国民党张荫梧部在河北安平县杀害冀中二分区领导宋振桓、何昆山等4人,制造破坏团结抗日的"安平惨案"。

9月17日　日军进犯大别山。

9月18日　西藏哲蚌寺大格西喜饶嘉错大师发表《告蒙藏人士书》,揭露日本法西斯军阀标榜信奉佛教,却完全违背佛教教义,危害民众的罪行。

9月22日　南京伪维新政府和北平伪临时政府在北平成立中华民国政府联合会委员会。

9月25日　八路军漳南兵团占领滑县县城及道口镇。

9月26日　浙东富阳告捷,歼敌千余人。

9月29日　中共在延安召开扩大的六届六中全会,明确肯定了以毛泽东为代表的中央政治局的正确领导,确定了中共在抗日民族统一战线中的独立自主原则。

10月4日　八路军攻占察哈尔省赤城,消灭守敌200余人。

10月10日　蒋介石检阅武汉三镇防护团、战时工作队及民众10万余人。
新疆迪化举行提灯大会,决议捐购飞机10架,并发起募百万件皮衣运动。
南洋华侨筹赈祖国难民总会成立。

10月12日　日军在大亚湾登陆。
蒋介行下令在日军进攻长沙时,焚毁市区,实行"焦土抗战"。

10月13日　国民党中央发表《告广东全省军民书》,号召团结一致,抗击日军,保卫广东。

10月21日　广州弃守。

10月22日　日军突破大别山。

10月24日　武汉外围部队奉令撤退。
晋察冀军区八路军克复涞源。

10月25日　汉口弃守,武汉会战结束。
《资本论》中文全译本出版,郭大力、王亚南翻译。

10月28日　国民参政会第二次大会在重庆开幕。

10月31日　蒋介石发表《为放弃武汉告全国同书》。

11月1日　日本大藏省向在华各日本银行发出通告,在华中、华南实行"军用"券,用以代替日本银行纸币流通。

11月2日　国民政府军令部以八路军"忠实奋发,迭予敌重创",致电朱德、彭德怀,对所有出力部队"传谕嘉奖"。

11月3日　日本近卫内阁发表第二次对华声明,暴露了日本独霸东亚的野心。此后日本对华政策改以政治诱降为主。

11月4日　国民参政会第二次会议通过《请撤销图书杂志原稿审查办法,以充分反映舆论及保障出版自由案》。

11月5日　毛泽东在中共中央六届六中全会作《统一战线中的独守自主问题》报告。

11月9日　第四战区余汉谋部自东江、西江及粤汉线分三路反攻广州。

11月10日　余汉谋通电誓死雪耻,决心恢复广东精神而慰国民。

日机狂炸湖南浏阳,全城大火。

11月11日　日军占领湖南岳阳。

11月12日　国民党当局在长沙实行"焦土抗战",放火焚城,长沙大火三日不息,两万多人葬身火海。

汪精卫派代表与日本方面举行关于投降的会谈。

11月13日　中国自然科学社第11届年会在四川巴中举行,决议组织西北及西南科学考察团。

11月15日　日军对冀南进行第一次全面扫荡。

11月16日　国民政府行政院宣布,日军侵占中国大陆9省,占领59县。

11月19日　第九战区陈诚部克湖南平江、麻塘及鄂南云溪车站。

11月25日　甘肃海原、固原回民为反对国民党压迫,举行武装起义。

12月1日　国联决议拨款150万瑞士法郎协助中国进行防疫。

12月3日　第四战区便衣队80余人潜入广州市内,与日军巷战3小时始退。

12月5日　琼崖红军游击队改编为广东省第十四统率区民众抗日自卫团独立队,冯白驹任队长。

12月6日　蒋介石与周恩来会谈国共合并问题,提出部分共产党人加入国民党,周表示少数人退出共产党加入国民党,不仅失节失信仰,于国家有害无益。

12月9日　蒋介石飞返重庆,邀孔祥熙、汪精卫、王宠惠等讨论今后抗战要计。

12月15日　中美成立桐油借款2 500万美元协定。

12月16日　日本对华中央机构"兴亚院"成立。

12月19日　汪精卫叛逃河内,周佛海、陶希圣同往。

12月22日　日本首相近卫发表第三次对华声明,重申"武力扫荡抗日的国民政府",愿与"新生的中国"调整关系。

贺龙率八路军一二○师主力向冀中挺进。

1939年(民国二十八年)

1月3日　英国牛津大学各学院院长、教授联名致电中国政府,对中国抗战表示敬意。

1月10日　日机袭重庆、泸州、沙市、大庸及慈利等处。

1月15日　交通部开辟叙昆、桂黔、滇黔三线驮运。

中共中央军委机关刊物《八路军军政杂志》在延安出版。

1月23日　美运9 000吨小麦到上海,救济中国难民。

1月24日　中英两国就开辟中缅新航线达成协议,是日在重庆换文。

1月30日　社会部拟订《抗战时期文化团体指导工作纲要》,决定限期"举行文化团体总登记"。

2月3日　四川资阳县农民3 000多人为反抗拉丁抽税举行武装示威。

2月4日　蒋介石以新四军袭击敌军"成果甚大",致电嘉奖。

2月8日　印度医生安德华率领印度援华医疗队一行5人到达西安,12日抵延安。

2月9日　甘地、尼赫鲁、泰戈尔在印度马德拉斯举行的世界教会会议发表谈话,表示支持中国抗战,愿以物资援华。

2月10日　日军登陆海南岛。

2月12日　国民参政会第一届第三次大会在重庆开幕。

2月17日　中国航空公司开辟昆明至缅甸仰光航线。

2月19日　纽约华侨为募集百辆救护车捐助祖国抗战,举行盛大集会游行,募得美金2万元。

2月20日　兰州发生激烈空战,日机9架被击落。

2月21日　八路军一二九师李聚奎先遣纵队在山东禹城县南炸翻津浦线日军火车一列。

2月22日　中美文化协会在重庆成立,会长孔祥熙,名誉会长宋美龄、史汀生。

2月25日　瑞典援华委员会派霍尔曼医师携带大批医疗器材启程来华。

八路军一二九师一部在河北南宫伏击日军,毙伤200人。

3月2日　英皇家航空公司中缅试航机抵昆明。

3月3日　汪精卫代表高宗武在东京与日方商定《收拾时局具体办法》。

澳大利亚堪培拉港码头工人为援助中国抗战,拒运废铁赴日。

3月6日 日军施放毒气,攻占湖北省钟祥。

3月12日 蒋介石通电全国宣布实行国民精神总动员。

3月15日 中英正式签订贷款合同,英国同意给中国信用贷款50万英镑,用以购买卡车行驶滇缅公路。

3月17日 日海空军掩护陆军向南昌发动总攻。

3月18日 延安西北青年救国会常委会议,定5月4日为中国青年节,建议全国是日举行纪念活动。此项建议后为国民党当局接受。

3月19日 中国行政学会在重庆成立,旨在研究各种行政问题并提出改革方案。

3月27日 南昌失陷。

4月1日 日兴亚院会议决定给予汪精卫组织反共救国同盟会活动经费。

4月9日 中华全国文艺界抗敌协会在重庆召开首次年会,郭沫若、老舍、田汉等当选理事。

4月10日 甘肃省海(原)固(原)地区回民8 000人暴动。

4月16日 日军派遣汉奸冒充难民,携带大批毒菌自海南岛、厦门、温州、汉口分四路出发,前往重庆、桂林、西安、金华等地毒害我人民。

4月22日 南昌反攻战开始。

4月26日 中共中央发表《为开展国民精神总动员运动告全党同志书》。

4月27日 日军狂炸南昌,滥放毒气、毒弹。

4月28日 日机轰炸宁波。

4月30日 中日军队随枣会战开始。

博山惨案发生。驻博山地区的八路军山东纵队第三游击支队400余人被害。

本月,难民南下、西迁,中国人口出现一次大流动。

5月1日 日军部署"扫荡"山西五台山地区。

毛泽东在延安发表《国民精神总动员的政治方向》的讲话。

5月4日 日机狂炸重庆,全市陷于烟火中。

5月7日 中国空军一大队轰炸广州天河日军机场。

5月14日 中华全国文艺界抗敌协会延安分会成立。

5月17日 班禅行辕暨西藏僧侣民众慰劳抗战将士代表团在重庆向蒋介石献旗。

5月18日 日投诚军官见习参谋中山觉在长沙历数日军阀罪行。

5月29日 日军包围徐州基督教堂,捕去中外教士、教友300余人。

6月1日　经济部决定粤、桂、湘、鄂、赣、闽六省联运,以使农产品畅销内地,活跃战时经济。

6月9日　国联鸦片顾问委员会重视日本毒化中国暴行。

6月12日　国民党杨森部包围新四军平江通讯处,屠杀中共江西省委副书记涂正坤等新四军、八路军干部多人,制造了平江惨案。

6月16日　《中苏通商条约》签订。

6月21日　成吉思汗灵梓途经延安,延安各界人士隆重举行祭典。

6月26日　教育部决定本年度国立各大学及独立学院统一招考新生。

军事委员会政治部制定《异党问题处理办法》。

7月1日　日军对晋东南根据地发动第二次九路围攻,晋东南根据地反"扫荡"历时两月。

7月7日　蒋介石为抗战两周年发表《告全国军民书》等文告,重申抗战到底的国策不变。

中共中央发表《为抗战两周年纪念对时局宣言》,提出坚持抗战、反对分裂、反对倒退的口号。

7月8日　汪精卫发表声明,要点是反蒋、反共、亲日。

刘少奇在延安马列学院发表《论共产党员的修养》演讲。

7月10日　八路军一二九师收复山西榆社。

7月16日　日军攻陷广东澄海,屠杀群众700余人。

7月18日　上海法币外汇黑市波动。国民政府外汇平准基金管委会决定限制供应外汇。

7月20日　生活教育社筹设的育才学校在重庆创立,校长陶行知。

延安中国女子大学举行开学典礼。

7月23日　周恩来、叶剑英对薛岳捏造事实、诬称平江惨案为"土匪谋乱"表示抗议。

7月27日　蒋介石为八路军在鲁西迭获胜利,致电朱德、彭德怀表示嘉慰。

8月1日　八路军山东纵队第五支队袭击由山东福山开往招远的日军车队。

8月2日　八路军克复晋东南日军重要据点长治。

8月4日　从本日至15日,周恩来在中共中央政治局会议上做长篇发言,运用丰富的历史资料,分析两年来抗战及国内外时局。

8月5日　八路军一部夜袭白晋路屯留常村镇,毙日军80余名。

8月7日　日军开始对太岳地区进行"扫荡"。

国民政府教育部举办全国统一高考。

8月9日　汪精卫在广州对重庆做劝降广播,提出"局部和平"办法。

8月13日　日军为切断中国军队补给线,令第十八师团顺珠江集结虎门,准备进攻深圳。

延安召开陕甘宁边区学生救国联合会第一次代表大会。

8月18日　参政员黄炎培、张澜、梁漱溟等通电声讨汪精卫,痛斥汪以实行宪法诱骗国人。

8月20日　新疆省14个民族400万同胞捐款购机10架,是日举行献机命名典礼。

8月21日　国民政府明令禁止用蛮、夷、猺、猓、獞等名词,以示民族平等。

8月22日　日军特务机构"梅机关"成立。

9月1日　毛泽东就当前国际新形势对《新华日报》记者发表谈话。

国民党宣布正式成立三民主义青年团,陈诚任中央干事委员会书记长。

9月2日　尼赫鲁致电毛泽东,对未能应邀访延安表示遗憾,并向八路军致敬。

9月5日　国民政府教育部决定在豫、陕、甘、川、湘、黔6省设立国立中学12所,分别收容各战区中等学校退出之员生。

9月8日　国民政府令设中央、中国、交通、农民四行联合办事处,同时公布《巩固金融办法纲要》,集一切金融大权于四联总处。

驻美大使胡适访美总统罗斯福,商谈美对华第二次贷款。

日机46架空袭延安。

9月11日　孔祥熙在国民参政会四次大会作秘密财政报告称:敌方财政困难较我更甚。

9月13日　日机27架空袭四川万县,被击落10架。

9月16日　毛泽东对中央社等记者指出:抗日战争已处相持阶段。

美国公路运输技术顾问团应孔祥熙邀请来华观察公路建设。

9月17日　宋美龄致电海内外妇女团体,发起征募棉衣50万件运动。

9月18日　东北抗日联军赵尚志部在吉、黑边境通河城南与日军千余人激战。

9月23日　日军大举进犯长沙,中国军队准备应战。

9月29日　中国空军袭击广州白云机场,炸毁日机10架。

10月1日　国民参政员褚辅成、张澜、沈钧儒等人在重庆举行宪政座谈会,会议决定组织宪政促进团体。

10月2日　第九战区代司令长官薛岳部署湘北全面反攻。

中国空军空袭汉口日军机场,毁日机50架。

10月5日　湘北连克汨罗、平江等地。日军长沙战地总指挥冈村宁次下令全线退却。

10月8日　日军牛岛师团再次大举进犯晋东南。

10月9日　吴佩孚拒绝参加汪伪政权。

10月10日　国民政府发表双十宣言,重申主权完整不容破坏。

中华全国戏剧界抗敌协会举办的第二届戏剧节在重庆开幕。

10月11日　山西牺盟会、决死队发表加强团结进步坚持抗战到底宣言。

10月13日　湘北羊楼司激战,日军伤亡逾500人。

10月14日　第三战区一部冲入杭州市区,巷战竟夜。

10月18日　沈钧儒等在重庆召开第二次宪政座谈会,讨论宪政与抗战建国问题。

10月20日　中共中央机关刊物《共产党人》创刊。

10月23日　欧亚航空公司港渝线复航。

10月25日　晋察冀抗日根据地军民进行冬季反"扫荡"斗争。

11月7日　号称"名将之花"的日军中将阿部规秀被八路军击毙于涞源战役中。

11月8日　新四军在江苏丹阳战斗中获胜。

11月10日　日机空袭河南,在洛阳附近投毒气弹。

11月11日　确山惨案发生,新四军伤病员及家属200余人被国民党常备军杀害。

11月13日　重庆市组织肃清敌货委员会。

11月14日　中国佛教访问团由昆明启程经滇缅公路到缅甸、印度、新加坡、马来半岛、泰国等国访问。

11月15日　日军大举进犯广东北海,桂南战役开始。

11月17日　广州日军令伪妇女会将拘在王德光医院的妇女2 000余人组成"姑娘慰劳团",送各线充军妓,拒绝者多被杀害。

11月20日　白崇禧特电广西省政府召集全省村街民大会,动员民众,配合军事力量,破坏公路,实行空室清野,痛击桂南进犯日军。

11月21日　日机30余架自晨至晚轮番轰炸南宁。24日南宁失陷。

11月25日　重庆市新生活运动促进会发起"献债救国"运动。

11月26日　国民政府通过设立中国运输股份有限公司。

11月29日　阎锡山所部进攻山西新军。

12月1日　阎锡山与日军夹击晋西的抗日决死队和八路军,"十二月事变"爆发。

浙江金华、兰溪、永康三县举行不买日货宣誓大会。

中共中央作出关于推进宪政运动的第二次指示。

延安各界召开追悼白求恩大会。

12月3日　日军大举进犯中条山。

12月4日　日军占领昆仑关。

阎锡山军捣毁晋南阳城牺盟会之《新生报》,编辑王良被活埋。

12月5日　中苏正式通航。

12月8日　八路军一二九师主力、一一五师三四四旅和晋冀豫军区部队,发起邯(郸)长(治)公路破击战。

12月10日　卫立煌部向晋南翼城、绛县一带日军主力发动攻击,经九昼夜激战,敌向西退走,据守曲沃、新绛与卫部相持。

12月13日　李家钰部开始扫荡太行山南、道清北各山口日军据点。

上海法租界发生抢米风潮。

12月22日　国民政府通电停止苏联飞机飞入国境。

12月23日　新四军某支队粉碎日军2 000余人对淮南地区津浦路西全椒县的"扫荡"。

12月25日　朱德等通电反对进攻边区。

12月30日　汪伪南京政府与日本政府签订《关于调整日中新关系协议文件》,在沪签字。

本月,八路军回民支队正式命名。

毛泽东完成《中国革命和中国共产党》一文的撰写。

1940年(民国二十九年)

1月10日　中共中央指示南方局同国民党谈判有关边区问题的方针。

1月12日　国民党军侯如墉、乔明礼等部6 000余人进攻河北赞皇地区八路军。

1月15日　《中国文化》杂志创刊号发表毛泽东《新民主主义的政治与新民主主义的文化》。

1月16日　汪精卫发表铣电,对蒋介石劝降。

1月27日　南宁日军3个师团再次攻占昆仑关。

1月28日　毛泽东为中共中央起草《克服投降危险,力争时局好转》指示。

1月20日　国民政府行政院议决,以拉木登珠继任第十四世达赖喇嘛。

中共中央发出《关于武装自卫反顽进攻的指示》。

国民政府军令部制定《防止异党部队越轨行动方案》。

1月31日　朱德、彭德怀等致电蒋介石,反对汪精卫与日本订立卖国条约。

2月1日　延安各界3万人举行声讨汪精卫大会。

2月3日　绥远五原失陷。

2月9日　中共中央向国民政府提出停止全国摩擦问题。

冀南八路军反击顽军石友三部。

2月14日　今井武夫与宋子良在香港商定于2月底举行中日两方正式圆桌会议。21日,日本大本营决定把对国民党的诱降工作定名为"桐工作"。

2月21日　中共中央决定中共参政员不出席第五次参政会。

2月22日　第十四世达赖喇嘛坐床典礼在拉萨举行。

2月23日　日军1.2万余人对晋西北进行春季大"扫荡"。

2月28日　汪伪与日本订约出卖扬子江主权。

3月1日　国民政府发行1940年军需公债,总额法币12亿元。

3月4日　八路军鲁西、冀鲁豫、冀南主力部队再次讨伐石友三。

3月5日　国民政府明令通缉樊仲云等25名汉奸。

3月8日　美国联邦进出口银行给中国政府贷款2 000万美元。

3月9日　日伪军6 000余人"扫荡"平西抗日根据地。

3月11日　毛泽东在延安高级干部会议上作《目前抗日统一战线中的策略问题》的报告。

3月12日　汪精卫在沪发表《和平宣言》,切望"重庆方面抛弃成见,立即停战,共谋和平"。

3月14日　八路军总部同第一战区达成停止冲突协议。

3月30日　汪伪国民政府在南京成立。

伪华北政务委员会成立,王克敏任委员长。

国民政府明令通缉汉奸陈公博等77人。

美国国务卿声明不承认南京伪政权。

4月1日　傅作义部攻克五原,取得绥西大捷。

日军3.7万余人开始对冀中进行50天的"扫荡"。

国民参政会一届五次会议在重庆召开。会议发表讨汪通电。

4月13日　国民政府军令部长徐永昌电叶挺、项英,迫令江北新四军开往江南。

4月15日　中共中央发出《关于财政经济问题指示》。

4月22日　日军对皖南新四军历时11天"扫荡"结束。

5月1日　中日军队开始枣宜会战。

5月5日　八路军第一二九师发起白(圭)晋(城)铁路破击战。

5月13日　日军2万余人进犯粤北。

5月16日　第三十三集团军总司令张自忠在指挥枣宜会战时,与敌激战,亲临第一线指挥作战,被敌弹击中,壮烈殉国。

5月18日　日军实施101号作战,加强对中国内地的轰炸。空袭的主要目标是重庆、成都等地。在持续110天的轰炸中,日军共出动飞机4 555架次,投弹27 107枚,计2 957吨。

5月31日　陈嘉庚率南洋华侨回国慰劳视察团抵达延安。

6月5日　晋西北抗日根据地展开夏季反"扫荡"。

6月25日　冀中八路军发起青纱帐战役。

6月28日　日本宣布封锁香港。

7月7日　全国纪念抗战三周年,蒋介石发表告全国军民书、告全党同志书、告友邦书。

朱德、彭德怀发布对日俘政策命令。

7月8日　陈毅率新四军江南指挥部及江南部队主力北渡长江,与已在江北的挺进纵队、苏皖支队会合。

7月10日　八路军展开讨伐石友三的第二次战役。

7月16日　国民党中常会通过《关于陕甘宁边区及十八集团军新四军作战地境编制问题的提示案》(即《中央提示案》)。此案是国民党加紧防共、限共、反共活动的产物。

7月20日　在华日本人民反战革命同盟会在重庆成立。

7月24日　国民政府公布《非常时期维持治安紧急办法》。

7月25日　美国扩大对日禁运。

8月2日　《中俄新商约》签字。

8月7日　国民政府公布《非常时期银行管理暂行办法》。

8月8日　八路军总部下达百团大战行动命令。

8月16日　八路军第一二九师下达"破袭正太路"战役基本命令。

8月20日　八路军在华北发动有105个团参加的"百团大战"。至9月10日完成第一阶段作战,使正太铁路全线瘫痪,歼灭日军7 600人。

8月25日　美国宣布对日禁运汽油和废铁。

8月27日　上海英军撤退回国。

8月29日　日伪军万余人大举"扫荡"皖东。

9月3日　国民党军韩德勤部调集大军向苏北新四军发动进攻。

9月6日　国民政府明令定重庆为陪都。

9月7日　日军第二次围攻长沙。

9月10日　百团大战第一阶段作战结束。

9月18日　日军1.4万余人"扫荡"沂蒙山区。

9月19日　日本决定停止"桐工作",日本对国民政府的诱降攻势破产。

9月22日　八路军晋察冀军区部队发起涞灵战役,开始百团大战第二阶段作战。到10月上旬,共攻克日伪军据点123处,歼灭日伪军7 000人。

9月24日　日军6 000余人在法属印度支那北部海防登陆。

9月25日　美国贷款2 500万美元给国民政府。

9月26日　国民党中常会临时会议决议,国民大会延期召开,并修正国民参政会组织条例。

9月27日　德、意、日三国在柏林签订军事同盟条约。

9月29日　延安八路军卫生学校正式改名为八路军医科大学。

9月30日　国民政府外交部长王宠惠声明反对东亚新秩序。

10月4日　新四军发起黄桥反顽自卫战役。

10月7日　昆明发生激烈空战。

10月14日　英国宣布正式开放滇缅路。

10月15日　蒋介石与陈纳德商谈美国空军援华办法。

10月19日　何应钦、白崇禧向朱德、彭德怀、叶挺发出皓电,限令黄河以南的八路军、新四军各部队在一个月以内全部撤到黄河以北。

八路军总部下达反"扫荡"作战命令。

10月24日　周恩来向中共中央通报国民党顽固派反共高潮上升情况。

11月1日　中共中央发出新四军皖南部队行动方针指示。

中共中央发出建立与巩固华中根据地的指示。

国民政府军事委员会政治部文化工作委员会成立,郭沫若任主任。

11月3日　毛泽东、朱德、王稼祥发出关于皖南新四军北移问题指示。

11月7日　中共中央发出《关于反对投降挽救时局的指示》。

11月9日　朱德、彭德怀、叶挺、项英发出答复何应钦、白崇禧的佳电,声明为了顾全大局,挽救民族危亡,决定新四军皖南部队"遵令北移",但须宽限时日。

11月14日　国民政府军令部拟订《黄河以南剿灭共军作战计划》。

11月15日　毛泽东向全党发出《关于击退蒋介石反共高潮的指示》。

11月16日　八路军总部通电指斥日军"三光"政策。

11月18日　全国各省及海外华侨捐献飞机1 270架。

11月19日　国民政府军政部军需局通知八路军西安办事处,从本日起停发八路军经费。

11月30日　日汪签订《中日基本关系条约》,日本正式承认汪伪国民政府。

国民政府悬赏10万元,严缉汪精卫。

美国总统罗斯福宣布向中国提供信用借款1亿美元。

12月3日　英国表示给中国贷款1 000万英镑。

12月9日　蒋介石手令八路军、新四军限期北移。

12月12日　马寅初教授因批评国民党发国难财,斥责蒋介石"不是民族英雄,而是家族英雄",在重庆被当局逮捕。

12月14日　日军2万余人对晋西北发动冬季"扫荡"。

12月24日　国共两党代表在重庆围绕新四军北移问题谈判两党关系,无结果。

12月29日　美国罗斯福总统发表"炉边谈话",此后,美国改变了中立政策,向英、法和中国提供大批军需援助。

12月30日　延安新中广播电台首次播音。

12月31日　中共中央发出关于粉碎蒋介石进攻华中的战略部署的指示。

1941年(民国三十年)

1月4日　叶挺、项英率新四军部队9 000余人从皖南泾县出发北移。

1月6日　北移新四军在泾县茂林地区遭顾祝同、上官云相部重兵围攻,皖南事变爆发。

1月10日　国民政府撤销八路军驻桂林办事处。

1月11日　周恩来就新四军被围攻事向国民党谈判代表张冲提出抗议,并指示《新华日报》披露事件真相。

日军7 000余人"扫荡"鲁西南抗日根据地。

1月12日　宋庆龄、柳亚子、何香凝等为皖南事变在香港发起抗议行动。

1月14日　新四军皖南部队7 000余人被俘或壮烈牺牲,军长叶挺被扣,副军长项英、副参谋长周子昆遭叛徒杀害,政治部主任袁国平牺牲。

1月17日　国民政府军事委员会宣布新四军为"叛军",取消其番号。

1月18日　中共中央发出《关于皖南事变的指示》。

国民政府新闻检查机关扣压《新华日报》关于皖南事变的报道和评论,报纸开天窗。

周恩来在《新华日报》上题词揭发和抗议国民党的暴行。

1月20日　中共中央军事委员会发布重建新四军军部命令,任命陈毅为代理军长,张云逸为副军长,刘少奇为政治委员,赖传珠为参谋长,邓子恢为政治部主任。

1月22日　毛泽东以中共中央军事委员会发言人名义发表谈话,提出挽救国共合作最后破裂的善后办法12条。

1月23日　陈毅等发表新四军将领就职通电。

1月24日　日军发动豫南战役。

1月25日　周恩来将中共解决时局12条办法交国民党代表张冲。

日军在冀东制造潘家峪惨案,屠杀无辜群众近千人。

1月27日　蒋介石在国民政府纪念周演说,称"制裁新四军是为了整饬军纪,加强抗战"。

1月28日　新四军新军部在江苏盐城成立。

2月5日　国民党军在广东中山县击落日海军飞机一架,日南洋联合舰队司令大角岑生大将毙命。

2月7日　美总统特使居里抵重庆,谒蒋介石。居里转交了美国总统罗斯福盼国共合作的函。

2月9日　台湾革命同盟会在重庆成立。

2月14日　周恩来在重庆会见居里。

2月15日　中共7位参政员电第二届国民参政会秘书处,提出皖南事变善后处理办法。

邹韬奋辞去"国民参议员"职务离渝赴香港。

2月23日　毛泽东《中国革命战争的战略问题》出版。

2月25日　蒋介石与居里话别,提出中国购买飞机器材备忘录。

2月26日　日军大本营下令封锁中国沿海,阻止援华物资进入中国境内。

2月27日　蒋介石约见张澜、黄炎培,表示同意成立党派委员会,协调国共关系。

2月28日　中共中央提出解决皖南事变临时办法12条。

在桂林复刊两年宣传抗日救国的《救亡日报》被国民政府查封。

3月1日　第二届国民参政会第一次会议在重庆举行。

3月2日　中共参政员毛泽东等向国民参政会提出,是否接纳临时解决办法12条,将作为出席会议的先决条件。

3月14日　蒋介石邀请周恩来面谈,谋求缓和国共关系。

3月15日　日军进攻赣西上高与高安地区,上高会战开始,29日结束。

3月19日　中国民主政团同盟在重庆成立。

3月20日　伪华北政务委员会委员长王揖唐发表广播讲话,宣布在华北进行"治安强化运动"。

3月25日　国民政府设立国共关系调整特别委员会。

3月30日　华北日伪军开始实行第一次"治安强化运动"。

本月,王震率领八路军三五九旅,开进延安东南的南泥湾,实行军垦屯田。

华岗以中共代表身份同刘文辉联系,做川西地方实力派统战工作。

4月8日　甘肃海原、固源地区回族群众2万余人,为反抗国民政府举行第二次武装起义。

4月12日　重庆《新华日报》社社长潘梓年函请国民党中宣部长王世杰,要求制止对该报的压迫。

4月13日　苏日在莫斯科签订中立条约。苏联同时保证援华政策不变。

4月14日　国民政府外交部长王宠惠就苏日中立条约发表声明,东北四省及外蒙古主权,不容第三国妨害。

4月17日　美国总统罗斯福批准第一批价值4 500万元援华军用器材。

4月20日　宁波、镇海、慈溪、余姚、诸暨相继沦陷。

4月21日　日军侵入福州。

5月3日　日军63架飞机空袭重庆。

5月7日　日军调集10余万兵力发动中条山战役。

5月9日　日机80架空袭重庆。

5月16日　中共中央机关报《解放日报》在延安创刊,秦邦宪任社长。

5月19日　毛泽东在延安干部会议上作《改造我们的学习》的报告。

5月22日　汪伪国民政府在南京成立"清乡"委员会。

5月25日　美国政府批准第二批对华贷武器,价约5 000万美元。

6月1日　晋东南太行山八路军与日军发生激战。

6月2日　日军在广东海丰、梅陇登陆,被国民党军击退。

6月5日　日机夜袭重庆,较场口防空隧道内发生窒息惨案,死亡992人,伤4 000人。

6月15日　日机27架袭渝,美使馆被毁。

6月18日　《中英滇缅划界条约》在重庆签字。

6月20日　伪华北政务委员会下令对华北抗日根据地实行经济封锁。

6月22日　苏德战争爆发。次日,蒋介石约见苏联驻华总顾问崔可夫,对苏联进行对抗德国之战争表示关怀。

6月23日　中共中央作出关于反法西斯国际统一战线的决定。

6月30日　日机48架袭击重庆,被击落4架。

7月1日　德国、意大利、罗马尼亚、斯洛伐克、克罗地亚承认汪伪国民政府,国民政府宣布对德意绝交。

7月2日　刘少奇在华中局党校演讲《论党内斗争》。

西班牙、匈牙利、保加利亚宣布承认汪伪国民政府。

7月4日　英国正式表示愿意战后与国民政府商定取消在华特权。

7月7日　日机52架袭渝,英使馆全被炸毁。

华北日军实行第二次"治安强化运动"。

7月14日　国民政府发表中英关于撤销不平等条约换文。

7月16日　英国正式声明承认重庆国民政府为合法政府,并加强援华。

7月19日　拉铁摩尔受罗斯福总统之命,飞抵重庆,任蒋介石政治顾问。

7月20日　蒋介石接见航空委员会顾问陈纳德,谈美国空军志愿兵援华事。

苏北、苏中抗日根据地夏、秋季反"扫荡"斗争开始。

7月25日　中美英发表声明,谴责日军侵犯越南主权。

7月26日　美国应国民政府要求,冻结日本在美资产。

晋察冀边区成立经济设计委员会。

7月27日　英国封存日本在英资产。

7月30日　日机130架袭击重庆,美舰"图图拉"号被炸沉。

本月,延安马列学院改组为中共中央研究院,是研究历史和现实问题的学术机构。

8月1日　蒋介石发布命令,将美国志愿空军正式编入武装部队。

8月4日　中共中央作出关于对敌伪军伪组织开展工作的决定。

8月6日　美国政府下令解封中、日、德、意人民在美之资金。

8月7日　日机开始对重庆进行昼夜不间断的疲劳轰炸。

8月11日　陕甘宁边区成立少数民族委员会。

8月12日　日军分13路"扫荡"晋察冀根据地。

8月15日　晋察冀抗日根据地秋季反"扫荡"斗争开始。

8月29日　中共中央决定成立延安大学,9月,延安大学正式成立,吴玉章为校长。

8月30日　蒋介石在重庆南郊黄山官邸主持军事会议时遭日机轰炸,卫士死伤6人。

9月1日　晋冀鲁豫总工会召开第一次工人代表大会。

9月2日　国民党军收复福州。

9月3日　国民政府公布《查禁敌货条例》《禁运资敌物品条例》。

八路军一二九师破击正太、同蒲、平汉各铁路。

9月5日　《中苏贸易合同》签字。

9月7日　湘北日军进犯大云山,第二次长沙会战开始。

9月14日　美国著名作家、诗人及编辑29人将版税500万美元援助中国抗战。

中、美、英三国经济会议在香港举行。

9月19日　日军大举"扫荡"山东泰山区根据地。

9月20日　日军以10万兵力进犯长沙。

9月22日　日军2万人"扫荡"岳南根据地。

9月25日　日军6路围攻易县狼牙山地区,五壮士誓死不当日军俘虏。

9月26日　晋察冀边区八路军收复阜平。

10月2日　日军5万兵力分3路进攻郑州。

10月4日　国民党军撤出郑州,与日军激战于郊外。

10月5日　日军3万余人对晋冀鲁豫边区"扫荡"。

第二次长沙战役结束。

10月10日　中国民主政团同盟在香港公开宣布成立,推张澜任主席。

美国政府拨款5 000万美元用于援华。

10月11日　中华剧艺社等单位在重庆联合演出话剧《大地回春》,首次揭开"雾季公演"序幕。

10月13日　苏联政府将中国唐努乌梁海划为其自治区。

10月14日　中、美、英三国经济财政代表在香港集会。

10月15日　韩国临时议政院在重庆开会。

10月17日　马当要塞中国流动炮兵击沉日运输舰2艘。

10月26日　东方各民族反法西斯大会在延安开幕。

10月27日　蒋介石与美国军事代表团举行第一次会议。

10月29日　日军对太行山区发动大"扫荡"。

10月30日　美国滇缅路防疟团抵贵阳,助我灭蚊防疟。

11月1日　华北日军开始进行以经济掠夺、封锁为中心的第三次"治安强化运动"。

11月2日　侵华日军总司令畑俊六指挥日伪军5万余人对山东沂蒙山区进

行大"扫荡"。

11月4日　日军在华中常德、桃源地区散播鼠疫病菌。

11月7日　中共中央军委发出《关于抗日根据地军事建设的指示》，由此完善了三位一体的人民战争的军事体制。

11月10日　日军进攻黄崖洞八路军兵工厂。

11月14日　美国罗斯福总统正式声明撤退其驻北平、天津、上海之海军陆战队，并严令在上海的侨民作最后一次撤退。

11月16日　中、美、英三国协商决定共同保护滇缅路。

11月24日　中、美、英、澳、荷五国外长在华盛顿集会，首次公开联合对日作战。

11月27日　陕甘宁边区政府举行首次政务会议，决定进行精兵简政。

11月30日　被誉为"外国八路"的德国记者汉斯·希伯在抗击日寇的战斗中英勇牺牲。

12月1日　延安货币交换所成立，同时公布《陕甘宁边区货币交换章程》。

12月8日　日本突袭美国珍珠港，太平洋战争爆发，日本对英、美宣战。

日军占领上海公共租界、天津英租界。

12月9日　国民政府发布文告，正式对日宣战，宣布"所有一切条约、协定、合同，有涉及中日之间关系者，一律废止"。同时宣告对德、意处于战争地位。

中共中央发布《中国共产党为太平洋战争的宣言》《关于太平洋反日统一战线的指示》。

12月10日　蒋介石为对日德意宣战发表告全国军民书。

12月11日　蒋介石为太平洋战争爆发发表告海外侨胞书。

12月12日　朱德任东方民族反法西斯大同盟执委会主席。

12月14日　重庆10万市民举行反侵略大会。

12月16日　日军对晋冀鲁豫边区进行经济封锁。

12月17日　中共中央发出《关于太平洋战争爆发后敌后抗日根据地工作的指示》，号召全党全军实行"精兵简政"等。

12月20日　陈纳德飞虎队在昆明与日本空军空战，击落日机4架。

12月23日　蒋介石主持中美英军事代表会议，通过《远东联合军事行动初步计划》等案。

12月24日　日军7万余人强渡新墙河，第三次长沙会战开始。

香港陷落，英总督杨慕琦投降。

12月26日　中英签订军事同盟。

1942年(民国三十一年)

1月1日　中、苏、美、英等26个国家在华盛顿签署《联合国家共同宣言》,标志着国际反法西斯统一战线的正式形成。

国民政府公布《敌国人民处理条例》《敌产处理条例》。

1月2日　蒋介石致电罗斯福,同意出任中国战区盟军最高统帅。

国民政府军事委员会公布,中国军队已入缅协防。

1月6日　昆明群众示威游行声讨孔祥熙,西南联大学生高呼"打倒发国难财的孔祥熙"。

1月15日　第三次长沙会战以日军失败而结束。日军死伤5.6万余人,中国军队伤亡2万多人。

1月28日　中共中央政治局通过《关于抗日根据地土地政策的决定》。

2月1日　中共中央党校在延安举行开学典礼,毛泽东作《整顿党的作风》的报告。

2月2日　美国对华贷款5亿美元,英国对华贷款5000万英镑。

2月3日　日本华北方面军第一军开始第一期驻晋日军总进攻,"扫荡"太行、太岳两区。

2月6日　飞虎队在仰光上空击落日机20架。

2月8日　毛泽东在宣传工作会议上做《反对党八股》的报告,该文为整风运动学习的重要文件之一。

2月21日　日本大本营、政府联席会议制定对中国等国家和地区的15年资源掠夺计划。

3月1日　蒋介石由昆明飞抵腊戍,视察缅甸战场。

日伪军对山东抗日根据地全面"扫荡"。

3月3日　中共中央发动陕甘宁边区200万人开展春耕大生产运动。

3月4日　美军中将史迪威抵达重庆,就任中国战区参谋长兼美军司令。

4月7日　国民政府明令通缉卖国降敌汉奸45名。

4月8日　美国空军首次飞越喜马拉雅山脉,开通驼峰空运。

4月12日　盛世才捏造"四一二"阴谋暴动,在新疆大肆逮捕共产党人和进步人士。

4月18日　缅境英军决定将铁路公路移交中国方面管理。

4月20日　中国远征军孙立人师解救在仁安羌被围英军7000余人。

4月22日　第三十九集团军总司令孙良诚率部投日。

4月30日　蒋介石电令中国远征军将领,固守畹町。

5月1日　华北日军5万余人对冀中进行"五一大扫荡"。

5月2日　中共中央召开文艺座谈会,毛泽东发表讲话。

5月5日　伪满洲国开拓局公布,第一期开拓计划期间,共移入日本人10.7万人。

5月6日　美国国务卿赫尔电驻华代办范宣德,决定废除在华特权。

5月8日　缅北重镇密支那陷落,中国远征军全线后撤。

5月15日　日军发起浙赣战役。

苏联与日本公布《满蒙划界议定书》,以牺牲中国利益换取日本放弃进攻苏联。

日军发动驻晋日军第二期总进攻。

5月25日　八路军副参谋长左权在太行区辽县麻田指挥反"扫荡"突围作战中牺牲。

5月26日　中国远征军第二○○师师长戴安澜在缅甸北部因战伤殉国。

6月5日　中国远征军集结于印度东北部整顿补充,并掩护中印航运基地。

6月10日　蒋介石下令将缅战失职之师长陈勉吾解至重庆审办。

6月22日　宋子文与罗斯福、丘吉尔在白宫商谈中国战区问题。

6月23日　在华日本共产主义者同盟在延安召开成立大会。

6月29日　史迪威出任国民党驻印军队司令长官,罗卓英为副长官。

国民政府公布《妨害国家总动员惩罚暂行条例》。

7月4日　美国空军志愿队改组为美第十四航空队第二十三驱逐机队,陈纳德改任美驻华空军司令。

7月9日　毛泽东接见晋西北士绅,指出"战后的中国必定是民主的中国"。

7月14日　在华北的朝鲜青年成立华北朝鲜独立同盟。

7月15日　《文学创作》在桂林创刊,熊佛西主编。

7月25日　大青山抗日根据地反"扫荡"斗争开始。

8月1日　日伪军1.3万余人"扫荡"冀东。

8月3日　原东北军第一一一师师长常恩多率部2 000余人,在山东滨海地区宣布起义,后被改编为八路军滨海支队。

8月15日　华北日本士兵反战团体代表大会在延安召开。大会决定成立反战同盟统一组织——在华日人反战同盟华北联合会。

8月30日　宋美龄携蒋介石亲笔函飞新疆策动盛世才反共。

9月17日　盛世才逮捕在新疆的共产党员陈潭秋、毛泽民等160余名共产党员。

9月21日　国民政府经济部工业考察团自重庆出发赴西北考察。

9月27日　日伪军万余人向冀鲁豫边抗日根据地中心区实行"铁壁合围"。

本月,日伪军近两万人对山东解放区进行秋季大"扫荡"。

10月1日　晋冀鲁豫政府发布"减租减息布告"。

10月8日　日军在华北开始推行第五次"治安强化运动"。

10月10日　美英两国同时发表声明,废除在华不平等条约。

10月13日　中共谈判代表林彪在张治中陪同下会见蒋介石,商谈国共关系。

10月20日　日伪军1.6万余人对太岳北及太行二、三分区同时开始"扫荡"。

10月24日　美国提出中美新约草案。

10月26日　1.5万余日伪军开始"扫荡"山东沂蒙地区。

日伪在关内沦陷区设立"勤劳奉公局",旨在大肆捕捉中国劳工。

10月27日　加拿大、挪威、荷兰、阿根廷放弃在华特权,与国民政府外交部商订新约。

10月30日　英国提出中英新约草案。

11月1日　中印公路在中美英三方协力下,自印度雷多开始修筑。

冀南解放区发起"中国人大团结反对奴化运动"。

11月12日　国民政府与古巴政府在哈瓦那签订中古友好条约,取消华侨入境限制。

11月14日　日伪军8 000余人"扫荡"淮北抗日根据地。

11月15日　日伪军5 000余人"扫荡"淮海区。

11月19日　日伪军2万余人分区"扫荡"山东胶东解放区。

朱德、彭德怀发表《告沦陷区同胞书》,揭露敌人第五次"治安强化运动"的阴谋。

12月11日　国家总动员会议通过经济、财政、粮食各部之动员方案。

12月16日　日军万余人分4路向大、小悟山分进突击。

12月18日　日军第十一军司令官冢田攻被中国军队击落座机,机毁人亡。

12月20日　日军万余人分路向冀鲁豫抗日根据地湖西区拉网攻击。

12月21日　日本御前会议通过"为完成大东亚战争之对华处理根本方针"。

12月24日　周恩来、林彪在重庆与国民党代表张治中谈判共产党合法化和八路军扩编问题,未达成一致。

1943年(民国三十二年)

1月11日　中美新约在华盛顿签字。

中英新约在重庆签字。

中美英苏代表在华盛顿商谈战后建设及赈济问题。

1月18日　国民党新四师师长吴化文率部4万多人在山东投日。

1月25日　中共中央作出关于庆祝中美、中英间废除不平等条约的决定。

2月4日　重庆7万人大游行,庆祝平等新约签订。

2月15日　国民政府公布新闻记者法,遭到全国新闻界的反对。

2月17日　日伪军1.4万余人"扫荡"苏北盐阜抗日根据地。

2月21日　日军占领广州湾。

2月26日　蒋介石以中国战区盟军最高统帅名义对泰国军民广播。

3月4日　延安举行生产总动员大会。

3月10日　由陶希圣执笔,以蒋介石名义发表的《中国之命运》一书出版。

美驻华空军改编为第十四航空队,仍由陈纳德指挥。

3月17日　新四军第四师主力在第二、第三师一部配合下,对韩德勤部发起自卫反击战。

3月19日　国防最高委员会决议:英如交还香港,我可自动宣布香港及九龙为自由港,但不能以此作为交还香港的条件。

3月20日　中共中央召开政治局会议。此次会议通过了《中央关于中央机构调整及精简的决定》,并推选毛泽东为中央政治局主席、中央书记处主席。

3月24日　中国史学会在重庆成立,顾颉刚、金毓黻、黎东方等百余人出席,顾颉刚任主席。

3月29日　三民主义青年团在重庆召开第一次全国代表大会。

3月30日　中国驻印军第一军成立。

4月2日　八路军冀东军区司令员李运昌通电控诉日军在冀东暴行。

4月19日　八路军总政治部决定在晋西北设立日本工农学校,改造日本俘虏。

冀西地区八路军用地雷战粉碎日军"扫荡",毙伤日伪军3 000人。

4月20日　工业建设计划会议闭幕,通过战后工业建设纲领案。

5月1日　中美特种技术合作所在重庆成立。

5月5日　日军第三、第四十两个师团进攻鄂西守军,发起鄂西会战。

5月7日　追随汪精卫投降日本侵略者的国民党官员吴开先带着日本招降蒋介石的条件,由南京到重庆,进行诱降活动。

5月8日　日军在湖南南县大肆烧杀,在厂窖地区杀害撤退军人、当地民众和难民3.2万人,200多户被杀绝,制造震惊全国的"厂窖惨案"。

5月11日　国民党开始部署对陕甘宁边区的军事进攻。

5月14日　河北省政府主席、冀察战区副司令长官兼第二十四集团军总司令庞炳勋投日。

5月18日　国民政府外文部声明取消法国在华一切特权。

5月26日　中共中央作出完全同意解散共产国际的决定。

6月1日　毛泽东致电彭德怀对抗日战争发展作出重新估计。

6月4日　美国总统罗斯福建议举行中美英苏四国首脑会谈。

6月16日　国民党军李仙洲部第九十二军向冀鲁豫根据地湖西地区发动全面进攻，八路军冀鲁军区部队予以反击。

6月18日　第八战区副司令长官胡宗南在洛川主持召开反共军事会议。

6月26日　顾祝同密电蒋介石，报告在苏南一带部署重兵袭击新四军的详细计划。

7月5日　王稼祥发表《中国共产党与中国民族解放的道路》一文，首提毛泽东思想。

7月9日　庞炳勋、孙殿英部在日军三个大队掩护下，侵占八路军根据地林县。

7月10日　蒋介石被迫命令胡宗南停止对陕甘宁边区的军事行动。

7月21日　陈伯达发表批驳蒋介石《中国之命运》的文章《评中国之命运》。

7月24日　宋子文由美抵伦敦，与英国商谈战事及战后诸问题。

7月29日　中美英苏表示德意日必须无条件投降。

7月20日　八路军冀鲁豫军区部队发起卫南战役。

8月4日　宋子文在伦敦称，中国期望击败日本后，收回东北及台湾，朝鲜应独立。

8月15日　周恩来在延安干部会议上作《论中国的法西斯主义——新专制主义》的报告。

8月18日　八路军太行、冀南军区部队发起林县战役，歼日伪军7 000余人。

8月23日　延安《解放日报》发表《国共两党抗战成绩的比较》和《中国共产党抗击的全部伪军概况》。

9月15日　日伪军1万余人分区"扫荡"冀东抗日根据地。

9月16日　日伪军4万余人，对北岳区抗日根据地进行毁灭性"扫荡"。

9月21日　日军集中3万余人，对冀鲁豫边抗日根据地进行"扫荡"，在50多天的秋季反"扫荡"作战中，八路军歼灭日伪军4 000多人。

9月23日　日军"扫荡"晋西北抗日根据地，八路军歼敌1 000余人。

9月24日　延安《解放日报》发表《国民党六十二个叛国投敌的党政要员

概观》。

9月27日　盛世才下令将在押的中共党员陈潭秋、毛泽民等秘密杀害。

日军在临清大石桥、武城渡口驿掘口运河，并破坏漳河河堤，造成冀南洪灾，30余个县被淹。

本月，华北抗日根据地传唱歌曲《没有共产党就没有中国》。

赵树理小说《小二黑结婚》在新华书店出版。

10月2日　日军2万余人"扫荡"太岳根据地。

10月4日　日军在冀东制造无人区。

10月10日　中共中央决定党的高级领导干部重新学习和研究党的历史和路线问题。整风运动进入总结提高阶段。

10月18日　蒋介石接见东南亚盟军总司令蒙巴顿，并邀中美将领共同商讨军事合作有关诸问题。

10月19日　蒋介石在重庆主持召开反攻缅甸作战计划会议。

10月24日　日军军官战地观战团一行120余人，在山西被歼，日军被迫提前结束对太岳根据地的"扫荡"。

10月26日　中国驻印军为打通中印缅交通线，对缅北日军发动攻势。

10月30日　中美英苏商定《四国普遍安全宣言》，中国代表、驻苏联大使傅秉常在宣言上签字。

11月2日　日军以10万兵力进犯以常德为中心的洞庭湖西岸地区，发起常德战役，守军五十七师顽强抵抗。

11月5日　中美空军混合大队成立，陈纳德兼任队长。

11月9日　日军1万余人"扫荡"沂蒙山区。

11月11日　中美英苏当选为联合国善后救济会议中央常务委员。

11月17日　冀鲁豫八路军讨伐伪军孙良诚部，全歼其司令部。

11月18日　日军2.6万余人对山东抗日根据地清河区进行"扫荡"。

11月21日　台湾革命同盟第三届代表大会在重庆召开。

11月23日　蒋介石、罗斯福、丘吉尔在开罗举行中美英三国会议。

中、美、英三国军事首长在开罗举行联合参谋会议，讨论攻缅甸问题。

11月25日　中美空军袭击台湾新竹日军机场。

11月26日　陕甘宁边区召开劳动英雄代表大会及生产展览会。毛泽东在此次大会上作了《组织起来》的报告。

12月1日　国民政府正式发表《开罗会议宣言》。

12月2日　广东人民抗日游击总队改编为广东人民抗日游击队东江纵队。

12月4日　八路军鲁中军区5个团攻歼伪军吴化文部,激战4昼夜,歼敌800余人。

12月17日　美国政府公布《废止限制华人入境法案》。

1944年(民国三十三年)

1月3日　重庆各党派人士举行宪政问题座谈会。

1月15日　八路军山东滨海军区4个团兵力向临沂、莒县、赣榆等地日伪军发起攻击。山东军区春季攻势开始。

在华日人反战同盟华北联合会扩大执委会在延安开幕,朱德、叶剑英应邀讲话。

1月24日　日本大本营下达打通中国大陆交通线作战命令。

2月8日　第十世班禅在塔尔寺举行坐床典礼。

2月15日　冀南军民粉碎日伪军"扫荡"。

2月27日　延安各界举行宪政问题座谈会,推举吴玉章为延安宪政促进会主席。

2月28日　抗战损失调查委员会成立,王正廷为主任委员。

3月5日　新四军第一师发起黄桥战役,取得重大战果。

3月17日　蒋介石派商震任驻美军事代表团团长。

3月19日　郭沫若在《新华日报》发表《甲申三百年祭》。

3月22日　日本人解放联盟在延安正式成立。

3月25日　八路军山东鲁中军区和滨海军区以7个团兵力,发起讨伐伪军吴化文部战役。

3月27日　晋察冀军区向日伪发动了攻势作战。

4月12日　毛泽东在延安高级干部会议上发表《学习和时局》的讲演。

4月17日　日军开始打通大陆交通线作战,首先集中五六万兵力发起河南战役。

4月27日　国民政府明令公布修正《著作权法》。

4月28日　沈钧儒、章伯钧、张申府在重庆联合举行文化界招待会,提出民主改革等要求。

5月4日　国共代表王世杰、张治中、林伯渠、王若飞在西安开始谈判,主要涉及军事问题和边区问题。17日,王世杰、张治中、林伯渠、王若飞返抵重庆,继续谈判。

5月8日　八路军总部命令太行、太岳军区开展豫北游击战争。

5月9日　三民主义学会在重庆举行成立大会。

5月11日　中国远征军发起滇西战役。

5月17日　中国驻印远征军和美军袭占缅北重镇密支那机场,发起密支那战役。

5月21日　中国共产党六届七中全会在延安举行。

中国第一战区第三十六集团军总司令李家钰在指挥对日作战时殉国。

5月27日　日军集中12万兵力发起长衡战役。

5月31日　中国民主政团同盟发表对时局看法,阐述了对中国民主进程的期望和主张。

本月,邓拓编辑的《毛泽东选集》分5个分册出版,这是出版的第一部《毛泽东选集》。

6月5日　中共中央发出《关于城市工作的指示》。

中共中央代表林伯渠将中国共产党提出的修正文件12条意见书,交国民党代表王世杰、张治中。

王世杰、张治中向林伯渠面交国民党《中央对中共问题政治解决提示案》。两党谈判持续到7—8月间,陷入僵局。

6月9日　中外记者西北参观团一行21人抵达延安采访。

6月10日　中国驻印军攻克龙陵。

李济深、黄旭初等人发起成立抗战动员宣传工作委员会。

6月14日　延安4万军民庆祝第三届联合国日及欧洲第二战场的开辟。

6月16日　美国空军第二十航空队B-29轰炸机从中国机场起飞首次空袭日本九州。

6月18日　日军攻占长沙。

7月7日　罗斯福致电蒋介石,指责中国抗战不力,紧急建议让史迪威统帅国共军队。

7月15日　八路军参谋长叶剑英发表声明,揭露日军施放毒气、残害人民罪行。

7月21日　豫鄂边农民数万人为反对国民党军的勒索和拉丁举行暴动。

7月22日　驻华美军司令部派遣的美军观察组(代号迪克西使团)第一批人员飞抵延安,任务是了解中共领导的抗日根据地的真实情况。8月7日,美军观察组第二批成员抵达延安。

8月8日　衡阳保卫战失败,日军攻占衡阳。

8月19日　八路军胶东军区发起秋季攻势。

8月21日　苏、美、英、中四国代表在华盛顿附近敦巴顿橡树园举行会议,拟定关于成立国际安全组织的提案。

8月22日　台湾总督府宣布台湾进入战时状态。

8月23日　毛泽东与美国人谢伟思谈国共关系,指出国共两党关系的状况是解决中国问题的关键。

8月28日　八路军晋绥军区部队开展以攻歼忻(县)静(乐)、离(石)岚(县)公路沿线日军为重点的秋季攻势。

本月,八路军各部于本月开始发起秋季攻势。

9月6日　美国罗斯福总统特使赫尔利来华抵达重庆。

9月7日　日军占领湖南零陵。

国民党第七十九军军长王甲本在冷水滩战斗中阵亡。

9月8日　日军发起打通大陆交通线最后阶段作战——桂柳战役。

八路军第一二九师发起青浮反击战。

日军飞机开始对成都进行大规模轰炸。

9月11日　新四军第四师师长彭雪枫在河南夏邑八里庄指挥作战时牺牲。

9月15日　中共代表林伯渠在国民参政会三届三次会议上做《关于国共谈判的报告》,提出成立民主联合政府主张。

国民参政会三届三次会议决定组织延安视察团,以冷遹、胡霖、王云五、傅斯年、陶孟和组成。

9月19日　中国民主政团同盟召开全国代表会议,改组为中国民主同盟。

9月22日　日军占领梧州。

9月24日　重庆各党派、各界代表500余人集会要求改组国民政府成立联合政府。

本月,西南联大教授闻一多、张奚若因批评国民党一党专政,被国民政府教育部解职。

10月3日　林伯渠致函王世杰、张治中,强调挽救时局的紧急办法是成立民主联合政府。

10月9日　中国民主同盟发表《对抗战最后阶段的政治主张》。

10月14日　蒋介石号召10万知识青年从军,全国知识青年志愿从军指导委员会成立。

10月15日　中国驻印军发动第二期缅北反攻作战。

10月21日　美国政府任命赫尔利接替高思为驻华大使,同时任命魏德迈接替史迪威为中国战区参谋长兼美军司令。

10月31日　为打通华北、华中与华南的联系,八路军组成南下支队。

11月7日　新疆伊宁市爆发反对国民党当局献马运动的民众武装起义。

11月8日　毛泽东在延安与美国总统特使赫尔利会谈。

11月10日　毛泽东和赫尔利在延安签署《中国国民政府、中国国民党与中国共产党之协议》。

周恩来偕赫尔利等由延安飞重庆。

桂林失守。

11月11日　成都大中学校学生7 000余人举行示威游行，抗议国民党镇压学生。

11月21日　冈村宁次任日本驻中国派遣军总司令。

赫尔利向周恩来提交国民政府的三点反建议。

11月28日　日军突入贵州，占领独山。

本月，中国民主同盟和中国共产党签订合作协定。

12月8日　中国军队收复独山。

12月17日　张伯苓、胡适、于斌、胡霖、蒋梦麟、林语堂、吴蕴初、钱永铭等21人发表联合宣言，要求盟国修改战略，立取有效之军事行动，在中国战场打击敌人。

12月28日　周恩来致函赫尔利，就联合政府问题提出4点具体建议。

1945年（民国三十四年）

1月1日　蒋介石发表新年文告，主张召开国民大会，反对建立联合政府。

1月5日　新疆伊犁、塔城、阿山三区临时革命政府颁布施政纲领。

1月7日　赫尔利函复周恩来，谓将陪同宋子文、王世杰、张治中到延安谈判。

1月11日　毛泽东函复赫尔利，回绝其提出的在延安召开国共两党会议意见，提议在重庆开军事预备会议，与会各党有平等地位。

1月13日　中法科学合作委员会成立。

1月15日　中国民主同盟发表对时局宣言，重申立即结束一党专政、建立联合政府等主张。

1月24日　周恩来由延安飞抵重庆参加国共谈判。25日，周恩来在重庆邀请各方民主人士代表商谈召集党派会议、废除一党专政、成立联合政府和联合统帅部以及承认一切抗日党派的合法地位等问题。

1月27日　滇西国民党军攻克芒友，与缅北中国远征军会师。中印公路完全贯通。

2月1日　中华民族解放行动委员会（第三党）机关刊物《中华论坛》创刊，章伯钧主编。

2月2日　周恩来起草的《关于党派会议的协定草案》交给国民党谈判代表，草案提出结束党治、改组政府、起草共同施政纲领等一系列建议。

2月4日　苏、美、英三国首脑斯大林、罗斯福、丘吉尔在雅尔塔举行会议。

2月13日　在赫尔利陪同下，蒋介石约见周恩来，否定了中共关于召开党派会议，组织联合政府的主张。国共谈判失败。

2月14日　国民政府外交部声明，同意雅尔塔会议的决定。

2月17日　周恩来就出席联合国会议代表问题致电赫尔利。

2月22日　《新华日报》(重庆版)发表由郭沫若执笔并由全国文化界著名人士312人签名的《文化界对时局进言》，进言提出了结束党治、还政于民的纲领。

3月3日　台湾总督府下令全台中学学生编成防卫警备队，防备美军登陆。

3月8日　八路军鲁中军区发起蒙阴战役，10日占领蒙阴城，毙伤俘日伪军千余人。

3月11日　昆明文化界李公朴、潘光旦等314人发表《关于挽救当前危局的主张》，提出了召开国是会议、筹备真正代表人民的国民大会等主张。

3月18日　中国民主同盟代理主席左舜生发表声明，表示民盟不参加国民大会。

3月29日　国民政府行政院发表出席旧金山联合国代表团名单，这一名单包括中共、民主党派及无党派人士。

3月30日　中共中央统计，中国共产党领导的主力部队达86万人，共产党员达114万人。

4月2日　美国驻华大使赫尔利在华盛顿发表关于中国问题的谈话，公开宣布美国政府全力支持蒋介石国民党。

4月5日　苏联通知日本废止《苏日中立条约》。

4月8日　日军占领鄂西老河口。

4月16日　台湾革命同盟会创办《台湾民生报》，以"台湾的光复为职志"。

4月20日　中共六届七中全会通过《关于若干历史问题的决议》。

4月24日　毛泽东在中国共产党第七次全国代表大会上作《论联合政府》的政治报告。会议期间，朱德、刘少奇、周恩来先后作《论解放区战场》、关于修改党章和《论统一战线》的报告。

八路军冀鲁豫军区发起南乐战役，歼灭日伪军3 400人。

新四军第三师发起阜宁战役，26日，攻克阜宁县城。

4月25日　联合国会议在旧金山开幕。中国代表团团长宋子文以及团员顾维钧、王宠惠、董必武等出席。

5月3日　毛泽东、朱德电贺斯大林,祝贺苏联红军解放柏林。

5月4日　蒋介石电贺美英法攻克柏林。

昆明2万学生大示威,反对国民党独裁,要求成立联合政府。

5月5日　中国国民党在重庆召开第六次全国代表大会。大会通过了《关于国民大会召开日期案》《关于宪法草案》《关于中共问题之决议》《本党同志对中共问题之工作方针》等决议,修改通过了《中国国民党总章》,进一步提升了蒋介石作为国民党总裁的权力和地位。会议决议反对中共提出的联合政府主张,实际上把中共作为战后的主要敌人。

5月8日　德国正式签署无条件投降书,欧洲反法西斯战争结束。

中国军队在4月组织湘西战役,在雪峰山地区歼灭日军主力,日军伤亡2.6万人。

5月12日　八路军冀察晋军区对日伪军发起夏季攻势。

5月21日　新四军第四师发起宿南战役。

5月23日　蒋介石令上官云相指挥16个师兵力进犯新四军苏浙军区,激战5昼夜,被击溃。

5月27日　中国军队收复广西南宁。

5月29日　八路军总部指示华北各大战略区对敌展开积极的攻势,华北各区八路军部队展开以争取反攻阵地为主要目标的夏季攻势。

本月,由延安鲁迅艺术学院创作的歌剧《白毛女》在延安公演。

6月2日　褚辅成、黄炎培等7名参政员致电毛泽东、周恩来,希望继续商谈国内团结问题。

6月5日　八路军鲁中军区部队发起讨伐伪军厉文礼部战役,战役结束,共歼灭日伪军7300人。

6月19日　中共七届一中全会召开,选举了新的中央委员会,毛泽东当选为中央委员会主席。

6月20日　新四军第四师兼淮北军区部队发起夏季攻势,歼敌2200人。

6月26日　中、美、英、苏、法等50国代表在旧金山联合国会议上签署《联合国宪章》。

6月27日　八路军冀热辽军区发起热辽战役。

6月30日　中国军队克复柳州。

八路军太行军区部队发起安阳战役。7月9日战役结束,毙伤日伪军800人。

日本秋田县花冈矿山发生日本军警杀害华工血案。

7月1日　国民参政会褚辅成等6名参政员飞延安商谈国事,在停止进行国民大会、从速召开政治会议两方面达成一致认识。

7月7日　第四届国民参政会第一次大会在重庆举行,中共参政员未出席会议。

7月10日　毛泽东发表《赫尔利和蒋介石的双簧已经破产》。

7月13日　中国解政区人民代表会议筹备委员会在延安成立。

7月26日　中、美、英三国发表敦促日本无条件投降的《波茨坦公告》。

7月28日　中国军队收复桂林。

中国民主同盟发表对时局宣言,要求国民党承认各党派公开活动权力。

8月1日　美国第十航空队自缅甸调至中国。

8月5日　宋子文、王世杰飞抵苏联。中苏重开谈判。

8月6日　美国在日本广岛投放原子弹。9日又在长崎投放一颗。

8月8日　苏联对日宣战。

8月9日　苏联百万红军分三路向中国东北境内日本关东军进攻。

毛泽东发表《对日寇的最后一战》。

8月10日　日本向美、英、苏、中等国发出乞降照会。

朱德向各解放区所有武装部队发布第一号命令,11日又发出第二至第七号命令,指挥各解放区的武装部队展开积极进攻,迫使日伪军投降。

8月11日　中共中央下达《关于日本投降后我党任务的决定》。

蒋介石下达全国部队有关受降三道电令。

8月12日　蒋介石任周佛海为军委会上海行动总指挥。

8月13日　毛泽东在延安干部会议演讲《抗日战争胜利后的时局和我们的方针》。

8月14日　《中苏友好同盟条约》及附件签订。

蒋介石致电毛泽东,邀请他赴渝共商国家大计。随后20日、23日又两次致电毛泽东。

8月15日　日本天皇裕仁宣布无条件投降。

朱德为受降问题致美英苏三国说帖。

蒋介石电冈村宁次提出日军投降六项原则。

十　中国命运的决战

8月16日　美国空军开始空运国民党军队抢占南京、上海、北平。

8月18日　蒋介石派何应钦负责中国战区日军投降事宜,并规定各战区受降主官及受降地区。

中法签订《交收广州湾租借地专条》。

美军在上海、广州、天津、青岛等地登陆。

8月21日　国民政府陆军总司令部参谋长萧毅肃在湘西芷江主持日方代表今井武夫向中方洽商日军投降事宜。

8月23日　中共中央政治局扩大会议决定同国民党谈判。

何应钦命令在华日军不得向八路军、新四军投降。

晋察冀八路军光复察哈尔省会张家口。

8月27日　赫尔利、张治中抵延安迎接毛泽东赴渝。次日毛泽东一行飞抵重庆进行国共谈判。

蒋介石授意国民党军事机关密令印发《剿匪手本》。

8月30日　国民政府明令接收东北办法。

9月1日　晋察冀部队光复秦皇岛。

国民政府成立台湾行政长官公署和台湾警备司令部,任命陈仪为台湾省行政长官兼警备司令。

9月2日　盟国接受日本投降仪式在东京湾"密苏里"号战舰上举行。

9月3日　周恩来、王若飞将中共拟定的谈判方案交国民党代表转蒋介石。次日,蒋介石指示对中共谈判要点。

9月5日　国民党党政接收计划委员会在芷江组成,何应钦兼主任。

延安2万余人举行庆祝抗日战争胜利大会。

延安新华广播电台正式播音。

9月6日　新四军光复江苏淮阴。

成都文化界常燕生、叶圣陶等200人联名向国民政府提出结束一党专政等建议。

9月9日　中国陆军总司令何应钦代表中国战区最高统帅蒋介石在南京主持受降仪式,日本中国派遣军总司令官冈村宁次签署投降书。

9月10日　阎锡山令国民党军第十九军向晋东南部上党地区晋冀鲁豫解放区进攻,八路军反击,到10月12日共歼灭国民党军13个师。

9月11日　美国总统杜鲁门会见宋子文,发表军事援华口头声明。

中共中央政治局决定成立以彭真为书记的东北中央局。

9月18日　中、美、英、苏四国同意成立盟国远东委员会,监督日军实行投降条款。

9月19日　中共中央决定"向北发展,向南防御"战略方针,并强化了东北的干部配备。

9月22日　中央银行在上海复业。

9月27日　中国海军总司令部接收上海、厦门、青岛日本海军。

9月30日　美海军陆战队1.8万余人在塘沽登陆。

10月1日　中国民主同盟召开临时全国代表大会,会议通过了《政治报告》,选举张澜为中央委员会主席。大会宣言要求积极支持政治协商会议,认为举国一致的民主联合政府是合作建国的唯一途径。

10月10日　《国共双方会谈纪要》在重庆签订,国共谈判结束。

10月13日　重庆国民政府与苏联开始谈判东北接收事宜。

10月17日　毛泽东在延安作《关于重庆谈判》的报告。

10月18日　由于国民党傅作义部占领归绥、阎锡山部占领太原,中共中央军委决定要巩固对张家口的占领,组织晋察冀、晋绥军区发起绥远战役。

10月22日　国民党军进犯晋冀鲁豫解放区,晋冀鲁豫军区发起邯郸战役,阻击沿平汉路北进的国民党军。

10月25日　陈仪主持中国战区台湾区受降典礼,宣布台湾重归中国版图。

10月30日　国民党第十一战区副司令长官兼新八军军长高树勋率部万余人在邯郸起义。

11月2日　中国民主同盟发言人发表反对内战的谈话。

11月5日　何应钦在北平主持高级军事将领"华北剿共会议",决定了华北"剿共"军事步骤。

11月7日　中共中央发出《减租和生产是保卫解放区的两件大事》的党内指示。

人民解放军总部公布,日本投降后,国民党已调动100万正规军并指挥70万日伪军进攻解放区。

11月11日　美军31艘舰船载运国民党军4个师在秦皇岛登陆。

11月12日　国民政府明令定于1946年5月5日召开国民大会。

11月19日　重庆各界代表500余人举行反内战大会。

11月22日　中共中央提出"让开大路,占领两厢"的东北工作方针。

11月23日　国民政府公布《处理汉奸案例条例》。

11月26日　国民党中常会及国防最高委员会临时联席会议通过《国民政府召开政治协商会议办法》。

国民党军攻占锦州,八路军被迫撤离。

11月28日　魏德迈接到执行美国继续在后勤方面援蒋的命令。美将其在中印缅战区所有战斗机和运输机共700架移交国民政府。

12月1日　昆明发生"一二·一"惨案,国民党特务、军人在西南联大向要求民主、反内战的师生投掷手榴弹,炸死、炸伤师生多人。

美驻华军事代表团成立,魏德迈任团长。

12月7日　蒋介石发表《告昆明教育界书》,认为昆明惨案"乃讹言流传,波及学府"而成。

12月12日　中共中央和中央军委发出《关于粉碎国民党大规模的军事进攻的指示》。

12月15日　美国总统杜鲁门发表对华政策声明,赞成召开有中国各主要党派参加的国民会议。

中国解放区战犯调查委员会公布首批日本战犯名单。

12月16日　中国民主建国会在重庆成立。

周恩来率中共出席政治协商会议代表抵重庆。

12月23日　蒋介石在南京召见冈村宁次。

12月25日　蒋经国赴苏联访问。

12月27日　中共出席政协会议代表,书面向国民政府提出无条件停止内战办法。

12月28日　中共中央发出《建立巩固的东北根据地》指示。

12月30日　中国民主促进会在上海成立。

1946年(民国三十五年)

1月4日　中共中央军委决定将东北人民自治军改称"东北民主联军",总司令林彪,政治委员彭真。

1月5日　国共双方在重庆达成《关于停止国内军事冲突的协议》。

国民政府发布关于外蒙古问题公告,承认外蒙古独立。

1月7日　军事三人小组成立。由美国总统特使马歇尔、中共代表周恩来、国民政府代表张群组成,马歇尔为主席。

1月10日　政治协商会议在重庆举行,会议开了22天,31日结束。蒋介石、周恩来等相继致辞。经过斗争,会议通过了《和平建国纲领》,该纲领确定和平、民主、团结的方针,确定了政治民主化、军队国家化和党派平等合法为和平建国之必由途径等。

北方大学在晋冀鲁豫边区成立,范文澜任校长。

1月11日　中共中央委员会召开会议,讨论停战与政协问题。

1月13日　联合国安全理事会成立,中国为常任理事国之一。

1月14日　军事调处执行部在北平成立,以监督实施停战协定,由中共代表叶剑英、国府代表郑介民、美国代表罗伯特组成。

1月19日　同盟国授权麦克阿瑟发布特别通告,由中、美、苏等11国组成远东国际法庭。

1月21日　北平粮价暴涨。

1月27日　政治协商会议陪都各界协进会连续在重庆沧白堂举行群众集会,18日的第六次民众大会和27日的第八次民众大会遭到国民党特务破坏,郭沫若、李公朴等被特务包围辱骂和用石头摔打,是为沧白堂事件。

1月28日　联合国大会决议,以中、英、俄、法文字为正式用语。

2月6日　中共中央政治局会议研究参加政府问题,提出毛泽东等参加国府委员会,力争周恩来担任行政院副院长。

2月8日　蒋介石令东北国民党军向东北民主联军发动大规模进攻。

2月10日　重庆各界千余人在较场口集会,庆祝政协成功。特务在会场大打出手,李公朴、郭沫若、马寅初、沈钧儒等被打伤,酿成中外震惊的"陪都血案"。

2月14日　军事三人小组举行正式会议,讨论国共两军整编问题。

2月21日　杭州、上海、广州米价暴涨。24日,杭州发生抢米风潮。

2月22日　国民党煽动重庆学生举行反共反苏游行。特务捣毁《新华日报》和《民主报》营业部,打伤9人。

2月25日　张治中、周恩来、马歇尔在重庆签署《军队整编及统编中共部队为国军之基本方案》。

2月28日　《中法新约》在重庆签字,法国放弃在华特权。

3月4日　国民政府释放新四军军长叶挺,恢复其自由。

3月7日　东北军事代表团团长董彦平在长春与苏军商谈接收大连、合江、黑龙江问题。

3月11日　国民政府明令公布《国民大会代表选举补充条例》。

阎锡山部第七集团军沿白晋路南犯,八路军晋冀鲁豫部队发起白晋反击战。

3月13日　苏军自沈阳撤离回国,国民党军主力部队进占沈阳。

3月21日　国民政府行政院通过台湾省公私产业处理原则。

3月27日　张治中、周恩来、吉伦签订《调处东北停战的协议》。

3月31日　国民党军破坏东北停战,分四路进犯营口、海城、鞍山、开原等地。

4月4日　中共中央军委发布反蚕食斗争指示。

4月7日　东北民主联军开始本溪保卫战。

4月8日　东北民主联军进行四平保卫战。

王若飞、秦邦宪、叶挺、邓发飞往延安途中因飞机失事遇难。

4月18日　东北民主联军解放长春。

4月20日　延安美军观察组结束工作,离开延安。

4月21日　中共书面拒绝提出参加国民政府与行政院之人选和参加国民大会之名单。

4月23日　东北民主联军收复齐齐哈尔。

4月25日　以民主同盟为首的第三方面代表出面斡旋东北问题。

4月26日　中国解放区工业合作协会联合办事处在延安成立。

4月28日　东北民主联军进驻哈尔滨市。

5月1日　美军驻华司令部成立。

周恩来就国民党密令围歼中原解放军之事,会晤国民党代表徐永昌,电告马歇尔。

5月3日　苏军从东北撤离完毕(大连除外)。

5月4日　九三学社在重庆召开成立大会。大会宣言阐述对当前国家政治形势的分析和建国理想。大会选举王卓然、许德珩等为理事。

5月5日　国民政府还都南京。

5月10日　军事三人小组关于停止中原军事冲突问题在汉口达成协议。

5月15日　晋冀鲁豫边区政府机关报《人民日报》创刊。

5月22日　国民党军占领长春。

5月23日　蒋介石自南京飞沈阳,指挥策划东北内战。

5月25日　东北民主联军发起鞍(山)海(城)战役。

6月3日　国民党军胡宗南、阎锡山部共7万余人进攻晋南解放区。

6月5日　蒋介石、周恩来、马歇尔达成东北停战协议。

6月7日　山东军区、晋冀鲁豫军区部队发起胶济、津浦线讨逆战役。

6月13日　河南遭受大面积雹灾。

6月22日　毛泽东发表《为美国军事援华法案的声明》,反对美国军事援华法案。

6月23日　上海5万多群众举行反内战示威游行。

上海人民和平请愿团到南京请愿,在下关车站遭到特务毒打,团长马叙伦等被打伤。

6月26日　国民政府派30万大军围攻中原解放区,全面内战爆发。

国民党上尉机长刘善本等11人架机起义,由成都飞延安。

7月11日　中国民主同盟中央委员李公朴在昆明街头被国民党特务暗杀。

7月13日　国民党徐州"绥靖"公署组织15个旅12万人向苏皖解放区进攻,

华中野战军发起苏中战役。8月27日战役结束,七战七捷,歼灭国民党军5万人。

7月15日　西南联大教授闻一多在昆明出席李公朴追悼会后被特务暗杀。

7月16日　国民党军大举进攻苏皖解放区。

7月23日　宋庆龄在上海发表《对目前时局的主张》,要求国民党立即组织联合政府,否则要担负挑起内战的责任。

7月27日　徐州"绥靖"公署指挥5个整编师进犯淮北解放区,山东野战军主力和华中野战军一部在徐州东南发起朝阳集战役。

7月29日　驻津美军入侵解放区安平镇,制造了"安平镇事件"。

7月31日　晋绥、晋察冀军区部队发起大同、集宁战役。

8月1日　英国决定向国民政府赠送军舰12艘。

8月2日　国民党派飞机8架轰炸延安。

8月10日　马歇尔、司徒雷登发表联合声明,承认调处失败。

8月13日　蒋介石在庐山发表《告全国军民书》,除攻击中共外,表示国民大会必定如期召集。

8月14日　晋冀鲁豫军区打响同蒲路战役,9月1日战役结束,歼灭阎锡山部1.2万人。

8月28日　国民党军攻占冀热辽解放区首府承德。

8月30日　陈纳德空中运输公司成立,将承担运送国民党军队及军用物资任务。

本月,毛泽东与美国记者安娜·路易斯·斯特朗谈话,纵论国际形势,提出"一切反动派都是纸老虎"的论断。

9月3日　晋冀鲁豫解放军发起定陶战役。

9月15日　周恩来向马歇尔提交备忘录,指斥美国政府帮助国民政府进行内战。

9月19日　国民政府拒绝召开军事三人小组会,周恩来宣布暂时退出南京政治谈判。

9月22日　胡宗南整编第一师第一旅沿临浮公路东犯,晋冀鲁豫野战军发动临(汾)浮(山)战役,24日战役结束,全部歼灭胡宗南部"天下第一旅"。

9月29日　国民党军主力第五军进犯巨野,晋冀鲁豫野战军发起巨野战役。

本月,中共领导的武装部队开始陆续使用人民解放军称号。

10月1日　东北电影制片厂成立。

10月10日　第三方面代表莫德惠、梁漱溟、张君劢等提出国共和谈建议。

10月11日　解放军晋绥部队在歼灭敌人有生力量后撤出张家口,傅作义部队占领张家口。

10月18日　蒋介石在南京召开秘密军事会议,提出"五个月内打垮共军"。

10月19日　新四军进行第一次涟水保卫战。11月1日结束,歼灭整编七十四师等9 000人。

10月24日　国民政府公布《战争罪犯审判条例》。

10月27日　晋冀鲁豫野战军发起鄄城战役。

10月29日　中国海军接收西沙、南沙群岛。

11月2日　东北国民党军向南满地区发起全面进攻。东北民主联军第四纵队在新开岭以东地区歼敌第二十五师一个整师。

11月4日　国民政府与美国签订《中美友好通商航海条约》。上海人民团体联合会声明,它是绝对不利于中国的片面独惠的丧权辱国的新的不平等条约。

11月15日　制宪国民大会在南京举行,蒋介石担任第一次大会主席。12月25日,大会通过了蒋介石代表国民政府提出的《中华民国宪法草案》。第三方面人士大部分未出席。

11月16日　周恩来在南京举行记者招待会,谓中国共产党坚决不承认这个"国大",和谈之门已为国民党关闭。19日,中共代表团周恩来等15人离南京飞返延安。

11月22日　国民党大军压境,准备偷袭延安。晋冀鲁豫、晋绥部队发起吕梁战役。

11月23日　国民政府公布《国史馆组织条例》。

11月24日　民盟总部在南京招待记者,拒绝参加国民大会,不承认"国大"通过的"宪法"。

12月1日　上海全市商号大部停业,声援摊贩争取生存的斗争。

12月2日　中央银行在美国定制票面2 000元新钞千余箱,由纽约运抵上海。

12月12日　国民政府在南沙群岛重建国界碑。

12月15日　山东野战军和华中野战军发起宿北战役,19日结束,全歼整编第六十九师。

12月17日　东北民主联军发起三下江南、四保临江战役。历时三月,歼灭敌军6.4万人。

12月18日　美国总统杜鲁门声明坚持扶蒋和支持中国内战政策。

12月24日　北平发生美军强奸沈崇事件,引起全国学生抗议美军暴行、要求美军退出中国的爱国运动。

12月26日　陈诚在"国大"代表招待会上宣称将于一年内消灭中共。

12月27日　国民政府在联合国善后救济总署庇护下,公然命令放水引导黄河归入故道,给冀鲁豫和山东解放区人民造成巨大灾难。

1947年(民国三十六年)

1月1日　国民政府公布《中华民国宪法》及《宪法实施之准备程序》。

国民政府开始实行纱布管制办法。

1月2日　山东野战军和华中野战军发起鲁南战役,20日结束,歼敌5.3万人。

1月6日　中国民主同盟在上海召开二中全会,坚持成立全国一致的联合政府。张澜任主席。

麦克阿瑟宣布,留居中国的300万日侨日俘遣送完毕。

1月17日　晋冀鲁豫、晋绥野战军发起汾孝战役。29日结束,歼敌1.1万人。

1月23日　新四军番号撤销,山东军区、华中军区合编为华东军区,山东野战军与华中野战军合并组成华东野战军。

国民政府任命蒋介石兼国立政治大学校长。

1月24日　晋冀鲁豫野战军发起豫皖边战役。2月12日结束,歼敌1.6万人。

1月29日　美国宣布退出军事三人小组及军事调处活动。

2月1日　中共中央发表声明,宣布对于1946年1月10日后国民党政府签订的条约和贷款不予承认。

2月3日　中华民族解放行动委员会在上海召开会议,宣布正式易名为中国农工民主党,章伯钧任中央执行委员会主席。

2月6日　国民政府公审南京大屠杀主犯谷寿夫,法庭判决谷寿夫死刑。

2月10日　上海发生黄金风潮,危及各地市场。11日,蒋介石召集紧急会议,商讨稳定金融办法。17日,国民政府公布实施《经济紧急措施方案》。

2月15日　国民党军侵占山东解放区首府临沂。

2月20日　蒋介石调集53个旅企图在临沂与华东野战军主力决战。华东野战军主力发起莱芜战役,三天时间,歼灭国民党军1个"绥靖"区指挥部、2个军部、7个师,共5.6万余人。

2月28日　台湾因"缉私血案"处置不当,爆发"二二八"起义。3月8日,宣慰专使白崇禧率第二十一师登陆台湾,对台湾人民进行血腥镇压。13日,起义失败。

重庆《新华日报》被查封。

3月3日　中国民主同盟机关报《民主报》被查封。

3月4日　最高经济委员会易名为全国经济委员会,改隶行政院,蒋介石任委员长。

3月7日　中共驻南京、上海等地谈判代表被迫全都撤回延安,第二次国共合作遂告彻底破裂。

3月13日　蒋介石调集34个旅兵力,从三面进攻陕甘宁边区。西安"绥靖"公署胡宗南以15个旅兵力大举进攻延安。西北野战军发起延安保卫战,在完成掩护中共中央任务后主动撤出延安。19日,胡宗南部占领延安。

3月23日　晋冀鲁豫野战军发起豫北攻势作战。

3月25日　西北野战军部队发起青化砭战役。

3月30日　国民政府立法院通过《五院组织法》。

本月,中国人民解放军总部成立,停止使用十八集团军番号。朱德为总司令。

4月4日　晋冀鲁豫野战军发起晋南攻势。

4月9日　晋察冀军区部队发起正太战役。

4月10日　国民党统治区物价飞涨。月底,行政院长张群召开全国物价会议,商讨平抑物价办法。

4月14日　西北野战军发起羊马河战役。

4月20日　中国社会科学研究会在南京成立,选举陶希圣等为理事。

4月22日　华东野战军发起泰蒙战役。

国民政府撤销台湾行政长官公署,改组为台湾省政府,任命魏道明为台湾省政府主席。

4月26日　美国总统杜鲁门训令海军,以美剩余船舰271艘移交国民政府。

4月27日　刘少奇、朱德率中共中央工作委员会抵达河北阜平。

5月1日　中国致公党在香港召开第二次代表大会,提出重开政协会议、产生平等联合政府、取消伪宪法等主张。大会选举李济深为主席。

5月2日　西北野战军发起蟠龙战役。

杭州、无锡、芜湖、宣城、合肥、吴兴、衢县、成都、上海、南京等地相继发生抢米风潮。

5月4日　上海各校学生举行反内战、反饥饿示威游行,并迅速波及其他城市。

5月13日　华东野战军发起孟良崮战役,16日结束,全歼国民党整编第七十四师,迫使国民党政府暂时停止了对山东的进攻。

5月20日　南京、上海、苏州、杭州地区16所专科以上学校学生在南京举行联合示威。

5月28日　北大、清华、南开等8所院校585名教授联合发表和平宣言,主张停战和谈、仿照政协路线、成立联合政府。

5月31日　中美航线班机正式开航。

6月1日　国民政府加紧镇压学生爱国运动，宣布北平、天津、重庆、沈阳等地戒严。

武汉大学发生"六一"惨案。千余名军警包围武汉大学，逮捕爱国师生数10人，3人被打死，数10人受伤。

6月5日　外蒙古军队进犯新疆北塔山地区，挑起边境冲突。

6月7日　国民政府宣布沈阳、西安、汉口、广州改为院辖市。

6月15日　全国学生联合会在上海秘密举行成立会。教育部、社会部下令取缔。

6月25日　晋察冀军区部队发起保(定)北战役。

6月30日　刘伯承、邓小平率晋冀鲁豫野战军主力12万人突破黄河天险，实施鲁西南战役。7月28日战役结束，歼敌6万人。此役揭开了人民解放军战略进攻的序幕。

国民党中常会议决三民主义青年团归并于国民党。

7月4日　国民政府通过蒋介石提交的"戡乱建国"总动员案。随后又通过《动员戡乱完成宪政实施纲要》(又称《戡平共匪叛乱总动员令》)，通令取消中共国大代表、国民政府委员会名额，并开除中共参政员。

7月17日　中共中央制定《中国土地法大纲》。

7月22日　美国总统杜鲁门特别代表魏德迈来中国进行调查。

8月1日　国民政府国务会议通过《经济改革方案》。

8月3日　陆军副总司令范汉杰集中16个旅组成胶东兵团，大举进攻胶东解放区。

8月7日　晋冀鲁豫野战军主力向大别山挺进，27日进入大别山北麓，完成千里跃进大别山的任务。

8月17日　国民党军掘开兰封境内黄河大堤百余丈，放水灌入解放区。

8月18日　西北野战军主力发起沙家店战役。

外汇平准基金委员会在上海成立。

8月20日　世界民主青年联盟在布拉格举行第二届执委会议，解放区代表首次参加。

8月21日　林语堂发明明快华文打字机。

8月22日　晋冀鲁豫野战军陈赓、谢富治兵团8万余人强渡黄河，进军豫西。

8月28日　联合国教科文组织中国委员会在南京成立。

9月1日　中国青年党第十一次全国代表大会在上海举行,要求实施民主宪政,选举曾琦为中央执行委员会主席。

9月5日　国民政府行政院公布《后方共产党处置办法》。

9月7日　华东野战军外线兵团一部发起沙土集战役。

9月13日　国民政府宣布南京市紧急戒严。

9月14日　东北民主联军发起秋季攻势,在辽西三战三捷。

9月16日　国统区物价再次上扬,上海大米猛涨至60万元法币一石。

9月26日　华东野战军外线兵团进军豫皖苏边区。

10月19日　晋察冀野战军发起清风店战役。

10月26日　晋冀鲁豫野战军发起高山铺战役。

10月27日　国民政府内政宣布中国民主同盟为"非法团体"。

10月26日　11盟国对日初步赔偿要求总额为540亿美元,中国要求40%。

10月30日　《关税及贸易总协定》在日内瓦签约,中国作为缔约国之一在协议上签字。

10月31日　陈赓、谢富治兵团发起伏牛山战役,历时3个多月,歼敌5万人。

11月5日　中国民主同盟主席张澜被迫宣布解散民盟总部。

11月6日　晋察冀野战军发起石家庄战役,至12日,歼敌2.4万人,石家庄得以解放。

11月8日　华东野战军外线兵团开始破击陇海、津浦铁路。

11月12日　台湾民主自治同盟在香港组建,主席谢雪红。

11月18日　国民政府行政院会议通过苏、浙、皖、赣、豫数省联防方案。

12月1日　国民政府内政部整理命名南海群岛各岛礁。

白崇禧率33个旅的兵力进攻大别山区,刘邓野战军进行反"清剿"作战。

国民政府行政院决定在上海、天津、广州、武汉四地设立金融管理局。

12月4日　华东野战军内线兵团发起莱阳战役,至26日,歼敌1.7万人,从根本上扭转了山东战局。

12月8日　《中美海军转让协定》在南京签订。

12月13日　华东野战军外线兵团和晋冀鲁豫野战军陈谢集团发起平汉、陇海路破击战。

12月14日　东北民主联军发起冬季攻势作战。

12月17日　人民解放军发起运城战役。

12月19日　美国国会通过1800万美元对华贷款。

12月22日　国民政府立法院通过《戡乱时期危害国家紧急治罪条例》。

12月23日　国民政府行政院通过《加强金融管制办法》。

12月25日　国民政府宣布《中华民国宪法》即日起生效。

中共中央在陕北米脂县杨家沟召开会议,毛泽东在会上作《目前形势和我们的任务》的报告。

12月26日　华东野战军发起盐南战役,激战四昼夜,歼敌7000人。

1948年(民国三十七年)

1月1日　中国国民党革命委员会在香港成立,宋庆龄为名誉主席,李济深为主席。

1月5日　中国民主同盟一届三次会议在香港举行,宣布重建民盟机构。

1月11日　晋察冀野战军发起涞水庄瞳战役。

1月13日　蒋介石在南京主持召开陆军训练会议,决定在北平、沈阳、汉口、重庆、西安设立新兵训练中心。

1月16日　美国海军顾问团总部在南京建立,作为国民党海军的最高监督机构。

1月20日　行政院颁布《戡乱时期危害国家紧急治罪条例》。

1月22日　新华社报道,印尼荷兰殖民军疯狂惨杀和拘捕华侨数千人。

1月28日　全国防痨协会在上海成立。

1月30日　中美签订合同,将美国所有剩余物资出售给国民政府。

2月2日　上海申新纱厂第九厂工人罢工,遭到装甲车、催泪弹镇压,是为"申九纱厂惨案"。

2月15日　中华全国戏剧电影协会在南京成立,张道藩、梅兰芳等为理事。

2月17日　国民政府在南京召开北平、天津、广州、上海、南京五市市长粮食配售会议。

2月18日　美国总统杜鲁门向国会提请批准5.7亿美元援华方案的特别咨文。

2月21日　苏联政府宣布《中苏互不侵犯条约》延长两年。

2月27日　中共中央发出《关于工商业政策》的党内指示,要求坚决执行"发展生产、繁荣经济、公私兼顾、劳资两利"的经济工作方针。

南京国务会议通过再度增加烟、酒、盐、鱼等业税率的议案。

3月1日　中共中央发出《关于民族资产阶级和开明绅士问题》的党内指示,要求对他们采取团结的方针。

中国民主同盟机关报《光明报》在香港复刊。

中国社会经济研究会在北平成立。

3月7日　晋冀鲁豫军区部队发起临汾战役。

3月8日　华东野战军发起洛阳战役。

3月9日　东北解放军攻克永吉和小丰满水电站。

3月11日　国民党中常会决定组织"戡乱建国动员委员会"。

华东野战军许世友、谭震林发起周村、张店战役,至21日,歼敌3.8万余人。

3月15日　《大公报》在香港复刊,负责人为费彝民。

3月16日　国民政府将中国文物宝藏600多件由上海启运台湾。

3月18日　蒋介石在南京主持召开华中区"绥靖"会议,提出"总体战"方案。

3月20日　上海米价涨至每石440万元。

3月22日　美国参议院外交委员会通过以4.63亿美元援助国民政府。

3月26日　国立中央研究院选出第一届院士81人。

3月27日　南京三千饥民哄抢食物。

3月29日　第一届国民大会在南京召开,是谓"行宪国民大会",选举蒋介石、李宗仁为正副总统。4月30日,大会通过《全国动员戡乱案》。

国民党下令查禁华北学联。

3月30日　华东野战军山东兵团收复威海卫。

4月1日　毛泽东在晋绥干部会议上发表讲话,阐述了中国共产党在当前历史阶段的总路线和总政策。

4月3日　美国国会通过《1948年援华法案》。

平津7所大学举行反政府联合罢课。

4月6日　镇江金山寺藏经楼被大火烧毁。

4月8日　东北自然科学研究会筹备会成立。

4月11日　南京中央大学百余名学生为反饥饿开展绝食斗争。

4月12日　国民政府明令增加盐税税率。

4月22日　西北野战军收复延安。

4月30日　中共中央发布"五一"国际劳动节口号,发出"打倒蒋介石,建立新中国""建立民主联合政府"等号召。

中共中央书记处在河北阜平城南庄举行扩大会议,研究如何发展战略进攻等问题。

5月2日　内政部公布立法委员当选名单。

中原野战军发起宛西战役,历时15日,歼敌2万余人。

5月5日　各民主党派与民主人士联名致电毛泽东,响应中共"五一"号召。

第七届全国运动会在上海开幕。

5月13日　华北军区部队出击冀热察,至6月25日,歼敌2.4万余人。

5月17日　孙科、陈立夫当选为国民政府立法院正、副院长。

5月19日　国民政府修正公布《戒严法》。

5月20日　蒋介石、李宗仁在南京总统府就任中华民国正、副总统。

5月27日　中共中央领导机关进驻河北阜平西柏坡村。

6月1日　东北行政委员会为保护农民的土地所有权,宣布土改后土地所有权任何人不得侵犯。

6月3日　上海大中学生3万余人举行反美爱国大示威。

6月4日　司徒雷登声明反对中国学生反美扶日运动,引起全国各地进步师生抗议。

6月14日　《晋察冀日报》和原晋冀鲁豫边区政府出版的《人民日报》合并,出版《人民日报》,在石家庄创刊,作为中共中央的机关报。

6月17日　华东野战军发起豫东战役。至7月6日撤出战斗,共歼灭敌军9万人。

6月23日　中国学术工作者协会总会与分会留港理事郭沫若等19人声明拥护中共"五一"口号。

本月,国统区物价暴涨。上海大米涨至年初的八倍。

7月2日　中原野战军发起襄樊战役。16日攻克襄阳,歼敌2.1万人,俘获中将司令官康泽。

7月3日　《中美关于经济援助之协定》签订。

华东野战军苏北兵团发起涟水战役,三天歼敌5 000余人。

7月5日　国民党军警在北平镇压东北流亡学生。

7月10日　蒋介石在南京召开军事会议,决定实行重点防御的战略方针。

7月11日　总统府"戡乱"动员建国委员会在南京成立,孙科任主席。

7月15日　国民党当局镇压响应反美扶日运动的昆明学生,造成"昆明血案"。

7月27日　中央银行在东北发行流通券200万、500万两种大钞。

7月31日　冯玉祥离美返国,准备参加新政治协商会议。

本月,中共中央决定在华北创办马列学院,刘少奇兼任院长。

8月1日　第六次全国劳动大会在哈尔滨召开,决定恢复中华全国总工会,选举陈云、朱学范等为执委。

8月3日　蒋介石在南京召集军事统帅部军事检讨会议。

8月5日　美国驻华大使和中国外交部长就中美联合设立"中国农村复兴委

员会"换文成立。

8月7日　华北临时人民代表大会在石家庄召开,历时13天。选举董必武为临时人民代表大会常务主席。

8月8日　汉口美空军借舞会集体强奸中国妇女40余人。

西北野战军彭德怀部发起澄(城)郃(阳)战役,13日结束,歼敌9 000余人。

8月16日　民国政府发行500万元大钞。

8月19日　总统府颁布《财政经济紧急处分令》及《金圆券发行办法》。

8月20日　为限制金圆券流入台湾,行政院批准在台湾发行台币。

8月21日　民国政府在各地设置经济管制督导员。

8月22日　中共中央就国民党统治区的斗争要有清醒的头脑和灵活的策略问题发出指示,指出"不要犯冒险主义的错误"。

8月23日　金圆券开始发行,以金圆券1元兑换法币300万元。

8月25日　华北大学在河北正定正式成立,吴玉章任校长,范文澜、成仿吾任副校长。

本月,自本月起,各民主党派、各民主阶层代表人士陆续进入解放区。

9月1日　冯玉祥将军回国参加新政治协商会议,在黑海因轮船失火遇难。

9月4日　行政院政务会议通过《外币债券处理办法》《整顿外币公债发行原则》。

9月7日　中共中央军委发出关于辽沈战役的作战方针。

9月9日　香港《文汇报》创刊。

9月12日　东北野战军发起辽沈战役第一阶段作战。至10月15日,攻克锦州,全歼守军10万人,俘获上将副总司令范汉杰;17日,第六十军军长曾泽生率部2.6万人起义;19日,第一兵团司令郑洞国投诚,长春解放。

9月15日　蒋介石发起勤俭建国运动。

9月16日　华东野战军发起济南战役,至24日,济南全城解放。此役歼灭国民党军10.4万人。

9月17日　驻华美国联合军事顾问团成立。

9月23日　中央研究院第一次院士会议开幕。

9月26日　华北人民政府成立,董必武任主席,薄一波、蓝公武、杨秀峰为副主席。

10月2日　上海发生抢购风潮。

10月5日　华北军区第一兵团发起太原战役。

西北野战军发起荔北战役。

10月20日　辽沈战役第二阶段辽西会战打响。至28日,全歼国民党军10万人,东北"剿总"副总司令廖耀湘被俘。

10月22日　中原野战军发起郑州战役,23日解放郑州,歼敌1.1万人。

10月23日　司徒雷登请示美国国务院,是否同意劝告蒋介石退休,让位给李宗仁或其他较有前途的政治领袖。

10月28日　辽沈战役第三阶段开始。11月2日,解放沈阳,歼敌13万人。辽沈战役结束,东北全境解放。

本月,上海的生活书店、新知书店和读书出版社合并为三联书店。1949年5月迁北平。

11月1日　中共中央军委统一全军编制、番号。

中国人民解放军总部发布《惩处战争罪犯命令》。

11月6日　华东野战军和中原野战军联合发起淮海战役,至22日围歼黄百韬兵团12万人。

11月8日　行政院政务会议通过《修正金圆券发行办法》,撤销金圆券20亿为限的规定。

国民党第三"绥靖"区副司令官何基沣、张克侠率部起义。

11月9日　蒋介石致函杜鲁门,要求美国迅速给予军事援助,并派美国军事顾问参加指挥国民党军作战。

11月11日　行政院政务会议通过《修正人民所有金银外币处理办法》。

美国副参谋长魏德迈提出割裂中国方案,要求国民党政府退保东南与台湾地区。

11月12日　承德收复,热河全境解放。

远东国际军事法庭宣判25名日本战犯。

11月13日　国民党中央政治委员会秘书长陈布雷自杀身亡。

11月14日　毛泽东撰写的《中国军事形势的重大变化》发表。

11月15日　西北野战军发动冬季攻势。

11月16日　中原野战军攻占战略要点宿县。

11月17日　中共中央军委发出提早进行平津战役的指示电。

11月18日　华北人民政府决定成立中国人民银行,南汉宸为中国人民银行经理。该行于12月1日起发行第一套人民币。

11月22日　东北野战军主力南下入关。

华北野战军解放保定。

11月23日　淮海战役第二阶段开始,至12月15日,围歼黄维兵团10.6万人,俘虏第十二兵团司令黄维。

11月26日　行政院长翁文灏辞职,蒋介石提名孙科继任。次日,立法院通过。

11月29日　平津战役开始,至12月21日完成了对平津塘之敌傅作义部的战略包围和分割。

11月30日　《中美友好通商航海条约》互换批准书。

12月10日　蒋介石颁布命令,宣告全国除新疆、西康、青海、西藏、台湾外戒严。

12月14日　中共中央批转东北局副书记陈云关于接管沈阳的经验。

12月15日　行政院任命傅斯年为国立台湾大学校长。

12月16日　淮海前线人民解放军围困杜聿明集团。

12月21日　平津战役进入先打两头、后取中间的攻坚阶段。

12月22日　上海5万余人争相兑换黄金,造成交通中断和多人死伤。

12月24日　华中"剿总"总司令白崇禧向蒋介石发出和平通电,逼蒋下野。

12月25日　中共权威人士宣布以蒋介石为首的头等战争罪犯名单43人。
蒋介石被迫作出引退决定,由副总统李宗仁呼吁举行和平谈判。

12月27日　国民党政府启运第一批、第二批文物离南京赴台湾。

12月30日　新华社发表毛泽东撰写的1949年新年献词《将革命进行到底》。

1949年(民国三十八年)

1月1日　蒋介石发表声明,提出在保存原法统、原宪法和保存国民党军队的条件下与中国共产党进行和谈。

解放军北平区军管会及北平市人民政府成立,叶剑英任主任兼市长,徐冰任副市长。

1月8日　中华民国外交部分别向美、英、法、苏驻华大使提交备忘录,要求四国出面充当政府与中共谈判的调解人,遭到四国政府拒绝。

1月10日　淮海战役结束,俘获徐州"剿总"副总司令杜聿明。整个战役历时65天,歼敌55万多人。

蒋介石派蒋经国到上海,将中央银行的现金转移至台湾。

中共北平军管会接管清华大学。

1月11日　蒋介石指示新任台湾省主席陈诚:政治上要多用台籍人士,安定地方。

1月12日　中华全国民主妇女联合会筹备委员会在河北平山县李家庄成立,蔡畅任主任,邓颖超、李德全为副主任。

国民党飞机轰炸济南市,市民140余人伤亡。

1月14日　毛泽东提出与国民党和谈的条件:惩办战争罪犯、废除伪宪法、废除伪法统等8条。

1月15日　解放军攻占天津,全歼守军13万人,俘获中将司令陈长捷。天津军管会和天津市政府成立,黄敬任市长,张友渔任副市长。

中共中央指示接收官僚资本的企业。

中共中央军委进一步作出关于全军组织编制番号的决定,将西北、中原、华东、东北野战军依次改为第一、二、三、四野战军。

1月16日　林彪、罗荣桓向傅作义送出关于北平和平解决方法的公函。

国民党军警镇压上海工人罢工。

1月17日　人民解放军攻克塘沽,侯镜如部5万人乘船由海上撤退。

1月19日　行政院政务会议决议:愿与中共双方立即无条件停火,并各指派代表进行和平商谈。

毛泽东电邀宋庆龄北上,共商建国大计。次日又电邀陈嘉庚等爱国华侨回国参加新政治协商会议。

1月21日　蒋介石宣告"引退",由李宗仁代理总统。

1月22日　李济深等55人发表《我们对时局的意见》,表示坚决拥护中共中央和毛泽东主席所提八项和平条件,反对南京政府的假和平阴谋。

1月24日　清华、燕京两大学教授发表时局宣言,表示拥护毛泽东主席的八项和平条件。

1月31日　北平和平解放,中国人民解放军东北野战军第四纵队接管北平防务。

苏共中央政治局委员米高扬秘访中共中央所在地西柏坡,与毛泽东进行了三天会谈。

2月2日　《人民日报》北平版创刊,新华社北平分社成立,新华广播电台正式播音。

2月3日　人民解放军举行进驻北平入城式。

2月11日　中共中央军委决定,由刘伯承、陈毅、邓小平、粟裕、谭震林五人组成渡江战役总前委,直属中央。

2月16日　上海部分公用事业公司工人罢工遭镇压。

2月20日　华北人民政府由石家庄移往北平办公。

2月25日　国民党海军最大巡洋舰"重庆"号全体船员于吴淞口起义。

上海邮局宣布,自即日起全国通邮。

李济深、沈钧儒等各民主党派领导人和著名的民主人士35人自东北抵达北平。

2月27日　北平军管会发布通令,停止外国通讯社及外国记者发布新闻稿件及采访新闻和拍发新闻电报的活动。

《进步日报》在天津创刊,该报前身系前天津《大公报》改创。

2月28日　国民党政府开始在上海发放黄金短期公债,由中央、中国、交通、农民四行,中央信托局等单位出售。

美国商业部宣布,1948年自中国输入的白银总值为2 036 211美元。

本月下旬,中共安徽省委及省人民政府成立,宋任穷任省委书记兼省政府主席。

3月1日　中华全国学生第十四届代表大会在北平开幕。6日,中华全国学生联合会正式成立。

李宗仁等人举行秘密会议,研讨有关促成和谈方式,并指定孙科等10人负责起草方案。

3月3日　中原解放区临时人民代表大会召开。

3月5日　中共七届二中全会在西柏坡召开。这次会议制定了夺取全国胜利和胜利后建国、治国的各项方针政策,是一次决策性的会议,是中共中央在中华人民共和国建立以前召开的最后一次中央全会。

民盟在北平成立临时工作委员会,推沈钧儒、章伯钧为主持人。

3月12日　成都、上海等地掀起反饥饿运动。

3月15日　华北人民政府决定平津两市中国银行和交通银行开始营业。

华北人民政府决定开放对外贸易。

《人民日报》移北平出版。

艾奇逊致函美参议院外交委员会主席康纳利,提请国会延长1948年援华法案。

3月18日　国民党上海当局取缔《和与战》《时局人物》等28种刊物,命令《群言》《中建》《舆论》等3种刊物停刊。

3月24日　中国妇女第一次全国代表大会在北平召开,宣告成立中华全国妇女联合会。

何应钦在南京组阁并主持政务会议,决定派邵力子、张治中、黄绍竑、章士钊、李蒸等为和谈代表。

解放区、国统区开始通汇,金圆券对人民币比率为20∶1。

3月25日　中共中央委员会、解放军总部由西柏坡移至北平。

3月26日　美国参议院通过法案,延长援华法案期限至次年2月15日。

北平市民贺孔才向北平图书馆捐书10万卷。

中共中央派周恩来、林伯渠、林彪、叶剑英、李维汉为和谈代表,周恩来为首席代表。

3月29日　郭沫若率中国出席世界拥护和平大会代表团启程赴法国。

3月30日　国民党中央执监常务委员及中央政治委员会委员在广州举行联席会议,提出和谈五项原则。

4月1日　南京政府和谈代表团张治中一行抵北平,与中共代表团进行谈判。

4月4日　美国参众两院通过临时援华新法案,规定总统任意动用5 400万美元援助国民党统治区。

4月7日　李宗仁致电毛泽东,表示要与中共"共负努力建设新中国使命"。

4月11日　中国新民主主义青年团首届全国代表大会在北平召开,18日闭幕。在随后召开的团中央一届一次全会上,选举冯文彬为中央书记,廖承志、蒋南翔为副书记。

4月12日　北平市政府废除保甲制度,建立街(乡)政府。

4月14日　台湾当局颁布《台湾省私有地租佃管理条例》。

4月20日　中国国民党中央常务委员会发表声明,拒绝接受《国内和平协定》,和平谈判破裂。

4月21日　中国人民解放军发起渡江战役。

解放军击伤阻挠渡江的英国军舰"紫石英"号。

4月22日　南京政府各院、部、会逃往广州。

蒋介石由溪口到杭州,召集李宗仁、何应钦等要员,商讨"最后一战的全面作战计划"。

4月23日　中国人民解放军占领南京和浦口,宣告国民党在中国统治的覆灭。

4月24日　太原前线司令部司令员徐向前指挥华北各兵团攻占太原。

4月25日　毛泽东、朱德颁布《中国人民解放军布告》,宣布约法八章。

上海国民党警备司令部实行大逮捕,逮捕学生达四五百人。

4月27日　中国人民解放军占领苏州。

4月29日　人民解放军在京沪杭三角地带进行的聚歼战结束,俘敌官兵达8万余名。

本月,山西赵城广胜寺藏国内仅有之金刻佛经(《赵城金藏》)4 330卷,由华北大学派员运抵北平交北平图书馆珍存。20世纪90年代出版的《中华大藏经》(汉文本)就是以《赵城金藏》为底本的。

5月1日　山西大同和平解放。

5月3日　解放军第三野战军占领杭州。6日,中共浙江省委成立,谭震林任书记。

5月5日　美5艘军舰及一部海军陆战队由日本进驻青岛。

英国政府宣布不卷入中国内战,但声明"凡对香港的任何攻击,将视作一种侵略行为"。

5月6日　华北地区全部解放。

5月10日　河南省人民政府成立,吴芝圃兼省政府主席。

5月11日　南京市人民政府成立,刘伯承任市长。

5月12日　美国政府宣布取消1947年4月颁布的日本对中、英、菲等国临时赔偿计划。

中国人民解放军第三野战军发起上海战役。

5月14日　白崇禧部对武汉三镇进行大破坏,炸毁飞机场、船只、厂房、车站等设施。

5月15日　国民党军第十九兵团司令张轸率部2万余人在湖北起义。

5月17日　林彪、罗荣桓指挥第四野战军占领武汉。20日,湖北省人民政府成立,李先念任主席。

5月20日　彭德怀、张宗逊指挥第一野战军占领西安。

5月22日　第二野战军占领南昌。

5月27日　中国人民解放军攻占上海。上海市军管会及上海市人民政府正式成立,陈毅任军管会主任兼市长。

5月28日　《绥远和平协议》在北平签订。

上海民主党派负责人张澜、罗隆基、史良等12人联名发表声明,庆贺上海解放。

5月30日　中华全国总工会常委会推选刘少奇为该会名誉主席。

中国人民银行华东分行在沪成立,曾山任经理。

5月31日　上海总工会筹备委员会宣告成立。

上海市军管会决定开放进出口贸易。

本月,自1948年12月至本月,蒋介石命令自上海提出黄金200万两,运往台湾。一说黄金400万两,银圆400万块。确数待查。

6月1日　华北高等教育委员会成立,董必武任主任委员,张奚若、周扬为副主任委员。

6月2日　解放军占领青岛。

6月4日　陈嘉庚由香港安抵北平。

6月5日　陕中秦岭追歼战结束。中国人民解放军第一野战军先后攻占县城32座,歼灭国民党军2.7万余人。

中国各民主党派联合声明,抗议香港当局通过《取缔社团活动条例》。

6月6日　上海市军管会发表布告,称取缔国民党、三青团、民社党等非法组织及一切法西斯特务组织。

6月9日　为维护金融政策,上海市公安局拘捕河南路、老北门、福州路等马路银行市场奸商。

6月11日　国民党中常会决定成立最高决策机构——"非常委员会",蒋介石任主席,李宗仁任副主席。

6月12日　阎锡山在广州组阁,自兼国防部长,胡适任外交部长。

6月13日　华北人民政府命令绥蒙区改为绥远省,杨植霖为省政府主席。

鞍钢炼焦炉恢复生产。

6月15日　中国共产党主持的新政治协商会议筹备会议在北平召开。

6月16日　中国民主同盟机关报《光明日报》在北平创刊。章伯钧任社长,胡愈之任总编辑。

6月17日　江西省人民政府成立,邵式平任主席。

6月19日　全国首次科学会议筹备会在北平召开成立大会。

6月26日　张治中在北平发表声明,揭露国民党破坏和平谈判并拒绝在《国内和平协定》上签字的内幕。

中国新法学研究会筹备委员会在北平成立。

刘少奇率中共代表团访苏。

华北人民政府拨款20万元人民币修缮鲁迅先生故居。

黄河水利委员会在河南开封正式成立。

6月29日　世界工联第二届代表大会在米兰举行,中国代表刘宁一当选为工联副主席。

6月30日　毛泽东发表《论人民民主专政》一文。

7月1日　北平各界3万人举行集会,庆祝中国共产党成立28周年。

中国新史学研究会筹备会在北平成立,郭沫若任主席,吴玉章、范文澜任副主席。这是中国史学会的前身。

7月3日　英国政府出动大批警察强拆九龙城内2 000余座木屋,6 000余名中国贫民无家可归。

7月6日　蒋介石领衔发表《反共救国共同宣言》。

7月8日　拉萨当局发动脱离中国事变。

归国华侨联谊会筹备委员会在北平成立。

中国新经济学研究会总筹备会在北平成立。

7月9日　全国铁路总工会筹备委员会正式成立,滕代远、吕正操等53人任委员。

7月10日　中共中央决定建立空军。

7月13日　中华全国自然科学工作者代表大会筹备会在北平召开。

7月14日　中国社会科学工作者代表会在北平召开发起人会议。

7月15日　上海市军管会命令留驻上海的美国新闻处及英国新闻处自即日起停止一切活动。

中华全国总工会机关报《工人日报》创刊。

7月20日　中华全国妇联机关刊物《新中国妇女》月刊在北平创刊。

7月21日　中华全国美术工作者协会在北平成立,徐悲鸿任主席,江丰、叶浅予为副主席。

中国舞蹈工作者协会在北平成立,戴爱莲任主席。

7月23日　中华全国音乐工作者协会在北平成立,吕骥任主席,马思聪、贺绿汀任副主席。

中华全国文学工作者协会在北平成立,茅盾任主席。

7月24日　全国文学艺术界联合会成立,郭沫若当选为主席,茅盾、周扬为副主席。

中华全国戏剧工作者协会成立,田汉任常委会主席,张庚、丁玲任副主席。

7月26日　中华全国电影艺术工作者协会在北平成立,阳翰笙任主席,袁牧之任副主席。

7月27日　受中共中央委托,陈云主持召开有华东、华北、华中、东北、西北五个地区的财政、金融、贸易部门领导人参加的财政经济会议。

7月29日　浙江人民政府成立,谭震林任主席。

7月30日　英国军舰"紫石英"号由镇江江面潜逃,并击沉两艘中国轮船,数百名乘客死亡。

8月1日　国民党总裁办公室在台北草山成立。

河北省人民政府在保定正式成立,杨秀峰任省政府主席。

8月3日　蒋介石访问南朝鲜,与李承晚商谈组织远东各国反共联盟问题。

8月4日　前国民党湖南省政府主席程潜及第一兵团司令官陈明仁率部起

义,湖南长沙和平解放。

彭德怀向第一野战军发布进军兰州的预备命令。12日,一野各部向兰州进军,25日发起对兰州总攻。26日,攻克兰州,马步芳主力被歼。

8月5日　美国国务院发表《美国与中国的关系》白皮书。

8月9日　中国政法大学在北平建成,谢觉哉任校长。

8月12日　新华社从即日起连续发表社论,揭露美对华政策。

8月13日　在香港的国民党立法委员、中央委员计44人发表声明,宣布脱离国民政府。

8月17日　第二野战军攻克福州,国民党守军5万余人被歼。

8月18日　上海市人民政府拨款4 800余万元修建孙中山故居。

8月19日　山西省人民政府成立,程子华任省政府主席。

8月20日　山东人民解放军攻占蓬莱和长山列岛。

8月27日　东北人民代表会议在沈阳召开,成立东北人民政府,高岗任主席。

8月28日　宋庆龄由上海抵达北平。

8月30日　上海市军管会通令所有在沪外国新闻机构停止业务活动。

8月31日　国民党汤恩伯、毛森在厦门实施大捕杀。

9月1日　台湾民主自治同盟驻北平办事处正式成立。

9月2日　国民党前云南省政府主席龙云在昆明宣布脱离国民政府。

肖华率中国青年代表团赴布达佩斯出席世界民主青年代表大会。

重庆大火,死伤约7 000人。

9月3日　昆明数万人举行游行示威,要求驱逐陈纳德航空队在昆明的人员。

9月5日　人民解放军占领西宁。

天津市人民政府召开各界代表会议,商讨确定天津大政方针。

9月10日　世界拥护和平大会筹委会在北平成立,郭沫若任主任。

9月11日　中国人民银行发行500元与1 000元面值新人民币。

9月12日　人民解放军发动厦门外围扫荡战役。

9月13日　衡宝战役开始。

9月15日　中共中央华东局颁布《华东新区农村减租暂行条例草案》。

9月17日　中国人民新政治协商会议筹备会在北平举行第二次全体会议,决定将会议名称改为中国人民政治协商会议,通过了《中国人民政治协商会议组织法草案》以及《共同纲领》《中华人民共和国中央人民政府组织法》等3个文件。

杨虎城夫妇在重庆被国民党杀害。

9月19日　国民党绥远省政府主席董其武率部起义,绥远和平解放。

9月20日　国民党在昆明逮捕进步人士200余人。

蒋介石发表《为本党改造告全党同志书》，承认国民党的失败。

9月21日　中国人民政治协商会议在北平中南海怀仁堂开幕。

9月22日　中央人民政府政务院成立。

9月23日　银川市和平解放。

毛泽东主席、朱德总司令设宴招待程潜、张治中等26名国民党起义将领。

9月25日　国民党新疆省警备总司令陶峙岳，国民党新疆省政府主席包尔汉先后通电和平起义。

9月27日　北京地质调查所新生代研究室对周口店"北京人"遗址山顶洞开始挖掘工作。

宁夏额济纳旗国民党防守司令塔旺嘉布宣布脱离广州国民政府，接受北平中央人民政府领导。

9月29日　中国人民政治协商会议第一届全体会议通过《中国人民政治协商会议共同纲领》和中央人民政府副主席、全体委员名额。

9月30日　毛泽东当选为中央人民政府委员会主席，朱德、刘少奇、宋庆龄、李济深、张澜、高岗为副主席，选出中央人民政府委员56人。

中国人民政治协商会议全体代表在北京天安门广场举行人民英雄纪念碑奠基礼。

10月1日　中华人民共和国中央人民政府在北京天安门广场举行开国大典，中央人民政府委员会毛泽东主席，朱德、刘少奇、宋庆龄、李济深、张澜、高岗等副主席和56名委员就位，毛泽东主席宣告中华人民共和国中央人民政府成立。南京、上海、武汉、西安、延安、沈阳、哈尔滨、太原、保定、石家庄、新乡、郑州等大中城市也举行了庆祝集会游行。

从此，近代中国历史的一页翻过去了。此后，中国历史进入中国现代史。

主要参考文献

一　中国近代史著作

1. 白寿彝. 中国通史·第十一卷·近代前编(1840—1919). 第十二卷·近代后编(1919—1949). 上海人民出版社, 1999
2. 曹伯韩. 中国近百年史十讲. 实验书店印行, 1946
3. 曹伯韩. 中国现代史常识. 桂林: 石火出版社, 1939
4. 曹伯韩. 中国现代史读本. 香港: 文化供应社, 1947
5. 陈安仁. 中国近代民族复兴史. 重庆: 青年出版社, 1943
6. 陈安仁. 中国近代政治史. 上海: 商务印书馆, 1934
7. 陈功甫. 中国最近三十年史. 上海: 商务印书馆, 1933
8. 陈恭禄. 中国近百年史. 上海: 商务印书馆, 1936
9. 陈恭禄. 中国近代史. 上下卷. 大学丛书. 上海: 商务印书馆, 1935
10. 陈光宪. 中国近世史. 北京: 汉英图书馆, 1910
11. 陈怀. 中国近百年史要. 上海: 中华书局, 1930
12. 陈旭麓. 近代中国80年. 上海人民出版社, 1983
13. 戴逸. 中国近代史稿. 第一册. 人民出版社, 1958
14. 东北大学. 中国近代史. 东北新华书店, 1949
15. 东北军政大学. 中国近代简史. 东北新华书店, 1949
16. 董守义等编著. 中国近代史教程. 上下册. 北京: 中国社会科学出版社, 2000
17. 杜冰波. 中国最近八十年来的革命与外交. 两册. 上海: 神州国光社, 1933
18. 杜冰波. 中华民族革命史. 上海: 北新书局, 1930
19. 范文澜. 中国近代史. 上编第一分册. 华北新华书店, 1947. 三联书店,

1949.人民出版社,1955
20. 福建省民众教育师资训练所.中国近百年史略及国际大势.页数不连.1938
21. 高博彦.中国近百年史纲要.2册.北平:文化学社,1927,1930,1934
22. 郭沫若主编.中国史稿.第四册.北京:人民出版社,1962,1964
23. 郭廷以.近代中国史.重庆,1941.台北:商务印书馆,1963
24. 韩启农.中国近代史讲话.上海:新知书店,1937.新华书店,1942
25. 何干之.近代中国启蒙运动史.上海:生活书店,1937
26. 何思源.中国近代政治外交略史.中山大学政治训育部宣传部印本.出版年月不详
27. 胡绳.从鸦片战争到五四运动.上下册.北京:人民出版社,1981
28. 胡绳.帝国主义与中国政治.香港:生活书店,1948
29. 胡绳.中国近代史提纲.中央党校印本,1955,1960.又见胡绳全书第五卷.人民出版社,1998
30. 华北大学历史研究室编.中国近代史·鸦片战争至五四运动.初级中学第二年级上学期暂用课本.新华书店,1949
31. 华岗.中国近代史.上册.新华书店,1949
32. 华岗.中国民族解放运动史.全2卷.鸡鸣书店1940.渤海新华书店,1945.第一卷增订本.北京:生活·读书·新知三联书店,1951
33. 黄大受.中国近代史.三册.各逾600页.台北:大中国图书有限公司,1953—1955
34. 黄祖英.中国近百年政治史.东北书店,1949
35. 翦伯赞.中国史纲要(第四册).北京:人民出版社,1964
36. 蒋廷黻.中国近代史.长沙:艺文研究会,1938
37. 金兆梓编著.近世中国史.上海:中华书局,1947
38. 近代中国史稿编写组.近代中国史稿.北京:人民出版社,1976
39. 军大总校政治部.中国近代政治简史.东北书店,1947
40. 拉狄克著,克仁译.中国革命运动史.上海:新宇宙书店,1929
41. 李次民.鸦片战争后八十二年.梧州:文化公司出版,1931.
42. 李鼎声.中国近代史.上海:光明书局,1933
43. 李定一.中国近代史.台北:中华书局,1963
44. 李剑农.中国近百年政治史.蓝天启明书局,1942.商务印书馆,1947
45. 李侃,李时岳,李德征,杨策,龚书铎.中国近代史.北京:中华书局,1977,1994
46. 李泰棻.中国近百年史.全三册.上海:商务印书馆,1924
47. 李泰棻.中国最近世史讲义.国立北京师范大学校印本.不全,出版年代不详
48. 李泰棻.中国最近世史.全二册.原版不明.台北:文海出版社,1990

49. 李絜非. 中国近世史. 大学丛书. 文通书局, 1948
50. 历史研究会. 中国近代史研究纲要(上篇). 哈尔滨: 光华书店, 1948
51. 林增平. 中国近代史. 上下册. 湖南人民出版社, 1958
52. 刘大年主编. 中国近代史稿. 三册. 北京: 人民出版社, 1978—1984
53. 刘官谔. 中国最近世史纲要. 上卷. 铅印. 出版年月不详
54. 刘熊祥. 现代中国建设史. 重庆: 史学书局, 1946
55. 刘彦. 中国近时外交史. 上海: 华昌印刷局, 1914
56. 卢豫冬. 中国近代政治发展史. 一般书店, 1941
57. 吕思勉. 中国近代史. 上海: 华东师范大学出版社, 1997
58. 罗元鲲. 中国近百年史. 2册. 上海: 商务印书馆, 1933
59. 扪蟊, 谈虎客. 近世中国秘史. 上海: 广智书局, 1911
60. 孟世杰. 分析表解中国近世史纲. 一册. 天津: 百城书局, 1932
61. 孟世杰. 中国最近世史. 全四册. 天津: 天成印字馆. 北京: 厂甸海王商店. 1926
62. 平心. 中国现代史初编. 香港国泰出版公司, 1940
63. 沈昧之. 近百年本国史. 上海: 世界书局, 1929
64. 士虹. 中国近代史. 出版年月不详
65. 寿光等. 中国近百年史问题研究. 北平: 华美印刷公司, 1929
66. 宋云彬. 中国近百年史. 上海: 新知书店, 1948
67. 苏乾英. 中国近代外交史. 南平: 国民出版社, 1944
68. 陶官云. 中国近百年史话. 渤海新华书店, 1946. 大连大众书店, 1948
69. 陶官云. 中国新民主主义革命史论. 光华书店, 1949
70. 汪公亮. 中国近百年史大纲. 北平大学讲义. 出版年月不详
71. 王蔼棠. 中国近百年史问题研究. 北平: 华美印刷公司, 1929
72. 王文泉、刘天路主编, 中国近代史, 北京: 高等教育出版社, 2001
73. 魏野畴. 中国近世史. 上海: 开明书店, 1930
74. 吴柳隅. 中国近百年政治史. 出版年月不详.
75. 武波. 中国近代史. 上海读者出版社, 1947. 重庆读书出版社, 1947
76. 武汉大学. 中国近世外交史. 出版年月不详
77. 现代历史社编. 中国近百年史. 未署出版社. 1939
78. 向颐垣. 中国近世史. 镇江中学出版部. 高中教材, 1929. 本书第一编清代史. 第二编中华民国史.
79. 萧棠. 论近代中国社会与中国革命. 读者书店, 1949
80. 萧一山. 中国近代史概要. 大专学校教材. 台北: 三民书店, 1964
81. 邢鹏举. 中国近百年史. 上海: 世界书局, 1932
82. 徐泰来主编. 中国近代史记 1840—1919. 三册. 长沙: 湖南人民出版社, 1989
83. 徐中约. 中国近代史. 上下册. 香港中文大学出版社, 2001

84. 许伯逵. 中国近百年史问答. 上海:广益书局,1931
85. 颜昌峣. 中国最近百年史. 上海:太平洋书店,1929
86. 杨秀峰. 中国最近世史. 铅印. 出版年月不详
87. 佚名. 中国近百年史讲话. 上海:致用书店,1948
88. 佚名. 中国最近世史大纲. 油印. 出版年月不详
89. 印维廉. 中国革命史. 上海:世界书局,1929
90. 苑书义等. 中国近代史新编. 全三册. 北京:人民出版社,1981—1988
91. 张海鹏主编. 中国近代史 1840—1949. 北京:群众出版社,1999
92. 张健甫. 中国近百年史教程. 桂林:文化供应社,1940
93. 张闻天. 中国现代革命运动史. 延安:解放社,1937
94. 郑鹤声. 中国近世史. 前编第一分册. 前编第二分册. 重庆:南方印书馆,1944
95. 郑鹤声. 中国近世史. 上下册. 重庆:中央政治学校印本,1944
96. 中国历史研究会. 中国近代史研究纲要. 光华书店出版,1948
97. 中国历史研究会. 中国现代革命运动史. 新华书店,1938
98. 中国现代史研究会. 中国现代革命运动史. 上. 大众日报社翻印,1940. 华北新华书店版,1947
99. 朱其华. 中国近代社会史解剖. 上海:新新出版社,1933

二 专著和文集

1. C. E. 布莱克,段小先译. 现代化的动力. 成都:四川人民出版社,1988
2. 陈其泰. 范文澜学术思想评传. 北京图书馆出版社,2000
3. "从五四运动到中华人民共和国的成立"课题组. 胡绳论"从五四运动到中华人民共和国的成立". 北京:社会科学文献出版社,2001
4. 冯林. 重新认识百年中国——近代史热点问题研究与争鸣. 北京:改革出版社,1998
5. 龚书铎等. 历史的回答. 中国近代史研究中几个问题的争论. 北京师范大学出版社,2001
6. 桂遵义. 马克思主义史学在中国. 济南:山东人民出版社,1992
7. 吉尔伯特·罗伯兹. 中国的现代化. 南京:江苏人民出版社,1988
8. 黎澍. 再思集. 北京:中国社会科学出版社,1985
9. 李时岳. 近代史新论. 汕头大学出版社,1993
10. 李泽厚,刘再复. 告别革命——回望20世纪中国. 香港:天地图书有限公司,1995
11. 历史研究编辑部编. 中国近代史分期问题讨论集. 北京:三联书店,1957
12. 刘大年. 中国近代史问题. 北京:人民出版社,1978
13. 罗荣渠等. 从"西化"到现代化. 北京大学出版社,1990

14. 罗荣渠,牛大勇.中国现代化历程的探索.北京大学出版社,1992
15. 罗荣渠.现代化新论——世界与中国的现代化进程.北京大学出版社,1993
16. 沙健孙,龚书铎.走什么路——关于中国近代史上若干重大是非问题.济南:山东人民出版社,1997
17. 苏双碧.苏双碧史学理论集.长春:吉林文史出版社,1994
18. 许纪霖,陈达凯.中国现代化史.上海:三联书店,1995
19. 虞和平.中国现代化历程.三册.南京:江苏人民出版社,2001
20. 张海鹏等,中国社会科学院学者文选,北京:中国社会科学出版社,2008.
21. 张海鹏.东厂论史录.广州:广东人民出版社,2005
22. 张海鹏.追求集——近代中国历史进程的探索.北京:社会科学文献出版社,1998
23. 章开沅,罗福惠主编.比较中的审视——中国早期现代化研究.杭州:浙江人民出版社,1993
24. 中国社会科学院学者文选.范文澜集.北京:中国社会科学出版社,2001
25. 中国社会科学院学者文选.刘大年集.北京:中国社会科学出版社,2000

三 长编、年谱、大事记等

1. 陈铁健,郑则民等.中国全鉴(1900—1949).北京:团结出版社,1998
2. 陈锡琪.孙中山年谱长编.北京:中华书局,1991
3. 陈旭麓,李华兴.中华民国史辞典.上海人民出版社,1991
4. 戴逸.中国近代史通鉴.北京:红旗出版社,1997
5. 龚育之,金冲及等.中国二十世纪通鉴.北京:线装书局,2002
6. 郭廷以.近代中国史事日志.北京:中华书局,1987
7. 郭廷以.中华民国史事日记.台北"中央研究院"近代史所,1979—1985
8. 韩信夫,姜克夫.中华民国大事记.北京:中国文史出版社,1997
9. 韩信夫,曾景忠等.20世纪中国大事典.成都:四川人民出版社,2002
10. 李力安,邵华泽等.光辉的七十年.北京:中国人民大学出版社,1991
11. 李文海.清史编年.北京:中国人民大学出版社,1985—2000
12. 刘和平.中国近现代史大典.北京:中共党史出版社,1992
13. 刘绍唐.民国大事日记.台北:台湾传记文学出版社,1973
14. 马洪武、王德宝等.抗日战争事件人物录.上海人民出版社,1986
15. 马齐彬,张同新等.中国国民党历史事件、人物、资料辑录.北京:解放军出版社,1988
16. 秦孝仪.中国现代史辞典.台北:近代中国出版社,1987
17. 徐友春.民国人物大辞典.郑州:河北人民出版社,1991
18. 张其昀.党史概要.台北:台湾"中央"文物出版社,1979

19. 张宪文,方庆秋等.中华民国史大辞典.南京:江苏古籍出版社,2001
20. 章开沅.辛亥革命辞典.武汉出版社,1991
21. 郑德荣,王维礼.中国革命纪事.长春:东北师范大学出版社,1990
22. 中共中央文献研究室.毛泽东年谱.北京:人民出版社,中央文献出版社,1993
23. 中共中央文献研究室.周恩来年谱.北京:人民出版社,中央文献出版社,1989
24. 中国近代大事年表.台北:近代中国出版社,1981
25. 朱汇森.中华民国史事纪要.台北"国史馆"出版

四　学术论文

(一) 关于马克思主义指导思想

1. 白寿彝,瞿林东.马克思主义史学在中国的传播与发展——纪念马克思逝世一百周年.史学史研究,1983(1)
2. 陈光前.中国马克思主义史学发展史上的一场争论——三十年代中国社会史论战的回顾.东北师大学报,1983(4)
3. [美]德里克.革命之后的史学——近代中国史研究中的当代危机.中国社会科学季刊,1995年2月春季卷
4. 郭世佑.毛泽东的革命史观与中国近代史研究.社会科学战线,1995(3)
5. 郭世佑.毛泽东的近代史论刍议.近代史研究,1995(4)
6. 姜铎.关于毛泽东的中国近代史论.社会科学,1997(1)
7. 蒋大椿.唯物史观与历史研究.近代史研究,1983(2)
8. 瞿林东.关怀和希望——读毛泽东同志给史学家的几封信.史学史研究,1984(1)
9. 瞿林东.毛泽东同志对马克思主义史学理论的杰出贡献.北京师范大学学报,1982(6)
10. 瞿林东.毛泽东重视史学传统.光明日报,1993年12月20日
11. 雷戈.中国近代史与中国革命——试论毛泽东历史观之基础.学术研究,1996(7)
12. 黎澍.马克思主义与中国历史学.历史研究,1983(2)
13. 李侃.毛泽东历史观的若干问题浅探.近代史研究,1994(1)
14. 李时岳.马克思主义的再学习和历史的再认识.史学集刊,1982(2)
15. 李新达.毛泽东与史学.中国史研究,1994(1)
16. 刘大年.关于历史研究的指导思想问题——评马克思主义"过时"论.世界历史,1983(4)
17. 刘大年.马克思主义基本原理与历史研究.近代史研究,1987(4)
18. 刘茂林,陈耀辉.毛泽东与中国历史.历史研究,1983(6)

19. 刘永洪.论毛泽东对研究中国近代史的贡献.西南民族学院学报,1994(5)
20. 陆文培.毛泽东和史学.安徽史学,1993(4)
21. 马洪林.毛泽东与中国近代史研究.上海师大学报,1992(4)
22. 毛佩琦.毛泽东与中国史学传统.中国人民大学学报,1993(6)
23. 皮明庥.马克思主义的指导与中国近代史科学研究的历程.江汉论坛,1983(7)
24. 皮明庥.毛泽东同志的史学思想.武汉师院学报,1983(4)
25. 祁龙威.毛泽东思想是研究中国近代史的指南——兼评萧一山《清代通史》.扬州师院学报,1983(4)
26. 宋德华.论毛泽东的历史观.广东社会科学,1993(6)
27. 王国平.毛泽东与中国近代史研究.云南学术探索,1993(5)
28. 武克全,邹荣庚.毛泽东同志对史学理论的贡献.上海:社会科学,1983(12)
29. 谢本书.处在历史的夹层——毛泽东的历史观浅议.山东社会科学,1989(4)
30. 徐泰来.马克思主义的阶级分析方法与中国近代史研究.北方论丛,1983(2)
31. 徐泰来.马克思主义与中国近代史研究.社会科学战线,1988(2)
32. 许凌云.毛泽东史学理论的杰出贡献.齐鲁学刊,1991(1)
33. 叶桂生,刘茂林.中国社会史论战与马克思主义历史学的形成.中国史研究,1983(1)
34. 叶桂生.论毛泽东与历史科学.中国史研究,1993(3)
35. 叶桂生.毛泽东对中国历史学的贡献.山东社会科学,1990(1)
36. 尹湘豪.历史研究要以毛泽东思想作指导.江西社会科学,1982(3)
37. 张海鹏.50年来中国近代史研究的理论和方法评析.近代史研究,1999(5)
38. 张海鹏.试论毛泽东的历史观.中共党史研究,2004(5)
39. 郑祖铤.马克思论近代中国社会的特点与性质.求索,1999(2)
40. 周朝民.二十年代在旧史学斗争中初建的马克思主义史学理论.历史教学问题,1989(1)
41. 周春元.马克思主义史学在我国新民主主义革命进程中的作用.贵阳师院学报,1983(1)
42. 周新国.马克思主义与中国近代史研究——中国近代史研究的历史回顾.江海学刊,1992(2)

(二)关于历史发展动力与主要矛盾

1. 陈为.浅析中国近现代历史发展的主要动力.社会科学辑刊,1993(5)
2. 郭驰.论近代中国社会主要矛盾的结构特征及其对社会性质的影响.河北学刊,1994(3、4)
3. 郭瑞祥.关于"人民群众是历史的创造者".历史研究,1986(3)

4. 郭世佑. 对当前近代史研究理论的新思考——兼论近代社会主要矛盾的内涵和运动形式. 河北学刊,1993(3)
5. 黎澍. 历史创造者讨论中的几个问题. 文汇报,1987年12月15日
6. 黎澍. 历史的创造者和创造历史的动力. 历史研究,1986(3)
7. 黎澍. 论历史的创造者及其他. 历史研究,1984(5)
8. 刘大年. 关于历史前进的动力问题. 近代史研究,1980(1)
9. 陆仁权. 封建主义和人民大众矛盾是近代中国最主要矛盾. 河北师院学报,1994(2)
10. 罗荣渠. 略论历史发展的伟大动力与终极原因的内在联系. 历史研究,1980(5)
11. 庞卓恒. 马克思主义关于历史动力的理论及其现实意义. 中国社会科学,1980(5)
12. 祁龙威. 唯物主义的动力论是鉴定近代史研究中两种"翻案"的准则. 扬州师院学报,1984(2)
13. 沈洪. 关于历史创造者——向黎澍同志请教. 阜阳师院学报,1987(3)
14. 宋士堂等. 关于历史前进的主要动力及其转化问题. 近代史研究,1980(2)
15. 宋士堂. 试论历史前进的动力问题. 近代史研究,1980(2)
16. 王才中. "人民群众是历史的创造者"不可否定——对黎澍同志几个论点的质疑. 阜阳师院学报,1987(2)
17. 王也扬. 我看关于历史创造者讨论. 天津社会科学,1987(4)
18. 曾景中. 对民族矛盾为近现代中国社会主要矛盾说的质疑. 贵州社会科学,1994(5)
19. 赵常林. 关于历史创造者的几点看法. 光明日报,1986年10月8日

(三) 关于中国近代史分期及相关理论问题

1. 胡滨,孔令仁等. 关于中国近代史基本线索问题(笔谈). 文史哲,1983(3)
2. 胡绳. 关于中国近代史研究的若干问题. 学术研究,1981(3)
3. 胡绳. 中国近代历史的分期问题. 历史研究,1954(1)
4. 李时岳. 中国近代史主要线索及其标志之我见. 历史研究,1984(2)
5. 李新. 关于中国近现代历史分期问题. 历史研究,1983(4)
6. 刘大年. 中国近代史研究从何处突破. 光明日报,1981年2月17日
7. 刘耀. 论近代中国农民的阶级属性问题. 近代史研究,1984(4)
8. 牟安世. 试析中国近代史的开始及其上限. 学术月刊,1987(2)
9. 牟安世. 中国人民反对外国教会的斗争和中国近代史的主要线索. 社会科学研究,1985(4)
10. 彭明. 中国现代史的研究对象问题. 学习与研究,1981(6)
11. 戚其章. 关于中国近代史基本线索的几点意见. 历史研究,1985(6)
12. 荣孟源. 谈中国近代史的两个过程. 历史教学,1984(7)
13. 苏双碧. 关于中国近代历史的发展线索问题. 光明日报,1983年11月9日

14. 苏双碧.关于中国近代史研究中的几个理论问题.近代史研究,1984(1)
15. 王廷科.正确估价我国新民主主义革命的历史地位——关于中国近现代史分期问题的商榷.四川大学学报,1981(1)
16. 王也扬.从中国近代史的下限说开去.天津社会科学,2000(5)
17. 夏东元.对中国近代史基本问题的再认识.历史教学问题,1989(1)
18. 夏东元."两段论"的一百一十年中国近代史研究体系——纪念戊戌变法一百一十周年.历史教学问题,1998(1)
19. 夏东元.110年中国近代史应以戊戌变法为分段线——兼论中国近代史体系问题.历史研究,1989(4)
20. 谢本书.近代中国社会的主要矛盾与历史发展的主线.云南社会科学,1984(4)
21. 谢本书."历史主义"问题争论述评.贵州文史丛刊,1984(3)
22. 谢增寿.中国近现代史断限的标志和分期的有关问题.四川师范学院学报,1998(6)
23. 徐欲龄.论中国近现代史的分期问题.湖南师范大学学报,1998(3)
24. 苑书义.论近代中国的进步潮流.近代史研究,1984(2)
25. 张海鹏.关于中国近代史的分期及其"沉沦"与"上升"诸问题.近代史研究,1998(2)
26. 张海鹏.中国近代史的"两个过程"及有关问题.历史研究,1984(4)
27. 张海鹏.中国近代史的"两个过程"论及其指导意义.高校社会科学,1990(5)
28. 张耀美.也谈中国近代史前进发展的线索——与张海鹏同志商榷.历史研究,1984(6)
29. 章开沅.民族运动与中国近代史的基本线索.历史研究,1984(3)

(四)关于中国社会性质

1. 宾长初.关于近代中国社会性质的几个问题——兼与杜经国同志商榷.广州研究,1988(3)
2. 仓林中.1840—1949年中国社会性质商榷.安徽史学,2000(3)
3. 陈金龙."半殖民地半封建"概念形成过程考析.近代史研究,1996(4)
4. 陈胜粦.关于近代中国社会形态的重新认识问题.学术研究,1989(2)
5. 陈向阳.近年来近世中国社会性质与社会形态问题研究述评.教学与研究,2001(12)
6. 陈旭麓.关于中国近代史线索的思考.历史研究,1988(3)
7. 杜经国.中国"半殖民地半封建社会"概念新议.广州研究,1987(9)
8. 方小年.也谈"半殖民地"与近代中国社会性质的关系.湖南师范大学学报,2000(5)
9. 方志钦,赵立人.半殖民地半封建社会是资本主义社会的畸形变态.广东社会科学,1992(1)
10. 郭世佑.论"半殖民地"与"半封建"的区别和联系——兼与汪敬虞先生等

商榷.湘潭师院学报,1989(5)
11. 韩廉.对中国"半殖民地半封建"社会性质的认识.湖南师范大学学报,1998(2)
12. 黄玮.再谈近代中国的半殖民地半封建化.安徽史学,2000(3)
13. 姜铎.关于中国近代史发展线索之管见.社会科学,1988(2)
14. 雷颐."中国农村派"对中国革命的理论贡献.近代史研究,1996(2)
15. 李洪岩.半殖民地半封建理论的来龙去脉.中国社会科学院近代史研究所青年学术论坛.2003年卷.社会科学文献出版社,2005
16. 李时岳.关于"半殖民地半封建"的几点思考.历史研究,1988(1)
17. 李时岳.论中国近代社会的畸形发展.学术研究,1991(1)
18. 李时岳.中国近代史学科的改造与建设.广州研究,1988(11)
19. 李双璧.大文化系统:观察中国近代史体系的新视角.求索,1988(3)
20. 林华国.也谈近代中国半殖民地化与半封建化之间的关系——李时岳"两种趋向"论质疑.北京大学学报,1999(4)
21. 林有能.中国近代社会性质的再认识——广东史学界的一场争论.学术研究,1988(6)
22. 林增平.中国近代史研究反思.湖南师大学报,1988(6)
23. 凌峰.李时岳关于近代中国社会性质问题答记者问.学术研究,1988(6)
24. 刘耀.中国半殖民地半封建社会若干问题的探讨.社会科学战线,1986(3)
25. 刘振岚.近代中国社会性质讨论述评.近代史研究,1994(2)
26. 倪尔爽,黄静.中国近代社会主要矛盾的演变.历史教学,2000(4)
27. 聂希斌.对中国半殖民地半封建社会的新认识.学术研究,1992(1)
28. 宋德华."半殖民地半封建"辨析.广东社会科学,1990(2)
29. 苏双碧.近代资产阶级史学方法发展的三个特点.社会科学,1988(1)
30. 陶寄邑.关于"半殖民地半封建"概念的首次使用问题——与陈金龙先生商榷.近代史研究,1998(6)
31. 吴泽.中国半殖民地半封建社会与"资本主义化"阶段.江海学刊,1993(3)
32. 谢本书.重评近代中国的社会性质.云南民族学院学报,1988(2)
33. 徐泰来.关于中国近代史体系问题.湘潭大学学报,1988(1)
34. 苑书义."半封建"浅释.河北学刊,1988(5)
35. 张海鹏.也谈外国侵略与近代中国的开关.红旗,1987(6)
36. 张磊.关于中国近代史研究的几点思考——兼论中国近代社会的性质.学术研究,1991(2)
37. 张庆海.论对"半封建""半殖民地"两个概念的理论界定.近代史研究,1998(6)
38. 张亦工.中国近代史研究的规范问题.历史研究,1988(3)
39. 赵立人.有关近代中国社会性质的几个问题.学术研究,1991(2)
40. 钟近研.也谈中国半殖民地半封建社会的若干问题——与刘耀同志商榷.

河北社会科学,1988(5)

(五)关于中国近代史研究的理论与方法

1. 陈向阳. 现代化研究与晚近中国社会再认识. 华南师范大学学报,1999(4)
2. 程美东. 历史决定论与中国近现代史研究. 人文杂志,1999(6)
3. 程歗. 对近代中国发展道路的两种回顾. 近代史研究,1996(6)
4. 董宝训. 中国近代社会阶级结构的特点和中国现代化的出路. 山东大学学报,1997(4)
5. 冯钢. 关于中国近代史研究的"现代化范式". 天津社会科学,2000(5)
6. 龚书铎. 近代中国社会变革的思考. 历史教学,1997(11)
7. 沟口雄山. 俯瞰中国近代史的新视角. 清史研究,2001(1)
8. 郭德宏. 关于中国现代史研究中争论较大的一些问题. 党史研究资料,2001(10)
9. 郭德宏. 中共党史学的性质、体系、理论与方法问题. 中国人民大学学报,2001(3)
10. 何汝泉. 中国近代史学方法述论. 西南师范大学学报,1999(5)
11. 洪九来. 用现代化还原中国近代史的成功范例——评周积明教授的《最初的纪元》. 学术月刊,1999(3)
12. 侯且岸. 论中共党史学的历史文化取向. 中国人民大学学报,2001(3)
13. 胡成. 试论中国近代中国历史转型过程、特征及内在矛盾. 南京大学学报,1993(2)
14. 胡绳. 关于近代中国与世界的几个问题(1990). 胡绳全书. 第三卷. 上册. 北京:人民出版社,1998
15. 胡绳. 关于撰写《从五四运动到人民共和国的成立》一书的谈话. 历史研究,2001(3)
16. 姜义华. 资本主义在中国历史中的定位. 史林,2001(2)
17. 金冲及,胡绳武,林华国. 正确认识中国近代史上的革命和改良问题. 光明日报,1996年3月12日
18. 瞿林东. 开眼看世界——中国近代史学开始走向世界的历程. 社会科学战线,1993(2)
19. 来新夏. 要多研究转型期的历史:专论中国近代历史转型期的某些变化. 福建论坛,2001(5)
20. 李洪岩. 近代接受史学理论试说. 学术研究,1997(1)
21. 李锦全. 中国近代社会往何处去——对中国社会现代化途径和方法问题的商讨. 中山大学学报,2000(1)
22. 李文海. 对中国近代化历史进程的一点看法. 清史研究,1997(1)
23. 李文海. 认识近代国情的几个重大问题. 近代史研究,1996(6)
24. 刘大年. 方法论问题. 近代史研究,1997(1)
25. 刘大年. 中国近代历史运动的主题. 近代史研究,1996(6)

26. 刘莹. 中国近代社会转型之我见. 人文杂志,1999(3)
27. 刘永光. 中国近代史上限异说. 甘肃社会科学,1994(3)
28. 罗荣渠. 中国早期现代化的延误——一项比较现代化研究. 近代史研究,1991(1)
29. 马敏,陆汉文. 建构民国时期(1912—1949)社会发展指标体系的几点思考. 华中师范大学学报,2001(1)
30. 欧阳军喜. 20世纪30年代两种中国近代史话语之比较. 近代史研究,2002(2)
31. 齐鹏飞. 中共党史学的学术功能与政治功能. 中国人民大学学报,2001(3)
32. 汪敬虞. 关于中国近代史研究中的殖民主义观点问题. 近代史研究,1996(6)
33. 汪熙. 研究中国近代史的取向问题——外因、内因或内外因结合. 历史研究,1993(5)
34. 王桧林. 对如何深入研究中国现代史的几点意见. 党史研究资料,1994(9)
35. 吴剑杰. 关于近代史研究"新范式"的若干思考. 近代史研究,2001(2)
36. 杨凤成. 关于中共党史研究的规范与方法. 中国人民大学学报,2001(3)
37. 张海鹏. 当代中国近代史研究的理论与方法问题,曾业英主编:《当代中国近代史研究(1848—2009)》,中国社会科学出版社,2014
38. 张海鹏. "告别革命"说错在哪里. 当代中国史研究,1996(6)
39. 张海鹏. 关于中国近代历史发展规律的认识和对若干史实的解说. 台北,历史月刊,1998年2月号
40. 张海鹏. 近年来中国近代史研究中若干原则性争论. 马克思主义研究,1997(3)
41. 张海鹏. 民国史研究的现状与几个问题的讨论. 近代史研究,2002(4)
42. 张海鹏. 60年来有关台湾通史的撰写及理论方法问题. 台湾历史研究,第2辑,社会科学文献出版社,2014年张海鹏. 20世纪中国近代史学科体系问题的探索. 近代史研究,2005(1)
43. 张海鹏. 晚清政治史研究的理论和方法问题,中国社会科学院近代史研究所政治史研究室编《晚清政治史研究的检讨:问题与前瞻》. 社会科学文献出版社,2014
44. 张家哲. 国外思潮对中国史学的三次冲击. 江汉论坛,1992(3)
45. 张连国. 超越中国近代史学范式危机. 江苏社会科学,2000(2)
46. 郑剑顺. 关于中国近代史研究的理论与现状——与郭世佑先生商榷. 史学月刊,1995(3)
47. 郑师渠. 近代史研究应该有一个基本的立足点. 近代史研究,1996(6)
48. 郑师渠. 近些年来近代人物评价的若干问题. 北京师范大学学报,1997(1)
49. 周积明. 中国现代化的分期与早期现代化的涵义. 江汉论坛,1994(11)
50. 周积明. 中国早期现代化进程中的若干冲突论析. 学术月刊,1999(9).

人名索引

B

彼得大帝　119
布莱克　126,127

C

蔡　锷　64
蔡和森　86
曹伯韩　6,7,13,22
查理一世　120
陈安仁　6,9,13,19
陈达凯　49
陈独秀　77,86,156
陈恭禄　6,11,19,33,42
陈光宪　5,15
陈　怀　5
陈　勤　47,49
陈庆华　29
陈　涉　110
陈　胜　60
陈旭麓　37,78,151
慈禧太后　62,121,133,134

D

戴季陶　76
戴　逸　24,140
道光皇帝　131
邓中夏　86
董守义　25,140
杜冰波　6
段祺瑞　64

E

恩格斯　77,85

F

范文澜　7,9,11,13,14,22,24—29,31,33,34,42,44,119,140,141,143
费正清　43,48

G

高博彦　5
龚书铎　24
光绪皇帝　110,116,133

郭沫若 24,29,30,44,143
郭廷以 6,8,12,33

H

韩启农 6,22
何干之 6,22,86
洪秀全 71,75,100,107
侯外庐 34
胡汉民 76
胡绳 7,17,18,22,24,27—30,
37,42,45—47,49—51,
113,119,143,147,148,
151,152
胡适 77
华岗 6,10,11,17,22
黄兴 64

J

翦伯赞 29
江青 31
蒋介石 20,65,70,71,80,98,103,
113—115
蒋廷黻 6,9,11,19,20,33,42—
45
蒋中正 16,76
金兆梓 7,11,13,16

K

康有为 110—112,133,134
克伦威尔 120
孔夫子 95
库恩(Thomas Kuhn) 41

L

黎元洪 64
李大钊 5,77,86
李德征 24
李鼎声 5,9—11,13,15,20—22,
33,34,42
李刚 47,49
李鸿章 9,62,68,103,131
李剑农 6
李侃 24,29,37
李荣华 27
李时岳 24,55,56,99,151
李泰棻 5,17,33
李铁映 141
李絜非 7,8,11,16,17
李新 27,37
梁启超 32,33,77,111,112,133
列宁 25,34,71,85,86,95,96,
102,105—108,117
林伯渠 81,118,119
林敦奎 26,36
林则徐 9,44,131,154
林增平 24
呤唎 107
刘大年 24,27,29—31,33,34,
37,44—47,51,119,
140,141,143,147,148
刘桂五 14
刘熊祥 7,43
刘彦 5
卢豫冬 6
路易十六 120
吕思勉 7,33
罗福惠 49,125,132,135
罗家伦 8
罗荣渠 126,130,132,133
罗斯托(W. W. Rostow) 127
罗亦农 86
罗元鲲 6

M

马克思 3—5,13,15,24,25,28,
30,33,34,36,38,46,

　　　　50,57,60,73—78,85,
　　　　86,88,91,92,95,96,
　　　　98,102,105,108,113,
　　　　118,127,128,130,139,
　　　　140,147,148
毛泽东　25,28,39,47,60,67,68,
　　　　71,76—81,86—97,99,
　　　　102,109,114,130,
　　　　145,154
孟世杰　5,8,11,18
明治天皇　119

P

平　心　5,6,9,17,21,22,34

Q

戚其章　151
齐佩芳　47,49
秦德占　140

R

荣孟源　14,22,26,27,37

S

尚　钺　34
邵循正　29
沈味之　8,21,22
石　勒　110
斯大林　85,86
宋教仁　64
宋云彬　7,11,13,16,17,22
孙中山　57,64,65,69,71—77,
　　　　80,95,101,110—113,
　　　　116,118—120,122,134,
　　　　156

T

陶官云　6,22

托洛茨基　39,85—87

W

王蔼棠　5
王廷科　34,36
魏野畴　5,8,18,20,22
魏　源　131,154
文　祥　9,68
吴　广　60
吴佩孚　65
吴玉章　119

X

夏东元　151
咸丰皇帝　131
萧楚女　86
邢鹏举　5
许纪霖　49
宣　统　5,15,121

Y

颜昌峣　5,8,18,19
杨　策　24
杨虎城　65
奕　䜣　9,62,68,131
印维廉　22
虞和平　49
袁世凯　57,64,69,103,113,121,
　　　　122,135,155,156
苑书义　25,29,131
恽代英　77

Z

曾国藩　9,62,68,131
张东荪　77
张海鹏　3,25,28,38,62,73,141
张健甫　6,11,12,15,16,21
张闻天　22

张学良 65,156
张　勋 57,64
张作霖 65
章开沅 49,125,132,135,151
赵德馨 27

郑鹤声 6,12,33
周恩来 77,102
周佛海 76
朱其华 5,9,22

后 记

《中国近代通史》第一卷的编写，是一个尝试。正文五章，大体上包括了多年来我对中国近代历史发展线索的思考，也参考、吸收了近代史学界的研究成果。其中有四节（"近代中国资本主义发展的趋向与社会主义的前途""半殖民地半封建社会理论与近代中国社会性质""社会基本矛盾与各阶级在近代中国的历史地位和作用""改良与革命在近代中国的历史命运"）是请李细珠博士在我提供的材料基础上整理的初稿，经我修改定稿的。附录名为"近代中国史事记略"，略仿大事记的编写方式，在一定的意义上，可以与其他九卷在内容上起到互补的作用，作为提供给读者的一种参考。有些史实，其他九卷正文中要详加分析，"记略"则从简；有些史实，如思想文化、经济发展、社会生活等方面，正文限于体例和篇幅，或许简略，或许不录，"记略"则稍加点出。附录是请赵一顺博士收集资料、提供初稿，由我增删、修改、核定的。这部分稿子，曾分送本书各卷主持者征求意见，有些主持者热心提供了修改意见。不妥之处，请读者不吝批评指教。

张海鹏
2005 年 12 月 15 日

再版后记：乘着《中国近代通史》将要发行修订版，本卷撰写者将全书阅读一遍，做了一些修订，改正了若干错讹，对内容有若干补充。本着同样精神，也对书后附录史事记略做了修订，敬请读者留意、批评指正！

张海鹏

2023年9月7日

于北京东厂胡同一号